Findbuch der Bestände Abt. 65.1–65.3
Deutsche Kanzlei zu Kopenhagen – Teil 1
von Jörg Rathjen

Veröffentlichungen des Landesarchivs Schleswig-Holstein
Band 118

Jörg Rathjen

Findbuch der Bestände Abt. 65.1-65.3

Deutsche Kanzlei zu Kopenhagen bis 1730

Deutsche Kanzlei zu Kopenhagen ab 1730

Deutsche Kanzlei zu Kopenhagen für das Herzogtum Lauenburg

Teil 1

Hamburg University Press
Verlag der Staats- und Universitätsbibliothek Hamburg
Carl von Ossietzky

Impressum

Bibliografische Information der Deutschen Nationalbibliothek:

Die Deutsche Nationalbibliothek verzeichnet diese Publikation in der Deutschen Nationalbibliografie; detaillierte bibliografische Daten sind im Internet über http://dnb.d-nb.de abrufbar.

Online-Ausgabe
Die Online-Ausgabe dieses Werkes ist eine Open-Access-Publikation und ist auf den Verlagswebseiten frei verfügbar. Die Deutsche Nationalbibliothek hat die Online-Ausgabe archiviert. Diese ist dauerhaft auf dem Archivserver der Deutschen Nationalbibliothek (https://portal.dnb.de/) verfügbar.
ISSN 2627-9002
DOI https://dx.doi.org/10.15460/HUP.LASH.118.194
Printausgabe
ISSN 1864-9912
ISBN 978-3-943423-57-0 (Gesamtaufnahme)
ISBN 978-3-943423-58-7 (Teil 1)
ISBN 978-3-943423-59-4 (Teil 2)

Redaktion: Veronika Eisermann, Rainer Hering, Sven Schoen, Malte Bischoff
Gestaltung: Atelier Bokelmann, Schleswig
Produktion: Books on Demand, Norderstedt
Verlag
Hamburg University Press, Verlag der Staats- und Universitätsbibliothek Hamburg Carl von Ossietzky, Hamburg (Deutschland), 2019
http://hup.sub.uni-hamburg.de

INHALTSVERZEICHNIS

Teil 1

Findbuch des Bestandes Abt. 65.1

Findbuch des Bestandes Abt. 65.2

Teil 2

Findbuch des Bestandes Abt. 65.3

VORBEMERKUNG

Behördengeschichte

Die Deutsche Kanzlei – seit 1806 Schleswig-Holsteinische Kanzlei, ab 1816 Schleswig-Holstein-Lauenburgische Kanzlei – entwickelte sich seit dem frühen 16. Jahrhundert und erhielt im 17. Jahrhundert feste institutionelle Formen. Ihre territoriale Zuständigkeit erstreckte sich anfänglich auf die königlichen Anteile, ab 1773 auf die gesamten Herzogtümer Schleswig und Holstein und seit 1816 zusätzlich noch auf das Herzogtum Lauenburg. Von 1667 bis 1773 gehörten zudem die Grafschaften Oldenburg und Delmenhorst zum Ressort der Kanzlei.

Als oberste und bedeutendste königliche Behörde für die Herzogtümer mit Sitz in Kopenhagen besaß die Kanzlei einen umfassenden Kompetenzbereich. Sie war zuständig für die gesamte innere Landesverwaltung, sofern nicht einzelne Aufgaben besonderen Verwaltungsbehörden, wie etwa der Rentekammer, übertragen worden waren. Daneben nahm die Kanzlei auch die außenpolitischen Angelegenheiten des dänischen Königreiches wahr, bis hierfür 1770 das Departement für auswärtige Angelegenheiten eingerichtet wurde.

Die Kanzlei war eine Kollegialbehörde, die sich in Kontore und Departements aufgliederte, wobei sich die Organisationsstruktur im Laufe ihres Bestehens mehrfach änderte. Als Beispiel sei hier nur die Geschäftsverteilung am Ende ihrer Tätigkeit 1848/49 wiedergegeben:

- Expeditions- und Archivkontor
- 1. Departement: Geistliche Angelegenheiten, Schule, Universität, Medizinalwesen
- 2. Departement: Kommunalwesen, Nahrung und Armenwesen, Budget und Normalreglement, Revisions- und Brandversicherungswesen
- 3. Departement: Justiz, Bestätigung von Testamenten
- 4. Departement: Landeshoheit und Grenzen, Polizei, Wege, Strandungen, Schifffahrt, Bankwesen, Landmiliz, See-Enrollierung, Presse

Genauere Auskunft über Organisation und Personal geben die dänischen Hof- und Staatskalender sowie das Werk von G. N. Kringelbach und die Einleitung zum Bestand im Reichsarchiv Kopenhagen in „Vejledende Arkivregistraturer VII“ (vgl. Literaturhinweise am Ende der Vorbemerkung).

Im Zusammenhang mit dem Übergang des Königreichs Dänemark von einer absolutistisch zu einer konstitutionell verfassten Monarchie im Jahr 1848 erfolgte eine grundlegende Modernisierung der Verwaltung auf zentraler Ebene. An die Stelle der alten, aus dem 16. und 17. Jahrhundert stammenden Kollegialbehörden traten nun Ministerien. Im März 1848 wurde die Leitung der Kanzlei dem Außenministerium übertragen. Zwei provisorische Mitarbeiter – der Kieler Juraprofessor Peter Ditlev Kristian Paulsen und der Auskultant bei der Finanzdeputation Karl von Rosen – führten die Geschäfte bis zur offiziellen Auflösung der Behörde am 2. September 1849.

Zu einer Einbeziehung der Herzogtümer in die administrative Reform kam es hingegen wegen der im März 1848 beginnenden schleswig-holsteinischen Erhebung vorerst nicht. Erst nach deren Ende im Februar 1851 übernahmen das im selben Jahr eingerichtete Ministerium für das Herzogtum Schleswig sowie das 1852 ins Leben gerufene Ministerium für die Herzogtümer Holstein und Lauenburg die Geschäftsbereiche der aufgelösten Kanzlei.

Bestandsgeschichte

Die Überlieferung der Deutschen Kanzlei ist sowohl für Forschungen zur schleswig-holsteinischen als auch zur dänischen Geschichte von herausragender, kaum zu überschätzender Bedeutung. Dieser besondere Wert des Kanzleiarchivs ist der Grund dafür, dass es zwischen dem Reichsarchiv in Kopenhagen und dem Landesarchiv Schleswig-Holstein aufgeteilt ist: In Kopenhagen befindet sich vor allem die Hauptmasse der älteren Akten vor 1730, während das Landesarchiv den größten Anteil des Schriftguts ab 1730 verwahrt.

Die im vorliegenden Findbuch präsentierte schriftliche Überlieferung der Deutschen Kanzlei im Landesarchiv gehört zu den bedeutendsten Beständen aus dem Zeitraum vom 16. bis Mitte des 19. Jahrhunderts, die das Landesarchiv für die Forschung bereithält. Das Kanzleischriftgut verteilt sich auf drei Teilbestände: In Abt. 65.1 befinden sich Archivalien aus dem Zeitraum vor 1730, Abt. 65.2 – die umfangreichste – beinhaltet die Überlieferung ab 1730, und in Abt. 65.3 sind die Kanzleiakten zum Herzogtum Lauenburg zu finden.

Die sich in der Gliederung des Findbuchs widerspiegelnde Systematik des Kanzleiarchivs geht auf die grundlegenden Arbeiten des Kanzleisekretärs und „Archivarius“ Peter von Sixtel zurück. In den Jahren von 1791 bis 1795 ordnete und verzeichnete er die im Geschäftsgang der Behörde entstandenen Akten nach sachlichen und topografischen Betreffen. Als zeitlichen Ausgangspunkt für seine Erschließungsarbeit wählte von Sixtel das Jahr 1730, in dem die Führung der Protokolle in der Kanzlei einsetzt. Das ältere Schriftgut, welches in das dänische Geheimarchiv gelangte, ließ er hingegen weitgehend unberücksichtigt und als eigene Sammlung bestehen.

Kanzleisekretär von Sixtel erstellte für die Ordnung des Archivs ein System, das bis zur Aufhebung der Kanzlei 1849 gültig blieb. Er bildete dabei zwei Abteilungen: Die allgemeine Abteilung umfasste alle Akten, die sich auf die Verfassung beider Herzogtümer beziehen. Die topografische Abteilung nahm hingegen Akten mit lokalem Bezug auf, die von Sixtel nach einem festen Schema aufnahm:

- Publica (Verfassung, Verwaltung, Privilegien, Bürgerrecht, Jurisdiktion, Grenzen)
- Personal
- Justiz
- für die Städte: Kirche, Schule, Ehewesen, Armenwesen
- Handel
- Handwerker und Privilegierte
- Fabriken
- Kammerangelegenheiten
- Ökonomie/Landwirtschaft
- Post und Rollfuhren
- Kämmerei
- Polizei (u. a. Medizinalwesen, Gilden, Wege)
- Militär

Für die allgemeine und topografische Abteilung legte Peter von Sixtel ein Repertorium an, das aus insgesamt 15 Bänden bestand. Zudem bildete er eine weitere Abteilung, in der er Akten zu speziellen Angelegenheiten summarisch zusammenfasste und nicht eigens repertorisierte. Auch ließ von Sixtel die Protokolle und Journale bei seiner Ordnung außen vor.

Im Laufe der Zeit erschwerten zahlreiche Einträge und Nachweisungen die Benutzung der Sixtelschen Repertorien, sodass man in der Kanzlei schließlich daran ging, neue Aktenverzeichnisse anzulegen. Der Archivar Wulf Hermann Hargens (1834-1837) – und vermutlich auch noch sein Nachfolger Hans Petersen Schmidt (1837-1839) – übertrug für die allgemeine Abteilung die Angaben der entsprechenden Bände des Sixtelschen Repertoriums in fünf neue Folianten, die fortan die alten Findmittel ersetzten. Zu einer entsprechenden Neuverzeichnung der topografischen Abteilung kam es hingegen nicht mehr. Hier blieben weiterhin Sixtels Verzeichnisse für die Recherche maßgeblich.

Nachdem die Kanzlei 1849 aufgelöst worden war, ging deren Archiv an das „Archivbüro der früheren Schleswig-Holstein-Lauenburgischen Kanzlei“ über, das zum Ministerium für das Herzogtum Schleswig gehörte.

Einen tiefen Einschnitt in die Kanzleiüberlieferung brachte der Ausgang des deutsch-dänischen Krieges von 1864. In den Bestimmungen des Wiener Friedens vom Oktober 1864 hatte sich Dänemark verpflichten müssen, Akten von Zentralbehörden auszuliefern. Infolgedessen ging 1874 und 1876 ein großer Teil des Kanzleiarchivs an Preußen über. Die Ablieferung aus Kopenhagen umfasste aus dem vor 1730 erwachsenen

Schriftgut nur einen geringen Umfang von Archivalien der Gruppen *Akten der Deutschen Kanzlei aus der Zeit vor 1730*, *Reservelokal der Deutschen Kanzlei*, *Nachlese des Geheimen Archivs* und *Acta Breitenauiana*, die sich im dänischen Geheimarchiv befunden hatten. Dagegen erhielt Preußen die Hauptmasse des jüngeren Kanzleiarchivs aus dem Zeitraum von 1730 bis 1849. Allerdings verblieben einige Akten in Kopenhagen, vorrangig aus der allgemeinen Abteilung, sowie die 228 Bände umfassenden Vorstellungsprotokolle aus den Jahren von 1771 bis 1849. Über diese zurückbehaltenen Archivalien liegt ein Verzeichnis in Abt. 65.2 Nr. 8161 vor.

Die überwiegende Anzahl der ausgelieferten Archivalien gelangte umgehend in das Staatsarchiv in Schleswig. Dort legte dessen Direktor Georg Hille für die beiden Überlieferungsschichten die Abteilungen A XVII (Akten vor 1730) und A XVIII (Akten ab 1730) an, die 1923 die Bezeichnungen Abt. 65.1 und Abt. 65.2 erhielten.

Die Schriftstücke aus der Zeit vor 1730 erwiesen sich nach Aussage des Staatsarchivdirektors Georg Hille als „eine ziemlich wirre Masse verschiedener Papiere". Diesen Teil repertorisierte er bereits kurz nach der Übernahme 1877 nach dem Sixtelschen Schema. Kleinere Ablieferungen erweiterten den Bestand in der Folgezeit.

Die größte Veränderung im Umfang der Abt. 65.1 erfolgte durch das deutsch-dänische Archivalienabkommen von 1933. Aufgrund ihrer herausragenden Bedeutung fand die Überlieferung der Deutschen Kanzlei dabei besondere Aufmerksamkeit. Das Ergebnis der Verhandlungen schrieb im Prinzip die seit den dänischen Ablieferungen der 1870er-Jahre bestehende Aufteilung der verschiedenen Überlieferungsschichten zwischen dem Reichsarchiv und dem Staatsarchiv fest. Darüber hinaus vereinbarten deutsche und dänische Archivare die Auslieferung von Archivalien, die für die jeweils andere Seite von Bedeutung waren. Daher trat das Staatsarchiv 1936 an das Reichsarchiv in Kopenhagen rund zweihundert Archivalien aus der Zeit vor 1730 ab, während umgekehrt dem älteren Kanzleibestand im Staatsarchiv einige Packen Akten aus Kopenhagen zugefügt werden konnten.

Der Bestand Abt 65.1 wurde 1981 durch Konrad Wenn für eine Findbuchpublikation erneut durchgesehen, dabei Titel genauer erfasst, Laufzeiten korrigiert und zahlreiche Archivalien durch Ergänzungen tiefer erschlossen. Die Ergebnisse seiner Arbeit erschienen als Band 9 der Reihe „Veröffentlichungen des Schleswig-Holsteinischen Landesarchivs".

Den jüngeren Bestand an Kanzleiarchivalien erschloss Georg Hille 1887 durch eine grundlegende Revision und die Vergabe der bis heute gültigen Signaturen. Auch gliederte er in Abt. A XVIII größere Ablieferungen der Königlichen Regierung zu Schleswig ein, die in den Jahren von 1880 bis 1884 erfolgt waren. Es handelte sich dabei um Testamente, die dem von 1851 bis 1864 tätigen Ministerium für das Herzogtum Schleswig zur Bestätigung eingesandt worden waren.

Als Ergebnis seiner Ordnungsarbeiten fügte der Staatsarchivdirektor zu den bereits bestehenden Sixtel-Hargensschen Repertorien (17 Bände) weitere Findmittel an: So ersetzte er das durch starke Bearbeitung unübersichtlich gewordene Sixtelsche Repertorium zum gemeinschaftlichen Distrikt, den Klöstern und Gütern (Band 6) durch ein neues Verzeichnis. In dem neu formierten 18. Band nahm er Akten der Provinzialstände sowie aus zumeist kassierten Akten stammende Schriftstücke zu adligen Familien auf. Die von Sixtel nicht besonders repertorisierten Kanzleiakten zu speziellen Angelegenheiten kassierte Georg Hille im großen Umfang. Von den zur ständigen Aufbewahrung vorgesehenen Archivalien dieser Abteilung ordnete er einen Teil in die Systematik der allgemeinen Abteilung ein; den anderen Teil verzeichnete er in einem eigenen Findbuch (Band 19). Neben den neu angelegten Findmitteln lagen noch vier weitere Kanzleirepertorien von unbekannten Verfassern vor. Diese Bände versammelten Akten zu den Strafanstalten, zum Militär und zum See-Etat (Bände 20-23). Als 24. Band folgte dann ein wieder von Georg Hille erstelltes Findbuch zu den Kopialbüchern und Protokollen. Abschließend fügte er der Reihe noch eine Generalübersicht zur Systematik des Kanzleiarchivs an.

Nach dieser Bearbeitung kam es in den nachfolgenden Jahren zu einigen kleineren Bestandsveränderungen. Das dänische Reichsarchiv trat 1902 von seinem Kanzleibestand einige Archivalien zu Helgoland an das Staatsarchiv ab. Dagegen gliederte Hille 1905 die aus dem Bestand des Ministeriums für das Herzogtum Schleswig stammenden und im Kanzleiarchiv verzeichneten Testamente (Nr. 5748-5792) aus und verbrachte sie in den neu gebildeten Bestand A XXXVII (seit 1923 Abt. 79). Desgleichen entnahm er die im Kanzleibestand befindlichen Akten der Eisenbahnkommission (Nr. 1032-1037) und verzeichnete sie in der ebenfalls neu geschaffenen Abt. A XXXIX (seit 1923 Abt. 73).

Gemäß dem deutsch-dänischen Übereinkommen von 1933 lieferte das Staatsarchiv aus Abt. 65.2 Archivalien in einem Umfang von knapp fünfhundert Verzeichnungseinheiten an das Reichsarchiv ab. Es handelte sich dabei um Nordschleswig betreffende Akten; dazu kamen noch 78 Nummern der Patenten- und Reskripten-Registratur aus dem Zeitraum von 1730 bis 1770. Im Gegenzug erhielt das Staatsarchiv aus Kopenhagen Kanzleischriftgut aus dem Zeitraum seit 1730 in einem Umfang von rund 36 Packen.

Als man 1955/56 anlässlich einer Umverpackung den Bestand einer Revision unterzog, stellte sich heraus, dass gut fünfzig Verzeichnungseinheiten so starke Wasserschäden aufwiesen, dass sie kassiert werden mussten. Im besonderen Maße waren davon Archivalien zu Altona, Lütjenburg, Heiligenhafen, zum großfürstlichen Distrikt und zur Propstei Kiel betroffen. Weitere 66 Nummern konnten im Bestand nicht mehr aufgefunden werden.

In den nachfolgenden Jahren bis 2010 erhielt der Bestand der Abt. 65.2 nur noch geringen Zuwachs durch kleinere Ablieferungen.

Den dritten Teilbestand – die Kanzleiüberlieferung zum Herzogtum Lauenburg – bearbeitete Georg Hille 1887/88. Auf Grundlage eines Behördenregistranten von 1835 legte er hierfür den gesonderten Bestand D I 3 (seit 1923 Abt. 65.3) an.

Obwohl der Bestand einen vergleichsweise geringen Umfang hat, besitzt er für Forschungen zur Geschichte des Herzogtums besondere Bedeutung, da er nicht nur Schriftgut der Kanzlei beinhaltet, das aus der kurzen Zeit ihrer Zuständigkeit für das Herzogtum Lauenburg stammt. Den Grundstock von Abt. 65.3 bilden vielmehr Akten und Schreiben der Geheimen Ratsstube in Hannover aus dem 18. Jahrhundert, die beim Herrschaftwechsel zu Beginn des 19. Jahrhunderts an Dänemark ausgeliefert worden waren. In einigen Fällen reicht die Überlieferung sogar bis in das 16. Jahrhundert, also in die Zeit des askanischen Herzogtums Sachsen-Lauenburg, zurück.

Während für Abt. 65.1 wie erwähnt seit längerem ein gedrucktes Findbuch vorliegt, mussten Benutzerinnen und Benutzer für die Recherche in den reichhaltigen Beständen Abt. 65.2 und Abt. 65.3 bislang die 26 Bände umfassende Reihe der Repertorien und Verzeichnisse heranziehen. Den Ansprüchen an ein modernes Findbuch, das durch eine klare Struktur und mit einem Register versehen eine rasche Orientierung über den Inhalt bietet und damit eine zielgerichtete Suche ermöglicht, genügten die alten Findmittel aus dem 18./19. Jahrhundert jedoch in keiner Weise mehr. Um den Zugang zu dieser herausragenden Überlieferung zu erleichtern, wurden 2009/10 die Archivalien beider Teilbestände komplett durchgesehen und in die archivische Datenbank aufgenommen. Der Neubearbeitung diente die bewährte jeweilige Systematik als Grundlage. Die Klassifikationen wurden mit wenigen Ausnahmen nicht überarbeitet. Nur zwei kleinere Rubriken in Abt. 65.2 mit den Titeln „Verschiedenes“ (Kanzlei) und „Vermischtes“ (Stadt Altona) fielen durch die Zuordnung der Archivalien in andere Sachgruppen weg oder erhielten eine neue Bezeichnung. Keine Berücksichtigung in der Bestandsgliederung von Abt. 65.2 fand der Anhang im zweiten Militärregistranten (Band 22). Die dort aufgeführten Archivalien (Nr. 6701-6768) – u. a. Landausschuss und Militärangelegenheiten einzelner Distrikte – wurden entweder in bestehende Klassifikationen eingeordnet oder unter neu gebildeten zusammengefasst. Dagegen erhielten einige Sachgruppen eine zusätzliche Unterteilung, um die Recherche zu erleichtern (zum Beispiel Fideikommisse und Stiftungen).

Bei der Neuverzeichnung wurden die Angaben der Repertorien zu Titeln und Laufzeiten sämtlicher Archivalien an den Beständen überprüft. Gelegentlich erhielten umfangreiche oder schwer verständliche Aktentitel eine kürzere bzw. modernere Version. In anderen Fällen schien es sinnvoll, ältere, heute nicht mehr gebräuchliche Bezeichnungen beizubehalten, sofern sie gängige Suchbegriffe darstellen.

Im Verlauf der Bearbeitung konnten in Abt. 65.2 von den 1955 als fehlend vermerkten Akten etliche Nummern wieder aufgefunden und dem Bestand hinzugefügt werden. In der Hauptsache handelte es sich um Schriftstücke zu Apotheken und Hebammen sowie zur Stadt Schleswig und zu Kappeln. Außerdem gelang es, damals durch fehlerhafte Umverpackung eingetretene Verluste wieder rückgängig zu machen.

Um ein Findbuch zu erstellen, das alle drei Teilbestände in sich vereint und somit erstmalig einen Gesamtüberblick über die im Landesarchiv verwahrte überaus reichhaltige Überlieferung der Deutschen Kanzlei bietet, gab Sabine Krätzer-Schnack den Inhalt des bereits veröffentlichten Findbuchs des Bestandes Abt. 65.1 ebenfalls in die Datenbank ein. Anschließend wurden Titel, Laufzeiten und Klassifikation dem bei der Verzeichnung von Abt. 65.2 und Abt. 65.3 angewandten Schema angeglichen. Eine inhaltliche Überprüfung erfolgte dagegen nur in Ausnahmefällen.

Da alle drei Teilbestände der Abt. 65 angesichts ihrer großen Bedeutung viel benutzt wurden und werden, blieb die bisherige Nummerierung der Archivalien weitgehend bestehen; einzig die Signaturen mit Buchstabenzusatz erhielten neue Nummern. Konkordanzen am Ende des Findbuchs unterrichten über die Änderungen in Abt. 65.1 und Abt. 65.2. Im Bestand Abt. 65.1 waren einige wenige Archivalien bislang unter Doppelnummern abgelegt (z. B. Nr. 140/141); aus technischen Gründen fiel bei der Neuverzeichnung die höhere Nummer weg. Im Bestand Abt. 65.3 war nur eine Signaturänderung notwendig: Die alte Nr. 472 b wurde duch die neue Nr. 478 ersetzt.

Hinsichtlich der Recherche in Abt. 65.2 und Abt. 65.3 sei noch auf einige hilfreiche Punkte hingewiesen: Für nicht mehr existierende Schreiben kann die über tausend Bände umfassende Reihe der Protokolle und Journale einen Ersatz bieten. Über Art, Inhalt und Benutzung der verschiedenen Protokollreihen informiert das Vorwort im entsprechenden Findmittel (Abt. 65.2 Nr. 8160).

Des Weiteren existiert für den jüngeren Kanzleibestand zu den Sachgruppen Erbschaften, Adoptionen, Testamente, Eheverträge, Schenkungen im Todesfall und Testamentskonzessionen ein Namensregister (Abt. 65.2 Nr. 8162).

Außerdem ist zu berücksichtigen, dass Akten der Kanzlei nach deren Auflösung von den Nachfolgebehörden – dem Ministerium für das Herzogtum Schleswig und dem Ministerium für die Herzogtümer Holstein und Lauenburg – übernommen und weitergeführt wurden; diese sind in den entsprechenden Beständen Abt. 79 und Abt. 80 zu recherchieren.

Ein gemeinsames Orts-, Sach- und Personenregister bildet den Abschluss dieses Findbuchs. Klassifikationsbegriffe wurden nicht aufgenommen. Für die Suche nach einem Thema oder einem Sachbegriff sollte zuerst die sachsystematische Gliederung benutzt werden und als Ergänzung das Register. Es ist dabei zu beachten, dass die Begriffe für das Register aus den Aktentiteln und den Enthält-Vermerken stammen, also nicht etwa alle Nennungen in den Akten selbst erfassen.

Der Bestand Abt. 65.1 umfasst 29 laufende Meter Archivalien mit der Laufzeit (1268-) 1527-1754.
Der Bestand Abt. 65.2 umfasst 610 laufende Meter Archivalien mit der Laufzeit (1525-) 1661-1890.
Der Bestand Abt. 65.3 umfasst 28 laufende Meter Archivalien mit der Laufzeit (1188-) 1559-1848.

Die alten Findmittel und Verzeichnisse befinden sich jeweils am Ende der Bestände.

Weitere Archivalien und Informationen zu den Tätigkeiten der Kanzlei finden sich in folgenden Beständen des Landesarchivs Schleswig-Holstein:

Abt. 56, Holsteinische Regierung zu Kopenhagen bzw. zu Plön.
Abt. 79, Ministerium für das Herzogtum Schleswig.
Abt. 80, Ministerium für die Herzogtümer Holstein und Lauenburg.

Über das im Reichsarchiv in Kopenhagen verwahrte Kanzleischriftgut informiert:

Tyske Kancelli I og de dermed beslægtede Institutioner. Ved Johanne Skovgaard (Vejledende Arkivregistraturer VII). Kopenhagen 1946. Zu einigen der in diesem dänischen Findmittel aufgelisteten Archivalien liegen im Landesarchiv Mikrofilme in den Beständen Abt. 410 und Abt. 415 vor. Zum Bestand im Reichsarchiv in Kopenhagen vergleiche zudem die Übersicht im dänischen Archivalieninformationssystem DAISY.

Literaturhinweise

G. N. Kringelbach: Den civile Centraladministrations Embedsetat 1660-1848. Kopenhagen 1889.
Rigsarkivet og hjælpemidlerne til dets benyttelse. Teil 1 Bd. 1. Hrsg. von Wilhelm von Rosen. Kopenhagen 1983, 249-276.
Kersten Krüger: Schleswig-Holstein. In: Deutsche Verwaltungsgeschichte. Bd. 1: Vom Spätmittelalter bis zum Ende des Reiches. Hrsg. von Kurt G. A. Jeserich u. a. Stuttgart 1983, 763-782.
Wolfgang Steiniger: Schleswig-Holstein 1806-1892. In: Deutsche Verwaltungsgeschichte. Bd. 2: Vom Reichsdeputationshauptschluß bis zur Auflösung des Deutschen Bundes. Hrsg. von Kurt G. A. Jeserich u. a. Stuttgart 1983, 762-784.

Benutzungshinweise

Zitierweise: Sigle des Landesarchivs Schleswig-Holstein, Abteilungsbezeichnung und Nummer, also zum Beispiel LASH Abt. 65.1 Nr. 50.

Schleswig, im Februar 2019 Jörg Rathjen

FINDBUCH DES BESTANDES ABT. 65.1

Deutsche Kanzlei zu Kopenhagen bis 1730

ALLGEMEINER TEIL

Jüngere königliche Linien des Hauses Oldenburg

1 Konkurs des Hauses Schleswig-Holstein-Sonderburg-Norburg unter Herzog Johann Bugislaus (1648-) 1656-1670, 1728

Enthält: Möbel der Herzogin Elisabeth Liselotte von Schleswig-Holstein-Sonderburg-Norburg, 1728; Erdbuch von Norburg, 1660-1661; Erdbuch von Osterholm, 1660-1661

2 Schreiben der Herzogin Dorothea Catharina von Schleswig-Holstein-Sonderburg an den Lizentiaten Otto Mauritius in Hamburg 1672

3 Schreiben des Herzogs Ernst Günther von Schleswig-Holstein-Sonderburg-Augustenburg aus Berlin und Potsdam an den Lizentiaten Otto Mauritius in Hamburg Ende 17. Jh.

4 Kontributionsfreiheit für die vom Haus Schleswig-Holstein-Sonderburg-Plön zugekauften adligen Güter 1681

5 Befreiung der zugekauften Plöner Güter von Kontribution und anderen Auflagen 1681-1700

Dabei: Abschrift des Altonaer Vergleichs vom 20. Juni 1689 und Original des Separatartikels Nr. 1 des Traventhaler Friedens von 1700

6 Überlassung von Norburger und Segeberger Gütern an die Herzöge von Schleswig-Holstein-Sonderburg-Plön 1680-1701

1911 Abrechnung zwischen dem dänischen König und dem Herzog von Gottorf über rückständige Steuern und Gelder der abgeteilten Herren, Prälaten und Ritterschaft sowie über die Pflugzahl

Königliche Beschwerde gegen Gottorf wegen Qualität der Güter auf Aerö, Münzhoheit, Domkapitelsvogteien Ulsnis und Berend in Ausführung des Friedens von Traventhal

Privileg der Zollfreiheit der auf dem plönischen Gut Seebygaard gezogenen Ochsen

Beitrag der plönischen Ämter zur Landesdefension und zu Reichs- und Kreissteuern

Abtretung des Kalkbergs in Segeberg und des Gieschenhagens an den Herzog von Schleswig-Holstein-Sonderburg-Plön
(1634-) 1646-1700

Staatsangelegenheiten

7 Union zwischen Dänemark und Schleswig-Holstein vom 1. Juli 1533, deren Konfirmation vom 6. September 1593 und Erneuerung vom 1. Mai 1637 1533, 1593, 1637

8 Teilnahme an Reichs- und Kreistagen, Aufbringung von Römermonaten und Türkensteuer, Stellung von Reichstruppen 1544-1674
Enthält u. a.: Berichte über Ablieferung von Baugeld und Kammerzielern in Nürnberg, 1552/53 (Rechenschaft des Kilian Fuchs)

9 Erbteilung zwischen König Christian III. von Dänemark und seinen Brüdern Herzog Adolf von Schleswig-Holstein-Gottorf und Herzog Johann dem Älteren von Schleswig-Holstein-Hadersleben 1544
Enthält u. a.: Landregister von den Einkünften der einzelnen Schlösser

1912 Anschläge und Register über die Einnahmen aus den schleswig-holsteinischen Ämtern 1544
Enthält: Anschlag über die Einnahmen (drei zum Teil unterschiedliche Exemplare), gedruckt: Neues Staatsbürgerliches Magazin 6, 210ff; „Register van der upkumst" (zwei zum Teil unterschiedliche Exemplare)

10 Französische Unternehmung des Christoph von Wrißberg und Ansammlung von Kriegsknechten im Stift Bremen 1557
Darin: Urfehde des Christoph von Wrißberg wegen seines Gefängnisses in Pinneberg (Konzept)

11 Erbteilung zwischen König Friedrich II. von Dänemark und Herzog Johann dem Jüngeren von Schleswig-Holstein-Sonderburg 1564

12 Flensburger Abschied über die Gemeinschaftliche Regierung und deren Übernahme durch Herzog Adolf von Schleswig-Holstein-Gottorf vom 26. Oktober 1564

13 Verhandlungen zwischen Dänemark und Mecklenburg über die mecklenburgischen Güter des Klosters Reinfeld (1371-1555) 1561-1607

Enthält u. a.: Urkundenabschriften, (1371-1555) 1561-1607; Auszug über die Klöster Ahrensbök und Reinfeld, 1462-1580; Schreiben des Hans Rotman an König Friedrich II. von Dänemark wegen des Pflugschatzes des Klosters Reinfeld und der Städte Oldesloe, Segeberg, Krempe, Itzehoe und Wilster, 1566; Mastgeld aus Bordesholm; Hebungen von Gütern in Reinfeld, Rudekloster und Hadersleben mit Verzeichnis der reinfeldischen Dörfer Herzog Johanns, 1572-1582; Bericht des Statthalters Heinrich Rantzau an König Friedrich II. von Dänemark zum Kloster Reinfeld und Rudekloster, 1582

Bemerkung: weitere hierzu gehörende Akten zum Kloster Reinfeld siehe Abt. 109 Nr. 193-201

14 Fragment des Vertrages von Odense 1569

15 Abschrift des Vergleichs von Mönkloh 1578

1913 Darlegungen der königlichen und herzoglichen Kommissarien vor den mecklenburgischen und hessischen Räten in Flensburg über das zwischen den beiden Landesherrn streitige Bistum Schleswig 1590

16 Beziehungen zu Ostfriesland 1591, 1624

17 Abschrift des Vertrages zwischen König Christian IV. von Dänemark und Herzog Friedrich III. von Schleswig-Holstein-Gottorf zur Teilung der Grafschaft Pinneberg 1640

18 Bitte des von Königin Margaretha von Dänemark gestifteten Jungfrauenklosters in Rostock um eine Unterstützung unter anderem zur Reparatur der Gebäude 1640

19 Forderung des Kanzlers Detlef von Reventlow von 26.500 Reichstalern 1649-1650

20 Berichte des Drostes Jasper von Örtze in Pinneberg über die Beziehungen zu Braunschweig-Celle und über innere Landesangelegenheiten 1649

21 Streitigkeiten mit Gottorf wegen der gemeinschaftlichen Steuern (Peräquation) 1647-1669

22 Berichte des Grafen Christian Rantzau auf Breitenburg publiken und politischen Inhalts 1652

23 Verhandlungen mit Gottorf wegen der Kontributionsverteilung (Peräquation) 1655-1669

24 Eventuelle Aufhebung der Gemeinschaftlichen Regierung 1658

25 Abhandlung mit Graf Albrecht Wolfgang von Schauenburg-Lippe und Sternberg 1736 über eine Forderung 1660-1740
Enthält u. a.: Originaldokumente von 1736 und die vom Grafen Schauenburg ausgelieferten, auf seine Forderung bezüglichen älteren Akten von 1660-1674

26 Verhaftung des Lübecker Dompropstes Johann Friedrich von Winterfeldt auf Befehl des Kurfürsten Friedrich Wilhelm von Brandenburg durch Albrecht Christof von Quast 1660

27 Kommissorium des Statthalters Graf Christian von Rantzau wegen der von Schleswig-Holstein-Gottorf beanspruchten ausstehenden Pflugschatzgelder der Herzöge von Schleswig-Holstein-Sonderburg 1662

28 Kommissionsverhandlungen königlicher und herzoglicher Kommissarien wegen Ruttebüller oder Mögeltondernscher Wasserlösung, Austernbank Huntje, Grenze bei List, Visitation von sieben zum Stift Ripen gehörenden Tondernschen Kirchen, Weiderecht im Mögeltonderschen Hoffelde (1292, 1326, 1576-) 1668-1671
Bemerkung: Karte der schleswigschen Austernbänke, 1668, in Abt. 402 A 19 Nr. 6

29 Inventarisierung der gemeinschaftlichen Akten im Nachlass des Dr. Nicolai in Hamburg 1668-1670

30 Bericht über die Verhandlungen mit Gottorf in Rendsburg wegen Trennung der Sonderburg-Norburgischen Feudalgüter von den Allodialgütern 1669

31 Bericht über Verhandlungsversuche mit gottorfischen Kommissionen wegen der Sonderburg-Norburg- und -Glücksburgischen Allodialpflüge 1669

32 Streitigkeiten mit Lübeck wegen der Gerechtigkeiten an der Trave 1669-1683

33 Verhandlungen mit Gottorf wegen Ausführung des Glückstädter Rezesses von 1667 1674-1675

34 Streitigkeiten mit Gottorf über Justizangelegenheiten 1680-1690

1914 Einige vom gottorfischen Kanzler eingereichte und der Rentekammer zur Erledigung überwiesene Punkte (1483) 1690-1692
Darin: Karte von Föhr und Sylt

35 Streitigkeiten mit Gottorf, besonders wegen des Amtes Trittau 1684
Enthält u. a.: Nachrichten über die Rühmer- und Kapitelsdörfer in den Ämtern Reinbek und Trittau

36 Anspruch Gottorfs an der Erbgerechtigkeit von Norwegen
Enthält u. a.: Abschriften von Urkunden von 1333 (1333) 17. Jh.

37 Ein aus Paris kommuniziertes Projekt zu einem Vergleich zwischen dem dänischen König und Herzog Christian Albrecht von Schleswig-Holstein-Gottorf Ende 17. Jh.

38 Akten des Geheimrats Gensch von Breitenau zu den Pinneberger Kommissionsverhandlungen wegen des vom Grafen Rantzau in Elmshorn erhobenen Ochsenzolls (1613-) 1701-1703

39 Frakturstreit mit Gottorf 1705

40 Berichte der königlichen Kommissarien über die Verhandlungen in Hamburg mit Kommissar von Wedderkop aufgrund des Traventhaler Friedens, besonders wegen der Jurisdiktion über die adligen Marschgüter 1707-1708
Enthält u. a.: ältere Nachrichten über die Jurisdiktion seit 1544

41 Berichte des Landrats Otto von Blome und des Kommissars Lüders über die gemeinschaftlich mit gottorfischen Kommissaren aufgetragene Inspektion der einzelnen Ämter in den Herzogtümern Schleswig und Holstein zur Abstellung von Differenzen 1710-1714

42 Politische Schreiben des Geheimrats Baron von Königstein 1710-1718
Enthält u. a.: Verhandlung mit dem hannoverschen Geheimrat von Bernstorff und mit Geheimrat Joseph August du Cros (eigenhändiges Schreiben des Letzteren, Gottorf, 23. Februar 1714)

Deutsche Kanzlei

1915 Repertorium des Kanzleisekretärs August Erich (Abschrift) (1312-um 1590) 1601

Enthält: Verzeichnisse; Abschriften; Auszüge; Bemerkungen über Bündnisse, Verträge; Rezesse; Abschiede; Lehen (Herzogtümer und inkorporierte Lande); Privilegien des Fürstentums Holstein; Anspruch auf die Grafschaften Oldenburg und Delmenhorst; Huldigungen; Privilegien der Ritterschaft; Beschwerden der Stände und diesbezügliche Resolutionen; Erbteilungen; Teilung mit der Königinwitwe Sophie; Nachlass des Herzogs Magnussen von Holstein; Stift Schleswig; Privilegien des Domkapitels in Schleswig; Bischöfe des Stifts Schleswig; Einziehung des Hauses Schwabstedt; Superintendent in Schleswig und Bischofshof in Schleswig; Kapitel und Domherren des Stifts; Amt Schwabstedt; Dithmarschen; Klöster

Statthalterschaft

44 Statthalter und Vizestatthalter: Instruktionen, Bestallungen und andere Personalangelegenheiten 1600-1712

Justizkanzlei und Obergericht auf Gottorf

82 Einführung der Mitglieder der Justizkanzlei auf Gottorf 1684-1688

83 Bestallungen und andere Personalangelegenheiten der Mitglieder 1717-1729

84 Berichte und Relationen 1720

85 Berichte und Relationen 1721

86 Berichte und Relationen 1722

87 Berichte und Relationen 1723

88 Berichte und Relationen 1724

89 Berichte und Relationen 1725

Holsteinisches Ober- und Oberamtsgericht sowie Oberkonsistorium

75 Holsteinisches Oberkonsistorium: Abhaltung des Konsistorialgerichts 1712

76 Abhaltung eines auf Februar 1727 anberaumten Oberamtsgerichts 1726

77 Holsteinisches Obergericht: Schreiben des Kanzlei- und Regierungsrats Peter Johann Michelsen in Glückstadt wegen eines Votums bei der Regierungskanzlei 1725

Holsteinisches Landgericht

78 Bestallung von Landräten 1578-1589, 1643-1730
Enthält: Ahlefeldt; Berkenthin; Blome; Brockdorff; Buchwald; Güldencrone; Jessen; Kielman von Kielmansegg; Korff; Liliencron; Massow; Meyer; Pforten; Qualen; Rantzau; Reichenbach; Reventlow; Schönfeld; Thienen; Wedderkop

79 Bestallung als Landkanzler 1632-1706
Enthält: Heinrich von Hatten, 1632/33; Konrad Wasmer, 1690/93; Johann Hugo Lente, 1700 (1685 Vizekanzler); Friccius, 1706

80 Abhaltung der gemeinschaftlichen Land- und Quartalsgerichte im Herzogtum Holstein 1702-1726

81 Streitigkeiten zwischen Graf Brockdorff auf Bothkamp und den Landesherren wegen des Verhältnisses des Quartalsgerichts zum Landgericht im Herzogtum Holstein 1726-1731

Regierungskanzlei in Glückstadt

45 Einsetzung in Flensburg und Verlegung nach Glückstadt, Erlass einer Kanzleiordnung und einer Oberamtsgerichtsordnung in Pinneberg 1648-1706

46 Verbesserung der Justizverwaltung ohne Jahr

47 Bestallungen und andere Personalangelegenheiten der Mitglieder (1664-) 1700-1729

1916	Untersuchung gegen den Justizrat Jacob Breyer in Glückstadt wegen Bestechung	1702-1709
48	Berichte und Relationen	1661-1664
49	Berichte und Relationen	1669
50	Berichte und Relationen	1672
51	Berichte und Relationen	1673
52	Berichte und Relationen	1675
53	Berichte und Relationen	1676
54	Memorialien und Schreiben von verschiedenen Räten	1668-1699
55	Berichte und Relationen	1677
56	Berichte und Relationen	1680
57	Berichte und Relationen	1681
58	Berichte und Relationen	1682
59	Berichte und Relationen	1683
60	Berichte und Relationen	1684
61	Berichte und Relationen	1685
62	Berichte und Relationen	1705
63	Berichte und Relationen	1706
64	Berichte und Relationen	1707
65	Berichte und Relationen	1708
66	Berichte und Relationen	1709
67	Berichte und Relationen	1714
68	Berichte und Relationen	1719

69 Berichte und Relationen 1720

70 Berichte und Relationen 1723

71 Berichte und Relationen 1724

72 Berichte und Relationen 1725

73 Berichte und Relationen 1727

74 Berichte und Relationen 1728

Königliche Bestätigungen

90 Konfirmationen, Konzessionen und ähnlicher Privilegien (1578-) 1603-1698

91 Konfirmationen von Privilegien für Marktschreier und Quacksalber 1649-1702
Enthält: Martin Petzold; Reichardt Speer; Philipp Rauch; Sebastian de Scio

92 Konfirmationen von Eheverträgen 1650-1730

93 Konfirmationen, insbesondere von Kontrakten, Kauf- und Festebriefen 1655-1704

Justiz und Prozesse

94 Vierstädtegericht: Allgemeines 1605 (1615, 1671)

95 Rechtsgutachten zu Kontroversen über den Gerichtsstand [1700]

96 Kaiserliche Konfirmation der revidierten Holsteinischen Landgerichtsordnung 1636

97 Verbindung mit dem Deutschen Reich hinsichtlich der Justiz sowie Reichskammergericht 1670-1714

98 Justiz: Allgemeines 1708-1726

99 Landesgesetze und Gesetzgebung 1721-1723

100 Eventuelle Bestellung eines Fiskals (1648) 1649
Enthält u. a.: Dr. jur. Johann Kirchmann, 1648

101 Advokaten und Notare 1709-1710, 1724
Enthält: Emanuel Wölffel, Flensburg; Johann Georg Bock, Glückstadt

102 Obersachwalter 1661, 1724
Enthält: Eid des Konrad Wasmer; Dr. Johann Lorens Bensen

103 Vormundschaft und Kuratel 1646-1704

104 Gemeinschaftliche Konstitution über das Vertretungsrecht bei Erbschaften 1649

105 Testamente und Erbschaft 1662-1726
Bemerkung: siehe auch Abt. 65.1 Nr. 92

106 Schuld- und Konkursangelegenheiten 1720-1729
Enthält u. a.: Friedrich von Ahlefeldt auf Stubbe und Krieseby; Oberstleutnantswitwe Anna Magdalena von Lützow, Schleswig; Amtsverwalter Johann Thomsen, Flensburg

107 Kriminalangelegenheiten 1673-1724

108 Scharfrichter: Allgemeines 1726

109 Prozesse 1598, 1664-1720

110 Ernennung königlicher Kommissarien für Rechtsprozesse in den Herzogtümern 1610-1648

111 Forderungen des Generalleutnants Bernhard Joachim Mörner in Schleswig namens Carl Hildebrand von Canstein in Berlin an Geheimrat Joseph August du Cros (1696, 1706) 1720-1724

112 Bruchstücke von Prozessakten 1620-1704, ohne Jahr

1917 Hexenverfolgungen des Grafen Christoph von Rantzau auf Schmoel und Övelgönne 1686-1689

Kirche

113 Episkopalhoheit 1646-1691

1918 Vorschläge an König Christian III. von Dänemark über Einsetzung eines Lektors in Reinfeld, Abschaffung der Messe in Ahrensbök und Reinfeld, Erlass eines Mandats gegen die beliebige Entsetzung der Pastoren, Vokation der Pastoren, Einsetzung von Kaplänen statt Küstern, Lehen der Anneke Conrades, Begnadigung eines Kalandes gegen den Willen der Äbtissin um 1541

114 Episkopalrecht der gemeinschaftlichen Regierung über Kirchen ritterschaftlichen Patronats und Beibehaltung der bisherigen Kalande oder Unterkonsistorien in den Ämtern 1707, ohne Jahr
Darin: Abdruck des großen und kleinen münsterdorfischen Kalandssiegels sowie des Segeberger Konsistoriumssiegels

1919 Königliche Episkopalhoheit bei den gemeinschaftlichen Kirchen des Herzogtums Holstein und den adligen Patronatskirchen in der Propstei Münsterdorf 1721

115 Gottesdienst allgemein, insbesondere Resolution König Christians IV. von Dänemark zur Verbesserung der Kirchenordnung 1637

116 Kirchenvisitationen: Allgemeines 1639-1723

117 Gottesdienst und einzelne kirchliche Handlungen 1646-1682

118 Verzeichnis über alle Kirchen in Schleswig und Holstein mit königlichem Episkopal- und Patronatsrecht 1653

119 Verzeichnis des Generalsuperintendenten Stephan Klotz über alle Kirchen in Schleswig und Holstein mit königlichem Episkopal- und Patronatsrecht 1653

120 Geplante Feier Gottorfs zum hundertjährigen Bestehen des Augsburger Religionsfriedens 1655

121 Oberkonsistorium und Unterkonsistorium (1701) 1715-1724

122 Generalsuperintendenten: Rechte und Pflichten 1640-1729, 1759

123 Bestallung eines Generalkirchenkommissars neben dem Generalsuperintendenten 1664, ohne Jahr

124 Bau eines Generalsuperintendentenhauses 1690-1721

125 Generalsuperintendenten: Privatverhältnisse und Streitigkeiten 1702-1729

126 Kirchenbeamte: Prediger 1639-1729

127 Errichtung eines Fiskus für arme Predigerwitwen und -waisen 1640-1649

128 Beförderung von Schullehrern zu Predigern sowie Predigereinkünfte 1646

129 Präsentation und Kandidaten der Theologie 1655, 1678, 1690

130 Militärseelsorge und Feldprediger: Lizentiat Georg Franz Richter von Kempenstein in Itzehoe 1685

131 Legationsprediger in Paris: Lizentiat Johann Volckmar 1693

132 Bewerbungen um Predigerstellen 1700-1720

133 Präzedenzstreitigkeiten zwischen Adjunkt und Diakon in Breklum 1718

134 Besetzung von Predigerstellen in Schottburg (Amt Hadersleben), Satrup (Amt Gottorf), Hürup (Amt Flensburg), Viöl (Amt Bredstedt), Klixbüll (Amt Tondern), Vollerwiek (Landschaft Eiderstedt) 1729-1730

135 Kirchenbuße 1650

136 Kirchengebete 1651-1720
Enthält auch: gottorfisches Gebet

137 Sonn-, Fest-, Buß- und Bettage 1657-1724

138 Abendmahl 1565-1566, 1650-1691, ohne Jahr

139 Zensur geistlicher Bücher durch den Generalsuperintendenten 1681

140 Beerdigung 1687-1725

142 Kirchenbuße: Dispens 1704, 1729

143 Einrichtung des Kirchengebets im ehemaligen gottorfischen Anteil des Herzogtums Schleswig 1720

144 Druck von Gesangbüchern 1724-1730

145 Fremde Religionsverwandte 1723, 1729

Schule und Universität

146 Gelehrtenschule in Hadersleben: Abschriften der Privilegien 1567-1718

147 Universität Kiel: Konviktorium 1684

Ehe

148 Eheangelegenheiten 1603-1729

149 Dispense vom Heiratsverbot wegen Verwandtschaft 1708-1719

150 Konzessionen zur Haustrauung 1705-1733

Kammer- und Finanzwesen

151 Pflugschatz-, Fräuleinschatz-, Türkenschatz-Register 1548-1566, ohne Jahr

152 Pflugschatzregister, renovierte Matrikel der Herzogtümer 17./18. Jh.

153 Kammergerichtsverordnung 1720

154 Fräuleinschatzregister des Statthalters Breide Rantzau 1548-1549

155 Fräuleinsteuer 1620-1665

156 Kontribution von Ländereien der Bauerschaft Drage in Stapelholm 1540

157 Restanten beim Landkasten, von Pflugschatzgeldern und der Kontribution zur Landesdefension, besonders auch Verhandlungen mit den Herzögen von Schleswig-Holstein-Sonderburg wegen Restantenzahlung 1630-1656

158 Ordinäre Kontribution und Revision der Landesmatrikel 1643, 1652

159 Beschaffung von Geldern für die Landesdefension 1645

160 Holsteinischer Landkasten 1649, 1665

161 Kontribution von den augustenburgischen Pflügen in Schwabstedt 1685

162 Zoll und Lizenten 1601-1708

163 Zollprivileg für Jürgen Holst und dessen Glasofen zur Herstellung von Kristallgläsern 1654

164 Münzangelegenheiten 1566-1727

165 Jagdangelegenheiten 1615, 1649-1650

166 Magazinkorn 1691-1692

167 Stempelpapier 1664 (1684-1694)

168 Dienstkompetenzen des königlichen Sekretärs am gottorfischen Hof Michael Friedrich Thomsen 1700

Landwirtschaft, Fischerei, Deiche und Mühlen

170 Landwirtschaft 1618, 1721
Enthält: allgemeine Bestimmungen; Fischereirecht im Steller See; Deich bei Oldenbüttel; Störfang auf der Elbe

1940 Fischerei in den Ämtern Hadersleben, Flensburg und Rendsburg sowie in beiden Fürstentümern allgemein 1654, 1665
Enthält: u. a.: Verzeichnis der Seen und Teiche im Amt Rendsburg, 1665

169 Deichangelegenheiten, besonders Eindeichung bei der Wulfshallig und bei der Hattstedtermarsch 1619

171 Eindeichung des Außendeichlandes bei Haselau und Haseldorf sowie des Außendeichlandes Oldefeld bei Wedel 1654
Bemerkung: Karte des Elbflusses zwischen Schulau und Haseldorf, 1669, in Abt. 402 A 19 Nr. 9

172 Königliche Mühlen 1685

Städte allgemein

173 Einquartierungsfreiheit für adlige Häuser 1632

174 Schreiben des Statthalters Graf Ahlefeldt an Geheimrat Jessen zum Zustand der Städte in den Herzogtümern 1698

175 Magistrate in den Städten: Allgemeines (1696-) 1705, 1710

176 Nachrichten über die Wahl und Bestallung der Magistratspersonen im königlichen Anteil der Herzogtümer 1710

Gewerbe, Handwerk, Privilegierte, Handel und Schifffahrt

177 Freimeisterkonzessionen für Handwerker 1649-1730
Bemerkung: siehe auch Abt. 65.1 Nr. 90

1920 Verordnung wegen des Bierbrauens 1623

178 Verleih der Amtsgerechtigkeit an die Schwarz- und Schönfärber in den Herzogtümern durch König Christian V. von Dänemark 1692

179 Verbot des Hausierens 1713

180 Handel und Schifffahrt 1585-1724

181 Erteilung von Seepässen 1702

182 Fahrt auf der Alster (1438, 1525-1526) 1676-1682

183 Fahrt auf der Stör 1597-1618

184 Fahrt auf dem Strom zwischen Neumünster und Kellinghusen 1630

185 Fahrt auf der Trave 1646

186 Fahrt auf der Eider 1687-1702

1921 Fahrt auf der Kremper Au 1708-1716

1922 Schifffahrt auf der Elbe 1727-1728

Post und Rollfuhren

187 Post 1682, 1715

188 Vergehen bei der Briefbeförderung 1722

189 Allgemeine Witwenpensionsanstalt: Verordnung zur Postkasse 1720

Polizei

190 Duellforderung des Kirchspielvogts Klaus Petersen in Barlt 1653

191 Rang 1674-1675, 1718

192 Maß und Gewicht 1686

195 Verordnung über Maße, Ellen und Gewicht 1712

193 Strandung des hamburgischen Schiffes „Der gekrönte Friede“ am Hundesand bei Büsum (1701) 1702

194 Pest 1709, 1712
Bemerkung: siehe auch Abt. 65.1 Nr. 91

196 Viehseuche: Allgemeines 1714

197 Luxus: Allgemeines 1722

198 Wege: Allgemeines 1724-1725

199 Öffentliche Sicherheit: Zigeuner, Bettler und loses Gesindel 1725-1727

Militär und Krieg

200 Anschlag für die Musterung der Herzogtümer 1625
Enthält u. a.: Pflugzahl adliger Güter

201 Dreißigjähriger Krieg 1625-1649

1923 Rechnung, Quittungen und Rollen zum Holsteinischen Regiment zu Fuß unter Oberstleutnant Heinrich von Buchwald 1642-1644

202 Generalaufgebot und Landausschuss 1627, 1655, 1664

203 Militär- und Kriegsangelegenheiten 1566, 1649-1712

1924 Schreiben des Herzogs Hans Adolf von Schleswig-Holstein-Sonderburg-Plön an einen Feldmarschall über Friedensverhandlungen und Kriegsunternehmungen 1689
Bemerkung: Abschrift des 20. Jh.

204 Forderung des Obersts und Hardesvogts Johann Wittmack in Bredstedt an die königliche Kasse 1646-1674

1942 Gewaltsame Werbung für ausländische Truppen 1704
Enthält: Hans Pentz, Jel, wegen Gewalttätigkeit an den aus Böhmen und Sachsen stammenden Glashändlern Hans Christoph Kraußmann, Christoph Samuel Brennig und Jürgen Görtner

205 Kriegskostenrechnung der gottorfischen Ämter Reinbek und Trittau 1713-1721

Prälaten und Ritterschaft

1925 Landregister 1543, 1546
Gedruckt in: Neues Staatsbürgerliches Magazin 3 (1835), 69-76, und 6 (1837), 206-251.

1926 Einnahme- und Ausgaberegister über den auf dem Landtag in Rendsburg von 1543 bewilligten Schatz 1543-1545
Gedruckt in: Neues Staatsbürgerliches Magazin 6 (1837), 252-290.

206 Landregister und Landesmatrikel 1545, 1579, 1636-1700

207 Weigerung zur Huldigung Herzog Johanns des Jüngeren von Schleswig-Holstein-Sonderburg 1564

208 Rittergerichte für adlige Verbrecher 1560-1629 (-1648)

209 Huldigung und Konfirmation 1588-1616
Enthält vor allem: Huldigung von Prälaten, Ritterschaft und Städten, auch das von den Ständen geforderte Recht der Wahl des Landesherrn

210 Landregister (Verzeichnis der Prälaten und der Mitglieder der Ritterschaft, Städte und Ämter) 1593

211 Konfirmation der Landesprivilegien 1593-1712

212 Gerichtsstand königlicher und herzoglicher Bediensteter von Adel bei Dienstvergehen 1596-1604

213 Lastenfreiheit der adligen Stadthäuser 1608, 1632

214 Landregister (Prälaten, Ritterschaft, Städte und Ämter) 1609

215 Auszüge aus Beschwerden der Landschaft und Resolutionen der Landesherren über entwichene Untertanen 1610-1636

216 Besetzung der Ämter mit Einheimischen von Adel 1613 (-1648)

217 Fragment eines Kopialbuches 1613-1615
Enthält: gemeinschaftliche Patente und Landgerichtsakten

218 Jagdrecht des holsteinischen Adels auf den Gütern des Stifts und Domkapitels Lübeck 1618-1629

219 Einberufung des Landtags 1621-1668

220 Verbot des Verkaufs adliger Güter 1623, 1651

221 Rossdienst, Militär und Krieg 1636-1700

222 Renovierte Landesmatrikel (1638-) 1643, 1650

223 Abschrift von acht gemeinschaftlichen Verordnungen 1650-1671

224 Mangelhafter Besuch der Landtage 1657

225 Bericht des Statthalters Graf Christian Rantzau wegen verschiedener Beschwerden der Landstände 1659

226 Besetzung des Landgerichts 1676

227 Supplik des Bertram von Rantzau und Benedikt von Blome um Kontributionserleichterung 1684-1685

228 Verweis wegen eigenmächtig abgehaltenen Konvents 1685

229 Verminderung der Kontribution und Ausschreibung eines Landtags 1692

230 Abhaltung eines Quartals- und Landgerichts 1695

231 Weigerung der Ritterschaft im Herzogtum Schleswig zum Beitrag an den Kosten der vom Niedersächsischen Kreis beschlossenen Landesdefension 17 Jh.

232 Lasten und Leistungen während des Nordischen Krieges, Kontribution, Anlagen, Lieferungen, Einquartierungen 1700-1716

233 Vormundschaft über den unmündigen Herzog Carl Friedrich von Schleswig-Holstein-Gottorf 1702

234 Bitte um Abteilung der einseitigen Befehle des Königs oder des Herzogs 1705

235 Abhaltung von Quartal- und Landgerichten 1714, 1722

236 Donativgelder für das Haus Schleswig-Holstein-Gottorf 1714-1716

237 Berücksichtigung beim Braunschweiger Kongress (1696) 1711, 1715

238 Aufnahmegesuch des Barons Johann Ludwig von Königstein 1715-1718

239 Schuldforderung des braunschweig-lüneburgischen Hof- und Kammeragenten Michael Davids über Donativgelder sowie die rückständigen Zahlungen des Grafen von Rantzau 1713-1723

240 Rückständige Landesanlagen 1719-1720

241 Turnus der Gemeinschaftlichen Regierung 1721

242 Nichtgewährung eines Moratoriums 1721

243 Landesprivilegien 1722

244 Klagen über das landverderbliche Agio 1722

245 Beschwerden über Hamburg und Lübeck wegen Zoll und Akzise 1722

246 Königliche Resolutionen auf Memoriale über verschiedene Wünsche und Rechte der Ritterschaft 1721, 1732 (1771)

247 Nachrichten über die Lehnsgrafen, Kammerherrn, Geheim- und Landräte bis zur Regierung König Christians VI. von Dänemark 18. Jh.

Adel und adlige Familien

248 Verbot des Verkaufs von Gütern durch Bürger an Mitglieder des Adels 1579-1598

249 Formular zu einem Adelsbrief von König Friedrich III. von Dänemark [1648-1670]

250 Ermordung des Wulf von Ahlefeldt durch Marquard von Rantzau 1604

251 Streitigkeiten des Schack von Ahlefeldt mit seiner Frau, der Tochter des Andreas Rantzau auf Grundhof 1583

1927 Abschluss eines Vergleichs durch Graf Christian Rantzau zwischen dem König und dem Generalmajor Claus von Ahlefeldt wie auch seiner Frau Elisabeth Sophie wegen Braut-, Kriegsdienst- und Werbungsgelder (1643-) 1652

252 Erbvergleich zwischen Wulf von Ahlefeldt auf Königsförde und Johann von der Wisch sowie mit den Kindern und Töchterkindern 17. Jh.

1928 Erbschaftsprozess zwischen Friedrich von Ahlefeldt auf Seegaard und Gravenstein und dem Grafen Detlef Rantzau 1664-1666

253 Konkurs des Grafen Charles von Ahlefeldt auf Gravenstein 1712

254 Mordsache zwischen Paul Uck in Auenbüll und Hans Blome in Ornum (Brattburg) 1591

255 Adlige Privilegien des Detlef Godtborchsen in Bredstedt und des Peter Frutzen in Husum 1562

256 Baron Pincier von Königstein 1710-1720
Enthält u. a.: Königsteinscher Prozess; Verfolgung des Geheimrats Johann Ludwig von Königstein auf Dollrott und Oehe durch die gottorfische Regierung

257 Berichte und Briefe von Baron Pincier von Königstein, besonders über seine persönlichen Verhältnisse und seine Forderungen an die gottorfische Regierung (1707) 1716-1729

258 Gerechtigkeiten des Geheimrats Baron Pincier von Königstein an den Außendeichsländereien in Preil 1719-1730

259 Prozess des Kommerzienpräsidenten Caspar Ahrend Mecklenburg mit der Witwe des Geheimrats Baron Pincier von Königstein und deren Kurator, dem Amtmann von Vieregge in Hadersleben, wegen Außendeichsländereien bei Tönning 1736-1737

260 Gesuch des Gottorfer Geheimrats Clausenheim über eine Wiederaufnahme des Königsteinschen Prozesses von 1710 1741

261 Erbstreitigkeiten über die Hinterlassenschaft des Geheimrats Baron Pincier von Königstein 1745

262 Verhaftung und erbetene Befreiung des Gottorfer Geheimratspräsidenten Magnus von Wedderkop, Restitution seiner Güter sowie die von der Familie Wedderkop für die Befreiung angebotenen 50.000 Taler (1704) 1709-1719
Enthält u. a.: Originalschreiben von Görtz und von Wedderkop

263 Schuldforderung des Magnus von Wedderkop an den Grafen Schack-Schackenburg 1711-1716

264 Streitigkeiten des braunschweig-lüneburgischen Geheimrats Gottfried von Wedderkop auf Steinhorst, Gelting und Moisling mit den Töchtern des verstorbenen Baron von Görtz wegen deren Forderung an Gelting 1733

Landtag

265 Landtag (1382, 1441, 1460, 1467) 1544-1604
Enthält auch: Landtagsabschiede zu den Land- und Quartalstagen der Jahre 1544, 1548, 1550, 1551, 1558, 1563, 1565, 1568, 1571, 1577, 1579, 1586, 1594, 1595, 1597, 1599, 1600, 1602 und 1604

266 Landtag in Flensburg 1610-1613

267 Landtag in Hadersleben 1614

268 Landtag in Kiel 1615

269 Landgerichtstag in Hadersleben 1616

270 Landtag in Flensburg 1620

271 Landtage in Kiel und Rendsburg 1621-1622

272 Landtage in Kiel, Rendsburg und Flensburg 1623

273 Landtag in Kiel 1625

274 Landtage in Rendsburg und Kiel 1626-1627

275 Landtag in Itzehoe 1629

276 Landtag in Kiel 1630

277 Landtage in Kiel, Rendsburg und Schleswig 1631-1632

278 Propositionen und Resolutionen der Landtage von 1633 bis 1646 1633-1646

1929 Propositionen und Resolutionen der Landtage von 1633 bis 1646 1633-1649

1930 Propositionen und Resolutionen der Landtage von 1649 bis 1674 1649-1674

280 Landtag in Kiel 1633

281 Landtag in Kiel 1634

282 Landtag in Kiel 1635

283 Landtag in Kiel 1636

284 Landtag in Flensburg 1637

285 Landtage in Flensburg 1638, Kiel 1639, Schleswig 1639 und Kiel 1640 1638-1640

286 Landtage in Kiel und Schleswig 1641-1644

287 Landtage in Kiel und Schleswig 1645

288 Landtage in Flensburg und Rendsburg 1646

289 Landtage in Schleswig, Rendsburg und Flensburg 1648-1649

290 Landtag in Schleswig 1647

291 Landtage in Kiel, Rendsburg und Flensburg 1648

292 Landtage in Kiel, Rendsburg und Schleswig 1650

293 Landtage in Kiel und Schleswig 1651

294 Landtag in Flensburg 1652

295 Landtag in Kiel 1653

296 Verhandlung in Kiel und Landtag in Flensburg 1654

297 Landtag in Kiel 1655

298 Landtag in Rendsburg 1656

299 Landtag in Flensburg 1657

300	Landtag in Schleswig	1661
301	Landtag in Rendsburg	1662
302	Landtag in Kiel	1663
303	Landtag in Rendsburg	1664
304	Landtag in Kiel	1665
305	Landtag in Flensburg	1666
306	Landtag in Kiel	1667
307	Landtag in Rendsburg	1668
308	Landtag in Kiel	1669
309	Landtag in Rendsburg	1670
310	Landtag in Rendsburg	1671
311	Landtag in Rendsburg	1672
312	Landtag in Kiel	1673
313	Landtag in Rendsburg	1674
314	Landtag in Kiel	1675
315	Zusammenberufung eines Landtages	1680
316	Landtag	(1648-) 1711
1931	Schleswigsche Kommissionsakten von Juni 1711 sowie Landtag in Rendsburg	1711-1712

Adlige Klöster allgemein

353	Gottorfische Schreiben zur Besetzung der Prälaturen	1611

354 Leistung von Einquartierung, Wagenfuhren und sonstigen Lasten 1645-1698

355 Pflugzahl, auch von Kirchen- und Hospitallansten (1630) 1664-1690

1932 Allgemeines, besonders das landesherrliche Recht der Erstbitte (ius primarum precum) bei der Besetzung erledigter Stellen 1671, 1706-1712

356 Präsentation der aufzunehmenden Fräulein 1712

357 Antrittsgeld der Untertanen einer neu gewählten und konfirmierten Obrigkeit 1727

358 Aktenverzeichnis um 1730

Sankt Johanniskloster vor Schleswig

359 Königliches Recht der Erstbitte (ius primarum precum) bei der Besetzung erledigter Stellen 1656, 1717, ohne Jahr

360 Königliches Episkopalrecht 1672

361 Visitationsrecht des königlichen Generalsuperintendenten Thomas Clausen 1722

362 Privilegien und Gerechtigkeiten 1648-1700

363 Propst 1711
Enthält: Abdankung des Grafen Hinrich von Reventlow zu Lehmkuhlen; Wahl des Geheim- und Landrats, Kammerpräsidenten Detlef von Reventlow zu Schmoel und Hohenfelde

364 Klostervogt 1646
Enthält: Vergehen des Klostervogts Marx Dietrichsen an dem Reitvogt Peter Cluver; Arrestierung

365 Tod der Priörin Cäcilia von Kaas und Wahl der Priörin Margaretha von Bassewitz 1716

366 Aufnahme von Konventualinnen 1681-1714
Enthält: Cäcilia von Kaas; Hedwig Catharina und Barthe Magdalena Brinck, Töchter des Obersts Conrad Brinck; Dorothea von Moltke; Ernestina Susanna von Woyda; Anna Emerentia von der Decken
Enthält auch: Verzeichnis der verstorbenen, verheirateten und auch wieder eingekleideten Fräulein, 1693-1714

367 Anspruch des Gläubigers einer Konventualin auf die Einkünfte der Präbende (1711) 1718
Enthält: Dorothea von Moltke

368 Frohn und Auflagen, Fuhrdienste und Dingpflicht der Untertanen 1630-1719

369 Einquartierung und Kriegslasten 1663-1664, 1698-1714

370 Nachmittagsgottesdienst 1716

371 Patronat über die Kirchen Kahleby und Moldenit 1721

372 Streitigkeiten mit Klein Rheide, Groß Dannewerk und der Mielberger Schäferei wegen Moor- und Torfland (1681-) 1726

Kloster Preetz

373 Königliches Recht der Erstbitte (ius primarum precum) bei der Besetzung erledigter Stellen (1589-1635) 1635-1717

374 Königliches Episkopalrecht 1712

375 Gerechtigkeiten an der Schwentine 1635

376 Orgelspiel 1646, 1685

377 Privilegien des Klosters und Freiheiten der Konventualinnen
Enthält: Kirchbarkau; Warnau; Barmissen 1671, 1717

378 Institut der Schuljahre 1707, 1712

379 Klosterordnung und deren Verletzung durch Komödienspiel 1710-1711

380 Klosterordnung und die Abschaffung der lateinischen Gesänge 1718

381 Streitigkeiten des Propstes Wulf von Rantzau und der Priörin Dorothea von Rantzau mit den Konventualinnen 1547-1549
Vgl. dazu auch Schleswig-Holstein-Lauenburgische Urkundensammlung, 1. Bd. Kiel 1839, 406-407.

382 Propst Detlef von Sehestedt 1625

383 Klosterschreiber Marcus Reimers (1640, 1660) 1674, ohne Jahr

384 Privileg des Klostergärtners 1693

385 Klosterprediger Pastor Hasse aus Altona 1712

386 Priörinnen Dorothea von Sehestedt, Elisabeth von Ahlefeldt und Ide Hedwig von Buchwald 1717-1723

387 Streitigkeiten der Konventualinnen Margaretha und Dorothea von Ahlefeldt mit der Konventualin Dorothea von Wensin wegen Beleidigung 1636

388 Aufnahme der Konventualinnen 1651-1673
Enthält: von der Decken; Magaretha von Kaas; Sophia Amalia, Christiana Charlotte und Friederica Wilhelmina von Sehestedt

389 Einschreibung der vier Töchter des Jägermeisters Gerhard von Brockdorff, Charlotte Sophia, Anne Ölgard, Marie Elisabeth und Ida C. (1691) 1693

390 Eid der Konventualinnen 1718

391 Umwandlung der Hofdienste der Einwohner des Fleckens Preetz in eine Geldabgabe 1611

392 Streitigkeiten der Einwohner des Fleckens Preetz mit dem Propst Wulf von Buchwald wegen ungewöhnlicher Auflagen 1635
Enthält u. a.: Häuser- und Budenverzeichnis; Namenlisten, zum Teil mit Hausmarken; Verzeichnis der Klosteruntergehörigen (Hufner und Kätner)

393 Freimeisterschaft des Schustergesellen Hans Henning Vollerts in Preetz 1716

394 Privileg des Apothekers Georg Ferdinand Suadicani im Flecken Preetz 1717-1718

395 Einquartierung und Kriegslasten 1645-1701

396 Pflugschatzgelder und andere außerordentliche Anlagen 1655, 1711, 1724

397 Kontributionserlass (1669) 1671

398 Pastorat in Schönkirchen [nach 1676]

399 Patronatsrecht über die Kirche in Schönberg 1709-1710
Enthält u. a.: Liste der Kirchspielshufner mit ihren Hausmarken

400 Justiz und Prozesse 1684, 1721
Enthält: Albini Volckharts; Dorothea Waldhoffen, Kopenhagen

401 Hof Kirchbarkau 1664, 1682, ohne Jahr

402 Besitznahme einer Hufe in Ratjendorf 1714-1715

Kloster Itzehoe

403 Königliches Recht der Erstbitte (ius primarum precum)bei der Besetzung erledigter Stellen 1649-1683

404 Einkünfte, Schulden und Klosterrechnung 1547-1708

405 Veräußerung von Häusern (1564, 1613) 1670, ohne Jahr

406 Allgemeines (1564) 1578-1686
Enthält u. a.: Privilegien; Pertinenzien; Jurisdiktions- und Jagdgerechtigkeiten
Enthält auch: Verzeichnis der Äbtissinnen, 1362-1599

407 Ablegung der Klosterrechnung (1667) 1669

408 Häuser von den Schmoelschen Strafgeldern 1691-1725

409 Veräußerung einer klösterlichen Koppel (1695-) 1700

410 Aktenverzeichnis [vor 1730]

411 Verbitter und Klostervogt 1630-1729
Enthält auch: Konventualinnenverzeichnis, 1634

412 Klosterschreiber 1654-1708

413 Einseitige Ausgabe einer Expektanz der Äbtissin auf den Dienst als Klosterschreiber an Joachim Bocatius (1637-) 1673-1674

414 Wahl des Konferenzrats Hinrich von Blome auf Waterneverstorf zum Verbitter und dabei vorgefallene Differenzen (1691-) 1729

415 Äbtissin Catharina von Ahlefeldt und deren Streit mit Emerenzia von Pentz 1599

416 Streitigkeiten der Äbtissin Maria geb. Herzogin von Schleswig-Holstein-Sonderburg mit der Priörin Emerenzia von Pentz 1612-1618

417 Äbtissin Maria geb. Herzogin von Schleswig-Holstein-Sonderburg (1610-) 1614-1636, ohne Jahr
Enthält u. a.: Interzessionalschreiben; Streitigkeiten mit dem Propst und einzelnen Konventualinnen

418 Äbtissin Emerentia von Heesten (1661) 1663-1664

419 Äbtissin Anna von Buchwald 1654-1655

420 Äbtissin Dorothea Luise, Tochter des Herzogs Ernst Günther von Schleswig-Holstein-Sonderburg-Augustenburg (1611-1612) 1683-1721
Enthält u. a.: Streitigkeiten mit der Priörin Anna Clarelia von Ahlefeldt

421 Priörin Anna Clarelia von Ahlefeldt und deren Streitigkeiten 1685-1714

422 Einziehung der Einkünfte der Äbtissin 1692

423 Wahl und Konfirmation der Äbtissin Margaretha Catharina von Ahlefeldt 1721

424 Aufnahme von einzelnen Fräulein 1533-1721

425 Streit der Konventualinnen Emerenzia und Agathe von Pentz mit Dorothea von Ahlefeldt wegen Beleidigungen 1603-1618

426 Einzelne Konventualinnen 1618-1721

427 Prediger an der Laurentiuskirche in Itzehoe 1539-1730

428 Streitigkeiten mit der Stadt Itzehoe aus der Zeit der Äbtissin Catharine von Pogwisch (1337, 1533) 1550-1575
Enthält auch: Bericht Heinrich von Rantzaus und Josias von Qualens (Breitenberge 1575 Mai 13), darin auch politische Nachrichten

429 Sankt Jürgensstiftung in Itzehoe 1555-1620

430 Patronatsrecht über die Kirchen in Itzehoe und Nortorf (1440-) 1610-1653

431 Streit mit der Stadt Itzehoe wegen des Bierschenkens (1506-) 1613-1636

432 Patronatsrecht über die Laurentiuskirche in Itzehoe (1538) 1617-1658

433 Grenz- und andere Streitigkeiten mit der Stadt Itzehoe (1540-) 1617-1688

434 Laurentiuskirche in Itzehoe (1460-) 1642-1707

435 Streit mit der Stadt Itzehoe wegen Glockenläutens 1648

436 Streit mit der Stadt Itzehoe wegen eines Schlagbaums 1654

437 Anmaßung der Kriminalgebühren in einer Gerichtssache wegen eines auf dem Laurentiuskirchhof Entleibten (1649-) 1669

438 Streit mit der Stadt Itzehoe wegen des Privilegs der Schlachter (1683) 1684, 1692

439 Patronatsrecht über die Laurentiuskirche in Itzehoe und die mit dem Pastorat verknüpfte Präpositur des Konsistoriums Münsterdorf (1697) 1699-1724

440 Streitigkeiten der Priörin Anna Clarelia von Ahlefeldt mit Johann Hieronymus von Petkum, Propst des Münsterdorfer Konsistoriums und Hauptpastor in Itzehoe, wegen Beleidigungen 1700-1710

441 Beitrag für die Stadtschule in Itzehoe 1720

1933 Aufbringung der Kirchenanlagen für die Laurentiuskirche in Itzehoe 1720-1728

1934 Gebühr für Abendbegräbnisse 1729-1730

443 Streitigkeiten mit Heiligenstedten, besonders wegen der dortigen Kirche 1572-1701

444 Verhältnis zu den Kirchen in Nortorf und Kellinghusen 1646, 1695, 1699

445 Kirchenvisitationen 1682

446 Patronatsrecht über die Kirchen in Heiligenstedten und in Nortorf (1680-) 1700-1729

447 Streit mit den Besitzern des Gutes Heiligenstedten wegen des Patronatsrechts über die Kirche in Heiligenstedten (1689-) 1697-1701

448 Deiche und Wege 1530-1618

449 Fuhrleistungen, Dienstgelder und andere Lasten des Klosters und seiner Untertanen 1613-1700

450 Streitigkeiten einzelner Untergehörige 1621, 1623, 1712, 1722

451 Krieg und Einquartierung 1626-1715

452 Anlegung einer Ziegelbrennerei auf klösterlichem Gebiet in Kellinghusen 1705

Kloster Uetersen

453 Abschrift der Urkunden über die Verhandlungen der Grafen von Schauenburg mit König Christian I. von Dänemark und die Privilegien des Klosters [1460, 1484, 1572]

454 Beziehungen und Streitigkeiten mit Holstein-Schauenburg-Pinneberg (1484) 1572-1640, 1656-1722

455 Vertrag von Mönkloh mit Protokoll der Verhandlung 1578

456 Verpflichtung zur Zahlung der fünf- und dreijährigen Bede 1581-1583, 1636-1651

457 Gottorfische Schreiben an den dänischen König wegen Differenzen mit dem Grafen von Schauenburg 1601-1613

458 Protokoll der Verhandlungen in Elmshorn mit königlichen und gräflich-schauenburgischen Abgesandten wegen des Ochsenhandels, der Harksheide und des Klosters Uetersen 1615

459 Streitigkeiten zwischen dem dänischen König und dem Grafen Ernst von Schauenburg 1615-1638

460 Protokoll der Verhandlungen der königlichen und gottorfischen Räte mit gräflich-schauenburgischen Abgesandten in Krempe 1618

461 Superorität des Königs 1616-1667

462 Bericht des Grafen Christian von Rantzau und des Kanzlers Dr. Dietrich Reinking zur Huldigung der Klosteruntersassen und der Eingesessenen der hamburgischen Dörfer Spitzerdorf und Poppenbüttel 1652

463 Extrakt aus dem zwischen König und Herzog in Glückstadt getroffenen Vergleich 1668

464 Kantor und Organist sowie Abschaffung der lateinischen Gesänge 1629, 1720-1722

465 Klosterordnung 1726

466 Klosterschreiber 1613, 1706

467 Differenzen bei der Wahl des Grafen Hinrich von Reventlow zum Propsten 1725-1726

468 Propst 1618-1728

469 Beschuldigung der Priörin Catharina von Platen wegen Geburt eines unehelichen Kindes 1615-1620

470 Priörin Anna Emerentia von Reventlow 1713

471 Beschwerden von Konventualinnen über die Priörin Anna Emerentia von Reventlow wegen veränderter Kirchenstruktur und anderer Punkte (1716) 1718-1719

472 Differenzen bei der Wahl der Anna Emerentia von Reventlow zur Priörin 1713

473 Aufnahme von Fräulein und das landesherrliche Recht der Erstbitte (ius primarum precum) bei der Besetzung freier Stellen 1610-1717

474 Lieferung von Bau- und Brennholz aus den Ämtern Pinneberg-Barmstedt 1581-1717

475 Erklärung des Landdrosten von Ehrenschildt und des Amtsverwalters Borchard von Suhm zu den Beschwerden des Propstes Friedrich von Reventlow über das Amt Pinneberg (1690-) 1698

476 Streit mit dem Grafen Christian Detlef von Rantzau wegen des Patronatsrechts über die Kirche in Elmshorn (1664) 1702-1726

477 Kloster Uetersen: Beschwerden gegen den Grafen Christian Detlef von Rantzau wegen des vorenthaltenen Brennholzdeputats aus der Grafschaft Rantzau 1706-1722

478 Streitigkeiten mit dem Amt Pinneberg wegen Kirchenangelegenheiten, Visitation und Kirchenrechnungen 1709-1729

479 Untersuchungen der Beschwerden gegen den Landdrosten Graf von Callenberg in Pinneberg 1722

480 Streitigkeiten mit der Gemeinde in Uetersen 1695

481 Kirchenvisitation und Kirchenrechnung in Uetersen und Seester 1689-1699

482 Hauptpastorat und Diakonat in Uetersen, deren Präsentation und Wahl, Patronatsrecht 1716-1730

483 Anstellung von Musikanten in Uetersen 1718
Enthält: Oboist Querinus Steltzener

484 Justiz- und Kriminalangelegenheiten 1554-1729

485 Verpachtung der Dammwisch (1567-) 1613-1624

486 Jagdrecht auf klösterlichem Grund und Boden 1621

487 Verkauf klösterlicher Höfe (1608) 1629, ohne Jahr

488 Einquartierung 1632-1695

489 Zoll auf der Uetersener und Seester Aue 1699-1702

490 Kirchliche Verhältnisse, Prediger und deren Wahlen, Patronatsverhältnisse und sonstige Kirchenangelegenheiten 1618, 1692-1730

491 Untertanen in Kurzenmoor 1618, 1661-1724

492 Erbstreit zwischen den Nachkommen der Halbbrüder Hermen Molsen und Jakob Mohr 1619-1620

493 Untertanen in Krempdorf 1634

494 Wagenfuhrdienste und andere Lasten der Untertanen 1636

495 Privilegien der Untertanen 1672-1734

496 Exemtion der Untertanen von der Gemeinschaftlichen Regierung 1711

497 Deichlasten der Untertanen [17. Jh.]

Adlige Güter allgemein

498 Aktenfragmente zu holsteinischen Lehngütern (1545-1607) 1674
Enthält u. a.: Heft mit Abschriften von Lehnbriefen, 1545-1607

499 Verzeichnis und Nachricht des Hieronymus Möller über die von den Herzögen von Holstein zu verleihenden Ritterlehen 1600

502 Verzeichnis und Nachricht des Hieronymus Möller über die von den Herzögen von Holstein zu verleihenden Ritterlehen 1600

500 Nachrichten über die holsteinischen Lehngüter 1672-1726

501 Bitte um Belehnung (Mutung) mit Lehngütern 1674

1935 Kommissionsverhandlungen und Untersuchungen über die Lehnsqualität der Güter in den Herzogtümern aufgrund der gemeinschaftlichen Verordnung vom 27. April 1711 (1564-) 1711-1712

503 Extrakte und Sammlungen zu den adligen Gütern 16-17. Jh.
Enthält u. a.: Verzeichnis königlicher Kaufbriefe, Pfandverschreibungen und Donationen

504 Verzeichnis der Güter mit Naturalstellung des Landausschusses und der zugrunde liegenden Pflugzahl Ende 18. Jh.

Adlige Güter im Herzogtum Schleswig

505 Augustenburgische Güter 1651, 1672, ohne Jahr

506 Streit zwischen Altenhof und Windeby wegen Stauung des Goossees um 1754

507 Ballegaard und Melsgaard [1668]

508 Blansgaard 1681
Enthält: Pflugzahl

509 Blansgaard 1717-1718
Enthält: Verkauf durch Christian Albrecht von der Wisch an Herzog Philipp Ernst von Schleswig-Holstein-Sonderburg-Glücksburg

510 Freigut in Bollersleben (Amt Apenrade) 1530
Enthält: Bunde Jenßen

511 Brunsholm 1692-1693
Enthält: Dingpflicht der Untertanen

512 Bülk, Knoop und Seekamp 1631-1653, 1692

513 Bülk, Knoop und Seekamp 1632
Enthält: Ankauf der Güter durch König Christian IV. für die Anlage der Festung Christianspries (Friedrichsort)

514 Buckhagen 1684
Enthält: Suppliken an den König zur Zeit der Sequestration des herzoglichen Anteils im Herzogtum Schleswig

515 Buckhagen 1687, 1692
Enthält: Pflugzahl

516 (Dänisch-)Lindau 1642-1652, 1696-1718
Enthält auch: Patronatsverhältnis zur Kirche in Boren

517 Flarup (1699) 1700-1701

518 Fresenhagen 1645
Enthält: Vereinbarung der Brüder Wolf, Claus und Hans von der Wisch

519 Gaarde 1592
Enthält: Verkauf durch Henneke Rantzau an den Herzog von Gottorf

520 Gelting 1586
Enthält: Grenzstreit zwischen Wulf von Pogwisch auf Buckhagen und Claus von Ahlefeldt auf Gelting

521 Gelting (1705-) 1714-1731
Enthält: Forderung von Wedderkops an Gelting, dessen Konkurs und Übergang in den Besitz von Wedderkops sowie Streitigkeiten zwischen von Wedderkop und Ahlefeldt auf Buckhagen

522 Gram und Nübel 1585, 1636-1638
Enthält: Zubehör und Einkünfte von Gram und Nübel
Darin: Karte von Arnum und Umgebung, 1636

523 Gravensteinische Güter 1708-1712
Enthält: Differenzen der verwitweten Gräfin Armgard Margaretha von Ahlefeldt mit ihrem Schwager Graf Carl von Ahlefeldt wegen Haubenbandgerechtigkeit und anderer Punkte

524 Gravensteinische Güter 1721-1722
Enthält: Berichte und Schreiben der königlichen Kommissarien wegen der Kreditoren des Grafen Carl von Ahlefeldt

525 Gravensteinische Güter 1720-1723
Enthält: Streitigkeiten der Gräfin Ulrica Antonetta von Ahlefeldt mit den Kreditoren ihres Ehemanns wegen freien Jahresbesitzes und der Haubenbandgerechtigkeit

526 Gravenstein 1723-1731
Enthält: Konkurs des Grafen Carl von Ahlefeldt
Enthält auch: Möbelinventar des Schlosses Tranekier, 1722

527 Hirschholm 1667

528 Hoyerswort (1587-) 1681
Enthält: adlige Privilegien

529 Hütten (1654, 1656) 1698

530 Kaltenhof 1627-1692
Enthält: Pflugzahl von Kaltenhof und Dänisch-Nienhof

531 Karrharde 1669
Enthält: adlige Privilegien des der Familie Andersen gehörenden Gutes

532 Karrharde 1686
Enthält: Pflugzahl

533 Lindewitt (1667-) 1691
Enthält: Kontributionsrestanten

534 Lindewitt und Höxbro 1704

535 Lindewitt (1544, 1705-) 1707-1709
Enthält: Kommissionsakten zu den Beschwerden des Grafen von Rantzau wegen der von Gottorf in Anspruch genommenen Jurisdiktion über Hattstedter und Freddegardschen Marschländereien

536 Lindewitt 1709
Enthält: gottorfische Forderung nach Verkauf von Pertinenzien des Gutes

537 Lindewitt 1709, 1726, ohne Jahr
Enthält: Jurisdiktion über Marschländereien

538 Ludwigsburg (1670-) 1699-1701
Enthält: Besitzstreitigkeiten zwischen dem Baron von Kielmansegg und dem Rat Temming

539 Lütjenhorn 1663-1664
Enthält: Pflugzahl

540 Lundsgaard (Angeln) 1619
Enthält: Kaufgesuch der sonderburgischen Seite

541 Lundsgaard (Angeln) 1676-1718

542 Lundsgaard (Angeln) (1647-) 1701-1727
Enthält: Streitigkeiten des Besitzers mit Predigern und Gemeinde in Grundhof wegen Einkoppelung, Pastoratsländereien und Priester- und Küstergebühren (mit Originalvergleich vom 7. Dezember 1722)

543 Mirebüll 1594-1595
Enthält auch: Untertanenverzeichnis

544 Mirebüll, Klixbüll und Boverstedt 1685
Enthält: Kontribution des Grafen von Rantzau

545 Noer ohne Jahr
Enthält: Verpfändung an den Amtmann von Tondern Otto von Qualen

546 Norby 1643
Enthält: acht zweifelhafte Norburger Pflüge

547 Nordby 18. Jh.
Enthält: Sammlung des Kanzlei-Oberprokureurs Carstens zur Pflugzahl adliger Güter, gesammelt anlässlich der Streitfrage über die Pflugzahl von Nordby
Bemerkung: vgl. Neues Staatsbürgerliches Magazin 3 (1835), 52-67.

548 Nübel in Angeln 1558-1727
Enthält: Ansprüche an das Gut und ein Prozess beim Reichskammergericht in Speyer zwischen Joachim von Hagen und Bartholmäus von Ahlefeldt, 1599

549 Nübel im Amt Hadersleben 1692
Enthält: Pflugzahl

550 Nübel in Angeln 1725

551 Oestergaard 1724

552 Osterholm und Hirschsprung 1723
Enthält: Einrichtung der Lehen

553 Rödemis, Rödemishof, Poggenburg 1650-1655

554 Roest 1687-1697
Enthält: Pflugzahl

555 Roest 17. Jh.
Enthält: Beschwerden der Einwohner von Kappeln über Heinrich von Rumohr

556 Rumohrsgaard auf Alsen 1652

557 Sandberg 1665
Enthält: Forderung eines Bürgers in Flensburg

558 Satrupholm 1630
Enthält: eventueller Kauf für den König
Enthält auch: Beschreibung von Satrupholm mit Dollrott und Langstedt; Verzeichnis der Untertanen

559 Satrupholm (1631) 1656-1682
Enthält: Pertinenzien und Einkünfte

560 Seekamp (1620) 1633, 1664-1674
Enthält: Geld- und Kornregister; Inventare

561 Seekamp 1679
Enthält: Überlassung an den Oberjägermeister von Hahn

562 Südensee 1586

563 Tolkschuby (1594-) 1684
Enthält: Supplik um Bestätigung der Privilegien zur Zeit der Sequestration des herzoglichen Anteils im Herzogtum Schleswig

564 Uphusum 1587
Enthält: Jurisdiktionsstreitigkeiten mit Mette von Ahlefedt als Besitzerin

565 Uphusum (1640) 1649-1691
Enthält: Pertinenzien, auch Verkauf und Verpfändung

566 Vargaard 1591
Enthält: Verfestung an Andreas von Holstein

567 Warleberg 1710-1711
Enthält: Forderungen von gottorfischer Seite

568 Weseby (1655) 1656

569 Wisch (1686) 1700
Enthält: eingezogenes Kapital des Geheimrats von Wedderkop

Adlige Güter im Herzogtum Holstein

628 Altmühlendorf (Mühlendorf) vor 1595
Enthält: beabsichtigter Austausch von „Möllendorff" gegen Hufner in Groß Vollstedt seitens Tönnies Rantzaus

570 Bahrenfleth 1647
Enthält: Verpfändung an Ulrich Christian von Güldenlöw

571 Bahrenfleth 1690
Enthält: Zwangsversteigerung

572 Bahrenfleth (1641-) ohne Jahr
Enthält: Magazinkornlieferung der Untertanen

573 Bekdorf (1639) 1662
Enthält: Verkauf der Bekländereien in der Wilstermarsch an den Feldmarschall Ernst Albrecht von Eberstein

574 Bekhof (1664) 1665-1693
Enthält: Pflugzahl und Kontribution

575 Borstel 1556
Enthält: Streit mit Tremsbüttel

576 Bothkamp (1649-) 1690-1703
Enthält: Prozess der Gräfin Benedicta Margaretha von Reventlow gegen Graf Kai Lorenz von Brockdorff auf Kletkamp

577 Bothkamp 1700
Enthält: Belehnung

578 Bothkamp 1701-1703
Enthält: Kommissionsakten zur Liquidation

579 Bothkamp 1703-1726
Enthält: Brockdorffscher Familienprozess wegen des Gutes

580 Bothkamp 1707
Enthält: Beschwerden des Bendix von Ahlefeldt über seine rebellischen Untertanen

581 Bothkamp 1726-1731
Enthält: Brockdorffscher Familienprozess wegen des Gutes

582 Bramstedt 1586, 1651-1652, 1705

583 Bramstedt 1633
Enthält: Schenkung des Gutes durch König Christian IV. von Dänemark an Wiebke Kruse

584 Herrschaft Breitenburg (1624-) 1643-1647, 1714-1716

1936 Herrschaft Breitenburg (1305-) 1643
Enthält: Irrungen zwischen dem Münsterdorfer Kaland und Christian von Rantzau (mit älteren Nachrichten)

585 Herrschaft Breitenburg 1705
Enthält: Beschwerden der Untertanen gegen den Grafen Rantzau

1973 Herrschaft Breitenburg 1714-1716
Enthält nur Blatt mit Aktentitel „Kommission zur Untersuchung der Rantzauer unrichtigen Pflüge im Breitenburger Distrikt sowie Beschwerden der Eingesessenen in Wellen“

586 Depenau 1707
Enthält: gewalttätige Prozeduren des Obersts Joachim von Brockdorff gegen seine Untertanen

587 Depenau 1718-1720
Enthält: Landstreitigkeiten zwischen Oberst Joachim von Brockdorff und seinem Sohn, Oberst Christian Detlef von Brockdorff

588 Dreggers 1667-1668
Enthält: Streitigkeiten des Johann Matthias Schelcking mit Hinrich von Sehestedt in Kiel wegen Forderung

589 Emkendorf 1587, 1619
Enthält u. a.: Fischereigerechtigkeit; Gutsbeschreibung

590 Emkendorf 1684
Enthält: Streitigkeit mit Untergehörigen des Amtes Rendsburg wegen eines Moores

591 Fresenburg 1700
Enthält: Feuersbrunst bei den Hausleuten

592 Friedrichshof in Süderdithmarschen (1579-) 1593, 1596, 1616, 1660

593 Friedrichshof in Süderdithmarschen 1662-1663
Enthält: Verkauf an den Feldmarschall Ernst Albrecht von Eberstein

594 Glasau (1603-) um 1661, 1700, 1727-1728,
Enthält: Lehnsverhältnisse

595 Gronenberg 1592
Enthält: Überlassung von Lübecker Domkapitelsleuten in Dankersdorf an Schack von Blome auf Gronenberg

596 Großenbrode (1627-) 1640, 1669
Enthält: Überlassung von Großenbrode mit Klaustorf an Hans von Rantzau auf Neuhaus, vertauscht gegen die Stadt Lütjenburg

597 Großenbrode 1635-1735
Enthält u. a.: Lasten und Leistungen der Untertanen

598 Haale (Steinberg) im Amt Rendsburg (1630) 1649

599 Haale (Steinberg) im Amt Rendsburg um 1660-1670
Enthält: Verkauf durch Heinrich von der Wisch namens Friedrich von Ahlefeldt an Hans Sievers und dessen Sohn

600 Hanerau (1586) 1600-1653
Enthält: Zoll

601 Hanerau 1690
Enthält: Nichtzugehörigkeit von Hanerau und Bahrenfleth unter die Gemeinschaftliche Regierung

602 Hanerau 1709-1711
Enthält: fiskalische Untersuchung gegen Nicolaus von Rumohr auf Hanerau wegen Niederreißung königlicher Wildpfähle

603 Haselau und Haseldorf (1694) 1727-1728

606 Hemmelsdorf und Helmstorf (1544, 1648) 1672, 1674

604 Lütjenhastedt (1630) 1633

605 Lütjenhastedt 1654
Enthält: Konzession für Wulf von Buchwald zur Bebauung von Kleinrade

607 Kaden 1546

608 Kaden 1729
Enthält: Grenzvergleich mit dem Amt Segeberg

609 Klaustorf (1471-) 1630-1632
Enthält: Verkauf an den König durch die Stadt Heiligenhafen

610 Kletkamp (1616-) 1672-1673
Enthält: Besitzverhältnisse

611 (Nieder- und Ober-)Kleveez 1628, 1637-1638
Enthält: Verkauf durch Detlef Rantzau an Herzog Joachim Ernst von Plön; Fischerei im Langensee 1628; Mühlenzwang

612 Groß und Klein Kollmar (1495-) 1690-1711
Enthält: Besitzer; Untertanen; Streitigkeiten

613 Koselau 1622
Enthält: Verkauf durch Breide Rantzau auf Bothkamp an Herzog Friedrich III. von Schleswig-Holstein-Gottorf

614 Kronshagen (1294-) 1688
Enthält u. a.: Urkundenabschriften zu Kronshagen und den Dörfern Hassee, Suchsdorf, Kopperpahl, Wik, Schwartenbek, Ottendorf 1294-1452

615 Kronshagen 1667, 1707
Enthält: Zugehörigkeit zur Gemeinschaftlichen Regierung

616 Krummendiek 1692

617 Krummendiek und Kampen 1708
Enthält: Besitzverhältnisse

618 Kuhof im Amt Oldenburg 1599, 1608
Enthält: Verkäufe

619 Lasbek 1575, 1604, 1686, 1721
Enthält: Besitzverhältnisse und Grenzstreitigkeit

620 Manhagen 1626
Enthält: Besteuerung des Gutsbesitzers Georg von Dassel, Lübeck

621 Marschgüter 1707
Enthält: Jurisdiktion über die Marschgüter und über die Güter (Klein-)Bahrenfleth, Heiligenstedten, Breitenburg, Bramstedt und Wandsbek

622 Marschgüter 1544-1691
Enthält: Nachricht von der gemeinschaftlichen königlichen und fürstlichen Jurisdiktion

623 Marschgüter 1637, 1694, 1707
Enthält: königliche Jurisdiktion und Rechte

624 Marutendorf (1550) 1582-1583, 1613, 1710-1711

625 Mehlbek (1651) 1682-1693
Enthält: Käufe

626 Mehlbek 1714-1722
Enthält: Streit der Baronesse Catharina Reichenbach mit dem Geheimen Konferenzrat Detlev von Reventlow wegen des Verkaufs von Mehlbek

627 Mehlbek 1728-1730
Enthält: strittige Grenzverhältnisse

629 Muggesfelde (1533-) 1715-1720
Darin: Kartenskizze

630 Neudorf 1646, 1652
Enthält: Verheuerung und Verlehnung

631 Neudorf (1577-) 1620
Enthält: Wegestreitigkeit mit dem Gut Neuhaus und der Stadt Lütjenburg

632 Neudorf (1640-) 1652-1715
Enthält: Wechsel der Besitzer; Pertinenzien

633 Neuhaus (1540)
Enthält: Erbteilung der Gebrüder Rantzau

635 Nütschau 1598
Enthält: Verhältnis zum Dorf Sühlen

636 Nütschau 1645-1648
Enthält: Verhältnis zum Dorf Strukdorf

637 Pehmen 1627-1638
Enthält: Besitzverhältnisse sowie Erwerb von Pehmen
Enthält auch: Inventare

638 Pronstorf 1724
Enthält: Holzdiebstähle der Untertanen in Eilsdorf

639 Quarnbek (1653-) 1687-1721
Enthält: Besitzverhältnisse

640 Rixdorf 1651
Enthält: Auszug aus einer Verkaufsurkunde

641 Rohlstorf um 1630
Enthält: Bitte der Untertanen um Nachlass in der Kontribution

642 Rohlstorf 1643-1654
Enthält: Besitz und Verkauf

643 Rohlstorf 1647
Enthält: Verpfändung von Rohlstorf und Neuendorf an Generalmajor Claus von Ahlefeldt auf Klein Nordsee

644 Sarlhusen 1601-1677

645 Sarlhusen 1670-1678
Enthält: halbe Hufe in Wiedenborstel

646 Sarlhusen 1672
Enthält: Gutstellen in Wiedenborstel

647 Schönweide 1672-1797
Enthält u. a.: Muthzettel; Lehnbriefe

648 Schönweide (1532-) 1698-1703
Enthält: Überlassung von Schönweide an die Gräfin Sophia Amalia Samsøe geb. Moth; Verzeichnis der Lehnsdokumente, 1532-1703

649 Schrevenborn 1727
Enthält: Remission des Paul Kohlblatt

650 Seestermühe [1555]

651 Travenort 1669
Enthält: Pflugzahl

652 Wandsbek (13. Jh.-) 1557-1730
Enthält u. a.: Besitzer und deren Rechte; landesherrliche Jursidiktion; Pertinenzien; Jurisdiktion der Besitzer von Wandsbek über Neuengamme

653 Wandsbek 1638
Enthält: Relation des Kaspar von Buchwald über die Gebäude sowie Bericht des Adam Basilier wegen der gegen ihn geführten Klagen

654 Wandsbek (1632) 1639

655 Wandsbek (1632) 1639
Enthält: Zulage der Pfluggelder

656 Wandsbek 1684-1685
Enthält: Streit mit dem Pastor Caspar Michaelis, Wandsbek, wegen Torfgrabens

657 Wandsbek 1692-1704

658 Wandsbek 1692-1704
Enthält: Streit mit Baron Friedrich Christian von Kielmansegg wegen der Hoheitsrechte

634 Waterneverstorf (Neverstorf) 1578-1592
Enthält: Verkauf

659 Wedeldorf (Christinenthal) 1609

660 Wellingsbüttel 1654
Enthält: Konzession wegen der Jagd auf der Hummelsbütteler Feldmark sowie des Torfgrabens für Dietrich Reinking

661 Wellen 1630-1650, 1703
Enthält: Verkauf des Gutes sowie der Paschburg (Itzehoe) an Graf Christian Rantzau und Beschwerden der Untertanen über die Leistungen; Verpfändung 1630; Besichtigung der Hölzung 1631

662 Wellen um 1730
Enthält: Urkunde über den Verkauf von Wellen und Rensing an den Grafen Christian Rantzau im Jahre 1650

663 Willenscharen (Wildesgaarden) 1646

664 Blomesche Wildnis 1575-1731
Enthält u. a.: Eindeichung; Verkauf

665 Blomesche Wildnis 1632
Enthält: Konfirmation der Rechte der Heuerlingen

666 Blomesche Wildnis (1715-) 1722-1730
Enthält: Ahlefeldtscher Konkurs

667 Winsen 1607
Enthält: Besitzwechsel

668 Wulfsfelde 1599-1600
Enthält: Prozessakten über den Verkauf von Wulfsfelde durch Ove von Buchwald an Herzog Johann den Jüngeren (Joachim von Buchwald auf Pronstorf gegen Herzog Johann von Schleswig-Holstein-Sonderburg und Ove von Buchwald)

Adlige Kirchen

695 Kirchen im gemeinschaftlichen Distrikt 1688, 1723, 1765
Enthält u. a.: Visitationen; Eidesformulare

696 Kirche in Atzbüll 1725

697 Ausstehende Einkünfte des Pastors Johannes Witte in Dänischenhagen aus dem Gut Knoop 1674

698 Bitte des Pastors Samuel Reimers in Breitenberg wegen Nachfolge seines Sohnes Detlef Reimers 1696

699 Priesterwahl in Sülfeld 1696-1698

Köge im Herzogtum Schleswig

700 Supplik der Rechenschaft Wester-Langenhorn, Ockholm und sämtlicher Eigner des Störtewerker Koogs zur Pflugverteilung 1668-1669

701 Kommission des Landrats Hans Adolf von Ahlefeldt auf Buckhagen und Graf Hans Rantzau auf Ascheberg zur Untersuchung der Vorstellung der Görtzschen Erben gegen das Oktroigesuch der Interessenten des Kohldammer, Engsbüller, Waygaarder, Schnatebüller, Störtewerker und Kornkoogs zur Eindeichung ihres Vorlandes 1686-1736
Enthält u. a.: Vorakten und Oktroi für fast sämtliche schleswigsche Köge, auch aus gottorfischen Zeiten und aus der Zeit der Sequestration des herzoglichen Anteils in Schleswig 1686-1687
Bemerkung: drei Risse der einzudeichenden Köge von Bredstedt, von Jobst von Scholten, 1688, in Abt. 402 A 19 Nr. 3a-c

702 Verkauf von Geest- und Marschländereien in Bredstedt und im Bordelumer Koog nebst der Insel „Lundinglandt" 1649

703 Breklumerkoog [nach 1631]

704 Fahretofter Koog: Oktroi über die Bedeichung 1686

705 Süderfriedrichskoog [1659-1663]
Enthält u. a.: gottorfische Urkunden zur Überlassung von 150 Demat an den Kommandanten Hans von Walter, Tönning,1659-1663

706 Gotteskoog: Trockenlegung und -haltung (1709, 1711) 1720-1722

707 Herrenhallig (1682-) 1721

708 Herrenhallig 1716-1728
Enthält u. a.: entzogene Einkünfte der Clausenheimschen Erben

709 Kleiseer Koog: Oktroi über das Schlick- und Vorland vor dem Maasbüller Deich 1725

710 Grenzstreitigkeiten zwischen dem Amt Bredstedt und dem Amt Tondern nach Bedeichung des Langenhorner neuen Koogs 1556-1558

1937 Protokoll der Verhandlungen zwischen königlichen und herzoglichen Kommissarien über Differenzen in Deichangelegenheiten, streitig zwischen dem Langenhorner Koog, Waygaard und Botthus 1598

711 Maasbüller Koog: Deichangelegenheiten 1681-1724

712 Ockholmer Koog: eventueller Verkauf der königlich Ockholmer Ländereien 1656

713 Ockholmer Koog: Ländereien im Besitz Ahlefeldts 1688

714 Ruttebüller Koog: Streitigkeiten zwischen Koogsverwandten in den Ämtern Tondern und Mögeltondern wegen der Ruttebüller Wasserlösung 1667

715 Sterdebüller Neuer Koog (1687-) 1692

716 Sterdebüller Neuer Koog: Verlängerung des Oktroi wegen Deichbruchs 1691

717 Sterdebüller Neuer Koog: Oktroi und Benutzung von am Koog liegenden Ländereien durch den Amtmann von Flensburg Henning von Reventlow (1687-) 1697

1938 Dagebüller Koog: Koogrechnungen 1714-1715

Köge im Herzogtum Holstein

718 Brunsbütteler Neuenkoog: geplante Eindeichung 1674

719 Friedrichsgabekoog: Oktroi 1701

720 Sophienkoog: Bericht in Sachen des Kammerrats Hans Jeben gegen den Kirchspielvogt Peter Dührsen als Pächter der Außendeichsländereien wegen Begrasung des Seedeichs 1728

TOPOGRAFISCHER TEIL

Herzogtum Schleswig

Amt und Propstei Hadersleben

1941 Ausschuss allgemein und im Amt Hadersleben 1636, 1655, 1664
Enthält u. a.: Verzeichnis der Freileute im Amt Hadersleben und deren Freibriefe (1416-1649)

1943 Kirchenbauten und -reparaturen, Bildhauer- und Schnitzerfamilie Jürgen Rasmussen sowie Rasmus und Jacob Jürgensen 1650-1702

Amt Tondern

881 Landvogt der Wiedingharde 1676, 1685

882 Amt Tondern: Justiz 1686, 1722

883 Insel Föhr: Justiz 1719-1720

884 Supplik der Deichvögte und Deichrichter in der Horsbüllharde an Herzog Johann den Älteren von Schleswig-Holstein-Hadesleben um Mitteilung des alten Deichregisters 1580

885 Herabsetzung der Kontribution für die Wiedingharde und Risummoor um 1680

886 Streitigkeiten mit dem Propst Trogillus Ahrenkiel in Apenrade wegen des Gutes Gröngaard (Grünhof) 1700 , ohne Jahr

Propstei Tondern

887 Kirchspiel Aventoft: Pastoren Johann Ludolph Broderi und Johann Ludolph Outzen 1685, 1724

889 Kirchspiel Dagebüll: Pastor Laurentius Möller und Adjunkt Andreas Ewald 1721

890 Kirchspiel Deezbüll: Pastor Adam Dalichius, Adjunkt Petrus Dalichius und Pastor Peter Petraeus 1686, 1719

891 Kirchspiel Emmelsbüll: Pastor Nikolaus Fabricius 1728

892 Kirchspiel Fahretoft: Pastor Johann Thomsen 1718

893 Kirchspiel Sankt Johannis auf Osterland-Föhr: Pastor Peter Lobedantz sowie Diakone Barthold Lyra und Peter Crahmer 1687, 1728

894 Kirchspiel Galmsbüll: Pastoren Heinrich Rieß und Stephan Riese 1686, 1728

896 Kirchspiel Humptrup: Pastor Johann Tücksen 1716

898 Kirchspiel Karlum: Pastor Joahnnes Hoyer und Adjunkt Wilhadus Hoyer 1685-1686, 1725

899 Kirchspiel Klanxbüll: Pastor Thomas Caspar Tüchsen 1729

900 Kirchspiel Leck: Pastoren Dietrich Brodersen und Balthasar Petersen 1679, 1729

901 Kirchspiel Lindholm: Adjunkt Johannes Breckling 1686

902 Kirchspiel Medelby: Pastoren Laurentius Fabricius und Peter Petraeus 1714, 1721

903 Kirchspiel Morsum auf Sylt: Pastor Martin Richard Flor 1728

904 Kirchspiel Neukirchen: Pastoren Iddo Eddow und Leonhard Christian Fischer 1687, 1715

905 Kirchspiel Niebüll: Pastor Peter Axen, Diakon Jacob Frisius, Pastor Otto Hinrich Lützen und Diakon Andreas Corvinus 1714, 1721

906 Kirchspiel Risum: Pastoren Joachim Ahrends und Johann Botëius 1714, 1729

907 Kirchspiel Rodenäs: Pastor Peter Clasen 1717

Frühere jütische Distrikte

914 Insel Amrum: Streitigkeiten mit dem Amt Tondern wegen Strandangelegenheiten 1668

Amt Husum

915 Deiche 1567-1585, 1632

916 Übertragung der Oberinspektion über die Landschaft Nordstrand an Geheimrat Wibe 1685

917 Landschaft Nordstrand und deren Hauptpartizipanten (1636, 1646) 1675-1685, 1715-1723

918 Suppliken um Bestätigung von Privilegien der Landschaften Nordstrand und Pellworm aus der Zeit der Sequestration des herzoglichen Anteils im Herzogtum Schleswig (1633-) 1684
Enthält u. a.: Adolf Claßen; Ocke Levsens; Ocke Harsens Erben

1944 Verzeichnis der Landvögte auf Helgoland von 1545 bis 1728 um 1728

Propstei Husum

919 Pröpste Gregor Michaelsen und Georg Johann Conradin 1676, 1728

920 Mitglieder der Sozietät des Oratorium im Erzbistum Mecheln auf Nordstrand 1730

921 Kirchspiel Hallig Gröde: Pastor Bartholomeus Hempel 1729

922 Kirche auf Helgoland: Pastor Christian Albrecht Feddersen und Adjunkt Friedrich Schnobel 1725

923 Pastor 1651-1729
Enthält: Gröde, 1713-1729; Hattstedt; 1718; Hooge, 1687, 1718; Mildstedt, 1684-1727; Nordmarsch, 1717; Nordstrandischmoor, 1685; Oland, 1687; Olderup, 1716, 1721; Ostenfeld, 1714, 1718; Pellworm alte Kirche, 1685; Pellworm neue Kirche 1717, 1728; Schobüll, 1716; Schwabstedt, 1651, 1713-1720; Schwesing, 1726; Simonsberg, 1723

Stadt Husum

924 Suppliken um Bestätigung der Privilegien aus der Zeit der Sequestration des herzoglichen Anteils im Herzogtum Schleswig (1624-) 1684
Enthält: Stadt Husum; Berend Clausen, Flarup; Hermann Hansens Erben, Husum; Lüder Dessin, Süderholz

925 Bestätigung der Privilegien 1685, 1727, 1730

926 Ratsverwandte sowie Immunitäten der Magistratsmitglieder (1684-) 1708, 1721-1731

927 Kirche, insbesondere Hauptpastoren, Diakone und Katholiken 1685-1687, 1715, 1729
Enthält: Simon Rechely; Petrus Sibbersen; Petrus Nicolai; Petrus Richardi; Feldprediger Adolph Josias Holländer; abgedankter Musketier katholischen Glaubens Michael Fincken

928 Verwaltung des Gast- oder Armenhauses 1687

929 Bestätigung der Privilegien der Apotheker, Färber, Austernhändler, Freimeister, Handwerk und Gewerbekonzessionen (1662-) 1676-1730

930 Besetzung der Postmeisterstelle nach Tod des Postmeisters Friedrich Michael Jowers 1722

931 Verzeichnis des Marschlandes königlichen Anteils und der Besitzer in der Südermarsch 1650

Schleswiger Domkapitel, Domkapiteldistrikt

317 Schreiben an den König über Verhältnisse und Besitzungen des Stifts, Kapitels und des Domes (1363-) 1543-1578

318 Besetzung der Prälaturen, insbesondere des Archidiakonats, Vikarien 1574-1656

319 Jurisdiktion über die Domkapitelsuntergehörigen in den Ämtern und deren Bestreitung durch Amtmann Peter von Rantzau in Flensburg 1582-1585, 1608, 1648
Enthält auch: Streitigkeit in gleicher Angelegenheit mit Mette von Ahlefeldt, Uphusum

320 Getreue Hand an Haus und Amt Schwabstedt 1586-1609

321 Verzeichnis über entwendete Güter [nach 1569]

322 Entzogene und umstrittene Güter und Gerechtigkeiten sowie andere Beschwerden des Domkapitels (1564, 1566) 1587-1653

323 Forderung der freien Bischofswahl (1586) 1589

324 Festegüter (1531-) 1591-1668

325 Streitigkeit mit Claus von Pogwisch in Schleswig wegen Besitz eines Hofraumes beim Bischofshof in Schleswig (1578, 1588) 1594-1598
Darin: Karte

326 Streitigkeit mit Asmus von Rumohr auf Roest wegen Besitzes des Fleckens Kappeln (1533-) 1584-1600

329 Butterregister 1560, 1603, 1620

330 Recht zur Verleihung von Vikarien an der Domkirche (1554-) 1600
Enthält: Klagen der Vikarienlansten des Claus von Pogwisch, Schleswig

331 Kriegslasten 1605-1646

332 Streitigkeit mit dem Rat der Stadt Schleswig wegen des Präsentationsrechts bei der Domkirche (1582) 1605-1621, 1645

333 Gesuch des Heinrich Rantzau, Amtmann in Rendsburg, um Verleih der Lektur 1612

334 Veräußerung von Domkapitelsgütern in Sandbek und Rinkenis 1633-1699, ohne Jahr

335 Dingpflicht der Untergehörigen (1582-) 1585, 1594

336 Erbbegräbnis des gottorfischen Marschalls Josua von Bützow in der Domkirche 1646

337 Pflugzahl 1648, 1651

338 Inventar von Obligationen des Domkapitels 1653-1657

339 Forderungen des Dominspektors Kay Wildhagen (1639) 1664-1665, 1685

340 Forderung rückständigen Salärs der Domkirchen- und Schuldiener 1664-1686

341 Jurisdiktionsstreitigkeit des Amtsmanns der Domkapitelsgüter Eggert Christopher Knuth mit der Stadt Schleswig (1608-1686) um 1686

342 Fuhrdienste der Untergehörigen 1697

343 Klagen der Untergehörigen über Zivil- und Militärfuhren 1710

344 Dingpflicht der Untergehörigen (1632-) 1716-1720

Amt Schwabstedt

345 Kammerangelegenheiten 1628, 1650-1660
Bemerkung: siehe auch Abt. 65.1 Nr. 320

346 Bestallung eines Propstes [17. Jh.]

347 Abgaben und Leistungen 1636-1654, ohne Jahr

348 Hebungsregister der bischöflichen Vogteien Treia, Füsing und Kolstrup (Apenrade) 1650

349 Konfirmation der Freiheiten des Hofes Seegaard im Kirchspiel Husby für Nis Wrede, Schwager des Lorenz Tychsen (Lorentz Tuxen) 1678

350 Verzeichnis von Akten und Briefschaften (1658) 1677

351 Einrichtung eines Schuld- und Pfandprotokolls 1649

352 Brauen und Backen im Flecken Schwabstedt 1660

Ämter und Propsteien Flensburg und Bredstedt

932 Prozess- und Konsistorialangelegenheiten aus Stadt und Amt Flensburg sowie Amt Bredstedt 1543-1729

933 Suppliken und Prozesse 1549-1600, ohne Jahr

934 Suppliken und Prozesse 1601-1640

935 Suppliken und Prozesse 1641-1670

936 Suppliken und Prozesse 1670-1699

937 Suppliken und Prozesse 1700-1706

938 Suppliken und Prozesse 1707-1720

939 Suppliken und Prozesse 1721-1730

940 Suppliken 1600-1636

941 Suppliken 1649-1668

942 Suppliken 1671-1696

943 Suppliken 16. Jh.-1733, meist ohne Jahr

944 Kirche, Schule und Konsistorialangelegenheiten 1611-1727

Amt Flensburg

945 Verhältnis des Amtmanns Peter Rantzau zu den Pfandinhabern des Amtes Hinrich und Sievert Rantzau, Benedikt Ahlefeldt und Bertram Damme 1570

946 Amt Flensburg: Allgemeines 1567, 1599-1600
Enthält u. a.: Schloss Flensburg; Windmühle in Bargum; Wassermühle in Flensburg; Holzschlag für Schiffsbau

947 Inventar des Hans und Gerd Rantzau über Hausgerät und Eigentum im Haus Flensburg und dem Hof Kragelund 1600

948 Inventar des Hans und Gerd Rantzau über die Amtsregistratur 1600

949 Grenzen und Jurisdiktion 1662, 1726
Enthält: Flensburger Kirchen- und Hospitallansten in der Husbyharde; streitige Feldscheide zwischen Hörup und Schafflund

950 Amtshoheit und Gerichtsbarkeit über die adligen Untergehörigen 1691

951 Dingpflicht der Domkapitelsuntertanen (1690) 1718, 1725

952 Amtmann, auch dessen Deputatwild 1571-1700
Enthält u. a.: Inventare der Amtsregistratur, 1593 und 1599

953 Amtsverwalter, Hardesvogt, Rechensleute, Fußknechte 1653-1705

954 Anspruch des Hardesvogts der Husbyharde auf das Recht des Brautschmückens 1703

955 Justiz, Konkurs, Leibeigenschaft (1616-) 1706, 1729

956 Streitigkeiten des Johannes Jenßen genannt Pauli mit den Erben des Hardesvogts der Nordergoesharde Paul Hansen wegen vormundschaftlicher und anderer Rechnungen (1563-) 1594-1599

957 Eingabe des Kirchenlansten Andreas Hinrichsen in Trögelsby wegen des gegen ihn vom Gericht der Husbyharde gefällten peinlichen Urteils und seiner Appellation (1601, 1688-) 1690-1694

958 Untersuchung gegen den Gerichtsdiener Jürgen Manstedt in Flensburg wegen schriftlicher Beschuldigungen gegenüber dem königlichen Kommissar und Hardesvogt Hinrich Lüders 1707-1710

959 Bürgerliches Gewerbe, Handwerker und Privilegierte 1596-1710
Enthält: Handel; Tischler Klaus Müller, Kirchspiel Adelby; Krüger Peter Müller, Flensburg; Stadtmusikanten Friedrich Krüger und Lorentz Conrad Spanuth, Flensburg

960 Anlage einer Ziegelbrennerei in Klusries durch den Ziegler Hans Petersen Schmits 1700

961 Mühlen, Seen, Teiche 1600-1671
Enthält u. a.: Lieferung von Mühlsteinen aus Schonen, 1600

962 Hammermühle (Kupfer- und Messingmühle) in Krusau
Enthält u. a.: Verordnungen, 1670, 1687 1633, 1670, 1687, 1694

963 Wege 1711, 1721
Enthält: Reparatur und Unterhalt von Brücke und Damm in (Wester-)Geilau; Konfirmation eines Vergleichs von 1656 zwischen dem Großvater des Niß Hansen Hockerup, Hönschnap, mit dem damaligen Nachbarn wegen eines Holzweges

964 Landausschuss 1654-1655

965 Extrakt und Auszug des Geldregisters des Hauses und Amtes
1562, 1564

966 Kammerangelegenheiten 1564-1651
Enthält: Pflugschatz, Steuer und Zulage, 1564; Restanten, 1601-1650; Dienstpflicht nach Kragelund, 1566-1571; ordinäre Kontribution von Duburg, 1651; Fräuleinsteuer (allgemein), 1568; Fischerei auf der Langstedter Au, 1643

967 Forst und Jagd 1584-1661

968 Kommissionsverhandlungen wegen der Fuhrdienste 1641-1642
Bemerkung: mit älteren Nachrichten

969 Untersuchung des Statthalters Christian von Rantzau über den Zustand der durch den Krieg in ihrer Kontributionsfähigkeit geschwächten Eingesessenen 1646

970 Extrakt aus den Amtsregistern zum Dorf Janneby (1498-1559) 1608

971 Privilegierte Höfe und einzelne Güter (1550-) 1564-1587

972 Instandhaltung der Wasserlösung in Maasbüll durch die Amtsuntertanen 1652

973 Konkurs der Witwe des Peter Neander, Besitzerin des Hofes Maasbüll in der Husbyharde 1695-1697

974 Hofdienste und Ausgiften des königlichen Gutes Riesbriek 17. Jh.

Propstei Flensburg

975 Kirche allgemein 1574, 1619, 1688, ohne Jahr

976 Pröpste Johannes Meier, Sebastian Schröder, Friedrich Dame und Gregor Michael 1570-1604, 1668, 1679

977 Kirche und Schule in Stadt und Amt Flensburg 1670-1727

978 Konsistorium 1700-1726
Bemerkung: mit älteren Nachrichten

979 Predigerwitwen sowie Schulbedienstetenwitwen und -waisen 1649, 1660, 1713-1727

980 Armenangelegenheiten 1725

981 Einzelne Kirchen 1566-1730
Enthält: Adelby, 1711; Bau, 1730; Esgrus, 1651-1652; Grundhof, 1611-1715; Handewitt, 1661, 1664; Hürup, 1703; Husby, 1671-1717; Munkbrarup, 1566; Nordhackstedt, 1695, 1716; Oeversee, 1660; Quern, 1710; Rüllschau, 1771, 1718; Sörup, 1711; Groß- und Kleinsolt, 1717; Sterup, 1723; Wallsbüll, 1679-1724

982 Prozess zwischen dem Küster Hinrich Christoph Flohr in Oeversee und dem dortigen Pastor Hinrich Blank nebst Gemeinde 1702-1707

Stadt Flensburg

983 Stellung und Besoldung von Hakenschützen im Interesse des Königs 1567-1568

984 Forderung des Königs nach Zahlung eines Vorschusses von 12.000 Reichstalern 1700

985 Wahl der Bürgermeister Otto Beyer und Prof. Dr. Johannes Möller 1650, 1661

986 Wahl eines Stadtsekretärs 1710

987 Berichte des Magistrats (1691-) 1714-1716

988 Berichte des Magistrats 1717-1720

989 Berichte des Magistrats 1721-1723

990 Bruchstücke von Prozessakten 1558-1613, 1648, ohne Jahr

991 Erbschaftsprozess des Juweliers Jacob Dithmar (1582) 1583, 1590-1596

Enthält auch: kaiserliche und andere Interzessionsschreiben, auch Schreiben der Juweliere in Görlitz und anderer Geschäftsfreunde des Jacob Dithmar

992 Kirchengüter der Nikolaikirche (1551) 1585

993 Streitigkeiten wegen der Marienkirche 1653

Enthält: Klage des Pastors Johann Sturmius gegen das Konsistorium; Jurisdiktion über die Kollegen der Lateinschule und die Kirchenbediensteten

994 Streitigkeiten der Vorsteher des Hospitals mit Wulf von der Wisch zu Fresenhagen wegen Eingriffen und Abfressung des Grases 1593-1594

995 Heiligen Geist-Hospital 1672-1694

996 Schmiedeamt 1699-1727

997 Bäckeramt (1700) 1706-1722

998 Schlachteramt 1715-1726

999 Bunt- und Handschuhmacher 1706-1716

1000 Böttcheramt 1710-1730

1001 Schnitzer- und Tischleramt (1688-) 1699-1730

1002 Barbieramt 1718-1729

1003 Schusteramt 1672, 1711-1729

1004 Schneideramt 1721, 1723, 1728

1005 Fuhrrolle 1705-1729

1006 Apotheken 1631-1726

1007 Verkauf eines Hauses auf der Duburg durch Peter und Daniel Reckentin, Söhne des verstorbenen Klaus Reckentin, an Magnus Poppenßen 1602

1008 Reparaturkosten des Blauen Hauses (Losament des Königs) sowie der Wassermühle in Flensburg 1624

1009 Belassung der Ansetzung von 300 Pflügen in der Landesmatrikel 1650

Amt Bredstedt

1010 Stellung von Hakenschützen 1568

1011 Abschriften von Privilegien des Fleckens Bredstedt 1632, 1633, 1693

1012 Bescheid an den Landschreiber Hinrich Heyen wegen des von Detlef von Ahlefeldt gegen ihn angestrengten Inquisitionsprozesses und darauf erfolgter Suspendierung 1677

1013 Errichtung von Testamenten 1694

1014 Begnadigung des Knudt von Qualen mit dem königlichen Lehen in Bredstedt (frühere Lehnsleute Urban Geill, Jobst Volckmars) 1618-1619

1015 Fuhr- und Handdienste, Pflugsetzung und Kontribution (1651-) 1655-1669, ohne Jahr

1016 Pflugzahl der Marsch- und der Geestländereien 1662

1017 Supplik des Dorfes Almdorf wegen neu zugewachsener Ländereien im Breklumerkoog 1670

Propstei Bredstedt

1018 Kirche und Schule 1589-1590, 1670-1712

Landschaft Eiderstedt

1062 Landesprivilegien (1461-) 1684-1720

1063 Suppliken um Bestätigung von Privilegien aus der Zeit der Sequestration des herzoglichen Anteils im Herzogtum Schleswig (1626-) 1685

1064 Rückzahlung eines Kapitals des Amtmanns von Massau in Apenrade 1725-1726

1065 Beamte, Staller (Pfennigmeister) (1599-) 1712

1066 Reglements und Beiträge über das Landrecht und Justizwesen 1595-1702

1067 Konzession für Mettha Maria Sieverts, Witwe des Ratmanns Peter Sieverts in Garding, zur Verwaltung der gesamten Güter ihrer Kinder 1726

1068 Bürgerliches Gewerbe, Handel, Handwerker und Privilegierte 1678-1725

1069 Kammerangelegenheiten 1586-1672
Enthält: Privilegien der Höfe Wolfenbüttel (Marschkoog) und Sonnenberg (Koldenbüttel); Marne im Besitze der Rantzaus

1070 Pflugschatz, Landschatz, Landesrechnung 1641-1686

1071 Kreditwesen, Trennung der königlichen und landschaftlichen Kasse und Aufhebung der Landesversammlungen 1715-1722

1072 Marschhöfe des Etatsrats Johann Clausen bei Koldenbüttel 1718-1719

1073 Schützengilde in Tetenbüll 1725
Enthält: Dispens und Befreiung für Jens Thomsen Schmidt vom Beibringen eines Beweises oder Scheines über eheliche Geburt und Herkommen

Propstei Eiderstedt

1074 Pröpste allgemein und Pröpste Ajacio Majus, Dr. Thomas Clausen und Zacharias Hasselmann (1653-) 1688-1728

1075 Pastorenwahl 1713
Enthält: Kanut Arboe, Witzwort; Johann Georg Hoffner, Kating; Rasmuss Rawitz, Uelvesbüll; Nicolaus Franck, Kotzenbüll

1076 Konsistorium 1729

1077 Einzelne Kirchen 1713-1730
Enthält: Katharinenheerd, 1728; Kating, 1714-1721; Koldenbüttel, 1714-1728; Kotzenbüll, 1713; Oldenswort, 1714-1729; Ording, 1720, 1729; Osterhever, 1725; Poppenbüll, 1721; Sankt Peter, 1716, 1723; Tating, 1714, 1726; Tetenbüll, 1717-1723; Westerhever, 1728-1729; Witzwort, 1714-1729; Uelvesbüll, 1726; Vollerwiek, 1717, 1730; Welt, 1728
Enthält vor allem: Examinations-, Ordinations- und Introduktionsbefehle

1078 Vermachung des Hofes Oldenhöft an das Kriegshospital in Tönning durch die Eheleute Ratmann Hans Tetens und Catharina Tetens in Gunsbüll (1710-) 1724-1730
Enthält u. a.: Testament

Stadt Friedrichstadt

1143 Suppliken um Bestätigung von Privilegien aus der Zeit der Sequestration des herzoglichen Anteils im Herzogtum Schleswig (1681) 1684
Enthält: Cornelius von der Lohe

1144 Sonstige Angelegenheiten 1714-1730

Enthält u. a.: Erlass des Bürgerrechts sowie Befreiung von außerordentlichen Lasten für Hermann Bardewisch und Hinrich Hüge; Beschwerde über die Repartition der anzuschaffenden Matrosen; Restitution seines Handwerksgeräts und andere Angelegenheiten des Bäckers Andreas Frantzen; Schatzung des Postmeisters Johann Rebohm; Moratorium des Levin Abraham Polac; Bestallung des Gottfried Andreas Schumacher zum Postmeister; Wein-, Holz- und Gewürzhandel Wasserschout Franz Abraham aus Hamburg in Koldenbüttel (dabei: Regelement des Wasserschouts in Hamburg, 1703); Nicolas von Deusen wegen Mündigsprechung; Jürgen Otto wegen Mündigsprechung; Johann Jürgen Stricker wegen Diebstahls; Wohnungsnahme der Witwe Catharina Marg. Hartsfeld aus Flensburg gegen Kaution; Wegnahme von Protokollen des Stadtsekretärs Franz von Scharffenstein; Streitigkeiten des Hans Nicolas Reise mit dem Magistrat wegen Rückgabe der ihm abgenommenen Sachen; Bestätigung der Verschreibung des Johann Nicolas Pedro Mauritius an seinen Vater Bernhard Mauritius; Niederlassung des Leutnants Johann Jacob Hochkirchen aus Meldorf und Befreiung von Einquartierung und allen Lasten

1145 Kompastorat und Quäker 1678, 1721

1146 Privilegien der mennonitischen Gemeinde 1686

1147 Kompastor Johann Valentin Buccerus und Pastor Johann Wilhelm Otter 1716, 1720

Stadt Tönning

1079 Suppliken um Bestätigung von Privilegien aus der Zeit der Sequestration des herzoglichen Anteils im Herzogtum Schleswig

Enthält u. a.: Verzeichnis (1590-) 1684

1080 Bestätigung der Privilegien 1685, 1727

1081 Kirche, besonders Pastoren 1717-1725

1082 Hauptpastor 1720-1722

1083 Garnisonskirche, deren ehemaliger Kantor sowie die von der Gemeinde in Brunsbüttel erbetene Orgel 1728-1729

1084 Organistendienst 1728

Stadt Garding

1085 Bestätigung des Stadtrechts von 1590 (1590) 1723, 1728

1086 Diakon und Pastor Johannes Matthaeus Burchtorff und Pastor Georg Barthold Meyer 1715-1726

Amt Gottorf

1087 Privilegien aus der Stadt Schleswig, Landschaft Stapelholm, Struxdorf-, Kropp-, Schlies-, Arens- und Hohnerharde (um 1611-) 1684

1088 Suppliken um Bestätigung von Privilegien aus der Zeit der Sequestration des herzoglichen Anteils im Herzogtum Schleswig (1629-) 1684

1089 Briefe an den Amtmann Graf Reventlow von der Deutschen Kanzlei, vom Generalkommissariat, Etatsrat Eggert Christopher Knuth in Schleswig, Amtsinspektor J. A. Beselin, Amtsschreiber Peter Hey, vom Landvogt Friedrich Ludwig Schneidbacher und Landschreiber Johann Schreiter in Stapelholm (1598-) 1684-1687

1090 Berichte und Bedenken des Amtmanns Geheimrat Wilhelm Moritz von Buseck genannt von Münch 1720-1738
Enthält u. a.: Bestätigungen von Privilegien

1091 Bestätigung der Privilegien der Einwohner der Insel Arnis (1667) 1727

1092 Grenze und Jurisdiktion 1727

1093 Bestätigung der Jagdgerechtigkeit für den Hardesvogt in Treia Berend Dübbingk in den Marschgütern des Kirchspiels und der Hardesvogtei Treia 1649

1094 Sandmänner 1685

1095 Eheangelegenheit zwischen dem fürstlichen Etatsrat Johann von Clausen in Hamburg und der Kammerratswitwe Friederica Maria Kriebel in Schleswig (1701) 1714

1096 Konzession für den Koch Peter Petersen in Friedrichsberg 1686

1097 Dienstgeld (Obligation der Arensharde) 1631

1098 Arretierte preußische Werber (1723) 1724

Propstei Gottorf

1099 Kirche allgemein 1685-1730

1100 Aufnahme der Kirchenrechnungen 1723

1101 Einzelne Kirchen 1684-1731
Enthält: Arnis, 1726-1728; Böel, 1716; Brodersby und Taarstedt, 1726; Havetoft, 1720-1731; Hollingstedt, 1726; Kahleby und Moldenit, 1721; Kropp, 1685; Rabenkirchen, 1702-1730; Satrup, 1730; Toestrup, 1684-1716; Thumby und Struxdorf, 1719-1728; Tolk und Nübel, 1690-1718; Uelsby und Fahrenstedt, 1729; Ulsnis, 1702-1724; Treia, 1713-1728

1102 Kirchspiel Boren 1636-1637, ohne Jahr (17. Jh.)

1103 Kirchspiel Rabenkirchen: Pastorenwahl (1644) 1645

1104 Kirchspiele Nübel und Tolk 1577-1595, 1637 (1641)

1105 Kirchstandszugehörigkeit des Marcus Hansen in Tordschell (1624-1635)

1106 Kirchspiele Thumby und Struxdorf: Vokation und Bestallung des Feldpredigers beim Regiment zu Fuß des Oberst Reichwin, Johann Georg Cuntzius, zum Pastor 1719

Stadt Schleswig

1107 Suppliken um Bestätigung von Privilegien aus der Zeit der Sequestration des herzoglichen Anteils im Herzogtum Schleswig (1264-) 1684

1108 Jurisdiktion über die Grauklosterlansten zu Sankt Jürgen 1687

1109 Sonstige Angelegenheiten (1665-) 1719-1730

Enthält u. a.: Kaufmann Hans Hansen; Caspar Schöler; Domziegelhof; Stadtvogtsfrau Marie Elisabeth Jordt; Amtsinspektor Hinrich Lüders; Apotheker Ägidius Rabe; Hofratsfrau Anna Margaretha Steffens; Freimeisterschaft der Schuster; Hans Petersen, Wittbek; Hartwig Greve; Bäckeramt; Reepschläger; Marie Elisabeth Jensen; Thomas Clausen Höck; Carl Seybaldt; Hans Hagen; Peter Henningsen

1110 Auszahlung eines von den Vogteien Berend und Nübel der Armenschule geschuldeten Kapitals an den Pastor Theodor Niemann 1661

1111 Begräbnis des Generals Carl von Arenstorff in der Domkirche 1677

1112 Supplik der Prediger und Schulkollegen der Domkirche und Kathedralschule wegen rückständigen Salärs sowie des Hauptpastors an der Domkirche Detlef Friedrich Clausen wegen eines Vikarienlansten in Ostenfeld 1727, ohne Jahr (17. Jh.)

1113 Schlosskirche und -pastoren auf Gottorf 1722-1728

1114 Unterhalt und Verpflegung der Armen und Waisen sowie Ausweisung der fremden Bettler 1720

1115 Häuser ohne städtische Lasten 1686

1116 Haus des Claus von Ahlefeldt aus Mohrkirchen im Friedrichsberg 1715

Amt Hütten

1117 Suppliken um Konfirmation von Privilegien aus der Zeit der Sequestration des herzoglichen Anteils im Herzogtum Schleswig (1665-) 1684

1118 Aktuar 1686

1119 Handwerker und Privilegierte (1697, 1698) 1721-1732

Enthält: Konfirmation des Schmiedeprivilegs für den Grobschmied Claus Möller, Hohn; Scharfrichter Christian Albrecht Pickel, Kiel, wegen Konfirmation der Abdeckerei

Propstei Hütten

1120 Einzelne Kirchen 1686-1729

Enthält: Bergenhusen, 1723-1729; Borby, 1713-1722; Bünsdorf, 1722; Dänischenhagen, ohne Jahr; Erfde, 1686; Haddeby, 1724-1725; Hohn, 1722-1728; Hütten, 1730; Kosel, 1720; Süderstapel, 1689-1729

1121 Kirchspiel Dänischenhagen: Pastoren 1656, 1674

Enthält u. a.: Klage des Pastors Johann gegen Friedrich von Buchwald auf Knoop wegen vorenthaltener Einkünfte

1122 Kirchspiel Kosel: Pastor Johann Wilhelm Olter 1715

Landschaft Stapelholm

1139 Suppliken um Konfirmation von Privilegien aus der Zeit der Sequestration des herzoglichen Anteils im Herzogtum Schleswig (1665-) 1684

1140 Empfehlung des Emanuel Sievers aus Eiderstedt als Pfennigmeister 1689

1141 Justiz 1686

1142 Kammerangelegenheiten (1684) 1685

Stadt Eckernförde

1125 Bestätigung von Privilegien aus der Zeit der Sequestration des herzoglichen Anteils im Herzogtum Schleswig (1640, 1675) 1684

Enthält: Färber Johann Hallerstedt; Graf Burchard von Ahlefeldt (Freihaus)

1126 Beschwerden der Bürgerschaft gegen Bürgermeister und Rat

Enthält u. a.: Urteil des Obergerichts 1726-1729

1127 Sonstige Angelegenheiten (1707-) 1714-1726

Enthält u. a.: Bürgermeister Rhenius; Claus Meggersee; Hornemannsche Erbschaft; Postmeister Hermann Kass; Pastor Martin Friedrich Sternhagen; Generalleutnant Friedrich de Leegardt; Cornelius Siemsen; Margarethe Schmidt wegen Pakts mit dem Satan; Hinrich Kock; Burchard Schmidt; Wagenmeister Franz Peter

1128 Streitigkeiten zwischen dem Magistrat, der Bürgerschaft und Bürgermeister Wilhelm Valentin (1677-) 1684

1129 Bürgermeister Detlef Tamm 1725

1130 Stadtvogt Johann Gottfried Benisch und Johann Hinrich Schlüter (1712) 1726

1132 Besetzung des Pastorats und Diakon Johann Damen 1718-1719

1133 Ahlefeldtsches Armenhaus (1478, 1600) 1611, 1614

1134 Hafen- und Brückenordnung (1647) 1720-1727

1135 Bäcker, Böttcher, Musikanten, Schlachter, Schmiede (1635-) 1722-1728

1136 Post und Rollfuhren (1680-) 1729

1137 Freiheiten und Gerechtigkeiten des ehemals von Rantzauschen Hauses (1547-) 1686

1138 Pfingstgilde 1726

Friedrichsort

1123 Festung Priesort-Friedrichsort 1663, 1698

Enthält: Relation des Landkanzlers Johann Christoph Schönbach wegen des 1648 gehaltenen Landtagsrezesses zur Demolierung der Festung Christianspries; Heuerkontrakt mit Kammerrat und Proviantkommissar Benedikt Büremäus über die Windmühle

1124 Kirche, Pastor, Schullehrer 1664, 1708, 1719

Enthält: Anastasius Sorgenfrey; Bartholomäus Kering; Magister Nikolaus Schmitt; Peter Clostermann; Schulmeister und Organist Benedikt Christian Lange

Landschaft Fehmarn

1148 Sammlung von Schriftstücken zur Geschichte der Landschaft Fehmarn und der Stadt Burg auf Fehmarn [1326-1740]

1149 Kopien von Urkunden 1599, 1691, 1692

1150 Mandate und Suppliken nach Eroberung durch König Christian IV. von Dänemark 1627-1628

1151 Streitigkeiten des Jacob Hinze mit Tönnies Schütte, Streitigkeiten des Sander Creho mit Pasche Harmessen, Streitigkeiten des Hauptpastors Thomsen in Burg auf Fehmarn mit dem Ratsverwandten Hans Mildenstein, Erbschaft des Jochim Friedrich Denckers im Kirchspiel Droge in Jütland 1628-1729

1152 Untersuchung der Streitigkeiten des Landvogts Burchard Reinhold Hartmann mit der Landschaft und der Stadt Burg auf Fehmarn (1617-) 1722

1153 Bestätigung der Privilegien (1326-) 1722-1723

1154 Anfertigung einer historische Beschreibung von Dr. Gössel in Schleswig 1728-1729
Enthält auch: kurze Beschreibung der Nordergoesharde

1155 Landschreiber 1628, 1722-1728
Enthält: Berend Nobis; Christian Boye; Peter Schröder

1156 Beschwerden gegen den Amtmann und Landvogt Hartmann 1723-1730
Enthält auch: Klagen des Landschreibers Peter Schröder gegen Landvogt Hartmann; Injuriensache Hartmanns mit Peter Witte

1157 Kämmerer Detlef Rieck (1637) 1722-1725

1158 Verwaltung der Justiz, besonders bei anerkannten Schulden 1627

1159 Abgaben und Schulden 1627-1629, 1723, 1727

1160 Erlass einer fiskalischen Strafe wegen des fürstlichen Postchiffres 1723

1161 Verbot der Landesversammlungen ohne Genehmigung des Landvogts 1722

Propstei Fehmarn

1162 Propstei Fehmarn: Allgemeines 1566, 1628, 1721-1724

1163 Propst (1708) 1717
Enthält: Bewerbung des Kircheninspektors David Henrich Wettsein, des Feldpredigers im Leibregiment Kürassier Friedrich Thomsen und des Hof- und Garnisonspredigers Andres Albert Rhoden, Ypern

1164 Einzelne Kirchen 1556, 1629, 1723-1724
Enthält: Bannesdorf, 1724; Landkirchen, 1556, 1723; Petersdorf, 1629

Stadt Burg auf Fehmarn

1165 Privilegien, Streitigkeiten mit der Landschaft Fehmarn und mit dem Amtmann (1542) 1628, ohne Jahr

1166 Magistrat (1628) 1722, ohne Jahr
Enthält u. a.: ältere Nachrichten

1167 Stadtvogt 1628, 1728-1729
Enthält: Daniel Dohrwechter; Tod des Hans Eggersen und Bewerbung des Leonhard Gerh. Herrendorff

1168 Gnadenjahr und Diakonatswahl 1719-1723

1169 Handel und Schifffahrt, Handwerker und Privilegierte 1662, 1723, 1727, ohne Jahr
Enthält u. a.: Abschaffung der fremden Krämer; Schiffer; Barbier Johann Christopher Leinitzer, Ältermann Jochim Heins

1170 Bierakzise und Kontribution 1628

1171 Stadt- und Landphysikus sowie Apotheken 1624, 1723-1729

Herzogtum Holstein

Landschaft Süderdithmarschen

1172 Allgemeine Angelegenheiten, besonders Landesteilungen 1546-1585

Enthält u. a.: Klageschrift über holsteinische Untertanen, 1546, abgedruckt in: Michelsen: Urkundenbuch zur Geschichte des Landes Dithmarschen. Altona 1834, 119-125

1173 Grenzrezess über die Dreiteilung Dithmarschens nach dessen Eroberung (1567) 1568

Darin: Karte des Norderdrittteils von Dithmarschen, 1567

1174 Eigentumsrecht an den Außendeichsländereien sowie deren Verpachtung (1568) 1624-1707

Enthält u. a.: Vermessungsregister, 1624
Darin: zwei Karten

1175 Suppliken wegen Abänderung einiger Punkte der Polizeiordnung des Landrechts 1589-1675

1176 Suppliken an König Christian IV. von Dänemark 1593-1647

1177 Suppliken an König Friedrich III. von Dänemark 1649-1668

1178 Suppliken an König Christian V. von Dänemark 1671-1697

1179 Suppliken 1621-1673, ohne Jahr [17. Jh.]

1180 Suppliken 1585-1730

1181 Streitigkeiten des Junge Johann Goldschmidt in Meldorf mit Landvogt Michael Boye 1571-1572

1182 Streitigkeiten der Eingesessenen mit den Kirchspielvögten wegen der Diensteinkünfte (1579-) 1633-1642, 1691-1703, ohne Jahr

1183 Beschwerde des Kirchspiels Barlt und einzelner Eingesessenen gegen ihren Kirchspielvogt Claus Petersen (1637-) 1646

1184 Forderung des Landschreibers Johannes Scheel nach Befreiung von Kontribution und Landeszulagen (1646-) 1649

1185 Streitigkeiten zwischen Landvogt Jacob Bruhn und Landschreiber Georg Reiche wegen ihrer Amtsbefugnisse 1608-1654

1186 Privilegien zur Befreiung von öffentlichen Ämtern 1704-1727

1187 Protokoll des Appellationsgerichtstages in Itzehoe zu Dithmarscher Angelegenheiten 1611

1188 Protokoll vom Dithmarscher Landrecht 1646

1189 Streitigkeiten des Landvogt Joacob Bruhn mit Landschreiber Georg Reiche wegen verschiedener Angelegenheiten 1653

1190 Justiz 1723-1724

1191 Erbschaftsprozesse und Vormundschaftsstreitigkeiten (1576-) 1600-1673

1192 Brüche des Claus Rode in Lohe und Forderung der Grete Voß in Meldorf (1596-) 1603-1619

1193 Urgicht der Eheleute Thomes und Barbera Ehrhardt aus Saalfeld (Sallfelde) 1612

1194 Liquidationssache zwischen der Ulrica Eleonora de Thehillac geb. von Meyer in Kopenhagen, Witwe des russischen Oberst zu Fuß Jacques René de Thehillac, und ihrem Schwager, dem Kammerrat und Landschreiber Hans Hinrich Eggers in Meldorf (1706-) 1719-1723

1195 Handwerker und Privilegierte, speziell Goldschmiede 1618

1196 Krieg und Einquartierung 1627

1197 Rückständige Amtsrestanten 1643-1648

1198 Streitigkeiten mit Hans Woldt in Wöhrden wegen Kontributionszahlung von seinen Ländereien in der Landschaft Norderdithmarschen (1644) 1645

1199 Streitigkeiten der Geestleute mit den Marschleuten wegen Verteilung der Landeslasten 1646
Bemerkung: mit älteren Nachrichten

1200 Kontribution, Magazinkornlieferungen und sonstige Leistungen 1660-1689

1201 Verstöße gegen die königliche Holzordnung (1672-) 1674

1202 Neue Landaussetzung der Marschkirchspiele (1629-) 1699- (1717)

1203 Deiche und Außendeiche 1583, 1646, 1701-1707
Enthält: u. a.: Außendeichsrechnungen

1204 Irrungen des Kirchspiels Brunsbüttel mit den Dörfern Süderwisch, Rösthusen und Konsorten wegen der Deiche und Wasserlösung 1654, 1644

1205 Kontributionserleichterung wegen großer Deichlasten 1684-1701
Bemerkung: mit älteren Nachrichten

1206 Deiche der Kirchspiele Eddelak und Brunsbüttel (1687-) 1690
Darin: zwei Pläne

1207 Streitigkeiten mit der Wilstermarsch wegen deren Forderungen für Hilfsleistungen bei Deicharbeiten in den Kirchspielen Brunsbüttel und Eddelak 1692

1208 Nachricht des Christian Gude über aus- und eingedeichte Ländereien 1701

1209 Gemeinweide und deren Aufteilung in Epenwöhrden 1598-1605

1210 Beschwerden von Eingesessenen in Marne über die Eingesessenen von Büsum wegen verhinderter Nutzung des Dieksandes 1599

1211 Beschwerden der Eingesessenen in Marne über die königlichen Untertanen in Beidenfleth und Wewelsfleth wegen Holzabfuhr auf der Stör 1605
Darin: Marner Kirchspielssiegel

1212 Insel Dieksand (1384-) 1613, 1735
Enthält u. a.: Nachricht von gestrandeten Schiffen
Darin: zwei farbige Karten

1213 Streitigkeiten zwischen Fedderingen in der Landschaft Süderdithmarschen und Lunden in der Landschaft Norderdithmarschen wegen Fischerei auf dem Steller See 1618
Darin: Kartenskizze

1214 Streitigkeiten der Kirchspiele Wöhrden und Hemmingstedt mit der Landschaft Norderdithmarschen wegen Ländereien (1595-) 1639

Propstei Süderdithmarschen

1215 Forderung der Geistlichen nach Kontributionsfreiheit 1631

1216 Kirche allgemein 1647, 1728

1217 Patronatsrecht der Landschaft in allen Kirchspielen (1642) 1670-1678

1218 Prediger, Kirche, Schule und Konsistorium, insbesondere Personalangelegenheiten der Pastoren (1600-) 1643-1710

1219 Prediger, Kirche, Schule und Konsistorium, insbesondere Personalangelegenheiten der Pastoren 1710-1730

1945 Kirchspiel Barlt: Pastor und Schullehrer 1699-1713

1220 Kapläne in Brunsbüttel, Meldorf und (Olden-)Wöhrden 1605, 1629
Bemerkung: siehe auch Abt. 65.1 Nr. 1218-1219

1221 Weigerung des Balthasar Hans von Buchwald als Besitzer des Hastedter Hofes (Lütjenhastedt) zur Zahlung des Kirchenschosses an die Kirche in Süderhastedt (1574-1586) 1689

Flecken Meldorf

1224 Streitigkeiten der Bürger mit den dortigen Ausbauern oder Einkömmlingen wegen der gemeinen Weide (1563-) 1597-1600

1225 Zulageregister 1608

1226 Diakonat 1649

1227 Stipendienstiftung des Landvogts Nicolaus Bruhn für die Schule
Enthält u. a.: Testament (1639, 1649) 1726

Amt Rendsburg

1230 Grenzstreitigkeiten 1575, 1600-1602, 1679
Enthält: Hanerau; Mühlenbarbeker Moor; Hohner und Rendsburger Köge; Reher; Oldenbüttel; Vaale; Krogaspe; Wasbek; Einfeld

1231 Angelegenheiten zu Stadt und Amt Rendsburg
(1539) 1578-1660, ohne Jahr

1232 Angelegenheiten zu Stadt und Amt Rendsburg 1661-1740
Darin: zwei farbige Aufrisse und Grundrisse eines zweistöckigen Hauses, 1703

1233 Amtmann 1609

1235 Kirchspielvogt Hinrich Boccatius in Jevenstedt (1598-) 1649
Enthält auch: Konfirmation und Begnadigung für Peter Schnepel, Hinrich Schnepel, dessen Witwe Margaretha; Eid des Kapitäns über den Rendsburger und Schwabstedter Ausschusses Christoff Wichmann

1236 Diensteinkünfte der Kirchspielvögte 1702-1705
Enthält: Kommissarius und Hausvogt Erich Eilers, Raumort; Hinrich Ernst von Würtzen, Nortorf

1237 Abdecker 1643

1238 Amtssportel, Vormundschaft und Kuratel 1717, 1725

1239 Privilegien und Rechte der Handwerker und Nahrungstreibenden im Amt und der Stadt Rendsburg 1692, ohne Jahr
Enthält u. a.: Verzeichnis von Handwerkern und Gewerbetreibenden

1240 Verbot des Verkaufs von Schuhen im Herumtragen 1703

1241 Brandangelegenheiten (1629-) 1632
Enthält u. a.: Auszüge aus der Gilderolle in Schenefeld und Nienbüttel

1242 Kammerangelegenheiten, insbesondere Auszug der jährlichen gewissen und ungewissen Hebung 1568-1579

1946 Streitigkeiten des Eler Voß in Offenstedt und Konsorten mit Holzvogt Christoph Reuscher (auch: Röseke) wegen unberechtigter Holzausweisung (1605-) 1610-1612

1243 Wüste Hufen 1646

1244 Kammerangelegenheiten 1640, 1688

1245 Amtsgefälle 1644

1246 Forst und Jagd 1640, 1648

1247 Holzdienstfuhren der Amtsuntertanen (1647) 1648

1248 Brennholzlieferung an die Holzvögte in Schülp und Haale 1690

1249 Befreiung von zwei Katen des königlichen Oberförsterhof in Hohenwestedt von der Kontribution 1693

1250 Einkünfte aus Fockbek 1600

1251 Schreiben des Festungskommandanten Andreas Fuchs in Rendsburg unter anderem wegen der Dörfer Büdelsdorf und Westerrönfeld 1693

1252 Vorwerk Haale 1703

Flecken Kellinghusen

1313 Ansprüche des Grafen von Rantzau 1662, 1665, 1690

1314 Forderung des Grafen Detlef von Rantzau gegen die Ortseingesessenen aus der Zeit der Verpfändung des Fleckens 1691

1315 Streit zwischen Pastor und Diakon 1697

1316 Pastor und Diakon 1714-1729
Enthält: Christian Bielefeldt; Johann Carl Crull; Joachim Rudolph Teffel

Propstei Rendsburg

1253 Abhalten des Konsistoriums 1724

1255 Kirchspiel Bovenau: Pastor Johannes Nicolai Führsen 1711

1256 Eingliederung der Kirchen Hademarschen und Dänischenhagen 1639

1257 Kirchspiel Hohenwestedt: Pastor Johann Georg Witte 1728

1258 Kirchspiel Jevenstedt: Pastor 1700-1712
Enthält: Henricus Oldenburg; Benedikt Johannes Jessen; Andreas Buchholtz

1259 Kirchspiel Nortorf: Kirche, Pastor, Diakon (1661) 1672-1729

1260 Kirchspiel Schenefeld: Pastor Andreas Martin Düker 1711, 1727

Stadt Rendsburg

1261 Privilegien und Konstitutionen (1577) 1584-1719

1262 Tausch des herzoglichen Anteils von Vinzier gegen Pflüge im Herzogtum Schleswig 1693

1263 Untersuchung wegen der Christkirche und der Beschwerden des Magistrats gegen den Kommandanten Oberst Michael Christoph von Schnitter (1696) 1702-1703

1264 Auseinandersetzung mit dem Festungskommandanten Oberst Michael Christoph von Schnitter wegen verschiedener Angelegenheiten 1706-1707

1265 Stadt- und Polizeiordnung 1719-1728, ohne Jahr

1266 Suppliken 1700-1748

1267 Festung und Besatzung 1648-1669
Darin: zwei farbige Karten von der Eider zwischen Rendsburg und Sehestedt

1268 Briefe des Festungskommandanten Generalmajor Andreas Fuchs 1694-1701

1971 Briefe des Festungskommandanten Oberst Michael Christoph von Schnitter 1702-1710

1972 Briefe des Festungskommandanten Generalleutnant Christian von Rodstein 1716-1722

1269 Abrechnung über die während der Belagerung vorgeschossenen Gelder und Lebensmittel 1645 (1646)

1270 Deputierte Bürger 16. Jh.

1271 Stadtpräsidenten 1714-1721

1272 Bürgermeister 1723

1273 Magistrat und Stadtbedienstete, insbesondere Stadtvogt und Auktionsmeister (1719-) 1732-1739

1274 Wahl von Ratsverwandten (1721) 1725-1726

1275 Scharfrichter 1726

1276 Verkauf des von Marquard Breide für eine Vikarie an der Marienkirche bestimmte Dorf Nübbel (1429, 1506) 1583-1647

1277 Streitigkeiten mit Fockbek wegen der den Heilig-Geist-Armen zustehenden Fischerei und der gemeinen Stadtweide (1465-) 1605-1608

1278 Armenlansten in Duvenstedt (1376-) 1610-1612

1279 Pastor an der Marienkirche (1429, 1506) 1646, 1726, 1728

1280 Hauptpastor an der Marienkirche 1710

1281 Christ- und Garnisonskirche 1703

1282 Kirche in Kampen 1691

1283 Kirchenbau in Fockbek 1700-1701

1284 Handel und Schifffahrt (1481-) 1593-1728
Enthält u. a.: Ladeplatz, 1697, 1721

1285 Fabriken 1702, 1727

1286 Handwerker und Privilegierte 1614-1749

1287 Weinschenker 1590-1704
Enthält u. a.: Franz Lichte; Paul Petersen

1288 Brauer (1636-) 1681-1694

1289 Freischuster Andreas Müller, ehemaliger Leibschütze in der Kompanie des Oberstleutnants Georg Walter 1646

1290 Schusteramt 1707-1731

1291 Privilegierte Köche 1699-1718

1292 Seiden-, Laken- und Gewürzkrämerkompanie 1700-1729

1293 Schlachter 1703-1728

1294 Schneideramt (1675) 1707-1729

1295 Maurer, Rademacher, Schmiede, Schneider 1709-1726
Enthält auch: Amtsartikel

1296 Klein- und Grobschmiede 1713, 1725

1297 Privilegien des Barbieramtes für Chirurgie und Baderkunst (1707) 1708-1725

1298 Barbieramt 1711-1729

1299 Riemer und Sattler 1720, 1726

1300 Rüben- und Leinölmühle und Seifensiederei des Levin Holländer 1710-1729

1301 Grützmüller 1720-1726

1302 Post und Rollfuhren 1701-1749

1303 Medizinalwesen, insbesondere Apotheker 1693-1728

1304 Ärzte um 1700

1305 Brandangelegenheiten (1698) 1701-1712
Enthält u. a.: Extrakt der Brandordnung von 1698

1306 Einzelne Häuser (1535) 1720

1307 Öffentliche Lasten (Türkensteuer und andere Kontributionen) (1486) 1596-1603

1308 Dezimationen (1583-) 1608

1309 Stadtgrundstücke, Gebäude 1599

1310 Stadtlansten und Stadtländereien 1604-1617

1311 Fuhrwesen und Fuhrleute 1646

1312 Freihäuser 1722-1727

Amt Steinburg

1317 Verzeichnis der Klöster, Städte und Adligen im Amt Krempe um 1560

1318 Wildnisländereien und deren Nutzung 1575-1616
Bemerkung: siehe auch Abt. 65.1. Nr. 664

1319 Bestätigung einer verdächtigen Urkunde für die Wilstermarsch 1612

1320 Privilegien der Marschen und der Mennoniten 1634-1687

1321 Grenzirrungen mit den Klöstern Itzehoe und Uetersen wegen der Scheide und gemeinen Weide auf dem Horster Moor 1698

1322 Zustand der beiden Marschen 1551, ohne Jahr (meist 16 Jh., 18. Jh.)

1323 Amtmann und Amtsschreiber 1551-1670
Enthält u. a.: Amtmann Dietrich von Blome; Amtsschreiber Clawes Mauris; Amtmann Josias von Qualen und Jacob Tilmich sowie Amtsschreiber Christoph Vortmeyer; Amtmann Balthasar von Ahlefeldt; Landschreiber des Kirchspiels Wilster (Wilstermarsch)

1324 Befugnis des Landschreibers in der Wilstermarsch zur Führung des Landbuchs, Eintragung der Kontrakte und ähnlicher Protokollierungen 1629

1325 Landschreiber der Krempermarsch 1704, 1724

Enthält: Vizelandschreiber Friedrich Christian Clausen, ältester Sohn des Bürgermeisters in Krempe, Landschreibers in der Krempermarsch und Inspektors in Herzhorn Claus Clausen; Landschreiber Ernst Albrecht Schneiderbacher

1326 Sporteltaxe von 1634 (1634) 1670

1327 Justiz 1574-1727

1328 Justiz in der Wilstermarsch, insbesondere Erbschaft und Schulden 1572-1581

1329 Protokoll des Appellationsgerichtstags in der Kremper- und Wilstermarsch, gehalten in Itzehoe 1611

1330 Bestrafung der Totschläger und anderer Übeltäter (1582-) 1603-1604

1331 Streitigkeiten mit Hamburg wegen der Schifffahrt auf der Elbe (1487) 1550-1565

Darin: Oblatensiegel der Kirchspiele Beidenfleth und Wewelsfleth

1332 Streitigkeiten zwischen Itzehoe und Wilster wegen der Schifffahrt auf der Stör (1260-) 1603-1609

Enthält u. a.: Abschriften von Privilegien

1334 Bürgerliche Nahrung, Handwerker und Privilegierte (1518) 1579-1654, 1670

1335 Grobschmiede und Zimmerleute (1686-) 1711-1726

1336 Beitragspflicht zu Deich- und Schleusenlasten und andere Deichangelegenheiten (1522-) 1613-1727

1337 Wildnisländereien und deren Eindeichung 1615-1679 (1701)

Enthält u. a.: Nachrichten über Glückstadt, auch über Kirche und Personen (1615-1623) von dem Stadtsekretär Woldemar (Wulbern) Gabel

1338 Streitigkeiten der Dorfschaft Wewelsfleth mit den Dorfschaften Neuenbrook und Grevenkop wegen Nothilfe zum Deichbruch in Neuenkirchen 1643

1339 Reinigung des Rhinflusses 1665

1340 Windmühlen in der Krempermarsch 1672

1341 Verhandlungen mit den Grafen Otto und Johann von Schauenburg wegen eines Weges durch Kamerland 1509

1342 Freiheit der Wilstermarsch von der Wegeinstandsetzung und andere Wegeangelegenheiten (1571-) 1619

1343 Fähre über die Stör bei Beidenfleth 1670

1344 Militär 1552, 1655, 1664
Enthält u. a.: Holzverkauf des Baumeisters Cornelius von Altena (Oblatensiegel des Henneke Lübbeke); Demolierung der Festung Christianspries

1345 Kriegsschäden (1521) 1567, 1571, 1629-1644

1346 Kriegslasten und -leistungen sowie Festung Krempe 1599-1670
Enthält u. a.: Suppliken; Verfall des Festungswalles in Krempe; Wasserflut von 1663

1347 Niederbrennung von Häusern im Kirchspiel Neuenbrook bei der Belagerung von Krempe 1629

1348 Kammerangelegenheiten, insbesondere Herrendienste, Fuhrdienste, Kontributionen und sonstige Abgaben und deren Abhandlung (1521) 1565-1689

1349 Streitigkeiten des Kirchspiels Sankt Margarethen mit den übrigen Kirchspielen der Wilstermarsch wegen der Setzung (1552-) 1612

1350 Streitigkeiten zwischen der Wilstermarsch und der Krempermarsch wegen Aufbringung der Kontribution, Leistung von Diensten und Wagenfuhren (1580-) 1602-1619

1351 Streitigkeiten zwischen Wilstermarsch und Krempermarsch wegen der Dienste, Zulagen und Bezahlung von Rüstungen (1566-) 1607-1663

1352 Streitigkeiten des Kirchspiels Sankt Margarethen mit den Kirchspielen Wilster, Brokdorf, Wewelsfleth und Beidenfleth wegen Feld- und Landmaße, Auflagen und Herrendienste 1611-1616

1353 Verteilung der Kontribution nach Morgenzahl (1612-) um 1661

1354 Einführung eines neuen Erdbuchs 1672, 1682

1355 Münzen 1610, 1613

1356 Abhandlung der Lizenten 1650

1357 Befreiung der Krempermarsch von Zoll und Lizenten 1667, 1682

1358 Beschwerden der Wilstermarsch und der Krempermarsch über Holzausfuhr (1550-) 1597

1359 Jagd 1551, 1692

1947 Suppliken aus der Wilstermarsch und Krempermarsch 1550-1645
Enthält: Schleusen; Wasserlösung; Grenz- und Deichangelegenheiten mit Dithmarschen; Kudensee; allgemeine Justizangelegenheiten; Wildnisländereien; Militär 1645

Propstei Münsterdorf

1360 Münsterdorfer Kaland und einzelne Lehen
1550, 1570, ohne Jahr (16. Jh.)

1361 Kirchenlehen, besonders im Kirchspiel Itzehoe 1553

1362 Kirchspiel Borsfleth: Pastor und Diakon
(1387, 1450, 1518) 1557, 1573, 1727

1363 Einzelne Kirchen und Schulen (1564-) 1673-1729
Enthält: Kollmar; Horst; Ecklak; Sankt Margarethen

Stadt Glückstadt

1444 Schreiben von königlichen Bediensteten in Glückstadt mit politischem und militärischem Inhalt 1629-1673
Enthält u. a.: Verzeichnis
Darin: (Teil-) Plan von Glückstadt, 1673

1445 Privilegien der Stadt sowie einzelner Häuser und Bürger sowie deren Bestätigung 1629-1727

1446 Konzessionen 1651-1704

1447 Genehmigung zur Aufnahme von zweitausend Mark 1702

1448 Schloss, Festungswerke, Kommandant und Garnison der Festung 1645-1673, 1700-1712

1449 Militärische Bedeutung als Festung (Protokollauszug) 1649

1450 Bericht über die Rechnung des ehemaligen Proviant- und Bauschreibers Rasmus Martensen 1650

1451 Einquartierung 1652-1722

1452 Sportelverzeichnis ohne Jahr

1453 Berichte und Suppliken von Bürgermeister und Rat 1630-1699

1454 Präsident, Bürgermeister, Ratsverwandte, Beamte 1649-1729

1455 Aufhebung der Appellation an das Vierstädtegericht sowie Regelungen zum Güterbesitz der Eheleute Peter Raven und Margarethe geb. Evers 1640-1643, 1671

1456 Streitigkeiten um eine Regel bei der städtischen Justizverwaltung in der Angelegenheit des Stadtvogts Jacob Helcke mit dem königlichen Zimmermeister Andreas Ruharts wegen einer Forderung (1658) 1659

1457 Scharfrichter (1632-) 1648, 1661-1725
Enthält: (Ismael Asthausen); Hans Heinrich Meyer; Wulf Hinrich Teutschmann; Gottfried Hennings; Coblentz; verweigerte Exekution zweier Delinquenten

1458 Schlosskirche und Schlossgemeinde 1661-1721

1459 Stadtkirche und Stadtschule 1651-1710

1460 Untersuchung gegen den Schlossprediger Nicolaus Sibbern wegen pflichtwidrigen Verhaltens (1686, 1705) 1706-1728

1461 Fremde Religionsverwandte 1635-1738
Enthält: Mennoniten, 1635; portugiesische Juden, 1651-1720; Niederländer Reformierte, 1656-1738; Katholiken, 1661-1702

1462 Bau einer katholischen Kapelle 1686-1687

1463 Katholischer Kirchhof 1700, 1702

1464 Geldschenkung des Prinzen Carl und der Prinzessin Hedwig Sophie von Dänemark an die reformierte Kirche 1716

1465 Seetonnen und Baken, Hafen und Hafenabgaben 1637-1724

1466 Verbesserung des ökonomischen Zustandes 1703-1727

1467 Druckerei, Buchführer, Buchbinder 1642-1711

1468 Handwerker und Privilegierte 1633-1730

1469 Post und Rollfuhren 1696-1724

1470 Pfandhaus, Lombard, Lotterie 1631-1699

1471 Feuerordnung 1663

1472 Apotheke 1648-1727

1473 Elbdeiche 1635, 1663

1474 Veräußerung von Außendeichsländereien (1659-) 1700-1701

1475 Königlicher Garten 1640-1660

1476 Rantzausches Haus auf dem Rethövel 1725

Stadt Krempe

1364 Allgemeines, Privilegien, Verfassung, Beschwerden (1271, 1435) 1550-1678

1365 Bürgerliche Unruhen, Beschwerden der Bürgerschaft über die Verwaltung von Bürgermeister und Rat, über Kirchenanlagen und wegen der Glocke (1605) 1606-1608

1366 Zustand der Stadt und Beschwerden besonders über Kontribution und Einquartierung (1555-) um 1661

1367 Konkurs der Stadt (1320-) 1685-1700
Enthält u. a.: Einwohnerliste (Süder- und Norderteil)

1948 Untersuchung des ökonomischen Zustandes (1629-) 1705-1712
Enthält u. a.: Rechnungen, 17. Jh.

1368 Magistrat und Stadtbedienstete allgemein, Bürgermeister, Ratsverwandte, Stadtsekretär, Kämmerer (1550) 1578-1727

1369 Justiz 1556-1674

1370 Streitigkeiten zwischen Gesche Wichmann und Hans Mohr wegen Verleumdung (1592-) 1609

1371 Klage des Pastors Johann Knipmann gegen den Propst wegen Amtsentsetzung 1558
Enthält u. a.: zwei Predigten in deutscher und lateinischer Sprache

1372 Kirche, Pastor und Diakon (1558) 1579-1721

1373 Kirchenbau 1588

1374 Gerdt Kulensche Lehen 1582

1375 Armenwesen 1710

1376 Handel und Schifffahrt 1581-1630, ohne Jahr

1377 Handwerker und Privilegierte (1521-) 1598-1725

1378 Hofdienstpflicht der Einwohner von ihren Ländereien im Landrecht (1600) 1603

1379 Anlage einer vierten Windmühle 1613

1380 Apotheker (1586-) 1670-1694

1381 Bauangelegenheiten 1542, 1557

1382 Befreiung von öffentlichen Abgaben 1566, 1674-1710

1383 Stadtkasse, Kontribution (1555-) 1572, 1672-1710, ohne Jahr

1384 Fischerei im Burg- und Stadtgraben (1555, 1590) 1608, 1613

1385 Ziegelscheune (1532-) 1614 (1615)

1386	Stadtmoor	1631-1656
1387	Alte Restanten	1652
1388	Einquartierung	(1642-) 1652-1667
1389	Dezimation	(1598-) 1669

Stadt Wilster

1390	Jurisdiktionsansprüche der Stadt	(1282, 1283, 1648) 1649
1391	Privilegien des Stadtschreibers	(1598) 1652, 1670
1392	Bürgermeister	1673, 1680, 1720
1393	Stadtsekretär	1723, 1728
1394	Justiz und Prozesse	1548-1613, 1697
1395	Vormundschaft und Erbschaft	1574, 1672
1396	Kirche, insbesondere die streitige Wahl eines Diakons	1656-1657
1397	Diakonat	1662, 1702, 1711
1398	Glockentreten	(1681) 1682
1399	Ratswaage	1610
1400	Beschwerden über die auf dem Land wohnenden Handwerker und Händler Enthält u. a.: Namensliste	1686-1702
1401	Privileg der Gewandschneider	1551
1402	Handwerker und Privilegierte	1648, 1704
1403	Deiche	1690
1404	Einrichtung einer Apotheke für Georg Janus und Beschwerden des Apothekers Anton Erich Rohms	1660, 1700

1405 Streitigkeiten mit der Wilstermarsch wegen Unterhalt des Militärs sowie Befreiung des Dr. med. Petrus Bulichius vom Bürgerrecht und von bürgerlichen Lasten 1638-1639

1406 Streitigkeiten mit der Wilstermarsch wegen außerordentlicher Zulagen (1615) 1621

1407 Dezimation des Obersts Jochim von Dibbern um 1650

1408 Streitigkeiten mit einem Todtenkop wegen eines Landstücks beim Mönchshof (Monnekenhove) (1550-) 1598

1409 Verpachtung eines städtischen Kruges („Hamborger Krog“) 1570

1949 Getreidepreise, Kontributionen, Zoll und Lizenten 1652-um 1660

Stadt Itzehoe

1410 Beschaffenheit allgemein 1550

1411 Bürgerliche Unruhen 1567, 1572

1412 Beschwerden gegen das Kloster wegen Störung der bürgerlichen Nahrung 1647

1413 Vergleich mit Graf Christian von Rantzau auf Breitenburg über Gewerbe und Handwerk (1631-) 1661, 1675

1414 Klage des ehemaligen Stadtschreibers Nicolaus Arndes 1560

1415 Bürgermeister und Rat 1683-1730

1416 Rang zwischen den Ratsverwandten und Geistlichen 1695

1417 Prozess Totschläger Heinrich Thöden 1563, 1574

1418 Anspruch des Christian von Rantzau auf Breitenburg als Besitzer des Gutes Wellen auf Teilnahme an der Brüchdingung 1635

1419 Sporteltaxordnung 1687

1420 Vormundschaft 1728

1421 Kirche, Schule und Armenwesen 1548-1580
Enthält u. a.: Bericht des Johann Rantzau über die Burglehen in Itzehoe, 1551

1422 Stipendium des Dekans der Domkirche in Lübeck und des Domherrn in Hamburg Johannes Brandes (1510, 1528) 1571-1584
Enthält u. a.: Testament (Abschrift), 1528

1423 Schreiben des Joannes Vorstius wegen Gründung einer Schule 1587

1424 Irrlehren des Propstes Magister Detlev Meyer 1632

1426 Streitigkeiten mit Nicolaus Johannes Elffring wegen des Schulrektorats 1672-1679

1427 Bäcker, Brauer, Krämer, Schlachter, Schmied, Töpfer (1506-) 1672-1728

1428 Streitigkeiten zwischen den Fuhrleuten in Itzehoe und Elmshorn wegen Durchfahrt und Absetzung der Posten, Passagieren und reisenden Personen 1680-1704

1429 Beschwerde des fürstlichen Postverwalters Claus Arriens in Friedrichstadt wegen der von den Fuhrleuten aus Itzehoe an dem Friedrichstädter Postwagen auf öffentlicher Landstraße verübten Gewalttätigkeiten (1677-) 1701-1704

1430 Bestätigung der Privilegien und der revidierten Fuhrrolle (1697) 1700

1431 Streitigkeiten zwischen dem fürstlich holsteinischen Postdirektor Johann Christoph Wulff und den Rollfuhrleuten wegen der Durchfahrt der Tönninger und Friedrichstädter Post 1711-1712

1432 Bestallung des Johann Reichel zum Postmeister 1722

1433 Markt 1561, ohne Jahr (17. Jh.)

1434 Apotheken 1690, 1700

1435 Bestallung des Dr. med. Johann Zacharias Hogel zum Landphysikus im Herzogtum Holstein und zum Stadtphysikus 1727

1436 Einquartierung 1660

1437 Kontribution, Steuern und Lasten 1584-1585
Enthält u. a.: Verzeichnis der Adelshäuser

1438 Türkensteuer 1662

1439 Befreiung von Pflugschatzgeldern und militärischen Lasten (1657-) 1662-1663
Enthält u. a.: Schadenverzeichnisse; Verzeichnis der eingeäscherten und 1661 noch wüst liegenden Häuser und Buden (Alt- und Neustadt)

1440 Vorschusszahlung an den dänischen König 1700

1441 Verleih eines Wagens und der Wagenmeisterbedienung an den Gemeinen bei der königlichen Leibgarde zu Pferde Heinrich Brun (1697) 1713

1442 Verkauf städtischer Häuser an Adlige 1571

1443 Verkauf eines adligen Hofes an den Amtsverwalter Jacob Steinmann in Steinburg (1637) 1650

Grafschaft Rantzau mit Flecken Elmshorn

1477 Kontributionspflicht der Eingesessenen des Amtes Barmstedt 1652

1950 Brau- und Malzrecht in Itzehoe und Streitigkeiten mit den Grafen von Rantzau wegen der gräflichen Brau- und Brennerei auf der Lottern (1623-) 1672, 1712-1719

1478 Streitigkeiten der rantzauschen Untertanen in Kölln mit den Eingesessenen in Hainholz wegen Plaggenhauen 1690

1479 Streitigkeiten der rantzauschen Untertanen in Rickling mit den Eingesessenen in Fehrenbötel wegen Weiderecht 1694

1951 Streitigkeiten des Grafen Christian Detlef von Rantzau auf Breitenburg mit dem Hause Gottorf wegen des Anspruchs auf Barmstedt, die Wellenischen Strafgelder sowie die Lindewittschen Marschländereien, ferner das Kreissequester über die Grafschaft (1650) 1706-1722

1480 Wege (1720) 1727

1481 Berichte des königlich dänischen Konferenz- und Landrats Heinrich Blome auf Waterneverstorf über die Verwaltung der Grafschaft
Enthält u. a.: Kriminalsachen 1726-1730

1952 Königliche Reskripte an den Administrator Heinrich Blome in rechtlichen und kirchlichen Angelegenheiten 1726-1730

1482 Kirche in Elmshorn, insbesondere die zwischen Graf Christian Detlef von Rantzau und dem Kloster Uetersen strittige Bestallung des dortigen Pastors (1578) 1702-1716

1953 Kleines Kanonikat in Hamburg und die Bleiche in Billwerder (1520-) 1727

Herrschaft Herzhorn mit Sommerland und Grönland

1485 Höfe und Ländereien in Sommerland 1593-1613, 1649

1486 Höfe und Ländereien in Herzhorn (1590-) 1614-1672

1487 Krügereiprivileg in Herzhorn (1610-) 1651

1488 Wildnisländereien in Herzhorn (1649) 1653, 1664
Enthält: rückständige Wildnisheuer des verstorbenen Matthias Tipoty; Freiland des Oberst und Kommandanten der Festung Glückstadt Johann Otto Bremer

1489 Wildnisländereien in Herzhorn: Streitigkeiten des Kanzlers Dietrich Reinking in Glückstadt mit Martha Tipotien und anderen Personen (1645-) 1649-1663

1490 Verkauf an Graf Ulrich Friedrich von Güldenlöw, an Wulf Brockdorff auf Wensin und Otto Blome auf Dänisch-Nienhof und Kaltenhof, sowie an die Königin Anna Sophie von Dänemark (1670) 1671-1726

1491 Streitigkeiten zwischen den Ämtern Herzhorn und Steinburg wegen Jurisdiktion über vier Eingesessene in Grönland (1729) 1731

Propstei Rantzau

1483 Forderung des Propstes und Pastors Franziscus Johann Müller in Barmstedt auf Pflichtkornlieferung von den Hufen des Hinrich von Pein und Hans Münster in Renzel im Amt Pinneberg (1695) 1720

1484 Fürbitte für die Gräfin Castell, das Patronatsrecht über die Kirche in Breitenberg und das Kompastorat in Barmstedt sowie die Neubestätigung der vormals rantzauschen Geistlichen 1726-1730

Herrschaft Pinneberg

1492 Beziehungen des Königs von Dänemark zum Grafen von Schauenburg 1545-1636

Enthält u. a.: Kurial- und Zeremonialschreiben; Kreditive

1493 Berichte des gräflich schauenburgischen Drosten Hans Barner an den König in allgemeinen und politischen Angelegenheiten 1546-1557

1494 Irrungen des Grafen Otto von Holstein-Schauenburg und seiner Beamten mit denen von Ahlefeldt auf Haselau und Haseldorf, auch deren Streitigkeiten mit königlichen Untertanen 1540-1566

1495 Schreiben von den Grafen von Holstein-Schauenburg und von gräflichen und königlichen Beamten wegen Grenzstreitigkeiten, Deichsachen, Kloster Uetersen und anderen Angelegenheiten 1559-1617

1496 Schreiben des Statthalters Heinrich Rantzau an König Friedrich II. von Dänemark politischen Inhalts, insbesondere zu Irrungen mit dem Grafen von Holstein-Schauenburg 1573-1581

1497 Schuldforderungen an die Grafen von Holstein-Schauenburg und an die Untertanen 1559, 1621-1665

1498 Klage des Grafen Adolf von Holstein-Schauenburg über Benedikt von Ahlefeldt, Amtmann von Steinburg, wegen nachbarlicher Irrungen und Landfriedensbruchs 1592-1595

1499 Differenzen des dänischen Königs mit Graf Ernst von Holstein-Schauenburg wegen des dem letzteren vom Kaiser verliehenen Fürstentitels
Enthält u. a.: Urkundenabschriften (1460-) 1620-1621

1500 Teilung zwischen König Christian IV. von Dänemark und Herzog Friedrich III. von Schleswig-Holstein-Gottorf sowie Liquidation der auf der Herrschaft haftenden Schulden (1546-) 1640-1667

1501 Forderungen der Grafen von Lippe und Limburg-Styrum auf die Herrschaft Pinneberg 1641-1732 und älter
Enthält u. a.: Urkundenabschriften; Genealogie; Bericht des Gensch von Breitenau, 1714

1502 Anspruch des Kaisers auf die Herrschaft Pinneberg 1642, 1645

1503 Forderungen des Oberförsters Simon Bonord und der Wißmannschen Erben 1643, 1661

1504 Forderung der Landgrafen von Hessen, der Grafen von Lippe und von Nassau 1643-1672

1505 Forderungen der Gräfin Elisabeth von Holstein-Schauenburg an die holsteinischen Landräte 1646

1506 Bestätigung der vom Erzbischof Friedrich von Bremen, späteren König Friedrich III. von Dänemark, erteilten Privilegien und Konzessionen (1603) 1647-1648

1507 Streitigkeiten mit Hamburg wegen des Hoheitsrechts, der Jurisdiktion, Grundheuer und Akzise sowie anderen Angelegenheiten 1647, 1667-1695

1508 Bericht des Drosten von Oertzen und Amtmanns Franz Stapelfeld in Pinneberg wegen der Grenze zwischen Pinneberg und Tremsbüttel 1652

1509 Kompetenz der Beamten des Amtes Pinneberg 1655

1510 Forderungen nach Reichs-, Kreis- und anderen Anlagen von der Grafschaft Pinneberg (1629) 1663, 1668, 1672
Enthält u. a.: Bericht des Siegfried von Pogwisch über seine Verrichtung beim Grafen Ernst von Holstein-Schauenburg, 1629

1511 Königliche Zivil- und Kirchenkonstitutionen 1661-1662, 1688

1512 Bestätigung von Privilegien, Begnadigungen und Konzessionen (1604-) 1652-1682

1513 Durchreise des russischen Gesandten Peter Marselis 1665

1514 Amtskonstitution 1669

1515 Einstellung des Glockengeläutes wegen des Todes König Friedrichs III. von Dänemark 1670

1516 Treueid von begüterten Fremden 1671

1517 Grenz- und andere Streitigkeiten mit Graf Detlef von Rantzau auf Breitenburg (1578, 1647) 1661, 1675-1728
Enthält u. a.: Zeugenverhör, 1691
Darin: Kartenskizzen

1518 Bericht vom Zustand der Herrschaft 1710

1519 Anspruch der gottorfischen Regierung auf die Jurisdiktion über den Schauenburgischen Hof und Mühlenhof in Hamburg 1716-1721

1520 Übertritt des Julius Adolf von Wietersheim aus gräflichem in königlichen Dienst 1620, 1622

1521 Landdrost 1649-1731
Enthält: Jasper von Oertzen; Ernst Albrecht von Eberstein; Andreas Paul von Liliencron; Graf Otto Carl von Callenberg; Gebhard Ulrich von Perckenthin

1522 Beschwerden über Beamte (1638-) 1649-1660
Enthält u. a.: Abraham Mohr, Altona; Nachrichten über die Armenbüchse in Altona, 1580 ff.

1523 Streitigkeiten zwischen dem Drosten Friedrich von Wietinghof genannt Scheel und dem Amtmann Gregorius Cröger (1670) 1671
Enthält u. a.: Bestallungen

1524 Streitigkeiten der Amtsvögte in Ottensen und Uetersen, Paul Paulsen und Ernst Christoph Thiele, mit dem Landdrost Martin von Ehrenschildt und dem Amtsverwalter Borcherd von Suhm 1700

1525 Angaben der Amtsvögte Paul Paulsen und Ernst Christoph Thiele gegen den Landdrosten Martin von Ehrenschildt und den Amtsverwalter Borcherd von Suhm 1700-1701

1526 Streitigkeiten des Amtsverwalters Heinrich von Suhm mit den 1676 abgebrannten (Groß-)Kollmarschen Untertanen in Bielenberg wegen der Kontribution (1674-) 1684-1692

1527 Amtsverwalter Heinrich von Suhm sowie seine Ländereien (1662-) 1698-1704

1528 Amtsverwalter Jacob Andreas Grabau (1702-) 1707-1710

1529 Verleihung des Kleinen Holsteinischen Kanonikats in Hamburg an Amtsverwalter Jacob Andreas Grabau 1705-1717

1530 Amtmänner Dr. Franz Stapel und Gregorius Cröger 1647, 1670, 1679

1531 Beschwerden der Brüder Hinrich und Martin von Stein in Uetersen wegen Übergriffen des Vogts der Vogtei Uetersen Hans von Münchhausen 1654

1532 Amtsschreiber Theodor Morrien, insbesondere die von ihm abzulegende Rechnung 1650-1671

1533 Hausvogt, Waldvogt, Amtsvogt (1638-) 1661-1724
Enthält u. a.: Anthon Goldtbach; Detlef Nissen; Franz Georg Hammenstedt; Carsten Grillen; Michel Lüttjohann

1534 Landnotar 1613, 1656-1730
Enthält u. a.: Joachim Schultze; (Nicolaus Dünnen); (Hans Andreas Schütt); Joachim Pussius; Peter Brandt

1535 Fiskalat 1701

1536 Heidereuter 1654, 1667
Enthält: (Henning Wittemacken); Eler Wulff

1537 Scharfrichter (1642-) 1661-1700
Enthält: Hans Heinrich Meyer; Cordt Meißner; Ismael Asthausen; Lorentz Duncker; Valentin Fliegenring; Gottfried Hennings

1538 Bericht zum sogenannten „Schauenburgischen Händel“ beim Kammergericht wegen des Klosters Uetersen 1580

1539 Appellation nach schauenburgischer Gerichtsordnung 1694-1695

1540 Konstitution des Königs Friedrich III. von Dänemark wegen der pinnebergischen Appellationsgerichte 1649

1541 Pinnebergisches Oberappellationsgericht 1661, 1698-1700
Enthält u. a.: Sporteltaxe; Verzeichnis der im April/Mai 1693 verhandelten Angelegenheiten

1542 Klagen wegen Rechtsverweigerung sowie wegen Verschleppung eines Prozesses 1701, 1725

1543 Justiz 1724

1544 Wiedereinsetzung in den vorigen Stand (Restitution in integrum) (1716-) 1725-1728

1545 Verletzung der Amtsjurisdiktion 1729

1546 Eingriffe des Klosters Uetersen in die Amtsjurisdiktion (1578) 1730

1547 Erbschaft 1604-1680
Enthält: Joachim Meinerts; Joachim Meinert; Elisabeth von Hatten, Witwe des Kirchspielvogts Hermann von Hatten, Kisdorf, wegen der von ihrem Vater Joachim Borgest gekauften Neuen Mühle bei Ottensen; Otto Wohlenberg, Kurzenmoor

1548 Schuldforderungen (1605-) 1616-1729

1549 Prozesse 1591-1724
Enthält: Prozess des Heinrich Mehl, Elmshorn, gegen Wilhelm Trup, Hamburg, Aalborg, wegen Forderung, 1591; Interzession für Schack von Ahlefeldt wegen Mordes an Jost Runnenbergk auf freier Heerstraße zwischen Elmshorn und Vormstegen, (1520) 1596, (1622) 1624; Interzession für Claus Oldehuß in der Streitsache mit Kai von Ahlefeldt, Seestermühe, 1596; Daniel Selmer wegen einer Wiese, 1695; Streitigkeiten der Eingesessenen in Wedel und Schulau mit Generalmajor von Bardenfleth, Itzehoe, wegen Beleidigung, 1721; Johann Christoph Redecken wegen geprägter Medaillen, 1724

1550 Kriminalfälle 1613-1730

1551 Prozess des Michel Schmidt gegen Hartich von Spreckelsen und Konsorten 1646

1552 Zitation des Generalfiskals an den königlichen Kammerdiener Jacob Petersen vor das Hofgericht 1669

1553 Handel und Schifffahrt 1663, 1681, 1720
Enthält: Handel nach Norwegen; Handel mit Gras und Heu; beabsichtigter Bau von zwei Schiffen des Kaufmanns Meunier aus Amsterdam in Kommission

1554 Handwerker und Privilegierte (1616-) 1670, 1672, 1721
Enthält: Barbier Ludwig Lö(h)nning; Wundarzt und Barbier Anthoni Eydelßen; Kesselhändler Andreas Egens, Rellingen

1555 Konzession zur Anlage einer Stahlmanufaktur in Dockenhuden für M. D. Münchhausen und Erdmann in Hamburg sowie Privileg für Franz Joachim Augustin in Altona zur neuangelegten Zwillichfabrik 1720, 1723

1556 Erschwerung der Biereinführung durch Altona 1699, 1721, 1723

1557 Neue Eindeichung, Erhaltung der Deiche, Schleusen, Wasserläufe 1601-1675
Enthält u. a.: Kontrakt mit dem Werkmeister in Tönning, Johann Clausen Cooth, wegen des Überdeichens und Verfertigung des Deichs über den Rhin „vom Rogkenlande biß auff den Reethouell", 1615

1558 Mühlen 1643-1671

1559 Auen, Flüsse, Teiche und Fischerei 1654-1726

1560 Anlage einer neuen Windmühle in der Amtsvogtei Uetersen (1624) 1703
Bemerkung: Kommissionsakten des Geheimrats Gensch von Breitenau

1954 Krieg und Kriegsschäden, Einquartierung, Truppenmärsche 1621-1650

1955 Krieg und Kriegsschäden, Einquartierung, Truppenmärsche (1644-) 1651-1686

1562 Kommission zur Untersuchung der Exzesse und Unordnungen 1683

1563 Verhaftung des vormals russischen Major Gerhard Christian Bambamius in Pinneberg 1706

1564 Hochzeits- und Gevattergeschenke 1723

1565 Pest in Hamburg 1664

1956 Niederlassung des Apothekers Johann Christoph Albrecht aus Altona im Flecken Pinneberg 1720

1566 Strandungen 1686, 1729

1567 Strandungen auf der Elbe sowie Korrespondenz mit der Regierung in Stade und mit Hamburg wegen Bergelohnforderungen der Blankeneser 1720-1730

1568 Gefälle des Domkapitels in Hamburg aus der Herrschaft 1660

1569 Kornpacht aus pinnebergischen Dörfern für das Sankt Johanniskloster in Hamburg 1645, 1652

1570 Besitzungen von Bürgern aus Hamburg in Ottensen, Dockenhuden und Nienstedten 1643-1665

1571 Schauenburgischer Zoll in Hamburg 1649-1690

1572 Beschwerden des Amtes Pinneberg gegen Hamburg, insbesondere wegen des Schauenburger Hofes 1708-1728

1573 Akzise 1647-1670

1574 Fuhrdienste und Dienstgelder 1649, 1689

1575 Kontribution und andere Beschwerden 1650-1666

1576 Dienstgelder des Amtes Hatzburg (1643-) 1672

1577 Brücken- und Passagegeld in Barmstedt 1727

1578 Holz, Forst und Jagd 1648-1726

1579 Baken auf dem königlichen Himmelmoor 1691

1580 Jagd, insbesondere Verletzung des pinnebergischen Jagdgebietes durch Graf Detlef von Rantzau 1691

1581 Streitigkeiten der königlichen Untertanen mit den Klöstern Uetersen und Itzehoe wegen des Horster Moores (1618) 1702-1703
Bemerkung: Kommissionsakten des Geheimrats Gensch von Breitenau

1582 Ausnutzung des Pinneberger Moores (1495) 1703

1583 Schäferei in Appen 1647, 1661

1584 Bericht zu den Streitigkeiten zwischen den Eingesessenen in Rellingen wegen Einteilung des sogenannten Banesorts oder der gemeinen Weide 1703

1585 Streitigkeiten des Georg Friedrich Ettler in Altona mit der Dorfschaft Bahrenfeld wegen Landausweisung 1727

1586 Pulverhof Kollau, Konkurs 1716

1587 Meierhof Datum 1653-1661
Pächter: Hans Rambke; Johann Reimers; Dorothea Hedwig von Schack geb. von Sehestedt, Witwe des Oberst Hartwig von Schack

1588 Streitigkeiten des Guilliam de la Bistrate mit Diedrich Bröyer wegen des Goßmannschen Hofes in Dockenhuden (1665-) 1684
Enthält u. a.: Verzeichnis der Freihufen im Kirchspiel Nienstedten; Verzeichnis der ehemaligen wüsten, wieder besetzten sowie der seit dem Kaiserlichen Kriege wüsten Hufen in der Vogtei Hatzburg

1589 Hufe des Everdt Grauen in Eimsbüttel 1646

1590 Fiskalische Anklage gegen die Dorfschaften Groß und Klein Flottbek wegen mutwilliger Zuwerfung des Graben um das Landstück des Diedrich von Hoven in Klein Flottbek 1729

1591 Kronenschanze in Glückstadt (1642) 1652

1592 Verpachtung des Hauses Hatzburg an den dortigen Verwalter Johann Georg Hartz (1646) 1647

1593 Verpfändung der Vogtei Hatzburg an Johann Adolf Kielman von Kielmansegg 1677

1594 Torfmoor in Hummelsbüttel und die dortige Jagd 1654

1595 Geldforderung des ehemaligen Vogts Johann Wieckhorst an das Dorf Holm (1709) 1721

1596 Wiedererlangung des Konkurs gegangenen Hofes in Kurzenmoor für Johann Sander in Nordende (1719) 1720-1721

1597 Landausweisung in Lieth und Hainholz 1711

1598 Freiheiten einzelner Höfe in Nienstedten (1606-) 1664-1671

1599 Schloss in Pinneberg, dabei auch die Steinburger Schanze 1647-1684

Bemerkung: Riss des Pinneberger Schlosses, 1662, in Abt. 402 A 19 Nr. 1a und 1b, der Steinburger Schanze, 1662, in Abt. 402 A 19 Nr. 2

1600 Flecken und Vorwerk Pinneberg: Wiederaufbau des eingeäscherten Vorwerks und Überlassung eines Kampes an Heinrich Suhm 1661, 1679

1601 Baufälligkeit und Sturmschäden der Amtshäuser in Hatzburg und Pinneberg 1668-1669

1602 Bericht des Amtmanns Georg Cröger in Pinneberg wegen der Einsendung von Dokumenten und Akten zum Verkauf des Amtes Syke 1671

1603 Höfe des Majors Siegmund Reiche und des Everdt Remmerß in Stellingen (1639) 1643-1670

1604 Jurisdiktion über den Stindtenschen Hof vor Glückstadt 1719

1605 Streitigkeiten mit dem Kloster Uetersen wegen Ausweisung von drei Koppeln des Ullerloher Distrikts an pinnebergische Amtsuntertanen 1720

1606 Kontribution aus Wedel und Holm 1672

1607 Ochsenmärkte und Ochsenhändler in Wedel 1591-1615

1608 Fähren in Wedel und Blankenese 1647-1705

Enthält u. a.: Kommissionsakten des Geheimrats Gensch von Breitenau aus dem Jahr 1702 mit Vorakten

1609 Roland in Wedel (Ochsenhandel) 1653

1610 Goßmannscher Hof in Wedel (1608, 1650) 1654-1677

1611 Dienstfreiheit der Kate des Hinrich Brawer (auch Brüwer) in Wedel (1523, 1600) 1664-1665

1612 Krüge in Wedel (1602-) 1670-1671

1613 Häuser und Höfe in Wedel (1614-) 1670-1674
Enthält u. a.: Konkurs des Goßmannschen Hofes

1614 Forderung des Landdrosten Graf Callenberg nach einer Fuhrleistung des Fleckens Wedel 1720

1615 Streitigkeiten des Fleckens Wedel mit der Dorfschaft Holm wegen Torfgrabens 1723-1728

1616 Beschwerde des Hans Hinrich Haas (Hassen) in Wedel über seinen Prozess wegen eines Fußweges (1725) 1727-1728

1617 Hoheitsrecht des dänischen Königs über die Dörfer Spitzerdorf und Poppenbüttel [18. Jh.]

1618 Eigentum und Jurisdiktion auf den Hahnenhöfer Sand in der Elbe 1672-1683
Enthält u. a.: Strandung des hamburgischen Schiffes „Perle“, 1672

1619 Berichte des Statthalters Heinrich Rantzau über den Streit des Grafen Otto von Schauenburg mit der Stadt Hamburg wegen des Billwerder (1560-) 1596

1620 Anlage der Hetlinger Schanze auf der Insel „Hetler“ („Hitler“) Sand
Darin: Karte (1494) 1663-1692

1621 „Hittler-Sandt“ und die Hetlinger Schanze (1494-) 1672-1702

1622 Erwerb der Insel Krautsand in der Elbe (1623) 1624-1627
Enthält u. a.: Einwohnerverzeichnis der Insel mit Angabe des Saatlandes und des Heuergeldes

1623 Konkurs der Güter Veddel und Grevenhof des fürstlich mecklenburgischen Kommerzienrats und Amtmanns Dietrich Krull sowie seines Sohnes, des Amtmanns Dietrich Krull, und die dortige Jurisdiktion des Landdrosten (1671-) 1707

1624 Eigentum und Jurisdiktion über den Wedeler Sand (1667) 1649, 1668

1625 Streitigkeiten der von Holtze in Hamburg mit den Brüdern Grothe in Celle wegen Land auf der Peute (1551-) 1651
Darin: Abriss des streitigen Grenzortes im Griesenwerder, ohne Jahr; Abriss, 1649 (Zeichner: Hamburgischer Ingenieur- und Artillerieleutnant Johann Pfannenstiel); Abriss, ohne Jahr

1626 Peute und Müggenburg, Kaltenhof und Griesenwerder (1638-) 1652-1686

1627 Lehenrevers des Theodor von Holtze auf die Elbgüter Peute und Müggenburg 17. Jh.

1628 Lehnbrief für die Brüder Johann Jacob, Nicolas Albert, Georg Günther und Theodor von Holtze über die Peute und Müggenburg sowie den Hof in Altona, mit Lehenreversen 1727-1728

1629 Lehngüter Peute und Müggenburg des Theodor von Holtze
Enthät u. a.: Inventar; Urkundenabschriften (1546-) 1673, 1687

1630 Streitigkeiten zwischen denen von Holtzen wegen ihrer Lehngüter Peute und Müggenburg (1546-) 1670-1675
Enthält: Lehnbriefe; Stammtafeln

1631 Eidliche Reverse des Lizentiaten Georg von Holtze und des Theodor von Holtze wegen der Lehngüter Peute und Müggenburg 1670, 1699

1632 Investitur des Etatsrats Johann Jacob von Holtze auf die Lehngüter Peute und Müggenburg und Konzession zur Aufnahme einer Anleihe auf diese Güter 1724-1728

1633 Lehngut Kaltenhof: Lehnseide der Rohde und Kopien der ihnen erteilten Lehnbriefe 1467-1670

1634 Lehngut Kaltenhof 1648-1674

1635 Lehngut Kaltenhof: Streitigkeiten in der Familie Rohde 1663-1674 (1682), ohne Jahr

1636 Güter Kaltenhof, Peute und Müggenburg, Veddel, Grevenhof, Pagensand und Griesenwerder 1641-1700
Darin: Karten

1637 Lehngut Kaltenhof, speziell Streitigkeiten des Dr. Ludovicus Albertus Juncker in Hamburg mit Hans Rohde wegen Forderung 1665-1673

1638 Lehngut Kaltenhof, speziell die eventuelle Belehnung des Grafen Peter von Griffenfeldt (1653-) 1674-1685

Propstei Pinneberg

1639 Visitations- und Konsistorialangelegenheiten (1639) 1643-1721

1640 Verordnung zu geistlichen Angelegenheiten im Amt Pinneberg 1705

1641 Kollekten 1700-1730

1642 Kirchenbuße 1722-1730

1643 Katholiken, Mennoniten, Quäker 1623, 1656, 1714
Enthält: Abschaffung der katholischen Religion in Altona, 1623; separierte Mennoniten und deren Zeremonien, 1656; Quäker Hans Christoph Ludemann, 1714

1644 Juden 1664, 1726
Enthält u. a.: Verzeichnis von begrabenen Juden, 1664; Schutzjude Alexander Salomon Hamerschlags aus dem Stift Hildesheim

1645 Ehe (1696-) 1701-1730
Enthält: Hinrich von Ahnen, Harksheide; Hinrich und Catherina Stolten, Garstedt; Tönnies und Anna Sophia Glismann, Ellerbek; Hinrich Kortz und Elisabeth Engels, Osdorf; Hans Christoffer Glißmann, Rellingen; Gunther Biesterfeld und Maria Körner, Wedel; Carsten Duncker, Holm

1646 Armenangelegenheit des Josias Witt 1727

1647 Kirchen und Pastoren in Altona und Ottensen 1650-1685, 1720

1648 Streitigkeiten mit den Grafen von Rantzau auf Breitenburg wegen Wiederbesetzung des Pastorats in Elmshorn (1427-) 1702-1726

Enthält u. a.: Kommissionsakten des Geheimrats Gensch von Breitenau, 1702-1704, mit älteren Abschriften

1649 Streitigkeiten mit Hamburg und dem dortigen Sankt Johanniskloster wegen des Episkopalrecht und des Kompastorats in Eppendorf 1662-1732

1650 Streitigkeiten zwischen dem Amt Pinneberg und dem Sankt Johanniskloster in Hamburg wegen Wiederbesetzung des Patronats in Eppendorf (1685) 1689-1725

1651 Präbende Cappellae St. Anscharii in Hatzburg 1708

1652 Kirchenvisitation in Haselau, Haseldorf und Seester 1654

1653 Kirchspiel Herzhorn: Pastor 1645, 1718-1719

1654 Kirchspiel Horst: Gottesdienst 1718

1655 Einrichtung einer Kirche auf der Elbinsel Krautsand (1678) 1681-1682

1656 Kirchspiel Nienstedten: Pastor Georg Lütkens 1721

1657 Kirchspiel Rellingen: Kirche, Pastor und Schule 1654, 1664, 1706-1729

Enthält u. a.: Wahl des Hinrich Koch zum Pastor, mit Wahlliste, 1654

1658 Kirchspiel Rellingen: Zugehörigkeit der Dorfschaft Glinde (1708) 1712

1659 Kirchspiel Seester: Pastor, Kirche, Schulmeistervakanz in Seestermühe 1699-1727

1660 Kirchspiel Uetersen: Kirche und Pastor 1632, 1679-1719

1661 Kirchspiel Wedel: Kirche, Kirchenstühle und Pastor (1672) 1704-1730

Stadt Altona

1662 Zustand der Stadt 1646, 1651, ohne Jahr
Enthält u. a.: Vorschlag des Lizentiaten Hermann Möller zur Einsetzung eines königlichen Rats oder Senators

1957 Stadtprivileg und andere Privilegien, Konzessionen und Begnadigungen 1664-1729

1958 Beschwerden der Stadt Hamburg beim Kaiser gegen die Stadterhebung 1664-1668

1664 Grenze, insbesondere Grenzpfähle 1679-1728

1665 Zustand und Aufnahme der Stadt 1701, ohne Jahr

1666 Vermehrung der Zahl der Bürgerkompanien 1708

1667 Memorial der abgebrannten Bürger (1710-1711) 1712

1668 Aufbau der abgebrannten Stadt 1713

1669 Sonstige Angelegenheiten 1682-1703
Enthält u. a.: Korrespondenz des Präsidenten Matthias Jessen mit seinem Bruder, dem Obersekretär der Deutschen Kanzlei, Thomas Balthasar von Jessen

1670 Sonstige Angelegenheiten 1704-1712
Enthält u. a.: Korrespondenz des Präsidenten Matthias Jessen mit seinem Bruder, dem Obersekretär der Deutschen Kanzlei, Thomas Balthasar von Jessen

1671 Sonstige Angelegenheiten 1712-1726
Enthält u. a.: Korrespondenz des Präsidenten Matthias Jessen mit seinem Bruder, dem Obersekretär der Deutschen Kanzlei, Thomas Balthasar von Jessen

1672 Streitigkeiten des Hans Gade und Konsorten mit dem Magistrat wegen Administration der Justiz in seiner Forderungssache mit Jacob Fröhling 1684-1697

1673 Streitigkeiten des Kapitän Christoph Woldemar von Melling mit Magistratmitgliedern wegen widerrechtlicher Inhaftierung 1710-1717

1674 Magistrat und Stadtbedienstete 1664-1728

1675 Familienbriefe an den als königlich dänischer Legationssekretär am sächsisch-polnischen Hofe befindlichen Sohn des Präsidenten Matthias Jessen 1706-1714

1676 Zivilprozess und andere Justizangelegenheiten (1635, 1641) 1652-1728

1677 Niedergericht (1665) 1673
Enthält u. a.: Nachricht über die Haltung des Bürgergerichts in Glückstadt

1678 Prozess gegen den Lohmüller Jeronimus Krull wegen seiner Klage und Beschuldigung gegen den Magistrat (1659-) 1681-1686

1679 Verordnung zu Gerichts-, Justiz- und Polizeiangelegenheiten 1705-1713

1680 Scharfrichter 1670-1706
Enthält: Valentin Fliegenring; Hans Caspar Lange; Johann Bartheld Kölner (auch: Hans Bartoldt Kellner); Hans Jürgen Hoffmann, Ratzeburg und Mölln und dessen Sohn Carl Erdmann Hoffmann

1681 Propst, Haupt- und Kompastor an der lutherischen Hauptkirche 1648-1718

1682 Kirchengebäude und Kirchenmittel der lutherischen Hauptkirche 1649-1726

1684 Kirchengebäude, Kirchenmittel und Kirchenbedienstete der lutherischen Hauptkirche (1698) 1713-1714

1685 Befreiung der Kirchenjuraten von Abgaben 1679-1680

1686 Verordnung zu Geistlichen sowie Kirchen- und Schulangelegenheiten 1705, 1744

1687 Inkorporierung der Häuser bei der Sägemühle am Elbdistrikt in die Kirche in Altona oder in Ottensen 1681-1708

1688 Fremde Religionsverwandte 1701-1719

1689 Römische Katholiken 1658-1722

1690 Separatistische Sekte der Immergenten (Wiedertäufer) 1711-1724
Enthält: Verweigerung der Taufe der Kinder des Glasers Gerhard Grevenburg

1959 Auftreten des Jean de la Bardie und seines Anhangs, sein Tod und sein Begräbnis 1673-1674

1691 Reformierte 1660-1703

1960 Streitigkeiten zwischen der deutschen und der französischen reformierten Gemeinde 1685-1704

1692 Konfirmation der Privilegien der Mennoniten sowie Ehedispens des Mennoniten Franz Henrich Wacker wegen der Heirat mit seiner Cousine Sara Dieck 1699

1693 Hochdeutsche Juden 1641-1726

1694 Portugiesische Juden (1611, 1641) 1647-1708

1695 Lateinische Schule 1708-1733
Enthält u. a.: Bestallungen

1696 Gräflich Reventlowsche Armen- und Waisenstiftung 1717-1726

1697 Buchdruckereiprivileg 1658-1729
Enthält: Privileg für Victor de Löwen; Anna de Löwen; Christian Reimers; Jürgen Oeland (Ohland); Bernhard Simon Dreyer; Hinrich Christian Hulle

1698 Privileg für den Mathematiker Johann Halcke zur Herausgabe des Holsteinischen Kalenders (Volkskalenders) 1699-1722

1699 Kommerz, Handel, Makler, Hafen und Schifffahrt 1680-1722

1700 Projekt des Gerrit Gerritsen Focken zur Verbesserung und Aufnahme der Stadt 1731

1701 Anlage einer Heringspackerei durch Jacob Linnich in Altona 1722

1702 Fabriken und Manufakturen 1648-1729

1703 Handwerker und Privilegierte 1642-1731

1704 Streitigkeiten der privilegierten Fischer mit dem Brauer Cord Rhode wegen eines Siels 1702

1705 Post und Fuhren 1708-1730

1706 Verordnungen zu Trauerfällen, Hochzeiten und Kindtaufen 1729-1731

1707 Polizeiministerstelle für Johann Oldenburg aus Altona (1707) 1714

1708 Beherbergung von Fremden und Erteilung von Pässen 1711, 1715

1709 Brunnen und Wasserleitungen 1653, 1671, 1723-1726

1710 Polizei, besonders Bauangelegenheiten 1647-1709

1711 Märkte, insbesondere Privileg eines freien öffentlichen Jahrmarkts 1662, 1709

1712 Gilden, besonders Schützengilde 1662-1710

1713 Polizei, besonders Anlage und Verwaltung eines Lombards 1672-1725

1961 Einrichtung einer Lotterie 1702

1714 Brandangelegenheiten 1699-1714
Enthält u. a.: Konfirmationen der Feuerordnungen

1715 Apotheken 1661-1727
Enthält: Schwanen-Apotheke; Elephanten-Apotheke; „Dritte Apotheke" (Siegmund Meycke)

1716 Chirurgen und Barbiere 1680-1723
Enthält u. a.: Hieronymus Reichert, dessen Sohn Peter Reichert, Anna Ilsabe Reichert, Witwe

1717 Physikus 1705-1722
Enthält: Dr. Johann Balthasar Hermann; Johann Gottfried Osswaldt, dabei Attestate über die Besichtigung von Leichen

1718 Ansteckende Krankheiten 1711-1721

1719 Zoll und Akzise (1546-) 1656-1674

1720 Befreiung von öffentlichen Lasten und Einquartierung 1662-1722

1721 Städtische Einkünfte und deren Erhebung 1702-1723

1722 Privilegierte Häuser 1641-1670
Enthält u. a.: Freiheiten eines an der Elbe belegenen Hofes; Domdechant Dr. Laurentius Langermann, Hamburg; Lenert Dolcken

1723 Freiheiten eines Krughauses in der Palmaille 1665-1718

1724 Freiheiten des sogenannten Französischen Hofes 1671-1724

1725 Von Oltzescher Bleichhof 1646-1674

1726 Belehnung des Präsidenten Rudolf Roland mit dem dritten Teil der Bleiche 1668

1727 Streitigkeiten des Stadtvogts Hinrich Hammerschmidt mit dem Ratsverwandten Dr. Georg von Holten aus Hamburg wegen Eigentums am Graben um die Bleiche (1640-) 1664

1728 Besitzanspruch des polnischen Residenten Daniel Salomonßen am Weg von seinem Hof in Ottensen durch die Palmaille (1679) 1680

1729 Bebauung der wüsten Plätze an der Elbe durch die Erben der Margaretha Meyer 1719-1720

1962 Suppliken um 1670-1695
Enthält u. a.: Fiskalat; Seifensiederei; Austernfischerei; Walfang; Kapereien; Familie Marselis; Branntweinbrenner; Goldtrecker; Präsident Rudolf Roland; Ewerführer; Leineweber; Chirurgen; Juden; Stempelpapier; reformierte Gemeinden

Ottensen

1730 Interkommunale Verhältnisse von Ottensen und Neumühlen (1600-1669) 1713

1731 Landausweisung in der Ottensener Heide an Leutnant Henning Wehler (1665-) 1668

1732 Forderung des Friedrich Clüver in Schwabstedt aus der Vogtei Ottensen 1667

1733 Einsetzung des David de la Motte in den Hof des Berent Jacob Carpfenger in Ottensen 1680

Stadt Lütjenburg

1734 Differenzen zwischen Magistrat und Deputierten Bürgern 1696

1735 Beschwerde des Heinrich Rantzau auf Neuhaus gegen die Stadt 1620

1736 Benutzung der Wassermühle in Helmstorf (1648-) 1677

1737 Gerichtsstand und Rang des Pastors 1675,1696

1738 Vermögen und Einkünfte der Kirche 1718

1739 Einquartierung und Kriegslasten 17. Jh.

Stadt Heiligenhafen

1740 Magistrat 1712

1741 Prozesse und Streitfälle 1583-1600, 1724-1725

Enthält u. a.: gewaltsame Entführung des entwichenen Schreibers Bartholomäus Wendt aus der Stadt durch Sievert Rantzau auf Löhrstorf und Helmstorf; Streitigkeiten des Zimmermanns Jenß Hanßen Fühn mit dem Ratsverwandten Claus Wittrock wegen Beleidigung

1742 Totschlag des Melancholikers Lüder Reimer an der Schwester seiner Ehefrau, Elsche Teetzen, Tochter des Jochim Teetzen 1647-1651

1743 Handel und Schifffahrt, insbesondere Getreideausfuhr aus Dänemark 1597-1710

1744 Beschwerden über das vom König angeordnete Salpetersieden 1598

1745 Herstellung der im Krieg ruinierten Schiffbrücke 1651

1746 Erhebung der Lizenten 1653

1747 Kriegslasten 1629, ohne Jahr

Amt Cismar

1868 Holzrolle 1717

Amt Trittau

1869 Besitzergreifung der Trittauer Amtsdörfer Sahms, Elmenhorst und Pampau im Herzogtum Lauenburg durch das Kurfürstentum Hannover 1719

Propstei Kiel

1870 Schule in der Stadt Kiel 18. Jh.

1871 Kirche in Preetz: Beförderungsbrief für den Generalsuperintendenten Stephan Klotz wegen Besetzung der vakanten Predigerstelle durch den Pastor Christoph Langen in Probsteierhagen 1660

Propstei Oldenburg

1872 Kirchspiel Großenbrode: Pastor (1639) 1647, 1677, 1716-1721
Enthält: Martin Eberhard; Henricus Lobeck; Peter Hansen; Johann Daniel Wolterstorff

Propstei Stormarn

1873 Ernennung des Adjunkten Johann Daniel Decker in Siek und des Pastors Nicolaus Alardus in Steinbek 1716, 1720

1874 Kirchspiel Trittau: Predigerwahl 1716-1717

Stadt Kiel

1939 Rechtliche Auseinandersetzungen 1579-1691

Enthält: Auseinandersetzung mit Detlef Brockdorff, Schrevenborn, wegen Strandgerechtigkeit in der Kieler Förde, 1582; Auseinandersetzung mit Otto Rantzau wegen verübter Gewalttaten, 1583; Beschwerden der Stadt auf den Landtagen, 1588-1593; Auseinandersetzung mit Jasper und Marquard Pentz wegen des tödlich verwundeten Hans Pentz, 1593; Gegenbericht der Stadt in der Sache Gosche von Ahlefeldt, Quarnbek, Brede und Bertram Rantzau, Bothkamp und Kohöved, gegen Elisabeth Früchtenicht wegen Beleidigungen, 1594-1609; Auseinandersetzung mit Bartram Rantzau, Kohöved, wegen Gewalttat, 1598; Streitigkeiten des Dietrich Teleman, Burg auf Fehmarn, mit Jochim Stalbaum, Kiel, wegen einer Hökerbude, 1598; Auseinandersetzungen wegen der angemaßten Steuerfreiheit etlicher Adliger und wegen der Kieler Förde mit dem Kloster Preetz, 1604; Auseinandersetzung mit Christoffer Rantzau, Quarnbek, wegen der Dudenhorst, 1593-98; Erbhuldigung Herzog Friedrichs III. von Schleswig-Holstein-Gottorf, 1616; entleibter Sohn des Peter Nielsen, 1579; Zölle 1583; Festung Friedrichsort, 1691

Landschaft und Propstei Norderdithmarschen

1222 Kirchspielsschreiber (1585, 1599) 1719

Enthält u. a.: Abschriften gottorfischer Akten

1223 Kirche und Schule 1613, 1708-1716

Flecken Heide

1228 Streitigkeiten der Dorfschaften Lohe und Rickelshof mit der Süderegge wegen der gemeinen Weide (1462-) 1598

Amt Segeberg

1785 Grenz- und andere Streitigkeiten mit dem Amt Trittau sowie den Gütern Pronstorf und Kaden 1616-1694

Enthält: Joachim von Buchwald, Pronstorf, wegen Entlaufens von Bauern sowie wegen strittiger Grenze zwischen Strukdorf, Westerrade und seinem Dorf Goldenbek, 1616; Grenzirrungen zwischen den segebergischen und trittauischen Untertanen in Hüttblek und Sievershütten, 1619; Grenze zwischen Bredenbekshorst und Struvenhütten (Diterichshütten), 1619; Pfändung trittauischen Viehes, 1691; Grenzen von Sievershütten, 1694

1786 Zustand des Amtes Segeberg 1631-1712

Enthält u. a.: Bericht über den Hof des Arend Steding; Ländereien und Bauern in Bramstedt

1787 Grenz- und andere Streitigkeiten mit Gottorf und benachbarten gottorfischen Ämtern 1643-1703

Enthält u. a.: Untertanen in Wilstedt wegen Benutzung einer zu Wakendorf gehörigen Wiese, 1643; Grenzirrungen zwischen Wiemersdorf und Armstedt, 1654; polnischer Resident in Hamburg, Johann Arnold Funcke, wegen des Meierhofes Winsen, 1703; Differenzen zwischen den Fuhrleuten in Bramstedt und Neumünster, 1703

1788 Verpfändung des Amtes zur Befriedigung der Gläubiger des dänischen Königs (1564) 1664 (1667-1668)

Enthält u. a.: Schuldverschreibung an Heinrich Rantzau auf Breitenburg, 1564

1789 Durchmarsch gottorfischer Kavallerie nach Holland 1703

1790 Grenzstreitigkeit der Dörfer Henstedt und Wakendorf mit dem Kanzleigut Tangstedt (1726) 1729

1791 Sonstige Angelegenheiten 1612-1711

Enthält u. a.: Nachlass des Amtsschreibers Matthias Langen, 1641; Nicolaus Brüggemann, 1664-1668; Beamte; Einquartierung; Kirche und Schule; Post; Wege

1792 Amtmann und Vizeamtmann, Amtsschreiber, Hausvogt und Kalkvogt, Kirchspielvogt in Kisdorf (1598) 1688-1725

1793 Amtmann Caspar von Buchwald 1630-1661

1794 Beschwerden über Amtmann Anthon Günter von Hannecken (1718-) 1723

1795 Amtsschreiber 1642-1661

1796 Schulden und Schätzung des Hauses des Kornschreibers Marcus Kulmann 1651

1797 Haus und Hof (Sankt Jürgen) des Hausvogts Hermann von Hatten (1544-) 1655

Besitzerreihe: „Büßenschütte“ Lothorst; Holzvogt Hinrick Holste; Witwe Margarethe Holste; Christian von Hatten; Dietrich Brüggemann; Johann Brüggemann; Hausvogt Hermann von Hatten

1798 Justiz, einzelne Privatrechtsangelegenheiten 1642-1727

1799 Justiz, speziell Erbschaft 1723-1728

1800 Justiz, speziell einzelne Kriminalangelegenheiten 1636-1723

1801 Handwerker und Privilegierte 1645, 1712-1728

Enthält u. a.: Barbier Moileke, flüchtig; Barbiergeselle Christian Möller, Tochtersohn des alten Bramstedter Kirchspielvogtes Johann Vogt; Gustav Adolph Otto, Preetz, wegen Erhaltung des Ausfahrens im Kirchspiel Bornhöved; Streitigkeiten der Handwerker in Kaltenkirchen mit den Handwerkern in Bramstedt wegen Wegjagens sowie Wegnahme aller Handwerksgeräte; Privileg des Färbers Rösener, Kaltenkirchen

1802 Mönchmühle vor Segeberg 1649-1655

Enthält: Müller Johann Krull, gewesener Vogt in Großenbrode

1803 Anlage eines Grabens vom Timmenhorster Teich durch das Hensteder und Wakendorfer Moor zur Mühle in Kaden wegen Wassermangels zur Sommerzeit 1653

1804 Herrenmühle sowie Hand- und Spanndienste königlicher Untertanen 1656, 1726

Enthält: Müller Jochim Berenß; Arendt Henning von Hatten; Beschaffung eines Mühlsteins

1805 Streitigkeiten des Joachim von Brockdorff auf Wensin mit dem kleinen Hermann Fischer in Segeberg wegen Fischerei auf der Trave 1646

1806 Zustand der Fischteiche 1654

1807 Streitigkeiten mit Margaretha Sehestedt in Perdöl wegen eines Weges sowie der Pflicht zum Unterhalt des Weges „Helle“ zwischen Helmstorf und Neudorf 1654-1655

1808 Vertreibung von Zigeunern 1721

1809 Krieg und Einquartierung 1631-1648

1810 Kontributionen zum Unterhalt dänischer und schwedischer Truppen 1643-1655

1811 Magazinkorn, Lieferung von Proviant und Heu 1654-1660, 1712

1812 Landausschuss 1655-1659
Enthält u. a.: Restantenverzeichnis

1813 Altes und neues Dienstgeld sowie Wagenfuhren 1632-1650

1814 Ausschuss und Magazinkorn, Kontribution und Pflichtgelder, Dienstgelder und Kornheuer 1651-1700

1815 Zoll in Ulzburg und dessen Kruggerechtigkeit (1560-) 1646-1690

1816 Lieferung von Brennholz nach Glückstadt und Steinburg 1631-1632

1817 Holzbesichtigungsprotokoll 1645

1818 Forst-, Jagd- und Mastangelegenheiten (1644) 1652-1699

1819 Klostervorwerk in Segeberg sowie Klosterholzvogt 1634-1650
Enthält auch: Ländereiverzeichnis

1820 Kalkberg in Segeberg und das Dorf Gieschenhagen 1618, 1647-1714

1821 Geplanter Verkauf des Kalkbergs in Segeberg an Christoph von Gabel 1667

1822 Forderungen der Lübecker Vikarien aus dem Dorf Sühlen 1547
Enthält auch: Versicherungsbrief des Jochim von Beier, Tucheim (Genthin), wegen des gefangenen Bischofs von Lübeck (Preetz, 14. Oktober 1547)

1823 Glashütte im Kirchspiel Kaltenkirchen 1618-1631

1824 Umstrittene Viehtrift zwischen Eingesessenen in Glashütte und Heidmühlen (1726) 1729

1825 Verschiedene Ortschaften sowie wüste Höfe und Ländereien (1611-) 1633-1731
Enthält: Bramstedt (Weide- und Triftgerechtigkeit, Fuhrleute), 1670-1702; Kisdorf (Brau- und Kruggerechtigkeit), (1665-) 1731; Struvenhütten (Hütten), 1651-1654; Hof Winsen,1646-1653, 1729; wüste Hufen, einzelne Ländereien (1611-) 1633-1653; Konkurs des Hinrich von Sehestedt, 1669-1672

1826 Bericht des Amtmanns Caspar von Buchwald über Austretung des Dienstvolkes und Steigerung des Dienstlohnes in Kaltenkirchen sowie über die Vermehrung der Wölfe 1656

1827 Streitigkeiten des Johann Beckmann in Hamburg mit der Erbin des Kanzlers Theodor von Lente in Sarlhusen wegen einiger Ländereien (1665-) 1668

1828 Konkurs des im Besitz des Christian Arnoldi befindlichen Hofes Weide im Kirchspiel Bramstedt 1717-1719

1829 Ansprüche des preußischen Feldmarschalls Graf von Wartensleben in Berlin an einigen Landstücken (Münchhausensche Erbschaft) (1667-) 1729

1963 Hof der Rebecca von Hatten in Stipsdorf (1665-) 1697

Flecken Bramstedt

1849 Allgemeines und Stadtgerechtigkeit 1721

1850 Beibehaltung des eigenen Ding und Rechts sowie des Kriminalrechts im Kirchspiel Bramstedt (1718) 1723

1851 Kirchenumlage 1707

1852 Konzession zur Errichtung eines öffentlichen Fuhrweges 1694

1853 Wiesentausch im Interesse der Wiebke Kruse 1637

Propstei Segeberg

1830 Propst 1646, 1716

1831 Nachzahlung rückständiger Gage an Propst Georg Hinrich Burchardi für das früher verwaltete Rektorat und Diakonat in Schleswig 1689

1832 Einzelne Kirchen 1618, 1649-1684 (1766)
Enthält: Bornhöved, 1649-1671 (1766); Bramstedt, 1650-1684; Kaltenkirchen, 1655-1671; Leezen, 1653-1680; Pronstorf, 1618, 1655

Stadt Segeberg

1833 Privilegien 1593, 1686

1834 Magistrat, Bürgermeister und Ratsverwandte 1646, 1674, 1714-1729

Enthält u. a.: Bürgermeister Dietrich Schröder; Bürgermeister Hieronymus Salomon von Creutz; Bürgermeister Copitz; Bürgermeister Wiencke; Ratsverwandter Johann Köster; Ratsverwandter Hinrich Kruse

1835 Justiz, insbesondere Scharfrichter 1608, 1656-1672, 1720, 1726

Enthält: Scharfrichter Thobias Wentzel; Carsten Rentzhausen; Jürgen Schreiber; Unzucht des Schmieds Jochim Wiencke

1836 Kirche allgemein 1634, 1681, 1712-1718

Enthält u. a.: Umpfarrung der Dorfschaften Bebensee, Fredesdorf, Kükels und Todesfelde nach Leezen, 1714

1837 Kirche und Kirchengüter 1666, ohne Jahr (17. Jh.)

1838 Hauptpastor, Kompastor, Diakon 1653-1729

1839 Armen- und Hospitalsangelegenheiten (1544-) 1664-1690

1840 Kloster 1545, 1564, 1651, 1659

1841 Bürgerliche Nahrung und Gewerbe, Handwerker und Privilegierte 1600-1729

Enthält: Allgemeines, 1618-1699, 1722; Bäcker, 1653; Färber, 1673; Leineweber, 1729; Musikanten, 1673-1728; Schmiede, 1663-1728; Schneider, (1544) 1600-1688; Schuhmacher, (1600, 1670) 1672-1688; Zimmerleute, 1673 (mit Amtsartikel, ohne Jahr)

1842 Jahrmärkte 1722

1843 Mühle 1634, 1698

1844 Anlage von Teichen 1643

1845 Streitigkeiten des Postmeisters Albringk in Lübeck mit den Älterleuten des Schüttings 1718-1720

1846 Supplik wegen der Rekrutierung von jungen Bürgern zum Kriegsdienst 1623

1847 Einrichtung einer Apotheke durch den Gewürzhändler Friedrich Hinrich von Nemitz 1721

1848 Kämmerei 1632-1726

Enthält u. a.: Dezimation in der Nachlassangelegenheit des Amtsschreibers Matthias von Langen, 1652; Erlass der Kontribution und Einquartierung für Hans Marten Bürger, 1711; Tilgung der Stadtschulden, 1726

Stadt Oldesloe

1748 Grenze 1583, 1619

1749 Privilegien 1574-1699

1750 Streitigkeiten mit Lübeck 1594-1704

1751 Untersuchung des Zustands der Stadt und verschiedener Beschwerden 1660-1727

Darin: gedruckte Brauordnung, 1706

1752 Beabsichtigte Befestigung 1688

1753 Dokumente und Nachrichten zur Saline sowie Nachrichten über Streitigkeiten mit Lübeck wegen der Travefahrt (1579-) 1699-1730

1754 Kommission des Grafen Friedrich von Ahlefeldt, des Justizrats Friedrich Ulrich von Söhlen und des Justizrats Jacob Johann von Wasmer zur Untersuchung städtischer Angelegenheiten und der Beschwerden der Bürger gegen Bürgermeister Jacob Christian Egardi (1653-) 1705-1707

1755 Stadtvogt 1663-1729

Enthält: Caspar Hogenstein; Herman Ackermann

1756 Magistrat und Ratsverwandte allgemein, Bürgermeister und Stadtsekretär 1684-1726

1757 Prozesse und Streitangelegenheiten 1599-1723

1758 Scharfrichter 1670-1723

Enthält: Carsten Rentzhusen; (Lorenz Rentzhusen); Martin Sebastian Kirchner; Johann Jacob Stoff

1759 Einkünfte der Kirchspielkirche (Register) 1558, ohne Jahr

1760 Pastor 1644-1672, 1721

1761 Diakon 1666-1709

1762 Organist Johannes Hartwich Schulcken 1674

1763 Kirchengebäude 1688, 1723-1726
Darin: farbiger Aufriss (Turmseite)

1764 Juden 1729
Enthält: Israel Israel, Moisling

1765 Sankt Jürgenhospital (1545, 1579) 1603-1604, 1668, 1729

1766 Handel, insbesondere Travefahrt sowie Zoll 1566-1727, ohne Jahr

1767 Bootführer 1662

1768 Handwerker und Privilegierte 1595-1730
Enthält: allgemeine Bestimmungen; Apotheker; Bäcker; Brauer; Branntweinbrenner; Färber; Leineweber; Mälzer; Musikanten; Schuhmacher; Weinschenker; Zimmerleute

1769 Kupfermühle sowie Handel mit Kupfer- und Messingwaren (1515-) 1632-1668

1770 Saline (1430) 1531-1663

1771 Saline 1636-1652

1772 Post und Rollfuhren 1627, 1703-1714

1773 Mühlen, insbesondere Irrungen mit dem gottorfischen Amt Trittau wegen Aufbau und Reparatur der Mühlenschleuse (1433-) 1651-1664
Enthält u. a.: Bauregister, auch für Vorwerk Trittau, 1537
Darin: Plan der Stadt Oldesloe

1774 Stadtländereien (1613) 1614 (1724-) 1729
Enthält u. a.: Streitigkeiten mit der Dorfschaft Rümpel wegen Weide und Hölzung; Hans Henrich Reisig, Reiter bei der Königlichen Leibgarde zu Pferde, wegen Verkaufs geerbter Landstücke

1775 Wege 1651, 1723
Enthält auch: Fähre auf der Trave in Moisling und Benstaben

1776 Deklaration in der Angelegenheit zwischen den Barbieren und dem Scharfrichter wegen Eingriffs in die Amtsgerechtigkeit 1664

1777 Apotheken (1515-) 1718-1729
Enthält: Johann Georg Löffler; Robert Bartscherer, Lübeck (Bestallung für Johann Meyer als Apotheker in Lütjenburg, 1707); Privileg für den Weinkeller in Oldesloe, 1515ff

1778 Kämmerei, ökonomische Stadtverfassung 1558-1726

1779 Schatzungen 1603-1610
Enthält u. a.: Schatzregister, 1603-1610

1780 Einquartierung und Kriegslasten 1627-1721

1781 Kämmerei, Stadtkasse (1434) 1639-1640, 1670-1681
Enthält u. a.: Verzeichnis (mit Abschriften) der im Kieler Umschlag 1671 eingelösten Schuldverschreibungen; Obligation an Joachim Radelandt, Stipsdorf, 1639

1782 Kran an der Trave (1575-1597) 1651-1729
Enthält auch: Brauangelegenheiten, 1729

1783 Befreiung von städtischen Abgaben und sonstigen Verbindlichkeiten sowie von der Einquartierung (1447-) 1670-1721
Enthält: Haus des verstorbenen Oberst von Löwenklau; „Lübsches" Haus

1784 Zolleinnehmer sowie Weinschenk (1659) 1660
Enthält u. a.: Bestallung des Johann Meyer zum Zolleinnehmer

Amt (Kloster) Reinfeld

1854 Verpfändung des Dorfes Reinbek an Hinrich Rantzau 1527, 1565

1855 Schreiben des Abts Otto an König Christian III. von Dänemark (1338) 1550-1556
Enthält u. a.: „Instruction zur Handlung zwischen dem Abt von Reinfeld und den Hertzog zu Pommern"

1856 Schreiben des Abts Joachim und des Konvents an den König Friedrich II. von Dänemark 1560-1566

1857 Schreiben des Abts Joachim an den dänischen Rat und Kanzler Dr. Hieronymus Tener 1563-1565

1858 Schreiben des Abts Eberhard an den König Friedrich II. von Dänemark 1567-1575

1859 Schreiben des Abts Eberhard an den Statthalter Heinrich Rantzau in Klosterangelegenheiten 1572

1860 Veränderung des Klosters 1572-1574
Enthält u. a.: Originalurkunde (Papier) über die Wahl des Breide Rantzau zum Abt des Klosters Reinfeld, 1573

1861 Schreiben des Jochim Schutte an König Friedrich II. von Dänemark wegen des Hofs Wichmannsdorf im mecklenburgischen Kirchspiel Klütz 1575

1862 Schreiben des Abts Johann Kule an den König Friedrich II. von Dänemark wegen Abtretung des Klosters 1576-1577

1863 Bericht des Statthalters Heinrich Rantzau an König Friedrich II. von Dänemark, unter anderem zum Kloster 1579
Darin: Plan des Herrenhauses in Reinfeld

1864 Verhandlungen des Statthalters Heinrich Rantzau mit dem Abt Johann Kule wegen Abtretung des Klosters und dessen Güter an den König von Dänemark 1581-1582

1865 Abtretung des Klosters an den König von Dänemark durch den Abt Johann Kule und dessen Abfindung 1581-1583

1866 Berichte des Statthalters Heinrich Rantzau, des Jürgen Schwaue und des Christian Fries zum klösterlichen Salinenanteil in Lüneburg 1581-1583

1867 Salinenanteil in Lüneburg (1468) 1624-1630
Enthält u. a.: Urkunde des Lüneburger Rats von 1468 und eine „Kurze Nachricht, was es mit denen Rheinfeldischen Salzgüthern für eine Bewandniß habe"

1964 Auszüge aus Dokumenten und Briefen über die Klostergüter in Mecklenburg (1218-1562) um 1570

1965 Urkundenabschriften zu den Besitzungen im Amt Grevesmühlen (1417-1475) um 1570

1966 Urkundenabschriften zu den klösterlichen Salinengütern in Lüneburg (1281-1466) um 1580 und später

1967 Urkundenabschriften zu den klösterlichen Salinengütern in Lüneburg (1524-1578) um 1580

1968 Abrechnungen, Fragstücke, Berichte zu den klösterlichen Salinengütern in Lüneburg 1580-1582
Darin: mecklenburgische Klostergüter

1969 Urkundenabschriften zu den pommerschen Klosterbesitzungen (1246-1515) 16. Jh.

Stadt Hamburg

1875 Grenzstreitigkeiten (1339, 1657, 1659) 1667-1670

1876 Schauenburger Hof (1292-) um 1645-1735
Enthält u. a.: Abschriften von älteren Urkunden
Darin: Riss von einem ausgewiesenen Landstück; genealogische Tabelle der Schauenburger Grafen; Situationsriss des Schauenburger Hofs in Hamburg

1877 Verpfändung und Steuerpflicht hamburgischer und lübeckischer Güter (1560-1640)

1878 Handel zwischen Hamburg und Altona 1638, 1649

1879 Bericht des Grafen Christian Rantzau wegen der Stadt und Anleihe des Töbing in Lüneburg unter Verpfändung der Salinengüter in Segeberg 1659

1880 Jurisdiktion 1695, 1723, 1725

1970 Unruhen und die deshalb eingesetzte Kreiskommission (1708-) 1717-1718
Enthält u. a.: Aktenverzeichnisse, 1708-1711; Bericht des Christoph Henrich Amthor, 1718

1881 Absicht der Verpfändung des Reitbrooks durch Gottorf an Hamburg 1724

Domkapitel Hamburg

1882 Streitigkeiten mit der Stadt Hamburg 1556

1883 Patronatsrechte der Herzöge von Holstein, insbesondere Verleih der Dompropstei und anderer Präbenden, Vikarien und Kurien (1440, 1490) 1544-1729

Enthält auch: Angelegenheiten Lübecks sowie Berichte des Statthalters Heinrich Rantzau mit verschiedenen Nachrichten

1884 Einkünfte aus der Saline in Lüneburg 1569, 1573

1885 Türkensteuer 1583

1886 Stimmen bei der Wahl des Erzbischofs von Bremen 1585

1887 Kaiserliche Forderung nach dem Recht der Erstbitte (ius primarum precum) bei der Besetzung erledigter Stellen 1595, 1661

1888 Streit um den Nachlass des 1614 in Hamburg verstorbenen Kanonikers Michel Molner 1619

1889 Syndikus Dr. Ulrich Bötticher (1616-) 1620

1890 Ausüben weltlicher Geschäfte durch die Kapitularen (1561-) 1620, 1622

1891 Ansprüche an das Dorf Spitzerdorf 1621, 1642

1892 Einkünfte aus holsteinischen Ämtern (1607, 1705) 1717-1719

Stadt Lübeck

1893 Loskündigung der an die Heiligen-Leichnams-Brüderschaft zur Burg in Lübeck verpfändeten beiden Tralauschen Höfe vor Oldesloe 1558

1894 Verhandlungen wegen der Trave und der Stecknitz sowie wegen der Fahrt auf denselben (1548) 1557, 1580-1599

1895 Verhandlungen wegen der Trave und der Stecknitz sowie wegen der Fahrt auf denselben 1580, 1594

1896 Verhandlungen wegen der Trave und der Stecknitz sowie wegen der Fahrt auf denselben (1447) 1587-1595, 1623

1897 Verhandlungen wegen der Trave und der Stecknitz sowie wegen der Fahrt auf denselben 1601-1685

1898 Verhandlungen wegen der Trave und der Stecknitz sowie wegen der Fahrt auf denselben 1601-1702

1899 Streitigkeiten wegen der Travefahrt und der Patriziergüter
Enthält u. a.: Urkundenabschriften (1328-) 1663-um 1684, ohne Jahr

1900 Memorialien des lübschen Abgesandten Lizentiat Johann Sirckes (Johannes Siricii) über die Trave und die lübschen Landgüter in Holstein (1669-) 1672-1673

1901 Grenzstreitigkeiten mit Lübeck, insbesondere zur Reichweite des königlichen Geleitrechts (1544-1588), ohne Jahr

Lübsche Güter und Stadtstiftsdörfer

669 Besteuerung und Steuererhebungsrecht (1250) 1546-1711

670 Streitigkeiten Dänemarks mit Hamburg und Lübeck wegen der Abgaben von ihren holsteinischen Gütern und wegen des Zolls in Oldesloe 1563-1566

671 Anrufung der Intervention des Königs von Dänemark durch Hans Meybom wegen seiner Erbberechtigung am Ackerhof bei Lübeck 1560

672 Verkauf des Gutes Kastorf 1571

673 Besteuerung der Dörfer Lübbersdorf, Sipsdorf, Riepsdorf, Bollbrügge und Sütel (1623) 1636-1638

674 Besitzverhältnis des Dorfes Rellin 1646

675 Recht zum Brauen und zur Haltung von Handwerkern (1368-) 1668-1685

676 Anrufung der Intervention des Königs von Dänemark in einem Prozess der Stadt Lübeck mit den Erben des Majors Johann Krahmer, Pächter in Behlendorf, wegen Nichterfüllung des Pachtkontraktes 1697

677 Anrufung der Intervention des Königs von Dänemark in einer Streitsache wegen der vom Rat und Heiliggeistkloster in Lübeck an Siegfried von Plessen auf Schulendorf verkauften Wiesen in Pölitz
(1648) 1697

678 Streitigkeiten Lübecks mit Gottschalk von Wickede auf Moisling, Gotthard von Hövelen auf Stockelsdorf, mit Ravensbusch, Oldesloe, Johann von Wickede auf Steinrade, von Brockdorff auf Schulenburg, mit Jacob Ephraim und Knut Petersen (1696) 1697, ohne Jahr

679 Bitte der reformierten Gemeinde in Lübeck zum Kauf eines Platzes zur Abhaltung ihres Gottesdienstes in Stockelsdorf, Steinrade oder Mori
ohne Jahr

680 Kontribution der Güter Moisling, Niendorf, Stockelsdorf, Trenthorst, Eckhorst, Mori und Dunkelsdorf an die schleswig-holsteinische Kriegskasse 1700-1701

681 Privilegien von Niendorf und Reecke (1377, 1671, 1687) 1699

682 Privilegien von Trenthorst (1529, 1530) 1614 (1634-) 1715
Enthält u. a.: Belehnung des Pastors Gerhard Ouw, Flensburg, mit der Trenthorster Vikarie, 1614

683 Bestätigung der Privilegien für Dunkelsdorf und Freiheiten für Gotthard von Kerkering 1700

684 Privilegien von Eckhorst und Mori (1339-) 1699-1731

685 Privilegien von Steinrade und Stockelsdorf (1328-) 1699-1731

686 Landeshoheit und Jurisdiktion über Steinrade, Stockelsdorf, Moisling, Mori, Dunkelsdorf, Eckhorst, Niendorf, Reecke, Trenthorst, Westerau und Pölitz (1353-) 1557-1708 (1795)
Darin: zwei Karten

687 Landeshoheit über Moisling sowie Streitigkeiten des Besitzers Gottschalk von Wickede mit der Stadt Lübeck wegen der Privilegien von Moisling (1376) 1547-1700

689 Gut Moisling 1697-1726

690 Fähre in Moisling 1690-1723

691 Landeshoheit über die Güter Steinrade und Stockelsdorf (1328-) 1653-1674

692 Beschwerden des Dekans Johann von Wickede, Besitzers von Steinrade, gegen die Stadt Lübeck (1696-) 1700-1721

693 Huldigungseid der Güter Niendorf, Reecke, Trenthorst, Eckhorst, Mori, Dunkelsdorf, Stockelsdorf, Westerau, Steinrade und Moisling an König Christian V. von Dänemark 1672-1695

694 Huldigungseid und Rekognition der Dörfer Westerau und Röbel 1729

Hochstift und Domkapitel Lübeck

1902 Verschiedenene Angelegenheiten, besonders Präbenden und Vikariate [1446] 1578-1734

1903 Domkapitelsgüter, insbesondere das dortige Jagdrecht (1446-) 1619-1679

1904 Jurisdiktion über die Kirche in Ratekau 1627

1905 Bitte der Prediger, Schulkollegen und Hospitalsarmen in Eutin um Fortzahlung der ihnen durch Bischof Hans vermachten Zinsen 1722

Stadt Bremen

1906 Vasallen und Lehnsleute des Erzbistums Bremen im Herzogtum Holstein 1639-1684

Stadt Lüneburg

1907 Königliches Pfannengut 1656

Kurfürstentum Brandenburg

1908 Bewilligung von Freiheiten für die Afrikanische Kompagnie auf der Insel Sankt Thomas (1663) 1683

ALTE FINDMITTEL

1909 Findbuch des Bestandes Abt. 65.1 (A XVII) von Georg Hille 1877-1961

1910 Register zum Findbuch des Bestand Abt. 65.1 (A XVII) von Albert de Boor um 1900

FINDBUCH DES BESTANDES ABT. 65.2

Deutsche Kanzlei zu Kopenhagen ab 1730

ALLGEMEINER TEIL

Königliches Haus und verwandte fürstliche Häuser

1 Reisen, persönliche Verhältnisse, Tätigkeiten und Tod König Friedrichs VI. von Dänemark 1804-1840
Enthält auch: Korrespondenz mit Prinz Christian Friedrich

2 Reisen, persönliche Verhältnisse und Tätigkeiten König Christians VIII. von Dänemark 1841-1845

4 Herzöge von Holstein-Plön: Konkurs des Herzogs Johann Adolph Ernst Ferdinand von Rethwisch (1754-) 1759-1786
Enthält u. a.: Wert der Donationsakte des Herzogs von 1729

8 Herzöge von Holstein-Gottorf 1762-1824
Enthält u. a.: Schuldforderungen an das Gottorfer Haus; Übertragung des Gottorfer Reichstagsvotums auf das Herzogtum Oldenburg; Hofhaltung des Herzogs von Oldenburg in Plön; Nachlass des in Plön verstorbenen Herzogs Peter Friedrich Wilhelm von Oldenburg

9 Nachlass des Herzogs Georg Wilhelm Christian von Braunschweig-Lüneburg, Nachlass der Herzogin Anna Caroline von Braunschweig-Lünbeburg-Bevern, Steuerzahlung und Nachlass des Landgrafen Carl von Hessen-Kassel, Orden des Fürsten von Hessenstein, Erhebung des Grafen Heinrich XLIII. von Reuß in den Reichsfürstenstand (1782) 1793-1837
Enthält u. a.: gedrucktes Gedicht auf die Hochzeit von Herzog Friedrich Karl Ferdinand von Braunschweig-Lüneburg-Bevern und Prinzessin Anna Caroline von Nassau-Saarbrücken sowie Abschrift des Ehevertrages, 1782

Kollegien

11 Errichtung von Behörden, Zuständigkeiten, Geschäftsgang, Tätigkeiten 1772-1849

Schleswig-Holstein-Lauenburgische Kanzlei

Kanzleiverfassung

12 Zuständigkeiten und Geschäftsgang 1736-1768

13 Veränderungen in der Verfassung 1770-1772
Enthält u. a.: Errichtung eines Departements für auswärtige Angelegenheiten; Instruktionen und Reglements vom April und August 1771

14 Neueinrichtung 1772-1773

15 Zuständigkeiten, Geschäftsgang und Tätigkeiten 1776-1816

16 Zuständigkeiten, Geschäftsgang und Tätigkeiten 1816-1849

Kanzleipersonal

17 Präsidenturakten zu allgemeinen und einzelnen Personalangelegenheiten 1776-1845
Enthält u. a.: Änderungen in der Geschäftsordnung der Schleswig-Holsteinischen Regierung

18 Präsident 1824, 1842-1848

19 Oberprokureur 1771-1806

20 Deputierte 1775-1849

21 Assessoren 1807-1842

22 Auskultanten 1771-1847

23 Revisoren 1805-1848

24 Expeditionssekretäre 1771-1827

25 Chefs der Sekretariatskontore 1805-1850

26 Kanzlisten 1780-1850

27 Registratoren 1735-1823, 1849-1850

28 Volontäre 1744-1850

29 Kopisten oder Unterkanzlisten 1771-1797

30 Kopisten oder Unterkanzlisten 1798-1850

31 Boten und Feuerböter 1771-1848
Enthält u. a.: Verzeichnis der Holzdeputate für das Heizen der Kanzleiräume, 1841

40 Reisen der Kanzleimitglieder, Fuhrpässe, Pässe 1740-1767

41 Aufenthalt von Kanzleimitgliedern in Kolding und Rendsburg 1807-1808

44 Probearbeiten für die Anstellung bei der Kanzlei und dem Ministerium für das Herzogtum Schleswig, Anstellungseide, Korrespondenz 1787-1852
Enthält u. a.: Verzeichnis der mit einer jährlichen Pension ausgestatteten Kanzleiangehörigen, 1796

Kanzleiarchiv

32 Einrichtung, Archivalienausleihe, Archivalienübernahme und Archivalienabgabe, Benutzung 1746-1849

33 Tätigkeiten 1731-1847
Enthält u. a.: Benutzungsanfragen; Auslieferung von Akten des Reichskammergerichts; Korrespondenz zu den Briefen des ehemaligen fürstlich-holsteinischen Residenten in Paris Dumont, 1738; Verzeichnis der im Reichshofarchiv in Wien liegenden Akten zu Dänemark, Holstein und Lauenburg, 1837

34 Personal 1669-1850

35 Archivordnung, Konzepte zu Verzeichnungen von Dokumenten und Akten, Anfragen auf Archivalieneinsicht 1804-1852

36 Verzeichnis über die im königlichen geheimen, im gemeinschaftlichen und im gottorfischen Archiv vorhandenen Akten und Dokumente, verfasst vom Kanzleiarchivar Voss 1794

38 Kanzleiarchiv: Repertorien 1793-1847

Tätigkeitsverzeichnisse, Sporteln und Büromaterialien

42 Verzeichnisse über die der Statthalterhalterschaft und dem Erbprinzen zugesandten Ausfertigungen 1732-1781

43 Entwurf des im Kabinett einzuliefernden Verzeichnisses der 1773 von der Kanzlei erlassenen Verfügungen und Verordnungen 1773

46 Ausstehende Berichte an den König 1809-1835
Enthält u. a.: Jahresberichte über die bei der Kanzlei verhandelten Angelegenheiten

39 Kanzleisporteln und Kanzleigebühren sowie Sportelrechnungen 1688, 1766-1849
Enthält u. a.: Verzeichnis über die seit 1678 bestallten Freimeister und Handwerker in den Städten, 1688

45 Anschaffung von Büromaterialien und Licht 1661-1667, 1772-1847

Normalreglement

47 Allgemeines und Arbeiten der Kanzlei 1831-1841

48 Normalvorstellungen über die Ausgaben der zum Ressort der Kanzlei gehörenden Verwaltungszweige 1825-1839
Enthält u. a.: Übersicht über Staatseinnahmen und -ausgaben der zum Ressort der Kanzlei gehörenden Verwaltungszweige für 1813

49 Entwurf eines neuen Normalreglements für die zum Ressort der Kanzlei gehörenden Verwaltungszweige 1839-1840

50 Berichte der Oberdikasterien, Lokalbeamten und Städte 1824-1826
Enthält u. a.: Übersicht zu den unbestimmten und außerordentlichen Ausgaben der Staatskasse für zum Ressort der Kanzlei gehörenden Verwaltungszweige von 1814 bis 1823

51 Medizinalwesen, Universität in Kiel, Schullehrerseminar in Kiel, Küster, Organisten, Schullehrer, Taubstummeninstitut in Schleswig, Witwen- und Waisenkasse in Kiel, Schulfonds, Gelehrtenschulen 1824-1826

55 Besetzung der kleinen Amtsbedienungen in den Ämtern des Herzogtums Holstein (1782-) 1792-1841

52 Propsteien im Herzogtum Holstein 1824-1827

Budget und Teuerungszulagen

56 Kanzleibudget für 1813: Übersicht über die Einnahmen und Ausgaben der königlichen Kasse hinsichtlich der Ämter, Landschaften und Köge von 1806 bis 1811 1813-1814

57 Kanzleibudget für 1813: Übersicht über die Einnahmen und Ausgaben der königlichen Kasse hinsichtlich der Städte, Kirchen und Schulen von 1806 bis 1811 1813

58 Kanzleibudget für 1813 und 1814 1813
Enthält u. a.: Übersicht der Staatseinnahmen und Staatsausgaben der zum Ressort der Kanzlei gehörenden Verwaltungszweige

59 Nachrichten über die Staatsausgaben (1772-) 1824-1826

60 Kanzleibudget von 1841 bis 1843 1841-1845

61 Kanzleibudget von 1844 bis 1848 (1843) 1844-1848

62 Teuerungszulagen 1847-1848

Departement der Statthalterschaft

8039 Sekretariat 1759-1768
Enthält: Anstellung und Entlassung des Kanzleirats Niemann; Sekretärsgehalt; Anstellung des Kanzleisekretärs Binnemann zum Sekretär und dessen Gehalt

63 Zuständigkeiten des Statthalters, Ernennungen, Verwaltung der Statthalterschaftgeschäfte 1731-1845 (1929)
Enthält u. a.: Abschrift der Bestallung des Landgrafen Carl von Hessen-Kassel zum Statthalter, 1767 (1929)

64 Statthaltergeschäfte 1772-1846

Enthält u. a.: vorübergehende Ausübung der Statthaltergeschäfte; Verzeichnisse über abschlägige Bescheide der Kanzlei auf Gesuche mit Gutachten des Statthalters; Reisen des Statthalters; Tod des Landgrafen Carl von Hessen-Kassel; Bestallung des Landgrafen Friedrich von Hessen-Kassel zum Statthalter

65 Anstellung und Gehälter von Sekretären und Volontären, Besoldung des Kopisten 1774-1847

Oberdikasterien und Kollegialbehörden

Schleswig-Holstein-Lauenburgisches Oberappellationsgericht

66 Verfahren und Geschäftsgang 1834-1847

67 Gerichtsordnung sowie Einführung eines öffentlichen und unmündlichen Verfahrens 1834-1846

68 Gerichtsgebäude und seine Einrichtung sowie Verteilungen von Verfügungen zur Einrichtung eines Oberappellationsgerichts (1768-) 1834-1839, 1851

Enthält auch: Interpretation einer Verfügung der Gerichtsordnung für den Erbpächter Friedrich Tietje, Behrendorf; Schreiben zur Einsendung von Bestallungen der Mitglieder des Oberappellationsgerichts, 1851

69 Präsident, Räte und außerordentliche Beisitzer 1834-1848

Enthält u. a.: Zeichnungen zu den Uniformaufschlägen

70 Sekretäre 1834-1846

71 Kopisten und Boten 1834-1847

72 Gerichtsgebäude, Ablieferung von Brüchen und Sporteln, Kontorausgaben, Bibliothek 1713, 1841-1848

Enthält auch: Errichtung einer Interimskommission zur Verwaltung der Justiz im Herzogtum Schleswig und des Obergerichts in Schleswig, 1713

Obergericht für das Herzogtum Schleswig

73	Einrichtung und Verfassung, Geschäftsgang, Besoldung, allgemeine Personalangelegenheiten, Sporteln und Gebühren, Rangangelegenheiten	1722-1832
74	Geschäftsgang, Besoldung, allgemeine Personalangelegenheiten, Rangangelegenheiten	1834-1847
75	Präsident, Kanzler, Vizekanzler und Räte	1771-1795
76	Präsident, Kanzler, Vizekanzler und Räte	(1780-) 1796-1820
77	Präsident, Kanzler, Vizekanzler, Direktor und Räte	1821-1850
78	Auskultanten	1772-1847
79	Sekretäre	1771-1846
80	Kopisten	1771-1806
81	Kopisten	1808-1852
82	Boten	1771-1843
83	Archiv	1783-1825
84	Kosten für Schreibmaterialien, Buchbinder und Buchdrucker sowie Feuerholz Enthält auch: Übersicht über das Geschäftsjahr 1844; Änderung des Siegels	1739, 1816-1845

Oberkonsistorium für das Herzogtum Schleswig

85	Zuständigkeit, Geschäftsgang, Personal	1736-1836

Landgericht für das Herzogtum Schleswig

86	Geschäftsgang, Diäten, Sporteln	1743-1848
87	Landkanzler, Landgerichtsräte und Landräte	1793-1846
88	Reisen der Landgerichtsnotare zum Umschlag nach Kiel	1772-1846

89 Sekretäre und Auskultanten 1768-1815

90 Einberufung eines außerordentlichen Landgerichts in Konkursangelegenheit des Kammerherrn Jens Peter von Neergaard 1825

Landoberkonsistorium für das Herzogtum Schleswig

91 Teilnahme der Mitglieder des Oberkonsistorums an den Sitzungen 1736

Obergericht für das Herzogtum Holstein

92 Einrichtung und Verfassung, Geschäftsgang, allgemeine Personalangelegenheiten, Sporteln und Gebühren, Finanzangelegenheiten 1717-1848

Enthält u. a.: veränderte Einrichtung der Regierung in Glückstadt, 1771; Übersicht über die Sporteleinnahmen von 1759 bis 1774

93 Kanzler, Vizekanzler, Direktoren, Räte und Assessoren 1730-1847

Enthält u. a.: Untersuchung in Schuldangelegenheiten gegen den Regierungsrat de la Roche Gallichon , 1773-1780

94 Sekretäre 1732-1847

95 Kanzlisten und Kopisten 1744-1847

96 Auskultanten 1739-1848

97 Botenmeister und Boten 1734-1848

98 Archiv 1749-1789, 1834-1843

Enthält u. a.: Entwurf einer Instruktion für den Archivar, 1788 (mit Verzeichnis nicht mehr vorhandener Akten und Register zum Repertorium)

99 Bestechungsverdacht gegen ein Mitglied, Berechnung eines Legats des Domherrn Johann von Wickede in Lübeck für die königliche Kasse, Siegel des Gerichts 1730, 1766-1808

100 Depositenkasten 1776, 1837-1838

101 Bauten und Einrichtungen 1740-1775, 1841

102 Befürchtung der Bürgerschaft in Glückstadt über die Verlegung der Regierungskanzlei 1756-1774

8040 Verlegung des Obergerichts wegen des Krieges 1813-1818
Enthält u. a.: Kostenberechnungen; allgemeine Kriegsnachrichten; Abtransport von Geisteskranken und Militärkranken; Untersuchung gegen den Feldpostexpediteur Fuhlendorff wegen verräterischer Ablieferung eines Briefes an den Feind

103 Berichte und Übersichten zur Geschäftstätigkeit 1834-1847

Oberkonsistorium für das Herzogtum Holstein

104 Mitglieder 1767-1844

Oberamtsgericht für das Herzogtum Holstein

8041 Aufhebung und Verzeichnisse der Gerichtsvorladungen (1731-) 1736-1759

Landgericht für das Herzogtum Holstein

105 Verfassung, Geschäftsgang, Sporteln und Gebühren, Diäten und Gagen 1731-1841

8042 Landgerichtstagungen 1730-1773

106 Landkanzler 1730-1801, 1824

107 Räte 1730-1846

8043 Räte (1712) 1737-1773
Enthält: Diäten und Deputate; Deklarationen; Immunitäten; Ehrenbezeugungen; Verfügung gegen zu ausführliches Votieren

8044 Auskultanten 1737-1738, 1753

108 Landgerichtsnotare, Sekretäre, Kopisten und Boten 1717, 1730-1841

109 Außerordentliche Landgerichte 1769, 1805, 1812, 1819

110 Spezielle Angelegenheiten (1582-) 1730-1825

Enthält u. a.: Streitigkeiten zwischen dem Kammerherrn und Reichshofrat Hans von Thienen und dem Domdechanten von Wickede, Lübeck, 1737; Quartalgerichtsprotokolle, 1737; Auseinandersetzung des Landrats Christian von Ahlefeldt zu Klein Kollmar mit Jürgen Tiedemann wegen Eingriffen in die Justizverwaltung, 1737; Beteiligung des Landkanzlers des Herzogtums Holstein an den Sitzungen der Landgerichtskommissionen, 1738; Gebühr des Magnus Joachim von Plessen zu Sierhagen und des Kammerherrn von Hardenberg-Reventlow für die Veröffentlichung des Testaments des Geheimen Konferenzrats von Thienen, 1811; Diäten; Zahlung von Strafgeldern; Sporteln

Darin: gedruckte Verzeichnisse der auf den Landgerichtssitzungen behandelten Fälle, 1790

111 Berichte zu den Landgerichstagungen, Feierlichkeiten bei Eröffnung der Landgerichstagungen und Vorladungen 1753-1817

Landoberkonsistorium für das Herzogtum Holstein

112 Mitglieder und Tätigkeiten 1774-1835

Enthält u. a.: Beschränkung auf zwei geistliche Mitglieder, 1774; Diäten und Anrechung der Fuhrkosten; Ladung von Mitgliedern zu den Sitzungen

Schleswig-Holsteinische Regierung auf Gottorf

114 Zuständigkeiten und Geschäftsgang 1834-1848

115 Präsident, Räte und Assessoren 1834-1848

116 Kontorchefs, Auskultanten, Archivare, Revisoren, Kanzlisten, Kopisten und Boten 1834-1848

117 Ausgaben, Archiv, Reisen und Geschäftstätigkeiten (1832-) 1834-1848

Enthält u. a.: Kontorausgaben; Vergütung für den Bauinspektor Meyer, Schleswig, für Baugeschäfte; Reisen von Mitgliedern der Regierung; Ordnung des fürstlich-gottorfischen Rentekammerarchivs auf Schloss Gottorf durch den Kanzlisten von Fischer-Benzon; Geschäftsberichte; Bericht über die Inspektionsreise des Regierungsrats Engel, 1836

Huldigungen und Konfirmationen

118 Bestimmungen zur Einsendung und Behandlung von Huldigungen und Konfirmationen sowie einzelne Konfirmationen von Privilegien und Bestallungen (1742-) 1763-1767, 1808-1848

Verbindungen des Herzogtums Holstein zum Deutschen Reich und zum Deutschen Bund

119 Einspruch bei den Reichsgerichten wegen der vermeintlichen Eingriffe des Reichskammergerichts in die Privilegien des Herzogs von Holstein (1639-) 1773-1774

120 Prozesse vor den Reichsgerichten (1702) 1723-1803

Enthält u. a.: Verfahren der Gräfin von Castel gegen Teixera wegen einer Schuldforderung; Auseinandersetzung zwischen Joachim Claessen und Johann Joachim Nöhring als Käufer der Güter Trenthorst und Wulmenau und dem Etatsrat Hinrich von König als Verkäufer; Appellationsangelegenheit des Kaufmanns Klint, Altona, gegen den Justizrat Matthiesen

Darin: Druckschrift zum Gerichtsverfahren wegen der Güter Trenthorst und Wulmenau, 1766

121 Königlicher Agent beim Reichskammergericht und königlicher Advokat bei den Reichsgerichten 1768-1808

122 Korrespondenzen in Angelegenheiten der Reichsgerichte 1747-1813

Enthält u. a.: Zahlungen zum Unterhalt der Gerichte (Kammerzieler); Visitation des Reichskammergerichts; Stellenbesetzungen; Verfassung des Reichskammergerichts; Bescheid zum Reichsfriedensschluss 1803

8045 Reichskontingent und Geldbeiträge zum Reichskrieg 1734-1735 (1730-) 1733-1746

123 Deklaration über die künftigen Verhältnisse des Herzogtums Holstein in Beziehung zum Deutschen Reich 1806

124 Kontingent des Herzogtums Holstein zur Reichsarmee (1773-) 1793-1797

Enthält u. a.: Umlage der Kosten; Verzeichnisse der Pflugzahlen

125 Reichskrieg mit Frankreich 1792-1801

126 Belehnung mit dem Herzogtum Holstein (1752) 1778-1794

127 Reichsangelegenheiten 1739-1807

Enthält u. a.: Fragment der Korrespondenz des Obersekretärs zu dänischen Angelegenheiten; Standeserhöhungen durch den Kaiser; Pferdedurchfuhr; Aufruhr in Lüttich; Einrichtung des Reichshofrats; Ernennung von Gesandten beim Niedersächsischen Kreis

128 Ansprüche der Eingesessenen des Stad- und Butjadinger Landes wegen der Kosten zum Weserdeichbau 1792-1806

Enthält u. a.: Verzeichnis der Deichbaukosten von 1763 bis 1801

Darin: Druckschrift „Kurze Darstellung des Interesses der Stadt- und Butjadinger, bey Ausmittelung eines Aequivalents für den Elsflether Weserzoll", Regensburg 1802

129 Beziehungen zum Deutschen Bund 1806, 1815-1839

Enthält u. a.: Veränderungen bei Aufhebung des Deutschen Reichs; Abschrift der Bundesakte; Instanz und Verfahren bei Streitigkeiten zwischen Mitgliedsstaaten (Austrägelverfahren); lokale Berichte zum Aufenthalt polnischer Flüchtlinge im Herzogtum Holstein

130 Beziehungen zum Deutschen Bund 1834-1848

Enthält u. a.: Ablehnung der Beschwerde der Landschaft Norderdithmarschen gegen die königliche Regierung wegen Aufhebung der Zollfreiheit; Urheberschutz; Ausführung von Bundestagsbeschlüssen gegen politische Vereine und außerordentliche Volksversammlungen; Errichtung einer schiedsrichterlichen Instanz zur Regelung von Konflikten zwischen den Bundesstaaten und Ernennung des Präsidenten des Schleswig-Holstein-Lauenburgischen Oberappellationsgerichts Friedrich Christian Schmidt zum Schiedsrichter; Bundestagsbeschluss und Gutachten der Reklamationskommission zur Rechtsverwahrung der Provinzialständeversammlung gegen den „Offenen Brief" König Christians VIII. von Dänemark

131 Erwerb amtlicher Publikationen, Übersichtsbericht der Bundeszentralbehörde zu politischen Umtrieben sowie Drucksachen zum „Offenen Brief" und zur Nachfolgefrage in den Herzogtümern 1822-1846

8046 Demagogische Umtriebe: Versammlung der Studenten auf der Wartburg 1817

8047 Demagogische Umtriebe: Verfasser der Verfassungsurkunde der allgemeinen deutschen Burschenschaft 1820-1821

8048 Demagogische Umtriebe: Erhebung über politische Umtrieben an der Universität in Kiel 1823-1824

8049 Demagogische Umtriebe: Untersuchungen zur Teilnahme von Studenten aus Kiel an verbotenen Verbindungen, besonders der Kieler Burschenschaft 1833-1837

8050 Demagogische Umtriebe: Zensur und Beaufsichtigung der Universitäten 1841-1847

8051 Demagogische Umtriebe: Verfolgung und Überwachung politischer Flüchtlinge und verdächtiger Personen sowie herumziehender Handwerksgesellen 1834-1836

8052 Demagogische Umtriebe: Verzeichnis der Deutschen Bundesversammlung über politische Flüchtlinge und politisch verdächtige Personen 1834-1839

8053 Demagogische Umtriebe: Überwachung der Presse und Verfolgung des aus dem Arrest in Zweibrücken entwichenen Redakteurs Dr. Siebenpfeifer 1835-1838

8054 Demagogische Umtriebe: Johannes Wit genannt von Dörring (Ferdinand Johannes Wit aus Altona) (1819) 1820-1821

8055 Demagogische Umtriebe: Johannes Wit genannt von Dörring (Ferdinand Johannes Wit aus Altona) (1820-) 1822-1824

8056 Demagogische Umtriebe: Johannes Wit genannt von Dörring (Ferdinand Johannes Wit aus Altona) 1822-1824

8057 Demagogische Umtriebe: Johannes Wit genannt von Dörring (Ferdinand Johannes Wit aus Altona) 1825-1826

8058 Demagogische Umtriebe: Johannes Wit genannt von Dörring (Ferdinand Johannes Wit aus Altona) 1826

8059 Demagogische Umtriebe: Johannes Wit genannt von Dörring (Ferdinand Johannes Wit aus Altona) 1826-1827

8060 Demagogische Umtriebe: Johannes Wit genannt von Dörring (Ferdinand Johannes Wit aus Altona) 1827-1833

8061 Demagogische Umtriebe: Erhebung über die Tätigkeit des Prof. Carl Welcker aus Bonn während seines Aufenthaltes in Kiel 1821

8062 Demagogische Umtriebe: Untersuchung gegen Dr. August Binzer in Flensburg wegen Teilnahme an geheimen Verbindungen 1824-1827

8063 Demagogische Umtriebe: Untersuchung gegen August Theodor Brömel aus Schwarzburg-Rudolstadt, Theodor Olshausen aus Eutin und Ferdinand Johannes Wit aus Altona 1824

8064 Demagogische Umtriebe: Untersuchung gegen den Studenten der Rechte Theodor Olshausen wegen der Teilnahme an einem Bund in Jena 1824-1829

8065 Demagogische Umtriebe: Untersuchung gegen den Studenten der Rechte Theodor Olshausen wegen der Teilnahme an einem Bund in Jena 1824-1828
Bemerkung: Untersuchungsakten des akademischen Konsistoriums, die später bei der Kanzlei eingereicht worden sind.

8066 Demagogische Umtriebe: Untersuchung gegen den Kandidaten der Theologie Emil Schwarz aus Rudolstadt 1825-1826

Grenzen

135 Grenzen mit Hamburg (1607-) 1734-1806
Enthält u. a.: Abschrift des Grenzrezesses des Grafen Ernst von Holstein-Schauenburg mit Hamburg 1607; Grenzregulierungen

136 Grenzen mit Hamburg 1807-1847
Enthält u. a.: Grenzregulierungen; strittige Territorialhoheit über die sogenannte Mellenburg im Amt Trittau
Darin: Karte der Grenze zwischen Volksdorf und Hoisbüttel, 1839

137 Grenzen mit Lübeck (1745-) 1746-1848
Enthält: Erneuerung eines Grenzpfahls zwischen dem Amt Rethwisch und dem Gebiet der Stadt Lübeck, 1841; umstrittene Jurisdiktion über die Moislinger Heide, 1747; Übereinkommen mit Lübeck wegen der Gemeinheitsgründe im sogenannten Curauer Raum, 1846-1848

138 Vertrag über die Grenzen zwischen dem Herzogtum Holstein und dem Fürstentum Lübeck 1828-1845
Enthält u. a.: Grenzprotokoll; Vereinbarung mit der großfürstlichen Regierung in Eutin und dem Senat der Stadt Lübeck über Verteilung der Baukosten zu den Organistenhäusern in den gemischten Kirchspielen, 1828-1840

139 Gebietsaustausch zwischen dem Herzogtum Holstein und dem Fürstentum Lübeck und der Stadt Lübeck 1839-1845

140 Gebietsaustausch zwischen dem Herzogtum Holstein und dem Fürstentum Lübeck und der Stadt Lübeck: Beilagen zum Vertrag von 1842 (1752-) 1839-1845, 1857

141 Grenze zwischen dem Herzogtum Schleswig und Jütland (1809-) 1812-1814

Enthält: Schätzung eines zum Amt Lügumkloster gehörigen Grundstücks in Schwanstrup durch den Hardesvogt Hinnark der Loeharde (Amt Ripen)

142 Grenzangelegenheiten (1690-) 1739-1840

Enthält u. a.: Auseinandersetzung mit dem Kurfürstentum Hannover wegen der Landeshoheit über das zum Gut Trenthorst gehörende Dorf Grinau, 1746-1754; Grenzberichtigungen zwischen dem Herzogtum Holstein und dem Herzogtum Lauenburg, 1739; Veränderung von Grenzpfählen, 1815; Grenzbestimmung wegen einer zwischen der Hetlinger Schanze und dem Giesensand entstandenen Insel, 1826-1840 (mit Zeichnung)

143 Berichte zu Grenzbesichtigungen (1792) 1793-1796

Justiz

Gesetzessammlungen

144 Bestimmungen zur Ausfertigung, Publikation, Mitteilung und Sammlung von Landesgesetzen 1731-1846

148 Herausgabe der Chronologischen Sammlung der Verordnungen für die Herzogtümer Schleswig und Holstein 1790-1839

149 Herausgabe und Anschaffung der Systematischen Sammlung der Verordnungen 1822-1839

Ziviljustiz

Justizwesen allgemein

150 Neue Gerichts- und Prozessordnung, Einführung von Vergleichskommissionen sowie Entwurf einer neuen Konkurs- und Depositalordnung 1739, 1803-1811

Enthält auch: Vorschläge zur Verbesserung des Justizwesens, 1739

151 Beabsichtigte Änderung in der Verwaltung des Justizwesens (1708-) 1771, 1774-1778

Enthält vor allem: Berichte über die Justizpflege in den Ämtern, Landschaften und Städten

Justizbeamte und Justizbedienstete

Justizbedienstete allgemein

152 Pflichten, Befugnisse, Einkünfte sowie Besorgung der öffentlichen Geschäfte 1736-1827

Enthält u. a.: Sportelverzeichnisse

153 Pflichten, Befugnisse, Einkünfte sowie Besorgung der öffentlichen Geschäfte 1810, 1824-1848

Enthält u. a.: Erlass einer allgemeinen Bestimmung über die Diäten für Zivilbeamte, 1828; Sportelverzeichnisse

154 Eingesandte Eide von Richtern und Aktuaren 1836-1852

Justizbeamte

155 Amtmänner, Amtsverwalter, Aktuare und Hardesvögte: Pflichten, Befugnisse, Einkünfte und Verwaltung der öffentlichen Geschäfte (1710-) 1739-1834

156 Obersachwalter und Sachwalter: Pflichten, Befugnisse, Einkünfte und Verwaltung der öffentlichen Geschäfte 1739-1840

Enthält u. a.: Geschäftstagebuch des holsteinischen Obersachwalters Hager, 1807; Geschäftstagebuch, 1827

157 Obersachwalter 1739-1848

Enthält: Johann Christian Offenhusen, Schleswig, 1740; Johann Nicolas Bensen, 1740; Johann Friedrich Wilhelm Böckmann, Glückstadt, 1770-1805; Friedrich Christian Boje, Schleswig, 1751-1767; Peter Friedrich Detlefsen, Schleswig, 1811-1829; August Friedrich Forchhamer, 1848; Magnus Friedrich Christian Hager, Glückstadt, 1789-1805; Carl Friedrich Ferdinand Haucke, Schleswig, 1839; Christian Friedrich Jasper, Schleswig, 1831-1841; Hinrich Ulrich Küster, Schleswig, 1771-1816; Johann Otto Niemann, Glückstadt, 1754-1757; Christian August Pauli, Glückstadt, 1747; Georg Conrad Picker, Glückstadt, 1758-1760; Johann Friedrich Prall, Kiel, 1776-1792; Nicolai Raben, Altona, 1826-1848; Georg Friedrich Wibel, Glückstadt, 1762-1775; Friedrich Zitscher, Schleswig, 1738-1754

Enthält auch: Bestallung des Kanzleirats Friedrich Detlef Carl von Cronhelm zum Advokaten beim Reichskammergericht, 1738-1739

158 Advokaten: Pflichten, Befugnisse, Einkünfte und Verwaltung der öffentlichen Geschäfte 1737-1832

Enthält u. a.: Advokatenverordnungen für die Herzogtümer Schleswig und Holstein, 1740; Verhütung der Winkelschreiberei, 1829

159 Advokaten: Pflichten, Befugnisse, Einkünfte und Verwaltung der öffentlichen Geschäfte 1836-1846

Enthält u. a.: Erlass einer Sporteltaxe; Bildung eines allgemeinen Advokatenvereins für die Herzogtümer

160 Advokaten und Winkelschreiber (1739-) 1749-1846

161 Obergerichtsadvokaten: Bestallungen (A-K) (1734-) 1740-1847

162 Obergerichtsadvokaten: Bestallungen (L-V) 1736-1847

8067 Obergerichtsadvokaten: Bestallungen (W-Z) 1740-1844

Enthält auch: Gesuche von Advokaten zur Zulassung beim Oberappellationsgericht

Darin: Druckschrift der Appellationsklage der Elsabea Margaretha Thomsen, Ehefrau des Kirchspielsdeputierten Marx Wiebers Thomsen, Zennhusen, gegen ihren Bruder Claus Hinrich Dierks, Borgholz, wegen einer Konkursmasse, 1838

163 Untergerichtsadvokaten: Bestallungen (A-D) 1740-1819

164 Untergerichtsadvokaten: Bestallungen (E-J) 1738-1832

165 Untergerichtsadvokaten: Bestallungen (K-O) 1740-1820

166 Untergerichtsadvokaten: Bestallungen (P-Z) 1740-1822

Enthält auch: chronologisch geordnete Bestallungen 1820-1822

Bemerkung: Es fehlen die Buchstaben S, T, V und W.

167 Untergerichtsadvokaten: Bestallungen (chronologisch geordnet) 1823-1828

168 Untergerichtsadvokaten: Bestallungen (chronologisch geordnet) 1829-1835

169 Untergerichtsadvokaten: Bestallungen (chronologisch geordnet) 1836-1843

170 Untergerichtsadvokaten: Bestallungen (chronologisch geordnet)

Obergerichtsadvokaten in Altona: Bestallungen (A-R) 1718-1847
Bemerkung: Die chronologische Ordnung umfasst die Jahre 1844 bis 1847.

8068 Obergerichtsadvokaten in Altona: Bestallungen (S-V) 1740-1847

171 Notare: Anforderungen, Eid, Besorgung der öffentlichen Geschäfte 1759-1846

172 Bestallungen von Notaren (B-W) und Konzessionen für Advokaten zur Ausübung der Notariatsgeschäfte 1729-1799

173 Advokaten: Konzessionen zur Ausübung der Notariatsgeschäfte 1800-1826

174 Advokaten: Konzessionen zur Ausübung der Notariatsgeschäfte 1827-1844

175 Advokaten: Konzessionen zur Ausübung der Notariatsgeschäfte 1844-1847

176 Verfügungen zur Ernennung von Taxatoren 1770-1812

177 Auktionare (1758-) 1807-1837

178 Landmesser (1822-) 1827-1847

179 Justizunterbedienstete 1733-1788, 1833
Enthält vor allem: Ehrlichkeitserklärungen für Unterbedienstete

180 Kandidaten der Rechte: allgemeine Prüfungsangelegenheiten und Gesuche um Examenszulassung 1793-1843
Enthält u. a.: Verzeichnis der geprüften Kandidaten von 1796 bis 1832

181 Kandidaten der Rechte: Prüfungsberichte 1795-1822

182 Kandidaten der Rechte: Prüfungsberichte 1823-1847

Vorschriften zu Eigentum, dinglichen Rechten und Verträgen

183 Bestimmungen und Verfügungen zum Eigentums-, Sachen- und Vertragsrecht 1748-1839

184 Bestimmungen und Verfügungen zum Eigentums-, Sachen- und Vertragsrecht 1840-1845

Supplikanten, Syndici, Deputierte der Kommmunen

185 Verfügungen zu den Supplikanten, den Syndici und den Deputierten der Kommunen 1736-1842

Indigenatsrecht

186 Indigenatsrecht: Allgemeines 1776-1852
Enthält u. a.: Erlaubnis zur jederzeitigen Rückkehr der nach Amerika ausgewanderten Familie des Landmessers Jochim Hinrich Ingwersen, Hattstedt, 1852

187 Indigenatsrecht: Erteilung und Verweigerung 1776-1793

188 Indigenatsrecht: Erteilung und Verweigerung 1794-1819

189 Indigenatsrecht: Erteilung und Verweigerung 1820-1847

Testamente und Erbschaften

190 Testamente und Erbschaften: Allgemeines 1731-1786

191 Testamente und Erbschaften: Allgemeines 1780-1823

192 Testamente und Erbschaften: Allgemeines 1818-1847

Enthält u. a.: Gesuch des Vogts Hans von Appen, Blankenese, um Einrichtung eines besonderen Gerichts zur Regelung der Angelegenheiten der auf See Verunglückten (mit Memorial über die lokalen Verhältnisse in Blankenese), 1834

194 Einzelne Erbschaften (1737-) 1796-1797

Bemerkung: Namensregister zu Abt. 65.2 Nr. 194-209 in Abt. 65.2 Nr. 8162

195 Einzelne Erbschaften (1791-) 1796-1797

196 Einzelne Erbschaften (1780-) 1800-1801

197 Einzelne Erbschaften (1787-) 1802-1804

198 Einzelne Erbschaften (1791-) 1805-1809

199 Einzelne Erbschaften (1793-) 1810-1813

200 Einzelne Erbschaften (1808-) 1814-1816

201 Einzelne Erbschaften (1782-) 1817-1819 (1822)

Enthält u. a.: Streitigkeiten zwischen dem Hufenbesitzer Andreas Petersen in Kannekus (Amt Ripen) und seinem Onkel, dem Koogsinspektor Brodersen im Friedrichskoog, wegen Anfechtung des Testaments der Eltern Petersens, 1817-1819

202 Einzelne Erbschaften (1809-) 1818-1822

203 Einzelne Erbschaften (1810-) 1823-1825

204 Einzelne Erbschaften (1816-) 1826-1828

205 Einzelne Erbschaften (1770-) 1829-1831

206 Einzelne Erbschaften (1776-) 1832-1834

207 Einzelne Erbschaften (1830-) 1835-1840

208 Einzelne Erbschaften (1817-) 1841-1846

209 Einzelne Erbschaften 1823-1848

Enthält u. a.: Erbschaftsangelegenheit des Samuel Sumbel, Hamburg, 1823-1848

Vormundschaften

210 Vormundschaften: Allgemeines 1742-1848
Enthält u. a.: Vormundschaftsverordnungen für die Herzogtümer Schleswig und Holstein, 1742, 1743; Verordnung zur Volljährigkeit mit Vollendung des 21. Lebensjahrs im Herzogtum Schleswig, 1767; Einführung eines allgemeinen Volljährigkeitstermins in den Herzogtümern Schleswig und Holstein, 1837

Schuld- und Konkursangelegenheiten

211 Schuld- und Konkursangelegenheiten: Allgemeines 1731-1781

212 Schuld- und Konkursangelegenheiten: Allgemeines 1765-1807

213 Schuld- und Konkursangelegenheiten: Allgemeines 1806-1826

214 Schuld- und Konkursangelegenheiten: Allgemeines 1822-1834
Enthält u. a.: Übersicht über die Konkurse und ihre Kosten im Herzogtum Schleswig, 1826

215 Schuld- und Konkursangelegenheiten: Allgemeines 1823-1847

216 Einzelne Schuld- und Konkursangelegenheiten 1798-1818
Enthält u. a.: Rechtsstreit zwischen Prof. Coopmann, Kiel, und dem Universitätssyndikus Trede wegen einer Schuld und eines Einlagers, 1799-1800; Berichtigung der Kaufgelder von Immobilien aus der Konkursmasse eines Herrn Hoff in Gaarden, 1814

217 Einzelne Schuld- und Konkursangelegenheiten 1820-1846

218 Berichte der Untergerichte zu den Konkurskosten und deren Verhältnis zur Konkursmasse 1822-1824
Enthält u. a.: zahlreiche Kostenverzeichnisse

Schuld- und Pfandprotokolle

219 Einrichtung und Führung von Schuld- und Pfandprotokollen (1709-) 1730-1802

220 Einrichtung und Führung von Schuld- und Pfandprotokollen 1806-1846

221 Entwurf einer allgemeinen Hypothekenordnung sowie Hypotheken- und Protokollationswesen im Herzogtum Schleswig (1827-) 1832-1844

222 Einzelne Einträge in Schuld- und Pfandprotokollen 1785-1844
Enthält u. a.: Schuld- und Pfandprotokollverordnung von 1813, insbesondere Gebühren und Überprüfung der Schuld- und Pfandprotokolle der adligen Güter

Zivilprozess

223 Rechtsgang und Verfahren (1728-) 1734-1781
Enthält u. a.: Abschaffung des Vierstädtegerichts, 1737; Beschränkung von Eidesleistungen, 1757; Verordnung zur häufigeren Abhaltung von Gerichtssitzungen in einigen Ämtern und Distrikten des Herzogtums Schleswig, 1768; Gerichtsstand der Promovierten, 1769

224 Rechtsgang und Verfahren (1775-) 1781-1797
Enthält u. a.: Entwurf einer Verordnung zum Verfahren in geringfügigen Angelegenheiten mit Berichten der Amtmänner; Einlegung von Rechtsmitteln; Gerichtskosten

225 Rechtsgang und Verfahren (1776-) 1797-1827
Enthält u. a.: Verordnung zum Verfahren bei Injurienklagen; Verfahren bei Erteilung des Armenrechts; Entwurf einer Verordnung für die Regeln bei Appellation, Supplikation und Provokation, 1829

226 Rechtsgang und Verfahren 1830-1848
Enthält u. a.: Zulässigkeit der Befragung von Taubstummen, 1831; Zuständigkeit in Handels- und Seeangelegenheiten, 1836; Beweisfristen in den Städten, 1837; Vorschlag zur Einrichtung eines Vergleichsverfahrens im Herzogtum Schleswig, 1847

227 Aufhebung der Abgaben an den Justizfonds und der Succumbenzgelder (Sicherheitsleistung bei Appellation) 1793-1842

228 Mitteilung von Entscheidungsgründen durch die Untergerichte 1839-1845

Sonstige nichtprozessualische Zivilsachen

229 Auktionen und Lizitationen 1773-1843

230 Öffentliche Bekanntmachung von Verfügungen und Proklamationen 1731-1832

231 Öffentliche Bekanntmachung von einzelnen Verfügungen und Proklamationen 1757-1830

232 Wechselrecht 1755, 1815-1848
Enthält u. a.: Einführung einer allgemeinen Wechselordnung in den Herzogtümern Schleswig und Holstein, 1842

233 Belangung königlicher Kollegien auf dem Rechtsweg 1810-1833

234 Beschwerden über Justizverzögerung und Justizverweigerung 1819-1827

235 Stellung eines Advokaten und Gewährung eines kostenfreien Prozesses wegen Armut (Beneficia paupertatis et processus gratuiti) 1795, 1825-1847

236 Rechtsangelegenheiten von Juden 1766-1790, 1834
Enthält u. a.: Gesuch von Jakob und Joseph Meier, Moisling, um Wiedereinsetzung des Abraham Joseph als Rabbiner

237 Aushändigung von Dokumenten 1834-1848

238 Legalisationen von Unterschriften 1827-1848

239 Privatrechtsangelegenheiten 1772-1817 (1882)
Enthält vor allem: Gesuche

240 Privatrechtsangelegenheiten 1818-1845
Enthält vor allem: Gesuche

241 Zuweisungen von Gerichtsständen 1700-1847

242 Sporteltaxen der Untergerichte (1711-) 1772-1780

Kriminaljustiz

Kriminalgesetzgebung

243 Entwurf eines Kriminalgesetzbuchs und eines Strafgesetzbuchs durch den Geheimrat von Strombeck 1804-1833
Enthält u. a.: eingesandte Preisschriften

244 Ausarbeitung eines Kriminalgesetzbuchs 1836-1849
Enthält auch: Erteilung einer oberkriminalistischen Konzession an die Oberregierungskommission für Alsen und Ärö, 1849
Darin: gedruckter Bericht der außerordentlichen Deputation der zweiten Kammer zu den Beratungen über das Kriminalgesetzbuch, 1837

Verbrechen und deren Bestrafung allgemein

245 Allgemeine Bestimmungen zur Bestrafung von Verbrechen 1737-1815

246 Allgemeine Bestimmungen zur Bestrafung von Verbrechen 1813-1848

247 Münzverbrechen 1769-1798

248 Mord, Totschlag, Kindsmord und Selbstmord 1737-1824

249 Injurien 1810-1820

250 Diebstahl 1794-1843

251 Abschneiden der Pferdeschweife und Mähnen 1741-1848

252 Brandstiftung 1803
Enthält: Strafmilderung bei Brandstiftung bei Nichtgefährung benachbarter Wohnungen

253 Fälschung und Betrug 1819, 1848
Enthält: Bestimmung des Straftatbestands der Passfälschung, 1819; Fälschung von Dienst- und Gesindebüchern, 1848

254 Ehebruch und Polygamie 1739-1766, 1822-1846

255 Unzucht und Kuppelei 1736-1798

256 Unzucht und Kuppelei 1801-1847

257 Bestechung und Unterschlagung öffentlicher Gelder 1801, 1839-1840

Enthält: Abgabe einer Hälfte der wegen eines Geschenks an einen Richter zu zahlenden Brüche an das Armenhaus in Glückstadt; Verpflichtung der Rechnungsführer von Stiftungen zur uneigennützigen Verwendung der Stiftungsgelder

258 Verschreibung unzulässiger Zinsen, bewaffneter Warentransport zu den Grenzzollstätten, Verdacht auf Beteiligung an umherziehenden Banden, Widerstand gegen Wachen und Patrouillen, fremde Werbungen zum Kriegsdienst und Quacksalberei 1773-1826

Kriminalprozess

259 Rechtsgang, Verfahren und Kosten 1736-1776

260 Rechtsgang, Verfahren und Kosten 1776-1822

261 Rechtsgang, Verfahren und Kosten 1815-1837

Enthält u. a.: Führung von Brücheregistern in Schwängerungsfällen

262 Rechtsgang, Verfahren und Kosten (1819-) 1821-1844

Enthält u. a.: Stellung der Unterkriminalgerichte zu den Oberkriminalgerichten, 1843

263 Rechtsgang, Verfahren und Kosten 1845-1848

Gefängnisse und Behandlung der Gefangenen

266 Strafanstalten und Gefangene 1816-1847

Enthält u. a.: Listen über die in den Festungen und Zuchthäusern mit Ausnahme von Glückstadt einsitzenden Gefangenen; Unterstützung von armen Festungshäftlingen

Scharfrichter und Gefangenenwärter

267 Scharfrichter 1746-1809

Enthält u. a.: Beerdigung der Scharfrichter und der Abdeckereiknechte; Aufhebung der Abdeckereiprivilegien

268 Gefangenenwärter: Erlass einer Sporteltaxe und einer Ordnung zum Unterhalt der Gefangenen 1819-1837

Konventionen mit auswärtigen Staaten über Auslieferungen

269 Konventionen mit auswärtigen Staaten wegen Auslieferung von Verbrechern 1805-1838

Enthält: Mecklenburg-Schwerin und Mecklenburg-Strelitz; Fürstentum Lübeck (Eutin); Königreich Hannover; Schweden und Norwegen; Schwedisch-Pommern; Lübeck; Hamburg; Preußen

270 Transport auswärtiger Verbrecher und Vagabunden in ihre Heimat 1718-1847

Enthält u. a.: Verfahren beim Transport der Vagabunden, 1829-1835

Einzelne Kriminalfälle

Münzfälschung

271 Münzfälschung 1812-1827

272 Münzfälschung 1819-1846

Mord und Totschlag

273 Mord und Totschlag 1718, 1783

274 Mord und Totschlag 1782-1800

275 Mord und Totschlag 1780-1812

276 Mord und Totschlag 1813-1820

277 Mord und Totschlag 1800-1822

278 Mord und Totschlag (1815-) 1823-1827

279 Mord und Totschlag 1827-1840

280 Mord und Totschlag 1836-1849

Raub und Diebstahl

281	Raub und Diebstahl	1740-1794
282	Raub und Diebstahl	1795-1802
283	Raub und Diebstahl	(1794-) 1802-1809
284	Raub und Diebstahl	1797-1813
285	Raub und Diebstahl	(1804-) 1810-1816
286	Raub und Diebstahl	1815-1818
287	Raub und Diebstahl	1808-1822
288	Raub und Diebstahl	(1820-) 1821-1825
289	Raub und Diebstahl	1824-1827
290	Raub und Diebstahl Enthält u. a.: Bande des Hans Bielefeldt, 1824-1847	1824-1847
291	Raub und Diebstahl	1815-1830
292	Raub und Diebstahl	1827-1831
293	Raub und Diebstahl	1829-1832
294	Raub und Diebstahl	1825-1834
295	Raub und Diebstahl	1824-1836
296	Raub und Diebstahl	1825-1839
297	Raub und Diebstahl	(1811) 1827-1840, 1847
298	Raub und Diebstahl	1824-1841
299	Raub und Diebstahl	1840-1844
300	Raub und Diebstahl	1840-1847
301	Raub und Diebstahl	1846-1848

Viehdiebstahl

302 Viehdiebstahl 1793-1826

303 Viehdiebstahl 1828-1847

Meineid, Fälschung, Betrug, Veruntreuung, Hehlerei und Bestechung

304 Meineid, Fälschung, Betrug, Veruntreuung, Hehlerei und Bestechung 1761-1802

305 Meineid, Fälschung, Betrug, Veruntreuung, Hehlerei und Bestechung 1801-1806

306 Meineid, Fälschung, Betrug, Veruntreuung, Hehlerei und Bestechung 1805-1811

307 Meineid, Fälschung, Betrug, Veruntreuung, Hehlerei und Bestechung (1809-) 1811-1815

308 Meineid, Fälschung, Betrug, Veruntreuung, Hehlerei und Bestechung 1802-1803, 1814-1820

309 Meineid, Fälschung, Betrug, Veruntreuung, Hehlerei und Bestechung 1818-1823

310 Meineid, Fälschung, Betrug, Veruntreuung, Hehlerei und Bestechung 1822-1827

311 Meineid, Fälschung, Betrug, Veruntreuung, Hehlerei und Bestechung (1821-) 1825-1833

312 Meineid, Fälschung, Betrug, Veruntreuung Hehlerei und Bestechung (1830-) 1832-1836

313 Meineid, Fälschung, Betrug, Veruntreuung, Hehlerei und Bestechung 1832-1843

314 Meineid, Fälschung, Betrug, Veruntreuung, Hehlerei und Bestechung (1834-) 1842-1849

Kindsmord, Geburt, Aussetzungen und Abtreibungen

315 Kindsmord, heimliche Geburt, Aussetzung und Abtreibung 1734-1752

316 Kindsmord, heimliche Geburt, Aussetzung und Abtreibung 1753-1796

317 Kindsmord, heimliche Geburt, Aussetzung und Abtreibung 1787-1804

318 Kindsmord, heimliche Geburt, Aussetzung und Abtreibung 1795-1814

319 Kindsmord, heimliche Geburt, Aussetzung und Abtreibung 1807-1823

320 Kindsmord, heimliche Geburt, Aussetzung und Abtreibung 1820-1826

321 Kindsmord, heimliche Geburt, Aussetzung und Abtreibung 1820-1839

322 Kindsmord, heimliche Geburt, Aussetzung und Abtreibung 1839-1848

Blutschande, Notzucht, Sodomie, Bestialität und Bigamie

323 Blutschande, Notzucht, Sodomie, Bestialität und Bigamie 1811-1847

Brandstiftung

324 Brandstiftung 1735-1814

325 Brandstiftung 1815-1824

326 Brandstiftung 1814-1829

327 Brandstiftung 1823-1836

328 Brandstiftung 1832-1848

Injurien, Schmähschriften, ungebührliche Schreibart und Verleumdungen

329 Injurien, Schmähschriften, ungebührliche Schreibart und Verleumdungen 1761-1801

330 Injurien, Schmähschriften, ungebührliche Schreibart und Verleumdungen 1801-1813

331 Injurien, Schmähschriften, ungebührliche Schreibart und Verleumdungen 1807-1819

332 Injurien, Schmähschriften, ungebührliche Schreibart und Verleumdungen (1759-) 1818-1827
Darin: Quittungsbücher des Halbhufners und Bauervogts Hans Schoer, Klein Schenkenberg

333 Injurien, Schmähschriften, ungebührliche Schreibart und Verleumdungen (1810-) 1818-1827
Enthält: Prof. Johann Friedrich Reitemeier, Kiel
Darin: Druckschrift „Die falsche Anklage“

334 Injurien, Schmähschriften, ungebührliche Schreibart und Verleumdungen (1825) 1826-1835
Darin: Druckschriften zu Erfindungen des Dr. Nikolaus Adolph Binge, 1825; Druckschrift zum römischen Recht vom Mitglied des Obergerichts in Gottorf Graf von Moltke, 1830

335 Injurien, Schmähschriften, ungebührliche Schreibart und Verleumdungen 1837-1847

Sonstige Kriminalfälle und unerlaubter Verkehr mit dem Feind

336 Sonstige Kriminalfälle 1723-1795

338 Sonstige Kriminalfälle 1800-1808
Enthält u. a.: Verzeichnis der im Zucht- und Werkhaus in Neumünster befindlichen bzw. der dort entlassenen Insassen, 1807

339 Sonstige Kriminalfälle 1804-1812
Enthält u. a.: Verzeichnis der Mannschaften der vierten Abteilung der Küstenmiliz, 1807

337 Sonstige Kriminalfälle 1804-1812
Enthält u. a.: Verzeichnis der Mannschaften der vierten Abteilung der Küstenmiliz, 1807

340 Sonstige Kriminalfälle 1810-1818

341 Unsittlicher Lebenswandel des Pastors Schneevoigt in Großenaspe 1814-1831

342 Sonstige Kriminalfälle 1818-1820

343 Sonstige Kriminalfälle (1818) 1819-1824
Enthält u. a.: Halbjahreslisten der Insassen des Zuchthauses und des Irrenhauses in Glückstadt , 1820

344 Sonstige Kriminalfälle 1821-1827

345 Sonstige Kriminalfälle 1822-1832

346 Sonstige Kriminalfälle 1826-1834

347 Sonstige Kriminalfälle (1818-) 1828-1836
Enthält u. a.: Entlassung des Kompastors Joseph Conrad Christian Amthor, Rellingen; Kammerrat Bruhn, Husum, wegen Verwendung öffentlicher Gelder zum Privatgebrauch

348 Sonstige Kriminalfälle 1833-1839
Enthält u. a.: Hardesvogt und Gerichtshalter J. F. Christiansen, Schleswig, wegen Unregelmäßigkeiten in der Amtsführung; Pastor Jasper Hansen, Marne, wegen unsittlichen Lebenswandels; Oberkriegskommissar und Hardesvogt Hagedorn, Rödding, wegen erheblicher Pflichtversäumnisse; Amtsverwalter und Aktuar Hammeleff, Bredstedt, wegen Unregelmäßigkeiten bei seiner Tätigkeit als Hebungsbeamter

349 Sonstige Kriminalfälle 1838-1842

350 Sonstige Kriminalfälle (1815-) 1834-1846
Enthält u. a.: Amtmann der Ämter Reinfeld, Rethwisch und Traventhal Baron von Adeler wegen Missbrauchs der Amtsgewalt; Landinspektor Tiedemann, Johannisberg, wegen Majestätsbeleidigung; Hebungsgevollmächtigter der Hüttenerharde J. F. Meineke wegen Unterschlagung und Eidesbruch; Amtsverwalter des Amtes Hütten Sarau wegen Unregelmäßigkeiten als Hebungsbeamter; Hebungsgevollmächtigter J. N. Carstens, Tondern, wegen Gesetzeswidrigkeiten in der Geschäftsführung

351 Sonstige Kriminalfälle 1842-1848

352 Unerlaubter Verkehr mit dem Feind, besonders mit England 1808-1827

353 Untersuchung gegen den Kaufmann Carl Gustav Sjöberg in Hamburg wegen Verdachts auf Einverständnis mit feindlichen Untertanen im Jahr 1811 1811-1841

354 Kriminalprozess des Pächters Diedrich Wittmack auf Gut Testorf 1778-1788

355 Konkurs des Peter Carstens in Uelvesbüll und gegen ihn geführte Kriminaluntersuchung (1804-) 1810-1815

356 Unzucht und Ehebruch 1792-1816

357 Unzucht und Ehebruch 1812-1819

358 Brüchefälle 1817-1844

Kirche

Episkopalhoheit, Konsistorien, Visitationen und Synode

370 Episkopalhoheit 1828-1847

371 Umfang der Gerichtsbarkeit der Unterkonsistorien im Herzogtum Holstein und deren Ausdehnung auf den gesamten der Landeshoheit unterstehenden Kirchensprengel 1805

372 Generalkirchenvisitationen und Spezialkirchenvisitationen: Allgemeines 1736-1847

373 Allgemeine Visitationsberichte 1740-1742, 1791-1800

374 Konstitution und Verordnung wegen Erneuerung der Synodalkonstitution von 1646 und Synode in Rendsburg 1691, 1737

Kirchenbeamte und Kirchenbedienstete

Generalsuperintendenten

375 Generalsuperintendenten: Allgemeines 1739-1782

376 Generalsuperintendenten: Allgemeines 1783-1846

377 Generalsuperintendenten: spezielle Angelegenheiten sowie Bestallungen und Entlassungen (1732-) 1748-1846

Pröpste

378 Gebühren und Ermittlung eines festen Gehalts sowie Einschränkung der Befugnisse zur Dispensation vom gesetzlichen Konfirmationsalter 1806-1843

Prediger

379 Besetzung der Predigerstellen 1729-1848

8069 Verzeichnisse vakanter Predigerstellen im Herzogtum Holstein 1825-1828

380 Verzeichnisse der amtierenden Prediger und ihrer Einkünfte 1737-1803

381 Pflichten, Einkünfte und Gerechtsame 1735-1765

382 Pflichten, Einkünfte und Gerechtsame (1738-) 1769-1836 (1870

Enthält u. a.: Verzeichnisse der Predigereinkünfte in den Propsteien Münsterdorf, Rendsburg und Segeberg, 1738

383 Pflichten, Einkünfte und Gerechtsame 1839-1848

384 Gnadenjahr und Pensionen der Predigerwitwen 1754-1825

385 Gadenjahr und Pensionen der Predigerwitwen 1829-1831
Enthält: Beschränkung des Rechts auf das Gnadenjahr in den ehemaligen gemeinschaftlichen Distrikten und Gebieten des ehemaligen Herzogtums Plön auf die Predigerwitwen; Ausdehnung der Verordnungen von 1768 und 1778 auf die ehemaligen großfürstlichen und gemeinschaftlichen Distrikte

386 Einzelne Bewilligungen des Gnadenjahrs an Angehörige verstorbener Geistlicher 1820-1847

387 Prediger: spezielle Angelegenheiten 1733-1763
Enthält u. a.: Amtsführung; Lebenswandel; Auseinandersetzungen

388 Prediger: spezielle Angelegenheiten 1765-1848
Enthält u. a.: Amtsführung; Lebenswandel; Auseinandersetzungen

8070 Verzeichnis von Bewerbern um Predigerstellen im Herzogtum Holstein 1841-1846
Enthält: Altona; Barkau; Barmstedt; Beidenfleth; Borsfleth; Brügge

8071 Verzeichnis von Bewerbern um Predigerstellen im Herzogtum Holstein 1840-1848
Enthält: Elmshorn; Gleschendorf; Großenaspe; Hohenwestedt; Hörnerkirchen

8072 Verzeichnis von Bewerbern um Predigerstellen im Herzogtum Holstein 1839-1847
Enthält: Kaltenkirchen; Kellinghusen; Leezen

8073 Verzeichnis von Bewerbern um Predigerstellen im Herzogtum Holstein 1841-1847
Enthält: Neuenbrock; Neumünster; Oldenburg; Oldesloe

8074 Verzeichnis von Bewerbern um Predigerstellen im Herzogtum Holstein 1839-1846
Enthält: Reinfeld; Sankt Margarethen; Schenefeld; Segeberg; Süderau; Süsel

8075 Verzeichnis von Bewerbern um Predigerstellen im Herzogtum Holstein 1840-1846
Enthält: Trittau; Wedel; Klein Wesenberg; Wewelsfleth

8076 Konzepte der Verzeichnisse von Bewerbern um Predigerstellen im Herzogtum Holstein (A-K) 1835-1848

8077 Konzepte der Verzeichnisse von Bewerbern um Predigerstellen im Herzogtum Holstein (L-W) 1835-1848

8078 Konzepte der Verzeichnisse von Bewerbern um Predigerstellen im Herzogtum Holstein 1835-1848
Enthält: Bornhöved; Bramstedt; Brokdorf; Grube; Heiligenhafen; Hohenaspe; Jevenstedt; Plön; Rellingen; Reinfeld; Rendsburg

Übrige Kirchenbedienstete

389 Bestimmung zur Anstellung von Totengräbern und Glockenläutern im Herzogtum Schleswig, Amtszeit der Kirchenjuraten, Küster 1779-1780, 1812

8079 Verzeichnisse über Bewerber um Organisten-, Küster- und Schullehrerstellen 1836-1844
Enthält: Barmstedt; Elmshorn; Glückstadt; Kiel; Neumünster; Curau; Rellingen; Segeberg; Süsel
Bemerkung: Das Namensregister befindet sich in Abt. 65.2 Nr. 8136 fol. 1208f.

Kandidaten der Theologie

390 Tentamen, Examen und Examenskollegium 1736-1848

391 Examenskollegium 1731-1847
Enthält u. a.: Ernennung einzelner Mitglieder; Reisen; Diäten

392 Dispens vom vorschriftsmäßigen Alter für Predigerstellen 1751-1839

393 Separatexamen 1781-1830

394 Examensberichte und Examensverzeichnisse sowie Berichte über Ordinationen 1737-1810

395 Examensberichte und Examensverzeichnisse, Berichte über Ordinationen sowie Verzeichnis der Kandidaten von 1783 bis 1847 1811-1847

396 Kandidaten der Theologie 1752-1848
Enthält u. a.: Prüfungen bei einem anderen Oberkonsistorium; Dispens vom Bestehen des Examens; Gleichstellung von dänischen und holsteinischen Kandidaten bei der Beförderung

Gottesdienst und Festtage

397 Gottesdienst und Festtage 1724-1848

398 Verordnung zur Feier der Sonntage und Festtage 1831-1840

Neue Kirchenagende

8080 Neue Kirchenagende: Allgemeines 1758-1798

8081 Handschriftliches Exemplar der „Allgemeinen Liturgie" [1797]

8082 Handschrift „Summarischer Inhalt des Kirchenrituals" [1797]

8083 Manuskript des „Summarischen Inhalts des Kirchenrituals" [1797]

8084 Druck und Verkauf 1797-1799
Enthält u. a.: Kauf- und Überlassungsvertrag mit dem Buchhändler Röss, Schleswig

8085 Neue Kirchenagende: Herzogtum Schleswig 1797-1798

8086 Neue Kirchenagende: Landschaft Eiderstedt 1797-1799

8087 Neue Kirchenagende: Landschaften Norderdithmarschen und Süderdithmarschen 1797-1798

8088 Neue Kirchenagende: Altona, Grafschaft Pinneberg und Grafschaft Rantzau 1797-1798

8089 Neue Kirchenagende: Ämter und Propsteien Rendsburg, Münsterdorf, Neumünster, Bordesholm, Tritttau, Plön, Cismar und Oldenburg 1797-1799

Taufe, Konfirmation, Beichte, Abendmahl und Beerdigungen

401 Taufe 1736-1824

402 Taufe 1806-1847
Enthält u. a.: Taufe eines von einer Jüdin in Altona geborenen unehelichen Kindes; Geschlechtsnamen unehelicher Kinder und deren Eintragung in die Taufregister

403 Konfirmation 1732-1840

404 Konfirmation 1743-1799
Enthält u. a.: Hauskonfirmation; Dispens vom gesetzlichen Alter

405 Konfirmation 1799-1848
Enthält u. a.: Hauskonfirmation; Dispens vom gesetzlichen Alter

406 Beichte und Abendmahl 1738-1840
Enthält u. a.: zwei Schriften eines unbekannten Verfassers über „Das gewöhnliche Absolutionssprechen"

407 Beichte und Abendmahl 1731-1835
Enthält u. a.: Wahl eines anderen Beichtvaters; Verweigerung des Abendmahls

408 Beerdigung 1763-1848
Enthält u. a.: Beerdigungen auf Privatgrundstücken

Kirchengebäude, Kirchengüter, Kircheninventare, Kirchenregister, Kollekten und Abgaben

409 Kirchengüter, Kirchregister, Kirchenkollekten, Kircheneinkünfte: Allgemeines 1739-1797

410 Kirchengüter, Kirchregister, Kirchenkollekten, Kircheneinkünfte: Allgemeines 1797-1848

411 Einzelne Kollekten 1769-1793
Enthält u. a.: Kollekte für die abgebrannten Einwohner des Fleckens Norburg, 1793

412 Einzelne Kollekten 1794-1826
Enthält u. a.: Unterstützungsgelder für die abgebrannten Einwohner Kopenhagens, 1795

413 Einzelne Kollekten 1826-1839
Enthält u. a.: Kollekte für die deutsche Friedenskirche in Kopenhagen, 1834

414 Einzelne Kollekten 1839-1848

Geistliche Bücher und Schriften

415 Bibel und Bibelgesellschaft 1752-1841
Darin: Druckschrift „Achtzehnter Jahresbericht über den Fortgang der schleswig-holsteinischen Landes-Bibelgesellschaft", 1834

416 Erstes Allgemeines Gesangbuch 1733-1757

417 Cramersches Gesangbuch 1775-1797, 1820-1821

418 Cramersches Gesangbuch 1827-1843

419 Dänisches Gesangbuch 1790-1847

420 Evangelien, Episteln und Kollektenbuch 1781, 1820-1821
Enthält: Privileg für die Waisenhäuser in Schleswig, Flensburg und Tondern, die Armenschule in Meldorf und das Schullehrerseminar in Kiel auf den alleinigen Verlag der Evangelien, Episteln und Kollekten, 1781; Antrag des Archidiakons Harms, Kiel, auf Abänderung der sonntäglichen Perikopen

421 Choralbücher 1754-1844
Enthält u. a.: Choralbuch des Kammermusikers Schiörring (mit Notenblättern), 1781-1786

422 Katechismus des Buchhändlers Balthasar Otto Boseck in Flensburg 1731-1732

423 Gesuch des Buchdruckers Gotthilf Lehmann in Glückstadt um Einführung des Katechismus des Dr. von Stöcken in beiden Herzogtümern 1731-1732

424 Katechismus des Propstes Johann Tychsen in Hadersleben 1737-1741

425 Druck und Verlag des Porstischen Katechismus 1741

426 Druck und Verlag des Schraderschen Katechismus 1745

427 Katechismus des Konsistorialrats und Propstes Petersen in Tondern 1752

428 Katechismus des Hofpredigers Pontoppidan 1738-1785

429 Katechismus des Universitätskanzlers Cramer 1780-1794

430 Katechismus des Seminardirektors Dr. Asmussen in Segeberg 1838-1846

431 Gebetbücher der Gebrüder Burmester in Altona und des Prokanzlers Cramer 1756, 1780

432 Plan zu einem theologischen Kompendium 1781

433 Sammlung des Propstes Christian Friedrich Callisen in Schleswig von Anordnungen für angehende Geistliche 1810-1811
Enthält: Herausgabe und Anschaffung von Exemplaren für Kirchen und Beamte

Fremde Religionsverwandte

434 Beerdigungen, Dispens bei Übertritt und Führung der Kirchenregister 1764-1765, 1813-1819

435 Reformierte 1733-1801

436 Katholiken 1802-1848

437 Katholiken 1718, 1758-1847

438 Errichtung einer Herrnhutergemeinde im Amt Hadersleben 1771

439 Juden 1782-1848

440 Berichte zur Gleichstellung der Juden in den Herzogtümern mit denen in Dänemark 1815-1846

Kirchliche Institute und Vereine

441 Mission 1826-1847

442 Errichtung eines Komitees des Christlichen Vereins für Norddeutschland in Hanerau 1817-1818
Enthält u. a.: Mitgliederverzeichnis

443 Gustav-Adolf-Verein (1834) 1842-1846
Darin: Statuten des Vereins; gedruckter Bericht über die Versammlung der Vereine zur Unterstützung bedrängter protestantischer Geistlicher in Leipzig 1842

444 Deutsch-evangelische Kirchenkonferenz in Berlin 1845-1846

Sonstige Kirchenangelegenheiten

445 Nichtanwendbarkeit der Verordnung über die Aufhebung der Kirchenbuße auf die Juden 1793

446 Verbot des Maiensetzens in der Kirche 1783-1784

447 Auseinandersetzungen um die Thesen des Archidiakons Harms in Kiel 1817-1818

448 Einsendung von Geburts-, Konfirmations-, Heirats- und Sterbelisten 1793-1847
Enthält u. a.: Listen über Geburten, Konfirmationen, Heiraten und Sterbefälle 1835-1839

Schule

Schule allgemein

449 Schule: Allgemeines 1744-1807
Enthält u. a.: Schulverordnung des Universitätskanzlers Cramer

450 Allgemeine Schulordnung von 1814 (1786-) 1804-1815
Darin: gedruckte Schulordnungen für Glückstadt und Flensburg

451 Schule: Allgemeines 1820-1840

452 Verordnung zur Entlassung unwürdiger oder unfähiger Volksschullehrer und Geistlicher auf dem Verwaltungsweg 1838-1846 (1868)
Enthält u. a.: Untersuchungen gegen einzelne Lehrer

453 Regulierung der Schullehrerwitwenkasse (1801-) 1839-1846
Enthält u. a.: Verzeichnisse der Interessenten, Pensionswitwen, Beiträge und Kapitalien der Kasse sowie der Schulen mit Anzahl der angestellten Lehrer in den Herzogtümern Schleswig und Holstein
Darin: Druckschriften zu Witwenkassen in den Propsteien

Stipendien, Fonds und Stiftungen zur Bildung der Jugend

454 Nachrichten über Stipendien für Studierende (1598-) 1775-1778

455 Stipendien, Fonds und Stiftungen: Allgemeines 1778-1847
Enthält u. a.: Berichte über die vorhandenen Stipendien; Jahresberichte über die Nutznießer der Stipendien, 1827-1847

456 Stipendium des Magisters Johannes Avenarius in Kiel 1739-1801
Enthält u. a.: Auszug aus dem Testament von 1598

457 Buchwaldsches Stipendium: Abschrift einer Obligation von 1764 1782

458 Stipendium der Margaretha von Bülow: Abschrift der Stiftungsurkunde und Verleihung des Stipendiums (1655) 1809-1810

459 Konviktorium (1669-) 1702-1778

460 Konviktorium 1783-1852

461 Francken-Bojesches Stipendium in Wilster: Auszüge aus dem Testament von 1684 und andere Abschriften (1663-1772)

462 Stipendium des Bürgermeisters Gähler in Altona: Belegung der Kapitalien 1828-1829

463 Stipendium des Carsten Griepp in Kiel: Auszüge aus dessen Kodizill 1812

464 Stipendium des Propstes Harms in Kiel (Stipendium Harmsanium): Statut und dessen Bestätigung sowie Verleihungsgesuche 1842-1844

465 Stipendium des Pastors Joachim Helettberg in Itzehoe: Abschrift des Testaments von 1653 und Verleihung (1653) 1811, 1838

466 Stipendium des Prof. Philipp Gabriel Hensler in Kiel für angehende Ärzte 1806-1829

467 Jensen-Wittrocksches Stipendium in Itzehoe: Auszug aus dem Testament 1773

468 Stipendium des Klosters Itzehoe: Mitteilung des Stipendiums 1775

469 Stipendium des Schreib- und Rechenmeisters Jürgen Jürgens in Heiligenhafen 1810-1837

470 Stipendium des Grafen von Kielmansegg in Kiel: Verleihung an den Studenten der Theologie Friedrich Schröder aus Hadersleben 1774-1775

471 Klöstermannsches Stipendium in der Propstei Süderdithmarschen: Nachrichten über das Stipendium 1833-1834

472 Stiftung des Bankiers Nicolai Magens in London für die Jugend des Gutes Neuendorf: Nachricht über das Stipendium und Verleihungen 1785, 1812-1813

473 Stipendium des Herzogs Peter Friedrich Wilhelm von Oldenburg 1789-1816

474 Stipendium des Konferenzrats Johann Wilhelm Pauli: Nachrichten über das Stipendium und Beitritt zu zwei Vergleichen 1776-1780

475 Qualensches Stipendium: Abschrift der Gründungsurkunde von 1722 (1722) 1803

476 Rantzauisches Stipendium in Itzehoe 1775-1782

477 Reinfeldsches Stipendium der Herzogin Dorothea Christian von Holstein-Plön 1764-1847

478 Reutersches Stipendium in Wilster: Abschrift einer Obligation von 1631 (1631) 1810

479 Stipendium der Priörin Anna Emerentia von Reventlow in Uetersen: Auszug aus dem Testament von 1751 1810

480 Stipendium des Etatsrats Richardi 1785-1831

481 Rugensches Stipendium: Nachrichten von der Verwendung der Rugenschen Sühn- und Manngelder (1574) 1794

482 Reisestipendien 1843-1849

483 Stipendium des Samuel Schassen (Schassianisches Stipendium) 1716-1845

484 Scheelensches Stipendium in Heiligenstedten: Bericht zur Rechnungsablage und Verleihung an den Sohn des Rechenmeisters Nagel in Itzehoe 1823-1835

485 Schulfonds: Allgemeines sowie Einnahmen und Ausgaben 1761-1847

486 Schulfonds: Verleihungen von Gratifikationen 1764-1808

487 Schulfonds: Verleihungen von Gratifikationen 1809-1848

8090 Lateinischer Schulfonds 1780-1847

488 Stipendium des Amtverwalters Jakob Steinmann in Krempe: Abschrift der Stiftungsurkunde von 1649 und Verteilung des Stipendiums (1649) 1806-1829

489 Stipendium des Starcke Johann Ties in Wesselburen: Nachrichten über das Stipendium und Abschriften aus dem Pastoratsarchiv in Wesselburen (1615-) 1801

490 Uetersener Studentengelder: Abschriften von Kaufverträgen (1717) 1730

491 Stipendium des Jürgen Vahlert in Neuenbrook: Verleihungen (1785-) 1817-1846

492 Stipendium der Konventualin Hedwig Dorothea von der Wisch in Preetz: Bestätigung der Gründung 1810-1811

493 Unterstützung von Studenten aus königlicher Kasse zur Fortsetzung der Studien 1740-1815

Universität

Gründung, Statut und Einrichtung, Zustand und Gesetze

494 Statuten, Verfassung, Gesetze und Zustand (1652-) 1709-1844
Enthält u. a.: Jurisdiktionsstreitigkeiten; kommissarische Untersuchung des Zustands der Universität 1723-1726; Verwaltung von Ämtern; Bestätigung von Privilegien

Ökonomie, Finanzen, Rechnungswesen

495 Salarien, Akademischer Fiskus und Besoldung der Universitätslehrer (1665-) 1716-1773

496 Ökonomie, Rechnungswesen und Fonds 1774-1819

497 Ökonomie, Rechnungswesen und Fonds 1820-1848
Darin: Grundriss des Krankenhauses in der Kieler Vorstadt, 1834

498 Normalreglement und Budget 1840-1847

499 Normalreglement 1846

Vorrechte der Universitätsangehörigen

500 Privilegierter Gerichtsstand 1760, 1772
Enthält: Gerichtsstand der Professoren mit dem Rang von wirklichen Räten; Ladungen an dem akademischen Gerichtsstand unterworfene Personen

501 Hausfreiheit (1670-) 1711-1841

502 Steuerfreiheit und Abgabenfreiheit 1715-1714, 1779-1847

503 Zollfreiheit (1666-) 1767-1839

504 Stempelpapierfreiheit (1710-) 1739-1796

505 Dezimationsfreiheit 1744, 1794-1797

506 Kirche und Ehe (1665-) 1704-1812

507 Rang 1739-1817

508 Sonstige Vorrechte und Verpflichtungen (1668-) 1752-1837
Enthält u. a.: Normierung der Fisch- und Fleischpreise; Sportelfreiheit; Befreiung von den außerordentlichen Einquartierungen

Kuratel der Universität

509 Ernennung der Kuratoren, Instruktionen, Personal und Kuratelgeschäfte 1769-1847

Akademisches Konsistorium und seine Gerichtsbarkeit

510 Akademisches Konsistorium (1679-) 1716-1834

Enthält u. a.: Verbesserung des Geschäftsgangs, 1771; Uneinigkeiten, 1772; Bestimmung der Beschaffenheit und Grenzen der akademischen Gerichtsbarkeit, 1781; Einrichtung eines Privat- oder engen Konsistoriums, 1781, 1792; Sporteltaxe, 1792; Behandlung der Hinterlassenschaft unter fremder Jurisdiktion verstorbenener Universitätsangehöriger, 1793; Geschäftsordnung, 1801; Differenzen mit dem Amtshaus wegen eines bei Düsternbrook ertrunkenen Studenten, 1820; Verfahrensregelungen

511 Aufhebung der Gerichtsbarkeit des Akademischen Konsistoriums und Errichtung eines Universitätsgerichts (1616-) 1827-1843

Enthält u. a.: Unterstellung des Warleberger Hofs in Kiel unter die Gerichtsbarkeit der Universität; Anstellungen als Universitätsrichter; Verordnung zur Einrichtung eines Universitätsgerichts

512 Aufhebung der Gerichtsbarkeit des Akademischen Konsistoriums und Errichtung eines Universitätsgerichts 1835-1843

Enthält u. a.: Verordnung zur Einrichtung eines Universitätsgerichts

Rektor, Prorektor und Prokanzler

513 Rektor und Prorektor: Wahl, Privilegien und Befugnisse (1738) 1760-1830

514 Prokanzler: Verwaltung, Befugnisse und Vergütung 1725-1789

515 Bestätigungen der Rektoratswahlen 1702-1847

Fakultäten

516 Theologische Fakultät (1665-) 1727-1834

Enthält u. a.: Statut; Zensur von theologischen Büchern und Schriften

517 Juristische Fakultät (1665-) 1726-1829

Enthält u. a.: Statut; Reglement für die Fakultät in ihrer Eigenschaft als Spruchkollegium; Einrichtung von Protokollen und Registern; Archiv

518 Juristische Fakultät: Ernennung und Entlassung einzelner Mitglieder 1781-1826

519 Juristische Fakultät: Protokollauszüge aus den Verhandlungen des Spruchkollegiums 1776-1831

520 Juristische Fakultät: Beschwerden über Verzögerungen des Spruchkollegiums 1782-1821

521 Medizinische Fakultät 1743-1839
Enthält u. a.: Statut; Übertragung der Oberaufsicht über das Medizinalwesen und Visitation der Apotheken auf die Fakultät; allgemeine Bestimmungen für Prüfungen und Zulassungen; Gebühren

Quästur und Ädilenamt

524 Quästurrechnungen 1746-1846

525 Ädil: Bau der neuen akademischen Gebäude 1766-1773
Enthält u. a.: Inhaltsverzeichnis

526 Ädil: Ernennung sowie Bauten für die Universität und akademische Gebäude (1671-) 1747-1842

Akademische Institute und Anstalten

527 Monatliche Übungsdisputation der Studenten über eine Abhandlung (Disputationis Fridericianiae) 1767

528 Vorlesungen 1709-1847

529 Lektionskataloge und Verzeichnis der Vorlesungen 1731, 1775-1788

530 Lektionskataloge und Verzeichnis der Vorlesungen 1789-1816

531 Lektionskataloge und Verzeichnis der Vorlesungen 1817-1832

532 Lektionskataloge und Verzeichnis der Vorlesungen 1833-1848

533 Universitätsbibliothek 1715-1796

534 Universitätsbibliothek 1794-1840
Enthält u. a.: Zugangskatalog der Bibliothek für 1829

535 Universitätsbibliothek 1840-1846

536 Homilitisches Seminar (Predigerinstitut) 1733, 1774-1846

537 Philologisches Seminar 1777-1846
Enthält u. a.: Verleihung philologischer Stipendien an Studenten

538 Anatomie (Theatrum anatomicum) 1769-1840

539 Chemisches Laboratorium 1799-1848
Enthält u. a.: Einrichtung des Küchengebäudes des Schlosses in Kiel zu einem Laboratorium, 1799-1802

540 Klinisches Institut und akademische Krankenhäuser 1787-1833
Darin: Druckschriften zur Geschichte der Krankenanstalten, 1804, und zum Zustand des klinischen Instituts, 1787

541 Vereinigung der akademischen Krankenhäuser und ihr Verhältnis zum Armenwesen in Kiel 1826-1841
Enthält u. a.: Übersicht über behandelte Kranken; Rechnungsübersichten
Darin: Druckschriften; Grundriss des Friedrichshospitals in Kiel, 1826

542 Klinisches Institut und akademische Krankenhäuser 1832-1847
Enthält u. a.: Rechnungsübersichten

543 Naturalienkabinett und akademisches Museum 1778-1848

544 Botanischer Garten und Gärtnerexamen 1802-1847

545 Astronomisches Observatorium 1769-1775, 1803-1820

546 Reithaus 1770-1794, 1826-1837

547 Gelehrte Zeitung 1771-1793

548 Kunstmuseum 1841-1842
Enthält: Errichtung eines Museums und Einrichtung eines Raumes in der Schlosskapelle in Kiel; Verwendung einer Geldsumme

Akademische Würden und deren Erlangung

549 Akademische Würden und deren Erlangung: Allgemeines 1703-1844

551 Verleihung akademischer Würden: Juristische Fakultät 1726-1847
Bemerkung: Namensliste in Abt. 65.2 Nr. 8136 fol. 1816-1820

552 Verleihung akademischer Würden: Medizinische Fakultät
Bemerkung: Namensliste in Abt. 65.2 Nr. 8136 fol. 1828-1838 1736-1841

553 Verleihung akademischer Würden: Medizinische Fakultät
Bemerkung: Namensliste in Abt. 65.2 Nr. 8136 fol. 1838-1840 1842-1848

554 Verleihung akademischer Würden: Philosophische Fakultät
Bemerkung: Namensliste in Abt. 65.2 Nr. 8136 fol. 1848-1852 1702-1847

Akademische Feierlichkeiten

555 Akademische Feierlichkeiten 1703-1844
Enthält u. a.: Musik bei Promotionen, 1703; Feier zur Heirat des Großfürsten, 1745; Feier zum hundertjährigen Jubiläum der Universitätsgründung, 1765; Feier zum dreihundertsten Gründungstag der Universität Königsberg, 1844

Personal

556 Professoren 1729-1848
Enthält u. a.: Anstellungsgesuche; Einführung eines Examens in Staatswissenschaft

557 Professoren in der Theologischen Fakultät 1675-1846
Bemerkung: Namensliste in Abt. 65.2 Nr. 8136 fol. 1882-1892

558 Professoren in der Juristischen Fakultät 1767-1825
Bemerkung: Namensliste in Abt. 65.2 Nr. 8136 fol. 1904-1910

559 Professoren in der Juristischen Fakultät 1789-1848
Bemerkung: Namensliste in Abt. 65.2 Nr. 8136 fol. 1910-1920

560 Professoren in der Medizinischen Fakultät 1774-1848
Darin: lateinische Schrift des Prof. Gottlieb Heinrich Kannegießer, 1786
Bemerkung: Namensliste in Abt. 65.2 Nr. 8136 fol. 1930-1942

561 Professoren in der Philosophischen Fakultät 1692-1819
Bemerkung: Namensliste in Abt. 65.2 Nr. 8136 fol. 1946-1954

562 Professoren in der Philosophischen Fakultät 1791-1847
Bemerkung: Namensliste in Abt. 65.2 Nr. 8136 fol. 1954-1960

563 Professoren in der Philosophischen Fakultät 1829-1847
Bemerkung: Namensliste in Abt. 65.2 Nr. 8136 fol. 1960-1970

564 Adjunkten 1782-1805
Bemerkung: Namensliste in Abt. 65.2 Nr. 8136 fol. 1980

565 Privatdozenten 1780-1848

566 Sprachlehrer und Lektoren für Französisch 1746-1847
Bemerkung: Namensliste in Abt. 65.2 Nr. 8136 fol. 1990

567 Sprachlehrer und Lektoren für Englisch 1790-1837
Enthält: Johann Jacob Heinrich Schnauer; Sorsbie Lubbren (mit Anstellungsgesuchen anderer Bewerber)

568 Sprachlehrer und Lektoren für Dänisch 1811-1846
Enthält: Christian Flor; J. Baggesen; Henning Christopher Götzsche; Johann Ludwig Heiberg

569 Stallmeister 1760-1761, 1795-1847

570 Fechtmeister und Voltigiermeister (1666-) 1739-1847

571 Tanzmeister 1730, 1774-1847

572 Musiklehrer 1818, 1841-1848

573 Zeichenlehrer 1795-1842

574 Universitätsmechaniker 1792-1846

575 Profektor 1771-1844

576 Syndikus 1721-1831

577 Kopist 1769-1811, 1829-1840

578 Pedell und Bote 1746, 1769-1847

579 Auditorienwärter 1804-1848

580 Universitätsbuchhändler (1665-) 1759-1847

581 Buchdrucker 1769-1834

582 Buchbinder 1788-1843

583 Bandagist 1805-1836

584 Kaffetier 1774-1796

585 Barbier (1665-) 1774-1782, 1826-1830

Studenten

586 Bestimmungen zur Immatrikulation (1665-) 1826-1840

587 Vorschriften, Betragen, Bestrafung und Verweisung (1669-) 1768-1797

588 Vorschriften, Betragen, Bestrafung und Verweisung 1791-1847
Enthält u. a.: Ehrengericht

589 Bestimmungen zum Abgang von der Universität 1775-1798, 1821-1838

590 Einzelne Studentenhändel 1705-1731

591 Einzelne Studentenhändel 1734-1790

592 Einzelne Studentenhändel 1789-1819

593 Einzelne Studentenhändel 1819-1834

594 Einzelne Studentenhändel (1833) 1834-1847

595 Befreiung von der Verpflichtung zum zwei- bzw. dreijährigen Studium an der Universität in Kiel (Biennium und Triennium academicum) 1768-1845
Enthält u. a.: Namensregister

596 Verzeichnisse der Studenten 1775-1847
Enthält auch: Chronik der Universität und der Gelehrtenschulen, Sommerhalbjahr 1828

Professorenwitwenkasse und Gnadenjahr der Professorenwitwen

597 Professorenwitwenkasse, Pensionen und Gnadenjahr der Professorenwitwen 1784-1837
Enthält u. a.: Rechnungsauszüge von 1813 bis 1815

Gelehrtenschulen

Gelehrtenschulen allgemein

8091 Tabellarische Übersichten über Bewerber auf Lehrerstellen 1837-1844
Bemerkung: Namensregister in Abt. 65.12 Nr. 8137 fol. 2240-2243

598 Gelehrtenschulen allgemein 1767-1838
Enthält u. a.: Einziehen von Berichten über die Schülerzahlen, 1779; Berichte von den Ferien, 1781; Regulierung der Gelehrtenschulen und Verbesserung des Lehrergehalts, 1820; Fonds
Darin: Druckschriften zum Schulwesen im Königreich Hannover

599 Gelehrtenschulen allgemein 1838-1848
Enthält u. a.: Einführung des Gymnastikunterrichts; Austausch von Schulprogrammen; Reorganisation der Gelehrtenschulen

Gymnasium in Altona

600 Einrichtung, Verfassung, Ökonomie, Unterricht 1717-1792
Enthält u. a.: Einrichtung eines theologischen Seminars, 1717-1749
Darin: zwei Druckschriften zum Pädagogium in Ilfeld, 1768-1782

601 Einrichtung, Verfassung, Ökonomie, Unterricht 1797-1832
Enthält u. a.: Wiederanstellung eines fünften Lehrers und Regulierung der ökonomischen Verhältnisse, 1819-1826

602 Verfassung, Ökonomie, Unterricht 1835-1845
Enthält u. a.: Errichtung einer fünften Lehrerstelle (mit Verzeichnis des Vermögensstandes, 1826-1831, und Gymnasialrechnungen 1830 und 1831); Entwurf einer Gymnasialordnung, 1844; Neubau eines Bibliotheksgebäudes, 1845

603 Lehrer und Personal 1731-1771

604 Rektoren, Konrektoren und Kollaboratoren am Pädagogium 1738-1772

605 Subrektoren am Pädagogium 1740-1772

606 Lehrer und Personal 1770-1848

607 Fondsrechnungen und Ökonomie, Bibliothek und Instrumentensammlung, Gymnasiasten, Examen und Gelegenheitsschriften 1740-1848

Gelehrtenschule in Flensburg

608 Verfassung, Ökonomie, Unterricht 1775-1843
Enthält u. a.: Versorgung der Schullehrerwitwen, 1775

609 Personal 1774-1847

Gelehrtenschule in Glückstadt

610 Verfassung, Ökonomie, Gebäude (1644-) 1734-1845

611 Personal 1757-1839

Gelehrtenschule in Hadersleben

613 Verfassung, Ökonomie, Stipendien, Gebäude 1735-1847

Gelehrtenschule in Husum

615 Schulordnung, Kapitalien, Lehrerstellen (1634-) 1762-1811

616 Patronat, Lehrergehalt, Gebäude und Wohnungen 1811-1843

617 Personal 1744, 1771-1845

Gelehrtenschule in Kiel

618 Verfassung, Schulfonds, Unterricht, Gebäude 1769-1847
Enthält u. a.: Verhandlungen über eine verbesserte Einrichtung der Stadtschule in Kiel, 1769-1778

619 Regulierung des Schulwesens in Kiel 1823-1834

620 Personal 1780-1846
Darin: Druckschrift des Rektors J. B. Frise „Noch ein Doppelwunsch für die Gelehrtenschulen“, 1828

Gelehrtenschule in Meldorf

621 Verfassung, Ökonomie, Gebäude 1811-1842

622 Personal 1740-1847

Gelehrtenschule in Plön

623 Gründung der Breitenauer Stiftung, Verfassung, Zustand, Ökonomie 1730, 1761-1831

624 Personal 1771-1848

Gelehrtenschule in Rendsburg

625 Einrichtung, Verfassung, Ökonomie 1726-1841

626 Personal 1780-1845

Gelehrtenschule (Domschule) in Schleswig

627 Einrichtung, Verfassung, Ökonomie, Gebäude 1733-1847

628 Personal 1745-1848

Bürger- und Realschulen

629 Allgemeines sowie Antrag zur Errichtung von Bürgerschulen in Flensburg und Rendsburg 1783-1847

Landschulen

630 Landschulen: Allgemeines 1737-1761
Enthält u. a.: Verbesserung des Schulwesens in den Herzogtümern Schleswig und Holstein; Übertragung der Schulordnung des Herzogtums Holstein auf das Herzogtum Schleswig

631 Landschulen: Allgemeines 1762-1834
Enthält u. a.: Nachrichten über die Landschulen und die Schulen in den Städten, 1776; Verteilung des Sittenbuchs des Pastors Feddersen, 1784; Schrift „Patriotische Eröffnungen zur Verbesserung der niederen Schulen“ des Rektors Andreas Köhn Friedrichs, Wöhrden, 1786; Förderung des Schulbesuchs im Herzogtum Schleswig, 1787; Schulgeld; Besetzung von Küster- und Schulmeisterstellen; Regulierung des Schulwesens

632 Landschulen: Allgemeines 1832-1853 (1907)
Enthält u. a.: Berichte zur Befreiung der Schullehrer von allen Personallasten, Kommunal- und Polizeiabgaben, 1835-1836

Schullehrerseminare

Schullehrerseminare allgemein

633 Schullehrerseminare: Allgemeines 1798-1847

634 Befreiungen von Aspiranten auf Schulstellen von der Pflicht zum Besuch eines Schullehrerseminars 1792-1838

635 Befreiungen von Aspiranten auf Schulstellen von der Pflicht zum Besuch eines Schullehrerseminars 1835-1848

636 Erlaubnisse für Seminaristen zum Besuch eines dänischen Seminars
Enthält auch: einzelne Angelegenheiten von Seminaristen 1799-1848

Schullehrerseminar in Kiel

637 Verfassung und Einrichtung 1775-1819

638 Aufhebung wegen Unregelmäßigkeiten und verbesserte Neueinrichtung (1815-) 1818-1820

639 Aufhebung wegen Unregelmäßigkeiten und verbesserte Neueinrichtung 1820-1824

640 Verfassung und Einrichtung 1820-1834

641 Fonds, Ökonomie und Rechnungswesen 1776-1827

642 Oberdirektor 1800-1819
Enthält: Instruktion; Ernennung der Kuratoren der Universität in Kiel Graf von Reventlow, Graf Rantzaus und Freiherr von Brockdorff zu Oberdirektoren

643 Direktion 1776-1815

644 Lehrer und Personal 1788-1840

645 Schulbuchdruckerei und Schulbuchhandlung 1786-1845

646 Damperhofländereien 1787-1834

647 Seminaristen 1787-1830
Enthält: Freistellen; Aufnahme und Entlassungen

Schullehrerseminar in Tondern

648 Verfassung, Ökonomie und Fonds 1786-1832

649 Verfassung, Ökonomie und Fonds (1829-) 1833-1848
Darin: gedrucktes Regulativ des Seminars, 1829

650 Direktion 1819-1847

651 Jahresberichte 1813-1824

652 Jahresberichte 1825-1847

653 Seminaristen 1823-1835
Enthält u. a.: Aufnahmen; vorzeitiges Examen

Schullehrerseminar in Segeberg

654 Verlegung des Schullehrerseminars von Kiel nach Segeberg sowie Bestimmung des Ortes zur Errichtung des holsteinischen Schullehrerseminars (1835-) 1838-1840

655 Entwurf eines Regulativs 1840-1844
Darin: gedrucktes Regulativ, 1844

656 Verfassung, Einrichtung, Ökonomie (1814-) 1838-1848

657 Direktion, Lehrer und Personal 1839-1847

658 Jahresberichte 1839-1846

659 Seminaristen 1841-1846
Enthält u. a.: Aufnahmen; Unterstützungen

Schullehrerseminar in Wonsbek bei Hadersleben

660 Errichtung und Kauf eines Grundstücks 1846-1848, 1850

Wechselseitiger Schulunterricht

661 Einführung und Verbreitung des wechselseitigen Schulunterrichts 1821-1829

662 Einführung und Verbreitung des wechselseitigen Schulunterrichts 1828-1833

663 Erweiterung der Schulräume für den wechselseitigen Schulunterricht 1827-1834

664 Wechselseitiger Schulunterricht 1830-1847

665 Probeschulen, Einführung an einzelnen Schulen und Tabellen zum Gebrauch bei wechselseitigem Schulunterricht 1825-1833

666 Jahresberichte der Behörde, Korrespondenz mit Major von Abrahamson und Kommission zur Verbreitung des wechselseitigen Schulunterrichts in Eckernförde 1827-1848

667 Jahresberichte der Schleswig-Holstein-Lauenburgischen Kanzlei 1826-1841

668 Gesuche von Lehrern zum Erwerb der wechselseitigen Unterrichtsmethode und Belobigungen für in der Verbreitung des wechselseitigen Schulunterrichts tätigen Personen 1827-1844

Auswärtige Lehranstalten

669 Universität in Kopenhagen, Akademie in Sorö, Polytechnische Lehranstalt in Kopenhagen sowie Plan zur Errichtung einer Freischule für Söhne von Beamten und Kaufleuten (1820-) 1827-1840
Darin: gedruckte Statuten der Akademie in Sorö, 1822 und 1827

Druckwesen, Presse, Kunst und Wissenschaft

Buchhandel, Buchdruck, Kupfersachen, Kunsthandel und Nachdruck

670 Buchdruck, Buchhandel, Steindruck, Kupferstechen, Nachdruck: Allgemeines 1757-1846
Enthält u. a.: Erlaubnis zur Übersetzung von Schriften, 1757; Verbot des Nachdrucks, 1772-1788; Einsendungen an die königliche Bibliothek, 1780-1821; Erhebung des Buchhandels zu einem freien Gewerbe, 1826-1830; Verordnung zum Betreiben des Buchhandels, 1842; Publikation von Bundestagsbeschlüssen gegen den Nachdruck, 1837-1845

671 Buchhandlungen: Altona 1740-1841

672 Buchhandlungen: Apenrade, Dithmarschen, Eckernförde, Flensburg, Glückstadt, Hadersleben, Kiel, Rendsburg, Schleswig und Sonderburg (1723-) 1731-1841

673 Buchdruckereien: Altona 1731-1844
Darin: Probeexemplare des „Reichs-Postreuter“, 1755-1757

674 Buchdruckereien: Apenrade, Bramstedt, Kappeln, Eckernförde, Elmshorn, Friedrichstadt, Flensburg, Glückstadt, Hadersleben, Heide, Husum, Itzehoe, Kiel, Meldorf, Neumünster, Neustadt, Oldesloe, Pinneberg, Plön, Rendsburg, Schleswig, Sonderburg, Tönning, Tondern, Uetersen und Wandsbek (1632-) 1730-1847

675 Einzelne Verlagsprivilegien, Nachdruckverbote und Herausgaben literarischer Produkte 1733-1839

Zensur und Presse

678 Zensoren 1820-1847

679 Zensurverzeichnisse 1819-1833

680 Verfolgung und Verweisung des Advokaten Georg Schade in Altona wegen seiner Schrift „Die vernünftige Natürlichkeit der Religion" 1747-1784

8092 Pressevergehen und Bücherverbote 1719, 1737-1765 (1957-1996)
Enthält auch: Korrespondenz zum Angebot des Kaufs von vier Nummern der Zeitschrift „Zum Nutzen und Vergnügen" (1763) und „Zur Belustigung" (1764), 1957-1996

681 Pressevergehen und Bücherverbote 1772-1794

682 Pressevergehen und Bücherverbote 1792-1833

683 Pressevergehen und Bücherverbote 1833-1847

Intelligenzblätter, Zeitungen und Zeitschriften

684 Intelligenzblätter, Zeitungen und Zeitschriften: Allgemeines 1810-1848

685 Intelligenzblätter und Wochenblätter: Altona, Apenrade, Eckernförde, Flensburg, Friedrichstadt, Garding, Glückstadt, Hadersleben, Heide, Husum, Itzehoe, Lügumkloster und Lütjenburg 1733-1848

686 Intelligenzblätter und Wochenblätter: Oldenburg, Oldesloe, Plön, Pinneberg, Preetz, Rendsburg, Schleswig, Segeberg, Sonderburg, Tönning und Wandsbek 1762-1848

687 Nicht mehr erscheinende Zeitungen 1696-1813

688 Zeitung „Altonaer Merkur“: Auflistung von Daten der Bestätigung und Übertragungen des Privilegs zur Herausgabe (1764-) 1852

689 Zeitung „Altonaer Merkur“: Allgemeines 1753-1847

690 Zeitung „Altonaer Merkur“: politische Anzeigen (1702) 1703, 1747-1830

691 Zeitung „Altonaer Merkur“: nicht politische Anzeigen 1800-1818

692 Zeitung „Altonaer Merkur“: nicht politische Anzeigen 1818-1847

693 Volkskalender und Almanache 1735-1845

694 Staatskalender 1733-1822, 1840

695 Schleswig-Holsteinische Anzeigen 1749-1847

696 Sonstige Zeitschriften und periodische Blätter 1745-1835
Darin: Exemplare verschiedener Zeitschriften

697 Sonstige Zeitschriften und periodische Blätter 1831-1848
Darin: Exemplare verschiedener Zeitschriften

Wissenschaftliche Unternehmungen, Gelehrte Gesellschaften, Künste sowie Altertümer und Monumente

698 Wissenschaftliche Unternehmungen: geografische Vermessungen und Landkarten 1779-1843

699 Sonstige wissenschaftliche Unternehmungen 1818-1835
Enthält u. a.: Erlaubnis des Advokaten Schiff, Kiel, zum Besuch der Archive; Errichtung eines mathematisch-physikalischen Instituts in Hadersleben; wissenschafltiche Beobachtungen von Ebbe und Flut

700 Sozietät der Wissenschaften, Akademie der schönen Künste, Schleswig-Holsteinische Patriotische Gesellschaft und Gesellschaft für vaterländische Geschichte 1809-1848
Darin: Statuten der Schleswig-Holsteinischen Patriotischen Gesellschaft, 1812

701 Malerakademie: Aufnahme des Malergehilfen August Christian Friedrich Kistenmacher aus Lauenburg und des Johann Heinrich Seemann aus Wilster 1830-1835
Darin: Arbeitsproben von Seemann

702 Altertümer und Monumente 1763-1848
Enthält u. a.: Erhalt von Altertümern und Erwerb eines Teils des Danewerks; einzelne Funde; Errichtung einer Gesellschaft für Sammlung und Erhaltung vaterländischer Altertümer; Errichtung eines Denkmals zur Aufhebung der Leibeigenschaft

Armenwesen

703 Armenwesen: Allgemeines 1736-1786

704 Armenwesen: Allgemeines 1785-1812

705 Veränderungen in der Armengesetzgebung 1795-1804

706 Armenwesen: Allgemeines 1809-1820

707 Armenwesen: Allgemeines 1818-1826

708 Armenwesen: Allgemeines (1810-) 1817-1829
Enthält u. a.: Bestimmung der Heimatrechte (mit Berichten und Vorschlägen der Behörden), 1829; Anlage von Armengärten, 1821-1828
Darin: Plan der Armengärten in Schleswig

709 Armenwesen: Allgemeines (1827) 1828-1833

710 Armenwesen: Allgemeines 1831-1838

711 Erlass eines Patents zur Niederlassung und Versorgung von Ausländern in den Herzogtümern Schleswig und Holstein 1828-1842

712 Armenordnung für die Herzogtümer Schleswig und Holstein (1809-) 1838-1845
Enthält u. a.: Verzeichnis der Armenangelegenheiten von 1809 bis 1825
Darin: gedruckte Armenordnung und deren Entwürfe, 1840-1841

713 Armenwesen: Allgemeines (1814-) 1831-1848

714 Einzelne Armenfälle 1789-1837 (1883)

715 Einzelne Armenfälle 1824-1847

716 Berichte der Behörden zur Einführung einer neuen Vergütungsart der Behandlungskosten bei kranken Kommunenarmen 1831-1832

717 Armenkolonie Friedrichsgabe 1821-1844

Ehe, Adoptionen und Namensänderungen

718 Verlobungen und Eheversprechen 1740-1848

719 Eingehen der Ehe, Aufgebot und Trauung (1705-) 1732-1781

720 Eingehen der Ehe, Aufgebot und Trauung 1759, 1772-1846

721 Ehehindernisse und Dispense: Verwandtschaft und Schwägerschaft 1730-1816

722 Ehehindernisse und Dispense: Religionsverschiedenheit (1663-) 1751-1756, 1803-1847

723 Ehehindernisse und Dispense: sonstige Ursachen 1737-1847

724 Aufhebung der Ehe, Ehescheidung, Trennung und zweite Ehe 1753-1824

725 Aufhebung der Ehe, Scheidung, Trennung und zweite Ehe 1798-1844

726 Legitimationen unehelicher Kinder: Allgemeines 1761, 1778 (1843)

728 Legitimationen unehelicher Kinder 1736-1823

729 Legitimationen unehelicher Kinder (1812) 1824-1848

727 Dispense von der Zölibatsfrist vor Eingehung einer anderen Ehe 1807-1847

730 Dispense vom Verbot der Ehe unter Ehebrechern 1766-1847

731 Ehescheidungen wegen Zuchthausstrafen eines Partners 1799-1847

732 Einzelne Eheangelegenheiten 1791-1849
Enthält u. a.: Eheerlaubnisse und Ehescheidungen

733 Adoptionen 1738-1838
Bemerkung: Namensregister in Abt. 65.2 Nr. 8162

734 Adoptionen 1834-1848
Bemerkung: Namensregister in Abt. 65.2 Nr. 8162

735 Konzessionen für Namensänderungen 1813-1848

Kammer- und Finanzwesen

Steuern und Abgaben

736 Hebungswesen, Hebungsbeamte und Abgaben: Allgemeines 1758-1843 (1855)

737 Schutz- und Verbittelsgeld 1831-1833, 1847
Enthält: Erlass des Verbittelgeldes; Schutzgeld der Musketiere Hinrich Stoltenberg und Claus Stuhr, Propstei Preetz; Verbittelsgelder des Häuerinsten Claus Christian Böhl, Böhnhusen

738 Nahrungssteuer: Allgemeines und einzelne Steuerfälle 1833-1842

739 Kopfsteuer: Allgemeines und einzelne Steuerfälle 1743-1847

740 Rangsteuer: Allgemeines und einzelne Steuerfälle 1753-1848

741 Rangsteuer: einzelne Steuerfälle 1840-1848

742 Gagen- und Akzidentiensteuer: Allgemeines 1774-1824

743 Stempelpapierabgabe: Allgemeines 1734-1820

744 Stempelpapierabgabe: Allgemeines 1821-1848

745 Stempelpapierabgabe: einzelne Steuerfälle 1771-1795

746 Stempelpapierabgabe: einzelne Steuerfälle 1795-1848

747 Spielkartenstempelabgabe: Allgemeines 1806-1847

748 Spielkartenstempelabgabe: einzelne Steuerfälle 1806-1847

749 Kollateralerbschaftssteuer: Allgemeines 1792-1834

750 Halbprozentsteuer auf Erbschaften und verkaufte Immobilien: Allgemeines 1810-1849

751 Abgaben auf Auktionen 1812-1846

752 Grund- und Benutzungssteuer: Allgemeines und einzelne Steuerfälle (1800-) 1802-1845
Enthält u. a.: Freiheit der Ritterschaft von der Grund- und Benutzungssteuer, 1802-1804

753 Aufgehobene Steuern: Einviertelprozentsteuer (Quartprozentsteuer) von protokollierten Kapitalien 1781-1811, 1833-1835

754 Aufgehobene Steuern: Zweiprozentabgabe auf alle zinstragenden Kapitalien 1809-1814

755 Aufgehobene Steuern: Einkünftesteuer 1810-1815

756 Aufgehobene Steuern: Eineindrittelprozentsteuer von zinstragenden Kapitalien und vom Wert urbarer Ländereien 1811-1815

757 Aufgehobene Steuern: Gesindesteuer und Vermögenssteuer
Enthält: einzelne Steuerfälle 1743-1744, 1793-1802

758 Aufgehobene Steuern: Prinzessinnensteuer 1749-1755
Enthält u. a.: Register von Kirchen- und Schulbediensteten einiger Propsteien und Ämter

759 Aufgehobene Steuern: Kriegssteuer von 1789 1789-1791
Enthält u. a.: Leistungen der Ritterschaft und der Prälaten

760 Aufgehobene Steuern: Außerordentliche Steuer vom 20. März 1799 1799-1801
Enthält: Heranziehung der Fideikommissgüter der jüngeren gottorfischen Line zur Steuerleistung; Steuerbefreiung für Pächter im Amt Bordesholm

761 Errichtung eines Schatzkammer- und Staatsfonds 1803-1810

762 Abzugsrecht: Allgemeines 1775-1839

763 Abzugsrecht: Aufhebung und Ausübung bei den königlichen Staaten und den Kommunen unter sich 1784-1827
Darin: gedruckte Exzeptionsschrift für die Pächter Beckmann, Karlsminde, und Jansen, Rotensande, gegen den Magistrat in Eckernförde, 1825

764 Abzugsrecht: Konventionen mit fremden Staaten 1772-1842
Enthält: Anhalt-Dessau; Baden; Bayern, Württemberg, Hessen und Nassau; Bremen; Belgien; Brasilien; deutsche Bundesstaaten; Frankfurt am Main; Frankreich; Großbritannien; Hamburg und Lübeck; lübsche Stadtstiftsdörfer; Hannover; Mecklenburg; Niederlande; Nordamerika; Österreich; Oldenburg und Hochstift Lübeck; Preußen; Russland und Polen; Sachsen; Sachsen-Gotha-Altenburg; Sardinien; Schaumburg-Lippe; Schwarzburg; Schweden und Norwegen; Schweiz; Spanien; Waldeck; Württemberg; Westfalen und Berg

765 Zoll: Allgemeines 1740-1824
Darin: gedruckte Zoll- und Lizentverordnung sowie Zoll- und Lizentrolle für die Herzogtümer Schleswig und Holstein, 1778

766 Zoll: Allgemeines 1822-1830

767 Zoll: Allgemeines 1830-1847

768 Zoll: Gesuche 1721-1815

Kammerwesen

8093 Jagdbefugnisse des Adels auf den Mang- und Klostergütern sowie auf den Stadtfeldern (1616-) 1766-1800

769 Forst- und Jagdwesen: Allgemeines 1761-1833
Enthält u. a.: Konvention mit dem Herzogtum Lauenburg wegen Abstellung der Holzdiebstähle in der Kriegszeit, 1815 (mit Verzeichnis der von den Untertanen im Herzogtum Lauenburg entwendeten Stämme und Auszug aus dem Brücheregister des Amtes Trittau)

770 Forst- und Jagdwesen: Allgemeines 1833-1848

771 Forst- und Jagdangelegenheiten 1742-1849
Enthält u. a.: Forstvergehen und Jagdvergehen

772 Strandungen: Allgemeines 1753-1755, 1795-1798
Enthält u. a.: territoriale Zugehörigkeit des sogenannten Vogelsandes in der Elbe; Behandlung der Strandfälle bei der Insel Amrum

773 Erlass einer allgemeinen Strandordnung (1747-) 1775-1803

774 Strandungen: Allgemeines (1763-) 1805-1813

Enthält u. a.: Verfahren bei Strandfällen; Anwendung der Strandordnung in Westerland-Föhr und Amrum; Beerdigung der angetriebenen Toten; Bergelohn; Verwendung von Strandgütern; Bergung von Seetonnen

775 Strandungen: Allgemeines (1801-) 1818-1848

Enthält u. a.: Verfahren bei Strandfällen; Bergung von Strandgütern auf dem äußeren Sand zwischen den Mündungen der Elbe und der Eider durch den Rademacher Frercks, Tating; Beerdigungskosten; Verkauf von Strandgütern; Bergung von Seetonnen; Bergelohn

776 Einzelne Strandungen 1771-1795

777 Einzelne Strandungen (1770-) 1794-1815

778 Einzelne Strandungen 1812-1848

779 Herrschaftliche Fuhren: Allgemeines sowie spezielle Fuhrangelegenheiten 1721, 1787-1848

Enthält u. a.: Entwurf eines neuen Fuhrreglements, 1813; Militärfuhren; Personentransporte

780 Saline in Oldesloe 1730-1845

781 Saline in Oldesloe 1732-1796, 1836-1837

782 Volkszählung: Allgemeines und Volkszählungslisten 1835 aus dem Amt Hadersleben 1773, 1800-1859

Enthält u. a.: Auszüge aus den Kirchenregistern für 1760 bis 1769, 1773; Verfügungen und Regeln für Volkszählungen 1855 und 1860

783 Außerordentliche Kornausschreibungen 1789-1843

784 Kammerangelegenheiten 1790-1847

Enthält u. a.: Erlass von Pachtgeldern für den Pächter des Maasbüller Koogs, 1792; Gelder aus dem Verkauf von Prisen, 1810; Nachrichten über erforderliche Gelder für unabgemachte Forderungen und Verpflichtungen, 1813; Nachrichten über vorhandene herrschaftliche Baustücke, 1815; Regulierung der Anleihegeschäfte, 1819; Erlass von Exekutionsgeldern für den Eingesessenen Johann Boll, Averfleth, 1834; Rundschreiben der Rentekammer wegen des Unterhalts der königlichen Schlösser und Domanialbesitzungen, 1841

785 Einzelne Forderungen an die herrschaftliche Kasse und von dieser 1736-1841

786 Fall von Erbschaften an den Fiskus 1809, 1821-1847

8094 Verzeichnisse der Kriegsschäden: Städte, Ämter, Güter und Klöster im Herzogtum Holstein 1814

8095 Verzeichnisse der Kriegsschäden: adlige Güter im Herzogtum Holstein 1814

8096 Verzeichnisse der Kriegsschäden: adlige Güter im Herzogtum Holstein 1814

8097 Verzeichnisse der Kriegsschäden: Landschaft Norderdithmarschen 1814

Verfassung und ökonomische Verwaltung der Städte und der Flecken

787 Verfassung der Städte und Flecken sowie ökonomische Verwaltung 1739-1825

Enthält u. a.: Unordnungen in der Verwaltung der Stadt Schleswig, 1756; Veräußerung von Stadtländereien, 1779; Bericht der Städte über ihre Schulden 1739 und 1769; Verordnung gegen sogenannte Scheinbürger, 1796; Verordnung zur Ernennung von Oberdirektoren in den Städten, 1808; ökonomischer Zustand von Städten im Herzogtum Schleswig, 1815; Rechnungswesen; Erlangen des Bürgerrechts

788 Verfassung der Städte und Flecken sowie ökonomische Verwaltung (1709-) 1823-1848

Enthält u. a.: Setzungsverfahren in den Städten für die Vermögens- und Einkommensteuer, 1826; Regeln für das Erlangen des Bürgerrechts, 1826; Verfahren bei Baufreiheitsjahren, 1837; Übersichten über den Vermögensstatus der Städte, 1845; Einrichtung regelmäßiger Schuldentilgungsfonds, 1843

8098 Notizen für die Revision der Stadtrechnungen (mit Register) 1731-1833

789 Erlass einer allgemeinen Städteordnung für die Herzogtümer Schleswig und Holstein 1834-1846

790 Entwurf einer allgemeinen Städteordnung für die Herzogtümer Schleswig und Holstein mit Ausnahme Altonas [1846]

Handwerker, Privilegierte und bürgerliches Gewerbe

Allgemeines

791 Sammlung von Nachrichten zu den vorhandenen Handwerks- und Gewerbeprivilegien (1686-) 1754-1755
Enthält u. a.: Verzeichnis der geschlossenen Handwerksämter in den Städten

792 Sammlung von Nachrichten zu den vorhandenen Handwerks- und Gewerbeprivilegien (1646-) 1754-1755

793 Sammlung von Nachrichten zu den vorhandenen Handwerks- und Gewerbeprivilegien (1715-) 1754-1755

794 Handwerk, Privilegierte und bürgerliches Gewerbe: Allgemeines 1771-1812
Enthält u. a.: Berichte über die in den Städten und Flecken vorhandenen Brennereien, Brauereien, Bäcker, Schlachter und Zwangsmüller, 1807

795 Handwerk, Privilegierte und bürgerliches Gewerbe: Allgemeines (1740-) 1810-1829

796 Verordnung zu den Wanderbüchern der Handwerksgesellen und die beim Wandern zu beachtenden Vorschriften 1826-1830
Darin: Musterbücher

797 Handwerk, Privilegierte und bürgerliches Gewerbe: Allgemeines 1829-1839
Enthält u. a.: Zunftartikel des Maureramtes in Heiligenhafen, 1833

798 Zehrgeld für die Handwerksgesellen 1830-1841

799 Handwerk, Privilegierte und bürgerliches Gewerbe: Allgemeines 1815-1848
Enthält u. a.: Erteilung der Bannrechte für Ripen wie in den anderen Städten des Herzogtums Schleswig, 1815-1840

800 Entwurf einer Gewerbeordnung 1843-1846

801 Erlass einer Gewerbeordnung 1825-1844
Enthält u. a.: Zunftartikel; tabellarische Übersicht der in den Städten und Flecken der Herzogtümer Schleswig und Holstein vorhandenen Zünfte; Entwürfe der Gewerbeordnung; Berichte der Behörden; Verzeichnisse der Fabrikanlagen in den Herzogtümern Schleswig und Holstein

802 Entwürfe der Gewerbeordnung 1838-1845

Handwerker, Privilegierte und bürgerliches Gewerbe auf dem Land

803 Einschränkung und Regulierung des Handwerks und bürgerlichen Gewerbes auf dem Land (1753-) 1768-1788

804 Brennerei, Brauerei, Malzerei, Krügerei und Hökerei in den Guts-, Kloster- und Amtsdistrikten 1780-1805

805 Brennerei, Brauerei, Malzerei, Krügerei und Hökerei in den Guts-, Kloster- und Amtsdistrikten 1810-1839

806 Berichte aus den Guts- und Klosterdistrikten zur Brennerei, Brauerei, Malzerei, Krügerei und Hökerei 1838

807 Handwerk und bürgerliches Gewerbe auf dem Land: Allgemeines 1788-1826

Darin: zwei Karten mit Einzeichnungen der Zwangsmeilen um die Städte und Flecken in den Herzogtümern Schleswig und Holstein

808 Handwerk und bürgerliches Gewerbe auf dem Land: Allgemeines 1826-1845

Landhandel und Hökerei

809 Hökereireglement und Landhandel 1755-1777

Enthält u. a.: Verzeichnis der Gewerbetreibenden in den Kirchspielen des Amtes Steinburg, 1773

810 Landhandel und Hökerei (1745-) 1775-1848

Enthält u. a.: Handel mit adligen Gütern; Hökereireglement; Verzeichnis von Gewerbetreibenden im Kirchspiel Wewelsfleth, 1773

Hausierhandel

811 Hausierhandel 1737-1843

812 Verordnung zum Hausierhandel außerhalb der Jahrmärkte von 1837 (1760) 1793-1837
Enthält u. a.: Gesuche zum Hausierhandel; Berichte der Behörden

813 Hausierhandel 1779-1846
Enthält u. a.: Bemerkungen des Zollgevollmächtigten König über den Hausierhandel, 1842; Gesuche

Sonstige Gewerbe

814 Sonstige Gewerbe: Allgemeines (1632-) 1736-1826
Enthält u. a.: Konzessionen der Amtsgerechtigkeiten für die Weißgerber sowie die Beutler und Sämischgerber im Herzogtum Holstein, 1740-1742; Weber; Schuster; Buchdrucker; Musikanten; Pferdeschlachtereien

815 Sonstige Gewerbe: Allgemeines 1821-1832
Enthält u. a.: Verordnung über die Aufhebung des Verbotes zum Backen von Grobkornbrot; Lederverarbeitung; Handel mit Brot und Fleisch

816 Sonstige Gewerbe: Allgemeines 1823-1848
Enthält u. a.: Bestimmungen zur Aufnahme in verschiedene Zünfte; Kontrolle über die Errichtung von Krugwirtschaften in den Guts- und Klosterdistrikten; Einrichtung von Färbereien und Druckereien auf dem Land; Landhandel

817 Sonstige Gewerbe: einzelne Gewerbetreibende 1732-1848
Enthält u. a.: Einsendung von Warenproben; Konzessionsgesuche; Privilegierung des Scharfrichters Johann Jacob Stoff, Oldesloe, für die Ämter Reinfeld, Rethwisch und Ahrensbök, 1764; Gesuch des Maurergesellen Hans Hinrich Friedrich Klink, Groß Disnack, um Wiedererlangung seiner wegen Teilnahme an einer verbotenen Gesellenverbindung entzogenen Wandererlaubnis (mit Wanderbuch), 1848

818 Orgelbauer 1733-1827

819 Glockengießer 1756-1804

Märkte

820 Jahrmärkte 1796, 1826-1842

821 Wochenmärkte: Aufhebung der Marktstunde und der Beschränkung des freien Verkehrs mit Landesprodukten 1820-1832

Fabriken

822 Fabriken 1765-1846

Handel

823 Handel: Allgemeines 1739-1830

Enthält u. a.: Handel mit Schweden, 1740, und Spanien, 1757; Abstellung des Missbrauchs der Marktfreiheit; Handelsvertrag mit Preußen, 1818

824 Handel: Allgemeines und spezielle Angelegenheiten 1748, 1798-1847

Enthält u. a.: Abwerbungsversuche von zwei Fabrikanten in Altona durch die pommersche Kriegs- und Domänenkammer, 1748; Gesuch des Kaufmanns Levin Rothschild, Flensburg, um Erlaubnis zum Verkauf von Manufakturwaren in Kiel, 1813; Verordnungen zum Probenhandel, 1827-1837; Aufhebung aller die Handelsfreiheit beschränkenden Bestimmungen in den Amtsrollen, 1835

825 Handel mit einzelnen Waren: Allgemeines (1728-) 1734-1768

Enthält u. a.: Ausfuhrverbote

826 Handel mit einzelnen Waren: Allgemeines 1775-1827

Enthält u. a.: Ausfuhrverbote; Angabe der Vorräte an Pulver, Blei und Salpeter und deren Ablieferung, 1807

827 Handel mit einzelnen Waren: Allgemeines 1831-1846

Enthält u. a.: Einschränkung des Holzhandels, 1837

828 Handel mit einzelnen Waren: spezielle Angelegenheiten 1752-1847

Schifffahrt

Schifffahrt, Seehandel, Kaperei und Seeassekuranz

829 Schifffahrt, Seehandel, Kaperei und Seeassekuranz: Allgemeines (1719-) 1738-1809

Enthält u. a.: Verbot des Führens der königlichen Flagge und des Wimpels für Kauffahrteischiffe, 1741; französisches Kaperreglement, 1745; Verordnungen gegen die Scheinuntertanen auf dem Land (mit Namensverzeichnis von fremden Schiffern), 1793; Kaperreglement, 1807; Ausdehnung einer Verordnung zum Verfahren in Schifffahrts- und Seeangelegenheiten für Altona auf die Herzogtümer, 1807; Beschränkung der Kaperei, 1809

830 Schifffahrt, Seehandel, Kaperei und Seeassekuranz: Allgemeines 1808-1828

Enthält u. a.: Monatsheuer und Reisegeld der Mannschaften von gekaperten Schiffen (mit Rechnungen), 1810; Plan zur Kanalverbindung zwischen Eider und Elbe, 1811; Verfügung zur Form der Verklarung der Schiffer, 1828

831 Schifffahrt, Seehandel, Kaperei und Seeassekuranz: Allgemeines 1817-1848

Enthält u. a.: Führung der Lagebücher und Schiffsjournale, 1817-1840; Anordnung einer Behörde zur Prüfung von Seeleuten in der Navigationskunde, 1833; Polizeiregulativ für die Dampfschifffahrt auf der Elbe, 1837; Verordnung zur Unterdrückung des Sklavenhandels, 1835; Liste der in Navigation examinierten Seeleute, 1847; Reglement für den Lösch- und Ladeplatz in Pahlhude, 1848; Muschelfang an der Westküste durch fremde Schiffer, 1848

832 Untersuchung wegen Aufbringens der Brigg „Fortuna“ durch den Kaperer „Vigilantia“ und wegen unerlaubten Verkehrs mit dem Feind (1801-) 1811-1813

833 Schifffahrt, Seehandel, Kaperei und Seeassekuranz: spezielle Angelegenheiten (1729-) 1731-1802

834 Schifffahrt, Seehandel, Kaperei und Seeassekuranz: spezielle Angelegenheiten 1802-1813

835 Schifffahrt, Seehandel, Kaperei und Seeassekuranz: spezielle Angelegenheiten (1807-) 1809-1823

Enthält u. a.: Lagermiete für vom Militär auf der Elbe beschlagnahmte und später verkaufte Waren des Kaufmanns Bahres, Altona, 1818; Verkauf eines schwedischen Prisenschiffs und seiner Ladung in Burg auf Fehmarn (mit Liste der von Privatkaperer nach Burg verbrachten Schiffe), 1815; Prisenangelegenheiten

836 Schifffahrt, Seehandel, Kaperei und Seeassekuranz: Allgemeines (1813) 1814-1847
Enthält u. a.: Listen der von 1834 bis 1840 examinierten Seeleute; Erteilung von Kaperbriefen sowie Prisenangelegenheiten, 1813-1829

Schleswig-Holsteinischer Kanal

837 Schleswig-Holsteinischer Kanal 1770-1797
Enthält u. a.: Streitigkeiten mit Gutsbesitzern an der Obereider wegen Aalwehren; Grenz- und Jurisdiktionsbestimmung

838 Schleswig-Holsteinischer Kanal 1796-1848
Enthält u. a.: Jurisdiktionsverhältnisse; Reglements für die Kanalfahrt und das Lotsenwesen; Bau von Brücken, Schleusen und Stauwehren

Schiffs- oder Seepässe sowie Zertifikate

839 Schiffspässe oder Seepässe und Zertifikate (1702-) 1744-1837

Konsuln

840 Konsuln: Allgemeines 1783-1790, 1817-1839

841 Einzelne Konsuln 1786-1834

842 Einzelne Konsuln 1835-1847
Enthält u. a.: Untersuchung zur Klage des Generalkonsuls Lexow, Tönning, gegen die dortigen Zollaufsichtsbeamten wegen Gebührenerhebungen (mit Listen der von Lexow von 1839 bis 1846 verfrachteten Schiffe)

Lotsen

843 Lotsen: Allgemeines 1798-1847
Enthält u. a.: Kompetenz der Schleswig-Holsteinischen Regierung in Lotsenangelegenheiten, 1838; Lotsenprüfung in Heiligenhafen, Neustadt und auf Fehmarn, 1824; Prüfung der Löschlotsen im Herzogtum Holstein, 1847

844 Lotsen auf der Elbe: Allgemeines 1750-1775
Enthält u. a.: Lotsenordonnanz, 1750-1769; Elblotsengesellschaft

845 Verhandlungen mit der Regierung in Stade und Hamburg wegen Errichtung einer kombinierten Elblotsengesellschaft 1774-1791

846 Lotsen auf der Elbe: Allgemeines (1762) 1778-1787
Darin: Plakette der Elblotsengesellschaft, 1762

847 Lotsen auf der Elbe: Allgemeines 1786-1807
Enthält u. a.: Beeinträchtigung des Helgoländer Lotsenwesens durch Eingesessene aus Blankenese, 1797

848 Lotsen auf der Elbe: Allgemeines 1813-1846

849 Lotsen auf der Elbe: spezielle Angelegenheiten (1735) 1736-1788

850 Lotsen auf der Elbe: spezielle Angelegenheiten 1789-1848

851 Helgoländer Lotsen und Eiderlotsen 1731-1836
Darin: gedruckte Instruktion der Untereider-Lotsenbrüderschaft, 1794

852 Lotsen und Leuchtfeuer an der Ostküste 1779-1841
Enthält u. a.: Entwurf eines Lotsenreglements für den Hafen in Flensburg, 1803; Lotsenwesen in Hadersleben; Lotsen und Leuchtfeuereinrichtungen am Hafen in Neustadt und Pelzerhaken, 1841

Flüsse

853 Elbe: Schifffahrt und Fischerei 1742-1828

854 Elbschifffahrtsvertrag 1819-1825

855 Elbe: Schifffahrt, Fischerei und Territorialhoheit 1839-1846

856 Alster: Reinigung 1740-1800
Darin: Karte der Oberalster von Stegenau bis zum Timhagener Deich und Itzstedter See, 1746

857 Alster: Untersuchung zu den Streitigkeiten zwischen Hamburg und dem Besitzer des Gutes Wulksfelde über das Eigentum und Landeshoheit über die Alster 1799-1801

858 Alster: Untersuchung zu den Streitigkeiten zwischen Hamburg und dem Besitzer des Gutes Wulksfelde besonders über die Reinigung (1801) 1802-1803

859 Alster: Reinigung 1812-1815

860 Bille: Verhandlungen mit dem Herzogtum Lauenburg wegen der Reinigung von Koberg bis Grande und Aufteilung der Ländereien in Köthel (1766-) 1775-1811

861 Bille: Reinigung, Hoheitsrechte und Grenzregulierung 1827-1846

Post und Rollfuhren

862 Allgemeine Postanordnungen 1733-1848

863 Reitende Posten oder Briefposten 1734-1848

864 Frachtpost 1734-1846

865 Frachtwagenführer 1742-1824

866 Extraposten und Rollfuhren (1711-) 1736-1821

867 Extraposten und Rollfuhren 1815-1845

868 Stafetten und Kuriere 1732-1831

871 Auswärtige Posten 1743-1820

872 Post: spezielle Angelegenheiten 1737-1847
Enthält u. a.: Beschwerden; vermeintlicher Überfall auf die Post zwischen Preetz und Kiel, 1789; Überfall auf den Kieler Postillion, 1795

873 Post: Bestallungen 1762-1819
Enthält: Postmeister Bendix Hojer, Hadersleben; Postführer Jacob Petersen; Postmeister Dr. Mutzenbecher, Altona; Postmeister Frauen, Bramstedt

874 Postvergehen 1733-1845

875 Postvergehen 1845-1848

876 Post: verlorene oder entwendete Sachen 1722-1848

877 Portofreiheit 1766-1847

878 Telegrafen 1802, 1847
Enthält: Pflichten der Telegrafisten in Korsör, auf Sprogö und in Nyborg für die Vermittlung von Nachrichten über den Belt, 1802; Telegraf zwischen Hamburg und Lübeck, 1847

879 Fähre: Lexfähre 1790-1805

880 Fähren 1765, 1806-1848
Enthält u. a.: Kostenvoranschläge zur Verbesserung der Wege zu den Fährstellen Süderstapel und Bargen, 1830

Polizei

Polizei allgemein

881 Polizei: Allgemeines 1733-1845
Enthält u. a.: Verbesserung des Polizeiwesens und Entwurf einer neuen Polizeiordnung, 1733-1741; Entwurf einer Instruktion für Polizeimeister mit besonderer Berücksichtigung von Eckernförde, 1811; Umlage der Polizeikosten als Personal- oder Realabgaben, 1839

882 Entwurf einer Gesindeordnung 1824-1840
Darin: Musterexemplare von Dienst- und Gesindebüchern

883 Polizei: Allgemeines 1840-1848
Enthält u. a.: Gesindeangelegenheiten; Uniform der Polizeibeamten (mit Zeichnungen), 1847; Bestimmungen zu politischen Vereinen und Versammlungen, 1848

Medizinalwesen

Medizinische und chirurgische öffentliche Lehr- und Aufsichtsanstalten

884 Medizinische und chirurgische öffentliche Lehr- und Aufsichtsanstalten 1738-1837
Enthält u. a.: Anatomisches Theater in Altona, 1739-1759, 1837; Niederlassung von Ärzten mit Doktortiteln auswärtiger Universitäten, 1786; Errichtung einer Oberdirektion für das Feldmilitärwesen, 1808; Verwaltung des allgemeinen Krankenhauses in Hamburg; medizinische Anstalten in Kopenhagen
Darin: gedruckte Einladungsschriften zu einer Anatomievorführung durch Dr. Georg Christian Maternus, 1740

Sanitätskollegium in Kiel

885 Sanitätskollegium 1803-1846

886 Generalberichte von 1804 bis 1843 1805-1844

Medizinalordnungen

887 Medizinalordnung (1705-) 1734-1742
Darin: gedruckte Apothekertaxe, 1705

888 Medizinalordnung 1737-1846

889 Kommission zur Entwerfung einer Reform des Medizinalwesens 1844-1847

890 Entwurf einer Verordnung zum Verfahren bei gerichtlichen Obduktionen 1829-1846

Physikate

891 Physikate 1731-1821
Enthält u. a.: Einrichtung der Physikatsdistrikte sowie Bestallung und Bezahlung der Distriktsphysiki, 1755-1757; Bestallungen; Taxen für Ärzte und Wundärzte, 1823

892 Physikate 1818-1846

893 Physikatsordnung: Einteilung der Physikatsdistrikte, Physikatsgehalt, Aufbringung der Kosten und Sammlung älterer Verfügungen und Erlasse (1752-) 1821-1846

894 Physikatsordnung: Einteilung der Physikats- und Hebammendistrikte, Bestallung und Besoldung der Physiki in den Ämtern und in den Guts- und Klosterdistrikten 1804-1840

895 Entwurf einer Physikatsordnung 1846

896 Berichte der Behörden zur neuen Einteilung der Physikatsdistrikte und zu anderen Medizinaleinrichtungen 1810-1811

Mediziner, Chirurgen, Operateure, Viehärzte und Barbiere

897 Mediziner, Chirurgen, Operateure, Viehärzte und Barbiere: Allgemeines 1740-1847
Enthält u. a.: Entwurf einer Verordnung zur Bestrafung von Pfuschern und Quacksalbern, 1819

898 Einzelne Mediziner, Chirurgen, Operateure, Viehärzte und Barbiere
Enthält u. a.: Konzessionen 1732-1781

899 Einzelne Mediziner, Chirurgen, Operateure, Viehärzte und Barbiere
Enthält u. a.: Konzessionen 1782-1811

900 Einzelne Mediziner, Chirurgen, Operateure, Viehärzte und Barbiere
Enthält u. a.: Konzessionen (1801-) 1812-1847

Apotheker und Medizinalhändler

901 Apotheker und Medizinalhändler 1797-1809
Enthält u. a.: Abfassung einer „Pharmacopea" (Arzneibuch); Verbot geheimer Heilmittel; Prüfung der Kandidaten der Pharmazie durch das Sanitätskollegium; Verkauf der Hallischen Medizin

902 Apotheker und Medizinalhändler 1807-1815
Enthält u. a.: Medizinalhandel während des Krieges; Medizinalwarendepot in Kiel; Handel mit indischen Heilmitteln; Visitation von Apotheken; Einfuhr von Medizin

903 Apotheker und Medizinalhändler 1808-1831
Enthält u. a.: Apothekerordnung; Apothekertaxe; Gesetzgebung im Apothekerwesen; Verkauf von Arsenik

904 Apotheker und Medizinalhändler 1832-1843
Enthält u. a.: Einfuhr und Verkauf von Arsenik; Apothekertaxe; Einfuhr von Arzneien durch Nichtapotheker

905 Entwurf einer Apothekerordnung 1821-1846

906 Apotheker und Medizinalhändler: spezielle Angelegenheiten 1736-1737, 1824-1846
Enthält u. a.: Konzessionen; einzelne Apotheken; tabellarische Übersicht über die Bewerber für die Apotheken in Bordesholm und Lunden, 1843

Hebammen

907 Hebammenordnung, Hebammenschule in Flensburg und Hebammendistrikte 1742-1765

908 Hebammen 1766-1820

909 Hebammen (1821-) 1823-1847

910 Entwurf einer Hebammenordnung 1836-1846

911 Einrichtung der Hebammendistrikte 1808-1826

912 Hebammenschule in Flensburg 1765-1789

913 Hebammenschule in Altona 1765-1846

914 Verlegung der Hebammenschulen in Flensburg und Altona nach Kiel 1804-1805

915 Hebammenanstalt in Kiel 1805-1848
Darin: Grundriss des Hauses des Etatsrats Hensler, Kiel, 1808

Viehseuchen

916 Viehseuchen von 1774 bis 1778 1778-1784

917 Viehseuchen von 1745 bis 1750 1740-1768

918 Viehseuchen 1745-1746, 1778-1827

919 Viehseuchen 1828-1848

920 Viehseuchen: Allgemeines 1775-1848

921 Verbot der Einfuhr von Hornvieh in das Herzogtum Holstein und Ausdehnung des Verbots auf das Herzogtum Lauenburg sowie Kosten der Lungenseuche in der Herrschaft Pinneberg 1843-1844

Kinderblattern und Impfungen

922 Kinderblattern und Impfungen: Allgemeines 1792-1835

923 Kinderblattern und Impfungen: Allgemeines 1836-1845
Enthält u. a.: Bericht über den Fortgang der Impfungen, 1842

924 Impfinstitute in Kiel und Altona, Fortgang der Impflisten, Ausgabe von Impfattesten und Ausbruch von Blattern 1804-1847
Enthält u. a.: Listen von geimpften Personen

Pest und epidemische Krankheiten, Quarantäne, Cholera

925 Beständige Quarantäne in den königlichen Landen und Einsatz eines Wachtschiffs auf der Elbe 1748-1752

926 Pestanstalten Hamburgs auf der Elbe und Wahrung der königlichen Hoheitsrechte über die Elbe gegenüber Eingriffen durch Hamburg 1743-1757

927 Quarantäneanstalten Hamburgs auf der Elbe 1777-1784

928 Pest, epidemische Krankheiten und Quarantäne: Allgemeines 1800-1832
Enthält u. a.: Verordnung gegen die Pest und andere epidemische Krankheiten, 1802

929 Cholera: Zentralkommission, allgemeine Bestimmungen und Maßnahmen vor Erlass der Choleraverordnung 1830-1832

930 Cholera: Kosten und Vergütung für Beamte 1831-1845

931 Cholera: allgemeine Quarantäne 1831-1832
Enthält: Trennung der Gewerbe; Handwerksgesellen; Passbeaufsichtigungen; Jahrmärkte

932 Cholera: allgemeine Quarantäne 1831-1832
Enthält: giftfangende Sachen sowie deren Desinfektion und Behandlung

933 Cholera: Landgrenzen, Kordon, Kommandos und Küstenbewachung 1831-1832

934 Cholera: Hospital, Medizinalien und medizinische Angelegenheiten 1831-1833
Enthält u. a.: Fortschritte der Krankheit; angesteckte und verdächtige Orte

935 Cholera: Generalberichte der Zentralkommission 1831-1832

936 Cholera: Rechnung über die Kontumazanstalt in Ratzeburg und Anlagen zur Generalrechnung 1831-1833

937 Cholera: Anlagen zur Rechnung der Kontumazanstalt in Rendsburg
Darin: Übersichtsplan der Anstalt 1831-1832

938 Cholera: Anlagen zu Rechnungen über Kontumazanstalten 1831-1833
Enthält: Rechnung und Auktionsprotokoll der Anstalt in Rendsburg; Rothenhausen; Pinneberg; Rahlstedt; Lauenburg

939 Cholera: Strafanstalten, auswärtige Staaten, Lokalsperren, Mitteilung von Nachrichten in öffentlichen Blättern und zwischen Behörden, Aufsicht über gemischte Distrikte, Feldpoststafetten, Verfügungen auswärtiger Staaten, gedruckte Verfügungen, Verschiedenes 1831-1832

940 Pest, epidemische Krankheiten und Quarantäne: Allgemeines (1709-) 1808-1848
Enthält u. a.: Verordnung zum Verfahren beim Ausbruch epidemischer Krankheiten, 1808-1836
Darin: gedruckte Verordnungen des 18. Jahrhunderts

941 Pest, epidemische Krankheiten und Quarantäne: spezielle Angelegenheiten 1770-1798
Enthält u. a.: Verfügungen wegen der Pest 1770/1771

942 Epidemie in Kiel 1798-1799

943 Pest, epidemische Krankheiten und Quarantäne: spezielle Angelegenheiten 1799-1847

Sonstige Medizinalangelegenheiten

944 Brunnen und Badeanstalten bei Ottensen und Bramstedt 1809-1816

945 Sonstige Medizinalangelegenheiten 1764-1848

Enthält u. a.: Verordnung zur Rettung ertrunkener oder erstickter Personen, 1772; Kontrolle der Pflegemütter unehelicher Kinder, 1812; Privileg des Apothekers Heinrich Ziese, Altona, für öffentliche Bäder in Altona, 1827; Krankheiten durch übermäßiges Tanzen, 1827; Bitte des Zentralvereins gegen das Branntweintrinken um königlichen Schutz und Bewilligung von Geldunterstützung, 1848

Darin: Druckschrift „Geschichte und Urkunden der im Jahre 1769 zur Rettung der Ertrunkenen in Amsterdam errichteten Gesellschaft", Hamburg 1769

Irrenanstalt

946 Plan zur Errichtung einer Irrenanstalt in Kiel 1805 (1869)

947 Irrenanstalt in Schleswig: Bauten und Einrichtung, Einsendung und Revision der Rechnungen 1817-1824

948 Irrenanstalt in Schleswig: Bauten und Einrichtung, Einsendung und Revision der Rechnungen mit Beilagen sowie allgemeine Bestimmungen 1817-1829

Enthält u. a.: Regulativ der Anstalt; Verzeichnisse von ausgegebenen und benötigten Lebensmitteln

949 Irrenanstalt in Schleswig: Bauten und Einrichtung sowie allgemeine Bestimmungen 1823-1848

Enthält u. a.: Vorschläge zur Erweiterung der Anstalt, 1828

950 Irrenanstalt in Schleswig: Personal (1814-) 1817-1847

951 Irrenanstalt in Schleswig: allgemeine Bestimmungen zum Unterhalt unvermögender Insassen 1822-1842 (1859)

Enthält u. a.: Jahresbericht über die vom 4. Dezember 1820 bis zum 1. Oktober 1821 aufgenommenen Kranken

952 Irrenanstalt in Schleswig: Unterhalt unvermögender Insassen 1820-1840

953 Irrenanstalt in Schleswig: Unterhalt unvermögender Insassen 1833-1848

954 Irrenanstalt in Schleswig: Portofreiheit, Kopfsteuer, Haussteuer, Feuerungsmaterial und sonstige Angelegenheiten 1818-1845
Enthält u. a.: Bezahlung von Medizinalien aus der Irrenhauskasse; Einrichtung eines Begräbnisplatzes im Garten der Anstalt; Ausbau der Anstalt (mit Verzeichnissen der im Juni 1844 in der Anstalt befindlichen Kranken); Veranstaltung von Konzerten

955 Irrenanstalt in Schleswig: Jahresberichte 1820-1831
Enthält u. a.: Krankenlisten

956 Irrenanstalt in Schleswig: Jahresberichte 1832-1848
Enthält u. a.: Krankenlisten

Veterinärschule

957 Veterinärschule 1799-1847
Darin: Druckschrift „Zur Nachricht und Anleitung für die Veterinäreleven“, 1845

Taubstummeninstitut in Schleswig

958 Taubstummeninstitut in Schleswig: Allgemeines 1798-1848

959 Direktion 1809-1850

960 Vorsteher und Lehrer (1809-) 1812-1847

961 Druckerei und Industrieanstalt 1806-1831
Enthält u. a.: tabellarisches Verzeichnis der Taubstummen, 1810

962 Aufnahme und Unterhalt von Taubstummen 1803-1847

963 Jahresberichte 1803-1828

964 Jahresberichte 1829-1847

965 Unterhaltsgelder für unvermögende Zöglinge 1806-1828

966 Unterhaltsgelder für unvermögende Zöglinge 1829-1847

Ärztlicher Verein in den Herzogtümern

967 Gesuch des Doktors und Physikus Neuber in Apenrade um Portofreiheit und Geldunterstützung für den Ärztlichen Verein in den Herzogtümern 1831

Wege, Chausseen und Eisenbahn

Allgemeine Wegeangelegenheiten

968 Wege: Allgemeines 1746-1786
Enthält u. a.: Wegeverzeichnis im Herzogtum Schleswig, 1786

969 Wege: Allgemeines 1777-1823
Enthält u. a.: Anlage und Instandsetzung eines neuen Frachtwegs von Kiel nach Altona, 1777-1787; Anlage von neuen Wegen; allgemeine Personalangelegenheiten

970 Erlass einer neuen Wegeordnung (1804-) 1813-1836

971 Wege: Allgemeines 1825-1838
Enthält u. a.: allgemeine Personalangelegenheiten; Entschädigungsverfahren bei Straßenbauten; Reorganisation des Wegewesens im Herzogtum Holstein
Darin: Muster einer Wegekarte, 1825; Karte von der Landstraße nach Rendsburg bei Busdorf und Jagel, 1828

972 Wege: Allgemeines (1769-) 1833-1848
Enthält u. a.: Ablösung der Wegepflicht beim Chausseebau; Erhebung von Passagegeldern an Wegen und Brücken; Verfahren bei Einwendungen gegen die Verteilung der Wegelasten in adligen Gütern; Regulierung des Wegewesens in den gemischten Gebieten an der Grenze zu Dänemark; Verhältnis der Städte und Flecken zum Chausseewesen

973 Entwurf einer neuen Wegeverordnung (1756-) 1840-1842
Darin: Wegenetzkarte der Herzogtümer Schleswig und Holstein; Straßenverzeichnis für die Herzogtümer Schleswig, Holstein und Lauenburg; gedruckte Gesetze und Instruktionen zum Wegewesen

974 Wegefonds 1803-1844

Spezielle Wegeangelegenheiten

975 Spezielle Wegeangelegenheiten (1764-) 1790-1799
Enthält u. a.: Wegebesichtigungsprotokolle

976 Spezielle Wegeangelegenheiten 1796-1815
Enthält u. a.: Wegebesichtigungsprotokolle

977 Spezielle Wegeangelegenheiten (1771-) 1812-1821

978 Spezielle Wegeangelegenheiten 1816-1829
Enthält u. a.: Wegeinstandsetzung auf dem sogenannten Pfingstberg bei Plön, 1823-1827; Anlage einer neuen Wegestrecke zwischen Bockholm und Drei und Verbesserung der durch Glücksburg führenden Straßen, 1816-1825

979 Spezielle Wegeangelegenheiten 1829-1840

980 Spezielle Wegeangelegenheiten 1839-1845

981 Einmündung der Nebenlandstraße von Tondern in die Chaussee Flensburg–Apenrade 1846

984 Chaussee Altona–Blankenese 1817-1841
Enthält u. a.: Elbberg bei Nienstedten

985 Entwurf zu einem Wegebauverein im Herzogtum Holstein 1825-1829

986 Weg bei Kappeln 1820-1848

987 Strandchaussee in Eckernförde 1832-1847

988 Damm bei Haddeby 1802-1841

989 Anlage eines neuen Weges auf dem Diemenberg bei Apenrade, Rechnung über den Wege- und Brückenbau bei Gienner Höhle sowie Instandsetzung von Wegestrecken zwischen Hadersleben und Kolding 1799-1814

990 Geplante Verbindung zwischen der Chaussee Kiel–Altona und Rendsburg 1822-1835
Enthält u. a.: Auszug aus dem Beförderungsprotokollen der Poststation in Nortorf, 1822-1832

991 Weg durch Wandsbek 1816-1844

8168 Unterhaltung der über Ländereien des ehemaligen Vorwerks des Schlosses Plön führenden Landstraße 1845

8169 Bau einer Brücke über die Barnitz auf der Landstraße Hamburg–Lübeck (1782-) 1839-1845

Chaussee Kiel–Altona

992 Richtung und Arbeitsplan sowie Chausseeverbindung nach Hamburg bei Langenfelde 1827-1834
Enthält u. a.: Kommissionsbericht; Transportverzeichisse
Darin: Karte mit Verzeichnung der Einnehmer- und Wärterdistrikte

993 Bauausführung 1830-1836
Enthält: Verfügungen; Lieferungen; Arbeitsberichte; Baupersonal
Darin: Zeichnung eines Wegweisers

994 Bauausführung 1829-1834
Enthält: Berichte über Kosten und Fortgang der Arbeit; Geldanweisungen

995 Allgemeine Verfügungen zu Landabtretungen und Entschädigungen sowie Landverkauf 1829-1843

996 Landabtretungen und Entschädigungen sowie Landverkauf 1830-1846

997 Bauangelegenheiten und Unterhalt 1830-1847
Darin: Karte des Geländes bei Bordesholm zwischen Hamburger Landstraße und der neuen Chaussee, 1832

998 Benutzung, Erhaltung und Instandsetzung 1831-1835

999 Verstöße gegen das Chausseereglement 1832-1840

1000 Personal 1830-1846

1001 Chausseegeld 1832-1844

1002 Einnehmer 1837-1848

1003 Wegegeldextrakte 1831-1839

1004 Berichte des Chausseeinspektors Bruhn über Ertrag und Zustand 1834-1840
Enthält u. a.: Instandsetzungen; Steinlieferungen; Stellenbesetzungen; Abschaffung von Geräten; Strafe für Frachtladungen; Raubmord; Neubau in Neumünster

1005 Hauptinstandsetzungskosten 1834-1840

1006 Entschädigungsrechnungen 1830-1831
Enthält u. a.: Vermessungsinstrumente

1007 Entschädigungsrechnungen 1831-1832
Enthält u. a.: Vermessungsinstrumente

1008 Entschädigungsrechnungen 1832-1834
Enthält u. a.: Vermessungsinstrumente

Andere Chausseen

1009 Verwaltung, Kosten und Verteilung der Beiträge für die Chausseekosten 1840-1848
Enthält u. a.: Ausgaben für die Chaussee Lauenburg–Bergedorf

1010 Chausseen im Herzogtum Schleswig 1843-1849

1011 Chausseen im Herzogtum Holstein 1838-1849
Enthält u. a.: tabellarisches Verzeichnis zur Berechnung der Entschädigungssummen für die Bewohner Krempes, 1849

1012 Chausseebudget 1842 bis 1846 1843-1846

1013 Chausseebudget 1847 und 1848 1846-1848

1014 Chausseereglement und Chausseeregulativ (1831-) 1833-1842
Darin: gedrucktes Reglement zur Benutzung der Chaussee Kiel–Altona, 1831

1015 Chausseen: Personal 1842-1848
Enthält auch: Hebungswesen

1016 Oldesloer Chaussee 1832-1843
Enthält u. a.: Entschädigungen; Kosten; Arbeitsberichte

1017 Oldesloer Chaussee 1827-1838

Enthält u. a.: Verhandlungen und Anträge zum Bau; Ausmittelung der Richtung; Vorarbeiten; Baukosten

Darin: Karte der Umgebung von Reinfeld

1018 Oldesloer Chaussee 1832-1838

Enthält u. a.: Richtung; Bau; Instandhaltung; Kosten; Berichte

1019 Oldesloer Chaussee (1827-) 1832-1843

Enthält u. a.: Richtung; Bau; Instandhaltung; Kosten; Berichte

1020 Chaussee Flensburg–Apenrade 1846-1847

1021 Planung für eine Chaussee Eidelstedt–Kolding 1839-1844

Darin: Karte der Chausseestrecke bei Vrold

1022 Chaussee Flensburg–Helligbek: Baukosten und Verwaltungsausgaben (1843-) 1845-1846

1023 Chaussee Neustadt–Segeberg–Rethfort 1842-1847

1024 Kassenbuch für die von Preußen für den Chausseebau von Lauenburg nach Hamburg anzuweisenden Gelder 1836-1838

1025 Chaussee Hamburg–Lauenburg 1836-1842

Eisenbahn

1026 Eisenbahn Altona–Kiel 1840-1843

Enthält u. a.: Aufstellung der Finanzen der Stadt Kiel im Zeitraum von 1836 bis 1840

1027 Eisenbahn Flensburg–Husum–Tönning (1837-) 1839-1844

Enthält u. a.: Statut und Baukommission; Tarife; Verlängerung nach Tönning; Aktien

1028 Eisenbahn Flensburg–Husum–Tönning 1840-1848

Enthält u. a.: Finanzbeteiligungen; Entschädigungen; Bauplan; Protest der Aktionäre aus Hamburg

Darin: Karte zum Streckenverlauf der geplanten Eisenbahnen in den Herzogtümern Schleswig, Holstein und Lauenburg

1029 Eisenbahnen 1836-1854
Enthält u. a.: Notizen über den Verbleib der Akten der Eisenbahnkommission in Kopenhagen; Veränderungen im Flussbett der Bille durch den Bau der Eisenbahn Berlin–Hamburg; Gesetz zur Grundstücksüberlassung beim Eisenbahnbau; Entschädigungsverfahren

1030 Eisenbahnen im Herzogtum Schleswig 1837-1847

1031 Eisenbahnen im Herzogtum Holstein 1835-1848
Enthält u. a.: Eisenbahn Altona–Kiel

Personal

1038 Oberlandwegeinspektor (1736-) 1739-1841
Enthält vor allem: Bestallungen

1039 Oberlandwegeinspektor 1841-1847
Enthält u. a.: Beförderungskosten; Fuhrleistungen; Anteil an Wegebrüchen

1040 Wegekondukteure und Wegeinspektoren 1768-1848

1041 Generalberichte zur Wegebesichtigung im Herzogtum Holstein
1815, 1825

Rang

1042 Rang: Allgemeines 1739, 1771-1846
Enthält u. a.: Anciennitätsliste der Deutschen Kanzlei, um 1780

Luxus und andere Missbräuche auf Hochzeiten, Gevatternschaften und Beerdigungen

1043 Bestimmungen gegen den Luxus und Missbräuche auf Hochzeiten, Gevatternschaften und Beerdigungen 1737-1837

Lotterien, Hazard, Schauspiel, Glücksspiel, Tanz, Musik, Lustbarkeiten

1044 Lotterie, Hazard, Schauspiel, Glücksspiel, Tanz, Musik und Lustbarkeiten: Allgemeines 1738-1778

1045 Lotterie, Hazard, Schauspiel, Glücksspiel, Tanz, Musik und Lustbarkeiten: Allgemeines 1792-1848

1046 Bewilligungen und Verweigerungen von Lotterien sowie Hasard- und Glücksspielen 1761-1848
Darin: Notizbuch eines M. C. Hansen, Husum, mit Namenslisten der Beteiligten am Zahlenlotto, um 1830

1047 Musikkonzerte und andere Lustbarkeiten 1740-1848
Enthält u. a.: Luftspringer; Schauspieler; Karussell; Seilfänger; Tanz; Wachskabinett; Feuerwerk

Allgemeine Witwenpensionsanstalt, Allgemeine Postpensionskasse sowie Leibrenten- und Versorgungsanstalt

1048 Allgemeine Witwenpensionsanstalt, Allgemeine Postpensionskasse sowie Leibrenten und Versorgungsanstalt: Allgemeines 1745-1820

1049 Allgemeine Witwenpensionsanstalt, Allgemeine Postpensionskasse sowie Leibrenten und Versorgungsanstalt: Allgemeines 1817-1848
Enthält u. a.: Entwurf einer allgemeinen Pensionsordnung, 1843-1846

1050 Versorgungsfälle 1806-1847

1051 Angaben der königlichen Bediensteten zur Bestimmung ihres Beitrages in die Witwenkasse im Falle ihrer Verheiratung (1748-) 1788-1789
Enthält u. a.: Verzeichnisse der vorhandenen Ämter; Verzeichnisse der Bediensteten in den Herzogtümern mit Angaben zum Familienstand

Brandversicherungsanstalten

1052 Brandversicherungsanstalten: Allgemeines 1735-1847

1053 Entwurf einer General-Brandverordnung und einer Verordnung für eine General-Brandassekuranzkompagniekasse 1737-1748
Enthält u. a.: Verordnungen aus verschiedenen Städten

1054 Erstattung der beim feindlichen Einmarsch in Altona, Krempe, Glückstadt und Rendsburg entstandenen Brandschäden 1814-1829
Enthält u. a.: Aktenverzeichnis; Listen der Schäden

8167 Entfernung von Heu- und Korndiemen von strohgedeckten Gebäuden in den Landdistrikten 1833

Öffentliche Sicherheit, Zigeuner, Landstreicher, Pässe

1055 Öffentliche Sicherheit, Zigeuner, Landstreicher und Pässe: Allgemeines 1735-1806

1056 Öffentliche Sicherheit, Zigeuner, Landstreicher und Pässe: Allgemeines 1807-1820

1057 Anstellung von Polizeireitern 1804-1832
Enthält u. a.: Bericht über Räubereien einer Diebesbande im Herzogtum Holstein, 1832

1058 Entwurf einer neuen Passverordnung und Verzeichnisse über ausgestellte Pässe 1805-1819

1059 Öffentliche Sicherheit, Zigeuner, Landstreicher und Pässe: Allgemeines 1813-1831
Enthält u. a.: Expeditionsjournal für Akten zur Öffentlichen Sicherheit, 1813-1821; Verfahren beim Transport von Bettlern und Vagabunden, 1829

1060 Öffentliche Sicherheit, Zigeuner, Landstreicher und Pässe: Allgemeines 1826-1847
Enthält u. a.: Verordnung zur Beschränkung der Scherenschleifer, 1843

1061 Einrichtung eines Polizeigendarmeriekorps, Gebrauch von Pässen bei Seereisen, Rundschreiben zur Organisation von Sicherheitswachen in den Städten und Erteilung von Pässen für Ärö und Alsen in dänischer Sprache 1840-1849
Enthält u. a.: Protest von Bürgern aus Rendsburg gegen das Verbot der öffentlichen Sitzung der schleswig-holsteinischen Abgeordneten, 18. März 1848

1062 Streifen gegen das lose Gesindel 1756-1807

1063 Öffentliche Sicherheit, Zigeuner, Landstreicher und Pässe: spezielle Angelegenheiten 1758, 1793-1840

1064 Öffentliche Sicherheit, Zigeuner, Landstreicher und Pässe: spezielle Angelegenheiten 1841-1848

Maß und Gewicht

1065 Einführung gleicher Maße, Gewichte und Ellen 1732-1769
Enthält u. a.: gleiche Maße in Altona und Hamburg; Beibehaltung der Biertonne zu 96 Hamburger Kannen in einigen Orten im Herzogtum Holstein sowie in der Herrschaft Pinneberg und der Grafschaft Rantzau

1066 Maße und Gewichte: Allgemeines 1770-1798
Enthält u. a.: Ermittlung und Einzug alter Messgefäße (mit Verzeichnissen aus den Ämtern)

1067 Maße und Gewichte: Allgemeines 1798-1828

1068 Maße und Gewichte: Allgemeines 1769-1813, 1824-1848, 1855
Enthält u. a.: Sammlung von Aktenstücken aus dem Zeitraum von 1769 bis 1855

Sonstige Polizeiangelegenheiten

1069 Sonstige Polizeiangelegenheiten: Allgemeines 1736-1812
Enthält u. a.: Patent gegen die Auswanderung nach Amerika, 1753; Einführung von Geschlechtsnamen (Familiennamen) im Herzogtum Schleswig, 1771; Gebrauch gestempelter Spielkarten, 1806; Erlass einer neuen Gesindeordnung, 1804-1813; Schankbeschränkungen; Ab- und Zugangszeiten der Dienstboten und des Gesindes

1070 Sonstige Polizeiangelegenheiten: Allgemeines 1814-1842
Enthält u. a.: Fahr- und Umziehzeiten in den Städten, 1814-1822; Lebensrettungsprämien; Berechtigung des Flaggenhissens für fremde Konsuln, 1834, Einschränkung des Tanzes auf dem Land, 1840

1071 Sonstige Polizeiangelegenheiten: spezielle Angelegenheiten 1739-1836
Enthält u. a.: Maßnahmen gegen das Entweichen von Untertanen aus Jütland, 1739; Gesindeangelegenheiten; Konzessionsgesuche; eventueller Transport des Lorenz Larsen, Sohn des aus Dänemark verwiesenen Peter Larsen, nach Kopenhagen oder Helsingør, 1811; Beerdigungskosten für drei in den Stranddistrikten von Grothusenkoog, Westerhever und Sankt Peter angetriebene Tote, 1822

1072 Sonstige Polizeiangelegenheiten: Hundehaltung 1771, 1807-1840
Enthält u. a.: Hundesteuern und Hundeabgaben

Preise

1073 Berichte zu den Preisen von Schlachtvieh, Fleisch und Butter 1821-1825

1074 Berichte zu den Preisen von Schlachtvieh, Fleisch und Butter 1826-1830

Ehemals Gemeinschaftlicher Distrikt

1075 Titel und Landestrauer sowie Verordnung wegen Huldigung und Eidesleistung der auswärtigen Käufer von Gütern 1736-1772

1076 Justiz 1735-1772
Enthält u. a.: Plan einer gemeinschaftlichen Advokatenordnung, 1742; Vormünderordnung, 1768; Einführung eines Schuld- und Pfandprotokolls für adlige Güter, 1741 und 1771; Privileg für den Kanzleirat Michaelsen und den Kanzleisekretär Johannsen, Glückstadt, zum Druck und Verlag der Sammlung der gemeinschaftlichen Verordnungen, 1772

1077 Kirchenvisitationen sowie allgemeine Bestimmungen zu Kirche und Armenwesen (1664-) 1732-1772
Enthält u. a.: Generalkirchenvisitation in Haselau und Haseldorf, 1768; Schulverordnung und Sabbatverordnung, 1744; Ehedispense und Ehescheidungen

1078 Handel, bürgerliches Gewerbe auf dem Land, Wege, Landstreicher, sonstige Polizeiangelegenheiten, Zoll und Steuer 1733-1770
Enthält u. a.: Wegeverordnung, 1767; Bestallung von Wegeinspektoren; Vertreibung des losen Gesindels von den Gütern, 1733; Verordnung gegen Zigeuner und andere Landstreicher, 1757; Bestallung eines gemeinschaftlichen Strandvisiteurs für die Gegend von Neustadt, 1770; Ausfuhrverbote; Verordnung gegen die Landhandwerker

1079 Ehemals Gemeinschaftlicher Distrikt 1773-1803, 1826
Enthält u. a.: Erlass von Wegebrüchen, 1774; Einsendung von Todesurteilen vor der Vollstreckung, 1775; Medizinalverwaltung; Kirchenvisitationen; Verfahren in Gesindeangelegenheiten, 1826; Übertragung von Verordnungen auf die ehemaligen Gemeinschaftlichen Distrikte

Prälaten und Ritterschaft

1080 Prälaten und Ritterschaft sowie adlige Güter: Allgemeines 1731-1799

Enthält u. a.: Bestätigung der Privilegien; Verzeichnis der Güter samt Inhaber in den Herzogtümern Schleswig und Holstein, 1754

1081 Prälaten und Ritterschaft sowie adlige Güter: Allgemeines 1798-1806

Enthält u. a.: Befugnis zur Anlage von Fabriken auf den adligen Gütern, 1800; Ernennung einer Steuerkommission für die Guts- und Klosterdistrikte, 1803; Verordnung zu den Diensten der Untergehörigen der Guts- und Klosterdistrikte und den Dienst- und Überlassungsverträgen, 1805

1082 Leibeigenschaft und deren Aufhebung 1733-1805

Enthält u. a.: Flucht aus der Leibeigenschaft

1083 Trennung der Meierhöfe von adligen Gütern 1801-1806

1084 Trennung der Meierhöfe von adligen Gütern 1806-1811

1085 Übersicht und Gesuche der um Bestätigung der Trennung ihrer Meierhöfe von den Haupthöfen bittenden Gutsbesitzer im Herzogtum Schleswig 1805-1806

1086 Übersicht und Gesuche der um Bestätigung der Trennung ihrer Meierhöfe von den Haupthöfen bittenden Gutsbesitzer im Herzogtum Holstein 1805-1806

1087 Prälaten und Ritterschaft sowie adlige Güter: Allgemeines (1777-) 1807-1819

Enthält u. a.: unbefugte Niederlassung von Juden auf den Gütern, 1808; Kreditverein; Erlass einer Sporteltaxe für Gerichtshalter und Aktuare auf den Gütern, 1817

1088 Prälaten und Ritterschaft sowie adlige Güter: Allgemeines 1817-1847

Enthält u. a.: Uniform der Ritterschaft (mit farbiger Zeichnung), 1838; Instruktion für die Distriktsdeputierten, 1841; Änderung der Gerichtsverfassung, 1847

1089 Verfassungsstreit und Bestätigung von Privilegien 1817-1848

1090 Bestallung und Besoldung von Landräten 1731-1773

1091 Nachrichten von den Veränderungen in der Fortwährenden Deputation der Ritterschaft 1785-1848

1092 Prälaten und Ritterschaft sowie adlige Güter: spezielle Angelegenheiten 1776-1837
Enthält u. a.: Aufnahmen in die Ritterschaft; Beiträge für die Brandgilde der adligen Güter

1093 Sekretär und Syndikus der Fortwährenden Deputation der Ritterschaft 1802-1845

1094 Kommission zu den zwischen der Ritterschaft und den nichtrezipierten adligen Gutsbesitzern entstandenen Streitigkeiten wegen Beteiligung an den ritterschaftlichen Anlagen 1774-1779

Klöster

Allgemein

1095 Klöster: Allgemeines 1744-1848
Enthält u. a.: Schuljahre für angehende Konventualinnen, 1769; Ausdehnung der Verordnung zur Aufhebung der Leibeigenschaft auf die Klöster, 1805; Vorschlag zur Aufhebung der Klöster, 1818

1096 Kommission zur Verbesserung der Klöster sowie Aufnahme und Revision der Klosterrechnungen 1765-1845
Enthält u. a.: Rechnungen der Klöster

1097 Klostervisitationen und Kommission für eine neue Klosterordnung 1776-1796

1098 Entwurf einer neuen Klosterordnung 1797-1838

Sankt Johanniskloster vor Schleswig

1099 Sankt Johanniskloster: Allgemeines 1759-1799, 1821
Enthält u. a.: Ordenszeichen sowie Rang der Priörin und der Konventualinnen, 1759-1763; Abstellung der Mängel der Klosterrechnungen, 1795; Niederlegung und Verkauf der Hof- und Vorwerksländereien, 1795-1799

1100 Priörin (1737) 1738-1812, 1844
Enthält: Beschwerden; Eid; Wahlbestätigungen

1101 Propst 1744-1805, 1840-1847
Enthält u. a.: Wahlbestätigungen

1102 Konventualinnen und ihre Wohnungen 1736-1784, 1805-1833

1103 Klosterverwalter (1729-) 1754-1824

1104 Trennung der Klostergemeinde von der Gemeinde Haddeby und Bestätigung des Rechts zur Wahl eines eigenen Predigers (1605-) 1735

1105 Wahl des Klosterpredigers 1736

1106 Beiträge vom Rantzauschen Legat zur Nationalbank für die Besoldung des Pastors des Klosters 1822

1107 Einführung der Generalkirchenvisitation 1837

1108 Bestätigungen der Predigerwahlen 1733-1806

1109 Schule (1815-) 1816-1821
Enthält: Beibehaltung der Winterschule in Jagel und Befreiung von der Verpflichtung zur Errichtung einer Distriktschule; Verpflichtung von Borgwedel zur Anlage eines Schulfußsteigs in Güby; Fristverlängerung zum Schulhausbau im Schuldistrikt Geltorf

1110 Kammer- und Finanzangelegenheiten 1745-1844
Enthält u. a.: Fuhren; Zehnten; Klosterhölzung; Wohnungen; Abgaben; Rechnungsrevision

Kloster Itzehoe

1111 Kloster Itzehoe: Allgemeines 1740-1774, 1812-1813
Enthält: Jurisdiktionsangelegenheit, 1746; Privilegienbestätigung, 1774; Regulierung der Dienstleistungen der Untergehörigen, 1813

1112 Äbtissin und Priörin 1739-1810
Enthält u. a.: Wahlbestätigungen

1113 Verbitter 1736-1847
Enthält u. a.: Wahlbestätigungen

1114 Wohnungen 1747-1801 (1910)
Darin: Aufsatz von Helene Höhnk über den Prinzessinhof im Sonntagsblatt der „Itzehoer Nachrichten" Nr. 46-48, November 1910

1115 Kirchenangelegenheiten 1743-1840
Enthält u. a.: Streitigkeiten der Prediger wegen der Amtsverrichtungen, 1810

1116 Kirchenmittel und Bauangelegenheiten 1798-1834

1117 Hauptpastor 1745-1836
Enthält: Wahlen; versäumte Anzeigen von Sterbefällen

1118 Archidiakon und Diakon 1747-1848

1119 Pension für die Frau des Küsters Nicolaus Wichmann 1785

1120 Schule 1808-1815
Enthält: Bearbeitung des Schullandes in Techelsdorf; Verlegung des gemeinschaftlichen Schulhauses von Edendorf und Oldendorf; Landentschädigung für den Schullehrer in Meimersdorf

1121 Kammerangelegenheiten, Finanzen, Ökonomie und Justiz 1734-1806
Enthält u. a.: Einquartierungen, 1761-1770; Deichregulativ für die Marschdistrikte, 1781; rückständige außerordentliche Abgaben, 1805; Erbschaftsangelegenheiten

1122 Kammerangelegenheiten, Finanzen, Ökonomie, Polizei und Justiz 1806-1844
Enthält u. a.: Verkauf von Hölzungen und Gehegen; Wegeangelegenheiten; Verpachtung von Vorwerksländereien; Rechnungsrevision

Kloster Preetz

1123 Kloster Preetz, Klosterpropstei und Flecken: Allgemeines (1748-) 1766-1774, 1803-1844
Enthält u. a.: Abhandlungen mit einigen Dörfern wegen Aufhebung der Hofdienste, 1804; Erwerb des adligen Gutes Dörphof, 1816; Revision der Klosterrechnungen, 1841-1843

1124 Bestätigung der Priörinwahl 1742-1798, 1845

1125 Propst 1735-1844
Enthält: Wahlbestätigungen; Heranziehung eines Juristen durch den Propst für die Protokollführung als Ersatz für den Klosterschreiber

1126 Konventualinnen 1761-1848

1127 Kirchenangelegenheiten 1752-1846
Enthält u. a.: Diakonatswahlen; Streitigkeiten wegen des Kirchbaus in Probsteierhagen, 1802; Vergütungen; Witwenversorgung

1128 Schule 1812-1832
Enthält u. a.: Einführung des Regulativs für die Fleckenschule in Preetz, 1823

1129 Armenwesen 1804-1818, 1837
Darin: gedrucktes Regulativ zum Armenwesen im Klosterdistrikt Preetz, 1837

1130 Post 1736-1815
Enthält u. a.: Bestallungen von Postmeistern

1131 Handwerk und Gewerbe (1718-) 1740-1799
Enthält u. a.: Zunftrolle der Grob-, Klein- und Messerschmiede in Preetz, 1740

1132 Handwerk und Gewerbe 1801-1844
Enthält u. a.: Bestätigung der Artikel der Schneiderzunft in Preetz, 1825

1133 Kammerangelegenheiten, Landwesen, Ökonomie, Einquartierungen, Polizei und Justiz 1771-1847
Enthält u. a.: Apotheke in Schönberg und Preetz; einzelne Ländereien

Kloster Uetersen

1134 Kloster Uetersen: Allgemeines und Verhältnis der Klostervogtei zur Herrschaft Pinneberg 1735-1846

1135 Propst und Priörin 1732-1847
Enthält u. a.: Wahlbestätigungen

1136 Konventualinnen 1731-1843

1137 Klosterschreiber und Klosterhofmeister 1760-1807
Enthält: Rauchhuhngeld, 1760; Sporteln, 1776; Streitigkeit zwischen Propst und Priörin wegen Entlassung des Klosterschreibers Lawätz, 1782-1785; Tragen der Polizeiuniform durch den Klosterhofmeister Matthiessen, 1807

1138 Justiz 1731-1839
Enthält u. a.: Beteiligung an den Kriminalkosten, 1733-1735; Sportelaxe, 1784

1139 Handwerk und Gewerbe 1736-1846
Enthält u. a.: Ausübung der Gewerbepolizei und Verfahren bei aus der Zunftverfassung entstandenen Streitigkeiten, 1825; Mühlen; Errichtung von Zünften im Flecken Uetersen

1140 Handwerk und Gewerbe 1744-1819
Enthält: Gesuche und Konzessionen

1141 Dezimationen 1740-1816

1142 Kammerangelegenheiten, Finanzen, Mühlen, Landwesen, Jagd, Post und Ökonomie 1737-1848
Enthält u. a.: Streitigkeiten zwischen dem Kloster und Eingesessenen des Kirchspiels Horst wegen Deichangelegenheiten, 1783; Fuhren; Verlegung von Märkten; Jagdverpachtung in der Klostervogtei

Adlige Güter und Kirchen sowie Köge

Adlige Güter im Herzogtum Schleswig

1143 Güter im Herzogtum Schleswig: Allgemeines 1735-1846
Enthält u. a.: Ausweitung der Polizeijustiz der Unterbehörden auf die von ihren Distrikten eingeschlossenen fremden Grundstücke, 1846

1144 Aarup 1843-1844
Enthält: Nichtberücksichtigung der Hölzungen bei der Ansetzung zur Armensteuer

1145 Altenhof 1835
Enthält: Veränderung im Landbesitz von zehn vor dem Dorf Bornstein gelegenen Großinstenstellen

1146 Arlewatt 1747, 1772-1774
Enthält: Heuabgaben des Pächters an den Prediger in Olderup; Heranziehung zum Landausschuss und zur Rekrutenstellung

1147 Augustenburgische Güter (1696-) 1750-1818
Enthält u. a.: Dienste und Abgaben der Untergehörigen der Güter Fischbek und Kieding, 1808

1149 Augustenburgische Güter (1745-) 1807-1828
Enthält: Regulierung der Dienste, Abgaben und Festeverhältnisse der Untergehörigen der Lehen Rönhof, Langenvorwerk, Kekenisgaard und Maibüllgaard in den Jahren 1806 und 1807 (mit Rechtsgutachten)

1148 Augustenburgische Güter (1817-) 1820-1828
Enthält u. a.: Hand- und Spanndienste der Hufner des Lehens Mögeltondern; Errichtung einer Apotheke in Gravenstein

1150 Augustenburgische Güter (1706-) 1828-1850
Enthält u. a.: Ablösung der Hofdienste auf Alsen, 1848-1850
Darin: Quittungsbuch mit Einträgen von 1733 bis 1836

1151 Augustenburgische Güter 1835-1848
Enthält: Verteilung der Wegelasten

1152 Ballegaard 1784-1798
Enthält: Einführung eines Schuld- und Pfandprotokolls; Besuch des Marktes in Broager durch den Schuster Lorenz Hansen; Zollfreiheit; Zugehörigkeit des Dorfes Blans zur Armenkasse des Kirchspiels Ulderup; Parzellierung (mit Beschreibung der Hoffelder)

1153 Behrensbrook mit Rothenstein (1805) 1806, 1838
Enthält: Überlassung eines Landstücks an die Armenkommüne; Beschwerden von Bauern in Neudorf über den Gutsbesitzer wegen Behinderungen bei Landverheuerungen

1154 Blansgaard 1780-1836
Enthält u. a.: Anfrage der Rentekammer zur Verpachtung, 1780; Einverleibung des Gutes in das Amt Sonderburg, 1811, 1835; Lastenbefreiung der Kätner und Insten, 1819

1162 Böelschuby (1816-) 1818
Enthält: Zollfreiheit

1155 Borghorst 1815-1816
Enthält: Verkauf des Gutes

1156 Bottschlott 1825-1826
Enthält: Zollfreiheit

1157 Boverstedt 1732, 1811
Enthält: Pflugzahl, 1732; Einführung eines Schuld- und Pfandprotokolls, 1811

1158 Brunsholm 1798-1827
Enthält u. a.: Widersetzlichkeiten des Insten Johann Hinrich Hansen, Frauenhof, gegen den Gutsbesitzer Baron von Bothmar, 1773; Gerichtsstand; Einführung einer Sporteltaxe sowie eines Schuld- und Pfandprotokolls, 1797; Meierhof Frauenhof, 1807, 1827

1160 Büchenau 1818
Enthält: Trennung des Lageregisters von Büchenau von dem des Gutes Krieseby

1159 Buckhagen (1823) 1824-1828
Enthält: Unterstützung des Schullehrers Lauritz Petersen Hjul, Schwackendorf; Rechtssache der Eingessenen in Schwackendorf mit dem Oberinspektor des Gutes wegen der Instandsetzung eines Weges

1161 Bülk 1797
Enthält: Einführung eines Schuld- und Pfandprotokolls

1163 Büstorf 1824
Enthält: Mitteilung eines Gesuchs des Hufners Detlef Nehl, Sönderby, zur Untersuchung der Rechtmäßigkeit von gutsherrschaftlichern Forderungen

1166 Damp 1801, 1827-1828
Enthält: Beschwerde des Jägers Jürgen Matthiesen wegen seiner Behandlung durch den Baron von Brusten; Umlage der Armenausgaben nach Pflugzahl

1216 Dänisch-Nienhof und Hohenhain 1806, 1847
Enthält: Erlaubnis für einen gemeinsamen Gerichtsbezirk mit Hohenhain; Abänderung des Schulregulativs

1168 Dollrott 1789
Enthält: Einführung eines Schuld- und Pfandprotokolls

1167 Dörphof 1809-1811
Enthält: Zollfreiheit der Meierhöfe Schwonendahl und Horst

1169 Düttebüll 1783-1843
Enthält: Zollfreiheit der Parzelle Pommerbyhof, 1826; Verbot des Wegfahrens von Sand und Grus vom Strandland des Parzellisten Schwennesen, Langfeld, 1839; Entlassung des Schullehrers Bruhn, Pommerbyhof, 1843; Parzellierungsangelegenheiten
Darin: Parzellierungskonditionen, 1783

1170 Eckhof 1784-1845
Enthält: Stempelpapierfreiheit, 1784; Einführung eines Schuld- und Pfandprotokolls, 1787; Vereinigung von Katen des Gutes Seekamp mit dem Gut Eckhof, 1827; Entwurf eines Armenregulativs, 1830; Strafe des Tischlergesellen Christian Nöhren, Scharnhagen, wegen unerlaubter Tischlerarbeiten, 1845

1171 Eschelsmark und Ornum 1782-1847

Enthält u. a.: Verlegung von acht Pflügen vom Gut Norby, 1782-1784; Einführung eines Schuld- und Pfandprotokolls, 1792; Unterstützung des Schulhalters Carl August Bruhn, Bohnert, 1795, 1802; Bestimmung der Pflugzahl der abgelegten Höfe Ornum und Büstorf, 1809; Unterstützung für den Schulbau in Bohnert, 1842; Beitragsleistung zu den Armenlasten in Bohnert, 1847

1172 Fahrenstedt 1763-1829

Enthält: Erteilung adliger Freiheiten, 1763-1764; Einführung eines Schuld- und Pfandprotokolls, 1790; Hofdienste und Leistungen der Kätner in Böklund und Kattbek, 1819; Verteilung der Wegelasten, 1829

1173 Flarup 1760-1837

Enthält: Landausschuss, 1761; Lageregister, 1801; Landmilitärdienst der Besitzer von Parzellen und Hofstellen, 1802 (darin ein Sammelband zur Verteilung des Gutes und Verkauf der getrennten Landstücke); Jurisdiktion über die Heuerlinge, 1807; Einverleibung von Parzellen in das Amt Gottorf und Steuerverhältnisse, 1816; Zuständigkeit der Armenkommüne Norderbrarup, 1837

1175 Freileben, Gravensteinhof und Schellgaard 1823

Enthält: Zollfreiheit

1174 Fresenhagen 1787-1811

Enthält: Gerechtsame des Matthias Jacob Schleiden, Besitzer des Gutes Lütjenhorn, am Gut Fresenhagen, 1787; Beitragsleistung zum Unterhalt des Schulmeisters in Stadum, 1788; Schuld- und Pfandprotokoll, 1790, 1795; Resolution auf ein Gesuch mehrerer Gutsbesitzer um Herabsetzung der Landsteuer und Abgaben, 1811

1177 Friedenstal 1826

Enthält: Einverleibung der aus Vorwerksländereien in Ravenhorst gebildeten Parzelle Friedenshorst in das Gut Friedenstal

1178 Gammelgaard 1754-1769, 1810-1812

Enthält: Gerichtsbarkeit, 1754-1756; Erhebung zum adligen Gut, 1756; Auseinandersetzungen mit den Bonden und Festebohlsleuten in Tandslet wegen Setzung und Unterhaltung der Scheidezäune (mit Zeichnung), 1768-1769; Kommission zur Regulierung der Lasten und Abgaben der Bohlsleute, 1811; Untersuchung ärztlicher Pfuschereien, 1812

1179 Gelting 1735-1736

Enthält: Auseinandersetzung der Geschwister von Schlitz genannt von Görtz mit dem Geheimrat von Wedderkop wegen eines auf dem Gut stehenden Kapitals

1180 Gelting 1789-1841
Enthält u. a.: Bestätigung der Vereinbarung der Erben des Barons Seneca Ingersen von Gelting über das Fideikommissgut, 1789; Annahme des Titels „Baron von Gelting" durch den Rittmeister von Hobe, 1822; Steuerrückstände, 1841; Ablehnung eines Überlassungsvertrags zwischen Rittmeister von Hobe, Baron von Gelting, und seinem Sohn, 1841

1182 Gereby und Karlsburg 1789-1790, 1825-1835
Enthält: Einführung eines Schuld- und Pfandprotokolls, 1790; Regulativ für das Armenwesen im Gut Gereby, 1825, 1829; Änderung des Gutsnamens in „Karlsburg", 1825; Bestimmung der Bannmeile, 1827, 1835; Auseinandersetzung des Landgrafen Carl von Hessen-Kassel mit Johann Reimer, Hütten, wegen eines Pachtvertrags, 1835

1183 Gram 1737-1846
Enthält u. a.: Grenzstreitigkeiten, 1754; Einführung eines Schuld- und Pfandprotokolls, 1796; Regulierung der bäuerlichen Verhältnisse, 1824; Vergleiche mit den Festebesitzern, 1829; Anlage einer Apotheke in Gram, 1839-1840; Bestätigungen der Gerichtsbediensteten

1181 Groß-Tönde 1840
Enthält: Privilegienbestätigung für das Gut und die Wiese Westerkarr

1184 Grüngrift 1814-1818
Enthält: Aufbringung der Kriegslasten; Umschreibung der Hofkoppel Dammlück

1185 Grünholz (Angeln) 1796-1797, 1839
Enthält: Zollfreiheit; Recht zu Konzessionserteilungen

1186 Grünholz (Schwansen) 1800, 1829-1832
Enthält: Vereinigung von Hufenstellen in Schuby mit dem Gut; Einrichtung einer Nebenschule; Annahme eines Eidscheins zur Zollfreiheit durch den Zollverwalter in Kappeln

1187 Grünhorst 1818-1821
Enthält: Beteiligung an der Schule in Grünhorst

1190 Haistrup 1793
Enthält: Beschwerde der Schusterzunft in Tondern über den auf dem Gut befindlichen Schuster

1188 Hemmelmark (1711-) 1723-1847
Enthält u. a.: Grobschmiede, 1724; Mühlenbau, 1785; Schuld- und Pfandprotokoll, 1803, 1810, 1825; Trennung der Lageregister der Güter Mohrberg und Kasmark vom Gut Hemmelmark (mit Lageregistern, 1820), 1821; Kauf eines Schulhauses in Barkelsby, 1824; Schule in Barkelsby, 1843, 1847

1194 Höckeberg 1807-1841
Enthält: Bestätigung der Privilegien, 1807, 1841; Lieferung von Stückpferden, 1813; Schmiedekonzession, 1819

1189 Hoffnungstal 1818
Enthält: Trennung des Lageregisters vom Gut Mariental

1191 Hohenlieth 1793-1795
Enthält: Landschenkung an den Vater des Holzvogts Christian Mohr, Holtsee; Benutzung der Kapelle; Entschädigungsgesuche der Untergehörigen wegen Landverlustes

1192 Hohenstein 1827-1829
Enthält: Konzessionen zum Branntweinbrennen; Bier- und Essigbrauen

1193 Hoyerswort (1733-) 1783-1787
Enthält: Mitbesichtigungsrecht in den Tetenbüller und Rothenburger Tiefen; Stellung eines Landauschussmanns

1195 Hütten mit Wulfshagen (1789-) 1795, 1807
Enthält: Einführung eines Schuld- und Pfandprotokolls; Umwandlung des Meierhofs Wulfshagen zu einem adligen Gut

1196 Kaltenhof 1817-1823
Enthält u. a.: Bestallung des Bürgermeisters von Eckernförde Nicolaus Georg Ferdinand Suadicani zum Justitiar; Konzessionsgesuche; Verzeichnis der Handwerker und Gewerbetreibenden im Gut Kaltenhof

1198 Karrharde (1738-) 1819-1827
Enthält: Aufnahme des Jacob Carstensen, Klockries, unter die adligen Gutsbesitzer; Krügerei (Verzeichnis von Krügern auf anderen Gütern); Jurisdiktion über den halben Pflug des Paul Nonnensen

8099 Kasmark 1820-1823
Enthält: Konzession für den Tischler Jakob Ehlers; Schmiede

1199 Kekenisgaard 1801-1802
Enthält: Mühlenzwang der Untergehörigen

1197 Kieholm 1825-1829
Enthält: Zollfreiheit für den Besitzer der Parzelle Kieholm

8100 Kielsenge 1737-1824
Enthält: Bestätigung der Privilegien

1200 Kielstrup (1791-) 1829-1830
Enthält: Wegelasten

1164 Klixbüll 1791-1795
Enthält: Einführung eines Schuld- und Pfandprotokolls

1201 Knoop 1811
Enthält: Zollfreiheit

1165 Krieseby 1760-1766, 1803-1829
Enthält: Anlage einer Ofen-, Fayence- und Amidamfabrik, 1760-1766; Einführung eines Schuld- und Pfandprotokolls, 1803; Handwerks- und Gewerbekonzessionen

1202 Laygaard 1790-1815
Enthält: Landhandwerker in der Lundtoftharde, 1790; Einrichtung eines Schuld- und Pfandprotokolls, 1793; Abfindung des Insten in Quars hinsichtlich der Kuhweide, 1808; Vereinigung von Viertelhufen des Hans Jürgensen, Feldstedt, 1810; Hökereikonzession des Schusters Johann Peter Neuhaus, Feldstedt

1203 Lindau 1783-1785, 1838-1846
Enthält: Niederlegung des Gutes und Verbindung mit dem Amt Gottorf, 1784-1785; Befreiung vom Musikzwang, 1841; Haltung von Reuterpferden, 1846

1204 Lindewitt 1730-1836
Enthält u. a.: Forderungen an die Gräfin von Castel, 1730-1749; Beschwerden über Einquartierung, 1779; Mühle in Raahede, 1785; Niederlegung des Gutes Lindewitt und Auflösung des Nexus mit den anderen Gütern, 1793-1797; Vereinigung des Gutes mit den Ämtern, 1796-1798; Verkauf des Gutes durch den Kammerherrn von Blücher an die Rentekammer, 1795-1799
Darin: gedruckte Aktensammlung zum Verkauf von Lindewitt, 1798

1205 Loitmark 1802-1840
Enthält: Taxe für den Erbfährpächter in Ellenberg; Bestimmung der Pflugzahl; Gebührenbefreiung der Kammerherrfrau von Warnstedt

1206 Louisenlund 1804-1847
Enthält: Einführung eines Schuld- und Pfandprotokolls; Befreiung von der Wegelast für die Landstraße Eckernförde–Schleswig

1207 Ludwigsburg 1768
Enthält: Änderung des Namens des Gutes Kohöved in Gut Ludwigsburg

1208 Lundsgaard (Angeln) 1784-1848
Enthält u. a.: Überlasssung des Gutes an Graf Conrad von Reventlow zur Einverleibung in die Grafschaft Reventlow, 1785; Stampf- und Borkmühle, 1785-1787; Einrichtung eines Schuld- und Pfandprotokolls, 1787; geplante Einverleibung in das Amt Flensburg, 1818; Wege, 1819, 1848

1209 Lütjenhorn 1780-1825
Enthält: Schuld- und Pfandprotokoll, 1780, 1795; Mitteilung von Quittungen über bezahlte Steuern, 1824; Vergabe von Krügereikonzessionen, 1825

1210 Maasleben (1772-) 1778-1842
Enthält u. a.: Einquartierungen (dabei Marschroute des Jütischen Regiments, 1772), 1778; Einführung eines Schuld- und Pfandprotokolls, 1794; Besetzung der Gerichtshalterstelle, 1817; Anlage einer Apotheke, 1842

1211 Maasleben (1794-) 1817-1820
Enthält: Prozess der Gräfin von Schulenberg gegen den Advokaten Fr. Chr. Schmidt wegen des Konkurses des Kammerherrn L. A. von Buchwald auf Grünholz und Wassersleben

1212 Mariental 1801-1824
Enthält: Bedingungen für den Verkauf von Ländereien, 1801; Erhebung des Meierhofs Hoffnungstal zu einem Gut, 1814; Erlass des Einfuhrzolls für Salz, 1824; Schlagbaum und Brückengeld auf der Landstraße Kiel–Eckernförde, 1824

1213 Mirebüll 1786-1793
Enthält: Anlage einer Pellerei (Graupenmühle); Einführung eines Schuld- und Pfandprotokolls

1214 Möhlhorst (1676-) 1736-1751
Enthält: Grobschmiede

1215 Mohrberg und Sophienruhe 1812-1817
Enthält: eventuelle Trennung der Güter; Bewilligung von Rechten für Sophienruhe

1217 Noer und Grönwohld 1825-1840
Enthält: Wohnung und Feuerung des Dienstknechts Peter Rathje, Krusendorf; Untersuchung gegen den Sekretär Lorenzen; Schulverfassung in Noer und Grönwohld

1218 Norgaard (1631-) 1781-1847
Enthält u. a.: Befreiung der Parzellisten vom Landmilitärdienst, 1802; Pflugzahl, 1781-1829; Beteiligung an den Schullasten in Steinberg, 1845-1847

1219 Nübel in Angeln 1785-1846
Enthält u. a.: Einführung eines Schuld- und Pfandprotokolls (mit Register der Gutsuntergehörigen), 1789

1220 Ohe 1781-1807
Enthält: Grabung eines Kanals bei Schleimünde, 1782; Einführung eines Schuld- und Pfandprotokolls, 1791; Verkauf des Meierhofs Wilhelminenhof, 1806; Militärfreiheit des Meierhofs Hasselberg, 1807

1221 Ohrfeld 1767-1846
Enthält u. a.: Jurisdiktion, 1767, 1779; Verbesserung des Schulwesens, 1799; Befreiung der Parzellisten vom Militärdienst, 1812; Bau eines Armenhauses, 1840; Anlage einer Grützmühle, 1846

1222 Olpenitz 1784-1844
Enthält: Landüberlassung an die Stadt Schleswig, 1784; Einführung eines Schuld- und Pfandprotokolls, 1799; Konzession des Christian Frühling, Karlberg, zum Handel mit Steingrus und zum Lumpensammeln, 1802; Pflugzahl und Kontribution, 1806-1811; Jurisdiktionsumlegung, 1844

1224 Osterbygaard 1778-1801
Enthält: Erteilung der Krug- und Hökereigerechtigkeit, 1779; Zugehörigkeit des Gutes zum Herzogtum Schleswig oder zu Jütland, 1796-1801

1223 Ostergaard 1732, 1791-1844
Enthält u. a.: Einführung einer neuen Leibeigenschaft, 1732; Jurisdiktion, 1820, 1823; Weißbäckerei im Kirchspiel Steinberg, 1825

1225 Priesholz 1796-1831
Enthält: Einführung eines Schuld- und Pfandprotokolls; Lasten und Abgaben der Untergehörigen; Heranziehung der Untergehörigen zu den Armenlasten

1226 Rathmannsdorf 1847-1848
Enthält: Bau einer Kornwindmühle

1227 Reventlow 1750-1845
Enthält u. a.: Landschuster, 1751; Zollfreiheit, 1781; Einführung eines Schuld- und Pfandprotokolls, 1787; Fuhrpflicht, 1814; Verbot der Krügerei, des Branntweinbrennens und der Hökerei, 1816; Bau eines Schulhauses, 1821; Parzellierung des Gutes Sandberg und des Gutes Ballegaard, 1786-1845

8101 Rödemis 1817
Enthält: Bestätigung der Privilegien für Johann Hinrich Garmsen

1228 Rögen 1807-1809
Enthält: adlige Qualität des Guts und seiner Meierhöfe; Fouragelieferungen durch die Parzellisten

1229 Rönhof und Langenvorwerk 1799-1800
Enthält: Streitigkeiten zwischen der herzoglich-augustenburgischen Obrigkeit und dem Hospital in Sonderburg über Festeländereien

1230 Roest 1761-1823
Enthält: Zuchthausbeitrag, 1762; Einführung eines Schuld- und Pfandprotokolls, 1798; Vorrechte an den Meierhöfen Ruhkrog und Dothmark, 1802; Übertragung der Jurisdiktion über die Domvikarienhufen in Sandbek, 1807; Niederlassung des Johann Heinrich Struve in Kappelholz, 1823

1231 Rumohrsgaard [1830]
Enthält: Nachrichten zur Geschichte des Gutes

1232 Rundhof 1793-1846
Enthält u. a.: Schuld- und Pfandprotokoll, 1793, 1800; Beschwerde des Kaufmanns Peter Thaysen, Flensburg, über einen Parzellenkauf, 1800; Weißbäckerei, 1825; Regulierung der Abgabenverhältnisse, 1831

1233 Sandbek (1700-) 1827-1832
Enthält: Gutsqualität von Sandbek; Herrengeld der Hufner

1234 Satrupholm 1722-1793, 1825-1827
Enthält: Forderungen des Grafen von Dernath, 1722-1734; außerordentliche Kontribution der Kätner, 1793; Befreiung der Untergehörigen von der Treibjagd, 1825-1827

1235 Saxdorf 1799-1842
Enthält u. a.: archivalische Nachrichten über das Gut Norby, 1769; Einführung eines Schuld- und Pfandprotokolls, 1799; Regulierung des Armenwesens, 1833; Bau eines neuen Schulhauses, 1841; Verteilung der Armenlasten (mit Setzungsprotokollen), 1842

1236 Schackenburg 1776-1811
Enthält: Färberei, 1776, 1787; Strandrecht, 1781, 1786; Hebamme, 1786; Verweigerung der Fleckensgerechtigkeit für die sogenannte Schlossgasse, 1788; Befugnis zur Branntweinbrennerei und zur Erteilung von Konzessionen zur Krügerei, Brennerei und Hökerei, 1811

1237 Schinkel 1786
Enthält: Aufnahme von zur Zuchthausstrafe verurteilten Untergehörigen in das Zuchthaus gegen Zahlung in den Zuchthausfonds

1238 Schobüllgaard 1787-1800, 1843
Enthält: Anlage einer Schmiede, 1787, 1789; Schuld- und Pfandprotokoll, 1791-1800; Beschwerden der Hufner über die Hofdienste, 1791; Vergütung für den Schullehrer, 1843

1239 Schobüllhuus 1736-1738
Enthält: Privilegien

1240 Schönhagen 1809-1811

Enthält: Einführung eines Schuld- und Pfandprotokolls; Abgaben und Baukosten des Hufners Behrend Paulsen, Brodersby

1241 Schwensby (1750-) 1791-1826

Enthält u. a.: Krügerei- und Hökereikonzession des Kätners Nicolas Johannsen, 1791; adlige Freiheiten und Gerechtsame des Peter Otzen gehörigen Nebenhofes, 1819; Anerkennung des Besitzes des Hans Martesen im Nebenhof als Meierhof, 1826

1242 Seegaard (1741-) 1766-1826

Enthält u. a.: Vieh- und Pferdemärkte in Klipleff, 1767, 1825, 1844; Einführung eines Schuld- und Pfandprotokolls, 1791, 1798

1243 Seekamp (1679-) 1738, 1764-1808

Enthält: Verbesserung eines Grabens, 1764; Verwendung von Parzellenkaufgeldern zum Aufbau von Gebäuden, 1791; Parzellierung, 1792; Verkauf von Parzellen, 1794; Gesuch der Hufner in Pries, Holtenau und Schilksee um gleiche Heranziehung der Parzellisten zu den Ausgaben, 1808

1244 Sehestedt (1803-) 1805-1830

Enthält: Vereinbarung über die Hofdienste, 1805; Schmiede, 1810; Zollfreiheit für den Meierhof Freienberg, 1811; Wohnung und Feuerung für die Witwe Magdalena Lucia Friedericka Reimers, Sehestedt, 1815; Niederlegung einer Hufe in Wentorf, 1830

1245 Staun 1832

Enthält: Zollfreiheit für die Parzelle Bocksrühe

1247 Steinrade 1821

Enthält: Fehlen konzessionssuchender Handwerker oder Gewerbetreibender

1246 Stoltelund (1786-) 1806-1848

Enthält u. a.: Justizverwaltung, 1806; Unterhalt der Poststraße, 1829; Aufhebung der Verbindung mit der Luntoftharde, 1843; Aufbringung der Armenlasten, 1846; Verbindung mit der Wiesharde, 1848

1248 Südensee 1807-1810

Enthält: Hökerei und Krügerei in Sörupholz; Bestätigung des Gerichtshalters

1249 Toestorf 1783-1807, 1837

Enthält: Konzession des Glasers Johann Friedrich Rumland, Brebel, 1785; Einverleibung von Hufen und Katenstellen in die Ämter Gottorf und Flensburg, 1801-1807; Beitrag zu den Reuterpferdegeldern, 1837

1250 Tolkschuby 1797-1798

Enthält: Privilegien der Parzellenbesitzer

1251 Uhlenhorst 1833-1835
Enthält: Anlage eines Begräbnisplatzes auf dem Gut für den Advokaten Schiff und dessen Frau, Kiel

1252 Unewatt 1788-1844
Enthält: Tausch der Gerichtsbarkeit über den Müller, 1788; Mitteilung der Abschrift eines Verkaufsvertrages über drei Pflüge an Jochim Conrad Burgdorff, Nordballig, und Peter Hansen Schmidt, Bönstrup, 1801; Zollfreiheit einer Stammparzelle in Brodersby, 1822, 1844

1176 Meierhof Voldewraa 1822
Enthält: Zollfreiheit

1253 Warleberg 1826-1835
Enthält: Trennung von Warleberg und Rathmannsdorf hinsichtlich der Pflugzahl; Abbruch der Gebäude (mit gedruckter Sammlung der Prozessakten in der Konkursangelegenheit des Kammerherrn von Neergaard zur Vergütung der Baukosten für die Hufner und Kätner); Verkauf der Mühlengebäude; Krammarkt in Landwehr; Schuster

1254 Wesbygaard 1789-1805
Enthält: Wege; Einverleibung des Gutes in das Amt Flensburg

1255 Windeby 1751-1839
Enthält u. a.: Verpachtung und Verwaltung, 1751-1754; Brückenbau und Wegegeld, 1771; Trennung des Meierhofs Marienthal, 1804; Beschwerde des Schullehrers in Kochendorf wegen des Legats für Schulbücher, 1839

1256 Wisch (1686-) 1752-1824
Enthält: Jagdgerechtigkeit, 1752; Eigenschaft des Gutes, 1754; Sicherheit für ein der Universität Kiel durch den Konferenzrat von Reutz vermachtes Kapital, 1793; Zollfreiheit, 1824

1257 Wulfshagen (1807-) 1830-1837
Enthält: Anlage einer Apotheke in Gettorf und Einstellung eines Arztes (mit Bewerbungsgesuchen); Jurisdiktionsverhältnis einiger Grundstücke der Güter Wulfshagen, Hütten und Großkönigsförde

Adlige Kirchen und Schulen im Herzogtum Schleswig

1258 Adlige Kirchen und Schulen im Herzogtum Schleswig: Allgemeines und Berichte der Generalkirchenvisitationen (1652-) 1760-1843

1259 Kirche und Schule in Atzbüll 1768-1838

1260 Kirche und Schule in Boren 1760-1784

1263 Kirche und Schule in Dänischenhagen 1781-1845

1264 Kirche und Schule in Düppel (1719-) 1735-1845

1265 Sporteltaxe für den Prediger in Fohl 1825-1828

1266 Kirche und Schule in Gelting 1736-1846
Enthält u. a.: Wahlbestätigungen für Pastoren und Kirchenbedienstete

1267 Kirche und Schule in Gettorf 1729, 1773-1847

1261 Kirche und Schule in Klipleff 1768-1843

1262 Kirche und Schule in Krusendorf 1736-1840

1268 Kirche und Schule in Quars 1738-1843

1269 Kirche und Schule in Rieseby (1768-) 1796-1845

1270 Kirche und Schule in Schwansen 1741, 1814-1848
Enthält u. a.: Wahlprotokoll zur Predigerwahl, 1830

1271 Kirche und Schule in Sehestedt 1735-1832

1272 Kirche und Schule in Sieseby 1795-1823

1273 Kirche und Schule in Waabs 1758-1843

Köge im Herzogtum Schleswig

1274 Oktroyierte Köge im Herzogtum Schleswig: Allgemeines 1762-1785

1275 Alt-Langenhorner Koog: Ablegung der Koogrechnung und Beitrag zur Reparatur des Haffdeichs in Fahretoft 1788-1797

1276 Augustenkoog (1740-) 1800-1847

1277 Börmer Koog (1795) 1796-1846

1278 Breklumerkoog: Wiedererstattung der Zwangsanleihe 1817

1279 Christian-Albrechts-Koog 1766-1769, 1796-1843

1280 Dagebüller Koog: Beteiligung des Amtmanns an der Kirchenvisitation und Befreiung von der Einquartierungslast 1785-1786, 1810

1281 Deljekoog: Vermessung des Koogs zum Auffinden eines fehlenden Landstücks 1784

1282 Desmerciereskoog bzw. Reußenkoog 1767-1824

1283 Elisabeth-Sophien-Koog: Einführung des Eiderstedter Landrechts, Gültigkeit der Gerichts-, Kauf- sowie Schul- und Pfandprotokolle, Erlass einer Schuld für die Eingesessenen 1771-1780

1284 Friedrichskoog 1795-1827

1285 Norderfriedrichskoog: Graupenmühle, Privilegien der Ländereien des Carsten Japsen, Strandvogt (1727-) 1744, 1802-1821

1286 Süderfriedrichskoog: Privilegien der sogenannten Walterschen Ländereien 1812

1287 Galmsbüller Vorland (1681) 1786-1801

1288 Gotteskoog 1755-1833

Enthält u. a.: Erweiterung der Gerichtsbarkeit und Befugnisse des Aktuars, 1833

1289 Grothusenkoog: Bedeichung des Vorlandes 1779

1290 Hattstedterkoog: Besetzung der Stelle eines Kooggevollmächtigten 1810

1291 Herrenhallig (Koldenbütteler Koog): Abgaben und Lasten der Erbpächter 1830

1292 Juliane-Marien-Koog: Einsetzung eines Gerichtshalters und dessen Geschäftskreis 1842-1843

Enthält u. a.: Sporteltaxe

1293 Kleiseer Koog 1731-1798, 1840

1294 Kohldammer Koog: Aufnahme und Ablegung der Koogrechnungen 1823

1295 Meggerkoog 1736-1837

1296 Mögeltondernkoog: Behandlung rückständiger Deichbeitragsgelder bei Konkurs 1806

1297 Kleinenseer Koog: Konzessionsfreiheit für Gewerbetreibende 1820-1821

1298 Marienkoog (1798-) 1801-1837

1299 Ockholmer Koog 1775-1794, 1835-1843 (1879)
Enthält u. a.: Steuerverhältnisse und Rückstände der Bankzinsen, 1843

1300 Porrenkoog: Übertragung eines Erbpachtstücks sowie Ausübung der Gerichtsbarkeit und Polizei 1799, 1847
Darin: Karte zur Jurisdiktionsgrenze

1301 Louise-Reußenkoog 1801-1840

1302 Rüttebüller Koog (1712-) 1751-1844

1303 Schwabstedter Koog: Stellung des Landausschusses 1782

1304 Simonsberger Koog: Bildung einer eigenen Gerichtsbarkeit 1734-1735

1305 Sophien-Magdalenenkoog und Desmercierskoog 1742-1820

1306 Sorgkoog: Beteiligung am Deichbau des Süderstapelers Osterkoogs (1795) 1796

1307 Süderstapeler Osterkoog: Absperrung des großen Stroms in der Bracke 1794

1308 Störtewerker Koog (1544-) 1735-1750, 1834-1835
Enthält u. a.: Bestätigung der Privilegien

1309 Uberger Koog: Streit mit dem Deichvogt 1808-1809

1310 Tondern-Stadt-Koog: Eintreiben der Kommunalabgaben der Kirchenjuraten, des Deichvogts und des Brandadministrators (1763) 1830

1311 Waygaarder Koog: Anlage eines Sommerdeichs 1806-1807

1312 Wilhelminenkoog: Änderungen von Verkaufsbedingungen sowie Einverleibung des Koogs in das Kirchspiel Tating und die Landschaft Eiderstedt 1822-1847

Sämtliche Güter

1313 Adlige Güter, Kanzleigüter und lübsche Güter im Herzogtum Holstein: Allgemeines 1750-1838

1314 Budgetakten zu den Gütern in den Herzogtümern Schleswig und Holstein 1813

1315 Adlige Güter und Kanzleigüter im Herzogtum Holstein: Verzeichnis der Familienstellen 1805-1806

1316 Gerichtshalter und Justizverwaltung in den adligen Gütern der Herzogtümer Schleswig und Holstein 1802-1805
Enthält u. a.: Liste der Besitzer und Gerichtshalter in den Gütern

1317 Gerichtshalter und Justizverwaltung in den adligen Gütern der Herzogtümer Schleswig und Holstein (1796-) 1805-1828
Enthält u. a.: Verzeichnisse der Gerichtshalter

1318 Gerichtshalter und Justizverwaltung in den adligen Gütern der Herzogtümer Schleswig und Holstein 1829-1841

1319 Gerichtshalter und Justizverwaltung in den adligen Gütern der Herzogtümer Schleswig und Holstein 1841-1848

Adlige Güter und Kanzleigüter im Herzogtum Holstein

1320 Ahrensburg 1738-1739, 1810-1845
Enthält u. a.: Streitigkeiten des Grafen Detlef von Rantzau mit seinen Untergehörigen wegen Hofdiensten, 1738-1739; Märkte in Woldenhorn, 1825-1845; Apotheke, 1827-1842; Beitragspflicht der Juden zu den Schullasten, 1832; Konzessionsgesuche (u. a. von Juden)

1321 Ascheberg (1808) 1809-1839
Enthält: Verweigerung der Verbindung der Erbpachtstelle Heimböst mit dem Meierhof Lindau, 1806; Zollfreiheit des Meierhofs Lindau, 1810-1811; Beitrag zu den ritterschaftlichen Anlagegeldern, 1816; Sandgrube zur Wegebesserung, 1825; Schuster, 1839

1322 Bahrenfleth 1831-1837
Enthält: Vergrößerung der Schulstube; Wegegeld; Konzessionsgesuche von Handwerkern

1323 Beke und Bekhof 1775-1776, 1812
Enthält: Dezimation des Georg Heinrich Molsen, Wilster, und des Paul Ahmling, Äbtissinwisch, für eine Erbschaft; Neubau eines Wohnhauses

1324 Bekdorf und Beckland (1662-) 1738-1760, 1816-1829
Enthält u. a.: Gutsqualität von Bekdorf, 1816-1829

1325 Blockshagen 1818-1842
Enthält: Zollfreiheit; Brückengeld

1326 Blumendorf 1815, 1824
Enthält: Errichtung eines Meierhofs in Glinde

1327 Borstel 1789-1848
Enthält: Befreiung vom Beitrag zu Kosten von Vermessungen und Grenzberichtigungen, 1789; Aufenthalt eines Juden in Sülfeld, 1800; Grenzregulierung mit Sievershütten, 1807; Verteilung der Pflugzahl von Borstel und Grabau, 1809; Apotheke im Kirchspiel Sülfeld, 1848

1328 Bossee 1823
Enthält: Zollfreiheit für den Hof Mohrrügen

1329 Bothkamp 1809-1827
Enthält: Grenzregulierung mit dem Amt Neumünster; Bestätigung der Fischereigerechtigkeit; Zollfreiheit für den Hof Bornrüm

1330 Bramstedt (1691-) 1740-1806, 1841
Enthält u. a.: Jurisdiktion und Landeshoheit, 1740; Verbot der Aufnahme von Juden, 1740; Teilnahme des Besitzers der Dorfschaft Weddelbrook am Kirchenkonvent in Segeberg, 1793; Ankauf des Gutes, 1841

1331 Bredeneek 1843-1844
Enthält: Schulpflicht der Kinder

1332 Breitenburg (1686-) 1734-1772
Enthält u. a.: Tod der Gräfin von Castel, 1743; Archiv von Breitenburg, 1749; Brauerei und Branntweinbrennerei in Lotter (Lottering), 1749-1769 (mit Inventar der Brauerei 1765); Regulierung der Pflugzahl, 1758; Streitigkeiten der Untergehörigen des Gutes Wellen mit ihrem Gutsherrn Graf Friedrich Rantzau auf Breitenburg (mit gedruckten Prozessschriften), 1767-1768; Bildung von Schuldistrikten, 1769-1772

1333 Breitenburg (1770) 1771-1841
Enthält u. a.: Wiedereinführung des Gottesdienstes in der Kapelle, 1771-1774; Streitigkeiten zwischen Hufnern und Kätnern in Hitzhusen über Wegeleistungen, 1775; Einrichtung eines Schuld- und Pfandprotokolls, 1798; Mühlenzwangsrecht, 1798; Anlage einer Brauerei in Lotter (Lottering), 1817; Recht zum Fischfang in der Stör, 1824; Malzmühle, 1831; Konzessionsgesuche

1334 Brodau 1824-1839
Enthält: Rechtsstreitigkeiten der Erben des Heinrich Conrad Niemeyer wegen ihrer Ansprüche auf das Fideikommissgut Brodau; Handwerker

1336 Bundhorst 1819-1820
Enthält: Gleichstellung des Meierhofs Ludwigslust mit den anderen Meierhöfen

1335 Bürau (1805) 1806-1807, 1825
Enthält: Umschreibung von Ländereien zwischen Bürau und Seegalendorf; Wohnung und Legatengelder des Tagelöhners Hans Wohlert

1339 Christianenhain 1815
Enthält: Zollfreiheit

1340 Christinenthal 1828-1830
Enthält: Anspruch auf Zollfreiheit

1346 Depenau 1737-1839
Enthält u. a.: Aufruhr der Knechte, 1737; Beschwerden gegen den Gutsherrn, 1740; Beschwerden der Insten wegen der Landabfindung, 1806; Konzessionsgesuche
Darin: gedruckte Beschreibungen der Dörfer Stolpe und Wankendorf sowie des Meierhofs Löhndorf, 1814-1815

1347 Drage 1783-1846
Enthält u. a.: Stellung von Reuterpferden, 1787; Gerichtshalter, 1809; Patronat des Inspektors bei Schulbesetzungen, 1814; Unterhalt der Gefangenen aus Drage im Gefängnis in Hanerau, 1822; Ausübung der Patronatsrechte, 1825; Gefängnis, 1829, 1846; Konzessions- und Rekognitionsfreiheit der Gewerbetreibenden in Hohenwestedt, 1831

1348 Dunkelsdorf (1671-) 1732-1838
Enthält u. a.: Bestätigung der Privilegien

1349 Ehlerstorf 1811-1824
Enthält: Abtrennung des Meierhofs Einhaus und Erhebung zum adligen Gut

1350 Emkendorf 1776-1798
Enthält: Einführung und Einrichtung eines Schuld- und Pfandprotokolls

1351 Erfrade 1806, 1825
Enthält: Handwerkskonzessionen; Justizverwaltung

1352 Flottbek 1805-1807, 1828-1843
Enthält: Erhebung zum Kanzleigut; Bestätigung der Freiheiten und Privilegien

1353 Fresenburg 1817-1834
Enthält: Konzession des Schneidergesellen Joachim Hinrich Heher, Poggensee; Folien im Schuld- und Pfandprotokoll; Totengilde

1354 Freudenholm 1805-1835
Enthält: Einquartierungen; Übertragung der Gerichtsbarkeit auf das Kloster Preetz; Instandsetzung der Wege

1355 Futterkamp 1803-1804
Enthält: Steuerregulierung

1356 Gaarz 1736-1738, 1807-1818
Enthält: Konkurs der Güter Gaarz, Manhagen und Rosenhof, 1736-1738; Baumgeld, 1808; Zollfreiheit für den Meierhof Christinenthal, 1816; Polizeireiter, 1818

1357 Glasau (1700) 1730-1793, 1837
Enthält: Muthzettel; Führung einer vor dem Gutsgericht anhängige Kriminaluntersuchung in Lütjenburg

1358 Görtz 1846-1847
Enthält: Errichtung einer Schule

1359 Grabau 1834
Enthält: Unterstellung des Kupferwerks Hoherdamm des Gutes Borstel unter die Jurisdiktion des Gutes Grabau

1360 Großenbrode (1639-) 1753-1833
Enthält u. a.: militärische Exekution, 1735; Auseinandersetzung der Untergehörigen mit dem Gutsherrn wegen der Leibeigenschaft, 1737-1741; Grobschmiede, 1823

1361 Güldenstein 1809, 1835-1836
Enthält: Zollfreiheit für den Meierhof Kaishof; Tischlerkonzession des Grenadiers Wulf Hinrich Frahm, Harmsdorf

1362 Hagen (1736-) 1795
Enthält: Veränderung beim Blomeschen Legat für arme Hufner und Insten

1363 Hanerau 1736-1848

Enthält u. a.: Beschwerden der Untergehörigen gegen die Gutsherrschaft, 1736-1755; Scharfrichter, 1781; Befreiung der Parzellisten in Bokelhop von den Beiträgen zur Schule in Oldenbüttel, 1798; Bestätigung des Schuld- und Pfandprotokolls, 1789; Apotheke, 1824, 1844; Postmeister

1364 Hartenholm (1764) 1765-1846

Enthält u. a.: Grenze, 1767; Einführung eines Schuld- und Pfandprotokolls, 1799; Vereinigung des Kanzleigutes mit dem Amt Segeberg, 1809-1832

1365 Haselau und Haseldorf 1739-1829

Enthält u. a.: Publikation der historischen Nachrichten des Inspektors Praetorius, Kollmar, über das ehemalige Amt Haseldorf, 1739; Jurisdiktionsstreit zwischen dem holsteinischen Landgericht und der Gemeinschaftlichen Regierung, 1740-1743; Auseinandersetzung über die Reparatur des Klevendeicher Deichschlags 1752-1753; Verpachtung des Kessel- und Sensenhandels, 1784

1366 Hasselburg 1799-1834

Enthält: Bewilligung von Folien im Schuld- und Pfandprotokoll, 1799; Rückgabe einer Obligation, 1810; Konzessionsgesuch für eine Branntweinbrennerei, 1816; Beschwerden von Insten über die Gutsherrschaft, 1834

1367 Heiligenstedten (1673-) 1743-1841

Enthält u. a.: Streitigkeiten wegen der Heuerländereien, 1743; Vergütung des Inspektors für die Verwaltung des Hospitals, 1759; Vergütung für die Verwaltung der Armenstiftung, 1770; Einrichtung eines Hebammendistrikts, 1826

1368 Helmstorf 1746-1761

Enthält: Mühlengerechtigkeit; Auslieferung des Leibeigenen Friedrich Joachim Naths

1371 Hohenholz 1817-1818

Enthält: Zollfreiheit

1370 Hoisbüttel 1770-1811

Enthält u. a.: Beschwerden des Gutsbesitzers über den hamburgischen Waldherrn als Administrator über einige im Besitz der Stadt Hamburg befindliche Bauernstellen (mit Druckschriften), 1770-1782

1369 Höltenklinken (1772-) 1809-1824

Enthält: Verkauf (mit „Geheimbuch“ und Testament des Johann Thomas Otto, 1772-1790); Bestätigungen von Administratoren

1372 Horst 1798-1802

Enthält: Zehnt der Erben des Peter Evers; Qualität als Marschgut; Stellung des Landmilitärausschusses

1373 Jersbek 1777-1786, 1813-1838

Enthält: Pflugzahl von Jersbek und Stegen, 1777; Windmühle in Elmenhorst, 1786; Ausstellung von Obligationen, 1813; Handwerkskonzessionen

1337 Kaden 1801-1830

Enthält u. a.: Beschwerden über Hofdienste, 1802; Laufreisen und Brieftragen, 1827

1338 Kampen 1765-1814

Enthält: Streitigkeiten der Untergehörigen mit dem Gutsherrn wegen Abgabenleistungen (mit gedruckter Prozessschrift), 1765; Landausschussangelegenheiten, 1778, 1802; Pflugsetzung der Ländereien, 1812-1814

1341 Klampe (1740-) 1778-1779

Enthält: Anlage einer zweiten Schmiede

1374 Kletkamp 1756

Enthält: Anlage eines zweiten Jahrmarkts in Kirchnüchel

1342 Kluvensiek 1840-1844

Enthält: Übergang eines Landstücks vom Gut Steinwehr an das Gut Kluvensiek ohne Veränderung der Pflugzahl

1343 Kollmar 1747-1830

Enthält u. a.: Dezimationsfälle, 1752; Sägewindmühle, 1771; Regulierung der Deichbande der Güter Groß Kollmar, Klein Kollmar und Neuendorf, 1782-1787, 1802; Besetzung des Justitiariats, 1799; Zollfreiheit, 1830

1344 Kronsburg 1806-1807

Enthält: Verkauf des Meierhofs Bredenmoor

1345 Kronshagen 1736, 1762

Enthält: Auftrag an den Archivar der Kanzlei zur Übergabe von Kopien der Gutsdokumente an den Geheimrat Graf Detlef von Reventlow auf Schmoel; Annahme eines Kapitals auf königliche Obligation durch die Rentekammer

1375 Krummendiek 1730, 1786-1805, 1823-1835

Enthält u. a.: Setzung von Hegepfählen an der Grenze zum Dorf Nütteln, 1730; Bestätigung der Schuld- und Pfandprotokolle, 1798; Dezimationsbefugnisse, 1786-1791; Regulierung der Hebammendistrikte Krummendiek und Hohenaspe, 1824; Wegegeld, 1825; Entschädigung für Kriegsschäden, 1835

1376 Kuhlen (1665-) 1764-1796

Enthält: Landeshoheit und Bestimmungen zur Kopfsteuer; Einrichtung eines Schul- und Pfandprotokolls; Verweigerung der Zollfreiheit

1377 Kühren 1742, 1802-1839
Enthält u. a.: Verweigerung der Einrichtung eines Schuld- und Pfandprotokolls, 1742; Angelegenheiten des Fideikommisses; Regulierung der Verhältnisse der Insten des Meierhofs Wilhelminengut zum Gut, 1823

1380 Lammershagen 1835-1836
Enthält: Schusterkonzession des Gardisten Carl Friedrich Lemburg

1378 Lasbek (1665-) 1745-1777
Enthält: rückständige Kontribution der Güter Lasbek, Koselau, Neumünster oder Brammer und Kronshagen; Landausschussfreiheit für die Parzellen

1379 Laurvigsche Wildnis 1732-1827
Enthält u. a.: Niederlassungsverbot für Handwerker, 1736; Forderungen des Kammerjunker Carl Friedrich von Jordan in der Ahlefeldtschen Konkursangelegenheit, 1738; Erweiterung und Vertiefung des Wildwassergangs, 1776-1783

1381 Lehmkuhlen 1833-1841
Enthält: Beschwerde mehrerer Bediensteter gegen ihre Gutsherrschaft; Wohnungen und Kohlhöfe für Landsoldaten; Beschwerden der Insten in Lepahn wegen ihrer Dienst- und Heuerverhältnisse

1383 Löhrstorf 1789, 1839
Enthält: Verweigerung der Genehmigung zum Verkauf der Güter Löhrstorf, Klausdorf und Großenbrode an die Deutsche Ritterorden-Ballei Sachsen, 1789 (nur Zettel mit Aktentitel); Drechslerkonzession des Landsoldaten Claus Friedrich Kordts (Kurtz), Neukirchen

1384 Manhagen 1775, 1806-1847
Enthält: Pflugzahl; Justizverwaltung des Guts von Eutin; Beitragspflichtigkeit zum Kreditverein; Existenz fideikommissarischer Ländereien im Gut

1385 Marutendorf 1806
Enthält: Mitteilung der Beschwerden der Tagelöhner wegen Abnahme von Ländereien an die Regierung in Glückstadt

1386 Mehlbek (1711-) 1752-1830
Enthält u. a.: Brauerei und Brennerei, 1752; Bestätigung des Schuld- und Pfandprotokolls, 1798; Bau eines Schulhauses, 1801; Brücken- und Wegegeldtaxe, 1803; Beteiligung der Untergehörigen an den Korn- und Fouragelieferungen, 1809

1387 Meisendorf 1847
Enthält: Zahlung ausstehender Rekognitionen des Tischlers Ole Tiedemann Calundam

1388 Moisling (1700-) 1731-1798
Enthält u. a.: Moislinger Heide, 1746-1759; Bau einer Brücke, 1787; Bestätigungen der Privilegien und Konsense zum Verkauf; Juden

1389 Mönkenbrook 1782-1818
Enthält u. a.: Verbot der Aufnahme einer jüdischen Familie, 1783; Einführung eines Schuld- und Pfandprotokolls, 1785; Einverleibung in das Amt Tremsbüttel, 1808; Verkauf einer Armenkate, 1818

1390 Mönkenbrook 1793-1801
Enthält: Streitigkeiten zwischen dem Grafen von Stolberg als Administrator und dem Konferenzrat von Kossel, Jersbek, wegen der Jurisdiktion über die sogenannte Reichesche Kate

1393 Mori und Ekhorst (1672-) 1727-1847
Enthält u. a.: Bestätigung des Schuld- und Pfandprotokolls, 1798; Viehmarkt in Fackenburg, 1827; Juden; Bestätigungen von Privilegien; Jurisdiktionsangelegenheiten

1391 Muggesfelde 1781-1847 (1871)
Enthält u. a.: Einführung eines Schuld- und Pfandprotokolls, 1784; Zollfreiheiten, 1809, 1823

1392 Müssen 1805-1843
Enthält: Mitteilung des Gesuchs des Gutsbesitzers Paul Albrecht Butenschön wegen der Veränderungen bei den Hufen; geplanter Verkauf des Gutes

1394 Neudorf (1736-) 1752-1838
Enthält: Wegestreitigkeiten mit Lütjenburg, 1752; Lösch- und Ladeplatz bei Hohwacht, 1804; Weigerung des Beitritts zum Polizeireiterverband des Oldenburgischen Güterdistrikts, 1835; Gestattung eines Wegegeldes, 1838

1395 Neuendorf 1799-1838
Enthält: Mahlzwang, 1801; Umschreibung der Anteile des Grafen Joachim von Bernstorff auf die Gräfin Sophie von Reventlow, 1838; Wegfall der Gebühren bei Kriminaluntersuchungen gegen Unvermögende, 1827

1396 Neuhaus 1826-1827
Enthält: Konzessionierung der Schmieden in Röhn und Engelau; Prozess gegen den Grafen von Blome auf Salzau wegen eines Umleitungsgraben am Salzsee

1398 Niendorf und Keck 1731-1798
Enthält: Markierung der Grenze durch Grenzpfähle, 1757; Bestätigung eines Vergleichs zwischen dem Grafen von Moltke und den Vormündern der Kinder des Christian von Brömbsen auf Nütschau, 1760; Bestätigung der Privilegien

1397 (Deutsch-) Nienhof 1835
Enthält: Anlage eines Familienbegräbnisses

1399 Groß Nordsee 1798, 1806
Enthält: Trennung des Meierhofs Klein Königsförde vom Gut

1400 Klein Nordsee 1806-1818
Enthält: Einführung eines Schuld- und Pfandprotokolls; Veränderung der Stellengrößen; Beschwerden der Eingesessenen von Felde wegen Regulierung ihrer Verhältnisse zum Kammerherrn von Neergaard (mit Protokoll zur Bonitierung)

1401 Nütschau 1743-1807
Enthält u. a.: Nachrichten von der Verlegung des Dorfes Sühlen zum Gut Nütschau, 1743; verweigerte Passage über die Brücke bei Schlamersdorf durch den Gutsbesitzer, 1793; Anlage einer Loh-, Stampf- und Graupenmühle in Sühlen, 1797; Landmilitärpflicht der Erbpächter in Sühlen, 1807

1402 Oppendorf 1803-1810, 1838
Enthält: Konzessionsgesuche; Änderung eines Urteils im Prozess gegen die Gutsbesitzerin Schwerdtfeger wegen Holzlieferungen; Verteilung der Rantzauer Legatengelder unter die Insten von Oppendorf und Schönhorst; Übergang eines Landstücks des Armenhauses an die „tote Hand“

1404 Osterrade 1799, 1823-1844
Enthält: Beschwerden der Hufner und Halbhufner gegen die Gutsobrigkeit, 1799; Befugnis zur Konzessionierung von Schmieden, 1823; Bestätigungskosten für einen Kaufvertrag, 1830; Stellung von Remontepferden, 1844

1403 Övelgönne 1802, 1818-1844
Enthält u. a.: Einführung eines Schuld- und Pfandprotokolls, 1802; Aussetzung des Verkaufs des Gutes, 1820; Einrichtung einer Wohnung für einen Zollbeamten, 1838; Schulland für die Schule in Roge, 1842

1405 Panker 1809-1846
Enthält: Mitteilung eines Gesuchs des Paul Friedrich Kruse, Darry, wegen seiner Kruggerechtigkeit; Aufnahme eines Kapitals zum Abtrag der Bankhaft; Hissen einer Flagge mit hessischem Wappen auf dem Hessenstein

1406 Perdöl 1807, 1819-1822
Enthält: Fideikommisskapital; Zollfreiheit des Meierhofs Schierensee; Erhebung des Meierhofs Diekhof zu einem adligen Gut

1407 Petersdorf 1793-1842
Enthält: Umschreibung des Gutes im Staatskalender, 1793; Märkte, 1804, 1835-1842; Schuld- und Pfandprotokoll, 1813; Wohnung des Tagelöhners Christian Hinrich Töpfer, 1815

1408 Plessische (Blomsche) Wildnis (1667) 1754-1836
Enthält u. a.: Streitigkeiten der Einwohner mit der Herrschaft wegen gesteigerter Abgaben, 1759; Maßnahmen bei Insolvenzen von Eingesessenen, 1767; Landmilitärpflicht, 1804; Fuhrpflicht, 1811; Anwendung der Gerichtsordnung von 1805, 1819; Bau eines Armenhauses, 1836

1410 Projensdorf 1785
Enthält: Streitigkeiten zwischem dem Pächter und der Gutsherrschaft wegen des Pachtvertrags

1409 Pronstorf 1769, 1806-1839
Enthält: Einwillung zur Einkoppelung von Ländereien in Strukdorf, 1769; Einziehen einer halben Hufe, 1806; Zollfreiheit des Meierhofs Strukdorf, 1816; Konzessionsgesuche

1411 Putlos 1793-1811
Enthält: Beschwerde der Mühlinteressenten in Heiligenhafen gegen eine Verlegung der Kornmühlen in Putlos; Verkauf des Fideikommissgutes Putlos, Schwelbek und der Berdinschen Hufen; Zollfreiheit der Meierhöfe Ernsthausen und Georgenhof

1412 Quarnbek 1787-1835
Enthält u. a.: Aufteilung des Gutes, 1787; Umtausch von Landstücken und Beschwerden der Kätner und Insten, 1828; Schutz der Pachtungen von Insten (mit gedruckten Zeitpachtverträgen), 1828-1829; Einrichtung eines Hebammendistrikts, 1830; Beschwerde des Prof. Hegewisch, Kiel, über die Verwaltung des Guts in den letzten zehn Jahren, 1834

1413 Rantzau 1750-1845
Enthält u. a.: Abschrift des Kaufbriefes für den Oberhofmarschall Jacob Levin von Plessen, 1750; Gesuch von Insten und Heuerlingen wegen ihrer Dienste, 1817; Beschwerden einiger Untergehöriger wegen ihres Verhältnisses zur Gutsherrschaft und einer Pfändung, 1819; Schulregulativ für Dannau, 1845

1414 Rastorf 1774-1844
Enthält u. a.: Bau einer Brücke über die Schwentine bei Rosenfeld, 1776; Zollfreiheit, 1818

1415 Rethwisch 1776-1836
Enthält: Anlage eines Schlagbaums, 1776; Befreiung des Hofs Freudenholm von der Unterhaltung eines Landweges, 1782; Kommissionsbericht über Streitigkeiten zwischen den Besitzern und den Untergehörigen, 1800; Landausschuss, 1803; Differenzen über die Arbeitszeit der Insten, 1836

1416 Rixdorf 1789, 1829-1845
Enthält u. a.: Vereinbarung zwischen den Besitzern und dem Pastor in Lebrade über Weidegerechtigkeit und Lieferungen, 1789; Protokollierung eines Kapitals, 1829; Pensionszulage für den Schullehrer Matthias Bock, Rathjensdorf, 1845

1417 Rohlfshagen 1769-1781
Enthält: Kirchspielszugehörigkeit

1418 Rohlstorf (1653-) 1795-1828
Enthält u. a.: Brüche wegen unerlaubter Krügerei, 1796; Stellung von Landausschussmännern, 1800; Trennung der Meierhöfe Margarethenhof und Pettluis, 1810, 1828

1419 Rosenhof 1811
Enthält: Abhaltung der Gerichtstage für Gut Augustenhof auf Gut Rosenhof

1420 Salzau 1831-1841
Enthält: Befreiung der Insten von den Handdiensten zur Bearbeitung des Schullandes; Vereinigung der Besitzungen des Grafen von Blome auf Salzau und Lammershagen; Ablieferung der Gerichtsakten in das Gutsarchiv und Interpretation der Gerichtsordnung

1421 Sarlhusen 1752-1786, 1815
Enthält: Streitigkeiten der Gutsuntergehörigen mit der Gutsherrschaft wegen der Fuhren, 1782; Anstellung eines Schullehrers, 1815

1422 Satjewitz 1835
Enthält: Schusterkonzession des Grenadiers Johann Heinrich Kühl, Kraksdorf

1423 Schierensee (1708-) 1764, 1805-1845
Enthält: Kollekte für das Armenhaus in Hohenhude, 1764; Übertragung der Gerichtsbarkeit über die Güter Schierensee, Annenhof und Blockshagen auf das Amt Bordesholm, 1806; Befreiung vom Gebrauch des Stempelpapiers für die Untergehörigen bei Verträgen mit der Gutsherrschaft, 1842

1424 Schmoel und Hohenfelde 1739-1793
Enthält: Auseinandersetzungen der Gutsuntergehörigen mit den Gutsherrschaften wegen der Leibeigenschaft

1425 Schönweide (1693-) 1736-1847
Enthält u. a.: Schule und Schullehrer in Görnitz, 1819-1823; Aufhebung der Lehnsqualität, 1819-1820; Vereinbarung der Güter Schönweide und Rantzau zur Bildung eines Hebammendistrikts, 1846; Erteilung von Lehnbriefen

1427 Schrevenborn 1773-1840
Enthält u. a.: Einführung eines Schuld- und Pfandprotokolls, 1793; Konzessionsgesuche

1428 Schulenburg 1831-1841
Enthält: Beitritt des Gutes zum kombinierten Gutsgericht in Oldesloe; Austausch eines Holzgrundes von Gut Krummbek gegen eine Hufe von Gut Schulenburg

1426 Schwarzenbek 1775-1806
Enthält: Konzession adliger Freiheiten für den ehemaligen Meierhof Schwarzenbek; Zahlung des Baumgeldes auf der Landstraße nach Kiel; Konsens für den Verkauf des Gutes; Einquartierungsabgabe

8102 Sebent (1763) 1774-1844
Enthält: Toten- und Schützengilde in Damlos

1429 Seedorf 1765, 1824-1844
Enthält: Beschwerde der Schusterzunft in Segeberg über fremde Schuster, 1765; Beschwerden von Insten und Tagelöhnern in den Gütern Seedorf und Hornstorf wegen der Heuerverträge, 1824; bedrängte Lage der Tagelöhner, 1846

1431 Seegalendorf 1802-1803
Enthält: Anlage von Graupengängen in den Mühlen der Güter Seegalendorf und Güldenstein

1430 Seestermühe (1713-) 1753-1801
Enthält: Übertragung von vier Pflügen von Seestermühe nach Gut Haselau, 1753; Bestätigung der Privilegien und Rechte, 1774; Taxationsverfahren beim Tod eines Hofbesitzers und der Erbteilung, 1800; Konzession für den Schustergesellen Johann Ladewig, Uetersen, als Schuster in Seesteraudeich, 1801

1432 Sierhagen 1805-1819
Enthält u. a.: Vergütung für ein Militärkommando; Aufenthaltsgesuch der Trina Köps, Plunkau; Beschreibung und Vermessungsregister des Gutes Sierhagen mit Meierhof Mühlenkamp; Anstellung eines Polizeireiters

1433 Siggen 1784, 1805
Enthält: Pflugzahl von Gut Siggen und Gut Godderstorf; Mitteilung einer Beschwerde des Gutsbesitzers wegen verweigerter Dienstleistung durch die Insten in Farvemühle

1434 Silk 1827-1834
Enthält: Jurisdiktionsveränderungen einzelner Ländereien

1435 Sophienhof (1815) 1816-1818
Enthält: Zollfreiheit

1436 Stegen 1809, 1823-1829
Enthält: Zollfreiheit für die Erbpachthöfe Bornhorst und Schierenhorst

1437 Steinrade 1767-1798
Enthält: Privilegienbestätigung; Erhöhung der Gebühren für die Führung eines Schuld- und Pfandprotokolls

1438 Stendorf 1793, 1815
Enthält: Mühlenzwang; Meierhof Bergfeld

1440 Stockelsdorf (1667) 1731-1840
Enthält u. a.: Privilegienbestätigungen, 1731, 1747, 1766; Einrichtung eines Hebammendistrikts, 1775; Einführung eines Schuld- und Pfandprotokolls, 1798; Einrichtung einer Apotheke, 1840

1439 Struvenhütten 1748
Enthält: Ansprüche des ehemaligen Besitzers J. Fr. von Suckon

1441 Tangstedt (1670-) 1786-1847 (1861)
Enthält u. a.: Beschwerden der Untergehörigen gegen die Gutsherrschaft, 1787; Aufbewahrung von Kornvorräten, 1801; Landmilitärpflicht, 1801; Privilegien der lübschen Güter, 1801; Regulierung von Diensten und Leistungen der Gutsuntergehörigen, 1843, 1847; Armenbeiträge in Wilstedt und Duvenstedt, 1844
Darin: gedruckte Regulative für das Armen-Arbeitshaus, 1861

1443 Testorf (1733) 1737, 1818-1840
Enthält u. a.: Bearbeitung des Schullandes, 1821; Beteiligung der Erbpächter an der Armenversorgung, 1840

1442 Todendorf 1806
Enthält: Streitigkeiten des Fürsten von Hessenstein mit seinen Gutsuntergehörigen

1444 Trenthorst und Wulmenau 1731-1801
Enthält u. a.: Bilanzen 1736, 1741-1742; Streitigkeiten zwischen den Käufern Joachim Claessen und Johann Joachim Nöhring und dem Verkäufer der Güter Trenthorst und Wulmenau Etatsrat Hinrich von König, 1764-1768; Bestätigung der Privilegien und Konsens zum Verkauf

1445 Wahlstorf 1790-1809
Enthält: Fällen von Holz in den Hölzungen des Gutes Wahlstorf zur Schuldenbefreiung, 1792; Genehmigung zur Aufnahme eines Kapitals, 1790; Aufhebung der fideikommissarischen Qualität des Gutes, 1809

1454 Wahrendorf 1839-1843
Enthält: Wohnung des Landsoldaten Wilhelm Marcus Christian Hass, Hobstin; Landtausch zwischen dem Gut Wahrendorf und Marxdorf

1446 Wandsbek 1685, 1731-1762
Enthält: Jurisdiktion; Kriminalangelegenheiten

1447 Wandsbek 1739-1744
Enthält: Verkauf an König Christian VI. von Dänemark

1448 Wandsbek 1739-1743
Enthält: geplanter Kauf des Gutes durch den Lizentiaten Conrad Dietrich Volckmann, Hamburg

1449 Wandsbek 1711-1780
Enthält: Einlösung der Dörfer Hinschenfelde und Todendorf

1450 Wandsbek 1752-1762
Enthält: Pächter Eckeberg und die durch ihn veranlasste Kommission

1451 Wandsbek (1640-) 1728-1835
Enthält u. a.: Privilegienbestätigung für die Brand- und Schützengilde, 1741; Hausierhandel der Schutzjuden im Gutsdistrikt, 1811; Instruktion für den Fleckensvorsteher, 1813; Fleckensbefugnisse, 1814; jüdische Gemeinde in Wandsbek, 1820; Anlage einer Zwangsarbeitsanstalt, 1829; Erteilung der Fleckensgerechtigkeiten, 1833; Regulierung der Kommunalverfasssung; Handwerker; Marktangelegenheiten

1452 Wandsbek 1833-1848
Enthält u. a.: Konzessionen; Zunftangelegenheiten; Reglement für die Geschäftsverwaltung der Beamten in Wandsbek und Wellingsbüttel sowie Regulativ für die Polizeiverwaltung im Flecken Wandsbek; Polizeipersonal; Armenwesen

1453 Wandsbek (1724) 1739-1840
Enthält u. a.: Bestätigung eines Vertrages mit dem Chirurgen Baumann über ein Haus und die Barbiergerechtigkeit, 1739; Sendung eines Militärkommandos, 1739; fremde Werbungen, 1743; Dezimationsrecht, 1768; Apotheke, 1776; Beschwerden des Hebungsbeamten Zweydorf wegen der Einquartierung, 1812; Landsturm, 1808-1813; Aufenthalts- und Konzessionsgesuche

1455 Weißenhaus 1842
Enthält: Neubau des Schulhauses in Hohenstein; Bescheid zum Gesuch des Schullehrers Marcus Mester, Döhnsdorf, zur Untersuchung und Taxation des Schullandes

1456 Westensee 1738
Enthält: Aufhebung eines Landgerichtsurteils über das Gut

1460 Winsen (Wensin) 1747
Enthält: Erlass der Kontribution für das Zuchthaus in Glückstadt

1457 Wintershagen 1807-1814, 1832-1833
Enthält u. a.: Gutsqualität; Stimmrecht des Gutes in Kirchenangelegenheiten des Kirchspiels Süsel

1458 Wittenberg 1838
Enthält: Zollfreiheit

1459 Wittmoldt 1806, 1832, 1846
Enthält: Kommission zur Untersuchung der Verhältnisse der Insten; Deputat des Tagelöhners Johann Christian Krappenhoeft; Überstellung der Gefangenen des Gutsdistrikt in das Amtsgefängnis in Plön

1461 Wulksfelde 1708-1710, 1775-1834
Enthält u. a.: Untersuchung wegen der „kleinen Koppel" in Wulksfelde (mit Zeugenbefragungen), 1708-1710; Wegestreitigkeiten, 1775; Plan des Landsassen Jacob Friedrich Fürstenau zur Aufhebung der Leibeigenschaft auf dem Gut Wulksfelde, 1799; Gerichtsverwaltung, 1805

Herzoglich-Oldenburgische Fideikommissgüter

1462 Herzoglich-Oldenburgische Fideikommisgüter: Allgemeines 1743-1827
Enthält u. a.: Befreiung des Peter Schütt, Körnick, von einer Gefängnisstrafe, 1784; Verpflichtung zur Lieferung an das Belagerungskorps vor Hamburg, 1814; Heranziehung zu Steuern und Abgaben

1463 Herzoglich-Oldenburgische Fideikommisgüter: Allgemeines 1819-1846 (1872)
Enthält u. a.: städtisches Gewerbe in den adligen Distrikten; Beitragspflicht zu Staats- und Kommunallasten; Untersuchung und Bestrafung der Forstfrevel; Abgabenverhältnisse

Köge im Herzogtum Holstein

1464 Köge im Herzogtum Holstein (1790-) 1800-1811, 1836
Enthält: Verpflichtung zum Militärdienst und Beschwerden darüber, besonders der Interessenten des Kronprinzenkoogs; Kirchspielszugehörigkeit der nicht mit Kirchen versehenen Köge

1465 Friedrichsgabekoog 1735-1831

1466 Hedwigenkoog (1696-) 1765-1844

1467 Karolinenkoog 1801-1845

1468 Kronprinzenkoog 1788-1846
Darin: Karte des Kronprinzenkoogs, 1801; gedruckte Verkaufsbedingungen und Beschreibung des Koogs

1469 Sophienkoog: Bestätigung des Erbpachtskontrakts des Ratsverwandten Hesse in Altona 1840-1843

1470 König-Christian-Koog: Benennung und Vergütungen für Beamte 1845-1848

1471 Brunsbütteler und Eddelaker Koog: Auseinandersetzung zwischen der Landschaft Süderdithmarschen und den Kirchspielen Brunsbüttel und Eddelak wegen Kommuneschuld sowie Reglement zur Beteiligung an den Deichkosten (1755-) 1780-1801

TOPOGRAFISCHER TEIL

Herzogtum Schleswig

Amt Tondern mit Landschaft Föhr und Flecken Wyk sowie Landschaft Sylt

Amt Tondern

1751 Justiz 1750-1764, 1821-1847
Enthält u. a.: Fleckensgerechtigkeit für Leck, 1821; Jurisdiktionszugehörigkeit der Festestellen in Lundsgaarde, 1827; Ordnung der Verhältnisse des Marschhofs Bottschlott, 1837

1752 Grenzen (1725-) 1731-1757
Enthält: Grenzregulierung zwischen Hörup und Schafflund; Grenzscheide zwischen Ländereien des Dorfes Abro und des Gutes Lütjenhorn (mit Kartenskizze)

1753 Ordnung des Amtsarchivs sowie Nichtbewilligung der Fleckensgerechtigkeit für Hoyer 1789, 1842-1845

1754 Kommission zur veränderten Organisation der Justiz und Verwaltung in den Marschharden, besonders der Wiedingharde und der Bökingharde (1768) 1832-1847

1755 Justizbeamte 1730, 1819
Enthält: Bestallung von Justizbeamten durch den dänischen König; Geldbeiträge der Salarienpflüge

1756 Amtmann 1789-1830

1757 Amtsverwalter 1807-1845

1758 Hardesvogt allgemein 1786, 1820-1832

1759 Hardesvogt in der Karrharde (1729-) 1732-1847

1763 Gerichtsschreiber 1740-1834
Enthält: Schreibgelder und Gebühren; Gerichtsschreiber in der Karrharde

1764 Bauervogt, Amtspförtner, Polizeidiener, Fußknecht, Polizeireiter, Hausvogt und Lehnsvogt 1811-1848

1765 Justiz, besonders Zivilrecht 1735-1845

1766 Kriminaljustiz 1749-1845

1767 Bedeichung der Vorländereien in Galmsbüll und Beteiligung an Deichbaukosten 1779-1810

1768 Mühlen 1743-1792, 1833-1834

1769 Ökonomie 1750-1839
Enthält u. a.: Fischerei der Untertanen in Sandacker im Flensburger Revier, 1751; Klage der Birkkätner in Leck gegen die dortigen Bohlsleute wegen Aufteilung der allgemeinen Dorfweide und der Ländereien, 1754; freie Verteilung der Bondengüter in der Karrharde, Tondernharde und Hoyerharde, 1781; Wasserreinigung und Strombesichtigungen, 1804-1824

1770 Zusätze zur Dorfwillkür von Achtrup (1757-) 1759-1767
Enthält u. a.: Verzeichnisse der Bohlsleute mit Angaben zum Vieh- und Pferdebestand, 1757-1759

1771 Kammerwesen 1792-1796, 1832-1847
Enthält u. a.: Steuern und Abgaben

1772 Handel, bürgerliches Gewerbe, Handwerk und Privilegierte 1738-1743

Enthält: Jahrmarktsbesuch der Handwerker in Leck, Enge und Stedesand; Duldung eines Grobschmieds und Rademachers in den Amtsdörfern; Landhandwerker in der Bökingharde und der Wiedingharde

1773 Handel, bürgerliches Gewerbe, Handwerk und Privilegierte 1749-1751, 1815-1833

Enthält u. a.: Berichte, Vorstellungen und Beschwerden zum Landhandwerk, 1749-1750

1774 Schuster und Schneider 1743-1749

1775 Einrichtung des Botenwesens und Feldpost 1743, 1812-1813

1776 Kämmerei (1736-) 1767-1839

Enthält u. a.: privilegierte Höfe; Verpflegungskosten für aus englischer Kriegsgefangenschaft zurückkehrende dänische Seeleute, 1815; Regulierung unerledigter Konkurse in den Marschharden, 1838

1777 Witwen- und Waisenkasse (1757, 1838) 1867

Enthält nur Zettel von 1867 mit Niederschrift der Aktentitel „Konfirmation der Artikel zur Witwen-, Waisen- und Brandkasse im Amt Tondern und Törninglehn", 1838, sowie „Konfirmation der Gründung", 1757

1778 Hebammen, Physikus und Tierarzt 1765-1767, 1811-1839

1779 Apotheken 1805-1842

Enthält u. a.: Einrichtung einer Apotheke in Leck

1780 Brandanstalten 1734-1735, 1764

Enthält u. a.: Gründung einer Mobilienkasse, 1764

1781 Wege 1768-1846

1782 Beteiligung an den Kosten der Strucksbrücke am Tondernschen Damm 1804

1783 Vieh- und Pferdemärkte in Niebüll und Leck 1815-1830

Landschaft Föhr und Flecken Wyk

1784 Verfassung, Verwaltung und Privilegien (1706) 1745-1813
Enthält u. a.: Bestätigung und Ausdehnung der Fleckensgerechtigkeit für Wyk, 1745; Verminderung der Anzahl der Rechensmännner auf Osterland-Föhr, 1771; Förderung der Niederlassung in Wyk, 1780

8103 Untersuchung zu den schlechten Verhältnissen in Wyk 1797-1801

8104 Vorschläge zur Besserung der Lage des Fleckens Wyk 1802-1816

8105 Denkschrift über die Vereinigung von Osterland-Föhr und Westerland-Föhr oder die Zusammenlegung der Dienststellen um 1830

1786 Verfassung, Verwaltung und Privilegien (1745) 1819-1845
Enthält u. a.: Verlängerung der Frist zur Erklärung der Interessentenschaft an der Nationalbank für Westerland-Föhr und Amrum; Behandlung von Strandfällen auf Föhr und Amrum; Beibehaltung der Fleckensgerechtigkeit für Wyk

1787 Landvogt 1735-1849

1788 Gerichtsvogt (1742) 1749-1821

1789 Hebungsbeamte 1819, 1843-1844
Enthält: entgangene Abgabenhebungen des Hebungsbeamten Kühl; Gehaltszulage des Landvogts Dorrien

1790 Birkvogt auf Westerland-Föhr 1821-1843
Enthält: Amtswohnung; Verbindung der Landvogtei mit der Birkvogtei

1791 Gebühren des Landdieners und Gefängniswärters Jacob Broder Jacobsen in Nieblum 1840-1841

1792 Justiz 1734-1804, 1841-1842

1793 Handel, Schifffahrt, Handwerker und Privilegierte 1739-1847

1794 Bäcker, Bierbrauer, Färber, Handelnde, Lohgerber, Schornsteinfeger, Sattler, Schuster sowie Stein- und Bildhauer 1737-1847

1795 Post und Fuhren (1700) 1742-1785
Enthält u. a.: Fähre in Dagebüll

1796 Kämmerei 1817-1834
Enthält: Rechnung des Schmieds Oluf Hansen, Oevenum, über Schmiedearbeiten für die Ruderflottille 1814; Verbesserung des Hebungswesens in Wyk; Begleichung der Kosten für Seepässe

1797 Landwirtschaft (1768-) 1783-1814
Enthält u. a.: Bestimmung des Weizenmehls als mühlenpflichtiges Korn; Landveräußerungen; Beteiligung der Predigerländereien zu den Deichkosten

1798 Kammerangelegenheiten 1777-1844
Enthält u. a.: Konsumtionsabgabe auf Bier und Branntwein, 1777; Abgabe an die Strandvögte bei Strandfällen, 1826; Bereinigung des Schuld- und Pfandprotokolls, 1830

1799 Physikus und Arzt 1789-1827

1800 Apotheken 1748-1842

1801 Hebammen 1771, 1843
Enthält: Beitrag der zum Stift Ripen gehörenden Hälfte des Kirchspiels Sankt Johannis zur Hebammenanstalt; Befreiung der Kirchenkasse im Kirchspiel Sankt Laurentii von den Hebammenkosten

1802 Medizinalwesen 1785-1839
Enthält u. a.: Medikamentenhandel der Chirurgen, 1791; Benennung der Seebadeanstalt auf Föhr in „Wilhelminenbad“, 1824; Errichtung einer Spielbank während der Badesaison, 1839

1803 Polizei 1740-1846
Enthält u. a.: Verordnung gegen das sogenannte Nachtfreien, 1740; Wegebesserung, 1791; Erhebung von Stättegeldern von fremden Händlern auf Jahrmärkten in Wyk, 1824

1804 Kommission zur Untersuchung und Regulierung der ökonomischen Verhältnisse in Wyk 1774-1780

1805 Beilagen zu den Berichten der Kommission zur Untersuchung und Regulierung der ökonomischen Verhältnisse in Wyk (1709-) 1765-1777
Enthält u. a.: Verzeichnis der Hafengelder, 1771-1776; Hafengelder für Winterlager, 1765-176; Verzeichnis der Schulden Wyks; Verzeichnis von an den Gerichtsvogt abgelieferten Dokumenten; Berichte, Vorstellungen und Notate

1806 Beilagen zu den Berichten der Kommission zur Untersuchung und Regulierung der ökonomischen Verhältnisse in Wyk 1750-1776
Enthält u. a.: „Wyker Buch" mit Verzeichnis der Kontribution und Fleckenanlagen, 1750-1775; Rechnungverzeichnisse; Quittungen; Flecken- und Hafenrechnungen

Landschaft Sylt

1807 Landschaft Sylt 1741-1833
Enthält u. a.: Landvogt; Chirurg; Ordnung des Archivs, 1791

1808 Landschaft Sylt 1824-1849
Enthält u. a.: Sporteltaxe für den Landvogt; Apotheke; Entwurf zu einer Landschafts-, Kirchspiels- und Bauerschaftsordnung

Propstei Tondern

Kirche

1809 Kirche in der Propstei Tondern: Allgemeines 1734-1790
Enthält u. a.: Kirchenvisitation; Witwen- und Waisenkasse für Kirchen- und Schulbedienstete

1810 Bestätigung der Gründung der Predigerwitwenkasse und deren Veränderungen 1734-1787

1811 Regulativ für die Beteiligung an den Predigerwahlkosten 1790-1792
Enthält u. a.: Berichte der Visitatoren aus dem Herzogtum Schleswig über das in ihren Propsteien übliche Verfahren der Beteiligung

1812 Kirche in der Propstei Tondern: Allgemeines 1793-1847
Enthält u. a.: Verfahren bei der Revision oder Genehmigung der Kirchspiels- oder Kirchenständerechnungen, 1798; Regulierung des Zehnten, 1847

1813 Fremde Religionsverwandte 1817-1845

1814 Kirchenvisitationsberichte 1739-1847

8106 Teilnahme des Amtmanns der Ämter Tondern und Apenrade an den Geschäften des Konsistoriums (1701-) 1733

1815 Propst 1738-1847

Einzelne Kirchspiele

1817 Kirchspiel Aventoft: Allgemeines und Pastor 1757-1846
Enthält u. a.: Auslösung des Pfarrgebäudes, 178; Auseinandersetzung über die Kirchenanlagen, 1764-1765; Reparatur des Pastorats, 1846; Bewerberverzeichnis, 1845

1819 Kirchspiel Braderup: Pastor 1736-1818

1821 Kirchspiel Karlum: Pastor 1741-1831
Enthält u. a.: Bewerberverzeichnis, 1831

1822 Kirchspiel Klixbüll: Allgemeines, Pastor und Küster 1730-1843
Enthält u. a.: Pastoratszinsen, 1771; Eiserne Kuh des Pastors, 1781, 1786; Bewerberverzeichnis für das Pastorat, 1843

1823 Kirchspiel Klanxbüll: Pastor 1731-1836
Enthält auch: Neubauten beim Pastorat, 1836

1825 Kirchspiel Dagebüll: Allgemeines (1712-) 1742-1780, 1830
Enthält: Anzeige der Präsentationen, 1743; Zugehörigkeit zum Konsistorium in Tondern, 1749; Verteilung der Einkünfte des Pastorats während der Vakanz, 1764-1765; Ersatz der Eisernen Kuh, 1780; Publikation von Verordnungen und Aufbringen der Gefälle für das Pastoratsland, 1830

1824 Kirchspiel Dagebüll: Pastor und Küsterhaus 1763-1844

1826 Kirchspiel Deezbüll: Pastor 1734-1821

1827 Kirchspiel Emmelsbüll: Allgemeines und Pastor 1760-1847
Enthält u. a.: Bauten; Bewerberverzeichnis, 1847

1829 Kirchspiel Enge: Kirchenbauten und Pastor 1745-1847
Enthält u. a.: Bewerberverzeichnis, 1847

1831 Kirchspiel Fahretoft: Allgemeines und Pastor 1731-1845
Enthält u. a.: Ablehnung einer Unterstellung der Dörfer Süd- und Nord-Waygaard unter die Kirche in Fahretoft, 1822; Umgießen der Kirchenglocke, 1842

1833 Kirchspiel Galmsbüll: Allgemeines und Pastor 1755-1831
Enthält u. a.: Bauten

1835 Kirchspiel Horsbüll: Allgemeines, Pastor und Diakon 1732-1835
Enthält u. a.: Kirchenglocke, 1773; Bewerberverzeichnis für das Pastorat, 1835; Ländereien

1839 Kirchspiel Humptrup: Allgemeines und Pastor 1757-1845
Enthält u. a.: Besetzung des Küsterdienstes, 1776; Reparatur, 1783; Predigerwahlkosten, 1792; Bewerberverzeichnis, 1834

1841 Kirchspiel Ladelund: Allgemeines und Pastor 1739-1845
Enthält u. a.: Bauten

1842 Kirchspiel Leck: Allgemeines, Pastor und Diakon 1738-1845
Enthält u. a.: Küsterdienst, 1738, 1784; Verteilung der Kirchenanlagen, 1821; Inventar der Kirche, 1793; Bewerberverzeichnis für das Diakonat, 1830, 1845

1843 Kirchspiel Lindholm: Allgemeines und Pastor 1736-1838
Enthält u. a.: gesetzwidrige Predigerwahl, 1788; Bewerberverzeichnis, 1838

1844 Kirchspiel Lügum: Kirchenglocke, Pastor und Küster 1735-1841
Enthält u. a.: Bewerberverzeichnis für das Pastorat, 1837

1845 Kirchspiel Medelby: Allgemeines, Pastor und Küster 1755-1847
Enthält u. a.: Bauten, 1755, 1764; Verteilung der Kirchenanlagen, 1847

1846 Kirchspiel Neukirchen: Allgemeines und Pastor 1751-1836
Enthält u. a.: Opfergeld, 1754; Bauten, 1759, 1789

1847 Kirchspiel Niebüll: Allgemeines, Pastor, Diakon und Küster 1731-1842
Enthält u. a.: Abendbeerdigungen, 1736; Einziehen des Diakonats, 1817, 1835; Diakonatsländereien, 1823

1850 Kirchspiel Risum: Kirchenreparatur und Pastor 1748-1836
Enthält u. a.: Bewerberverzeichnis, 1836

1853 Kirchspiel Rodenäs: Kirchenglocke, Pastoratsgarten und Pastor 1733-1843

1855 Kirchspiel Stedesand: Allgemeines und Pastor 1737-1844
Enthält u. a.: Bauten; Bewerberverzeichnis, 1837

Kirche auf Föhr

1859 Kirche Sankt Johannis auf Föhr 1735-1837
Enthält u. a.: Jurisdiktionsstreitigkeiten, 1737; Rechnungsführung, 1759; Predigerwitwenpension, 1772, 1780; neues Diakonathaus, 1785; Wahl des Küsters und Schullehrers, 1792; Predigerwahlkosten, 1798; Zollfreiheit, 1831; Neubau einer Orgel, 1837

1860 Kirche Sankt Johannis auf Föhr: Pastor, Diakon und Küster 1716-1848

1861 Kirche Sankt Nikolai auf Föhr 1758-1825
Enthält u. a.: Predigerwitwenpension, 1763; Reparatur der Kirche, 1825; Katecheten

1862 Kirche Sankt Nikolai auf Föhr: Pastor, Katechet und Kirchenjurat 1736-1845

1863 Kirche in Wyk: Trennung von der Gemeinde der Sankt Nikolai-Kirche und Bau einer Kirche 1758, 1780-1781

1864 Kirche Sankt Laurentii auf Föhr: Zugehörigkeit zum Stift Ripen 1845

1865 Kirche auf Föhr: fremde Religionsverwandte 1781-1792
Enthält: Schutzjude Levin Michel, Friedrichstadt

Kirche auf Sylt

1866 Kirche auf Sylt: Allgemeines 1739-1793, 1847
Enthält: Einführung der Wochenpredigt, 1739; Überlassung der Kirchenländereien an die Festeinhaber zum Eigentum, 1779; Verfahren bei Predigerwahl, 1793; Befugnis der Prediger zur Bestätigung von Testamenten, 1847

1867 Kirchspiel Keitum 1739-1843
Enthält u. a.: Irrungen wegen des Küster- und Schuldienstes, 1770; strittige Predigerwahl, 1774; Bestallungen von Pastoren

1868 Kirchspiel Morsum 1740-1843
Enthält: Kirchengebäude und Kirchengüter; Bestallungen von Pastoren

1869 Kirchspiele Westerland und Rantum 1744-1847
Enthält u. a.: Kirchenbauten; Bestallungen von Pastoren

Schule

1870 Schulen in der Propstei Tondern: Allgemeines 1770-1843
Enthält u. a.: Regulierung des Schul- und Armenwesens in verschiedenen Kirchspielen, 1784-1788; Genehmigung der Schulordnung für die Stadt Tondern und des Schulregulativs für die Propstei Tondern, 1804; Beteiligung des Amtmanns an der Besetzung der Küster- und Schullehrerstellen, 1810; Unterordnung einiger Schulen in den Kögen im Amt Tondern unter die Kirchenvisitation der Propstei Tondern, 1843

1871 Schule in Achtrup: Änderung des Schulregulativs 1800-1801

1872 Schule in Aventoft: Ausweisung von Dienstland 1843

1874 Schule in Boverstedt: Beihilfe für den Neubau der Schule 1841

1877 Schule in Karlum: Beitrag der Eingesessenen von Tinningstedt für das fehlende Dienstland des Küsters und Schullehrers in Karlum 1806

1878 Schule in Klixbüll: Beihilfe für den Bau eines neuen Küster- und Schulhauses 1805

1879 Schulen im Kirchspiel Deezbüll: Beihilfe für den Bau von Schulhäusern in Deezbüll und Haustedt sowie Umlage eines Teils der Pension des Organisten, Küsters und Schullehrers Karstensen in Niebüll 1839-1844

1880 Schulen im Kirchspiel Emmelsbüll: Uneinigkeit der Gremien bei der Wiederbesetzung der Küster- und Schullehrerstelle sowie Beteiligungspflicht der Eingesessenen an den Kosten des Schulbaus 1793, 1817-1818
Enthält u. a.: Grundriss des Schulhauses in Katzhörn, 1817

1883 Schule in Enge: Beschwerden über den Küster und Schullehrer Hans Paul Sönnicksen 1782-1785
Darin: Notizbuch mit Eintragungen zu einzelnen Bibellektionen

1885 Schule auf Föhr und Amrum 1770-1846

1886 Schulen in Horsbüll und Wester-Schnatebüll: Verpflichtung zum Besuch der Distriktschule und Beihilfe für Schulbauten 1804-1836
Enthält auch: Verwendung einer Summe aus der Kirchenkasse in Aventoft wegen der Pension des dortigen Küsters

1890 Schulen in Klockries und Nordlindholm: Ausweisung von Ländereien 1803-1805, 1843

1891 Schule in Ladelund: Beihilfe für den Bau eines Schulhauses (1843) 1844

1892 Schulen im Kirchspiel Leck: Schule in Achtrup, Unterstützungsgesuche von Schullehrern, Überlassung eines Landstücks zum Bau eines Schulhauses und Beihilfe für Schulbauten 1774-1776, 1831-1844

1893 Schule in Lindholm: Gnadenjahr für die Lehrerwitwe Nahnsen, Vergleich mit der Schule in Nordlindholm über ein Legat und Beihilfe für den Bau eines Schulhauses 1827-1841

1895 Schulen im Kirchspiel Lügum: Beihilfen für den Bau eines Schulhauses in Ellhöft und Lügum 1842-1845

1896 Schulen im Kirchspiel Medelby: Bedingungen zur Befreiung vom Besuch der Kirchspielsschule, Verbindungen einiger Nebenschulen mit den Haupt- und Distriktschulen in Medelby und Hockerup sowie Schule in Osterby 1769-1770, 1805

1897 Schulen im Kirchspiel Neukirchen 1774-1848

1898 Schule in Niebüll: Pension der Lehrerwitwe Heinsen, Zulage des Schullehrers Lorenzen sowie Beihilfe für Ankauf und Einrichtung eines Schulhauses 1824-1836

1900 Schulen in Risum, Maasbüll, Waygaard und Fahretoft: Anweisungen von Land und Zuteilung der Herrenkoogsländereien 1837-1842

Enthält auch: Berücksichtigung des Andreas Johannsen, Lindholm, bei der Besetzung der Schulstelle in Risum; Antrag auf Erteilung von Auszeichnungen an die Küster und Schullehrer Nielsen, Rinkenis, Paulsen, Risum, und Carstens, Niebüll

1901 Schulen auf Sylt: Rantum, List und Keitum 1793-1835

1903 Schule in Stadum: Beteiligung an den Kosten des Schulgebäudes 1794

1905 Schule in Tinningstedt: Beihilfe für die Erweiterung des Schulgebäudes 1837

1907 Schule in Westre: Entlassung des Schullehrers Ankersen und dessen Pension sowie Beihilfen für Schulbauten (1826) 1834-1835

Armenwesen

1908 Armenwesen in der Propstei Tondern 1737-1828

Enthält u. a.: Vorschlag des Unterhalts einiger Arme durch die Harde, 1769; Armenstiftung des Nahmen Wögens, Föhr, 1785; Errichtung eines Armenhauses im Kirchspiel Sankt Johannis auf Föhr, 1818

1909 Armenwesen in der Propstei Tondern 1829-1846

Enthält u. a.: Aufbringung der Kosten für verarmte Einwohner in Rantum; Veräußerungen in den Marschkommunen an die „Tote Hand"; Einrichtung eines Armen- und Arbeitshauses in Dagebüll; Regulierung der Schulden der Armenkommüne in Fahretoft

1910 Armenwesen in der Propstei Tondern: Föhr, Kirchspiel Fahretoft, Kirchspiel Ladelund und Sylt 1738, 1795-1834

Amt Husum und Vogtei Schwabstedt mit den Landschaften Helgoland, Nordstrand, Pellworm und den Halligen

Amt Husum und Vogtei Schwabstedt

1958 Amtsbedienstete und Justizbedienstete 1731, 1802-1848

1959 Amtmann und Landvogt 1801-1844

1960 Amtsverwalter 1824-1835

1961 Aktuar 1830

Enthält: Mitteilung des Gesuchs des Gerichtsschreibers Wieding, Tondern, um Trennung des Amtsaktuariats von der Amtsverwalterbedienung; Gebühren für den Amtsverwalter Bruhn während seiner Suspension

1962 Amtsdiener und Gerichtsdiener 1830-1848

1963 Entlassung und Pension des Amts- und Schlosspförtners Alexander Nielsen 1843-1845

1964 Bauervogt 1817-1818, 1847-1848
Enthält: Gerechtsame des Dorfes Oldersbek bei der Ernennung des Bauervogts; Vergütung der Bauervögte für Geschäfte in königlichen Dienstangelegenheiten

1965 Rechensmann und Höftmann 1804-1811
Enthält: Rechensmann Thomas Sax, Rantrum; Höftmann Hans Jürgen Holst, Schwabstedt

1966 Zivil- und Kriminaljustiz (1670-) 1734-1842
Enthält u. a.: Scharfrichter

1967 Handel, Handwerker und Privilegierte 1752-1847
Enthält u. a.: freie Berufsausübung der Handwerker in Schwabstedt, 1753; Genehmigung des Viehverkaufs für die Bewohner des Dorfes Horstedt auf zum Amt Husum gehörendem Schlossgrund, 1780; Handwerksgeld im Amt Husum und im Flecken Schwabstedt, 1830; Vieh- und Pferdemarkt in Schwabstedt, 1843

1968 Böttcher, Höker, Musikant, Rademacher, Schlosser, Schmied, Schneider und Tischler (1734-) 1740-1844

1969 Kammerangelegenheiten 1769-1835
Enthält u. a.: Fuhren

1970 Ökonomie 1767-1837
Enthält u. a.: Landübertragungen und -veräußerungen; Mühle in Wester-Ohrstedt, 1818

1971 Kämmerei 1800-1818

1972 Hebammen 1773-1838

1973 Wege 1781-1790, 1841-1848

1974 Errichtung einer Brandordnung, Bestätigung der Artikel der Witwen- und Waisenkasse sowie Frühjahr- und Herbstmarkt in Schwabstedt 1735-1737, 1816

Landschaft Helgoland

8107 Verfassung, Verwaltung, Personal, Handel, Strandungen und Bergungen, Handwerker und Privilegierte, Zoll, Post, Landeskasse, Polizei, Medizinalwesen und Militär 1731-1814

Landschaft Nordstrand

1975 Bestätigung des Oktroi sowie Niederlassung von auswärtigen Personen 1819-1827

1976 Staller (1819) 1820-1832

1977 Justiz (1748-) 1751-1779, 1841
Enthält: fehlerhaftes Verfahren in einer Kriminalangelegenheit; Erklärungen zu Artikeln des Landrechts

1978 Handwerker und Privilegierte, Handel und Schifffahrt 1750-1751, 1811-1818
Enthält: Erlaubnis zum Hausierhandel auf Nordstrand für die Händler aus Husum und benachbarten Städten; Krugkonzession des Nicolai Becker, Nordstrand; Wiederherstellung der freien Schifffahrt zwischen Nordstrand und Hattstedter Deich

1979 Landarzt oder Chirurg 1760, 1795, 1812

1980 Hebammen 1767-1768

1981 Einrichtung einer Spar- und Leihkasse 1837-1838

1982 Deiche 1801, 1825-1827
Enthält: abschlägiger Bescheid auf ein Gesuch der Partizipienten der Landschaft wegen der Deichaufsicht; Heranziehung des Elisabeth-Sophien-Koogs zu den Deichkosten der Landschaft

1983 Aufhebung der Zollfreiheit sowie Zollfreiheit des katholischen Pfarrers 1816-1820, 1841

1984 Befreiung vom Landmilitärdienst und von der Matrosenausschreibung sowie Nichteinsendung eines Lageregisters 1800-1811

Landschaft Pellworm und Halligen

1985 Stiftung zum Besten der Waisen auf den Halligen sowie Privathilfsverein zur Unterstützung der Halligbewohner 1829

1986 Landvogt 1812-1847

1987 Landschreiber (1740) 1743, 1804-1818

1988 Ratmann 1770-1838

1989 Gerichtsdiener 1804-1848

1990 Strandvogt, Brandaufseher, Deichrichter, Brandkassen-Taxator und Landesgevollmächtigter 1821-1823

1991 Justiz 1734-1844

1992 Handwerker und Privilegierte 1743-1841

1993 Kammerangelegenheiten 1822-1843
Enthält u. a.: Verfahren bei Exekution und Schätzung herrschaftlicher Restantendebitoren; Zollfreiheit für Nordstrandischmoor; Anschaffung von Brotkorn für Pellworm

1994 Deiche 1760-1831
Enthält u. a.: Kollektengelder wegen Deichschadens, 1793-1795

1995 Kämmerei 1731-1796, 1827-1836
Enthält u. a.: Landschaftsschulden, 1731-1796; Fonds zur Unterstützung armer Halligbewohner, 1827

1996 Beitrag der Halligbewohner zu den Kosten der Kunststraßen 1844

1997 Gesundheitszustand der Bewohner 1846-1847
Darin: „Husumer Wochenblatt" vom 27. Dezember 1846

Propstei Husum

Kirche

Kirche allgemein

1998 Konsistorium 1738, 1793-1797

1999 Kirchenvisitationsberichte 1754-1845

2000 Propst 1792-1844

2001 Konsistorialbote 1800-1839

2002 Kirche in der Propstei Husum: Allgemeines 1778-1803, 1845
Enthält u. a.: Plan für eine Unterstützungsanstalt für Witwen von Kirchen- und Schulbediensteten, 1801

Kirche im Amt Husum

2003 Kirchspiel Hattstedt: Allgemeines (1621-) 1769-1807

2004 Kirchspiel Hattstedt: Pastor 1740-1847

2005 Kirchspiel Hattstedt: Diakon 1740-1831

2006 Kirchspiel Hattstedt: Besetzung des Küsterdienstes durch Wahl 1747-1748

2007 Kirchspiel Mildstedt: Allgemeines 1737-1834

2008 Kirchspiel Mildstedt: Pastor 1748-1784, 1805-1835

2009 Kirchspiel Mildstedt: Kompastor 1739-1835

2010 Kirchspiel Mildstedt: Diakon und Küster 1740-1758, 1804-1805

2011 Kirchspiel Olderup: Allgemeines, Pastor und Küster 1731-1848

2012 Kirchspiel Ostenfeld: Allgemeines und Pastor 1739-1843

2013 Kirchspiel Schobüll: Allgemeines und Pastor 1754-1837
Enthält u. a.: Kollekten für Kirchenbau, 1774, 1785

2014 Kirchspiel Schwesing: Allgemeines, Pastor und Diakon (1711-) 1735-1828

2015 Kirchspiel Simonsberg: Allgemeines 1734-1838
Enthält u. a.: Anleihe für den Kirchenbau, 1836

2016 Kirchspiel Simonsberg: Pastor 1763-1846

2017 Kirchspiel Schwabstedt: Allgemeines (1720-) 1737-1846

2018 Kirchspiel Schwabstedt: Pastor 1743-1847

2019 Kirchspiel Schwabstedt: Diakon 1738-1848

2020 Kirchspiel Schwabstedt: Küster, Organist und Kirchenjurat 1784-1845

Kirche auf den Inseln und Halligen

8108 Kirche auf Helgoland: Pastor 1727-1766
Enthält u. a.: Streit des Pastors Schnobel mit dem Ratmann Paul Andresen, 1727

8109 Kirche auf Helgoland: Allgemeines 1733-1770
Enthält u. a.: Kirchen- und Schulreglement, 1733; Kirchenvisitationsberichte 1739-1741

8110 Kirche auf Helgoland: Kompastor 1735-1766

2021 Kirche auf Pellworm: Allgemeines 1773-1835

2022 Kirche auf Pellworm: Alte Kirche 1741-1833
Enthält u. a.: Pastor; Kompastor; Organist

2023 Kirche auf Pellworm: Neue Kirche 1765-1847
Enthält u. a.: Pastor; Küster

2024 Kirchen auf den Halligen 1781, 1825-1847
Enthält u. a.: Verzeichnis der seit dem 17. Jahrhundert tätigen Prediger, u. a. mit Angaben zum Dienstantritt und zur Dienstzeit, 1825

2025 Kirche auf Hallig Gröde: Bauten und Pastor 1746-1847

2026 Kirche auf Hallig Hooge: Pastor 1738-1848
Enthält auch: Verbot von Begräbnissen in der Kirche, 1827; Unterstützung zu den Kosten einiger Kirchenbauten, 1843

2027 Kirche auf Hallig Langeneß: Pastor 1731, 1771-1848

2028 Kirche auf Hallig Nordmarsch 1817-1843
Enthält: Leistungen an die Schule; Vereinigung der Halligen Nordmarsch und Langeneß in kirchlicher Hinsicht; Verteilung der Kirchenlasten

2033 Kirche auf Nordstrand: Kirchspiel Nordstrandischmoor 1738-1846
Enthält u. a.: Pastoren

2034 Kirche auf Nordstrand: Kirchspiel Odenbüll 1737-1848
Enthält: Pastoren; Abgabe des Predigers an die Predigerwitwe, 1841

Schule, Armenwesen und Ehe

2035 Schulen in der Propstei Husum 1744-1800

2036 Schulen in der Propstei Husum 1803-1845
Enthält u. a.: Schulregulativ, 1804

2037 Armenwesen in der Propstei Husum 1737-1847

2038 Erteilung von Ehedispensen in der Propstei Husum durch den Amtmann 1732-1736

Stadt Husum

2039 Privilegien und Bürgerrecht (1696-) 1766-1817

2040 Magistrat und Stadtbedienstete 1735-1822

2041 Oberdirektor 1811-1828

2042 Bürgermeister 1732-1846

2043 Ratsverwandte 1731-1846

2044 Stadtsekretär 1736-1836

2045 Stadtwaagemeister 1748-1754, 1808-1845

2046 Stadtkassierer 1811-1827

2047 Einsetzung eines eigenen Brandaufsehers 1811-1813

2048 Polizeimeister (1781) 1811-1820
Darin: gedruckte Instruktion für die Rottmeister in Husum, 1781

2049 Gerichtsdiener und Polizeidiener, Stadtwachtmeister sowie Armenvogt 1805-1847

2050 Deputierte Bürger 1747-1748, 1812
Enthält: Einholung des Urteils der Deputierten Bürger bei Gesuchen um Ratsstellen; Verringerung der Anzahl der Deputierten Bürger sowie deren Wahl

2051 Sachwalter 1732-1737, 1788-1789
Enthält: Advokat Henning Wedderkop; Advokat Laurentius Christoph Pfeifer; Advokat Johann Hinrich Stemann

2052 Ziviljustiz 1737-1844

2053 Scharfrichter in Stadt und Amt Husum, in der Vogtei Treia und im Kirchspiel Schwabstedt 1730-1804, 1828-1845

2054 Kirche 1737-1846
Enthält u. a.: Kirchenvisitation, 1737; Bestimmungen zur Predigerwahl; Vereinigung des Schlossgrundes und der Stadt hinsichtlich des Kirchen- und Armenwesens, 1823

2055 Kirchenbau 1810-1830

2056 Hauptpastor und Schulinspektor (1723-) 1731-1811, 1842

2057 Archidiakon 1739-1803

2058 Kompastor und Diakon 1740-1846

2059 Besetzung der Organistenstelle 1823 (1868)

2060 Fremde Religionsverwandte 1731-1811

2061 Schule (1737-) 1747-1783, 1838-1839
Enthält u. a.: Schulinspektion durch den Magistrat, 1747; Einrichtung eines neuen Schullokals und Unterstützung zu den Kosten, 1839

2062 Schule (1748-) 1761-1841
Enthält u. a.: Kantor; Schul- und Rechenmeister; Spinn- und Nähschule; Einrichtung einer Mädchenschule, 1796

2063 Armenwesen 1744-1832

2064 Handel und Schifffahrt 1737-1845

2065 Handwerker und Privilegierte 1754-1793
Enthält: Aufnahmegebühren sowie Haltung von Gesellen und Lehrjungen bei verschiedenen Ämtern, 1755; Niederlassung von Handwerkern, für die in Husum kein Amt besteht, 1764; Gesellenunruhen, 1793

2066 Bäcker, Barbiere, Böttcher, Brautputzerin, Branntweinbrenner, Färber, Rademacher, Sattler, Seiler und Reifschläger, Gläser sowie Gerber (1660-) 1731-1844

Enthält u. a.: Amtsartikel der Barbiere, 1660

2067 Schuster, Schlachter, Schneider, Schmied, Tischler, Weber, Weinhändler und Zimmermann 1736-1846

Enthält auch: gemeinschaftliche Bestätigung der Amtsprivilegien für das Schuster-, Schmiede-, Schneider- und Bäckeramt

2068 Post und Fuhren 1731-1806, 1842

Enthält u. a.: Bestallungen zum Postmeister

2069 Kämmerei (1712-) 1744-1847

Enthält u. a.: Reglement für Kontributionsmodus, 1749 (mit Kontributions- und Setzungsliste 1712 sowie Bilanz der Stadtrechnung 1744); Aufnahme der Stadtrechnungen, 1749; Befreiung der Advokaten von der Nahrungssteuer, 1751; Steuern und Abgaben; Einquartierungen

2070 Visitation der Apotheken und Vergütung des Physikus Dr. Friedlieb für Beförderungen (1732-) 1748, 1822

2071 Physikus 1757, 1784-1838

Enthält u. a.: Bewerberverzeichnis, 1838

2072 Apotheken 1728-1844

2073 Hebammen 1765-1824

2074 Witwen- und Waisenkasse 1747-1759

2075 Sperrung eines Weges hinter dem Schloss und Einführung einer Abgabe von beladenen Wagen zum Unterhalt des Straßenpflasters 1777-1778, 1806-1807

2076 Aufstellung eines Bürgerkorps 1812

2077 Polizei 1739-1830

Enthält u. a.: Erlaubnis zum Kegelspiel nach dem Gottesdienst, 1784; Friedrichs-Schützengilde, 1785; Visitation der Wirtshäuser, 1787; Verminderung der Zahl der Nachtwächter und Polizeidiener, 1817; Konzessionsgesuche

2078 Befreiung von öffentlichen Ämtern und Lasten 1730-1757

Amt und Flecken Bredstedt

2079 Verfassung, Verwaltung und Privilegien (1640-) 1735-1845
Enthält u. a.: Wahl der Landschaftsgevollmächtigten, 1735; Fleckensgerechtigkeit für Langenhorn, 1744; Einrichtung der Landschaft Bredstedt zu einem Amt und Verteilung der Stiftvogtei Bordelum auf Amt Bredstedt und Amt Tondern, 1784; Vereinigung der Ämter Bredstedt und Husum, 1784-1800; Arlewatter Auslanstenstellen in Bohmstedt und Langenhorn, 1832

2080 Amtmann und Landvogt (1745-) 1748-1846

2081 Bestallung des Ober- und Landgerichtsadvokaten Hans Jürgen Mathiessen zum Sachwalter im Amt Bredstedt 1788

2082 Amtsverwalter, vorher Landschreiber, und Aktuar 1782-1848

2083 Gerichtsdiener und Gefängniswärter 1794-1847

2084 Justiz 1730-1847
Enthält u. a.: Einrichtung des Bondengerichts, 1757; Abschaffung der bei Appellationsfällen eingeführten Succumbenzgelder, 1762; Sporteltaxe für Landvogt und Aktuar, 1835; Erweiterung des Gefängnisses, 1845; Verleihung des Scharfrichterdienstes und der Abdeckerei an Sievert Johann Bornholdt, Schleswig, 1779

2086 Höker (1632-) 1739-1752

2085 Handwerker und Privilegierte (1748) 1758, 1783-1795
Enthält: Beschwerde gegen einige auf adligem Grund wohnende Handwerker, 1758; Beisitzer oder Morgensprache der Zünfte, 1783; Einschränkung des Landhandwerks, 1795

2087 Maurer, Musikant, Schlachter, Scherenschleifer, Schmied, Schneider, Schuster, Tischler und Zimmerleute 1731-1845

2088 Post und Fuhren 1783-1811
Enthält u. a.: Privileg für den Transport vom Festland nach den Halligen, 1784; Bestallungen der Postmeister

2089 Kammerangelegenheiten 1776, 1794-1839

2090 Ökonomie (1634-) 1767-1788, 1822-1824

2091 Wege 1774-1819

2092 Jahrmärkte 1827-1832

2093 Physikus und Hebammen 1804-1844

2094 Apotheker (1713-) 1732-1842

2095 Polizei (1783-) 1795-1823
Enthält: Zahlung der Unterhaltkosten für die im Irrenhaus in Glückstadt befindliche Dorothea Abrahams vom Amt Bredstedt, 1795; Abgabe auf Marktwagen, 1810; Maskerade am Geburtstag des Königs, 1823

2096 Kämmerei 1763-1841
Enthält u. a.: Einquartierungskosten; Baurechnungen; Bauerlagsrechnungen

2097 Prozess der Syndiki der Landschaft Bredstedt gegen Landschreiber und Gevollmächtigte wegen Restanten der landschaftlichen Einnahmegelder (1735) 1736-1753

Propstei Bredstedt

Kirche

Kirche allgemein

2098 Abweichungen in Glaubensfragen in Bargum und Bordelum (Bredstedtischer Separatismus) 1739-1744

2099 Kirche in der Propstei Bredstedt: Allgemeines 1744-1809, 1832-1834

2100 Generalkirchenvisitationsberichte (1736) 1785-1804, 1830

2101 Spezialkirchenvisitationsberichte 1784-1786

2102 Verwaltung der Propsteigeschäfte bei Vakanz durch den Prediger in Flensburg 1788

2103 Konsistorialbote und Visitorialbote 1808, 1839

Einzelne Kirchspiele

2104 Kirchspiel Bargum: Allgemeines und Pastor (1732) 1739, 1778-1845
Enthält u. a.: Kollekten und Anleihen für Reparaturen, 1776, 1827

2105 Kirchspiel Bordelum: Allgemeines, Pastor, Diakon sowie Küster und Schulmeister 1735-1819
Enthält u. a.: Ersatz für das dem Pastor in der Viehseuche verstorbene Vieh, 1749; Einziehung des Diakonats, 1799

2106 Kirchspiel Bredstedt: Allgemeines, Pastor, Kompastor, Diakon und Kirchenvorsteher 1732-1847
Enthält u. a.: Einziehung des Diakonats, 1807; Bau eines neuen Turms und Umgießen der Glocken, 1817

2107 Kirchspiel Breklum: Allgemeines 1745-1795, 1827-1847
Enthält u. a.: Verbesserung der Diakonateinkünfte, 1745; Streitigkeiten zwischen Pastor und Diakon wegen der Einkünfte, 1771; Kirchenkapitalien, 1775; Stimmabgabe bei der Predigerwahl durch Wahlzettel, 1787; Orgelbau, 1847

2108 Kirchspiel Breklum: Pastor und Diakon 1732-1844

2109 Kirchspiel Drelsdorf: Allgemeines 1740-1847
Enthält u. a.: Verfahren und Kosten bei Predigerwahlen; Stellung des Diakonatamts; Bauten

2110 Kirchspiel Drelsdorf: Pastor 1741-1777, 1806-1838

2111 Kirchspiel Drelsdorf: Diakon (1735-) 1740-1807

2112 Kirchspiel Joldelund: Allgemeines und Pastor 1763-1846
Enthält u. a.: Bauten

2113 Kirchspiel Langenhorn: Allgemeines, Pastor und Diakon 1731-1842
Enthält u. a.: Reparatur der Kirche, 1759

2114 Kirchspiel Ockholm: Allgemeines und Pastor (1734-) 1738-1843
Enthält u. a.: Bauten

2115 Kirchspiel Viöl: Allgemeines, Pastor und Diakon 1731-1848
Enthält u. a.: Bestätigung des Vorschlags zur Verbesserung des Diakonats, 1733; Bauten; Krügereigerechtigkeit

Schule

2116 Genehmigung des Schulregulativs für das Amt Bredstedt sowie Bewilligung von Ersatzleistungen für Schullehrer bis zum Bau der Wohnhäuser und zur Landauslegung (1798-) 1801-1803

2117 Schulen im Kirchspiel Almdorf: Errichtung einer eigenen Distriktschule in Almdorf sowie Verbindung von Wallsbüll und Süderstruckum zu einem Schuldistrikt 1802-1803

2118 Schulen im Kirchspiel Bargum: Beihilfe zum Schulbau in Westerbargum aus der Carstenschen Stiftung 1845

2119 Schulen im Kirchspiel Bordelum: Verbesserung der Schulen durch Einziehung des Diakonats 1799

2120 Schulen im Kirchspiel Breklum (1814-) 1816-1845

2121 Fleckensschule in Bredstedt 1792-1848
Enthält u. a.: Beihilfe für Schulhausbau, 1848

2122 Schule in Dörpum: Beihilfe für Schulhausbau, Ernennung des Seminaristen Ketel Sönksen zum Distriktschullehrer und Beteiligungspflicht der Dörpumer Meede an den Realschullasten 1832-1847

2123 Schule in Drelsdorf: Veranstaltung einer Kollekte für den Schulhausbau 1749

2124 Schule in Högel: Beihilfe zum Schulhausbau aus der Carstenschen Stiftung 1846

2125 Schulen im Kirchspiel Langenhorn: Befreiung von den Beiträgen der Hauswirte auf dem Wester-Langenhorner Altendeich für die Schule in Efkebüll sowie Beiträge der Dorfschaft Bollhus (Amt Tondern) für die Schulen in Waygaard und Langenhorn 1788-1789, 1816-1817

2126 Schulen im Kirchspiel Ockholm: Schulhausbauten 1760, 1836

2127 Schulen im Kirchspiel Viöl 1802-1843

2128 Schule in Vollstedt: Beihilfe zum Schulhausbau aus der Carstenschen Stiftung 1837-1838

Armenwesen

2129 Armenwesen in der Propstei Bredstedt 1760-1845

Enthält u. a.: Legat des Landschreibers Thomas Clasen, 1760; Streitigkeiten des Amtmanns von Blücher, Bredstedt, mit den Vorstehern der Clementinischen Stiftung, 1796; Befreiung von Amtseingesessenen von höheren Schul- und Armenlasten ihrer Besitzungen in der Südermarsch (mit Beschreibung der Landstücke), 1824; Ankauf von Häusern und Grundstücken zur Errichtung von Armen- und Arbeitshäusern, 1834-1839

Domkapiteldistrikte und Amt Mohrkirchen

2130 Justiz (1613-) 1744-1778

Enthält u. a.: Streitigkeiten zwischen dem Amtmann Christian August von Reutz und dem Amtsverwalter Johann Detlef Schildknecht wegen Verwaltung der Justiz, 1749; Verordnung zur Einrichtung des Justizwesens und Einführung eines Schuld- und Pfandprotokolls, 1752; Streitigkeiten zwischen dem Dominspektor Schildknecht und dem Stiftsvogt in den Vogteien Langenhorn und Koxbüll Boysen wegen Verwaltung der Justiz, 1761; Inventaraufnahme und Teilungen in den Vogteien Langenhorn und Koxbüll, 1770; Befugnis des Reitvogts in der Vogtei Berend, 1770

2131 Streitigkeiten bei Einkoppelung von Dorfländereien in Steinfeld 1754-1755

2132 Beschwerde der Eingesessenen auf der Insel Arnis wegen Freifuhren für den Reitvogt 1763

2133 Konzessionen für den Zimmermann Hans Petersen in Tüdel und den Grobschmied Hans Schmidt in Böel 1758-1765

2134 Einverleibung der Domkapiteldistrikte in die Ämter und Verlegung der Hohner Harde vom Amt Gottorf zum Amt Hütten 1775-1780

2135 Kommissionsakten über die Einverleibung der Domkapiteldistrikte und des Amtes Mohrkirchen 1775-1780

Amt Flensburg

2136 Öffentliche Verhältnisse (1650-) 1731-1781, 1817-1847

Enthält u. a.: Jurisdiktionsangelegenheiten; Erteilung der Fleckensgerechtigkeit für Glücksburg, 1842

2137 Jurisdiktionsregulierungen 1838-1848

2138 Amtmann 1766-1843

2139 Amtsverwalter (1736-) 1790-1795, 1846

2140 Hardesvogt allgemein 1792-1831

2141 Hardesvogt der Nieharde 1776-1789, 1846-1847

2142 Hardesvogt der Husbyharde (1692-) 1739-1742, 1798-1843

2143 Hardesvogt der Uggelharde (1685-) 1733-1753, 1823-1847

2144 Hardesvogt der Wiesharde 1732, 1816-1840

2145 Hardesvogt der Munkbrarupharde 1805, 1835-1838

2146 Wohnungsgeld und Geschäftskreis des Aktuars (1838-) 1844-1848
Enthält u. a.: Bewerberverzeichnis

2147 Gerichtsschreiber in der Munkbrarupharde 1797-1815, 1840-1848
Enthält u. a.: Bewerberverzeichnis, 1840

2148 Fiskal 1731-1748, 1788-1817

2149 Gerichtsdiener und Polizeidiener 1735, 1800, 1834-1846

2150 Schlosspförtner und Hausvogt 1830-1836
Enthält: Schlosspförtner und Gefangenenwärter Friedrich Petersen; Hausvogteistelle für den ehemaligen Besitzer von Lindewitthof Georg Lotsch

2151 Justiz 1738-1824
Enthält u. a.: Streitigkeiten zwischen den Eingesessenen der Nieharde und den dortigen Justizbeamten, 1739; Justizverordnung, 1739; Verpflegung der Gefangenen, 1800; Gefängnis, 1824; Gebühren

2152 Justiz 1821-1839
Enthält u. a.: Regulierung des Amtsverhältnisses des Amtmanns zu den Hardesvögten, 1825; Differenzen zwischen dem Amtshaus und der Husbyhardesvogtei über Befugnisse in der Führung einer Kriminaluntersuchung im Falle des getöteten Hans Christian Detlefsen, Engelsby, 1826; Bau eines neuen Amtsgefängnisses, 1825 (mit Karten)

2153 Handwerker und Privilegierte allgemein, Glaser, Maler, Musikant, Schiffszimmermann, Schmied, Schneider, Schornsteinfeger und Tischler (1670-) 1739-1845

2154 Segeltuchfabrik, Siegellackfabrik und Mühlen 1787-1845

2155 Kammerangelegenheiten 1785-1845
Enthält u. a.: Jagdgerechtigkeiten auf den Feldern des Dorfes Habernis, 1785; Verfahren bei Eintreibung rückständiger Restanten, 1839; Amts- und Kommunefuhren, 1843

2156 Landwirtschaft 1783-1840
Enthält u. a.: Abtrennung von Ländereien; Vermageschiftung (Austausch benachbarter Landstücke)

2157 Post und Fuhren 1775-1776, 1815, 1836
Enthält: Verbot über das Abweichen vom Hauptweg, 1776; Aufhebung des provisorischen Fuhrreglements, 1815; Benutzung der Fährbrücken in Holnis zum Anlegen der in die Flensburger Förde einlaufenden und von der Zollkontrolle in Holnis zu versiegelnden Schiffe, 1836

2158 Kämmerei 1731-1843
Enthält u. a.: privilegierte Höfe

2159 Hebammen 1765-1836

2160 Apotheker 1831-1847

2161 Wege 1765-1847

2162 Polizei 1731-1736, 1793-1848
Enthält u. a.: Rangverfügung, 1735; Abhaltung von Märkten

Propstei Flensburg

Kirche

Kirche allgemein

2163 Kirche in der Propstei Flensburg: Allgemeines 1731-1846
Enthält u. a.: Beschwerden über die Verfestung von Kirchenländereien (mit Verzeichnis der Ländereien), 1733; Bericht über die Abhaltung des Schulunterrichts und Gottesdienstes in der Propstei Flensburg und in der Landschaft Bredstedt in deutscher und dänischer Sprache, 1740; Verteilung der Kirchenlasten

2164 Generalkirchenvisitationsberichte 1742-1777

2165 Generalkirchenvisitationsberichte 1779-1806, 1839-1845

2166 Spezialkirchenvisitationsberichte 1738-1814, 1846

2168 Konsistorium 1731-1792, 1825-1846

2167 Gültigkeit der Verordnung von 1701 hinsichtlich der strittigen Jurisdiktion zwischen dem Amt Flensburg und dem Konsistorium (1701-) 1733

2169 Gratifikation für den Konsistorialboten 1801

2170 Propst 1735-1847

Einzelne Kirchspiele

2171 Kirchspiel Adelby: Allgemeines 1752-1832

2172 Kirchspiel Adelby: Pastor, Kirchenvorsteher und Küster (1740-) 1748-1847

2173 Kirchspiel Bau: Allgemeines und Pastor 1729-1847

2174 Kirchspiel Eggebek: Allgemeines 1745-1838
Enthält u. a.: Diakonat

2175 Kirchspiel Eggebek: Pastor und Diakon 1735-1848
Enthält u. a.: Gesuche von Bewerbern um das Pastorat, 1848

2176 Kirchspiel Esgrus: Allgemeines und Pastor 1733-1843
Enthält u. a.: vermeintliches Wahlrecht der Gemeinde, 1733; Legat des Peter Jessen, Esgrus, für die Kirche und die Armen, 1768; Leistungen der im Kirchspiel eingepfarrten Untergehörigen des Gutes Rundhof an den Pfarrer, 1833; verweigerte Zehntleistung, 1842

2177 Kirche in Glücksburg: Allgemeines 1782-1845
Enthält u. a.: Fürbitte für den Herzog von Braunschweig-Bevern, 1782; Kirchenvisitation

2178 Kirche in Glücksburg: Pastor 1786-1848
Enthält u. a.: zwei französischsprachige Briefe der Herzogin Anna Caroline von Braunschweig-Bevern, 1786-1787; Bewerberverzeichnisse, 1816, um 1826

2179 Kirchspiel Großsolt und Kleinsolt: Allgemeines 1747-1846
Enthält u. a.: Bauten; Überlassung und Verkauf von Hölzungen

2180 Kirchspiel Großsolt und Kleinsolt: Pastor 1759-1833

2181 Kirchspiel Großenwiehe: Allgemeines und Pastor 1735-1843
Enthält u. a.: Bauten; Bewerberverzeichnis, 1843

2182 Kirchspiel Grundhof: Allgemeines 1738-1831
Enthält u. a.: Bauten; Verkauf und Tausch von Pastoratsländereien

2183 Kirchspiel Grundhof: Pastor, Diakon, Organist und Küster 1730-1843
Enthält u. a.: Bewerberverzeichnisse für das Pastorat, 1816, 1843; Bewerberverzeichnis für das Diakonat, 1831

2184 Kirchspiel Hackstedt: Allgemeines und Pastor 1745-1839
Enthält u. a.: Bauten

2185 Kirchspiel Handewitt: Allgemeines und Pastor 1733-1847
Enthält u. a.: Bauten; Bewerberverzeichnis, 1823

2187 Kirchspiel Hürup: Allgemeines, Pastor, Küster und Schulmeister 1735-1843
Enthält u. a.: Bauten; Kirchenhölzung; Bewerberverzeichnisse für das Pastorat, 1811, 1834

2186 Kirchspiel Husby: Allgemeines und Pastor 1745-1845
Enthält u. a.: Bewerberverzeichnis, 1826

2188 Kirchspiel Jörl: Allgemeines und Pastor 1756-1838
Enthält u. a.: Bauten; Bewerberverzeichnis, 1825

2189 Kirchspiel Munkbrarup: Allgemeines und Pastor 1784-1843
Enthält u. a.: Bewerberverzeichnis, 1807

2190 Kirchspiel Neukirchen: Allgemeines 1780-1843
Enthält u. a.: Vereinigung der Pastorate von Quern und Neukirchen auf zehn Jahre, 1818; Bauten

2191 Kirchspiel Neukirchen: Pastor und Küster 1782-1846
Enthält u. a.: Bewerberverzeichnisse für das Pastorat, 1840, 1846

2192 Kirchspiel Oeversee: Allgemeines und Pastor 1741-1845
Enthält u. a.: Bewerberverzeichnisse, 1814, 1843

2193 Kirchspiel Quern: Allgemeines und Pastor 1748-1844
Enthält u. a.: Bauten; Bewerberverzeichnis, 1821

2194 Kirchspiel Rüllschau: Allgemeines und Pastor 1740-1843
Enthält u. a.: Bauten; Bewerberverzeichnisse, 1824, 1843

2195 Kirchspiel Sieverstedt: Allgemeines, Pastor und Küster 1742-1841
Enthält u. a.: Bauten; Bewerberverzeichnis, 1826

2196 Kirchspiel Sörup: Allgemeines (1698) 1730-1839
Enthält u. a.: Rangstreit, 1732; Bauten; Kirchenhölzung

2197 Kirchspiel Sörup: Erledigung der Zehntstreitigkeiten zwischen dem Pastor und den Bohlsleuten 1816-1830
Darin: gedrucktes Rechtsgutachten des Prof. Brinkmann, Kiel, über den Zehntstreit, 1826

2198 Kirchspiel Sörup: Pastor 1749-1838
Enthält u. a.: Bewerberverzeichnis, 1822

2199 Kirchspiel Sörup: Diakon 1758, 1793-1828
Enthält u. a.: Bewerberverzeichnis, 1828

2200 Kirchspiel Sterup: Allgemeines und Pastor (1706-) 1743-1845
Enthält u. a.: Bauten; Bewerberverzeichnisse, 1812, 1826, 1845

2201 Kirchspiel Steinberg: Allgemeines und Pastor 1741-1844
Enthält u. a.: Bauten; Bewerbeverzeichnis, 1830

2202 Kirchspiel Wallsbüll: Allgemeines und Pastor 1750-1847
Enthält u. a.: Bauten; Bewerberverzeichnis, 1824

2203 Kirchspiel Wanderup: Allgemeines und Pastor 1751-1842
Enthält u. a.: Bewerberverzeichnis, 1833

Schule

2204 Schulen in der Propstei Flensburg: Allgemeines 1746-1839
Enthält u. a.: Genehmigung des Regulativs für die Einrichtung der Landschulen, 1798

2205 Schulen im Kirchspiel Adelby (1739-) 1741, 1793-1801

2206 Schulen im Kirchspiel Bau 1739-1845

2207 Schule in Bockholm: Unterstützung für den Schulhausbau 1837-1838

2208 Schule in Kalleby: Aufbringung der Pension für den entlassenen Schullehrer Petersen (1846) 1847

2209 Schulen im Kirchspiel Eggebek 1770-1847

2210 Schulen im Kirchspiel Esgrus: Anerkennung der Schule in Wippendorf als eigene Schulkommüne und Verweigerung der Mitteilung von Schulberichten an die Schulvorsteher in Esgrus (1829-) 1832, 1845-1847

2211 Schulen im Kirchspiel Großenwiehe: Besuch von Schulen außerhalb des Kirchspiels, Vereinigung der Schulen in Kleinwiehe und Großenwiehe sowie Schulpflichtigkeit des Hofes Lindewitt 1788-1803, 1840

2212 Schulen im Kirchspiel Großsolt: Schulpflicht der Eingesessenen und Schule in Kollerup 1799-1802

2213 Schulen in Glücksburg 1781-1847
Enthält u. a.: Einrichtung einer Industrieschule, 1793; Regulierung und Verbesserung der Schulen, 1810; Organisten und Küster

2214 Schulen im Kirchspiel Grundhof 1748-1848

2215 Schulen im Kirchspiel Grundhof: Irrungen durch das Betragen des Schullehrers Asmus Christiansen (Christensen) in Grundhof (1749-) 1754

2216 Schulen im Kirchspiel Handewitt: Schulbauten und Verkauf von Ländereien in Fröslev 1755, 1807-1845

2217 Schulen im Kirchspiel Husby 1749-1836

2218 Schulen im Kirchspiel Jörl 1754-1803, 1846

2219 Schule in Jerrishoe: Landverkauf 1848

2220 Schulen im Kirchspiel Munkbrarup: Zahlung ausstehender Schulgelder des Niss Johannsen in Schwennau 1794

2221 Schulen in Keelbek und Tornschau: Befreiung von der Pflicht zur Errichtung einer eigenen Distriktschule und Unterstützung aus der Carstenschen Stiftung 1800-1801, 1847

2222 Schule in Kleinsolt: Vereinigung der Schulen in Kleinwolstrup und Kleinsolt sowie Trennung des Küsterdienstes in Kleinsolt von dem in Großsolt 1801-1802, 1829

2223 Schule in Kleinwiehe: Aufhebung der Vereinigung von Kleinwiehe und Lüngerau zu einem Schuldistrikt 1799-1800

2224 Schulen in Neukirchen, Niesgrau und Nordhackstedt 1799, 1829, 1846

Enthält: Bezahlung des Schullehrers in Neukirchen, 1799; Verteilung der Schulausgaben in Niesgrau, 1829; Erhöhung der Diensteinnahmen des Schullehrers in Nordhackstedt, 1846

2225 Schulen im Kirchspiel Oeversee 1762-1803

2226 Schulen im Kirchspiel Quern: Beteiligung der Kätner an den Kosten zum Schulbau in Kalleby und Landüberlassung an die Schule in Kalleby 1800, 1828

2227 Schulen in Riesbriek und Rüllschau 1800-1801, 1846

Enthält: Erhöhung der Diensteinnahmen des Schullehrers in Riesbriek, 1846; Abholung des Schulgeldes im Kirchspiel Rüllschau, 1801

2228 Schule in Schafflund: Beitrag der Kolonisten zum Schullohn des Distriktschullehrers und Befreiung des Distriktschullehrers Peter Bohmann vom Besuch eines Schullehrerseminars (1798-) 1800

2229 Schulen im Kirchspiel Sieverstedt 1763-1847

2230 Schule in Sillerup: Brücheerlass für die Achtmänner Carsten Carstensen und Nicolai Nicolaisen 1809-1811

2231 Schulen im Kirchspiel Sörup 1796-1800, 1838

2232 Schulen im Kirchspiel Steinberg 1788-1816

2233 Schulen im Kirchspiel Sterup: Gehaltsverbesserung für den Schullehrer in Ahneby und Beibehaltung der Schulverfassung in Ahneby 1762-1799

2234 Schule in Tarp: Unterstützung aus der Carstenschen Stiftung für die Regulierung des Schulwesens 1847

2235 Schulen im Kirchspiel Wallsbüll: Schulverwaltung in Meyn sowie Bau eines gemeinschaftlichen Schulhauses für Meyn und Wallsbüll 1795-1801

2236 Schulen im Kirchspiel Wanderup: Kollekte für den Bau eines Küster- und Schulhauses sowie Gesuch der Kätner und Insten in Wanderup um Befreiung von den Handdiensten zum Schulbau 1746-1747, 1804

Armenwesen

2237 Armenwesen in der Propstei Flensburg 1769-1843
Enthält u. a.: Armenangelegenheiten im Kirchspiel Adelby; Bau von Armen- und Arbeitshäusern in Eggebek und Sörup

Stadt Flensburg

Öffentliche Verhältnisse

2238 Verfassung, Verwaltung, Jurisdiktion und Bürgerrecht 1731-1845, 1861
Enthält u. a.: Ministerialschreiben zur Vereinigung von Amtsdistrikten mit der Stadt Flensburg nach der Verordnung von 1807, 1861
Darin: Karte der Flensburger Förde von Flensburg bis Sonderburg mit Grenzziehungen, 1753

Präsident, Magistrat, Stadtbedienstete und Deputierte Bürger

2239 Präsident und Oberpräsident 1731-1820

2240 Magistrat und Stadtbedienstete 1742-1811

2241 Magistrat und Stadtbedienstete 1824-1848

2242 Bürgermeister 1740-1847
Enthält auch: Beschwerde des Bürgers Hans Söncksen gegen den Magistrat wegen angeblicher Missstände im Zoll- und Polizeiwesen, 1753

2243 Ratsverwandte (1700-) 1735-1847

2244 Stadtsekretär (1729-) 1752-1838

2245 Stadtvogt (1736-) 1740-1824

2246 Stadtkassierer 1803-1826

2247 Stadtwachtmeister, Ratsdiener, Stadt- und Gerichtsdiener sowie Klostervogt 1820-1839

2248 Differenzen wegen Besetzung der Brückenvogtstelle und Anstellung des Claus Hansen als Brückenvogt 1823-1830
Enthält u. a.: Bewerberverzeichnis

2249 Deputierte Bürger (1730) 1740-1833

Justiz

2250 Justiz 1754-1821

2251 Scharfrichter 1740-1803

Kirche

2252 Kirche in Flensburg: Allgemeines (1729-) 1731-1833

2253 Sankt Marienkirche in Flensburg: Allgemeines 1745-1778, 1824-1845

2254 Sankt Marienkirche in Flensburg: Hauptpastor und Diakon 1735-1837

2255 Sankt Marienkirche in Flensburg: Kirchengüter (1551) 1729-1844
Darin: Kartenskizze von der Südostecke der Marienhölzung, 1813

2256 Sankt Marienkirche in Flensburg: spezielle Angelegenheiten 1731-1804
Enthält: Bestätigung des Jurisdiktionsprivilegs für Bürgermeister und Rat über die Kirchenlansten von Sankt Marien und Sankt Nikolai, 1731; Befreiung vom Amt des Kirchgeschworenen und vom Tragen des Klingelbeutels gegen Geldzahlung, 1737, 1771; Einrichtung von Türen in der Kirchhofsmauer, 1803; Abtreibung von Holz aus zwei Holzschiften in Trüggelsby, 1804

2257 Sankt Nikolaikirche in Flensburg: Allgemeines und Kirchengüter 1750-1775, 1829-1846

2258 Sankt Nikolaikirche in Flensburg: Pastor (1725) 1731-1829
Enthält u. a.: Protokoll der Befragung des Kandidaten der Theologie Friedrich Wilhelm Clessel durch das Konsistorium in Berlin, 1725; Bewerberverzeichnis, 1828

2259 Sankt Nikolaikirche in Flensburg: Diakon 1732-1836
Enthält u. a.: Bewerberverzeichnisse, 1824, 1836

2260 Sankt Johanniskirche in Flensburg: Allgemeines, Pastor, Diakon und Kirchengüter 1735-1843
Enthält u. a.: Bewerberverzeichnis für das Diakonat, 1837

2261 Kirche zum Heiligen-Geist (Dänische Kirche) in Flensburg
Enthält nur Notiz mit Aktentitel [1757-1846] 1870

2262 Katholiken und Reformierte 1768-1844

2263 Juden 1785-1819, 1843

2264 Kirche in Flensburg (1695) 1731-1811
Enthält u. a.: Differenzen wegen Beerdigung der beiden an den Blattern verstorbenen Söhne des Hardesvogts Hans Hinrich Kehl, Sieverstedt, und ausstehender Gebühren, 1731; Beschwerde des Propstes Franz Möller gegen den Ratsverwandten Prehn, 1732; Konzession für den Tabakfabrikanten Nicolai Schmitt, Flensburg, zur Anlage eines Begräbnisplatzes in seinem Garten außerhalb der Stadt, 1788

Schule

2265 Schulen in Flensburg: Allgemeines (1697-) 1762-1841

2266 Schulen in Flensburg 1747-1835
Enthält u. a.: Privatschulen; Industrieschule für Mädchen, 1812-1823

Handel und Schifffahrt

2267 Handel und Schifffahrt 1731-1843

2268 Erklärung eines Kanzleipatents von 1826 zur Aufhebung von Beschränkungen im freien Warenverkehr auf den Wochenmärkten für den Müller Christian Lautrup an der Ballastbrücke sowie seine rückständigen Rekognitionen 1826-1846

2269 Brücken- und Marktfreiheit sowie Schiffergelag (1732-) 1734-1845
Darin: gedruckte Marktordnung von Eckernförde, 1742

2270 Abstellung eigenmächtiger Hebungen von Extralastgeldern (1799-) 1805
Enthält u. a.: Verzeichnis der Extralastgelder von 1798 bis 1804

Handwerker und Privilegierte

2271 Handwerker und Privilegierte 1732-1738, 1792-1844

2272 Bäcker (1759) 1760-1769, 1820-1844

2273 Barbier 1730-1843

2274 Böttcher 1748-1843

2275 Buchbinder (1737-) 1730-1740, 1840-1843

2276 Bund- und Handschuhmacher 1760-1843

2277 Kontrolle über den vom Land eingeführten Branntwein 1841-1842

2278 Drechsler, Kammmacher, Knopfmacher, Bierbrauer sowie Wein-, Bier- und Branntweinschenke, Gläser, Krämer und Handeltreibende, Hutmacher, Gold- und Silberarbeiter, Klempner und Kupferschmied 1730-1847

2279 Maler, Maurer, Müller und Mehlhändler sowie Musikant (1749) 1767-1843

2280 Perückenmacher, Reifschläger, Sattler und Riemer sowie Stell- und Rademacher 1731-1843

2281 Schlachter 1768-1845

2282 Schmiede 1745-1843

2283 Schneider 1739-1844

2284 Schuster (1672-) 1736-1844

2285 Stuhlmacher, Tischler, Töpfer und Zimmermann 1732-1843

Manufakturen und Fabriken, Kammer- und Finanzwesen, Landwirtschaft

2286 Manufakturen und Fabriken 1731-1847

2287 Kammer- und Finanzangelegenheiten 1789-1844
Enthält: Einrichtung eines Münzwechselkontors, 1789; Unterstützung der Predigerwitwen aus der Stadtkasse, 1796; militärische Exekution wegen rückständiger Kopfsteuer, 1837; Mitteilung des Gesuchs des Kaufmanns Andreas Christiansen junior um Erlass einer Auktionsabgabe, 1844

2288 Landwirtschaft (1696-) 1736-1847
Enthält u. a.: Verpachtungen

Post und Fuhren

2289 Postmeister und Wagenmeister sowie Postangelegenheiten (1699-) 1731-1804

2290 Fuhrwesen (1702-) 1729-1752, 1826-1827
Enthält u. a.: Bestätigung der Artikel der Rollfuhrleute, 1732

Polizei

2291 Polizeimeister 1805-1848

2292 Polizeidiener 1806, 1829-1847

2293 Hospital 1732-1748, 1808-1848

2294 Hospitalvorsteher 1732-1844

2295 Sekretär und Aktuar für das Hospital- oder Kalandsgericht 1744-1815

2296 Sonstige Hospitalangelegenheiten 1731-1840

2297 Armenwesen 1733-1737, 1797-1836
Enthält u. a.: Bestätigung der Armenordnung, 1735

2298 Physikus (1757-) 1766-1836

2299 Apotheker 1730-1842

2300 Hebammen 1809-1821

2301 Hagensches Adresskontor 1765-1795

2302 Sonstige Polizeiangelegenheiten 1736-1846
Enthält u. a.: Bestätigung einer Witwen- und Waisenkasse, 1737; Errichtung einer Witwen- und Töchterkasse, 1821; Totengilde, 1822, 1830; Verpflegung kranker Militärs, 1831; Straßenpflasterungswesen, 1838

2303 Maße und Gewichte, Schützengilde, Wasserleitung, Bauten, Veranstaltungen, Glücksspiel 1731-1837

2304 Bürgergarde und Schützengilde 1768, 1792-1843
Darin: gedruckte Artikel der allgemeinen Totengilde, 1830

2305 Revision der Brandkassenrechnungen (1817) 1818-1824

Kämmerei

2306 Kämmerei 1742-1821
Enthält u. a.: Reglement zur Einquartierung, 1743; Besoldung und Einkünfte der Magistratsmitglieder und Stadtbediensteten, 1776; Steuern und Abgaben

2307 Kämmerei 1806-1847
Enthält u. a.: Organisation und Verbesserung des Steuerwesens

2308 Stadtkasse 1775-1837

2309 Dezimationen 1746-1810

8163 Revision von Rechnungen (1802-) 1806-1834
Enthält u. a.: Bericht zur Stiftung von Gottfried und Anna Hansen, 1802-1805

Militär

2310 Militär (1752-) 1755-1756, 1835-1842
Enthält: Beschwerden des Grafen von Schmettau gegen die Stadt, 1755-1756; Bereitstellung einer bestimmten Mannschaftsstärke der in Flensburg einquartierten Eskadron, 1835; Antrag der Stadtkollegien auf Einrichtung einer Garnison von hundert Infanteristen, 1842
Darin: Plan des Südermarktes, 1755

Ehemals glücksburgische Gebiete

2311 Angelegenheiten unter herzoglicher Regierung 1737-1776
Enthält u. a.: Streitigkeiten des Herzogs von Glücksburg mit dem Herzog von Sonderburg und dem Grafen von Reventlow wegen der Kirchen am Sundewitt, 1738-1740; Schule; Handwerker; Hebammen; Kriminaljustiz; Forstangelegenheiten; Schuld- und Pfandprotokoll

2312 Besitznahme durch den dänischen König 1779
Enthält u. a.: Verzeichnis der Naturallieferungen und Dienste der Lehnsunteranen am Sundewitt

2313 Bestätigung von Bestallungen und Privilegien 1779-1783
Enthält u. a.: Verzeichnis der eingesandten Gesuche

2314 Angelegenheiten unter königlicher Regierung 1779-1797, 1828
Enthält u. a.: Pensionen glücksburgischer Bediensteter; Bestätigungen von Konzessionen und Privilegien

2315 Angelegenheiten unter königlicher Regierung 1779-1840
Enthält u. a.: Ausdehnung der Verordnung wegen der Viehseuche auf den Glücksburger Distrikt, 1779; Verbindung mit den Ämtern Flensburg und Sonderburg sowie die einzurichtende Justiz- und Kirchenverfassung, 1779; Generalkirchenvisitationen, 1780, 1783; Glücksburger Archiv, 1787; Bestätigung der Friedrichsgarde, 1803; Spar- und Leihkasse in Glücksburg, 1818; Bau eines Gefangenenhauses in Glücksburg, 1840

Landschaft Eiderstedt

2451 Verfassung, Privilegien und Jurisdiktion (1746-) 1767-1843
Enthält u. a.: Fleckensgerechtigkeit für Oldenswort, 1821

2452 Staller 1735, 1798-1848
Enthält u. a.: Sporteltaxe, 1833

2453 Landschreiber (1660) 1732-1844

2454 Ratmänner (1680-) 1740-1816

2455 Amtsführung des Lehnsmanns des Kirchspiels Welt Boy Deertz 1750-1751

2456 Pfennigmeister 1782-1786, 1845-1847

2457 Verfahren bei der Wahl der Landmesser 1828

2458 Wahl des Landsekretärs (1825-) 1836

2459 Bestätigung des Landrechts und Sporteltaxe für die Landschreiber (1624-) 1731-1779

2460 Ziviljustiz 1786-1848

2461 Kriminaljustiz 1741-1791, 1828-1845
Enthält u. a.: Verhältnis des Stallers zum Oberstaller in Kriminalangelegenheiten

2462 Kammerangelegenheiten 1776-1848
Enthält u. a.: Viertel- und Halbprozentsteuer

2463 Deiche 1766-1831
Darin: farbige Karte von der Landschaft Eiderstedt, 1794

2464 Kommissionakten zu den Deichstreitigkeiten zwischen verschiedenen Kommunen (1595-) 1765-1766
Darin: Karte zum Stromverlauf der Eider vor dem Johann-Adolf-Koog und mit Deichprofilen, 1766; Karte zum Seedeich und Eiderverlauf, 1766; Zeichnung eines Deichprofils, 1766

2465 Deichangelegenheiten 1737-1825
Enthält u. a.: Prozesse
Darin: Grundriss eines Teils des Kirchspiels Ording, 1769

2466 Erteilung des Rechts für Boten- und Postdienste von Sankt Peter und Tating nach Tönning an Hans Hansen in Sankt Peter 1789

2467 Ökonomie 1777, 1804-1838
Enthält u. a.: Gebrauch von Handqueren und Rossmühlen zum Privatgebrauch der Eingesessenen, 1777;

2468 Handwerker und Privilegierte 1735-1843

2469 Hausierer, Höker, Krüger und Handeltreibende, Müller, Musikant, Rademacher, Pflugmacher, Schlachter, Schmiede, Schneider und Schuster (1746-) 1759-1843

2470 Kämmerei (1651-) 1735-1844
Enthält u. a.: Vorschlag zur Einrichtung einer Revisionskommission, 1783; Beschwerde verschiedener Kirchspiele über Unordnungen bei den Pfennigmeistern, 1785; Erleichterung der Einquartierung, 1806

2471 Regulativ für die Verwaltung der Angelegenheiten des Kirchspiels Oldenswort (1799-) 1811-1823

2472 Kämmereiangelegenheiten 1740-1765, 1807-1847
Enthält u. a.: Befreiung von öffentlichen Ämtern; Schatzungs- und Rechnungsangelegenheiten; Revision der Landrechnung

2473 Physikus 1750-1796

2474 Wahlbestätigungen für Physiki 1735-1837

2475 Chirurg (1741-) 1744-1779
Enthält: Franz Andreas Warneck, Oldenswort; Johann Friedrich Warneck, Oldenswort; Gerrit Diederich Ebio, Tating

2476 Hebammen 1769-1777

2477 Witwenkasse 1741-1758

2478 Sonstige Polizeiangelegenheiten 1741-1840
Enthält u. a.: Gleichheit der Tonnenmaße, 1771; Werkhäuser, 1805; Errichtung einer Spar- und Leihkasse in Oldenswort, 1822
Darin: Grundrisse des Werkhauses in Witzwort, 1805

2479 Landausschuss 1737-1768, 1792

Propstei Eiderstedt

Kirche

Kirche allgemein

2480 Konsistorium 1731, 1822
Enthält: Konfirmation der Wahl des Pastors Bernhard Christian Gentzel zum Propst sowie Führung des Vorsitzes im Konsistorium durch den Amtmann und Protokollführung durch den Landschreiber 1731; Bestimmung über den Ausschlag bei Stimmengleichheit, 1822

2481 Generalkirchenvisitationsberichte 1740-1843
Darin: gedruckte Rede des Propstes Feddersen bei der Einweihung des neuen Kirchhofs in Garding, 1843

2482 Spezialkirchenvisitationsberichte (1710-) 1754-1807

2483 Abgaben und Leistungen der Mennoniten 1733-1763

2484 Kirche in der Propstei Eiderstedt: Allgemeines 1733-1800
Enthält u. a.: Einführung eines neuen Gesangbuchs und Katechismuserklärung, 1733; Bestimmungen zur Kirchenvisitation

2485 Kirche in der Propstei Eiderstedt: Allgemeines 1799-1835 (1867)

2486 Propst (1604-) 1731-1839

Einzelne Kirchspiele

2487 Kirchspiel Katharinenheerd: Allgemeines und Pastor 1742-1835
Enthält u. a.: Bauten; Landüberlassungen

2488 Kirchspiel Kating: Allgemeines und Pastor 1736-1839
Enthält u. a.: Herabsetzung der Akzidentiensteuer, 1790; Umwandlung des Beichtgeldes in ein Fixum, 1839

2489 Kirchspiel Koldenbüttel: Allgemeines 1775-1829
Enthält u. a.: Einziehung des Diakonats, 1776-1819; Vergütung für die beiden Prediger, 1802; Turmbau, 1826

2490 Kirchspiel Koldenbüttel: Pastor 1751-1847

2491 Kirchspiel Koldenbüttel: Diakon 1738-1811

2492 Kirchspiel Kotzenbüll: Allgemeines und Pastor 1750-1846
Enthält u. a.: Bestätigung des Patronatsrechts und Präsentationsrechts der Gemeinde, 1793

2493 Kirchspiel Oldenswort: Allgemeines (1750-) 1758-1831
Enthält: Verfahren bei der Wahlpräsentation, 1759; Beschwerden über Einschränkungen und Veränderungen im öffentlichen Gottesdienst, 1790; Verfahren bei der Wahl der Kirchenvorsteher, 1803; Vergleich über zum Pastorat gehörige umstrittene Ländereien, 1820; Genehmigung zum Bau eines Diakonats, 1831

2494 Kirchspiel Oldenswort: Pastor 1749-1835

2495 Kirchspiel Oldenswort: Diakon 1735-1848

2496 Kirchspiel Ording: Allgemeines 1786-1846
Enthält u. a.: Bauten

2497 Kirchspiel Ording: Pastor 1735-1847
Enthält u. a.: Bewerberverzeichnis, 1847

2498 Kirchspiel Osterhever: Beitrag der Eingesessenen des Alten und Neuen Augustenkoogs zu den Kirchenlasten sowie Bau eines Pastorats 1728-1831

2499 Kirchspiel Sankt Peter: Einziehung des Diakonats und Landüberlassung an das Pastorat 1785-1795, 1845-1846
Enthält auch: Versorgung des wegen schlechter Amtsführung entlassenen Pastors Johann Hamkens, 1795

2500 Kirchspiel Sankt Peter: Diakon 1742-1798
Enthält auch: Pension des ehemaligen Pastor Johann Hamkens, 1798

2501 Kirchspiel Sank Peter: Pastor 1742-1836

2502 Kirchspiel Poppenbüll: Allgemeines und Pastor 1754-1819
Enthält u. a.: Bau eines neuen Pastorats, 1819

2503 Kirchspiel Tating: Allgemeines 1792-1834
Enthält u. a.: Einziehung des Diakonats, 1827

2504 Kirchspiel Tating: Pastor 1759-1839

2505 Kirchspiel Tating: Diakon (1739-) 1740-1801

2506 Kirchspiel Tetenbüll: Allgemeines 1740, 1787, 1817-1819
Enthält: Bindung des Wahlrechts der Eingepfarrten an bestimmte Vermögensvoraussetzungen sowie Haltung der Hauptpredigt durch den Diakon an jedem dritten Sonntag, 1740; Tausch von Pastoratsland, 1787; Einziehung des Diakonats und Verbesserung der Einkünfte beider Predigerstellen, 1819
Darin: Situationsplan eines Teils des Kirchspiels Tetenbüll, 1786

2507 Kirchspiel Tetenbüll: Pastor 1740-1839

2508 Kirchspiel Tetenbüll: Diakon 1741-1838

2509 Kirchspiel Uelvesbüll: Allgemeines 1785, 1836-1847
Enthält u. a.: Vereinigung mit Simonsberg in der Propstei Husum zu einem neuen Vikariatsdistrikt, 1837; Bauten

2510 Kirchspiel Uelvesbüll: Pastor 1733-1847

2511 Kirchspiel Vollerwiek: Allgemeines und Pastor 1751-1832
Enthält u. a.: Umwandlung des Beichtgeldes in ein Fixum, 1775

2512 Kirchspiel Welt: Allgemeines und Kirchenvorsteher 1757-1846
Enthält u. a.: Beteiligung der Interessenten des Grothusenkoogs an den Kirchenlasten, 1772, 1846

2513 Kirchspiel Welt: Pastor 1764-1830

2514 Kirchspiel Westerhever: Allgemeines 1779-1838
Enthält: Kollekte für den Kirchturmbau, 1780; Kirchenglocke, 1805; Austausch und Abtretung von Pastoratsländereien, 1818, 1838

2515 Kirchspiel Westerhever: Pastor 1733-1839
Enthält u. a.: Bewerberverzeichnis, 1838

2516 Kirchspiel Witzwort: Allgemeines 1781-1843
Enthält u. a.: Streitigkeiten zwischen Pastor und Diakon wegen Verteilung der Einkünfte, 1783

2517 Kirchspiel Witzwort: Pastor (1729-) 1742-1828

2518 Kirchspiel Witzwort: Diakon und Küster (1729-) 1733-1806

Schule

2519 Schulen in der Propstei Eiderstedt: Allgemeines 1759-1844

2520 Schulen im Kirchspiel Kating: Nebenschule in Rüxbüll 1778-1779

2521 Schule in Koldenbüttel 1758-1824

2522 Schule in Kotzenbüll: Verpachtung von Diakonatsland an den Schulmeister und Gehaltszulage für den Schulmeister 1790-1801

2523 Schulen im Kirchspiel Oldenswort: Wahl eines Nebenschulmeisters in Hemme und Eintreibung rückständiger Schulgelder 1795-1796, 1823

2524 Schule in Ording: Bau eines Schulhauses und Verbesserung des Küsterdienstes 1792-1798

2525 Schule in Sankt Peter: Tausch des Schulhauses mit dem Predigerwitwenhaus 1835

2526 Schulen im Kirchspiel Poppenbüll: Beitrag der Interessenten des neuen Augustenkoogs an die Schule und Lieferung von Holz durch die Schulinteressenten zur Heizung der Schulstube (1732-) 1747, 1798-1799

2527 Schulen im Kirchspiel Tating: interimistische Verwaltung der Schulstelle, Auslegung von Schulland für die Distriktschule in Ehst und Süderdeich sowie Trennung von Ämtern (1804) 1821-1836
Darin: gedrucktes Regulativ für die Landschulen in der Landschaft Eiderstedt, 1804

2528 Schulen im Kirchspiel Tetenbüll 1744-1831

2529 Schulen im Kirchspiel Tönning: Ausweis von Wallländereien in Tönning zur Verlegung der Kirchspielschule von Groß-Olversum 1828-1829

2530 Schulen im Kirchspiel Vollerwiek: Unterstützung aus der Carstenschen Stiftung für den Schulhausbau 1839

2531 Schulen im Kirchspiel Westerhever: Unterstützung der Nebenschulmeister im Schanzer Distrikt (1790-) 1800-1802, 1836-1838

2532 Schulen im Kirchspiel Witzwort: Abschaffung von angeblichen Neuerungen im Schulwesen 1797-1798

2533 Schulen im Kirchspiel Uelvesbüll: Abgabe an die Schullehrerwitwe 1840

Ehe

2534 Gesuch der Kirchenvisitatoren der Propstei Eiderstedt um Erneuerung der Verordnung über verlobte Personen von 1698 (1698) 1752

Armenwesen

2535 Armenwesen in der Propstei Eiderstedt 1739-1842
Enthält u. a.: Entwurf eines Regulativs zur Armenverwaltung, 1833

2536 Armenwesen in den Kirchspielen der Propstei Eiderstedt 1736-1843

Enthält u. a.: Armenrechnungen des Kirchspiels Kating, 1780-1785; Armenrechnung des Kirchspiels Welt, 1776

Stadt Friedrichstadt

2537 Privilegien, Bürgerrecht und Bürgereid sowie Jurisdiktion 1733-1848

Enthält u. a.: Jurisdiktionsverhältnisse auf der Holmer Allee, 1848

2538 Magistrat 1733-1839

2539 Stadtpräsident 1764-1846

2540 Bürgermeister 1735-1824

2541 Ratsverwandte 1736-1847

2542 Stadtsekretär 1731-1823

2543 Gehaltserhöhung des Stadtkassierers 1814

2544 Vereinigung der Funktionen des Stadtpfennigmeisters mit der des Stadtkassierers 1834

2545 Stadt- und Schoutendiener 1803-1847

2546 Gerichtsdiener 1787-1836

2547 Eid der gewählten Deputierten Bürger in Friedrichstadt und Tönning (1668) 1781

2548 Deputierte Bürger (1668-) 1732-1848

2549 Ziviljustiz 1735-1827

2550 Stadt- und Gerichtsschout 1810-1842

2551 Kriminaljustiz 1739-1788

2552 Kirchenvisitation 1749-1790

2553 Beibehaltung der Verwaltung von Kirchen- und Armenmittel fremder Religionsverwandter 1767-1768

2554 Anträge von Bürgern auf Erteilung der Freiheiten für Reformierte 1738-1739

2555 Zahlung der Hälfte der Gebühren für eine Hausheirat an die remonstrantische Kirche 1759

2556 Unterstützung der Gemeinde der Reformierten aus der Stadtkasse 1767-1768

2557 Regulativ für die Verwaltung der Kirchen-, Diakonie- und Waisenkasse der Gemeinde der Remonstranten 1826-1828

2558 Anstellung eines Predigers für die reformiert-remonstrantische Gemeinde und Notwendigkeit seiner landesherrlichen Bestätigung 1838

2559 Katholiken 1791-1848
Enthält u. a.: Streitigkeiten zwischen Magistrat und katholischem Prediger wegen der Wahl der weltlichen Mitglieder des katholischen Kirchenkollegiums, 1798-1799

2560 Katholiken 1799-1844
Enthält u. a.: gemischtkonfessionelle Ehen

2561 Juden 1800-1847
Enthält u. a.: Regulativ für die jüdische Gemeinde, 1802

2562 Juden 1737-1847

2563 Mennoniten (1623-) 1792-1845

2564 Allgemeines zum evangelisch-lutherischen Kirchenwesen 1731-1820

2565 Evangelisch-lutherische Kirche 1799, 1842-1847
Enthält: Besorgung der Amtsgeschäfte des Pastors Hegelandt, 1799; Verbindung des Pastorats mit dem nächsten Vikariatsdistrikt der Landschaft Eiderstedt, 1842; Reparatur der Kirchenorgel, 1844; Anlage eines neuen Begräbnisplatzes, 1844; Einschärfung zur Beachtung von Verordnungen über die Anzeige unehelicher Geburten, 1847

2566 Pastor an der evangelisch-lutherischen Kirche 1734-1843

2567 Kompastor an der evangelisch-lutherischen Kirche 1731-1773

2568 Evangelisch-lutherische Kirche und Kirchengüter 1736-1824
Darin: Zeichnung der Kirche sowie Grundriss der Kirche und Aufriss des Kirchturms, 1740

2569 Schule 1770-1844
Enthält u. a.: Bestallungen der Rektoren

2570 Handel, Schifffahrt, Handwerk und Gewerbe 1747-1836

2571 Aufhebung von Privilegien der Schiffergilde (1651) 1840-1846
Enthält u. a.: Originalprivileg für das Schifferamt, 1651

2572 Bierbrauer und Essigbrauer, Krüger und Fassbinder, Bäcker, Musikanten, Tischler, Gläser, Maurer, Schmied, Schuster und Schneider 1751-1845

2573 Kammerangelegenheiten 1810-1831
Enthält: Amtsführung des Zollverwalters von Kobbe, 1810; Zahlungsbefehl an den Bürgermeister Jonas wegen rückständiger Schiffsfrachtsabgaben, 1816; Einsendung von Steuerlisten, 1818; Mitteilung des Gesuchs des Bürgers Jürgen Detlef Tietje, Friedrichstadt, um Fortsetzung seiner gepachteten Wirtschaft im sogenannten Großen oder Reußischen Garten vor Friedrichstadt, 1831

2574 Freie Fischerei der Bürger auf der Treene (1623-) 1758-1759

2575 Mühlen 1816-1844

2576 Post und Postmeister 1732-1738, 1796-1844

2577 Kämmerei 1776-1843
Enthält u. a.: Bau eines neuen Rathauses, 1834
Darin: Siegel der Rentekammer, 1794; Siegel der Stadt Friedrichstadt, 1821, 1839

2578 Dezimationen, Befreiungen von öffentlichen Ämtern und Leistungen sowie sonstige Kämmereiangelegenheiten 1740-1844

2579 Medizinalwesen, Physikus, Apotheker, praktizierende Ärzte und Hebammen (1724-) 1750-1843
Enthält u. a.: Übertragung der in Lütjenburg, Heiligenhafen und Burg auf Fehmarn geltenden Verordnung zu Medizinalwaren auf Friedrichstadt, 1752

2580 Armenwesen 1730-1826

2581 Aufbringen der Armenlasten und Regulativ für das Armenwesen 1829-1830

2582 Zahlung der Hälfte der vom Bürger Friedrich Fedders wegen Befreiung von der Stadt- und Kirchen-Armenmeisterschaft zu erlegenden Gebühr an die Waisenkasse 1786

2583 Lombard 1747-1815

2584 Sonstige Polizeiangelegenheiten 1755-1844
Enthält u. a.: Brandwesen; Maße und Gewichte; Schützengilde; Errichtung einer Spar- und Leihkasse, 1826

8164 Revision der Stadtrechnungen 1823-1834

Stadt Tönning

2585 Verfassung, Privilegien, Jurisdiktion und Bürgerrecht (1690-) 1764-1838
Enthält u. a.: Heft mit Abschriften zu Vorschlägen für die Verbesserung des Stadtwesens, 1690-1731; Klagen über den Verfall der Stadt, besonders durch das Gewerbe in der Landschaft Eiderstedt, 1765; Erteilungen des Bürgerrechts

2586 Magistrat 1741-1832

2587 Bürgermeister 1733-1847

2588 Ratsverwandte 1739-1759, 1800-1847

2589 Stadtsekretär 1730-1812

2590 Deputierte Bürger 1791-1805

2591 Polizeivogt und Gerichtsdiener 1824-1843

2592 Justiz 1735-1811
Enthält u. a.: Sportelverzeichnis für den Ersten Bürgermeister und den Gerichtsdiener, 1783

2593 Kirche 1752-1753, 1796-1848
Enthält u. a.: Regulativ für den Begräbnisplatz, 1829; Trennung des Diakonats vom Pastorat, 1840-1848; Gebühren

2594 Hauptpastor 1738-1846

2595 Kompastor und Diakon 1799, 1834-1836
Darin: gedruckte Predigt des Diakon P. Martens anlässlich der Hinrichtung des Carsten Hinrich Hinz, Witzwort, 1844

2596 Entlassung des Deputierten Bürgers Jürgen Friedrich Möller als Kirchenvorsteher 1845-1846

2597 Niederlassung fremder Religionsverwandter und Erteilung der Religionsfreiheit 1781-1783

2598 Schule 1733-1847

2599 Schule 1745-1756, 1793-1840
Enthält u. a.: Streitigkeiten zwischen Pastor Schinmeyer als Schulinspektor und Rektor Johann Christoph Kleffel, 1756; Personalangelegenheiten
Darin: Druckschrift Kleffels zur alten nordischen Seekunst, 1755

2600 Schulhalter, Kantor und Organist 1728-1803

2601 Handel, Schifffahrt und Märkte 1740-1847
Enthält u. a.: Schiffergesellschaft

2602 Handwerker und Privilegierte 1747, 1830-1840
Enthält: Haltung von Gesellen und Jungen von außerhalb der Zunft stehenden Handwerksmeistern, 1747; Regulierung mehrerer Gewerbe, 1832; Einsendung von Amtsrollen, 1840

2603 Einzelne Handwerke und Gewerbe (1697-) 1734-1846

2604 Postmeister 1731-1768, 1804-1840

2605 Mühlen 1749-1783

2606 Kämmerei 1730-1845
Enthält u. a.: Beschwerden von Bürgern über die Ansetzung zur Nahrungssteuer, 1805; Verkauf mehrerer Häuser, 1835; Einquartierung

2607 Befreiung von öffentlichen Ämtern und Leistungen (1645-) 1736-1831

2608 Waisenhaus (1732-) 1739-1755, 1838-1839
Darin: Druckschriften über die Waisenhäuser in Züllichau, 1744, und Alt-Stettin, 1732

2609 Instandsetzung des Weges vom Jensenschen Gasthof bis zum Fährgebäude 1847

2610 Apotheker 1723-1842

2611 Hebammen 1771-1798

Enthält: Beteiligung des Kirchspiels Tönning an den Hebammenkosten, 1771; Zahlung der freien Wohnung und Feuerung für Hebammen aus der Stadtkasse, 1788; Abfindung von Hebammen bei Heranziehung von Geburtshelfern, 1798

2612 Armenwesen 1737-1847

2613 Sonstige Polizeiangelegenheiten (1701-) 1734-1829

Enthält u. a.: Lombard; Gilden; Straßenpflasterung; Konzessionen für Veranstaltungen; Maße und Gewichte; bürgerliches Jägerkorps

Stadt Garding

2614 Bürgerrecht 1829-1830

Enthält: Schlossergeselle Johann Clausen Thomsen, Garding; Schustergeselle Jürgen Gertz, Kotzenbüll; Tischlergeselle Jochim Heinrich Maack, Ording

2615 Magistrat 1788-1827

2616 Bürgermeister 1790-1844

2617 Ratsverwandte 1787, 1823-1844

Enthält: Wahlberechtigung für den Deputierten Bürger Mathies Mathiessen, 1787; Status des Ratsmitgliedes Plettner, 1824; Wahl des Deputierten Bürgers Johann Peter Christian Scheel zum Ratsverwandten, 1844

2618 Deputierte Bürger 1791-1804, 1844

2619 Stadtschließer sowie Gerichtsdiener und Polizeidiener 1828-1829, 1840

Enthält: Diensteinkünfte und Besetzung der Stadtschließerstelle mit Unteroffizieren, 1829; Einstellung des Oboisten beim Schleswigschen Infanterieregiment Berend Nicolaus Werding zum Gerichts- und Polizeidiener, 1840

2620 Justiz 1757-1768, 1801-1840

Enthält u. a.: Ablehnung eines besonderen Schuld- und Pfandprotokolls, 1757; Einführung eines besonderen Schuld- und Pfandprotokolls, 1828; Sporteltaxe für Polizeidiener, 1840

2621 Kirche 1745-1841
Enthält u. a.: Bauten

2622 Hauptpastor 1737-1827

2623 Diakon 1751-1843

2624 Katholiken und Juden 1780-1818
Enthält: Erteilung des Bürgerrechts für den Katholiken Johann Joseph Rauch, 1780; Gesuch des katholischen Bürgers Johann Wahlen in Schulangelegenheiten, 1795; Taufe der jüdischen Familie Fürst, Hamburg, im Haus des Kirchenpropstes Voss in Garding, 1804; Niederlassungsgesuch des jüdischen Händlers Benjamin Ravhl (Rewohl), Friedrichstadt, 1818

2625 Genehmigung der neuen Schulordnung und Beteiligung des Magnus Abraham Tönnies im Kirchspiel Garding an den dortigen Personalschullasten 1798-1800, 1846-1847

2626 Besetzung des vakanten Schulrektorats mit einem ungenannten Studenten der Theologie sowie Vorschuss für den Rektor Volckmar 1790-1793

2627 Kantor 1742-1778

2628 Besuch auswärtiger Kaufleute des Wochenmarktes und Marktgebühren 1817-1832

2629 Handwerker und Privilegierte 1762-1763, 1801-1844

2630 Mühlen 1780-1787, 1801
Enthält: Brotverkauf von Bäckern im Mühlendistrikt des Mühlenpächters Johann Coberg, 1780; Ölmühle des Bürgers Johann Caspar Christiansen, 1787; Ölmühle des Kaufmanns Iver Jessen, 1801

2631 Kämmerei (1737-) 1757- 1834

2632 Apotheker (1727-) 1738-1840

2633 Armenwesen 1759-1846
Enthält u. a.: Armenhaus, 1822; Regulativ für die Verwaltung des Armenwesens, 1836

2634 Sonstige Polizeiangelegenheiten 1780-1812
Enthält u. a.: Schützengilde, 1780; Bürgerkorps, 1810; Instruktion für das Polizeigericht und das Polizeiamt, 1812

8166 Revision der Stadtrechnungen 1830-1834

Amt Gottorf

2635 Verfassung, Verwaltung, Grenzen, Jurisdiktion 1766-1848

2636 Amtmann 1813-1846

2637 Bestallung des Hausvogts im Amt Bordesholm Nicolaus Boldt als Amtsverwalter und Dominspektor 1839

2638 Hardesvogt 1784-1846

2639 Aktuar 1784-1806, 1832-1841

2640 Übetragung der Stelle eines Rechensmanns bei Vakanz an den Hufners Claus Otzen in Ekeberg 1823

2641 Sandmänner 1800-1802
Enthält: Bestallung des Sandmanns Matthias Klasen, Kirchspiel Nübel, für das Kirchspiel Norderbrarup; Ernennung des Sandmanns für Struxdorf und Boholz

2642 Amtsbote und Amtspförtner 1799-1844

2643 Justiz 1731-1846

2644 Handwerker und Privilegierte 1742-1766, 1823-1845

2645 Kammerangelegenheiten 1785-1846
Enthält u. a.: Zollfreiheit von Parzellenbesitzern in Lindau, 1785; Anspruch der Landesherrschaft auf das Holmer Noor, 1819; Jagddienste der Parzellisten in Lindau, 1833

2646 Mühlen 1767-1847

2647 Ökonomie 1744-1844
Enthält u. a.: Landaufteilungen; Grenzen; Fuhren

2648 Medizinalwesen (1754) 1756-1839
Enthält u. a.: Hebammenwesen; Ernennung eines Arztes im Kirchspiel Satrup, 1839

2649 Apotheker (1812-) 1826-1844

2650 Jahrmärkte 1761-1769, 1799-1848

2651 Schützengilde in Hollingstedt (1755) 1759-1760
Enthält u. a.: Artikel der Schützengilde, 1755

2652 Wege 1735-1847

2653 Sonstige Polizeiangelegenheiten (1766) 1787-1845
Enthält u. a.: Befreiung der Rechensmänner von der Beeidigung der Zivilbrücheregister, 1794; Verfügung zur obrigkeitlichen Genehmigung von Hausbauten, 1795; Mobiliengilde in Bollingstedt (mit Artikel von 1766), 1817, 1837; Pferdegilde in Schuby, 1834, 1841; Errichtung einer Spar- und Leihkasse im Kirchspiel Satrup, 1845; Krügerei

2654 Kämmerei 1799-1840
Enthält u. a.: Ersatz für den Exerzierplatz in der Dorfschaft Groß-Dannewerk, 1801; Befreiung der im Amt Gottorf inkorporierten Parzellisten des Gutes Flarup von den Pfluglasten (mit Abschrift des Kaufbriefes für Josias Hoffmann, Norderbrarup), 1826; ausstehende Antwort des Polizeiamtes in Schleswig zu Notaten der Gottorfer Amtsrechnung, 1840

2655 Schloss Gottorf 1703-1855
Enthält vor allem: Schlosskirche; Organist; Prediger; Schlossgarten

2656 Schiffergesellschaft in Arnis und Kappeln 1802-1803, 1845

Propstei Gottorf

Kirche

Kirche allgemein

2657 Konsistorium 1731-1816

2658 Kirchenvisitationsberichte 1743-1840

2659 Propst 1748, 1792-1845

2660 Kirche in der Propstei Gottorf: Allgemeines 1762-1839
Enthält u. a.: Regulativ zu den Gebühren und Kosten der Kirchenvisitation, 1796; Verteilung der Kirchen- und Schullasten, 1825
Darin: gedruckte Schulordnung der Propstei Gottorf, 1804

2661 Regulierung und Verteilung der Kirchenlasten (1836-) 1837-1848

2662 Juden 1783-1844

Einzelne Kirchspiele

2663 Kirchspiel Arnis: Allgemeines (1750-) 1754-1769
Enthält: Wahlrecht zur Predigerwahl; Anschaffung einer Feuerspritze; Versteigerung von Kirchenländereien; Kollekte für Reparaturarbeiten

2664 Kirchspiel Arnis: Pastor 1751-1765, 1806-1844

2665 Kirchspiel Böel: Kirchengebäude und Pastor 1744-1845
Enthält u. a.: Bewerberverzeichnis, 1829
Darin: gedruckte Predigten

2666 Kirchspiel Boren: Allgemeines und Pastor 1784-1846

2667 Kirchspiel Brodersby und Taarstedt: Allgemeines und Küster (1724-) 1736-1839

2668 Kirchspiel Brodersby und Taarstedt: Pastor 1744-1794, 1824-1829
Enthält u. a.: Bewerberverzeichnisse, 1824, 1829

2669 Kirchspiel Kropp: Allgemeines 1796-1842

2670 Kirchspiel Kropp: Pastor 1732-1805, 1830

2671 Kirchspiel Haddeby: Allgemeines 1737-1847
Enthält u. a.: Bauten

2672 Kirchspiel Haddeby: Pastor 1735-1842

2673 Kirchspiel Haddeby: Küster 1763-1768

2674 Kirchspiel Havetoft: Allgemeines 1759-1777, 1827-1847

2675 Kirchspiel Havetoft: Pastor 1749-1831
Enthält u. a.: Bewerberverzeichnis, 1831

2676 Kirchspiel Hollingstedt: Allgemeines 1761-1798, 1832-1836
Enthält u. a.: Bauten

2677 Kirchspiel Hollingstedt: Allgemeines 1761-1798, 1832-1836
Enthält u. a.: Bauten

2678 Kirchspiel Moldenit und Kahleby: Allgemeines 1741-1844
Enthält u. a.: Kollekte für den Bau des Predigerhauses in Kahleby, 1774

2679 Kirchspiel Moldenit und Kahleby: Pastor (1740) 1741-1838

2680 Kirchspiel Norderbrarup: Allgemeines 1767-1837

2681 Kirchspiel Norderbrarup: Pastor 1735, 1783-1847

2682 Kirchspiel Rabenkirchen: Allgemeines 1754-1844
Enthält u. a.: Bauten

2683 Kirchspiel Rabenkirchen: Pastor 1744-1812, 1844-1845

2684 Kirchspiel Rabenkirchen: Vereinbarung des Organisten und Küsters Hans Eccard mit der Gemeinde über einen Landtausch 1767-1768

2685 Kirchspiel Satrup: Allgemeines, Pastor, Küster und Kirchengüter 1740-1837
Enthält u. a.: Beweberverzeichnis für das Pastorat, 1834; Kollekte für den Bau des Predigerhauses, 1793

2686 Kirchspiel Süderbrarup und Loit: Allgemeines 1746-1844
Enthält u. a.: Bauten

2687 Kirchspiel Süderbrarup und Loit: Pastor (1738) 1739-1836

2688 Kirchspiel Süderbrarup und Loit: Küster 1748-1800
Enthält: Bau des Küsterhauses, 1748, 1769; Küsterländereien in Loit, 1800

2689 Kirchspiel Thumby und Struxdorf: Allgemeines 1736-1839

2690 Kirchspiel Thumby und Struxdorf: Pastor 1731-1838

2691 Kirchspiel Thumby und Struxdorf: Küster 1753-1793

2692 Kirchspiel Tolk und Nübel: Allgemeines und Küster 1736-1848
Enthält u. a.: Bauten; Kirchenhölzung; Kirchenländereien

2693 Kirchspiel Tolk und Nübel: Pastor (1738) 1739-1844
Enthält u. a.: Bewerberverzeichnis, 1826

2694 Kirchspiel Toestrup: Allgemeines, Pastor und Küster 1738-1842
Enthält u. a.: Bauten; Kirchenglocke

2695 Kirchspiel Treia: Allgemeines 1756, 1791-1846

2696 Kirchspiel Treia: Pastor 1735-1822

2697 Kirchspiel Uelsby und Fahrenstedt: Allgemeines 1754-1793, 1830
Enthält u. a.: Bauten

2698 Kirchspiel Uelsby und Fahrenstedt: Pastor 1741-1841
Enthält u. a.: Bewerberverzeichnis, 1830

2699 Kirchspiel Ulsnis: Allgemeines sowie Küster und Organist
Enthält u. a.: Bauten 1734-1834

2700 Kirchspiel Ulsnis: Pastor 1763-1828
Enthält u. a.: Bewerberverzeichnisse, 1827, 1828

Schule

2701 Schulen in der Propstei Gottorf: Allgemeines 1731-1847
Enthält u. a.: Einführung einer regelmäßigen Schulvisitation, 1847

2702 Schule in Arnis: Küster und Schulmeister Peter Detlefsen sowie Gnadenjahr für die Witwe des Küsters und Schulmeisters Schmidt 1756, 1819-1820

2703 Schulen im Kirchspiel Boren: Armenschulgeld und Landübertragung 1785, 1847

2704 Schule in Börm: Schulländereien 1801-1803

2705 Schulen im Kirchspiel Böel: Schulmeister und Schulhaus 1745-1767, 1824

2706 Schule in Busdorf: Beihilfe für den Bau des Schulhauses sowie Beitrag von Selk und Wedelspang zu den Schullasten 1806-1814

2707 Schulen im Kirchspiel Kropp: Holz für den Bau des Schulhauses in Tetenhusen 1760

2708 Schule in Groß-Dannewerk und Klein-Dannewerk: Einrichtung eigener Schulen für jede Dorfschaft und Heranziehung der Schäferei Kurburg zu den Schullasten in Klein Rheide 1809-1813
Darin: Karte der Kurburg, 1812

2709 Schule in Dörpstedt: Schulland 1804

2710 Schule in Ellingstedt: Beitrag des Hardesvogts der Arensharde zu den Schullasten 1819-1820

2711 Schulen im Kirchspiel Fahrenstedt: Torfausweisung für den Schullehrer in Stolk 1814

2712 Schule in Friedrichsanbau: Beihilfe für den Schulbau 1836-1837

2713 Schule in Gammellund: Einrichtung einer Distriktschule und Anschaffung des Schullandes sowie Beihilfe zum Schulbau (1817) 1818-1829

2714 Schule in Geltorf: Beihilfe für den Schulbau 1820

2715 Schulen im Kirchspiel Haddeby: Beihilfe für den Schulbau in Fahrdorf sowie Verbesserung des Schulwesens in Jagel und Lottorf 1816-1829

2716 Schulen im Kirchspiel Havetoft: Beiträge zu den Schullasten und Beihilfe zum Schulbau 1796-1842

2717 Schulen im Kirchspiel Hollingstedt: Kollekte für den Bau einer Schulstube und Anlage einer Nebenschule für die Kolonisten in Friedrichsfeld 1786, 1835

2718 Schule in Idstedt: Beihilfe für den Schulbau 1830-1831

2719 Schule in Jübek: Beihilfe für den Schulbau 1839

2720 Schule in Klappholz: Beihilfe für den Schulbau aus der Carstenschen Stiftung 1846

2721 Schule in Klein Bennebek: Beihilfe für den Schulbau 1819-1820

2722 Schulen im Kirchspiel Loit: Schuldistrikt Brebel 1767-1819

2723 Schule in Mohrkirchen: Schulpflicht und Schulbau 1798-1822

2724 Schule im Kirchspiel Moldenit: Verteilung der Schullasten 1820-1825

2725 Schule in Neuberend: Beihilfe für den Schulbau 1838

2726 Schule in Neubörm und Friedrichsau 1804-1847

2727 Schulen im Kirchspiel Norderbrarup: Schuldistrikt Brügge und Anstellung eines Elementarlehrers im Schuldistrikt Norderbrarup 1837-1846

2728 Schule in Nübel: Erhöhung der Einkünfte des Küsters und Schullehrers 1847

2729 Schule in Obdrup (Obdorf): Beibehaltung (1795) 1801-1802

2730 Schule in Ramsdorf: Beihilfe zum Schulbau 1806

2731 Schule in Klein Rheide: Beschwerden der Eingesessenen über die Schullasten und Unterstützung für die neue Schule 1794-1806

2732 Schule in Rüde: Beschwerde der Schulinteressenten über eine Gehaltszulage für den Schullehrer (1817, 1846) 1847

2733 Schule in Rügge: Aufhebung einer Verfügung zur Erhöhung der Diensteinkünfte des Schullehrers 1844

2734 Schule in Satrup: Überlassung von Schulland an den Höker Peter Petersen zum Bau eines Wohnhauses 1843-1844
Darin: Karte des abzutretenden Landes

2735 Schule in Scheggerott: Aufhebung einer Verfügung zur Erhöhung der Diensteinkünfte des Schullehrers 1844-1845

2736 Schule in Scholderup: Beihilfe aus der Carstenschen Stiftung zum Schulbau 1842

2737 Schule in Schuby: Genehmigung des Verkaufs einer Parzelle an die Schulkommüne 1837

2738 Schule im Kirchspiel Struxdorf: Schule in Eckeberg und Kollekte für den Schulbau in Struxdorf (1741-) 1747-1774

2739 Schule in Süderbrarup: Schulpflicht der Parzellisten in Nottfeld 1794-1795

2740 Schule in Tetenhusen: Beihilfe zum Schulbau 1818-1819

2741 Schule in Treia: Schulbauten und verweigerte Bestallung des Schulhalters Johann Christian Hansen zum Adjunkten des Küsters 1760-1799

2742 Schule in Twedt: Bau eines Schulhauses in der Mitte des Schuldistrikts 1829

2743 Schulen im Kirchspiel Ulsnis 1764-1828

2744 Schulen im Kirchspiel Uelsby: Hand- und Spanndienste beim Schulland in Uelsby, Gehaltszulage für den Schullehrer in Uelsby und Schule in Stolk 1815-1824

Armenwesen

2745 Armenwesen in der Propstei Gottorf (1760-) 1770-1848

Ehe

2746 Ehewesen in der Propstei Gottorf: Verfügung zu Ehedispensen (1649) 1732

Stadt Schleswig

Privilegien, Bürgerrecht und Jurisdiktion

2747 Privilegien und Jurisdiktion (1252-) 1731-1817
Enthält u. a.: Register und Abschriften der Privilegien von 1252 bis 1698; Aufhebung der Festequalität einer von der Stadt angekauften Koppel, 1798, Ausfertigung und Prokollierung des Kaufvertrages über eine Kolonistenstelle bei den Hühnerhäusern, 1801

2748 Bürgerrecht (1755-) 1760-1828

2749 Jurisdiktion über die dem Armenhaus geschenkte Flattenberger Koppel 1802-1803

Magistrat, Stadtbedienstete und Deputierte Bürger

2750 Magistrat und Stadtbedienstete 1750-1764, 1805-1833
Enthält u. a.: Einquartierungs- und Kontributionsfreiheit, 1764; Beschwerde des Schleswigschen Infanterieregiments gegen eine zu milde Bestrafung des Pfeifenbohrers Hille wegen Beleidigungen des Leutnants Johannsen und des Sergeanten Erbstösser, 1806; Entschädigung für den Wegfall von Gebühren, 1829, 1833

2751 Oberdirektor 1808-1827

2752 Bürgermeister 1735-1840

2753 Ratsverwandte 1736-1829

2754 Stadtsekretär 1734-1839

2755 Stadtvogt und Auktionsverwalter 1731-1815

2756 Stadtvogt und Auktionsverwalter in der Altstadt 1740-1802

2757 Stadtvogt und Auktionsverwalter im Friedrichsberg und Lollfuß 1736-1786

2758 Polizeimeister 1810-1847
Enthält u. a.: Instruktion, 1810

2759 Gehaltszulage für den Stadtkassierer Conrad Hoff 1806-1807

2760 Bücherauktionator 1744-1747
Enthält: Bestallung für den Buchbinder Joachim Friedrich Hansen; Gesuch des Buchbinders Wagener, Schleswig, auf Einschränkung der Bestallung Hansens

2761 Gerichtsdiener, Polizeidiener, Gefangenenwärter und Oberwächter 1810-1847

2762 Deputierte Bürger 1763-1834
Enthält u. a.: Befreiung vom Amt eines Deputierten Bürgers, 1763, 1783

Justiz

2763 Justiz 1731-1842
Enthält: Aufhebung der Berufungsinstanz in Schleswig und Eckernförde,1731; Gültigkeit von Bestimmungen der Vormünderverordnung, 1742; Bestimmung der Verpflegungskosten für Delinquenten und arme Kranke, 1775; Ordnung des Stadtarchivs, 1785; Schuld- und Pfandprotokoll, 1787; Regulierung der Verpflegungsgelder für Gefangene aus fremden Jurisdiktionen, 1842

2764 Fiskal 1735-1774, 1801

2765 Gerichtsdiener 1806-1841
Enthält: Gehaltsangelegenheiten, 1806, 1814; Erledigung und Besetzung einer Gerichtsdienerstelle, 1841

Kirche

2767 Dom in Schleswig: Allgemeines 1729-1840

2769 Dom in Schleswig: Aufbringen der Entschädigungssumme für den Einnahmeverlust des Hauptpastors infolge einer geänderten Geschäftsverteilung zwischen ihm und dem Kompastor 1843-1847

2770 Dom in Schleswig: Hauptpastor 1739-1844
Enthält u. a.: Bewerberverzeichnis, 1831

2771 Dom in Schleswig: Archidiakon und Kompastor 1736-1848

2772 Dom in Schleswig: Diakon 1739-1814

2773 Dom in Schleswig: Kantor 1752-1780

2774 Dom in Schleswig: Organist (1712-) 1736-1840

2775 Dom in Schleswig: Küster 1731-1847

2776 Dom in Schleswig: Totengräber 1760-1793

2777 Dom in Schleswig: Kirchenbauten, Kirchengüter und Kircheneinkünfte (1649-) 1736-1848

2778 Friedrichsberger Kirche in Schleswig: Allgemeines 1798
Enthält u. a.: Verlegung und Erweiterung des Kirchhofs, 1812-1817; Bauten
Darin: Karte des Kirchhofs, um 1816; Karte einiger Grundstücke im Friedrichsberg, um 1813

2779 Friedrichsberger Kirche in Schleswig: Hauptpastor 1731-1840

2780 Friedrichsberger Kirche in Schleswig: Kompastor (1728-) 1731-1800

2781 Friedrichsberger Kirche in Schleswig: Adjunkt und Rektor an der Bürgerschule 1841-1847
Enthält: Instruktion für den Adjunkten und Rektor; Ernennung des Kandidaten der Theologie Peter August Diekmann zum Adjunkten; Vergütung des Adjunkten Diekmann für die Ausübung der Predigergeschäfte während der Abwesenheit des Propstes und des Hauptpastors auf der Provinzialständeversammlung

2782 Friedrichsberger Kirche in Schleswig: Vergütung des Kantors Johann Philipp Haberland für das Glockenläuten am Abend 1737

2783 Friedrichsberger Kirche in Schleswig: Gottesdienst, Kirchenbauten und Kirchengüter 1755-1804

2784 Michaeliskirche in Schleswig: Allgemeines 1732-1846
Enthält u. a.: Trennung einiger Dörfer von der Michaelisgemeinde, 1820-1846

2785 Michaeliskirche in Schleswig: Pastor 1741-1846
Enthält u. a.: Bewerberverzeichnis, 1821

2786 Michaeliskirche in Schleswig: Kantor 1738-1847
Enthält u. a.: Bewerberverzeichnis, 1837

2787 Michaeliskirche in Schleswig: Kirchengebäude und Pfarrhaus 1758-1840

2788 Fremde Religionsverwandte in Schleswig: Allgemeines 1759, 1817-1818
Enthält: eingeschränkte Erlaubnis zur öffentlichen Religionsausübung für Reformierte, 1759; eigener Prediger für die katholische Gemeinde, 1818

2789 Reformierte 1735-1747

2790 Katholiken 1781-1799

2791 Juden (1703-) 1732-1847

Schule

2792 Schulen in Schleswig: Allgemeines 1736-1847
Enthält u. a.: Errichtung einer Armenschule, 1766; Anwendung der allgemeinen Schulordnung, 1822; Beteiligung der Freihäuser am Bau und Unterhalt der Schulgebäude, 1830

2793 Friedrichsberger Schule in Schleswig: Allgemeines 1801-1824
Enthält u. a.: Entwurf einer Schulordnung, 1802; Vereinigung der Friedrichsberger Schule mit der Militärschuleinrichtung in Schleswig, 1824

2794 Friedrichsberger Schule in Schleswig: Rektor 1743-1801

2795 Friedrichsberger Schule in Schleswig: Schreibmeister und Rechenmeister 1739-1756, 1805, 1844

2796 Garnisonschule in Schleswig 1826-1831

2797 Schulen in Schleswig: sonstige Angelegenheiten 1830-1846
Enthält u. a.: Geschenke an die Armenschule, 1785; Ankauf des Bischofshofs zur Einrichtung einer Schule, 1825; Aufhebung der Armen- und Freischule auf dem Domziegelhof, 1846; Gehalt der Schullehrer und Seminaristen

Handel, Schifffahrt, Fabriken, Handwerker und Privilegierte

2798 Handel, Schifffahrt, Fabriken, Handwerker und Privilegierte
Enthält u. a.: Reinigung und Schiffbarmachung der Schlei 1756-1847
Darin: gedruckter Bericht des Vereins zur Förderung der bürgerlichen Gewerbe in Schleswig, 1829

2799 Fabriken 1755-1841

2800 Bäcker 1730-1767, 1817-1843

2801 Barbier, Brauer, Böttcher, Buchbinder, Drechsler, Färber, Fischer, Glaser, Gastwirt und Klempner 1735-1844

2802 Krämer und Handeltreibende 1733-1844
Enthält u. a.: Bestätigung der Artikel der Krämerzunft, 1734

2803 Kupfer-, Blei- und Schieferdecker, Lohgerber, Leinweber, Maler und Maurer (1749-) 1752-1843

2804 Musikant 1740-1841

2805 Optiker, Perückenmacher, Rademacher sowie Sattler und Riemer
Enthält u. a.: Zunftartikel der Sattler von 1653 (1653-) 1739-1844

2806 Schlachter und Knochenhauer, Schmied, Schneider und Schornsteinfeger 1735-1844

2807 Schuster, Stuhlmacher, Tischler, Töpfer und Zimmermann (1721-) 1731-1845

Kammerangelegenheiten und Ökonomie

2808 Kammerangelegenheiten 1804-1846
Enthält u. a.: Steuern

2809 Ökonomie 1739, 1778-1847
Enthält u. a.: Verbot des Betretens des sogenannten Möwenbergs (Möweninsel) in der Schlei im Frühjahr, 1739; Fischerei, Landverpachtungen und Landveräußerungen

Post und Rollfuhren

2810 Post und Rollfuhren 1736-1742
Enthält: Freiheit der Postbediensteten von den Stadtlasten, 1736; Kontribution und Einquartierung des Postmeisters Remmeter, 1742; starker Zulauf von Armen in das Postbüro und Einstellung der militärischen Begleitung der Frachtposten, 1807

2811 Postmeister und Wagenmeister 1730-1811

2812 Sonstige Post- und Rollfuhrangelegenheiten 1731-1781
Enthält u. a.: Bestätigungen der Fuhrrolle und der Privilegien der Fuhrleute

Kämmerei

2813 Kommission für einen neuen Stadtkataster in Schleswig: Bestätigung des neuen Katasters (1712-) 1733-1735
Enthält u. a.: verschiedene Register
Darin: gedruckter Kataster, 1735

2814 Kommission für einen neuen Stadtkataster in Schleswig: Beitrag der Freihäuser zu den Stadtausgaben (1699-) 1734-1738

2815 Kommission für einen neuen Stadtkataster in Schleswig: Privilegien der Freihäuser (1738-) 1757-1802
Darin: gedrucktes Regulativ zum Beitrag der Freihäuser zu den Kirchen- und Polizeianlagen, 1772

2816 Kommission für einen neuen Stadtkataster in Schleswig: Sammlung von Dokumenten zu den Freihäusern (1565-) 1734-1742
Enthält u. a.: Nachrichten aus dem Gottorfer Archiv über die Freihäuser

2817 Privilegien der Freihäuser und Deckung des Defizits in der Stadtkasse 1823-1843
Enthält auch: Vorführung von Sehenswürdigkeiten auf Jahrmärkten, 1829

2818 Sonstige Kämmereiangelegenheiten 1755-1843
Enthält u. a.: Beihilfe aus königlicher Kasse zum Bau eines neuen Rathauses, 1793; Steuern und Abgaben; Verkauf von Ländereien

2819 Einquartierung (1704-) 1733-1847
Enthält u. a.: ausführliche Beschreibung der Einquartierung, 1784; Beschwerden

2820 Revision und Dezision der Stadtkasse 1814-1834

2821 Bestätigung der Privilegien der Freihäuser (1648-) 1731-1828

2822 Bestätigung der Privilegien der Freihäuser 1828-1845

8111 Bestätigung der Privilegien der Freihäuser (1843-) 1845-1848

2823 Befreiung von öffentlichen Ämtern (1740-) 1742-1790

2824 Befreiung von öffentlichen Lasten 1737-1815

Polizei

2825 Waisenhaus (1727-) 1732-1842
Enthält u. a.: Inventare, 1739
Darin: Ansicht und Grundriss des Waisenhauses, 1739; gedruckte Berichte des Waisenhauses, 1741-1742; Lageplan eines zum Waisenhaus gehörigen wüsten Grundstücks, 1741

2826 Armenwesen 1819-1834

Enthält: Bewilligung von besonderen Einnahmen für die Armenkasse; Bestätigung der Erbpacht des zum Freimaurerhospital gehörigen Karpfenteichs; Kauf eines Hauses zur Einrichtung eines Armenkrankenhauses für die Armenkommüne Lollfuß

2827 Kielmanseggsches Armenhaus (Präsidentenkloster) (1689-) 1744-1748

2828 Armenhaus im Friedrichsberg (1750) 1751-1756, 1799

2829 Bardenflethsches Hospital und Armenhaus (1805-) 1822-1829

2830 Graukloster 1742-1844

2831 Bestätigung der Artikel der Witwen- und Waisenkasse 1745-1746

2832 Armenlegate des Kammerherrn Friedrich Christian von Gössel, des Generalmajors Johann Gottfried von Gössel und des Generalmajors Adolph Friedrich von Gössel 1786-1812

2833 Sonstige Armenangelegenheiten 1753-1843

Enthält u. a.: Konkursmasse des Justizrats Cordemann und eine der Armenanstalt geschenkte Schuldforderung der Justizratsfrau Böhne, 1793; Antrag des Armenkollegiums der Altstadt auf Aufnahme von Mitgliedern der Gesellschaft freiwilliger Armenfreunde, 1819; Versorgung hilfsbedürftiger unehelicher Kinder, 1819

2834 Physikus (1708-) 1762-1843

2835 Anstellung einer neuen Hebamme und Verbindung des Dorfes Oberselk mit dem Schleswiger Hebammendistrikt 1823-1830

2836 Apotheker (1653-) 1732-1842

Enthält u. a.: Originalprivileg der Apotheke im Lollfuß, 1653

2837 Verpachtung des Lombards und Erlass einer neuen Lombardordnung 1840

2838 Lombardverwalter 1761-1845

2839 Bürgerbewaffnung 1815-1816, 1831

2840 Brandgilde und Schützengilde im Lollfuß und im Friedrichsberg

Enthält u. a.: Artikel der Schützengilde im Lollfuß, 1840 1729-1844 (1991)

2842 Sonstige Polizeiangelegenheiten 1838-1846
Enthält: Märkte; Genehmigung einer Tanzveranstaltung des Vereins „Harmonia“; private Witwenpensionsanstalt; Omnibusfahrt der Witwe Esselbach

2843 Friedrichsberger Frauenverein 1847
Enthält u. a.: Statuten

2844 Bewilligung einer Anleihe für die von Jacob Boysen gegründete Anstalt zur Erziehung verwahrloster Knaben 1847-1848

Flecken Kappeln

2846 Verfassung, Verwaltung und Jurisdiktion 1807-1842
Enthält u. a.: Übersicht über die von Kappeln an das Gut Roest zu entrichtenden Abgaben, 1807; geplante Erhebung des Fleckens Kappeln zur Stadt, 1808; Bericht über den Zustand des Fleckens, 1830, 1840; Entwurf eines Regulativs für die Verwaltung des Fleckens, 1832; Anstellung von Personal

2847 Regulierung der Verhältnisse (1821-) 1843-1848
Enthält u. a.: Fleckensordnung, 1846

2848 Aktuar, Fleckensvogt, Wäger, Wächter und Gerichtsdiener 1808-1847

2849 Bau eines Gerichts- und Gefangenenhauses 1846

2850 Kirchengüter, Kirchenbauten und Kirche allgemein 1743-1836

2851 Pastor 1760-1761, 1798-1848
Enthält u. a.: Bewerberverzeichnis und Gesuche, 1848

2852 Fremde Religionsverwandte 1783, 1806-1829

2853 Schule (1819-) 1822-1828
Enthält: Beschwerde des Privatschullehrers Lorenz Schmidt wegen seiner Entlassung und angeblichen Glaubenszwangs durch Pastor Scholtz; Benennung der Elementarschule als „Wilhelminenschule“

2854 Veränderung des Verfahrens bei der Setzung der Einwohner zu den Armenlasten (1805-) 1830
Darin: gedrucktes Regulativ für die Fleckensschule in Kappeln, 1805

2855 Handel, Schifffahrt, Handwerker und Privilegierte 1739, 1797-1843

2856 Kammerangelegenheiten 1812-1832
Enthält: Gleichsetzung des Fleckens mit den Städten hinsichtlich der Fuhrvergütung und Ansetzung des Fleckens zu einer Steinpflugzahl; Platz zum Vogelschießen der Schützengilde; Mühlenzwang

2857 Kämmerei 1817-1845
Enthält u. a.: Einquartierung

2858 Hebammen 1803-1847

2859 Apotheker (1776) 1793-1828

2860 Instandsetzung und Unterhaltung von Wegen sowie Anlage von Schlagbäumen 1813-1829

2861 Märkte, Brückenordnung, Fahne für die Schützengilde 1763-1847

Amt Hütten und Landschaft Stapelholm

Amt Hütten

2862 Grenzen und Jurisdiktionsänderungen 1794-1846

2863 Amtsbedienstete und Justizbedienstete 1793-1848

2864 Justiz 1758-1844
Enthält u. a.: Reglement zu den Gebühren beim Bondengericht, 1758; Einrichtung von Gefangenenhäusern und Anstellung von Gefangenenwärtern und Gerichtsdienern, 1813-1839

2865 Handwerker und Privilegierte 1745-1849
Enthält u. a.: Glasfabrik Friedrichsfeld, 1848; Krüger; Tischler; Schmied; Musikant

2866 Kammerangelegenheiten (1757) 1782-1841

2867 Mühlen 1784, 1808-1809
Enthält: Mattgefäß bei der Erbpachtswassermühle in der Hohnerharde, 1784; Anlage einer Windmühle, 1809

2868 Landwirtschaft (1788-) 1796-1835

2869 Hebammen 1767-1816

2870 Apotheke in Gettorf und Fleckeby 1842-1843

2871 Privileg für das Marie-Louisen-Bad in Borby 1843-1844

2872 Wege 1754-1847

2873 Verkauf von Butter, Ausbau einer Katenstelle, Konzessionsgebühren für Veranstaltungen 1796-1831

2874 Einquartierung 1794-1825

2875 Kämmerei 1833-1842

Enthält: Heranziehung der Kolonisten, Hausinsten und Freistellen in der Hohnerharde zu den Amts- und Hardesanlagen; Erstattung der Kosten für den Karrengefangenen Andreas Töns; Untersuchung des Kassen- und Rechnungswesens; Äußerung zu einem Notat der Amtsrechnung

Landschaft Stapelholm

2876 Landvogt (1746) 1799-1847

2877 Landschreiber 1799-1843

2878 Erhöhung der Gebühren der Gerichtsbonden 1799

2879 Gerichtsdiener und Landdiener 1807-1847

2880 Justiz 1738-1845

2881 Handwerker und Privilegierte 1745-1746, 1803-1843

Enthält u. a.: Übertragung der Verordnungen über die Landhandwerker auf das Kirchspiel Erfde, 1746; Bestätigung der Artikel der Schiffergilde in Tielen, 1803

2882 Ökonomie 1782-1842

Enthält u. a.: Rückzahlung eines Vorschusses zur Anschaffung von Saatkorn in Drage (mit Verzeichnissen der Hilfsbedürftigen und der auswärtigen Ländereien), 1834; Mühlen

2883 Deiche 1797-1798

Enthält: Erlass der Kosten für das Haberkamper Packwerk beim Süderstapeler Deich sowie Erlass der Vergütung für die zur Verstärkung des Osterkoogsdeichs erforderliche Erde und die Soden

2884 Streitigkeiten mit Friedrichstadt wegen Waren- und Personentransports der Fähre in Pahlhude (1751) 1754-1755

2885 Kommunalverwaltung (1820-) 1834-1839
Enthält u. a.: Institution der Kirchspielsmänner mit Instruktion

2886 Einquartierung 1815-1817
Enthält u. a.: Befreiung des Bürgers Claus Behrens, Friedrichstadt, von der außerordentlichen Einquartierung für seine Ländereien in der Landschaft Stapelholm

2887 Dezimation 1764-1765, 1837-1838
Enthält: Abzugsgeld der Elisabeth Christian Welchern und Salome Damann, Süderstapel, für eine Erbschaft in Rendsburg, 1765; Aufhebung einer Dezision von Notaten zur Landkostenrechnung, 1838

2888 Freihof in Bergenhusen 1840-1842

2889 Trennung des Physikats vom Amt Hütten (1757-) 1787-1790

2890 Hebammen 1770-1806
Enthält: Bestimmung des Hebammenlohns, 1770; Beibehaltung des gemeinschaftlichen Hebammendistrikts in Norderstapel und Süderstapel, 1785; Unterstützung zur Haussteuer der Vizehebamme Thornsen, Bergenhusen, durch die Kommune, 1806

2891 Apotheker 1810-1844

2892 Anstellung eines Landschaftsarztes 1810-1838

2893 Sonstige Polizeiangelegenheiten 1735-1837
Enthält u. a.: Gilden; Märkte

2894 Wege 1824-1847

Propstei Hütten und Stapelholm

Kirche

Kirche allgemein

2895 Konsistorium 1797-1844

2896 Propst 1792-1841

2897 Kirchenvisitationsberichte 1743-1846

2898 Kirche in der Propstei Hütten: Allgemeines 1742-1841

Kirchen im Amt Hütten

2899 Kirchspiel Borby: Allgemeines 1744-1844
Enthält u. a.: Verhältnis zu den adligen Gutsbesitzern

2900 Kirchspiel Borby: Pastor und Verkauf der Kirchenglocke
Enthält u. a.: Bewerberverzeichnis, 1846 (1696-) 1756-1846

2901 Kirchspiel Bünsdorf: Allgemeines 1736-1754, 1818-1819
Enthält u. a.: Pastoratsgebäude, 1752

2902 Kirchspiel Bünsdorf: Pastor 1731-1822 (1869)

2903 Kirchspiel Bünsdorf: Kirche und Kirchengüter 1740-1795
Enthält u. a.: Bauten

2904 Kirchspiel Kosel: Allgemeines 1779-1846
Enthält u. a.: Bauten

2905 Kirchspiel Kosel: Pastor 1746-1829
Enthält u. a.: Bewerberverzeichnis, 1828

2906 Kirchspiel Kosel: Kirche und Kirchengüter 1752, 1775
Enthält: Kollekten für Bauten

2907 Kirchspiel Hohn: Allgemeines und Küster 1796-1845
Enthält u. a.: Bauten

2908 Kirchspiel Hohn: Pastor 1754-1834

2909 Kirchspiel Hütten: Allgemeines und Küster 1736-1846

2910 Kirchspiel Hütten: Pastor 1738-1842
Enthält u. a.: Bewerberverzeichnis, 1842

2911 Kirchspiel Hütten: Kirche und Kirchengüter 1748-1844
Enthält u. a.: Bauten

Kirchen in der Landschaft Stapelholm

2912 Kirchspiel Bergenhusen: Allgemeines, Pastor, Organist und Kantor
Enthält u. a.: Bewerberverzeichnis für das Pastorat, 1836 1747-1843

2913 Kirchspiel Erfde: Allgemeines 1740-1840
Enthält u. a.: Bauten

2914 Kirchspiel Erfde: Pastor und Kompastor (1695-) 1740-1840

2915 Kirchspiel Erfde: Küster (1653-) 1750-1809

Schule

2920 Schulen in der Propstei Hütten: Allgemeines 1761-1820

2921 Schulen in der Propstei Hütten: Allgemeines 1817-1847

2922 Schulen in der Propstei Hütten: sonstige Schulangelegenheiten 1746-1837

Armenwesen

2923 Armenwesen in der Propstei Hütten 1737-1845

Stadt Eckernförde

2924 Verwaltung, Grenzen und Bürgerrecht (1741) 1742-1843
Enthält u. a.: strittige Nutzung von zwei Feldern, 1743; wirtschaftliche Verhältnisse in Eckernförde, 1787

2925 Übertragung der Kopfsteuerhebung im sogenannten Vogelsang an den Magistrat 1821-1822

2926 Bürgermeister (1730-) 1741-1841

2927 Ratsverwandte 1740-1847

2928 Stadtsekretär und Polizeimeister 1737-1842

2929 Stadtvogt 1779-1811

2930 Wahl eines Brückenschreibers 1842

2931 Vergütung des Polizeidieners und Marktvogts sowie Pensionierung des Polizeidieners und Marktvogts Caspar Kühl und Wiederbesetzung der Stelle 1833-1837

2932 Gehaltszulage des Deputierten Bürgers und Stadtkassierers Hasche sowie Diensteinkünfte des Stadtkassierers Hans Fries Clausen 1823-1833

2933 Deputierte Bürger (1827-) 1833-1844

2935 Kirche in Eckernförde: Allgemeines 1739-1838

2936 Veränderung des Konfirmationstermins des Diakons [1843]

2937 Reformierte und Juden 1747-1817

2938 Stadtkirche in Eckernförde: Pastor 1738-1841

2939 Stadtkirche in Eckernförde: Diakon (1727-) 1738-1846

2940 Stadtkirche in Eckernförde: Vergütung des Organisten Christian Heinrich Henningsen für sein Orgelspiel beim dänischen Gottes-dienst 1819-1820

2941 Stadtkirche in Eckernförde: Kirche und Kirchengüter 1791-1839
Enthält u. a.: Regulierung der Verhältnisse der Kirchenkasse, 1839

2942 Schule in Eckernförde: Allgemeines 1740-1843

2943 Schule in Eckernförde: Rektor 1770-1844

2944 Armenwesen 1739-1848
Enthält u. a.: Gründung des Armenhauses des Kaufmanns Christian Otte, 1739

2945 Handel, Schifffahrt und bürgerliches Gewerbe (1554-) 1743-1847
Enthält u. a.: Extrakte aus den Brückenrechnungen von 1672 bis 1739

2946 Handel und Schifffahrt (1574-) 1731-1831
Enthält u. a.: Brückengeld, 1731; Heringshandel, 1743

2947 Fabriken (1761-) 1766, 1795
Enthält: Privilegien für den Wollfabrikanten Johann Friedrich Wilhelm Musick, Eckernförde; Fayence- und Ofenfabrik

2948 Bäcker, Barbier, Branntweinbrenner, Böttcher, Glockengießer, Glaser, Maurer, Musikant, Reifschläger, Sattler, Schlachter, Schmied und Schneider (1635-) 1739-1844

2949 Schuster, Tischler, Weinschenk und Zimmerleute (1661-) 1732-1851
Enthält u. a.: Einschränkung des Wechsels der Schiffsbauleute zwischen den Bauherren, 1780

2950 Mühlen 1745-1838

2951 Auseinandersetzung zwischen den Deputierten Bürgern und dem Bürger Johann Hasse wegen der durch das Ausgraben von Steinen entstandenen Löcher auf der gemeinen Stadtweide 1749-1750

2952 Post und Rollfuhren 1732-1767, 1813-1846
Entrhält u. a.: Bestätigung der Fuhrrolle, 1732

2953 Postmeister 1766
Enthält: Fragment zu Gesuchen

2954 Wagenmeister (1733) 1734-1756
Enthält: Beschwerde des Wagenmeisters Franz Petersen wegen der Rollfuhrleute; Bestallung für Detlef Petersen; Bestallung des Bürgers Johann Hinrich Stick

2955 Sonstige Post- und Rollfuhrangelegenheiten (1680-) 1732-1813

2957 Kämmerei 1818-1846
Enthält u. a.: Einquartierung; Veräußerungen von Ländereien; Reglement für die ökonomische Verwaltung der Stadt, 1839

2959 Einquartierung 1741-1845

2960 Befreiung von öffentlichen Ämtern und Lasten 1742-1828

2961 Freihäuser und Bauprivilegien (1724-) 1731-1739

2962 Sonstige Kämmereiangelegenheiten (1730-) 1736-1834

2963 Physikus 1781-1825

2964 Apotheker 1744-1842

2965 Vergütung von Hebammen bei Hinzuziehung eines Geburtshelfers 1800-1801

2966 Sonstige Polizeiangelegenheiten (1691-) 1721-1847
Enthält u. a.: Konzession für die Schützen-, Brand- und Totengilde, 1732; Marktordnung, 1742; Lombard, 1768; Abtretung eines Landstücks zum Bau eines Zwangsarbeitshauses, 1843; Wege
Darin: farbiger Grundriss von Eckernförde, 1774

Friedrichsort

2967 Friedrichsort (1722-) 1732-1848
Enthält u. a.: Schifffahrt; Kirchenwesen; Prediger und Kirchenbedienstete; Heimatverhältnisse

Landschaft Fehmarn

2968 Verfassung, Verwaltung, Privilegien (1569) 1731-1767
Enthält: Vorschlag zur Verbesserung des Justizwesens; Nachrichten über aufgehobene Briefe des ehemaligen Landschreibers Boye, über Öffnung des Landesblocks und anderer Archive sowie über vom ehemaligen Landvogt Haagen nach Hamburg mitgenommene Briefe; Übersendung der Abschrift eines Aufsatzes des Justizrats Gössel mit Nachrichten über Fehmarn; Bestätigung der Privilegien für die Kämmerer, Richter und Hauptleute der Landschaft

2969 Landvogt und Amtmann 1731-1841

2970 Akten des Amtmanns Friedrich Wilhelm von Herzberg, besonders Kommission zur Untersuchung von Differenzen zwischen dem Amtmann und den Untertanen 1734-1741

2971 Landschreiber allgemein (1723-) 1736-1845

2972 Landschreiber 1746-1841
Enthält u. a.: Bestallungen; mangelhafte Amtsführung und Suspendierung des Landschreibers Maider, 1780-1796

2974 Kämmerer und Richter allgemein 1736-1834

2975 Kämmerer und Richter (1714-) 1735-1809
Enthält u. a.: Bestätigung von Bestallungen

2976 Kirchspielschreiber 1739-1761
Enthält: Schuld- und Pfandprotokoll, 1739; Verringerung der Einkünfte der Kirchspielschreiber, 1761

2977 Gerichtsdiener 1807-1842

2978 Ziviljustiz 1735-1775

2979 Verordnungen zur Verbesserung der Justizpflege 1776-1779

2980 Ziviljustiz 1779-1834

2981 Fiskal (1723) 1732-1744

2982 Justiz (1689) 1761, 1796-1803
Enthält: Vorschlag des Landschreibers Horst zur Einrichtung der Schuld- und Pfandprotokolle, 1761; Abstellung der Missbräuche bei Errichtung von Kontrakten, 1796; Mitteilung der königlichen Resolutionen an die Kirchspielgerichte durch das Amtshaus, 1803

2983 Kriminaljustiz und Brüche (1687-) 1737-1838
Enthält u. a.: Verfahren in Brücheangelegenheiten (mit älteren Brücheverzeichnissen), 1743

2984 Spezielle Kriminalangelegenheiten (1731) 1778-1841
Enthält: Scharfrichter Christian Hartwig Untermann und Joachim Christian Untermann; Vergütung für den Archidiakon Thomsen, Burg auf Fehmarn, wegen des Unterrichts der Kindsmörderin Anna Maass, Petersdorf, 1788

2985 Handel, Schifffahrt, Handwerker und Privilegierte 1733-1840
Enthält u. a.: Verzeichnis der konzessionierten Handwerker und Gewerbetreibende, 1821

2986 Einzelne Handwerke und Gewerbe (1738) 1739-1843

2987 Kammerangelegenheiten 1762-1840
Enthält u. a.: Fuhren

2988 Ökonomie 1757-1846
Enthält u. a.: Landwirtschaft; Mühlen

2989 Post, Rollfuhren und Fähre 1757-1811

2990 Kämmerei 1736-1844
Enthält u. a.: Bemerkungen zu einigen Ausgabeposten der Landschaftsrechnung von 1786, 1788; Einquartierung

2991 Medizinalwesen 1743-1844
Enthält u. a.: Apotheken

2992 Bürgerbewaffnung 1808-1809
Enthält: Verstärkung des Jägerkorps; Austritt von Mitgliedern des Kavalleriekorps aus dem Korps; Beschwerde von Mitgliedern des Kavalleriekorps wegen einer Bestrafung

2993 Wege 1737, 1790-1814

2994 Sonstige Polizeiangelegenheiten 1733-1847
Enthält u. a.: Erschießen der Hunde, 1738; Bestätigung der Statuten der Vetternschaften Mackeprang und Witte, 1836; Gilden; Verordnungen gegen das Fenstern und Nachtreiten

Propstei Fehmarn

Kirche

Kirche allgemein

2995 Kirchenvisitationsberichte 1755-1843

2996 Kirche in der Propstei Fehmarn: Allgemeines (1665-) 1731-1844

2997 Konzessionen zur Niederlassung von Juden 1738-1811

2998 Kircheninspektor oder Propst 1748-1848

Einzelne Kirchspiele

2999 Kirchspiel Bannesdorf: Allgemeines 1739-1752, 1814-1827
Enthält u. a.: Einrichtung des Diakonats, 1825

3000 Kirchspiel Bannesdorf: Pastor (1740) 1741-1848

3001 Kirchspiel Bannesdorf: Kompastor bzw. Diakon 1739-1814

3002 Kirchspiel Bannesdorf: Bestätigung des Legats des Hinrich Maas in Todendorf und Umtausch von Pastoratsländereien (1730) 1739, 1842

3003 Kirchspiel Landkirchen: Allgemeines 1752-1844
Enthält u. a.: Unterhalt des Prediger- und Schullehrerwitwenhauses, 1777, 1778; Verbesserung des Diakonats, 1795

3004 Kirchspiel Landkirchen: Pastor 1746-1829

3005 Kirchspiel Landkirchen: Diakon 1731-1837

3006 Kirchspiel Landkirchen: Kirche und Kirchengüter
Enthält u. a.: Kirchenländereien; Bauten 1738-1765, 1845-1846

3007 Kirchspiel Petersdorf: Aufnahme des Tropfenfalls vom Kirchspielschulgebäude im Pastoratshof sowie Landtausch zwischen dem Hauptpastorat und Richter Stange 1818-1844

3008 Kirchspiel Petersdorf: Pastor 1737-1848

3009 Kirchspiel Petersdorf: Diakon 1738-1846

Schule

3010 Schulen in der Propstei Fehmarn: Allgemeines 1755-1847
Enthält u. a.: Regulativ für die Einrichtung der Landschulen, 1801-1804

3011 Schulen in der Propstei Fehmarn: einzelne Schulen in den Kirchspielen 1737-1845

Armenwesen

3012 Armenwesen in der Propstei Fehmarn 1736-1848

Stadt Burg auf Fehmarn

3013 Bürgerrecht 1755-1822

3014 Magistrat 1735-1838
Enthält u. a.: Sporteltaxe, 1814

3015 Bürgermeister und Stadtsekretär (1756-) 1769-1842
Darin: gedruckte Sammlung von Korrespondenzen und Befragungen zur Auseinandersetzung zwischen dem Kämmerer Jacob Wilder, Landkirchen, und dem Schutzjuden Hertz Engel, Burg auf Fehmarn, 1764

3016 Ratsverwandte (1722-) 1735-1844

3017 Stadtkassierer 1798-1833

3018 Stadtvogt (1700-) 1731-1843

3019 Ratsdiener 1805-1845

3020 Deputierte Bürger 1778, 1807
Enthält: Befreiung des Bürgers Johann Rauert vom Amt eines Deputierten Bürgers, 1778; Entlassung des Deputierten Bürgers Peter Salomon, 1807

3021 Justiz 1746-1839

3022 Kirche allgemein 1740-1832

3023 Fremde Religionsverwandte 1738-1844
Enthält vor allem: Niederlassungskonzessionen für Juden

3025 Diakon und Kompastor 1731-1844

3026 Archidiakon 1736, 1770
Enthält: Bestätigung der Wahl des Archidiakons Johann Adolph Pranau, 1736; Vakanz der Archidiakonstelle, 1770

3027 Kantor 1748-1803

3028 Kirche und Kirchengüter 1738-1846
Enthält u. a.: Bauten; Kirchenkapitalien; Kirchenländereien

3029 Glockenläuter und Totengräber Johann Christian Haase 1841-1843

3030 Schule 1738-1819

3031 Armenwesen 1738-1783, 1819-1845
Enthält u. a.: Regulativ für das Armenwesen, 1834

3032 Handel, Schifffahrt, Handwerker und Privilegierte (1734-) 1746-1845
Enthält u. a.: Beschwerden über Landhandwerker, 1747; Artikel der Schifferzunft, 1754; Konzessionierung von Märkten; Reinigung und Instandsetzung des Hafens

3033 Auktionshalter, Barbier, Böttcher, Brauer und Branntweinbrenner, Krämer, Musikant, Rademacher, Schmied, Schneider, Schuster, Tischler, Weber und Zimmermann (1727-) 1738-1846

3034 Postmeister 1778-1811
Enthält: Bestallungen für Johann Hinrich Thomsen, Detlev Juhl und Hans Matthaeus Thomsen, 1778, 1797; Beschwerde des Postkontors über ein vom Amtmann Müller bestelltes Boot, 1811

3035 Landwirtschaft 1762-1848
Enthält u. a.: Austausch von Ländereien

3036 Kämmerei 1737-1847
Enthält u. a.: Reglement zum Hebungswesen und Rechnungswesen sowie zur ökonomischen Verfassung, 1762; Stadtkassierer, 1785; Errichtung einer Kommission zur Untersuchung des ökonomischen Zustands von Burg auf Fehmarn, 1798; Verbesserung des ökonomischen Zustands der Stadt, 1798-1832

3037 Kämmereiangelegenheiten 1738-1844

3038 Kommission zur Untersuchung des ökonomischen Zustands (1632-) 1759-1820
Enthält u. a.: Einnahmeregister und Stadtrechnungen, 1795-1798; Verzeichnisse der Landhandwerker und Gewerbetreibende, 1818

3039 Physikus, Chirurg, Apotheker und Hebammen 1730-1842

3040 Bürgerbewaffnung (1801-) 1809-1813
Enthält: Vorschläge zu einem Regulativ für das bürgerliche Jägerkorps
Darin: gedrucktes Regulativ für das Jägerkorps, 1808

3041 Sonstige Polizeiangelegenheiten 1737-1836
Enthält u. a.: Trauerverordnung und Trauergeläut, 1740; Beschwerde einiger Einwohner wegen des Mangels an Lebensmitteln und an frischem Fleisch, 1762; Häuserbau

Herzogtum Holstein

Landschaft Süderdithmarschen

3042 Verfassung, Verwaltung, Privilegien und Grenzen (1626-) 1732-1840

Darin: Karten über die Grenzscheiden zwischen Süderegge und Rickelshof, Lohe und Braaken, 1733; Karte über Buschgründe auf den Feldern von Arkebek, Albersdorf und Odderade, 1810

3044 Landvogt (1645-) 1737-1841

3045 Gerichtsaktuar 1750-1843

3046 Kirchspielvogt 1736-1847

3047 Kirchspielschreiber 1737-1835

3048 Landesgevollmächtigte 1740-1844

3049 Besetzung der Landschreiberstelle mit Johann Carl Ludwig Schnepel 1833

3050 Gerichtsdiener 1833-1844

3051 Justiz allgemein und Ziviljustiz 1731-1807

3052 Justiz allgemein und Ziviljustiz 1800-1840

3053 Einrichtung eines Schuld- und Pfandprotokolls 1782-1812

3054 Kriminaljustiz 1747-1837

3055 Handwerk, bürgerliches Gewerbe und Privilegierte 1733-1739, 1803-1825

3056 Bäcker, Barbier, Goldschmied, Krämer und Hausierer, Maurer, Müller, Musikant, Rademacher, Schlachter, Schneider, Schornsteinfeger, Schuster, Tischler, Töpfer und Weinhändler 1730-1847

3057 Handel 1739-1842

Enthält u. a.: Wollfabrik, 1797

3058 Kammerangelegenheiten (1648-) 1741-1847

Enthält u. a.: Zollfreiheit zwischen den Landschaften Süderdithmarschen und Norderdithmarschen und den Besitzern des Gutes Hanerau, 1745

3059 Post, Rollfuhren, Boten und Frachtwagen 1738-1802

3060 Landwirtschaft 1739-1789, 1834-1841

Enthält u. a.: Verteilung eines Moores zwischen Gudendorf, Barlt und Busenwurth, 1745; Anordnung einer Kommission zur Vernichtung der Feldmäuse, 1789; Regulierung der landwirtschaftlichen Verhältnisse von Rickelshof, 1841

3061 Kudensee (1723-) 1730-1748

3062 Kudensee 1762-1776

Darin: Grundriss des Kudensees, 1763

3063 Kudensee 1790-1812

Enthält u. a.: Grenzbesichtigungsprotokolle, 1790; Vermessungsprotokoll, 1791 (mit farbigen Karten)

3064 Deiche allgemein 1789, 1818-1846

3065 Deichangelegenheiten 1738-1765, 1802-1803

Enthält u. a.: Schleusenbau bei Elpersbüttel, 1750-1753

Darin: Karte der Außendeiche vom Mylestrom bis an die Grenze zur Landschaft Norderdithmarschen, 1743; Karte der Außendeiche, Watte und Ströme vom Hafen in Meldorf bis an die Grenze zur Landschaft Nordithmarschen bei Büsum, 1751; Karte vom Wöhrdener Hafenstrom, 1750; Karte vom Stromverlauf zwischen der Schleuse bei Elpersbüttel und der Feldmark von Busenwurth, 1751

3066 Anlage von Krankenhäusern 1802-1803

3067 Physikus 1733-1832

3068 Chirurg 1743-1812

Enthält: Genehmigung zur Anstellung eines Chirurgen und Erlaubnis zur Einrichtung einer Barbierstube in Meldorf, 1766; Mitteilung des Gesuchs des Chirurgen Stern, Meldorf, um Befreiung von der Anstellung als Kompaniechirurg beim Königinnen-Leibregiment in Glückstadt, 1808; Chirurg Wilhelm Günther, Marne, 1812

3069 Apotheker 1730-1845

3070 Hebammen 1765-1767

Enthält: Anstellung von drei Hebammen im Kirchspiel Marne; Anstellung der Anna Margaretha Kunckeln, Brunsbüttel, als zweite Hebamme im dortigen Distrikt

3071 Gehaltserhöhung des Tierarztes Carsten Johann Oest in Marne (1815-) 1817-1818

3072 Brandgilde 1737-1844

3073 Witwen- und Waisenkasse 1738-1756
Enthält: Bestätigung der Artikel, 1738; Aufhebung der Witwen- und Waisenkasse und Verteilung des Fonds unter den Interessenten, 1753, 1756

3074 Wege 1787, 1842-1846
Enthält: Reparatur des Postweges von Meldorf nach Heide in der Nordervogtei Meldorf, 1787; Beteiligung von auswärtigen Besitzern von Ländereien im Kirchspiel Barlt an Weggelasten, 1842; Kosten des Neubaus einer Brücke im sogenannten Dellweg, 1846

3075 Sonstige Polizeiangelegenheiten 1736-1847
Enthält u. a.: Amt der Eidgeschworenen, 1736; Einstellen des Abendläutens, 1750; Bestätigung der Artikel der Schützengilde in Meldorf, 1828; Verlosung von Handwerksprodukten, 1829; Änderung von Vorschriften für einige Gewerbe zur Reinigung von Schornsteinen, 1829; Kosten des Nachtwächterwesens im Kirchspiel Barlt, 1842; Einrichtung von Märkten

3076 Schatzungen 1734-1821

3077 Befreiung von öffentlichen Ämtern und Lasten 1730-1786

3078 Befreiung von der Einquartierung (1760-) 1762

3079 Kämmerei 1738-1746, 1804-1807
Enthält u. a.: Schatzungen; Einquartierung

Propstei Süderdithmarschen

Kirche

Kirche allgemein

3080 Konsistorium 1741-1768, 1817-1843

3081 Propst 1741-1847

3082 Kirchenvisitation und Verfügungen zum Kirchenwesen 1731-1847

3083 Fremde Religionsverwandte 1799-1847

Einzelne Kirchspiele

3084 Kirchspiel Albersdorf: Trennung des Diakonats von der Kirchspielschreiberei und Überlassung von Pastoratsland zur Vergrößerung des Kirchhofs 1765-1766, 1842

3085 Kirchspiel Albersdorf: Pastor 1734-1782, 1826-1827

3086 Kirchspiel Albersdorf: Diakon 1732-1842
Enthält u. a.: Bewerberverzeichnis, 1841

3087 Kirchspiel Albersdorf: Kirche und Kirchengüter (1752) 1763-1767, 1828-1842

3088 Kirchspiel Barlt: Allgemeines 1806-1842
Enthält u. a.: Einziehung des Diakonats, 1813; Reparatur der Kirche, 1839

3089 Kirchspiel Barlt: Pastor 1738-1795, 1834-1835
Enthält u. a.: Bewerberverzeichnis, 1835

3090 Kirchspiel Barlt: Diakon 1737-1785

3091 Kirchspiel Brunsbüttel: Allgemeines 1749-1750, 1808-1847

3092 Kirchspiel Brunsbüttel: Pastor 1736-1846
Enthält u. a.: Bewerberverzeichnis, 1846

3093 Kirchspiel Brunsbüttel: Diakon (1721-) 1737-1822

3094 Kirchspiel Burg: Abschaffung eines Kirchenschatzes, Reglement für den Küster, Anlage eines Begräbnisplatzes 1760-1769, 1817

3095 Kirchspiel Burg: Pastor 1740-1827

3096 Kirchspiel Eddelak: Allgemeines 1791-1848

3097 Kirchspiel Eddelak: Pastor (1734) 1735-1788, 1832-1847

3098 Kirchspiel Eddelak: Diakon 1732-1803, 1848

3099 Kirchspiel Eddelak: Bau eines neuen Pastorats und einer Scheune 1745

3100 Kirchspiel Hemmingstedt: Allgemeines (1613-) 1763, 1830-1837
Enthält: Genehmigung für die Dörfer Lohe und Rickelsdorf zum weiteren Besuch der Kirche in Heide, 1763; Reparatur der Kirche, 1830; Bau eines Glockenstuhls, 1837

3101 Kirchspiel Hemmingstedt: Pastor (1741-) 1743-1836

3102 Kirchspiel Marne: Allgemeines 1754, 1791-1845
Enthält u. a.: Entwurf eines Regulativs über die Verteilung der Kirchenanlagen, 1845

3103 Kirchspiel Marne: Pastor (1724-) 1730-1839

3104 Kirchspiel Marne: Diakon 1731-1843
Enthält u. a.: Bewerberverzeichnisse, 1832, 1841, 1842
Darin: gedruckte Predigt zum hundertjährigen Jubiläum der Kirche in Eddelak, 1840

3105 Kirchspiel Meldorf: Allgemeines (1731-) 1745-1848

3106 Kirchspiel Meldorf: Hauptpastor 1741-1831

3107 Kirchspiel Meldorf: Erster Kompastor 1741-1847

3108 Kirchspiel Meldorf: Zweiter Kompastor 1742-1766, 1805-1832

3109 Kirchspiel Meldorf: Organist (1731-) 1739-1755

3110 Kirchspiel Meldorf: Kirchenbauten 1731-1798
Darin: farbiger Grundriss und Aufriss sowie Profilzeichnung der Kirche, 1738

3111 Kirchspiel Sankt Michaelisdonn: Allgemeines 1761, 1825-1832
Enthält: Betreuung der zum Kirchspiel Süderhastedt gehörigen Dörfer Hindorf, Westdorf und Hopen, 1761; Rückerstattung von Kosten für die Predigerwahl, 1825; Erweiterung der Kirchspielsgrenzen, 1832

3112 Kirchspiel Sankt Michaelisdonn: Pastor (1742) 1743-1845

3113 Kirchspiel Sankt Michaelisdonn: Kirchenbauten 1769-1770, 1781

3114 Kirchspiel Nordhastedt: Allgemeines 1743-1843

3115 Kirchspiel Nordhastedt: Pastor 1736-1829

3116 Kirchspiel Süderhastedt: Predigerpflicht, Begräbnisplatz, Neubau des Pastorats und einer Pastoratsscheune 1757-1759, 1830-1846

3117 Kirchspiel Süderhastedt: Pastor (1744-) 1755-1796, 1837-1844

3118 Kirchspiel Windbergen: Allgemeines, Pastor und Kirchenbauten 1742-1828

3119 Kirchspiel Wöhrden: Pastor 1732-1795, 1835

3120 Kirchspiel Wöhrden: Diakon 1732-1847

3121 Kirchspiel Wöhrden: sonstige Kirchenangelegenheiten (1747) 1748-1846

Enthält u. a.: Verbesserung des Organistendienstes, 1749; Genehmigung zum Kirchenbau, 1786; Antrag der Interessenten des Friedrichsgabekoogs auf Aufhebung der Verbindung mit dem Kirchspiel Wöhrden, 1813

Schule

3122 Schulen in der Propstei Süderdithmarschen: Allgemeines 1740-1834

3123 Schulen im Kirchspiel Albersdorf 1740-1839

Enthält u. a.: Aufstellung über die Anzahl der Schulhäuser und der zur Schule gehenden Kinder jeder Dorfschaft, 1740

3124 Schulen im Kirchspiel Brunsbüttel 1754-1846

Enthält u. a.: Wahl des Rektors und Konrektors

3125 Schulen im Kirchspiel Burg 1754-1774, 1823-1832

Enthält u. a.: Ablegung der Schulrechnung 1742-1744

3126 Schulen im Kirchspiel Eddelak (1743-) 1749-1790, 1846-1848

3127 Schulen im Kirchspiel Hemmingstedt: Verbindung der Dorfschaft Lieth mit der Schule in Hemmingstedt 1812

3128 Schulen im Kirchspiel Marne 1731-1839

Enthält u. a.: Bestätigungen der Rektorenwahl; Bauten

3129 Schulen im Kirchspiel Meldorf 1735-1836

Enthält u. a.: Einrichtung einer Armenschule, 1735; Reglement für die Nebenschulen, 1792, 1795

3130 Schulen im Kirchspiel Nordhastedt 1741, 1812-1816

Enthält u. a.: Errichtung einer Distriktschule in Osterwohld, 1812

3131 Schulen im Kirchspiel Wöhrden 1731-1846

3132 Schulen im Kirchspiel Windbergen: Abgaben für den Schullehrer und freie Bearbeitung von Schulländereien 1811, 1832-1833

3133 Schulen im Kirchspiel Sankt Michaelisdonn: Beihilfe zur Bestreitung der Schullasten 1837-1838

3134 Schule in Schrum: Errichtung einer eigenen Distriktschule 1819-1821

3135 Schule in Schafstedt: Ankauf eines zum Gut Hanerau gehörigen Landstücks 1827-1828

3136 Schule in Wolmersdorf: Vorschlag zur Verteilung der Hand- und Spanndienste nach Landbesitz 1821

Armenwesen

3137 Armenwesen in der Propstei Süderdithmarschen 1741-1838

Amt Rendsburg

3138 Grenzen 1735-1839

3139 Jurisdiktionstreitigkeiten 1736-1770, 1839-1841

3140 Verfassung, Verwaltung, Privilegien und Jurisdiktion 1777-1782, 1827-1837

Enthält: Verbindung des Gutes Hanerau mit dem Amt Rendsburg, 1778; Nachrichten vom Hof Steinberg, 1782; Fleckensgerechtigkeit für Hohenwestedt, 1828; Vorschlag zur Aufhebung des Nexus des Schlossgrundes in der Stadt Rendsburg mit dem Amt, 1834; Übertragung von rechts der Holstenau zum Amt Rendsburg gehörigen Ländereien in das Schuld- und Pfandprotokoll der Landschaft Süderdithmarschen, 1837

3141 Amtsbedienstete, Justizbedienstete und öffentliche Ämter
Darin: „Altonaer Mercur“ vom 23. Oktober 1846 (1701-) 1721-1847

3142 Justiz 1734-1847
Enthält u. a.: Entwurf eines Justizreglements, 1744-1762; Einrichtung eines neuen Schuld- und Pfandprotokolls, 1775; Bau eines neuen Amtsgefängnisses und Aufbringung der Kosten, 1832

3143 Scharfrichter 1743-1803

3144 Handwerk 1735, 1790-1841

3145 Streitigkeiten der zum Kloster Itzehoe gehörenden Kätner in Nortorf und Kellinghusen mit Eingesessenen des Amtes Rendsburg wegen der Weidegerechtigkeit 1737-1744

3146 Landwirtschaft 1735-1813
Enthält u. a.: Verteilung der Fuhrleistungen und der gemeinen Weide im Kirchspiel Hohenwestedt, 1759; Stauung des Jevenstedter Teichs, 1796

3147 Kammerangelegenheiten 1755-1847
Enthält u. a.: Krügerei- und Brauereigerechtigkeit; Mühlen; herrschaftliche Gefälle; Fouragelieferungen

3148 Post und Fuhren 1762-1819
Enthält: Aufhebung von Bestimmungen in den Fuhrrollen von Nortorf und Bramstedt zur Befugnis bei Fällen von Fuhrvergehen, 1797, 1819; Bestallungen von Postmeistern

3149 Chirurg, Apotheker und Hebammen 1759-1846

3150 Wege 1768-1847

3151 Polizei 1736-1848
Enthält u. a.: Polizeiordnung, 1736; Kostenerstattung für die Verwendung von Militär auf einer Volksversammlung 1846 in Nortorf, 1848; Märkte
Darin: Karte zur Lage der Dörfer Böken, Bünzen und Innien sowie der Auen, 1791

3152 Kämmerei 1740-1838
Enthält u. a.: Einquartierung

Flecken Kellinghusen

3153 Verfassung, Verwaltung und Privilegien 1739-1846
Enthält u. a.: Erteilung der Fleckensgerechtigkeit, 1740; Fleckensartikel, 1766
Darin: farbige Karte von Kellinghusen sowie der Dörfer Overndorf und Vorbrügge, 1742; Grundrisse des Fleckens Kellinghusen und seiner Straßen, 1741

3154 Brauer, Färber, Krämer, Sägemüller, Schuster, Tischler und Zimmermann 1738-1843
Enthält auch: Beschwerde der Fleckensgevollmächtigten und Viermänner in Kellinghusen über das Hausieren auswärtiger Leinwandhändler, 1806

3155 Fayencefabrik (1760) 1765-1782, 1812

3156 Handel 1753-1829
Enthält u. a.: Differenzen wegen der Privilegien von Itzehoe und Glückstadt zur Befahrung der Stör, 1825

3158 Differenzen zwischen den Kätnern in Kellinghusen und den zum Kloster Itzehoe gehörenden Eingesessenen von Overndorf wegen der Gemeinweide (1740-) 1757-1759

3157 Mühlen 1781, 1784

3159 Postmeister 1779-1798
Enthält: Apotheker Andreas Johann Gottfried Wassmann; Christian Wichmann

3160 Stempelpapierfreiheit für die Spar- und Leihkasse 1840

3161 Apotheker 1739-1846

3162 Kämmerei 1758-1815
Enthält u. a.: Freihof bei Kellinghusen, 1815; Einquartierung

Propstei Rendsburg

Kirche

Kirche allgemein

3163 Konsistorium 1739-1759, 1804-1844

3164 Kirchenvisitationsberichte 1738-1846

3165 Bestallung des Pastors Friedrich Leonhard Callisen zum Propst 1811

3166 Kirche in der Propstei Rendsburg: Allgemeines 1736-1749, 1811-1821
Enthält u. a.: Kirchenvisitation, 1749; Instruktion für die Prediger bei den adligen Kirchen, 1812; Vikariat, 1821

Einzelne Kirchspiele

3186 Kirchspiel Bovenau: Allgemeines 1790-1843
Enthält u. a.: Einpfarrung des Hofes Groß Nordsee, 1812

3187 Kirchspiel Bovenau: Pastor 1711, 1809-1840
Enthält u. a.: Differenzen wegen der Einführung des Pastors Johannes Nicolai Führsen, 1711

3182 Kirchspiel Hademarschen: Allgemeines 1746, 1777-1828
Enthält u. a.: Regulativ für die Verwaltung des Kirchen-, Schul- und Armenwesens, 1827

3183 Kirchspiel Hademarschen: Pastor 1737-1816

3184 Kirchspiel Hademarschen: Organist 1778-1779
Enthält: Holzausweisung für den Organisten, Küster und Schulmeister Kegeler sowie Bewilligung des Gnadenjahrs für seine Witwe

3167 Kirchspiel Hohenwestedt: Allgemeines 1742-1844
Enthält u. a.: Regulativ für den Kirchhof, 1828
Darin: Grundriss des Kirchhofs, 1825

3168 Kirchspiel Hohenwestedt: Pastor 1731-1847

3169 Kirchspiel Hohenwestedt: Diakon (1750-) 1754-1846
Enthält u. a.: Bewerberverzeichnisse, 1822, 1830

3170 Kirchspiel Jevenstedt: Allgemeines 1763-1844
Enthält u. a.: Bauten; Kirchenländereien

3171 Kirchspiel Jevenstedt: Pastor (1750-) 1753-1839
Enthält u. a.: Bewerberverzeichnis, 1810

3172 Kirchspiel Kellinghusen: Allgemeines (1690-) 1740-1766, 1815-1846
Enthält u. a.: Regulativ über die Verteilung der Amtsgeschäfte der beiden Prediger, 1843

3173 Kirchspiel Kellinghusen: Pastor 1732-1843
Enthält u. a.: Bewerberverzeichnis, 1842

3174 Kirchspiel Kellinghusen: Diakon (1741-) 1747-1841

3175 Kirchspiel Nortorf: Allgemeines 1736-1847
Enthält u. a.: Bauten; Beteiligung der Eingepfarrten an den Kirchenanlagen (mit tabellarischem Verzeichnis), 1810

3176 Kirchspiel Nortorf: Pastor 1738-1767, 1803-1841

3177 Kirchspiel Nortorf: Diakon 1754-1812
Enthält u. a.: Bewerberverzeichnis, 1812

3178 Kirchspiel Nortorf: Küster (1734-) 1737-1741, 1799-1800

3179 Kirchspiel Schenefeld: Allgemeines 1739-1847
Enthält u. a.: Bauten

3180 Kirchspiel Schenefeld: Pastor 1742-1817

3181 Kirchspiel Schenefeld: Diakon (1726-) 1736-1839
Enthält u. a.: Bewerberverzeichnis, 1826

3185 Kirchspiel Westensee: Allgemeines (1695-) 1736-1842

Schule

3188 Schulen in der Propstei Rendsburg: Allgemeines 1738-1837
Enthält u. a.: Regulativ für die Landschulen, 1812; Übersicht über die Volksschulen in der Propstei, 1836

3189 Schulen in der Propstei Rendsburg: sonstige Schulangelegenheiten (1727-) 1740-1848

3190 Schulen in der Propstei Rendsburg: einzelne Schulen 1755-1761, 1813-1848
Darin: Grundriss und Ansicht des Schulhauses in Nienbüttel, 1847

Armenwesen

3191 Armenwesen in der Propstei Rendsburg 1737-1843
Enthält u. a.: Bau von Armenhäusern

Stadt Rendsburg

Privilegien, Grenzen und Bürgerrecht

3192 Privilegien für Eigentümer der Häuser auf dem Schlossgrund 1766-1838

3193 Verfassung, Verwaltung, Jurisdiktion und Bürgerrecht (1705-) 1739-1845
Enthält u. a.: Malzprivilegien, 1739; Entwurf zu einem Wahlreglement und zu einem Reglement zur ökonomischen Verwaltung der Stadt Rendsburg, 1835

Präsident, Magistrat und Stadtbedienstete sowie Deputierte Bürger

3194 Stadtpräsident 1762-1783

3195 Magistrat 1750-1845

3199 Stadtvogt und Auktionsverwalter (1720-) 1731-1817

3200 Antrag auf Einstellung eines eigenen Polizeimeisters 1835

3201 Unterbedienstete allgemein, Stadt- und Polizeidiener sowie Oberpolizeidiener 1824-1847

3202 Gerichtsdiener und Ratswäger 1837-1842

3203 Antrag auf Anstellung eines Stadtkassierers und Einziehen der Stelle eines dritten Bürgermeisters 1839

3204 Deputierte Bürger 1745-1770, 1845

Justiz

3205 Sporteltaxe 1747-1752

3206 Justiz allgemein und Ziviljustiz 1753-1775, 1802-1842

3207 Justiz 1737-1738, 1827-1839
Enthält: Bestallung des Advokaten Friedrich Christian Schreiber zum Fiskal, 1738; Berichterstattung über den Prozess gegen die Erben des Justizats Junge, 1828; Eintragung des auf dem Kronwerk erbauten Hauses des Maurermeisters Barca in das Schuld- und Pfandprotokoll, 1834; Tilgung einer Bürgschaft im Schuld- und Pfandprotokoll, 1839

3208 Rendsburgischer Karren 1807-1849
Enthält auch: Wegfall der Gebühren bei Kriminaluntersuchungen gegen unvermögende Personen, 1827

3209 Zustand des Stadtgefängnisses und Bau eines neuen Gefängnisses 1814-1827

3210 Scharfrichter (1707-) 1731-1736, 1804-1841

Kirche

3211 Verfassung der beiden Kirchen 1767-1792, 1832-1834
Enthält u. a.: Abschaffung des Dankfestes zur Erinnerung an die schwedische Belagerung von 1645, 1767; Erledigung des Parochialstreites zwischen den Predigern der Altstädter und der Neuwerker Kirche, 1786; Beschwerde der Prediger über den Verfall der Kirchlichkeit und Sittlichkeit, 1834

3212 Altstädter oder Marien-Kirche in Rendsburg: Allgemeines 1736-1846

3213 Altstädter oder Marien-Kirche in Rendsburg: Hauptpastor 1759-1815

3214 Altstädter oder Marien-Kirche in Rendsburg: Archidiakon 1726-1846

3215 Altstädter oder Marien-Kirche in Rendsburg: Diakon (1621-) 1753-1844
Enthält: Vorschlag zur Verbindung des Diakonats mit dem Rektorat der Altstädter Schule, 1754; Vergütung für Reise- und Zehrungskosten der Bewerber, 1782; Vorschlag zur Vereinigung des Diakonats der Altstädter Kirche mit dem vakanten Kompastorat der Christ- und Garnisonskirche (mit Bewerberverzeichnis), 1814; Neubau des Diakonatswohnhauses, 1844

3216 Altstädter oder Marien-Kirche in Rendsburg: Diakon 1733-1806 (1853)
Darin: Druckschrift von Friedrich Feddersen über Pröpste und Prediger in der Landschaft Eiderstedt seit der Reformation, 1853

3217 Altstädter oder Marien-Kirche in Rendsburg: Organist Balthasar Joachim Reimers 1745-1761

3218 Altstädter oder Marien-Kirche in Rendsburg: Küster 1771-1772

3219 Christ- und Garnisonskirche in Rendsburg: Allgemeines
Enthält u. a.: Instruktion für die Kirchenvorsteher, 1704 (1704) 1736-1811

3220 Christ- und Garnisonskirche in Rendsburg: Allgemeines 1812-1847
Darin: Karte zur Anlage eines Begräbnisplatzes in Nübbel, 1825

3221 Christ- und Garnisonskirche in Rendsburg: Befreiung des Festungskommandanten Generalleutnant Graf von Ahlefeldt von der Kodirektion über die Kirche (1753) 1765

3222 Christ- und Garnisonskirche in Rendsburg: Kirchengebäude und Kirchengüter 1736-1834

3223 Christ- und Garnisonskirche in Rendsburg: Hauptpastor 1733-1846

3224 Christ- und Garnisonskirche in Rendsburg: Kompastor und Diakon
Enthält u. a.: Bewerberverzeichnis, 1823 1741-1843

3225 Christ- und Garnisonskirche in Rendsburg: Küster und Schulmeister 1738-1766

3226 Christ- und Garnisonskirche in Rendsburg: Gehaltszulage des Organisten Philipp Ernst Martini und Vergütung für die Totengräber wegen Wegfalls der freien Dienstwohnung 1779, 1814-1821

3227 Christ- und Garnisonskirche in Rendsburg: Übergriffe des Direktors der Kirche auf Zuständigkeiten der Kirchenjuraten und Befreiung des Deputierten Bürgers Johann Michael Goldbeck vom Amt eines Kirchenvorstehers (1704-1705) 1750, 1783

3228 Reformierte 1734-1769

3229 Katholiken 1736-1799

3230 Juden (1727-) 1732-1733, 1782-1843

3231 Juden 1747-1847
Enthält u. a.: Niederlassungsgesuche

Schule

3232 Altstädter Schule, Neuwerker Schule, Kauffmann-Krabbesches Institut und andere Privastschulen 1740-1843

3233 Garnisonsschule 1764-1839

Armenwesen

3234 Armenwesen 1741-1846
Enthält u. a.: Teilung des Altstädter Kirchenarmenfonds zwischen dem Kirchenaerarium und der Stadtarmenkasse, 1776; Verbindung der Armenkasse der Christ- und Garnisonskirche mit der Stadtarmenkasse, 1823

3235 Verbesserung des Armenwesens 1795-1800

3236 Armenkommission 1799-1842
Enthält u. a.: Berichte über Verwaltung und Zustand des Armenwesens

3237 Kollektengelder für arme Soldatenkinder 1788-1847

3238 Sonstige Armenangelegenheiten 1753-1846

Handel und Schifffahrt

3239 Schifferzunft und Schifffahrt sowie Handel und Konsuln
Enthält u. a.: Privilegienabschriften (1593-) 1731-1834

Fabriken

3240 Fayencefabrik 1764-1805

Handwerker und Privilegierte

3243 Abdecker, Bäcker, Barbier, Branntweinbrenner, Böttcher, Büchsenmacher, Buchbinder, Drechsler, Färber, Fischer, Glaser, Glockengießer und Konditor 1731-1845

3244 Krämer und Handeltreibende (1703-) 1733-1843

3241 Eisenfabrik, Parchen- und Wollfabrik, Eisenhütten, Zementfabrik und Kalkbrennerei sowie Flachsspinnerei 1768-1846

3245 Leinweber, Maurer, Musikant, Rademacher und Stellmacher, Reepschläger, Sattler und Schlachter 1731-1848

3246 Schmied, Schneider, Schornsteinfeger, Schönfärber, Schuster und Lohgerber, Tischler, Töpfer und Zimmerer (1538-) 1728-1845

3247 Weinschenk und Weinhändler 1730-1844

Landwirtschaft und Kammerwesen

3248 Mühlen 1744-1834

3249 Landwirtschaft 1770-1847
Enthält u. a.: Frevel in der Stadthölzung, 1772; Weiderechte auf dem Wildemoor, 1799

Polizei

3250 Polizei 1747-1846
Enthält u. a.: herumreisende Gaukler und Komödianten, 1750; Fleischteuerung, 1764; Märkte

3252 Altstädter Apotheke und Garnisonsapotheke (1720-) 1763-1846

3253 Lombard und Lombardverwalter 1742-1826

3254 Wege 1826-1839
Enthält: Verlegung eines Teils der Straße von Rendsburg nach Eckernförde, 1829; Verpflichtung zur Reinhaltung der Straße im Kronwerk, 1833; Ankauf des Geländes eines früheren Weges bei der Nobiskruger Schanze durch das Militär, 1839
Darin: Karte über den Verlauf der Straße von Rendsburg nach Eckernförde durch Alt Büdelsdorf, 1826

3255 Brandanstalt 1754-1780
Enthält u. a.: Instruktion für die Schornsteinfeger, 1754
Darin: Karte zu Gebäudestandorten und Straßenverlauf am Arsenal, 1776

3256 Erlass des Reglements für das Brandkorps vom 3. April 1821 1809-1823

3257 Brandkorps 1823-1847

3258 Personal des Brandkorps 1811-1846

3260 Altstädter Schützengilde (1651) 1750-1760, 1810-1843
Enthält u. a.: Abschrift der Artikel von 1651, 1750

3261 Neuwerker Schützengilde 1751-1847

3262 Maße und Gewichte 1769-1770

3263 Bürgerwachen und Bürgerbewaffnung 1732-1847

3264 Sonstige Polizeiangelegenheiten 1755-1844
Enthält u. a.: Vergabe von Straßennamen und Hausnummern, 1808; Errichtung eines Hospitals für kranke Dienstboten, 1843; Reinigung von Straßen und Gassen; Konzessionen für Veranstaltungen

Post und Rollfuhren

3265 Post und Rollfuhren 1730-1800
Enthält u. a.: Streitigkeiten und Schlägerei zwischen Postbediensteten, 1800

3266 Postmeister und Postkommissar 1734-1812

3267 Wagenmeister (1721-) 1743-1758

3268 Gebührentaxe der Litzenbrüder 1747-1749

Kämmerei

3269 Zulage des Stadtkämmerers für das Schreiben der Stadtrechnung und Übertragung des Amtes des Stadtkämmerers an den Ratsverwandten Kirchner 1776-1783

3270 Heranziehung zu öffentlichen Ämtern 1761-1762, 1805-1807
Enthält: Ausmaß der Befreiung von Personen mit Rang und Titeln von öffentlichen Ämtern, 1762; Streitigkeiten zwischen dem Magistrat von Rendsburg und dem Amtsverwalter von Hütten wegen Hebung der Grund- und Benutzungssteuer von einigen dem Armenhaus in Rendsburg und einem Bürger gehörenden Ländereien, 1807

3271 Heranziehung zu öffentlichen Ämtern 1738-1784
Enthält vor allem: Gesuche um Befreiung von öffentlichen Ämtern

3272 Eintreibung von ausstehenden Schatzungen auf Häusern von nicht der städtischen Gerichtsbarkeit unterliegenden Personen 1731-1732

3273 Einquartierung (1750) 1751-1776
Enthält u. a.: Quartierlisten, 1775
Darin: Karte des Altstadtgrundrisses mit Angaben zur Einquartierung und zu befreiten Häusern, 1751

3274 Einquartierung 1779-1843

3275 Stadtkasse und Stadtrechnung (1763) 1764-1846
Enthält u. a.: Revision und Dezision der Stadtrechnungen, 1818-1834

3276 Dezimationen (1689) 1739, 1771-1785
Enthält: Forderung eines Abzuggeldes durch die Stadt Rendsburg von den Untergehörigen des Amtes Rendsburg, 1739; Erklärung des Dezimationsrechts der Stadt Rendsburg, 1775; Mitteilung des Dezimationsrechts an den König, 1785

3277 Hausbauten und Hausprivilegien (1727-) 1731-1807
Darin: Grundrisse und Ansichten von Grundstücken und Häusern

8112 Hausbauten und Hausprivilegien (1767-) 1812-1847

3278 Stadtgebäude und Grundstücke sowie Stadtlansten und Stadthölzungen 1759-1841

Militär

3279 Militär 1732-1848
Enthält u. a.: Befreiung der zu Rendsburg eingepfarrten Dörfer vom Torgeld, 1740; Entschädigung der Eingesessenen von Westerrönfeld wegen des Exerzierplatzes, 1761; Bestrafung der sich in der Festung aufhaltenden „liederlichen Weibspersonen“, 1762; Verhütung der Desertion, 1767; Unterhaltung der Militärarmen, 1835; Handwerks- und Gewerbeangelegenheiten

3280 Bestimmung des Westerheidekamps in Osterrönfeld zum Exerzierplatz der Garnison 1790-1793
Darin: vier Karten

8113 Bestimmung des Westerheidekamps in Osterrönfeld zum Exerzierplatz der Garnison 1793-1796

8114 Bestimmung des Westerheidekamps in Osterrönfeld zum Exerzierplatz der Garnison 1796-1801

Amt Steinburg

3281 Verfassung, Verwaltung, Jurisdiktion und Grenzen 1732-1843

3282 Amtmann 1804-1835

3283 Landschreiber in der Krempermarsch (1629-) 1731-1798

3284 Landschreiber in der Krempermarsch 1727-1835
Enthält u. a.: Bestallungen

3285 Landschreiber in der Wilstermarsch 1773-1843
Enthält u. a.: General-Marsch-Rechnung 1835-1836

3286 Amtsverwalter 1784-1846

3287 Kirchspielvogt 1731-1847

3288 Kirchspielschreiber 1745-1845

3289 Land- und Gerichtsdiener 1788-1846

3290 Justiz allgemein und Ziviljustiz 1731-1770

3291 Justiz allgemein und Ziviljustiz (1770) 1771-1831

3292 Kriminaljustiz, Brüche und fiskalische Angelegenheiten 1744-1846

3293 Handel 1731-1828

3294 Jahrmärkte 1755-1770, 1825-1845

3295 Handwerker und Privilegierte (1672-) 1731-1827

3296 Brauer und Brenner 1743-1749, 1800-1836

3297 Glaser, Höker, Kahnführer auf dem Kudenseer Kanal, Koch, Krüger, Leinweber, Maler, Musikant, Sägemüller, Schlachter, Schuster, Tischler und Zimmerer (1640-) 1724-1836

Enthält u. a.: Originalkaufbrief für den königlichen Krug bei der Kirche in Horst, 1642

Darin: Grundriss des sogenannten Rosengartens vor Itzehoe, 1751

3298 Deiche, Wasserbau und Schleusen 1721-1761

Darin: Übersichtskarte zum Verlauf des Kremper Flusses von Krempe in die Stör bei Borsfleth, 1733; Karte zum Gebiet zwischen Glückstadt, Krempe und Wewelsfleth, 1761; Profilzeichnungen von Kremper Außendeichen, 1761; Karte zu den Außendeichslanden bei Borsfleth, 1760

3299 Deiche, Wasserbau und Schleusen 1739-1768

Enthält u. a.: Streitigkeiten zwischen dem Besitzer des Buntenhofs vor Glückstadt Ties Tiedemann und den Interessenten des Deichlandes der Krempermarsch wegen Anlage eines Außendeichs, 1739-1745

Darin: Karten zum Außendeich des Buntenhofs bei Glückstadt, 1741, 1743; Karten zu den Deichen bei Kollmar, 1761; Karte zur Bütteler Schleuse, 1764

3300 Deiche, Wasserbau und Schleusen (1763-) 1765-1788

3301 Deiche, Wasserbau und Schleusen 1791-1848

3302 Mühlen (1755-) 1765-1826

3303 Kammerangelegenheiten 1731, 1765-1838

Enthält u. a.: Streitigkeiten zwischen der Krempermarsch und der Wilstermarsch wegen Vergütung der 1762/63 geleisteten Kriegsfuhren, 1784; Steuern; Zoll

3304 Physikus 1755-1842

3305 Verbot der Anlage einer Apotheke in Wewelsfleth 1740-1741

3306 Hebammen 1765-1805

Enthält: Hebamme im Hebammendistrikt Süderau, 1766; Beitrag von Untertanen des Klosters Uetersen in Krempdorf zu den Hebammendistrikten Krempdorf und Borsfleth, 1788; Sammlungen der Hebamme Metta Magdalena Oehlers, Süderau, auf Hochzeiten, 1805

3307 Wege (1757) 1758-1828

Darin: Karte des Wegenetzes zwischen Brokdorf und Wilster, 1758

3308 Sonstige Polizeiangelegenheiten 1736, 1812-1841
Enthält: Beerdigung der Landdiener, 1736; Verstoß gegen Hochzeitsbestimmungen, 1812; Bestätigung der Artikel der Mobiliengilde in Beidenfleth (mit Abschrift der Artikel), 1817; Übertragung der Polizeiaufsicht über den Hafen in Büttel an den Kontrolleur Stolley, 1825; Bestätigung der Artikel und Privilegien der Mobiliengilde in Süderau und der sogenannten Reichen Gilde, 1841

3309 Kämmerei (1739) 1740-1841
Enthält u. a.: Einquartierung; Dezimation

Propstei Münsterdorf

Kirche

Kirche allgemein

3310 Konsistorium 1731-1843

3311 Assessor des Konsistoriums 1735-1771, 1823-1840

3312 Vergütung des Kalandsboten Hinrich Müller in Itzehoe für Zustellungen und Anzeigen im Armenwesen 1825

3313 Kirchenvisitation und Kirchenvisitationsberichte 1739-1842

3314 Propst 1745-1842

3315 Kirche in der Propstei Münsterdorf: Allgemeines 1736-1842

Einzelne Kirchspiele

3316 Kirchspiel Beidenfleth: Allgemeines 1732-1794
Enthält u. a.: Amtsführung des Pastors Plütschau, 1764

3317 Kirchspiel Beidenfleth: Pastor 1746-1846
Enthält u. a.: Bewerberverzeichnisse, 1814, 1846

3318 Kirchspiel Beidenfleth: Diakon 1740-1846
Enthält u. a.: Bewerberverzeichnisse, 1831, 1835

3319 Kirchspiel Borsfleth: Allgemeines 1740-1842

3320 Kirchspiel Borsfleth: Pastor (1739) 1740-1841
Enthält u. a.: Bewerberverzeichnis, 1816

3321 Kirchspiel Borsfleth: Diakon (1737-) 1740-1847

3322 Kirchspiel Breitenberg: Allgemeines und Pastor 1762-1829
Enthält u. a.: Bewerberverzeichnis, 1829

3323 Kirchspiel Brokdorf: Allgemeines 1743-1848
Enthält u. a.: Kirchenrechnung, 1768

3324 Kirchspiel Brokdorf: Pastor (1729-) 1731-1844
Enthält u. a.: Bewerberverzeichnis, 1838

3325 Kirchspiel Brokdorf: Diakon 1737-1756
Enthält: Bestallungen für Lorentz Lorentzen, Johann Arnold Heuer, Hinrich Christian Gottfried Ewald und Volquard Lorenz Thomsen

3326 Kirchspiel Kollmar: Allgemeines 1776-1845
Enthält u. a.: Bauten

3327 Kirchspiel Kollmar: Pastor 1778, 1823-1847
Enthält u. a.: Bewerberverzeichnis, 1841

3328 Kirchspiel Kollmar: Pastor (1753-) 1760-1844

3329 Kirchspiel Krummendiek: Allgemeines 1736-1828

3330 Kirchspiel Krummendiek: Pastor 1735-1847
Enthält u. a.: Bewerberverzeichnis, 1831

3331 Kirchspiel Heiligenstedten: Allgemeines, Pastor und Diakon
Enthält u. a.: Bewerberverzeichnis für das Pastorat, 1819 1745-1846

3332 Kirchspiel Hohenaspe: Pastor 1729-1836
Enthält u. a.: Bewerberverzeichnis, 1818

3333 Kirchspiel Hohenaspe: Allgemeines 1743-1844

3334 Kirchspiel Hohenfelde: Allgemeines 1740-1848

3335 Kirchspiel Hohenfelde: Pastor 1766-1807

3336 Kirchspiel Horst: Pastor 1754-1764, 1800-1827
Enthält u. a.: Bewerberverzeichnisse, 1800, 1802, 1819, 1824

3337 Kirchspiel Horst: Diakon 1754-1805
Enthält u. a.: Bewerberverzeichnis, 1805

3338 Kirchspiel Horst: Allgemeines 1754-1812
Enthält u. a.: Neubau des Pastorats, 1809

3339 Kirchspiel Sankt Margarethen: Allgemeines 1745-1836

3340 Kirchspiel Sankt Margarethen: Pastor 1744-1782, 1820-1828
Enthält u. a.: Bewerberverzeichnisse, 1821, 1828

3341 Kirchspiel Sankt Margarethen: Kompastor und Diakon 1744-1796, 1821-1845
Enthält u. a.: Bewerberverzeichnis für das Diakonat, 1821

3342 Kirchspiel Münsterdorf: Allgemeines 1769-1780

3343 Kirchspiel Münsterdorf: Pastor (1753-) 1765-1840

3344 Kirchspiel Neuenbrook: Allgemeines 1742-1831

3345 Kirchspiel Neuenbrook: Pastor 1737-1847
Enthält u. a.: Bewerberverzeichnisse, 1815, 1847

3346 Kirchspiel Neuenbrook: Diakon und Prediger auf der Steinburger Schanze 1735-1812

3347 Kirchspiel Neuendorf: Allgemeines 1730-1846

3348 Kirchspiel Neuendorf: Pastor 1776-1829

3349 Kirchspiel Neuendorf: Diakon 1749-1838
Enthält u. a.: Bewerberverzeichnis, 1826

3350 Kirchspiel Neuenkirchen: Allgemeines 1752-1817, 1846

3351 Kirchspiel Neuenkirchen: Pastor (1743-) 1752, 1800-1841

3352 Kirchspiel Neuenkirchen: Diakon 1760, 1800-1846

3353 Kirchspiel Stellau: Allgemeines und Pastor 1788-1847

Enthält: Verlegung des Kirchspiels Stellau zur Propstei Münsterdorf, 1813; Landabtretung zur Vergrößerung des Begräbnisplatzes, 1847; Bestallungen von Pastoren

3354 Kirchspiel Süderau: Allgemeines 1752-1791, 1824-1845

3355 Kirchspiel Süderau: Pastor 1744-1840

3356 Kirchspiel Süderau: Diakon (1731) 1732-1813

3357 Kirchspiel Wewelsfleth: Allgemeines 1744-1790, 1835-1846

3358 Kirchspiel Wewelsfleth: Pastor 1737-1798, 1828-1844

Enthält u. a.: Bewerberverzeichnisse, 1828, 1832, 1844

3359 Kirchspiel Wewelsfleth: Diakon (1741) 1742-1760, 1805-1840

Enthält u. a.: Bewerberverzeichnisse, 1805, 1820, 1823, 1829, 1833, 1840

Schule

3360 Schulen in der Propstei Münsterdorf: Allgemeines (1754) 1755-1758, 1821-1822

Enthält: Befreiung der Marscheingesessenen von der Einführung einer Distriktschule, 1755; Geldgeschenk für die Schulgebäude in der Krempermarsch, 1758; Pension des Schullehrers Johann Heinrich Hänsel, Wewelsfleth, 1822

3361 Schulen in der Propstei Münsterdorf: einzelne Kirchspiele und Nebenschulen 1742-1773

3362 Schulen in der Propstei Münsterdorf: einzelne Kirchspiele und Nebenschulen 1795-1848

Armenwesen

3363 Armenwesen in der Propstei Münsterdorf 1731-1848

Stadt Glückstadt

Verfassung, Verwaltung, Privilegien, Jurisdiktion und Grenzen

3364 Privilegien (1629-) 1745-1775, 1817
Enthält u. a.: mehrere Originalprivilegien

3365 Jurisdiktion 1735-1802

3366 Verwaltung, Grenzen und Bürgerrecht 1735-1848
Enthält u. a.: Quarantäneabgaben von in Glückstadt einlaufenden Schiffen, 1831

Magistrat und Stadtbedienstete sowie Deputierte Bürger

3367 Magistrat (1731-) 1734-1833

3368 Präsident 1752-1847

3369 Bürgermeister 1732-1846

3370 Ratsverwandte 1738-1846

3371 Stadtsekretär 1742-1843

3372 Stadtvogt und Polizeiinspektor 1744-1846

3373 Auktionar 1741-1838

3374 Befugnisse des Kornmessers und Verkauf des Kornmesserdienstes 1756-1761

3375 Beschwerden über das Winkelwägen und Verweigerung von Zollangaben durch den ehemaligen Ratswäger Sietz (1728-) 1735, 1817

3376 Waterschout 1795-1797, 1838
Enthält: Anstellung, 1797; Anfertigung von Schiffsmannschaftslisten, 1838

3377 Stadt- und Polizeidiener 1803-1841

3378 Übertragung der Stelle eines Hafenmeisters an Gastwirt Peter Koppelmann in Glückstadt 1804

3379 Gehaltserhöhung des Marktvogts Siemen Pahl 1812-1813

3380 Wahl eines Billeteurs durch den Magistrat 1811

3381 Streitigkeiten der Deputierten Bürger mit dem vorigen Magistrat 1777-1789

Justiz

3382 Justiz allgemein, Kriminaljustiz und Scharfrichter 1742-1834

Kirche

3383 Stadtkirche in Glückstadt: Allgemeines 1730-1842

3384 Stadtkirche in Glückstadt: Pastor 1737-1845

3385 Stadtkirche in Glückstadt: Diakon 1740-1846
Enthält u. a.: Bewerberverzeichnis, 1845

3386 Stadtkirche in Glückstadt: Kirche und Kirchengüter 1737-1810
Darin: Karte über Lage des Exerzierplatzes und angrenzender Ländereien, 1759

3387 Schloss- und Garnisonskirche in Glückstadt: Allgemeines 1737-1836

3388 Schloss- und Garnisonskirche in Glückstadt: Pastor 1749-1847

3389 Schloss- und Garnisonskirche in Glückstadt: Kantor, Organist und Küster 1736-1845

3390 Französisch-Reformierte 1761-1767

3391 Deutsch-Reformierte (1645-) 1731-1823

3392 Obervorsteher der Deutsch-Reformierten Gemeinde 1742-1802

3393 Prediger der Deutsch-Reformierten Gemeinde 1744-1776

3394 Katholiken 1745-1847

3395 Obervorsteher der katholischen Gemeinde 1781, 1802
Enthält: Ernennungen des Kanzlers von Eyben und des Kanzlers Graf von Brockdorff

3396 Juden 1732-1847

3397 Juden (1686-) 1734-1843
Enthält: Konzessionen und Niederlassungsbescheide

Schule

3398 Schule 1746-1831

3399 Stadtschule in Glückstadt: „Collegium Scholasticum“ 1749-1843

3400 Zulage für den Schreib- und Rechenmeister Peter Oesau an der Stadtschule zur Anstellung eines Gehilfen 1797

3401 Schule 1736-1847
Enthält u. a.: Schloss- und Garnisonschule

3402 Katechet und Informator an der Schloss- und Garnisonsschule sowie Schullehrer 1743-1812

Armenwesen

3403 Armenwesen 1736-1791

3404 Armenwesen 1812-1843

Handel und Schifffahrt

3405 Hafen, Hafenkommission und Handelskompanien (1677-) 1745-1846

3406 Fährschiffer 1730-1826
Enthält u. a.: Zunftartikel, 1732

3407 Prahmführer (1705-) 1730-1843

3408 Sonstige Handels- und Schifffahrtsangelegenheiten 1750-1845
Enthält u. a.: Bestätigung der Artikel der Schiffergilde, 1830; Warentransporte; Hafenbauten; Werften; Konsuln

Fabriken, Handwerker und Privilegierte

3409 Fabriken (1716-) 1745-1843

3410 Handwerker und Privilegierte 1735-1843
Enthält u. a.: Beschwerde der acht Handwerksämter über das Landhandwerk, 1748; Bestätigungen der Artikel der acht Handwerksämter

3411 Bader, Chirurg und Barbier, Bäcker, Böttcher, Branntweinbrenner, Brauer, Gärtner, Gewürzhändler, Klempner, Koch, Krämer, Kürschner, Leinweber, Maler, Maurer und Musikant (1663-) 1731-1846

3412 Glaser, Ölmüller, Sattler, Segelmacher, Schlachter, Schmied, Schneider, Schuster und Lohgerber, Tischler, Weißgerber und Zimmerer (1637-) 1730-1847

Landwirtschaft und Kammerangelegenheiten

3413 Landwirtschaft, Deiche und Mühlen 1748-1844
Enthält u. a.: Kosten der Instandsetzung und Unterhaltung des Rethöveldeichs sowie Regulativ für den dritten holsteinischen Deichband, 1827-1834

3414 Einsendung von Listen zur Vierprozentsteuer und Halbprozentsteuer sowie Zollangelegenheiten 1774-1786, 1843

Post und Rollfuhren

3415 Post und Rollfuhren 1732-1845

3416 Postmeister 1744-1765, 1808
Enthält: Achatius Nicolaus Koch, 1744-1747; Christian Anton Hildebrandt, 1765, 1808; Georg Diederich Früchtenicht, 1808

Kämmerei

3417 Stadtkasse, Stadtrechnungen und Stadtkämmerei (1746-) 1776-1845
Enthält u. a.: Notaten über die Stadtrechnungen von 1813 bis 1838

3418 Stadtkämmerer 1774-1827

3419 Einquartierung 1732-1845

3420 Befreiung von öffentlichen Ämtern und Lasten 1747-1819

3421 Recht zur Erhebung von Abzugsgeldern (1647-) 1778-1792

3422 Sonstige Kämmereiangelegenheiten 1777-1838
Enthält u. a.: Ratsweinkeller, 1780-1782; Korrespondenz über die Rechnungen des 1813/14 angelegten Feldlazaretts, 1816-1819; Überlassung und Verkauf von Ländereien und Gebäuden; Verteilung von Abgaben

Polizei

3423 Kommission wegen der Gesundheitszustände und Handel mit Harlemmer-Öl 1760-1762, 1798
Darin: Grundrisse der Stadt, 1760

3424 Physikus in Glückstadt, Itzehoe, Krempe, Wilster und im Amt Steinburg 1755-1797, 1844

3425 Ausübung der medizinischen und chirurgischen Praxis durch den Oberschiffschirurgen Rathsach 1812
Enthält u. a.: Prüfungsfragen

3426 Apotheker (1720-) 1759-1846

3427 Hebammen 1765-1766, 1831-1833
Enthält: Zulage für die Hebamme Anna Caecilia Bruhnsen, 1766; Gesuche der Hebamme Anna Amalie Delfs um Befreiung von Abgaben sowie um Beschaffung von Hebammengerätschaften, 1832, 1833

3428 Tierarzt 1811-1812
Enthält: Verschreibung von Giften

3429 Brandanstalten 1751-1845
Enthält u. a.: Feuerkassenkommission; Schornsteinfeger

3430 Regulativ für die Straßenpflasterung und Ernennung von Mitgliedern der Kommssion zur Regulierung der Straßenpflasterung 1816-1828

3431 Jahrmärkte 1755-1818

3432 Beerdigungen 1734-1771

3433 Verkauf von Fischen 1737-1754, 1805-1806

3434 Bürgermiliz (1644-) 1783-1847
Darin: gedruckte Wachordnung, 1694

3435 Sonstige Polizeiangelegenheiten 1738-1848
Enthält u. a.: Milchverkauf, 1799; Schließung der Wirtshäuser im Winter, 1802; Stempelpapierfreiheit der Spar- und Leihkasse, 1831; Reparatur und Unterhalt von Brücken; Reinigung von Gassen und Fleeten
Darin: Grundriss der Festung, 1741

Militär

3436 Militär 1731-1791
Enthält u. a.: Garnisonsmedikus, 1739; Beschwerde von Bürgern über Offiziere, 1763; Exerzieren auf dem Kirchhof, 1767; Klagen über gewaltsame und unrechtmäßige Werbungen, 1777

3437 Militär (1800-) 1802-1836
Enthält u. a.: Militärpflicht der Glückstädter Außengemeinde (mit Verzeichnis der Bewohner), 1802; Übernahme des Militärkrankenhauses durch die Stadt, 1836

3438 Wachschiff und See-Equipagen 1784-1815

3439 Militärhandwerker 1741-1792

3440 Sonstige Militärangelegenheiten 1751-1819

Stadt Krempe

3441 Verfassung, Verwaltung und Jurisdiktion (1711-) 1732-1833
Enthält u. a.: Beibehaltung der Verfügung zum Landhandwerk und Aufnahme von Emigranten aus Salzburg, 1732; Vorschläge zur Verbesserung des Zustandes der Stadt, 1755; Veränderungen in der kirchlichen und städtischen Verfassung, 1833

3442 Kommission zur Regulierung der städtischen Angelegenheiten 1783-1788

3443 Magistrat (1734-) 1737-1842

3444 Bürgermeister 1737-1847

3445 Ratsverwandte 1737-1830

3446 Stadtsekretär 1736-1796

3447 Stadt- und Gerichtsunterbedienstete 1807-1835

3448 Justiz 1755, 1793-1807

Enthält: Sporteltaxe für den Magistrat, 1758; Einführung eines neuen Schuld- und Pfandprotokolls, 1795; Bericht über Bau und Reparatur der Gefängnisse, 1807

3449 Scharfrichter 1785-1793

Enthält: Verpachtung der Scharfrichterstelle an die Witwe des Scharfrichters Engel, 1788; Übertragung des Scharfrichterdienstes an Anna Catharina Haeusler, Ehefrau des entwichenen Scharfrichters, 1792; Streitigkeiten zwischen Magistrat und Deputierten Bürgern um die Besetzung der Scharfrichterstelle, 1793

3450 Kirche 1737-1838

Enthält u. a.: Bestimmung zur Predigerwahl, 1739; Beteiligung der Katholiken am Kirchenschoss (mit Nachrichten aus Städten im Herzogtum Holstein), 1796; Bau eines Kirchturms, 1833

3451 Pastor 1740-1820

3452 Archidiakon (1724-) 1739-1801

3453 Diakon (1737) 1738-1845

3454 Rektor der Schule 1783-1832

3455 Bestallungen von Rektoren 1738-1791

3456 Konrektor der Schule 1736-1767

3457 Nebenschulmeister 1745

Enthält: Organist Hans Kruse; Gottlieb Pieler

3458 Armenwesen 1801-1811
Enthält: Verarmungsfall des rezipierten Bürgers Christoph Ellner, 1802; Veräußerung einiger zum Gasthaus zum Heiligen Kreuz gehörenden Gartenstücke, 1805; Besetzung der Präbenden im Gasthaus zum Heiligen Kreuz, 1806; Verwaltung des von Nicolaus Kroll gestifteten Armenlegats, 1811

3459 Mühlen 1775-1797

3460 Genehmigung zum Verkauf eines zum Weichbild der Stadt gehörenden Landstücks 1812-1813

3461 Kammerangelegenheiten 1833-1847
Enthält u. a.: Einsendung von Notaten und Registern; Zollangelegenheiten

3462 Handwerker und Privilegierte 1769-1778
Enthält: Bestätigung der Artikel (mit Listen über die Anzahl der Handwerker in der Stadt und auf dem Land)

3463 Bäcker, Böttcher, Branntweinbrenner, Chirurg, Krämer, Schlachter, Schmied, Schneider, Schuster, Tischler, Weber, Weinschenk und Zimmerer 1730-1844

3464 Jahrmärkte 1737-1743, 1806-1842

3465 Apotheker 1730-1766, 1808-1842

3466 Sonstige Polizeiangelegenheiten 1736-1844
Enthält u. a.: Beschwerde der Gevollmächtigen des Armenwesens gegen den Ratsverwandten Trogillius wegen der Armenrechnung, 1750; Bestrafung von Schlägereien und Exzessen auf der Gildeversammlung durch die Obrigkeit, 1755, 1756; Schornsteinfeger, 1818; Stempelpapierfreiheit für die Spar- und Leihkasse, 1829; Lombard

3467 Einquartierung (1742) 1743-1801
Darin: gedrucktes Reglement zur Einquartierung in Itzehoe, 1742

3468 Dezimationen 1736-1785
Enthält: Verbot der Zehntforderungen von Personen ohne Bürgerrecht, 1740; Dezimationsforderungen von unter städtischer Jurisdiktion befindlichen auswärtigen Erben, 1751; Zehntrecht, 1785

3469 Befreiung von öffentlichen Ämtern und Lasten 1731-1836

3470 Sonstige Kämmereiangelegenheiten 1752-1846

Enthält u. a.: Wahl eines Kämmereibürgers, 1752; Entwurf eines Reglements für die ökonomische Verwaltung, 1834; Verpachtung des Ratsweinkellers; Privilegien für Häuser

3471 Mitteilung des Gesuchs des Bürgers Jacob Bockwold um eine Entschädigung für sein Briefbeförderungsrecht anlässlich der geplanten Einrichtung einer Postexpedition 1831

8165 Revision der Stadtrechnungen 1816-1833

Stadt Wilster

3472 Bürgerrecht, Jurisdiktion und Grenzen 1731-1766, 1801-1841

3473 Magistrat 1735-1833

3474 Untersuchung der Verwaltung (1814) 1815-1818

3475 Bürgermeister 1730-1847

3476 Ratsverwandte (1686-) 1745-1847

3477 Stadtsekretär 1744-1834

3478 Gleichstellung der Stadtdiener mit „ehrlichen Leuten“ und anderen Stadteinwohnern 1754-1755

3479 Justiz 1774-1834

Enthält u. a.: Führung des Abschriftenprotokolls und Neuordnung des Archivs, 1834

3480 Kirche (1625-) 1733-1814

Enthält u. a.: Patronatsrecht (mit zahlreichen Abschriften älterer Dokumente), 1733; Nachlässe der in Wilster verstorbenen Prediger, Kirchen- und Schulbediensteten, 1733-1751

3481 Pastor 1733-1801

3482 Archidiakon (1661-) 1734-1839

3483 Diakon 1732-1847

3485 Kirchenbau, Kirchengebäude und Kirchengüter (1765-) 1769-1832

3486 Mährische Brüder 1740-1762
Enthält u. a.: Kommssion zur Untersuchung der anlässlich von Zusammenkünften der Mährischen Brüder entstandenen Irrungen

3487 Kontributionspflicht der Reformierten 1735

3488 Juden 1816-1840

3489 Schule 1742-1846
Darin: Grundrisse des Hauses des Etatsrats Michelsen, 1818

3490 Rektor der Schule 1745-1842

3491 Kollaborator an der Stadtschule (1822-) 1829
Enthält: Schulbedienung des Kollaborators Heinrich Greve; Ansetzung zur Gagen- und Akzidentiensteuer

3492 Armenwesen 1786-1838

3493 Handel und Schifffahrt (1607-) 1768-1789, 1828-1833
Enthält: Holztransport auf der Stör, 1769; Gebühren für die Justierung und Stempelung der nach Norwegen zu versendenen Branntweingefäße, 1789; Aufhebung des Privilegs für den Ratsweinkeller und Freigabe des Bier- und Weinausschanks, 1833

3494 Fabriken 1830-1834
Enthält u. a.: Tabakfabrik

3495 Handwerker und Privilegierte 1790-1817
Enthält: unerlaubter Handel mit Flachs des Einwohners Peter Hansen auf der Langenreihe im Amt Steinburg 1791; Beschwerden über den Handel der Landleute des Kirchspiels Wilster, 1791; Bestätigung der Artikel der Ämter, 1817

3496 Bäcker, Barbier und Chirurg, Böttcher, Brauer und Branntweinbrenner, Goldschmied, Leinweber, Maurer, Mehlhändler, Musikant, Orgelbauer, Rademacher, Schlachter, Schmied, Schneider, Schuster, Tischler und Zimmerer (1648-) 1730-1845

3497 Post und Rollfuhren (1677-) 1754-1794
Enthält: Streitigkeiten zwischen Wilster und Itzehoe wegen der Benutzung von Mietfuhren durch Itzehoe und die Heiligenstedtener Brücke, 1754; Vorschlag zur Errichtung einer Fuhrleutezunft, 1779; Besetzung der Stelle eines Postboten, 1794

3498 Apotheker 1742-1842

3499 Hebammen 1782-1831

Enthält: Gehalt für die Hebamme, 1782; Bezahlung der Lehrkosten der Hebamme Anna Elsabe Wohlers, 1793; Anstellung einer zweiten Hebamme, 1831

3500 Jahrmärkte und Wochenmärkte (1619-) 1750-1821

3501 Errichtung eines Lombards 1785-1794

3502 Sonstige Polizeiangelegenheiten 1736-1842

Enthält u. a.: Befreiung einiger Landleute von der Sabbatverordnung, 1736; Straßenpflasterung, 1798, 1800; Befreiung des Schützenkönigs von Abgaben, 1826; Regulativ für die Verwaltung der Polizei in der Stadt und den angrenzenden Landdistrikten, 1834, 1835; Bestätigung der Statuten der Spar- und Leihkasse, 1836; Bürgerkorps, 1842

Darin: Zeichnung der Brücke auf dem Kohlmarkt, 1817

3503 Stadtkasse 1776-1841

Enthält u. a.: Reglement für die ökonomische Verwaltung, 1832; Kosten von Brückenbauten

3504 Dezimationen (1598-) 1784-1799

3505 Einquartierung 1750-1791

Enthält u. a.: Einquartierungsreglement, 1751

3506 Haus- und Brandschoss (1720-) 1735-1836

3507 Befreiung von öffentlichen Ämtern 1753, 1820, 1824

Enthält: Chirurg Nicolaus Timmermann; Kaufmann Hinrich Meyer; Zimmermeister Claus Kuhrt

Stadt Itzehoe

3508 Privilegien (1638-) 1733-1846

3509 Regulierung der Differenzen zwischen den lübschen und klösterlichen Anteilen 1815-1823

3510 Untersuchung der Jurisdiktionsgrenzen zwischen der Stadt und dem Kloster Itzehoe sowie Jurisdiktionsverhältnisse des Hauses des Obersts von Leuenfeld 1740-1763

3511 Grenzen (1238-) 1779-1824
Enthält u. a.: Grenzvergleich zwischen der Stadt Itzehoe und der Herrschaft Breitenburg, 1779

3512 Bürgerrecht 1772-1837

3513 Einziehung des zweiten Konsulats und Verwendung der Einkünfte 1786-1790

3514 Neue Sporteltaxe 1747-1800

3515 Magistrat 1801-1835
Enthält u. a.: Entlassung des Ratsverwandten und Stadtsekretärs Rohlfs und verbesserte Einrichtung der Verwaltung, 1815

3516 Erster Bürgermeister 1728-1837

3517 Zweiter Bürgermeister 1740-1761

3518 Ratsverwandte (1685-) 1739-1801
Enthält u. a.: Wahlrecht des Magistrats (darunter Buch mit Niederschrift zweier Ratsbeliebungen von 1685 und 1693)

3519 Stadtsekretär 1732-1817

3520 Polizeimeister 1815-1844

3521 Auktionsverwalter 1742-1846

3522 Polizeidiener und Gerichtsdiener 1811-1842

3523 Justiz und Scharfrichter (1741-) 1749-1843

3524 Reformierte, Katholiken und Juden 1731-1824

3525 Schule 1755-1848

3526 Rektor und Kantor 1751-1838

3527 Nebenschulen 1731, 1790
Enthält: Konzession für Christian Streve zur Errichtung einer Privatschule; Vorschläge der Nebenschulmeister Marcus Armbrust und Carl Haase zur Verbesserung ihrer Einkünfte

3528 Armenwesen 1771-1846

3529 Handel und Schifffahrt (1753) 1754-1820

3530 Handel und Schifffahrt 1824-1846

3531 Handelsangelegenheiten 1760-1805

3532 Fabriken (1759-) 1766-1811

Enthält u. a.: Kalkbrennerei, 1766

Darin: Karte zur Kalkbrennerei zwischen Elmshorn und Avernsteden, 1766; Grundriss der Neustadt von Itzehoe und umliegender Gebiete, 1766; Grundriss eines Teils des Fleckens Uetersen, 1766; Karte von der Kalkbrennerei in Sankt Margarethen, 17666

3533 Handwerker und Privilegierte (1631-) 1761-1827

Enthält: Beschränkung der Anzahl der Handeltreibenden und Handwerker im klösterlichen Distrikt, 1761; Aufnahme von in der Herrschaft Breitenburg wohnenden Handwerker in die Zünfte der Stadt, 1792, 1827; Morgensprache der Zünfte, 1825

3534 Bäcker, Böttcher sowie Brauer und Branntweinbrenner 1730-1843

3535 Chirurg und Barbier 1732-1843

3536 Glaser sowie Hut- und Filzmacher (1710-) 1732-1843

3537 Krämer und Handeltreibende 1730-1841

3538 Maler, Maurer, Mehlhändler, Musikant, Pfeifenmacher, Perückenmacher und Rademacher 1732-1843

3539 Sattler (1700-) 1754-1766, 1821-1844

3540 Schlachter (1644-) 1741-1843

3541 Schmied (1729-) 1751-1844

3542 Schneider (1634-) 1746-1843

3543 Schuster (1632-) 1732-1843

3544 Tischler, Töpfer, Uhrmacher, Weber, Weinhändler, Beutler und Zimmerer (1700-) 1730-1847

3545 Post und Rollfuhren 1730-1778, 1814-1819

3546 Postmeister und Wagenmeister 1731-1810

3547 Landwirtschaft (1701-) 1781-1845
Enthält u. a.: Vorbeugung des Verfalls der Stadthölzung, 1781; Göttschescher Hof in Schmabek, 1796; Ablösung des zur Herrschaft Breitenburg gehörenden Mühlenzwangs, 1844

3548 Polizei 1770-1843
Enthält u. a.: Vorschlag zur Errichtung eines Polizeimeisterdienstes, 1770; Entwurf einer Marktordnung, 1816; Regulativ für die Verwaltung der Polizei, 1829; Verlegung des Frühjahrviehmarkts, 1843

3549 Apotheker (1728-) 1747-1847

3550 Regulierung von Hebammendistrikten 1828

3551 Brücken und Wege 1738-1739, 1793-1827
Enthält u. a.: Regulativ für die Straßenpflasterung (mit Vermessungsprotokoll über die Pflasterfläche jedes Einwohners), 1827

3552 Lombard 1741-1780

3553 Bürgermiliz 1802-1840

3554 Auftritt einer Schauspieltruppe und Tumulte 1798, 1821-1847

3555 Einquartierung 1757-1844

3556 Bestätigung des Dezimationsrechts (1751-) 1785

3557 Freihäuser 1730-1818

3558 Sonstige Kämmereiangelegenheiten 1756-1834
Enthält u. a.: Stadtkasse; Stadtrechnung; Kontribution; Überlassung und Kauf von Ländereien und Häusern

3559 Sonstige Kämmereiangelegenheiten 1734-1844
Enthält u. a.: Befreiung von öffentlichen Ämtern und Lasten; Kontribution; Einquartierung

Grafschaft Rantzau

3560 Grenzen 1747-1784

3561 Verfassung, Verwaltung und Jurisdiktion 1735-1811
Enthält u. a.: Ablieferung von Akten aus dem Archiv der Grafschaft Rantzau (mit Repertorium der im Archiv der Grafschaft befindlichen, seit 1731 entstandenen Akten), 1738; Abstellung von Mängeln in der Verfassung, 1739; Liquidation der außerordentlichen Lasten zwischen Elmshorn und den Landdistrikten der Grafschaft Rantzau sowie Barmstedt, 1811

3562 Administrator 1739, 1789-1838

3563 Untersuchung der Streitigkeiten zwischen Administrator Hennings und Amtsverwalter Thor Straten 1812-1816

3564 Amtsverwalter (1764-) 1769-1843

3565 Kirchspielvogt 1731-1841

3566 Gerichtsdiener, Polizeireiter, Dingvogt und Dorfvogt 1790-1845

3567 Befreiung von öffentlichen Ämtern 1819-1829

3568 Oberappellationsgericht (1655-) 1734-1821

3569 Räte des Oberappellationsgerichts (1707-) 1733-1799

3570 Sekretäre, Kanzlisten und Kopisten des Oberappellationsgerichts 1734-1799

3571 Ziviljustiz 1734-1811
Enthält u. a.: Sporteltaxe, 1770

3572 Kriminaljustiz 1744-1818
Enthält u. a.: Instandsetzung der Gefängnisse, 1744, 1810; Verfahren bei der Besichtigung und Sektion von Leichen, 1776

3573 Ernennung des Advokaten Paul Samuel Wegener zum Advokaten beim Kriminalgericht 1741-1742

3574 Scharfrichter 1732-1800

3580 Landphysikus 1758
Enthält: Aktenfragmente
Akten sind teilweise gedruckt in: K. Struve: Struensee und seine Beziehungen zu Elmshorn. In: Aus der engeren Heimat (1930), 5ff, besonders Nr. 5

3581 Provinzialchirurg 1774-1837

3582 Wege 1770-1846

3583 Sonstige Polizeiangelegenheiten 1739-1811
Enthält: Trauerverordnung, 1740; Maße und Gewichte, 1759; Verbot des Sammelns für Wettkontore, 1773; Einschärfung der Üppigkeitsverordnung, 1783; Abgabe für eine Tanzveranstaltung zugunsten der Armenkasse, 1811; Instruktion für die Schornsteinfeger

3584 Einquartierung 1737-1842
Enthält u. a.: Einquartierungslisten

8115 Briefe an die Deutsche Kanzlei 1738-1768
Enthält u. a.: Diakon in Herzhorn; Beamte; Kirchenangelegenheiten; Handwerk und Gewerbe; Physikat
Bemerkung: Ablieferung aus dem Reichsarchiv in Kopenhagen, 1936

Herrschaft Herzhorn mit Sommer- und Grönland

3585 Intendant 1766-1811

3586 Justiz 1735-1838
Enthält u. a.: Sporteltaxe, 1735; Entwurf einer Schuld- und Pfandprotokollordnung, 1838

3587 Beschränkung des Landhandwerks und Amtsgerechtigkeit der landsässigen Schuster in den Städten 1736-1738

3588 Befreiung vom Magazinkorn und von der Einquartierung sowie Beteiligung an den Feldpoststafetten 1808-1810, 1841

3589 Physikus und Hebammen sowie Mühlen (1766-) 1769, 1812, 1836
Enthält: Bestallung einer eigenen Hebamme, 1769; Verwaltung des Physikats durch Dr. Koch, Glückstadt, 1812; Wiederaufbau der Dückermühle in der Herrschaft Sommerland, 1836

3590 Befreiung von öffentlichen Ämtern und Lasten 1734-1771
Enthält: Kirchspielvogt und Landeschulze Lütje Mohr; Hinrich Piening, Grönland

Flecken Elmshorn

3591 Verfassung, Verwaltung und Jurisdiktion 1746-1767, 1811-1816
Enthält: Vereinigung von Elmshorn mit den Distrikten Vormstegen und Klostersande, 1757-1767; Fleckensgerechtigkeit für Horst, 1811; Behandlung von außerhalb wohnenden Eingesessenen als Fleckenseingesessene, 1816

3592 Fleckensbedienstete 1822-1848
Enthält: Verpflichtung der Nachtwächter zum Ausrufen am Tag auf dem Sandberg, 1824; Amt des Untervogts allgemein und Untervogt Lange, 1822-1848

3593 Gewerbeausübung in Überstegen und Klostersande sowie Buttermarkt in Vormstegen und Klostersande 1777, 1817-1822

3594 Bäcker, Böttcher, Knopfmacher, Krämer, Krüger, Maurer, Müller, Sattler und Riemer sowie Schlachter 1738-1847

3595 Schmied 1740-1845

3596 Schneider 1745-1845
Darin: zwei Siegel der Schneiderzunft

3597 Schuster und Lohgerber 1738-1846

3598 Tischler 1744-1843

3599 Zimmerer 1744-1767, 1805-1843

3600 Post und Rollfuhren 1737-1831
Enthält u. a.: Postmeister

3601 Medizinalwesen (1753-) 1762-1766, 1829
Enthält: Ausübung der medizinischen Praxis des Johann Theodor Meincke in der Grafschaft Rantzau, 1763; Aufsicht des Tierarztes Heinrich Sass über die Pferde auf dem Wochenmarkt in Elmshorn, 1829

3602 Apotheke 1737-1842

3603 Jahrmarkt 1736-1846

3604 Lombard 1755-1777, 1822-1823

3605 Schützengilde 1739, 1802
Enthält: Gewalttätigkeiten beim Vogelschießen; Tragen goldener Epauletten auf der Uniform

3606 Bewaffnung der Polizeibediensteten sowie Errichtung einer Spar- und Leihkasse 1803, 1834
Darin: Statuten der Spar- und Leihkasse, 1834

3607 Streitigkeiten wegen der Erhebung des Wegegeldes sowie Erhebung des Brücken- und Wegegeldes in Erbpacht durch den Kaufmann Claus Panje 1801, 1827-1828

3608 Einquartierung 1732, 1809-1815

3609 Ankauf eines Hauses durch die Kämmerei und Unterhaltung der Krückau 1832, 1846

3610 Militär (1832) 1836-1842
Enthält: Kostenerstattung für die Einrichtung eines Militärlazaretts; israelitisches Korps, 1842

Flecken Barmstedt

3611 Verfassung, Verwaltung und Jurisdiktion 1749-1783, 1841-1845
Enthält: Trennung des Fleckens vom Kirchspiel Barmstedt, 1754; Aufhebung eines Vergleichs mit dem Kirchspiel Barmstedt, 1783; Abänderung einer Bestimmung des Fleckensreglements zur Amtsdauer der Fleckensgevollmächtigten, 1841; Erweiterung der Fleckensgrenzen, 1845

3612 Beschwerde des Kirchspielvogts von Reck über den Administrator von Brandt (1772-) 1779-1780

3613 Auktionen 1770-1778

3614 Postbindung bei Warenlieferungen aus Hamburg 1774-1775

3615 Handwerker und Privilegierte 1736-1792

3616 Bäcker, Böttcher, Brauer, Maurer, Schmied, Schneider, Schuster, Tischler, Weißgerber und Zimmerer 1737-1843

3617 Befreiung von der Pflicht zur Annahme von Passierscheinen in Pinneberg 1770-1771

3618 Apotheke 1756-1842

3619 Wiedereinsetzung der Hebamme Elsabe Lübcke 1778

3620 Jahrmarkt 1749-1840

3621 Brandanstalten sowie Stempelpapierfreiheit für die Spar- und Leihkasse 1800, 1833-1834

3622 Einquartierung 1755-1762
Enthält u. a.: Einquartierungsreglement, 1762

Propstei Rantzau

Kirche

Kirche allgemein

3623 Konsistorium (1689-) 1743-1781, 1839-1840

3624 Propst 1737-1739, 1817-1821

3625 Kirchenvisitation 1783, 1822-1848

3626 Kirche: Allgemeines 1739-1817

3627 Beitrag der Katholiken in Elmshorn und Uetersen an die katholische Kirche in Glückstadt 1810

3628 Baptisten 1845
Enthält: Verweigerung der Taufe der Kinder von zwei Baptisten; Aufstellung der von Konferenzrat Lange ausgeliehenen Akten über die Übertragung einer für Dänemark erlassenen Verordnung hinsichtlich der Baptisten

3629 Juden 1730-1845

Einzelne Kirchspiele

3630 Kirchspiel Barmstedt: Allgemeines (1706-) 1731-1848
Enthält u. a.: Bauten

3631 Kirchspiel Barmstedt: Pastor 1741-1834

3632 Kirchspiel Barmstedt: Kompastor 1756-1846
Enthält u. a.: Bewerberverzeichnis, 1844

3633 Kirchspiel Barmstedt: Katechet 1740-1816

3634 Kirchspiel Barmstedt: Organist und Küster 1746-1840

3635 Kirchspiel Elmshorn: Allgemeines 1732-1843

3636 Kirchspiel Elmshorn: Hauptpastor 1737, 1816-1817

3637 Kirchspiel Elmshorn: Kompastor 1742-1830

3638 Kirchspiel Elmshorn: Katechet und Hospitalsprediger 1737-1836
Enthält: Bestallungen

3639 Kirchspiel Elmshorn: Katechet und Hospitalsprediger 1737-1742, 1815-1836

3640 Kirchspiel Elmshorn: Organist und Küster sowie Schulbedienstete 1760-1846
Enthält u. a.: Bewerberverzeichnis für die Stelle des Organisten, Küsters und Hauptknabenlehrers in Elmshorn, 1839

3641 Kirchspiel Hörnerkirchen: Allgemeines und Pastor 1748-1847
Darin: Grundriss und Profilskizze der Kirche, 1749

Schule

3642 Schule in der Propstei Rantzau: Allgemeines 1747-1816

3643 Schule in der Propstei Rantzau: einzelne Schuldistrikte 1742-1848

Armenwesen

3644 Armenwesen und Armenfälle in der Propstei Rantzau (1747-) 1762-1827

3645 Präbendenhaus in Elmshorn (1716-) 1726-1833

3646 Präbendisten und Verleihung von Präbenden im Präbendenhaus in Elmshorn 1734-1845

3647 Verwendung der Zinsen des Kluverschen Legats zum Bau und zur Erweiterung des Flammweger Armenhauses in Elmshorn 1793

Herrschaft Pinnberg mit dem Flecken Wedel, den Dörfern Spitzerdorf und Poppenbüttel, dem Gut Kaltenhof, den Lehngütern Peute und Müggenburg sowie den Gütern Veddel, Grevenhof und Wellingsbüttel

3648 Herrschaft Pinneberg mit Flecken Wedel: Grenzen 1736-1805
Enthält u. a.: Aufstellung aller Grenzstreitigkeiten der Herrschaft Pinneberg, 18. Jh.
Darin: Karte zur Grenzregulierung mit Hamburg bei Bilsen, 1772

3649 Herrschaft Pinneberg mit Flecken Wedel: Jurisdiktion 1779-1843
Enthält u. a.: Privilegien für den Hof Scharenkamp, 1827, 1843

3650 Herrschaft Pinneberg mit Flecken Wedel: Fleckensprivileg und Entwurf eines Regulativs für die Gemeindeverfassung von Pinneberg (1823-) 1826-1842
Darin: gedrucktes Regulativ für die Straßenunterhaltung in der Herrschaft Pinneberg, 1823

3651 Herrschaft Pinneberg mit Flecken Wedel: Verfassung, Verwaltung und Hoheit (1587-) 1744-1832
Enthält u. a.: Erbvergleich von 1641 zwischen König Christian IV. von Dänemark und Herzog Friedrich III. von Schleswig-Holstein-Gottorf wegen der Grafschaft Pinneberg, 1745; Ländereien der Herrschaft Pinneberg im Kirchspiel Jork des Herzogtums Bremen, 1748; Besitzrechte über den Anwachs beim Giesensand, 1748, 1749; Ansprüche des Grafenhauses von Limburg-Styrum auf die Grafschaft Pinneberg (mit Stammtafel der Grafen von Schaumburg seit Graf Justus I.), 1777; Ordnung des Archivs, 1784; Siegel der Landdrostei, 1791; Regulierung der Verhältnisse des Pagensandes, 1832; Erteilung der Fleckensgerechtigkeit; Fischerei in der Elbe

3652 Herrschaft Pinneberg mit Flecken Wedel: Auseinandersetzungen zwischen dem Landdrosten und dem Amtsverwalter über die Verwaltung der Justiz (1691-) 1741-1746

3653 Herrschaft Pinneberg mit Flecken Wedel: Amts- und Justizbedienstete allgemein und Landdrost 1748-1837

3654 Herrschaft Pinneberg mit Flecken Wedel: Amtsverwalter (1723-) 1742, 1781-1798

3655 Herrschaft Pinneberg mit Flecken Wedel: Aktuar, Gerichts- und Landnotar, Auktionsverwalter und Fiskal 1730-1851
Enthält u. a.: Bewerberverzeichnis auf verschiedene Stellen, 1848
Darin: Druckschrift des Advokaten J. C. Huwald, Uetersen, über die Gewerbefreiheit und Gewerbeordnung, 1834

3656 Herrschaft Pinneberg mit Flecken Wedel: sonstige Bedienstete 1731-1843

Enthält auch: Befreiung des Mühlenpächters Conrad Barthold Abel, Wedel, von der Übernahme öffentlicher Ämter, 1773

3657 Herrschaft Pinneberg mit Flecken Wedel: Pinnebergisches und Altonaer Oberappellationsgericht 1732-1773, 1804

3659 Herrschaft Pinneberg mit Flecken Wedel: Justiz allgemein und Ziviljustiz (1705-) 1733-1846

Enthält u. a.: Einrichtung eines neuen Schuld- und Pfandprotokolls, 1788

3658 Herrschaft Pinneberg mit Flecken Wedel: Mitglieder des Oberappellationsgerichts 1736-1756

3660 Herrschaft Pinneberg mit Flecken Wedel: Kriminaljustiz (1731-) 1735-1839

3661 Herrschaft Pinneberg mit Flecken Wedel: Amtswärter und Halbmeister sowie Gefangenenwärter 1732-1757, 1805-1833

3662 Herrschaft Pinneberg mit Flecken Wedel: Handwerker und Privilegierte 1745-1823

3663 Herrschaft Pinneberg mit Flecken Wedel: Bäcker 1746-1775, 1816-1836

3664 Herrschaft Pinneberg mit Flecken Wedel: Brauer und Branntweinbrenner (1705-) 1740-1836

Enthält u. a.: Streitigkeiten der Brauerzunft in Altona mit den Landbrauern in der Herrschaft Pinneberg, 1747-1775

3665 Herrschaft Pinneberg mit Flecken Wedel: Hausierer, Höker, Maurer, Müller, Musikant, Schiffbauer, Schlachter, Schmied, Schneider, Schuster, Tischler, Töpfer und Zimmerer 1737-1845

3666 Herrschaft Pinneberg mit Flecken Wedel: Fabriken 1765-1841

3667 Herrschaft Pinneberg mit Flecken Wedel: Mühlen 1738-1831

3668 Herrschaft Pinneberg mit Flecken Wedel: Landwirtschaft 1732-1839

3669 Herrschaft Pinneberg mit Flecken Wedel: Aufhebung der Zollabhandlung mit der Amtsvogtei Uetersen (1777-) 1782-1785

3670 Herrschaft Pinneberg mit Flecken Wedel: Forst und Jagd sowie Moore 1736-1798

3671 Herrschaft Pinneberg mit Flecken Wedel: Fuhren
Enthält u. a.: Fuhrstreitigkeiten in Holm, 1796 (1635) 1792-1801, 1842

3672 Herrschaft Pinneberg mit Flecken Wedel: sonstige Kämmereiangelegenheiten 1788-1796, 1840-1841
Enthält: Notat zur Amtsrechnung von 1788; Beteiligung der Privatzubauern an den Landkassengelder, 1796; Behandlung nicht eintreibbarer Zivilbrücheposten, 1841

3673 Herrschaft Pinneberg mit Flecken Wedel: Post und Postmeister 1736-1841
Enthält u. a.: Fährgeld für den Transport der hamburgisch-holländischen Post über die Elbe bei Blankenese, 1776, 1781

3674 Herrschaft Pinneberg mit Flecken Wedel: Wege (1715-) 1761-1844

3675 Herrschaft Pinneberg mit Flecken Wedel: Medizinalwesen 1738-1816
Enthält: Auftreten von Seuchen, 1738, 1759; Vorschlag zur besseren Unterstützung von Kranken, 1775; Anschaffung von Krankenbettstellen in den Dörfern, 1816

3676 Herrschaft Pinneberg mit Flecken Wedel: Wasserheilanstalt in Blankenese 1845-1846

3677 Herrschaft Pinneberg mit Flecken Wedel: Physikus und Landchirurg 1769-1847

3678 Herrschaft Pinneberg mit Flecken Wedel: Apotheker (1720-) 1732-1845

3679 Herrschaft Pinneberg mit Flecken Wedel: Hebammen 1766-1778, 1809-1810

3680 Herrschaft Pinneberg mit Flecken Wedel: Brandgilden 1731-1747

3681 Herrschaft Pinneberg mit Flecken Wedel: Jahrmärkte und Wochenmärkte 1731-1848

3682 Herrschaft Pinneberg mit Flecken Wedel: Maße und Gewichte 1733-1773

3683 Herrschaft Pinneberg mit Flecken Wedel: sonstige Polizeiangelegenheiten 1743-1835
Enthält u. a.: Reparatur des Rolands in Wedel, 1834; Instruktion für die Polizeireiter, 1799; Veranstaltungen; Bettelei; Nachtwächter

3686 Herrschaft Pinneberg mit Flecken Wedel: Kämmerei 1758-1845
Enthält u. a.: Einquartierung

3687 Herrschaft Pinneberg mit Flecken Wedel: privilegierte Höfe (1771-) 1777-1842

3688 Dörfer Spitzerdorf und Poppenbüttel: Allgemeines (1538-) 1732-1770
Enthält u. a.: Streitigkeiten mit dem Domkapitel in Hamburg, 1732

3689 Dörfer Spitzerdorf und Poppenbüttel: Allgemeines 1779-1815

3690 Dörfer Spitzerdorf und Poppenbüttel: spezielle Angelegenheiten 1734-1815

3691 Gut Kaltenhof: Forderung der Kopfsteuer von Hamburg und Verkauf der Elbinsel Kaltenhof (1674-) 1766-1771

3692 Lehngüter Peute und Müggenburg (1724-) 1731-1782
Enthält u. a.: Lehnbriefe

3693 Güter Veddel und Grevenhof 1735-1765
Enthält u. a.: Streitigkeiten des Magistrats in Hamburg mit dem Generalpächter von Veddel Rohde wegen der Schlammgelder, 1742

3695 Gut Wellingsbüttel: Prozess der Regierung in Glückstadt mit dem Landsassen und Pächter Freiherr von Kurtzrock wegen behaupteter Reichsunmittelbarkeit (1649-) 1790-1806
Enthält u. a.: Verzeichnisse von 1688 aus dem Archiv in Glückstadt gelieferten Akten

Flecken Uetersen

3696 Bäcker, Böttcher, Drechsler, Hausierer, Maler, Maurer, Mehlhändler, Sägemüller, Schlachter, Schmied und Schneider 1732-1843

3697 Schuster und Lohgerber, Tischler, Töpfer und Zimmerer 1738-1843
Enthält auch: allgemeine Bestimmungen für Handwerker und Privilegierte, 1774-1818

3698 Postmeister 1732-1797

Enthält: Vergütung für den Posthalter zur Anstellung eines Boten, 1732, 1744; Bestallungen für Rudolph Hinrich Greve und Gottlieb Christian Heinrich Alers zu Postmeistern, 1792, 1797

3699 Praktischer Mediziner und Hebammen (1775) 1776-1794

Enthält: Ausübung der medizinischen und chirurgischen Praxis durch Andreas Hinrich Schäfer, 1777; Ansetzung der Hebamme Christina Telgern als Hebamme in den Distrikten Neuendeich, Rosengarten und Schadendorf, 1794

3700 Apotheker (1759-) 1767-1842

3701 Jahrmärkte 1766-1845

3702 Schützengilde 1748-1749

Enthält: Privileg zum Vogelschießen; Belassung der Vogelstange an ihrem bisherigen Ort

3703 Tumult wegen Kornmangels 1795-1796

3704 Kämmerei (1730-) 1762-1794

Enthält: Beitrag des Dorfes Lohe zu den Lasten des Fleckens Uetersen, 1777 (u. a. mit Verzeichnis der Zahlungen der Klosterhufner in Uetersen, 1730); Befreiung von Kopfsteuer und Kontribution bei Konkursen, 1786; Mitteilung des Gesuchs der Hauersleute um Anweisung eines Moorplatzes, 1794

3705 Einquartierung 1758-1766

3706 Befreiung von öffentlichen Ämtern und Lasten 1740-1763

Propstei Pinneberg

Kirche

Kirche allgemein

3707 Propst (1717-) 1737-1769, 1837-1838

3708 Erhöhung der Einkünfte und des Gehalts des Konsistorialboten (1802) 1803, 1841-1845

3709 Kirchenvisitationsberichte 1738-1846

3710 Kirche: Allgemeines (1705) 1741-1843

3711 Baptisten 1846-1848
Enthält: Generalkirchenvisitation von 1845 (mit tabellarischer Übersicht); Gesuch des Fabrikbesitzers Johann Adam Mahr, Pinneberg, um Abstellung der polizeilichen Verfolgung und des Gewissenzwangs

3712 Juden (1812) 1813-1847

Einzelne Kirchspiele

3713 Kirchspiel Eppendorf: Allgemeines 1746-1793

3714 Kirchspiel Eppendorf: Pastor, Organist, Küster und Kirchspielschulmeister 1747-1768

3715 Kirchspiel Herzhorn: Allgemeines 1739-1848

3716 Kirchspiel Haselau: Pastor 1755-1840
Enthält u. a.: Bewerberverzeichnis, 1826

3717 Kirchspiel Haseldorf: Allgemeines, Pastor und Schulmeister (1732-) 1737-1824

3718 Kirchspiel Hetlinger Schanze: Allgemeines und Pastor 1733-1768

3719 Kirchspiel Niendorf: Allgemeines und Pastor (1761-) 1769-1846
Enthält u. a.: Bewerberverzeichnis, 1825

3720 Kirchspiel Nienstedten: Trennung der Eingesessenen von Finkenwerder von der Kirche in Nienstedten 1714-1771

3721 Kirchspiel Nienstedten: Allgemeines 1748-1847
Enthält u. a.: Bauten

3722 Kirchspiel Nienstedten: Pastor 1751-1842
Enthält u. a.: Bewerberverzeichnis, 1830

3723 Kirchspiel Quickborn: Allgemeines 1799-1844

3724 Kirchspiel Quickborn: Pastor 1730-1831
Enthält u. a.: Bewerberverzeichnis, 1830

3725 Kirchspiel Rellingen: Allgemeines 1729-1847
Enthält u. a.: Kirchenbau, 1750-1754

3726 Kirchspiel Rellingen: Pastor und Kompastor 1760-1844
Enthält u. a.: Bewerberverzeichnis für das zweite Kompastorat, 1824

3727 Kirchspiel Rellingen: Organist, Küster und Schulmeister
Enthält u. a.: Bewerberverzeichnis, 1840 (1700-) 1737-1840

3728 Kirchspiel Seester: Allgemeines 1735-1742, 1836-1844
Enthält u. a.: Bauten

3729 Kirchspiel Seester: Pastor 1735-1775, 1826-1836

3730 Kirchspiel Uetersen: Allgemeines (1725-) 1731-1843
Enthält u. a.: Bauten
Darin: Grundriss der Kirche, 1754

3731 Kirchspiel Uetersen: Pastor, Diakon und Organist 1750-1835

Schule

3734 Schule in der Propstei Pinneberg: Allgemeines 1736-1845
Enthält u. a.: Schulverordnung, 1736

3735 Schulen in der Propstei Pinneberg: Appen, Avenlohe, Blankenese, Dockenhuden, Eckholz, Eppendorf, Hainholz, Halstenbek, Harksheide, Herzhorn, Hohenrade, Holm, Hummelsbüttel, Klein-Flottbek, Kummerfeld, Moorrege, Nordende, Neumühlen, Niendorf, Nienstedten, Othmarschen, Pinneberg, Poppenbüttel, Quickborn, Rellingen, Renzel, Schenefeld, Seester, Süldorf und Wedel 1732-1848
Darin: Druckschrift über das Erziehungsinstitut in Klein-Flottbek, 1841

3736 Schulen im Kirchspiel Uetersen 1735-1832
Enthält u. a.: Streitigkeiten des Schulmeisters Simon Johann Wage, Nordende, mit der Gemeinde wegen rückständiger Schulgelder, 1735-1749

3737 Schulen in Veddel und Spitzerdorf 1755-1847

Armenwesen

3738 Armenwesen in der Propstei Pinneberg 1744-1846
Enthält u. a.: Bau von Armenhäusern

Stadt Altona

Verfassung, Verwaltung, Privilegien, Grenzen, Jurisdiktion, Bürgerrecht

3739 Jubiläum von 1764, Titulatur und Privilegien 1764-1817
Enthält u. a.: Titulatur Altonas in der Korrespondenz mit Hamburg, 1806

3740 Ausbau der abgebrannten Stadt und Vorschläge zu ihrer Wiederaufhelfung (1706-) 1737-1769
Darin: zwei Grundrisse, 1752

3741 Grenzen und Jurisdiktion 1734-1848

3742 Niederlassung von Fremden 1736-1789

3743 Kommissionsakten über die Beschwerden Altonas gegen Hamburg (1700-) 1736-1738, 1791

3744 Stadtverfassung (1669-) 1734-1825

3745 Palaisbau 1737-1758

3746 Bürgerrecht 1732-1848

3948 Grundriss und Prospekt der Stadt, Geburtstagsfeier für König Christian VI. von Dänemark, Anwesenheit des Herzogs von Mecklenburg-Schwerin und Souveränitätsjubiläum 1737-1760

Präsidentur

3747 Oberpräsident 1731-1847

3748 Präsident 1712, 1731-1752

Magistrat und Stadtbedienstete

3749 Magistrat 1732-1846

3750 Anträge und Streitigkeiten des Ratsverwandten Lempfert 1827-1829

3751 Bürgermeister 1731-1839

3752 Ratsverwandte 1732-1841

3753 Syndikus und Stadtsekretär allgemein 1736, 1826-1848

3754 Syndikus und Stadtsekretär 1731-1845

3755 Gerichtsdiener 1744-1847

3756 Kämmereibürger und Kämmereibedienstete allgemein (1703-) 1816-1846

3757 Stadtbedienstete 1768, 1816-1818
Enthält: Eid, 1768; Verfahren bei der Wahl nicht genehmer Personen zu öffentlichen Ämtern, 1818

3758 Auktionsverwalter 1733-1845

3759 Stadtbaumeister 1730-1848

3760 Fiskal 1731-1834

3761 Hochzeits- und Leichenbitter (1732-) 1755-1762

3762 Kämmerer, Kämmereischreiber und Kämmereibote 1734-1846

3763 Differenzen über die Verwaltung von Wechselangelegenheiten 1829

3764 Kassierer der Soldaten-Gassenreinigungs- und Nachtrufergelder 1737-1756

3765 Spritzenmeister Nicolaus Thormählen 1755-1763

3766 Stadtvogt 1734-1762, 1800

3767 Stadtmünzprüfer und Medailleur 1742-1767

3768 Wasserschout 1755-1766, 1811-1847

3769 Viehschreiber und Marktvogt 1826
Enthält: Anstellung des Tierarztes Eggert Bielenberg, Altona

3770 Gehalt des Steuersammlers 1826-1841

3771 Diensteinkünfte der Akzisevögte Johann Nicolaus Paulsen und Johann Heinrich Delfenthal 1835-1836

Justiz

3772 Niedergericht 1739-1767, 1809

3773 Advokaten und Notare allgemein 1730-1843
Bemerkung: Bestallungen und andere Personalangelegenheiten in Abt. 65.2 Nr. 170

3774 Justiz allgemein und Ziviljustiz 1745-1847
Enthält u. a.: Erbschaften; Vormundschaften; Testamente (u. a. Behandlung jüdischer Testamente, 1795-1828)

3775 Schuld- und Konkurswesen (1715-) 1736-1845

3776 Wechselwesen 1750-1846

3777 Verfügungen zur Justiz allgemein, zur Ziviljustiz und zum Zivilprozess 1738-1843

3778 Kriminaljustiz 1736-1846

3779 Scharfrichter in Altona und der Herrschaft Pinneberg 1730-1838
Enthält u. a.: Befugnis als Abdecker, 1832

Kirche

Lutherische Hauptkirche

3780 Konsistorium (1718-) 1738-1841
Enthält u. a.: Jurisdiktion über die Prediger sowie die Kirchen- und Schulbediensteten, 1759

3781 Kirchenvistiationsberichte der Propstei Altona 1841-1846
Enthält: Kirchenvisitationen 1839 und 1845

3782 Lutherische Hauptkirche in Altona: Allgemeines 1731-1847

3783 Propst und Hauptpastor 1736-1845

3784 Erster und zweiter Kompastor und Pastoradjunkt 1731-1841

3785 Organist (1734-) 1737-1832

3786 Oberküster (1733-) 1735-1842

3787 Kantor 1734-1835

3788 Totengräber 1748-1765, 1817

3789 Kirche, Kirchengebäude und Kirchengüter 1731-1847
Enthält u. a.: Bau der neuen lutherischen Kirche, 1742-1748

Fremde Religionsverwandte

3790 Fremde Religionsverwandte in Altona: Allgemeines
1746-1759, 1830-1831

3791 Deutsche und Französische reformierte Gemeine in Altona: Allgemeines (1732-) 1735-1755, 1818-1846

3792 Deutsche reformierte Gemeinde in Altona 1734-1845
Enthält u. a.: Bestallungen von Predigern

3793 Französische reformierte Gemeinde in Altona: Allgemeines
1744-1767, 1818
Enthält: Streitigkeiten zwischen der Reformierten Gemeinde in Hamburg und in Altona um deren Trennung, 1744-1762; Bestätigungen der Privilegien

3795 Französische reformierte Gemeinde in Altona: Differenzen zwischen der deutschen und französischen Gemeinde wegen des Begräbnisses des Kanzleirats Tomloo (1686-) 1733-1763

3794 Französische reformierte Gemeinde in Altona: Prediger 1760-1816

3796 Französische reformierte Gemeinde in Altona: Kirchengüter und Kirchenkapitalien 1738-1778, 1819-1820
Enthält u. a.: Differenzen im Konsistorium der Gemeinde über Verfahrensfragen, 1767

3797 Katholiken in Altona: Allgemeines 1735-1844

3798 Mennoniten in Altona: Allgemeines 1732-1845

3799 Separatisten in Altona 1747-1767
Enthält u. a.: Bestimmungen zu Taufe und Heiraten; Glaubensbekenntnis

3800 Sozinianer in Altona: freie Ausübung ihrer Religion 1771

3801 Herrnhuter in Altona (1763-) 1798-1839
Enthält: Konzession zum Bau einer Kirche, 1798; Einrichtung eines Predigtraums, 1810; Umschreiben neu erbauter Kirchengebäude auf den Namen der Brüdergemeine in Christiansfeld, 1814; Erwerb eines Grundstücks, 1839

3802 Hochdeutsche Juden in Altona: Verfassung und Privilegien (1667-) 1730-1848

3803 Hochdeutsche Juden in Altona: Justiz (1723-) 1733-1836

3804 Hochdeutsche Juden in Altona: Handel, Handwerk und Gewerbe 1732-1844

3805 Hochdeutsche Juden in Altona: Handel, Handwerk und Gewerbe
Enthält: Gesuche um Konzessionen und Privilegien 1743-1845

3806 Hochdeutsche Juden in Altona: Schlachter (1712-) 1731-1840
Enthält u. a.: Briefe in hebräischer Sprache

3807 Hochdeutsche Juden in Altona: Oberrabbiner 1756-1835
Enthält u. a.: Streitigkeiten zwischen den jüdischen Gemeinden in Altona und Hamburg wegen der Wahl des Oberrabbiners, 1776; Jurisdiktion über die Juden in Moisling, 1787

3808 Hochdeutsche Juden in Altona: Streitigkeiten in der jüdischen Gemeinde wegen der Amulette des Oberrabbiners Eybeschütz (1742-) 1752-1756

3809 Hochdeutsche Juden in Altona: gottesdienstliche Gebäude und Plätze 1745-1813

3810 Hochdeutsche Juden in Altona: sonstige Angelegenheiten 1738-1844
Enthält u. a.: Beschwerden über die Zustände bei Justiz und Finanzen in der jüdischen Gemeinde, 1787; Denunziation wegen Unfugs der Nebenältesten in der Synagoge, 1789; Aufhebung eines von der jüdischen Gemeinde in Wandsbek gegen die Ältesten der Gemeinde in Altona verfügten Banns, 1811; Ankauf von Häusern und Grundstücken; Streitfälle; Konzessionen

3811 Hochdeutsche Juden in Altona: sonstige Angelegenheiten 1845-1848
Enthält u. a.: Vorschlag zur Errichtung eines Rabbinerseminars, 1847; Niederlassungsgesuche; Armenangelegenheiten

3812 Portugiesische Juden in Altona 1761-1847
Enthält u. a.: Privilegien, 1771; Konzessionen

Schule

3813 Schule 1791-1844
Enthält u. a.: Konstituierung des Schulkollegiums, 1791, 1792; Sonntagsschule, 1805; Schulverfassung und Kontrolle des Schulbesuchs, 1832; Stiftung des Bürgermeisters Baur, 1834; Gehalt und Einkünfte der Lehrer
Darin: Druckschrift von G. A. Salchow und C. H. Detleffsen über Grundsätze des Unterrichts ihrer Lehr- und Pensionsanstalt in Altona, 1805

Ehe

3814 Ehewesen 1723-1836

Handel und Schifffahrt

3815 Handel und Schifffahrt 1734-1810
Enthält u. a.: Befreiung der Kaufmannswaren aus Altona vom Strandrecht, 1739; Kommerzkollegium, 1740-1779; Abfassung einer Fallitenordnung, 1786; Missbräuche bei Auktionen von fremden Fabrik- und Manufakturwaren, 1794; Waren aus England in Altona (mit Verzeichnis), 1807
Darin: Druckschrift über das öffentliche Ausrufen von Fabrikwaren, Hamburg 1767

3816 Handel und Schifffahrt 1810-1847
Enthält u. a.: Zuständigkeit des dänischen Konsulats in Hamburg für Schiffer aus Altona, 1819; Verfahren bei der Bestallung von Schifferalter und Schiffstaxatoren, 1819; Befreiung von Auktionen von Kaufmannswaren von Auktionsabgaben, 1824; Transport und Einfuhr von Branntwein, 1837

3817 Heringskompanie 1766-1815

3818 Privilegien für einzelne Handelszweige 1735-1760, 1845
Enthält: Klipp- und Steinkalkhandel aus Norwegen, 1735-1760; Heringspackerei, 1738; Kommissionskontor, 1845

3819 Species-Giro- und Leihbank 1776-1787

3820 Seehandel 1734-1846

3821 Makler (1734-) 1737-1838

3822 Hafen 1739-1844

Post und Rollfuhren

3823 Jurisdiktionsverhältnisse der Postmeister 1761-1762

3824 Konvention mit dem Reichserbpostminister Fürst von Thurn und Taxiss wegen besserer Beförderung der Reichspost in die dänischen Staaten sowie Untersuchung mit dem kaiserlichen und einigen deutschen Höfen wegen Verbesserung des Reichspostwesens (1760) 1761-1763

3825 Vorschläge zur besseren Einrichtung des Postwesens 1747-1765

3826 Post 1763-1841

3827 Postmeister 1739-1803

3828 Litzenbrüder 1742-1747

3829 Rollfuhren (1715-) 1730-1847
Enthält u. a.: Bestätigung der Fuhrrolle, 1730

Fabriken und Manufakturen

3830 Fabriken 1756-1844
Enthält u. a.: Aufstellung von Fabriken in Altona, 1756; Zollfreiheit

3831 Amidamfabrik 1758-1761
Enthält: Privileg für Georg Hinrich Otte und Nicolaus Kelting, Altona, zur Anlage einer Amidamsfabrik, 1759; Anlage einer Amidamsfabrik in Ottensen oder Neumühlen durch Johann Behrmann, Altona, 1761

3832 Fayencefabrik 1800-1802
Enthält: Differenzen zwischen der Töpferzunft und dem Fabrikanten Johann Hinrich Mewe

3833 Bleiweiß- und Bleizuckerfabrik 1811-1812
Enthält: Bleieinfuhr des Fabrikanten Bernhard Andreas Limpricht, Altona

3834 Verstoß der Leimsieder Franz Hinrich Meyer in Altona und Peter Adriansen in Oevelgönne gegen die Artikel der Leimsiederkompanie (1713-) 1734-1740

3835 Ölmühle und Korndampfmühle 1768-1769, 1830-1832
Enthält: Konzessionen für Ölmühlen, 1768, 1769; Anlage einer Korndampfmühle durch den Kämmereibürger und Müller Beyerstedt, Altona, 1832

3836 Privilegien der Rauchleder- und Korduanfabrik 1752-1767

3837 Kaffasamt- und Platwerkfabrik 1733-1779
Enthält u. a.: Bestätigung der Amtsgerechtigkeiten und Innungsartikel, 1734; Beschwerden über das Samtmacheramt in Hamburg, 1744; Konzessionen

3838 Privilegien der Seidenfabrik 1734-1746

3839 Seifenfabrik 1767-1768, 1810
Enthält: Konzession für die Kaufleute Jacob Linnich und Sohn, 1768; Verschickung der Seifen der Witwe und Seifenfabrikantin Willink auf kleinen Ewern sowie ihre Einfuhr von Kalk und Ton aus Uetersen, 1810

3840 Spiegel- und Möbelfabrik 1785-1841
Enthält: Spiegel- und Möbelfabrik von Johann Jacob und Johann Friedrich Köster, 1785-1795, 1841; Anlage einer Möbelfabrik durch den Tischlermeister Johann Detlef Harms, Altona, 1794

3841 Tabakfabrik 1731-1765, 1830-1835
Enthält: Privileg für den Tabakfabrikanten Johann Faller zum Gebrauch eines eigenen Stempels und zum Verkauf englischen Tabaks, 1732; Gebrauch eines Firmenzeichens des Fabrikanten Hinrich Hein, 1765; Übertragung von Privilegien zur Tabakfabrikation auf die Kaufleute Georg Nicolaus und Heinrich Knauer, 1835

3842 Zuckersiederei 1750, 1810-1811
Enthält: Verhalten des Magistrats von Hamburg beim Verkauf einer Zuckerladung in Altona, 1750; Zuckereinfuhr des Fabrikanten Herwig aus Brasilien oder den Vereinigten Staaten von Amerika, 1810; Fristenreglung für die Ausfuhr von Kolonialwaren nach Hamburg, 1811

3843 Zwillichfabrik (1729-) 1731-1735
Enthält: Privilegien für den Fabrikanten Franz Joachim Augustin

Handwerk und Zünfte

3844 Handwerk und Zünfte 1737-1846

3845 Bäcker 1730-1846

3847 Böttcher und Küper 1734-1840

3849 Brauer (1719-) 1730-1757, 1818-1827

3850 Buchbinder 1780-1843

3851 Drechsler 1734-1843

3852 Fuhrleute 1785-1786, 1824-1843

3853 Glaser (1816-) 1824-1843
Enthält: Bestätigung von Beschlüssen zum Meisterrecht und zur Haltung von Lehrjungen im Glaseramt, 1825, 1833; Bestätigung der Amtsartikel des Glaseramts, 1843

3854 Goldschmied 1707-1843
Enthält u. a.: Siegel der Goldschmiedeämter in Hamburg, Lübeck und Bremen, 1742 (fol. 18-20)

3855 Hutmacher und Filzmacher 1739-1847
Enthält: Zunftartikel, 1847

3856 Klempner und Blechschläger 1773-1776, 1836-1843

3857 Korbmacher 1823-1843
Enthält: Bestätigung der Zunftartikel, 1824, 1843; Hausieren fremder Korbmacher auf Märkten, 1831;

3858 Krämer (1726-) 1734-1837

3859 Kupferschmied 1760-1768, 1808-1843

3860 Leinweber (1642-) 1755-1843

3861 Lohgerber 1737-1843

3862 Maler 1756-1846

3863 Maurer 1730-1848

3864 Müller 1755-1840

3865 Musikant (1727-) 1731-1842

3866 Perückenmacher und Friseur 1751-1802

3867 Posamentier und Schnurmacher 1734-1796

3868 Sademacher 1753-1843

3869 Reepschläger und Seiler 1784-1785, 1820-1841
Enthält: Errichtung einer Zunft, 1785; Verbot der Anlage einer Seilerei durch die hochdeutsche jüdische Gemeinde in Altona, 1821; Errichtung einer Seilerzunft, 1841

3870 Sattler und Riemer 1840-1845
Enthält: Errichtung einer Zunft, 1841; Differenzen mit den Wagenfabrikanten, 1845

3871 Schlachter (1638-) 1735-1848

3872 Schankgerechtigkeit 1825-1845
Enthält: Verlängerung der Verträge für die Pächter des Ratsweinkellers Johann Georg Hackius und Franz Heinrich Wilhelm Eckhardt

3873 Schlosser oder Kleinschmied (1747) 1767, 1818-1841
Enthält: Bestätigung von Privilegien

3874 Grobschmied 1733-1767, 1818-1845

3875 Schneider (1708-) 1730-1846

3876 Schornsteinfeger 1719-1843
Enthält u. a.: Artikel der Schornsteinfegerzunft in Altona, Kiel, Plön, Lübeck, Lüneburg und Ratzeburg, 1719-1823

3877 Schuster 1734-1846

3878 Steinhauer 1802-1829

3879 Tischler (1723-) 1732-1843

3880 Töpfer 1731-1843

3881 Wagenfabrikant 1843-1847
Enthält: Wagenfabrikant Johann Friedrich Ludolph Röhe, Altona; Wagenfabrikant Wilhelm Carsten Carl Knupper, Altona; Schmiedemeister Heinrich Matthias Friedrich Röhe, Altona; Schmiedemeister Johann Wilhelm Küchler, Altona

3882 Wein- und Bierausschank 1651-1807
Enthält u. a.: Weinhändler und Ratskellermeister, 1651-1807; Bierschank, 1829; Französischer Hof, 1731-1833; Rüterscher Hof, 1736-1767; Lorenz Langermanns und Lehnert Dolks Hof, 1731

3883 Hauszimmerer 1730-1848

3884 Schiffszimmerer 1743-1776

8116 Schiffszimmerer 1785, 1800-1846

3885 Bildhauer, Blei-, Kupfer- und Schieferdecker, Färber, Holzsäger, Koch, Kupferdrucker sowie Holz- und Formschneider, Nagelschmied, Pulveraufbewahrer, Uhrgehäusemacher, Uhrmacher, Weber, Tapetenfabrikant und Zeltmacher 1730-1845

Polizei

Polizei

3886 Polizeimeister und Polizeidirektor 1736-1846 (1863)
Enthält u. a.: Polizeidirektor Johann Peter Willebrandt, 1754-1767

3887 Polizeikommissar, Polizeiassistent, Polizeidiener sowie Gassen- und Armenvogt 1736-1844

3888 Polizeiregistraturen und Manuskripte des Polizeidirektors Willebrandt 1759-1766

Medizinalwesen

3890 Physikus in Altona, der Herrschaft Pinneberg und der Grafschaft Rantzau (1705-) 1732-1840

3891 Praktischer Arzt 1736-1809

3892 Händler von Medikamenten und Essenzen 1765-1817

3893 Apotheker 1731-1846

3894 Hebammen 1793-1842
Enthält: Berichterstattung über den Zustand der Hebammenanstalt, 1793-1802; Konzession für die Hebamme Charlotte Savina Witt, 1808; Verteilung der Hebammenverordnung an die Hebammen, 1842

3895 Chirurg, Bader und Barbier 1739-1846

3896 Krankenhaus 1758-1847
Enthält u. a.: Errichtung des Krankenhauses, 1760; Verbindung des Krankenhauses mit der Hebammenanstalt und Verleihung eines Apothekerprivilegs für das Krankenhaus, 1779
Darin: Grundriss eines Flügels des Zucht- und Werkhauses, 1759

3897 Seuchen 1708-1771
Enthält: Mandate mit Maßnahmen gegen Seuchen und Viehseuchen, 1708, 1732, 1746; pestverdächtige Schiffe, 1748, 1758, 1771; Beendigung der Quarantäne, 1750

3898 Entbindungsanstalt 1812-1834

Armenwesen und Waisen

3899 Armen- und Waisenhausstiftung 1721-1795, 1827-1834

3900 Aufhebung des Waisenhauses und Reorganisation des Volksschulwesens (1834-) 1847-1847

3901 Streitigkeiten mit dem Grafen von Reventlow wegen der Armen- und Waisenhausstiftung und Übertragung der Stiftung an die Stadt
Enthält u. a.: Verzeichnis der Unterstützungsempfänger 1733-1738

3902 Streitigkeiten mit dem Grafen von Reventlow wegen der Armen- und Waisenhausstiftung und Übertragung der Stiftung an die Stadt 1738-1744

3909 Sonstige Armenangelegenheiten 1737-1847

Enthält u. a.: Beschwerden über die Verwaltung des Armenwesens, 1737; Abstellung von Missbräuchen im Armenwesen, 1752; Errichtung einer Findelschule, 1770; Entwurf einer verbesserten Einrichtung des Armenwesens, 1795; Anstalt des Justizrats Lawaetz zur Unterstützung bei Krankheit (Friedrichs-Krankenanstalt), 1803; Verwendung von Geldern für den Bau einer Armen- und Freischule, 1840; Erlaubnis für Gastwirte in Altona und Ottensen zur Veranstaltung eines wöchentlichen Tanzabends ohne Abgabe an die Armenkasse, 1847; Angelegenheiten der Armenkasse

Sonstige Polizeiangelegenheiten

3910 Lombard sowie Privilegien für das Adresskontor und das Adressbuch 1733-1842

3911 Brandwesen 1750-1848

Enthält u. a.: Anlage von Dampfmühlen, 1838, 1843; Beaufsichtigung feuergefährlicher Fabrikanlagen, 1846

3915 Öffentliche Sicherheit 1744-1848

Enthält u. a.: Maßnahmen gegen Räuberei, Diebstähle und nächtliche Exzesse sowie Anordnung einer Patrouille, 1744-1748; Verwahrung bissiger Hunde, 1765; Gassenbeleuchtung, 1791; militärische Sicherheitsmaßnahmen, 1799; Behandlung verdächtiger oder liederlicher Personen; Bettelwesen

3916 Märkte 1743-1821

3917 Märkte 1813-1846

8117 Haltung eines vierten Jahrmarkts sowie Zulassung von Landhandwerkern und Landkrämern auf den städtischen Märkten 1828-1840

3918 Verkauf der Lebensmittel 1742-1765

Enthält: Fischer; Verkauf von Milch

3919 Hebung von Brüchen durch den Polizeidirektor Willebrandt in den Jahren 1760 und 1761 (1761-) 1766

3920 Polizeiangelegenheiten 1727-1847
Enthält u. a.: Trauerordnung, 1729-1737; unrichtige Messgefäße, 1775; Freihaltung der Straßen, Plätze und der sogenannten Vorrechte der Häuser, 1798; Vorrechte und Begünstigungen für das Unterstützungsinstitut, 1800; Verpachtung der Stadtwaage, 1830; Errichtung einer Lebensversicherungsanstalt, 1839; Einführung einer Kontrolle über die Dienstboten, 1845; Bestätigung der Statuten der zum Kauf und zum Unterhalt des Schauspielhauses gegründeten Aktiengesellschaft, 1845; Kündigungstermine für Wohnungs- und Dienstbotenwechsel, 1846
Darin: Grundriss der Plätze, Straßen und Vorrechte am Holz- und Schiffshafen, 1798

3921 Schützengilde 1730-1767, 1803-1843

3922 Totengilden 1732-1767, 1832
Darin: gedruckte Statuten von Totenbrüderschaften, 1737-1759; gedruckte Artikel des Beerdigungsvereins, 1831

3923 Aufhebung der Jungfernlade und Verteilung der Gelder (1749) 1761
Enthält u. a.: Verzeichnis der Interessentinnen
Darin: gedruckte Artikel, 1749

3924 Konzession des Carsten Wahn in Altona für alle Leichen- und Trauerfuhren 1793

3925 Öffentliche Lustbarkeiten 1765-1842
Enthält u. a.: Maskeraden

3926 Stadtmiliz 1746-1831
Enthält u. a.: Einrichtung einer Bürgerwache, 1748

3927 Bürgerkompanien und Bürgerbewaffnung 1734-1845

3928 Bürgerkompanien und Bürgerbewaffnung 1808-1847

3929 Ernennung von Mitgliedern der Justizdirektion des Lottos 1837

3930 Stadtlotterie 1767-1771

3931 Tumulte (1741-) 1749-1795, 1827-1834
Enthält u. a.: Stürmung des Hauses des Schlachters Christian Lantz während einer Feier von nordamerikanischen Schiffern zum 300. Jahrestag der Entdeckung Amerikas, 1794; Tumult anlässlich des Aufsteigens eines Luftballons, 1786; Tumulte vom 24. Juli 1827 infolge des angeblichen Todes eines Jungen durch die Prügelstrafe

Kämmerei

3932 Stadtkasse 1736-1815

3933 Stadtkasse (1708-) 1815-1848

3934 Dezimationen (1744-) 1750-1820

3935 Streitigkeiten mit Anna Hopfengarten wegen ihres an die Stadt verkauften Hauses und der Reeperbahn in der Palmaille (1643-) 1732-1743

3936 Streitigkeiten um den Rolandshof (Rolandsburg) (1667-) 1751-1752

3937 Streitangelegenheit mit den Brüdern van der Smissen wegen Abtretung ihrer Alleen 1759-1760
Darin: Zeichnung einer geschmückten Allee, 1759

3938 Städtische Bauplätze und Gebäude (1729-) 1745-1847
Darin: Grundriss eines Bauplatzes an der Großen Gärtnerstraße und Friedrichstraße, 1840

3939 Einquartierung 1736-1798

3940 Einquartierung 1798-1847

3941 Kasernen (1780) 1799-1832
Darin: Grundriss von Altona, 1780; Lageplan der neuen Kaserne, 1804

3942 Befreiung von bürgerlichen Abgaben und Lasten (1651-) 1724-1831

3943 Baufreiheit 1730-1761, 1844-1845

3944 Einzelne Bauprivilegien 1707-1848
Darin: Zeichnung mit Vorderansicht der Häuser von Johann Dolck und Brigitta Ettlerin, 1734

3945 Bürgerliche Ämter 1747-1787

3946 Befreiung von bürgerlichen Ämtern 1731-1847

Militär

3947 Einführung der See-Enrollierung 1804-1815

Neumühlen und Övelgönne

3949 Handel und Hafen 1734-1748
Darin: Plan für ein Schiffsdock und eine Schiffswerft, 1734

3950 Bäcker, Barbier, Chirurg, Leimkocher, Schuster und Tischler (1735-) 1741-1834

Ottensen mit Neumühlen, Övelgönne, Othmarschen und Bahrenfeld

3951 Verwaltung, Jurisdiktion und Justiz 1732-1846

3952 Kirchspiel Ottensen: Kirche (1736-) 1738-1821

3953 Kirchspiel Ottensen: Pastor 1731-1846

3954 Kirchspiel Ottensen: Nachmittagsprediger 1743-1836

3955 Kirchspiel Ottensen: Anstellung des Organisten Gottlieb Wilhelm Pape (1734-) 1738

3956 Kirchspiel Ottensen: Übertragung der Küster- und Schulhalterstelle auf den Sohn der Witwe des Küsters und Schulhalters Johann Hinrich Bremer 1762-1763

3957 Kirchspiel Ottensen: Kirchenjuraten 1764-1765, 1790-1791
Enthält: Befreiung des Lizentiaten Wordenhoff, Hamburg, vom Amt des Kirchenjuraten; Befreiung des Müllers Carl Jochim Lehmkuhl, Oevelgönne, vom Amt eines Kirchenjuraten

3958 Kirchspiel Ottensen: Kirche, Kirchengebäude und Kirchenmittel 1732-1848
Enthält u. a.: Einweihung der neu erbauten Christianskirche, 1738; Pastoratsscheune, 1754; Kirchenstände, 1738-1771
Darin: Grundriss und Ansicht der Pastoratsscheune, 1754

3959 Kirchspiel Ottensen: Juden 1805, 1836-1841
Enthält: Erweiterung des Begräbnisplatzes der jüdischen Gemeinde in Hamburg bei Ottensen, 1805; Erwerb von Immoblien in Ottensen, 1841

3960 Kirchspiel Ottensen: Schule 1738-1838

3961 Kirchspiel Ottensen: Ehewesen 1768
Enthält: Abschaffung der Trauscheine für Helgoländer bei Heiraten in Ottensen

3962 Handwerker und Privilegierte 1770-1845
Enthält u. a.: Zichorienfabrik in Neumühlen, 1842

3963 Apotheker sowie Chirurg und Barbier 1763-1764, 1841
Enthält: Chirurg Friedrich Ferdinand Lembeke, Ottensen, 1764; Konzession des Chirurgen Daniel Jacob Ludwig Vogler, 1841

3964 Verteilung des Exulantenalmosens 1766-1767

3965 Wirtshäuser 1732-1745, 1798
Enthält: Verbot des Einsatzes von Musikanten durch Wirte in Ottensen und Neumühlen, 1732; Erlaubnis zum Musizieren in den Schenken am Sonntag nach dem Gottesdienst, 1745; Festmahl beim Gastwirt Rainville zur Feier der Französischen Revolution, 1798

3966 Instandsetzung der Straßen sowie Einteilung der Wegestrecken in Ottensen und Neumühlen 1785, 1825-1833

3967 Verlegung von Märkten 1827-1831

3968 Polizei 1837, 1846
Enthält: Maskerade des Gastwirts Cesar Rainville, Ottensen, 1837; Dienstbücher der Dienstboten, 1846

3969 Landwirtschaft 1750-1788, 1837
Enthält: Ausweisung eines Landstücks, 1750; Viehtränke im Mühlenteich, 1780; Zwangsmühle in Rolandsburg, 1788; Mitteilung des Gesuchs der Witwe Sophia Maria Fischer um Interpretation der Privilegien für ihren Hof in Ottensen, 1837

3970 Kämmerei 1760-1831
Enthält: Befreiung vom Verbittelsgeld und bürgerlichen Ämtern, 1760, 1764; Dezimationen, 1800; Berichtigung der Abgaben in Ottensen durch die Amtsstube in Pinneberg, 1831

3971 Einquartierung 1749-1807

3972 Privilegierte Häuser, Lusthöfe und Gärten (1669-) 1741-1844
Enthält u. a.: Originalprivilegien des Schlafenhofs, 1669-1731

Stadt Lütjenburg

3973 Verwaltung, Grenzen und Bürgerrecht 1758-1786, 1839-1844
Enthält u. a.: Amtsführung des verstorbenen Bürgermeisters Faber, 1786; Grenzregulierung mit Gut Neudorf, 1785

3974 Magistrat, Stadtbedienstete und bürgerliche Ämter 1737-1804
Enthält u. a.: Recht des Königs auf Besetzung des Stadtsekretariats, 1739; Ausleihe eines Kodex des lübschen Rechts aus dem Stadtarchiv, 1749; Beschwerden über den Magistrat, 1739-1795

3975 Bürgermeister 1749-1836

3976 Ratsverwandte 1750-1845

3994 Kammerangelegenheiten 1783-1810, 1827
Enthält u. a.: Führung der Extrasteuerregister und Hebung der Kopfsteuer durch einen befähigten Bürger, 1783; Unrichtigkeiten in den Stadtrechnungen und Gesuch des Revisors Daniel Christian Haberkorn um Beendigung seiner Tätigkeit, 1810; Erlass der Kontribution für den abgebrannten Teil der Stadt, 1827

3995 Post und Rollfuhren 1735-1763, 1802-1819
Enthält u. a.: Konzession einer Fuhrrolle, 1736; Entwurf eines neuen Fuhrreglements, 1819; Bestallungen von Wagenmeistern und Postmeistern

3996 Mühlen 1755-1782, 1844-1845
Enthält: Konzession für den Zimmermeister Hans Giese zur Anlage einer holländischen Graupenmühle, 1756; Verhältnis der Stadt Lütjenburg zur Mühle in Helmstorf, 1782, 1845

3997 Ökonomie 1767-1768, 1804-1805
Enthält: Weidegerechtigkeit der halben Häuser, 1767; Jagd auf dem Stadtfeld, 1768; Austausch von Bürgermeisterland auf der Galgenkoppel, 1805

3998 Physikus 1769-1823

3999 Chirurg 1741-1768
Enthält: Chirurg Giesebrecht, 1742; Beschwerden der Chirurgen Johann Bredefeld und Friedrich Hahn wegen Eingriffen des Scharfrichters und anderer empirisch tätiger Mediziner in ihre Befugnisse, 1768

4000 Apotheker 1739-1842

4001 Sonstige Polizeiangelegenheiten (1744) 1753-1842
Enthält u. a.: Gelder für die Anschaffung einer Feuerspritze, 1753; Reglement für die Stadtwaage, 1778; Kommissionsuntersuchung über einen Tumult, 1826; Bestätigung der Statuten der Spar- und Leihkasse, 1831; Märkte

4002 Kämmerei 1777-1831
Enthält u. a.: Genehmigung des bisherigen Kontributionsverfahrens, 1778, 1780; Verfügung zu den Pachtverträgen über Stadtländereien, 1778; Verkauf von Stadtländereien, 1785; Regulierung des Schuldenwesens, 1823-1827; Beiträge für den abgebrannten Teil der Stadt, 1827; Regulativ für das Hebungswesen, 1826; Beteiligung von Tagelöhnern und Dienstboten an der Nahrungssteuer, 1831

4003 Stadtkasse, Stadtrechnung und sonstige Kämmereiangelegenheiten 1750-1846
Enthält u. a.: Befreiung des Pächters des Gutes Rosenhof Albrecht Hinrich Krüger von bürgerlichen Ämtern, 1759; Hebungsregister der Stadtrechnung (mit Beilagen), 1813; Ausweisung von Gartenparzellen aus den nicht verteilten Grundstücken der Weidegemeinheit, 1831; Genehmigung von städtischen Ausgaben

4004 Stadtkassierer 1757-1778, 1829-1830

Stadt Heiligenhafen

4005 Privileg von 1491 auf den alleinigen Handel der Stadt im umliegenden Land Oldenburg (1652-) 1749-1767
Enthält u. a.: Aufhebung; Verstöße

4006 Bürgerrecht 1782-1836

4007 Magistrat (1725-) 1734-1846
Enthält u. a.: Gebührenverzeichnis, 1846

4008 Bürgermeister und Stadtsekretär 1732-1837

4009 Ratsverwandte 1742-1846

4010 Befreiung des Bürgers Hans Jürgen Appel vom Amt des Deputierten Bürgers und Entlassung des Schiffers Peter Kock aus dem Deputiertenkollegium 1809, 1840

4011 Zulage für den Stadtkassierer Müller und Ersatz des Stadtkassierers Franck für weggefallene Einnahmen 1781, 1841

4012 Ratsdiener 1810-1829

4013 Beihilfe an den Hafenvogt Peter Karck für die Hausmiete 1782

4014 Justiz 1753-1846
Enthält u. a.: Einrichtung eines Schuld- und Pfandprotokolls, 1804

4015 Kirchenvisitation 1740-1741, 1766
Enthält: Kirchenvisitationsbericht für 1740; Bitte um königliche Resolutionen wegen einiger Punkte bei der Kirchenvisitation in Heiligenhafen, Großenbrode und Lütjenburg, 1766

4016 Stadtkirche 1742-1843
Enthält u. a.: Wiederherstellung des Totengeläuts, 1742, 1757; Beitrag zum Abbau der Kirchenschulden aus der Stadtkasse, 1803; Vereinigung des Diakonats mit dem Rektorat und Regulierung der Geschäfte des Predigers, 1811; Differenz mit den eingepfarrten Dörfern wegen Beteiligung am Unterhalt der Häuser der Kirchen- und Schulbediensteten, 1835

4017 Hauptpastor 1734-1840
Enthält u. a.: Bewerberverzeichnis, 1827; Bau eines Hauptpastoratsgebäudes, 1840

4018 Diakon 1762-1843

4019 Kirchengebäude und Kirchengüter 1747-1812

4020 Katholiken 1780-1797
Enthält: Niederlassung und Bürgerrecht für die Leinwandhändler Dietrich Egberg, Johann Jürgen Hülskramer und Hinrich Beck

4021 Juden 1787-1797, 1823-1841
Enthält: Niederlassungsgesuche

4022 Schule (1775) 1776-1846
Enthält u. a.: Genehmigung eines vorläufigen Schulregulativs, 1811

4023 Armenwesen 1775-1839

4024 Bäcker, Glaser und Klempner, Leinweber, Maurer, Musikant, Schmied, Tischler, Töpfer und Zimmerer (1731-) 1802-1847
Enthält auch: Konzession der Zunftartikel der Grob- und Kleinschmiede, Tischler, Schuster und Schneider, 1834; Entrichtung einer Gebühr bei Bestätigung der Amtsrollen, 1844

4025 Handel 1738-1836
Enthält u. a.: Hafengeld, 1744; Holzhandel des Besitzers der Graupenmühle bei Heiligenhafen, 1798; Verbesserung des Hafenwesens durch Einrichtung einer Hafen- und Brückenkommission, 1833; Einführung einer Wochenmarktordnung, 1835

4026 Zoll sowie Jagd auf dem Stadtfeld 1742-1784

4027 Post und Rollfuhren 1775-1814
Enthält u. a.: Bestallungen von Postmeistern

4028 Mühlen 1762-1783, 1840

4029 Aufteilung der Gemeinweide sowie Tausch und Verkauf von Ländereien 1780-1845

4030 Stadtarzt und Chirurg 1732-1826

4038 Kommission zur Untersuchung der Streitigkeiten zwischen Magistrat und Deputierten Bürgern 1748-1768

4039 Kämmerei 1741-1834
Enthält u. a.: Befreiung von bürgerlichen Ämtern; Baufreiheiten; Dezimationen

Ehemaliger großfürstlicher Distrikt im Allgemeinen

4041 Besitznahme durch den dänischen König (1767-) 1773

4048 Justiz allgemein und Ziviljustiz 1774-1836
Enthält u. a.: Einrichtung der Amtsarchive, 1830; Übertragung von Verordnungen

4049 Verfügungen für die Kriminaljustiz 1774-1794

4050 Generalsuperintendent 1774-1793

4051 Kirchenvisitation 1774-1827

4052 Kirche (1733-) 1774-1793
Enthält u. a.: Errichtung eines Unterkonsistoriums, 1777-1793

4053 Kirche 1804-1822
Enthält u. a.: Errichtung von Propsteien und Unterkonsistorien sowie Ermittlung des Gehalts des Propstes, 1805-1812; Witwenversorgung

4054 Befreiung vom Mindestalter zur Konfirmation 1774-1795
Enthält auch: Brüchezahlung für den ehemaligen Schlossprediger Balemann, Kiel, wegen versäumter Aussetzung des Beckens zugunsten des Zuchthauses in Neumünster, 1776; Zulassung von Haustaufen, 1778; Verkürzung der Frist zur Rechnungsabnahme, 1795

4055 Ehewesen 1774-1797
Enthält u. a.: Übertragung von Verordnungen

4056 Armenversorgung in den großfürstlichen und plönischen Distrikten (1814-) 1819-1821
Darin: gedrucktes Regulativ zur Verbesserung des Armenwesens im Kirchspiel Neumünster, 1814

4057 Handwerker und Privilegierte (1698-) 1774-1824

4058 Vorstellung des Magistrats von Oldenburg wegen des Hausierens fremder Händler außerhalb der Marktzeit 1777

4059 Post (1690-) 1774-1776
Enthält: Privilegien des Konferenzrats Johann Ludwig von Wedderkop, Kiel, für das Generalerbpostdirektorium; Verzicht von Wedderkops gegen eine Abfindung auf seine Konzession; Auslieferung von Briefschaften zum Postwesen durch von Wedderkop (mit Aktenverzeichnis, u. a. Liquidationsbuch des Präsidenten von Wedderkop, 1711); Regulierung der Auseinandersetzung zwischen den ehemaligen großfürstlichen und eutinischen Posten

4060 Allgemeine Bestimmungen für die Witwen- und Waisenkasse in Kiel 1774-1847

4061 Vorsteher, Sekretär, Aufwärter, Rechnungsführer und Arzt der Witwen- und Waisenkasse in Kiel 1774-1844

4062 Rechnungslegung der Witwen- und Waisenkasse in Kiel 1775-1846

4063 Zuschuss aus königlicher Kasse für die Witwen- und Waisenkasse in Kiel 1776-1843

4064 Einzelne Angelegenheiten der Witwen- und Waisenkasse in Kiel 1776-1847
Enthält: Pensions- und Unterstützungsgesuche; Verpflegung der Waisenkinder

4065 Einzelne Pensionen aus der Witwen- und Waisenkasse in Kiel 1775-1847

4066 Medizinalwesen (1768-) 1774-1780

Enthält: Generalphysikat der medizinischen Fakultät der Universität in Kiel; Übertragung der Medizinaltaxe und Visitation der Apotheken; Examen und Beeidigung der Chirurgen; Vorschlag zur Übertragung der Medizinalordnung
Darin: gedruckte Apothekertaxe für Kiel, 1768

4067 Wegebesichtigungen und neue Einrichtung der Wegeinspektion 1780-1783

4068 Polizei 1774-1825

Enthält u. a.: Übertragung von Verordnungen; Juden

4069 Kämmerei und Kammerangelegenheiten 1775-1794

Enthält u. a.: Schuldenzustand und Rechungswesen in Kiel, Oldenburg und Neustadt, 1775, 1778, 1794; Stempelpapier, 1785; Erlaubnis für den Etatsrat von Sixtel zum Bezug seiner Pension im Ausland und Übertragung seiner Aufgaben als Mitglied der Revisionskommission, 1794; Dezimationen

Amt Kiel mit Flecken Brunswik, Amt Bordesholm und Amt Kronshagen mit Ländchen Sachsenbande

4070 Verfassung, Verwaltung, Privilegien, Jurisdiktion und Grenzen 1774-1845

Enthält u. a.: Privileg für den Flecken Brunswik von 1728, 1778; Bestätigung des Land- und Marschrechts des Amtes Steinburg für das Ländchen Sachsenbande, 1794; historische Nachrichten und kurze Beschreibung des Ländchens Sachsenbande; Bestätigung von Privilegien; Grenz- und Jurisdiktionsregulierungen

8118 Vereinigung des Fleckens Brunswik mit der Stadt Kiel (1768-) 1788-1829

Enthält u. a.: Aufstellung der von den Dörfern des Amtes Kiel zu leistenden Diensten, 1768-1771

4071 Amtmann, Amtsschreiber, Amtsinspektor, Aktuar und Hausvogt 1774-1847

4072 Vogt in Sachsenbande 1824-1841

4073 Amtsvogt, Amtsbote und Polizeidiener 1827-1842

4074 Justiz 1785-1847

Enthält u. a.: Bestrafung des Fischdiebstahls im Amt Bordesholm, 1788; Einrichtung eines Schuld- und Pfandprotokolls für Sachsenbande, 1791; Zahl der Mitglieder des Dinggerichts im Amt Bordesholm und deren Diäten, 1803; Verfahren bei Auspfändungen im Amt Bordesholm, 1828; Einrichtung eines neuen Schuld- und Pfandprotokolls im Amt Kiel, 1834

4075 Privilegien des Scharfrichter- und Abdeckeramtes in den Ämtern Kiel und Hütten sowie in Eckernförde für Christian Albrecht Pickel in Kiel (1647-) 1830

4076 Handwerker und Privilegierte (1703-) 1774-1846

4077 Weigerung der Pächter des Hamburger Baums zur Beachtung der Vorschrift der Holz- und Jagdverordnung bezüglich des Holztransports 1782

4078 Bedenken gegen die Aufhebung der Festequalität in den Ämtern Kiel und Bordesholm 1783

4079 Fuhren 1777-1818

Enthält u. a.: Regulierung der Fuhren in den Ämtern Kiel und Bordesholm, 1777-1796; Fuhrpflichtigkeit und Fuhrreglement im Amt Kiel, 1818

4080 Kammerangelegenheiten 1793-1829

Enthält: Trennung der Kruggerechtigkeit vom Brauzwang im Amt Bordesholm, 1793; Hand- und Spanndienste beim Brückenbau in Schulenhof, 1796; Siel in der Landstraße zwischen Wellingdorf und Neumühlen, 1803; Einverleibung des durch Entwässerung des Moorseer Teichs gewonnenen Landes in die Dorfschaft Moorsee, 1829

4081 Landwirtschaft (1769-) 1774-1833

Enthält: Streitigkeiten zwischen den Amtsuntertanen in Ellerbek und den Untergehörigen des Gutes Schrevenborn wegen der Fischerei in der Kieler Förde, 1774; Beschwerde der Eingesessenen in Blumenthal wegen Wiesennutzung, 1783; Regulierung der Stauung des Schulensees, 1797; Beschwerde der Erbpächter in Kronshagen wegen einiger dem Erbpachtkontrakt widersprechender Neuerungen, 1801; Abfindung der Erbpächter in Bordesholm für ihre Weide- und Mastgerechtigkeiten in herrschaftlichen Hölzungen, 1816; Wassermühle in Neumühlen, 1814-1833

4082 Kämmerei 1807-1841

Enthält u. a.: Einquartierung; Erbpächter im Amt Bordesholm

4083 Wege 1774-1843

4084 Apotheke in Bordesholm 1838-1843

4085 Chirurg 1797-1838

4086 Diensteinkünfte der Hebamme Willen in Neumühlen und Befreiung der Dorfschaft Russee von der Pflicht zur Heranziehung der Hebamme in Suchsdorf 1809-1810, 1834

4087 Gilden (1739-) 1774-1848
Enthält u. a.: Bestätigung der Privilegien der Großen Schieß- und Brandgilde in Gaarden, 1774

4088 Beiträge zum Polizeiwesen 1779-1795
Enthält: Befreiung der Erbpächter in Kronshagen von Beiträgen zur Brandkasse und zur Armenkasse, 1780; Beiträge der Eingesessenen in Sprenge und Rumohrhütten zu den Kriminalkosten und den Polizeianstalten, 1795

4089 Sonstige Polizeiangelegenheiten (1782-) 1786-1820
Enthält u. a.: Verbot des Marionettenspiels im Flecken Brunswik, 1787; Anstellung eines Polizeireiters (mit Instruktion), 1804; Ankettung von Hunden, 1804; Errichtung einer Vogelstange am Weg von Kiel nach Düsternbrook, 1810; Medizinalangelegenheiten; Konzessionen für Glücksspiele

Amt und Flecken Neumünster

4091 Verfassung, Verwaltung, Jurisdiktion und Grenzen 1790-1848
Enthält u. a.: Verringerung der Mitgliederzahl des Fleckenskollegiums, 1792; Einverleibung der adligen Hufe in Gadeland in das Amt Neumünster, 1793; Grenzbesichtigung, 1799; Stadtrechte für Neumünster, 1848; Grenzregulierungen

4092 Amtmann und Amtsschreiber 1774-1848

4093 Amtsbote, Amtsverwalter, Polizeidiener, Hausvogt, Dingvogt und Fleckensvorsteher 1809-1848

4094 Justiz 1791-1824
Enthält u. a.: Einrichtung des Exekutions- und Pfändungswesens im Amt Neumünster, 1795; Verringerung der Anzahl der Holsten oder Beisitzer des Dinggerichts, 1796; Teilung von Kleidungsstücken verstorbener Eltern unter den Kindern, 1797; Bau eines Gefängnisses in Neumünster, 1824

4095 Kriminaljustiz und Scharfrichter (1774-) 1780-1840

Enthält u. a.: Vorschlag zum Bau eines neuen Arresthauses in Neumünster, 1800; Kosten einer Kriminaluntersuchung wegen Gewalttätigkeiten gegen Zollbedienstete und das Verhältnis des Hofes Brokenlande zum Amt Neumünster hinsichtlich des Beitrags zu den Kriminalkosten, 1840

4096 Handwerker und Privilegierte 1774-1837

Enthält u. a.: Handwerkerunruhen, 1774-1775

4097 Bäcker, Drechsler, Färber, Grützmüller, Höker, Krämer und Krüger, Lohgerber, Musikant, Maurer, Rademacher und Stellmacher, Sattler, Schornsteinfeger, Schmied, Schneider, Schuster, Tischler und Tabakfabrikant 1763-1844

4098 Leinweber und Tuchmacher (1739-) 1774-1843

4099 Weinhändler, Weber und Weißgerber (1773) 1774-1848

4100 Fuhrrolle, Fuhrgeld und Bestallungen von Postmeistern (1756-) 1774-1815

4101 Landwirtschaft (1777-) 1779-1836

Enthält u. a.: Verpflichtung der Fleckenseingesessenen zum Reinigen des Teichs der Kornwassermühle, 1780; Bestimmung des Gewichts einer Tonne Roggenmehls nach der Seeländischen Tonne, 1787; Landaustausch zwischen dem Amt Neumünster und dem Gut Erfrade, 1795; Prozessverfahren wegen der Erbstreitigkeiten über die Plambeckische Festehufe in Boostedt, 1802; Befugnis des Papiermüllers zum Lumpensammeln, 1831

4102 Forderung der Fuhren von den Rollfuhrleuten nach der Fuhrtaxe von 1759 1798

4103 Physikus 1776-1837

4104 Apotheker (1640-) 1774-1842

4105 Hebammen (1765-) 1796-1839

4106 Wege 1789-1846

4107 Märkte (1666-) 1792-1845

4108 Sonstige Polizeiangelegenheiten (1726-) 1774-1848

Enthält u. a.: Verwaltung der Polizei im Flecken Neumünster, 1848; Gilden

4109 Kämmerei 1776-1845
Enthält u. a.: Gefängnisstrafe für den ehemaligen Rechnungsführer des Fleckens Neumünster wegen Veruntreuung, 1776; Nahrungssteuer

4110 Einquartierung 1784-1795

Amt Cismar

4111 Verfassung von Grube und Grömitz 1776

4112 Amtmann, Amtsschreiber, Amtsvogt, Taxator und Amtspförtner
Enthält u. a.: Sporteltaxe für den Amtsschreiber, 1815 (1752-) 1788-1848

4113 Justiz 1794-1806, 1842-1846
Enthält u. a.: Befreiung einiger Besitzer von Parzellen des ehemaligen Vorwerks Körnick von förmlichen Kaufbriefen, 1806; Verbesserung der Einrichtung des Gefangenenhauses, 1843

4114 Handwerker und Privilegierte (1774-) 1781-1837
Enthält u. a.: Verzeichnis der Gewerbetreibenden im Amt Cismar, 1820

4115 Kammerangelegenheiten (1742-) 1777, 1811-1845
Enthält u. a.: Streitigkeiten mit der Stadt Neustadt wegen des Beitrags von ihren Ländereien im Amt Cismar zu den Fuhrleistungen, 1813; Kommunallasten; Zoll
Darin: gedrucktes Regulativ für die Verwaltung des Armenwesens in den Kirchspielen Grube und Grömitz, 1840

4116 Landwirtschaft (1776-) 1778-1831
Enthält: Streitigkeiten zwischen dem Gut Rosenhof und dem Amt Cismar wegen der Fischerei auf dem Gruber See, 1779; Plan eines Wasserableitungskanals aus dem Gruber See, 1818; Hauskollekte für die bei einem Brand in Grube Verunglückten, 1817; gesundheitliche Auswirkungen der Ausdünstungen des Gruber Sees, 1831

4117 Amts- und Distriktschirurg 1797-1828

4118 Hebammen 1785-1786, 1811-1828

4119 Apotheker 1808-1841

4120 Wege 1783-1787, 1830
Enthält: Bau eines Weges über die Erbpachtstelle des Hans Lampe (mit Zeichnungen), 1787; Errichtung eines Schlagbaums in Grömitz am Weg zum Strand und Erhebung von Baumgeld, 1831

4121 Sonstige Polizeiangelegenheiten 1802-1846
Enthält u. a.: Stempelpapierfreiheit der Spar- und Leihkasse, 1846; Polizeireiter; Märkte; Nachtwächter; Gehalt der Amtsunterbediensteten

4122 Einquartierung 1809-1829
Enthält: Erhöhung der Einkünfte für die Amtsvögte wegen der außerordentlichen Tätigkeiten während der Einquartierung, 1811; Verteilung von Einquartierungskosten, 1829

4123 Vergütung des Distriktsarztes für seine Anwesenheit auf den Landmilitärsessionen 1834

Amt Tremsbüttel

4124 Jurisdiktion und Grenzen 1776-1808

4125 Amtsbedienstete und Justiz 1777-1848

4126 Höker und Krüger, Schmied, Schneider und Tischler (1774-) 1833-1842

4127 Polizei (1748-) 1774-1836
Enthält u. a.: Gilden in Hammoor und Bargteheide; Medizinalangelegenheiten; loses Gesindel; Polizeireiter; Märkte

4128 Wege 1778-1827
Enthält u. a.: Reorganisation des Wegebaus in den stormarnschen Ämtern, 1828-1827

4129 Beteiligung des Hufners Hans Hinrich Wagener in Hammoor an den Kommunallasten 1830

Amt Trittau

4130 Verfassung, Jurisdiktion und Grenzen (1375-) 1773-1839
Enthält u. a.: Grenzstreitigkeiten der Ämter Reinbek und Trittau mit dem Gut Tangstedt und Hamburg, 1773; Vereinbarung der Ämter Reinbek und Trittau mit Hamburg zur Verhütung des Holzdiebstahls, 1799; Kommunalverhältnisse der Anbauern auf der Grander Heide, 1833

4131 Amtsbedienstete und Justiz 1774-1848
Enthält u. a.: Sporteltaxen

4132 Handwerker und Privilegierte (1698-) 1774-1848

4133 Post und Wege 1774-1848

4134 Physikus in den Ämtern Reinbek, Trittau und Tremsbüttel 1823-1845

4135 Apotheker (1815-) 1818-1847

4136 Hebammen (1775) 1776-1789, 1825-1826

4137 Jahrmärkte 1797, 1826-1843

4138 Kammerangelegenheiten 1786, 1833-1848
Enthält u. a.: Hufenverzeichnis der Dörfer des Amtes Trittau; Dezimationsfall zwischen dem Amt Trittau und dem Amt Steinhorst, 1786; Untersuchung gegen Forstbedienstete wegen Amtsvergehens, 1833; Ablieferung von Auktionsgeldern, 1838, 1848

4139 Einquartierung 1803-1828
Enthält: Verteilung der Kosten für ein in den Ämtern Reinbek und Trittau einquartiertes Husarenkommando, 1803; Quartiervergütung für einige Offiziere in den Jahren 1814 und 1815, 1826; Aufklärung über die Vergütung von Einquartierungskosten des Dorfes Trittau, 1828

4140 Landwirtschaft 1791-1847
Enthält u. a.: beabsichtigte Einrichtung eines neuen Dorfes unter dem Namen Hohenfelde, 1823

4141 Beteiligungspflicht des Hofbesitzers Busse in Lasbek als Besitzer eines privilegierten Hofs in Eichede an den dortigen Kommunallasten 1839-1841

Amt Reinbek

4142 Amtsbedienstete und Justiz 1777-1848

4143 Handwerker, Privilegierte und Jahrmärkte (1677-) 1786-1847

4144 Zoll 1774-1832
Enthält u. a.: Nachrichten vom Zoll in den großfürstlichen Ämtern Reinbek und Trittau

4145 Landwirtschaft 1777-1833
Enthält u. a.: Mühlen

4146 Beförderung der Briefe nach Hamburg durch den Polizeireiter 1805

4147 Kämmerei 1779-1845
Enthält: Gleichstellung der Kätner mit den Hufnern bei öffentlichen Leistungen, 1845; Einquartierung

4148 Verzeichnis der Hufner, Kätner und Brinksitzer in den Amtsdörfern [18. Jh.]

4149 Polizei 1778-1848
Enthält u. a.: Abgabenbefreiung von Eingesessenen in Steinbek wegen Brandschadens, 1779; Anstellung und Instruktion des Polizeireiters in den Ämtern Reinbek, Trittau und Tremsbüttel, 1802, 1805; Wege

4150 Apotheker 1800-1801,
Enthält: Konzession des Apothekers Adolph Ludwig Wilhelm Berends, Hamburg, für eine Apotheke in Sande, 1801; Konzession des Kandidaten der Pharmazie Johannes Emil Schröder, Kiel, für eine Apotheke in Reinbek oder Steinbek, 1841

4151 Privileg der Untergerichtsbarkeit und Befreiung von der Amtsjurisdiktion für den Hof Silk (1767) 1774

Propstei Kiel

Kirche

Kirche allgemein

4152 Kirchenvisitationsberichte 1814-1847

4153 Kirche in der Propstei Kiel: Allgemeines 1807-1831
Enthält u. a.: Einrichtung von Unterkonsistorien, 1811; Verwaltung der Geschäfte erledigter Predigerstellen, 1823

4154 Propst und Propsteibedienstete 1811-1817

4155 Juden 1809-1846

Einzelne Kirchspiele

4156 Kirchspiel Barkau: Hof Ovendorf 1766-1827

4157 Kirchspiel Barkau: Allgemeines 1816-1846
Enthält: Tausch von Pastoratsland (mit Zeichnung), 1816; Aufhebung des Kirchengerichts, 1821; Anträge von Eingesessenen auf Erlass von Bestimmungen zum Kirchenjuratenamt, 1839; Trennung von Parzellen in Boksee von der Kommune Moorsee und Einverleibung in die Kommune Boksee, 1846

4158 Kirchspiel Barkau: Pastor 1786-1844
Enthält u. a.: Bewerberverzeichnis, 1820

4159 Kirchspiel Bordesholm: Allgemeines, Kirche und Kirchengüter
Enthält u. a.: Bauten 1786-1847

4160 Kirchspiel Bordesholm: Pastor (1781-) 1783-1848

4161 Kirchspiel Brügge: Allgemeines und Kirchengüter 1795-1817
Enthält: Reparaturen, 1799, 1806; Bau eines Pastorats, 1815; Befreiung der Kirchenjuraten in Flintbek und Brügge vom Beitrag an die Reichsbank von den Pastoratsländereien, 1817

4162 Kirchspiel Brügge: Pastor 1794-1841

4163 Kirchspiel Elmschenhagen: Allgemeines 1794-1795, 1828-1829
Enthält: Abgabe an den ehemaligen Pastor Thiessen durch seinen Nachfolger, 1795; Abgaben an die Predigerwitwe, 1829

4164 Kirchspiel Flemhude: Kirchspielszugehörigkeit der Anbauern auf den Feldern des Meierhofs Schwarzenbek 1771-1776

4165 Kirchspiel Flemhude: Pastor (1730) 1731-1732, 1808-1839

4166 Kirchspiel Flintbek: Allgemeines 1774-1844

4167 Kirchspiel Flintbek: Pastor 1781-1833
Enthält u. a.: Bewerberverzeichnis, 1833

4168 Kirchspiel Großenaspe: Allgemeines, Kirche und Kirchengüter 1770-1848

4169 Kirchspiel Großenaspe: Pastor 1796-1845
Enthält u. a.: Bewerberverzeichnis, 1823

4170 Kirchspiel Probsteierhagen: Allgemeines 1790-1844

Enthält: Wahl des Kandidaten der Theologie Johann Georg Schmidt zum Pastor, 1790; Pension der Witwe des Pastors Chrysander, 1790; Anlage eines Begräbnisplatzes durch den Geheimen Konferenzrat von Blome in Hagen, 1811; Landabtretung für die Anlage eines Begräbnisplatzes, 1844

4171 Kirchspiel Lebrade: Pastor (1759-) 1834-1837

4172 Kirchspiel Neumünster: Allgemeines 1774-1841

Enthält u. a.: Streitigkeiten zwischen den Kirchenjuraten und dem Dorf Boostedt wegen der Kirchenhölzung „Pförtchen", 1791-1801

4173 Kirchspiel Neumünster: Kompastor und Küster 1777-1838

Schule

4178 Schulen in den Ämtern Kiel, Bordesholm und Kronshagen 1775-1847

4179 Schulen im Amt Neumünster 1773-1847

4180 Schule im Flecken Neumünster 1777-1847

4181 Schule im Flecken Neumünster: Rektor 1779-1837

4182 Schule im Flecken Neumünster: Schreib- und Rechenmeister 1786-1842

Armenwesen

4183 Armenwesen in den Ämtern Kiel, Bordesholm und Kronshagen 1806-1848

4184 Armenhaus in Bordesholm („Rotes Haus") (1676-) 1784-1785

Enthält: Überlassung eines Landstücks an den Insten Franz Friedrich Engburg und Einsendung von Dokumenten des Armenhauses

4185 Armenwesen im Amt und Flecken Neumünster 1778-1845

Propstei Oldenburg

Kirche

Kirche allgemein

4186 Generalkirchenvisitationsberichte 1819-1846

Einzelne Kirchspiele

4189 Kirchspiel Altenkrempe: Allgemeines 1760, 1831-1844
Enthält: Streitigkeiten zwischen dem Konferenzrat von Brockdorff und dem Domkapitel in Lübeck wegen eines im Kirchspiel Altenkrempe eingepfarrten Kapitelsdorfs, 1760; Abgabe an die Predigerwitwe, 1832; Anlage eines Begräbnisplatzes, 1834; Gebühr des Gutes Kniphagen für den Begräbnisplatz, 1841

4190 Kirchspiel Altenkrempe: Pastor 1756-1831

4191 Kirchspiel Blekendorf: Vergrößerung des Begräbnisplatzes 1843

4192 Kirchspiel Giekau: Allgemeines und Pastor 1792-1829

4193 Kirchspiel Grömitz: Allgemeines 1775-1847
Enthält u. a.: Bauten

4194 Kirchspiel Grömitz: Pastor 1785-1833

4195 Kirchspiel Großenbrode: Allgemeines 1776-1842
Enthält: Genehmigung des Regulativs für die Pastorenwahl, 1776; Vorschlag zur Verbesserung der Küster- und Schullehrerstelle, 1809; rückständige Konfirmationsgebühr des Pastors Dibbern, 1829; Zinsen von Armenlegaten in den Kirchenrechnungen, 1830; Abgabe an die Predigerwitwe, 1842

4196 Kirchspiel Großenbrode: Pastor 1746-1841

4197 Kirchspiel Grube: Allgemeines 1774-1847
Enthält u. a.: Bauten

4198 Kirchspiel Grube: Hauptpastor 1778-1838
Enthält u. a.: Bewerberverzeichnis, 1828

4199 Kirchspiel Grube: Kompastor 1780-1838
Enthält u. a.: Bewerberverzeichnis, 1829

4200 Kirchspiel Grube: Organist und Küster 1791-1843

4201 Kirchspiel Hansühn: Allgemeines und Pastor 1817-1844

4202 Kirchspiel Hohenstein: Allgemeines 1804-1841
Enthält: Vergleich zwischen der Kirche in Hohenstein und den Besitzern des Gutes Farve wegen der Pastoratsländereien, 1804-1806; Kirchenbauten, 1838; Landaustausch zur Vergrößerung des Kirchhofs, 1841

4203 Kirchspiel Lensahn: Allgemeines und Pastor 1790-1847

4204 Kirchspiel Neukirchen: Allgemeines und Pastor (1769-) 1771-1842
Enthält u. a.: Auszeichnung des Pastors Ross wegen seines Verhaltens während der Besetzung, 1815

4205 Kirchspiel Nüchel: Allgemeines und Pastor 1788-1847

4206 Kirchspiel Schönwalde: Allgemeines und Pastor 1779-1840

Schule

4207 Schulen in der Propstei Oldenburg 1767-1848

Armenwesen

4208 Armenwesen und Armenfälle in der Propstei Oldenburg 1774-1809

Propstei Stormarn

Kirche

Kirche allgemein

4209 Generalkirchenvisitationsberichte 1816-1847

4210 Kirche in der Propstei Stormarn: Allgemeines 1805-1834
Enthält u. a.: Errichtung eines Unterkonsistoriums, 1813; Vorschlag zur Verlegung des Marktplatzes in Trittau, 1816; Katechetenstelle und Distriktschule in Reinbek (mit Verzeichnis der schulpflichtigen Kinder), 1829

4211 Propst 1814-1827
Enthält: Ernennung des Christian Friedrich Berger zum Propst, 1813; Besetzung der Propstenstelle, 1827

4212 Besetzung einer durch die Entlassung des Pastors Schorer in Trittau freigewordenen Stelle im Unterkonsistorium 1847

4213 Juden (1664-) 1802-1847
Enthält u. a.: Bestätigung der Privilegien der jüdischen Gemeinde in Wandsbek, 1840

Einzelne Kirchspiele

4214 Kirchspiel Bargteheide: Allgemeines 1776-1844
Enthält u. a.: Bauten

4215 Kirchspiel Bargteheide: Pastor 1793-1847
Enthält u. a.: Bewerberverzeichnis, 1827

4216 Kirchspiel Ahrensburg oder Woldenhorn: Allgemeines und Pastor 1774-1833

4217 Kirchspiel Altrahlstedt: Allgemeines und Pastor 1774-1845
Enthält u. a.: Regulativ für die Verteilung der Kirchenanlagen in den Kirchspielen Siek und Alt-Rahlstedt, 1826; Bauten

4218 Kirchspiel Bergstedt: Allgemeines 1775-1838
Enthält u. a.: Bauten
Darin: Grundriss des Kirchhofs in Bergstedt und seiner geplanten Erweiterung, 1825

4219 Kirchspiel Bergstedt: Pastor 1793-1821
Enthält u. a.: Bewerberverzeichnis, 1821

4220 Kirchspiel Eichede: Allgemeines 1775-1840
Enthält u. a.: Bauten

4221 Kirchspiel Eichede: Pastor 1783-1827
Enthält u. a.: Bewerberverzeichnis, 1827

4222 Kirchspiel Reinbek: Schlosskapelle 1790-1834
Enthält u. a.: Ernennung der Katecheten

4223 Kirchspiel Siek: Allgemeines 1774-1843
Enthält u. a.: Bauten

4224 Kirchspiel Siek: Pastor 1786-1848

4225 Kirchspiel Steinbek: Allgemeines und Pastor 1776-1826
Enthält u. a.: Bewerberverzeichnis, 1823; Bauten
Darin: gedrucktes Regulativ für die Schulen in der Propstei Stormarn, 1817

4226 Kirchspiel Trittau: Allgemeines 1776-1847
Enthält u. a.: Bauten

4227 Kirchspiel Trittau: Pastor 1777-1846
Enthält u. a.: Entlassung des Pastors Schorer, 1845; Bewerberverzeichnis, 1846

4228 Kirchspiel Wandsbek: Allgemeines 1738-1846

4229 Kirchspiel Wandsbek: Pastor 1740-1833

4230 Kirchspiel Wandsbek: Organist und Küster 1745-1759

4231 Kirchspiel Wandsbek: Bestrafung des Tuchmachers Franz Sitter in Wandsbek wegen der katholischen Taufe seines Kindes in Altona 1779

4232 Kirchspiel Wandsbek: Juden 1740-1815

Schule

4233 Schulen in der Propstei Stormarn: Allgemeines 1804-1833

4234 Schulen in der Propstei Stormarn: einzelne Schulen 1769-1820

4235 Schulen in der Propstei Stormarn: einzelne Schulen 1820-1848

Armenwesen

4236 Armenwesen und Armenfälle in der Propstei Stormarn 1777-1842

Stadt Kiel

Verfassung, Verwaltung, Privilegien, Bürgerrecht und Jurisdiktion

4237 Verfassung, Verwaltung, Privilegien und Jurisdiktion (1765-) 1774-1845

Enthält: Bestätigung der Privilegien, 1774-1845; Beibringung von Strandungsattesten und Eigentum der Stadt Kiel an der Kieler Förde, 1827; Vorschläge des Professors Hegewisch zur Veränderung der Verfassung der Stadt, 1829; Übertragung der Jurisdiktion über ein Grundstück vom Amt Kiel an die Stadt Kiel, 1845

Oberpräsident, Magistrat, Stadtbedienstete und bürgerliche Kollegien

4238 Oberpräsident 1780-1814

4239 Magistrat und Stadtbedienstete 1760-1842

Enthält u. a.: Normativ über die innere Organsiation der städtischen Repräsentation und der Wahlen, 1834

Darin: gedruckte Kommissionsvorschläge über die allgemeine Bestimmung eines Status für das Kommunalwesen der Stadt Kiel, 1833

4240 Bürgerliche Kollegien 1775-1825

4241 Bürgermeister 1790-1844

4242 Ratsverwandte 1774-1842

4243 Syndikus (1792-) 1794-1844
Enthält u. a.: Vorgehen gegen die unregelmäßige Dienstführung des Syndikus Balemann, 1798

4244 Hausfreiheit des ehemaligen Stadtschreibers Christian August Tamsen und Gehaltszulage für den Stadtschreiber Wriedt (1793-) 1807-1811

4245 Tod des Feldvogts Reimers und Einstellung eines Aufsehers über die Stadtländereien 1833

4246 Ratsdiener (1739-) 1774-1843

4247 Aktuar beim Niedergericht 1783-1784, 1830-1844

4248 Gerichtsdiener 1804-1844

Justiz

4249 Justiz 1781-1826
Enthält u. a.: Beschwerden des Stadtschreibers Tamsen und der bürgerlichen Kollegien über verschiedene Punkte der Stadtverwaltung, 1795; Verfügungen zu den Auktionsgeldern, 1793, 1795

Kirche

4250 Sankt Nikolaikirche in Kiel: Allgemeines (1731-) 1767-1843
Enthält u. a.: Beschwerden der Prediger über Eingriffe in ihre Parochialgerechtsame, 1774-1776; Bestätigung der Artikel der Totenbeliebung in Kiel, 1827; Bauten; An- und Verkauf von Gebäuden und Ländereien

4251 Sankt Nikolaikirche in Kiel: Hauptpastor (1694-) 1778-1835
Enthält u. a.: Schreiben des Freiherrn Karl August von Wangenheim, Tübingen, an Claus Harms, 1811; Dankesschreiben des Claus Harms für seine Ernennung zum Hauptpastor und Kirchenpropst, 1835

4252 Sankt Nikolaikirche in Kiel: Archidiakon 1778-1835
Enthält u. a.: Ernennung des bisherigen Diakons in Lunden Claus Harms zum Archidiakon, 1816

4253 Sankt Nikolaikirche in Kiel: Diakon 1775-1838

4254 Sankt Nikolaikirche in Kiel: Küster und sonstige Kirchenbedienstete (1798-) 1806, 1833

Enthält: Haltung des Küsters Jansen von Kasselzeug und Brautputz für Landleute oder Konzession für Hökerei; Befreiung des Bälgentreters Johann Jacob Gabriel Bruhn von bürgerlichen Abgaben

4255 Kloster- und Garnisonskirche sowie Schlosskirche in Kiel: Allgemeines, Kirchengüter und Pastor (1530-) 1774-1843

Enthält u. a.: Legat der Emerentia von Buchwald für die Kloster- und Garnisonskirche, 1774; Abschrift des königlichen Donationsbriefs von 1530 für das graue Marienkloster, 1809

4256 Kloster- und Garnisonskirche sowie Schlosskirche in Kiel: Kantor 1777-1839

4257 Fremde Religionsverwandte in Kiel: Schildwache bei der Griechischen Kapelle 1783-1784

4258 Katholiken 1794-1846

4259 Erteilung des Abendmahls an Reformierte in der Sankt Nikolaikirche

Enthält u. a.: Bericht des Archidiakons Claus Harms 1818-1819

4260 Juden allgemein 1774-1803

4261 Einzelne Juden 1778-1844

Schule

4262 Schulen 1775-1843

Enthält u. a.: Instruktion für die Armen- oder Freischule, 1804; Aufbringung der Kosten zur Organisation des Bürgerschulwesens, 1828; Unterricht für die Kinder von Unteroffizieren der Garnison, 1843; Schule in der Vorstadt; Ankauf von Gebäuden; Anstellungsgesuche

Armenwesen

4263 Armenwesen (1327-) 1779-1841

Enthält u. a.: Schulunterricht der Soldatenkinder, 1791; Einrichtung einer Lehr- und Arbeitsanstalt, 1792; neue Einrichtung des Armendirektoriums, 1792-1793; Bestätigung der Gründungsakte des vereinigten Armenklosters, 1818-1822; Verfahren zur Aufbringung der Armenkosten, 1830; Anlage von Armengärten, 1829-1830

Darin: Karte der Stadtländereien in Kiel, 1828

4264 Vermehrung der Einkünfte der Armenanstalt 1806-1846

Handel und Schifffahrt, Manufakturen und Fabriken, Handwerker und Privilegierte, Landwirtschaft

4265 Handel und Schifffahrt 1722-1847

Enthält u. a.: Beanspruchung der Hafengerechtigkeit durch den Magistrat, 1722-1726; Angelegenheiten der Brückenordnung und Brückengebühren

4266 Ziegelei, Amidam- und Puderfabrik, Zuckerraffinerie, Zichorienfabrik, Maschinenfabrik und Wagenfabrik 1777-1848

Enthält u. a.: Privileg für August Ferdinand Howaldt zur Anlage einer Maschinenfabrik und Übertragung des Privilegs auf den Kaufmann Johann Schweffel, Kiel, 1840

4267 Bäcker, Barbier, Bierbrauer, Böttcher, Buchbinder, Färber, Gast- und Schankwirt, Glaser, Goldschmied, Krämer und Handeltreibende, Kupferschmied und Klempner, Kürschner, Lohgerber, Maler, Maurer, Müller, Perückenmacher, Rademacher, Sattler, Schlachter, Schmied und Seiler 1774-1848

4268 Schneider, Schuster, Tischler, Translateur, Töpfer, Vergolder, Weber, Weinhändler, Weißgerber und Zimmerer (1634-) 1774-1848

4269 Landwirtschaft 1772-1848

Enthält u. a.: Parzellierung der Stadtländereien, 1843; Stadtweide; Verkauf von Stadtländereien

Post und Rollfuhren

4270 Post und Rollfuhren (1740-) 1774-1837

Enthält u. a.: Bestätigung der Fuhrrolle von1765 wegen des erhöhten Fuhrlohns von Kiel nach Eckernförde, 1774; Personenbeförderung von Kiel nach Hamburg durch einen Omnibus, 1837

4271 Rollfuhren (1740-) 1783-1812

Enthält u. a.: Auseinandersetzung zwischen den Älterleuten des Fuhramtes in Kiel und dem Kommerzassessor Rathlev wegen dessen Fuhren, 1784; Erhöhung der Fuhrgelder, 1800; Polizeivergehen eines Postknechts aus Plön in Kiel, 1801

4272 Postmeister 1736-1804, 1833

Polizei

4273 Polizei allgemein und Polizeibedienstete 1764-1847

4274 Medizinalwesen 1785-1836

Enthält u. a.: Unterstützung für das klinische Institut des Professors Weber, 1785; Aufkündigung von Apothekergesellen, 1785; Hebammen

4275 Apotheken (1615-) 1746-1846

4276 Muhliussches Waisenhaus (1771-) 1776-1825

4277 Lombard 1765-1835

Enthält u. a.: Lombardordnung, 1765; Lombardverwalter Rathlev, 1784-1803; Lombardschreiber

4278 Große Schützen- und Brandgilde (1665-) 1774-1843

Enthält: Bestätigung der Privilegien, Freiheiten und Artikel

8119 Große Schützen- und Brandgilde 1779-1835

8120 Wilhelminengilde 1836-1841

4279 Straßenbau (1701-) 1782-1848

Enthält u. a.: Beschwerden des Professors Kannegießer über den Beitrag zur Straßenpflasterung (mit Verzeichnissen der Eigentümer der Quartiere mit ihren Beiträgen), 1785; Regulativ zur Instandsetzung und Unterhaltung des Straßenpflasters, 1839

4280 Jahrmärkte und Umschlag 1775-1848

Enthält u. a.: Verstärkung der Garnison während des Umschlags, 1780-1795; Umschlagspatrouillen, 1764-1829; Tanzveranstaltungen und Glücksspiele

4281 Ballhaus und Schauspiel (1666-) 1774-1844

Enthält: Maskeraden 1817-1819; Auftritt der Schleswiger Hofschauspieler-Gesellschaft, 1783-1797; Bestätigung der Privilegien des Ballhauses, 1774-1844; Spielerlaubnis des Generalkonsuls Malmros und des Malermeisters Schunck für ein Schauspielhaus, 1839-1840

4282 Sonstige Polizeiangelegenheiten (1736-) 1774

Enthält u. a.: Feuerkasse; Totenbeliebungen und Totenkassen; Glücksspiel; Pferdemarkt

4283 Untersuchung zur Schädlichkeit des Kleinen Kiels 1784-1803

Darin: Stich mit Stadtgrundriss, 1796; Zeichnungen des Kleinen Kiels mit Angabe der Wassertiefen am Ufer, 1800; Karte der ans Ufer grenzenden, bei Hochwasser überfluteten Grundstücke, 1800; Zeichnung des Kleinen Kiels mit Lage der Holstenbrücke, 1800; Zeichnung einer Tür, 1800; Druckschrift „Über die Unannehmlichkeiten des kleinen Kiels und die Mittel zu deren Hinwegräumung". Kiel 1796

4284 Spezielle Polizeiangelegenheiten (1766-) 1774-1847

Enthält u. a.: Streitigkeiten des Hof- und Landstallmeister Wiebel und einigen Bewohnern der Kettenstraße wegen des dortigen Brunnens, 1789; Glücksspiel; Bürgergarde; Veranstaltung eines öffentlichen Billards; Wege

4285 Seebadeanstalt 1803-1840

Enthält u. a.: Volksfest in der Seebadeanstalt, 1840

Kämmerei

4286 Untersuchung der Unruhen vom 22. August 1791 und Bestrafung der Anstifter, insbesondere des Brückenschreibers Rentz, wegen Veruntreuung 1791-1794

Enthält u. a.: Aktenverzeichnis

4287 Erhebung eines Torgelds am Holstentor 1827-1832

4288 Kämmerei (1766-) 1774-1847

Enthält u. a.: Veränderung des Reglements zur Erhebung von Gebühren an den Barrieren außerhalb der Stadt, 1837; Reglement zur Verteilung der städtischen Abgaben, 1843; Veränderung des Steuersystems, 1843; Verfügungen zur Befreiung von bürgerlichen Ämtern; Notate zur Stadtrechnung; Aufnahme von Geldern; Ausgaben aus der Stadtkasse

Darin: gedruckter Bericht über den Entwurf eines verbesserten Katasters in Kiel, 1839

4289 Dezimationen (1652-) 1784-1798, 1841

Enthält u. a.: Darlegung der Dezimationsbefugnis, 1785

4290 Streit mit dem Etatsrat Johann Friedrich Jensen wegen der Reparatur des seinen Garten einfriedenden Teils der Stadtmauer 1785-1787

4291 Privilegierte Höfe 1774-1839

4292 Sonstige Kämmereiangelegenheiten 1774-1834

Enthält u. a.: Kontributionsfreiheiten; Ausgaben der Stadtkasse; Befreiung von bürgerlichen Ämtern

4293 Einquartierung und Exerzierplatz 1774-1840

8121 Revision der Stadtrechnungen von 1799 bis 1830 1809-1834

Schloss

4294 Kieler Schloss 1777-1838

Enthält u. a.: Einräumung von Zimmern; Reparaturen; Aufsteigen eines Luftballons im Schlossgarten, 1798; Edikt gegen den Unfug auf dem Schlossplatz, im Schlossgarten und der neuen Allee, 1800; Brand des Schlosses, 1838

Kammerwesen

4295 Zoll 1776-1797

Stadt Oldenburg

4296 Privilegien und Bürgerrecht (1539-) 1774-1833
Enthält: Bestätigung der Privilegien, 1774; Bürgerrecht des Arztes Struve, 1778; Verkauf des Hauses des Regierungsadvokaten Martens mit Grundstück an den Leutnant von Staffeldt, 1795; Bürgerrecht für Orgelspieler, 1825; Gebühr für die Erteilung des Bürgerrechts, 1833

4297 Magistrat (1729-) 1777-183
Enthält u. a.: Änderung der Sportelverteilung, 1805

4298 Bürgermeister (1764-) 1774-1844

4299 Syndikus 1781-1826

4300 Ratsverwandte (1752-) 1775-1847

4301 Stadtkassierer (1768-) 1781-1782, 1825-1840

4302 Deputierte Bürger 1777-1797, 1821
Enthält: Befreiung von der Wahl zum Deputierten Bürger für den Weinhändler Bendix Petersen; 1777; Benehmen des Magistrats gegen den inhaftierten Gerichtsdiener Hochfeldt und dessen Frau, 1797; Instruktion für die Deputierten Bürger, 1821

4303 Erlass eines Reglements für den Ratswäger 1828

4304 Justiz allgemein und Ziviljustiz (1768-) 1774-1830
Enthält u. a.: Sporteltaxe des Niedergerichts, 1777; Sporteltaxe, 1784; Einrichtung eines neuen Schuld- und Pfandprotokolls, 1788; Aufhebung des Niedergerichts, 1811; Besetzung der vakanten Stelle eines Stadtkassierers, 1811; Einrichtung eines neuen Erd- und Lagerbuchs, 1830
Darin: gedruckte Verordnung zur Einrichtung von Schuld- und Pfandprotokollen in Kiel, Oldenburg und Neustadt, 1768

4305 Scharfrichter (1758-) 1776-1843

4306 Errichtung eines Unterkonsistoriums 1776

4307 Kirche allgemein (1772-) 1776-1846
Enthält u. a.: Einziehung des Diakonats und veränderte Einrichtung der Schulen, 1815; Regulativ für den Kirchhof, 1824; Vergrößerung des Kirchhofs, 1832; Stiftung des Konsistorialrats Schroedter zur Verteilung von Bibeln, Gesangsbüchern und Landeskatechsimen an arme Kinder, 1846

4308 Befreiung vom vorgeschriebenen Alter für die Konfirmation 1774-1795

4309 Hauptpastor (1758-) 1779-1844
Enthält u. a.: Bewerberverzeichnisse, um 1813

4313 Wiederaufbau der abgebrannten Kirche und der Kirchengebäude 1774-1780

4314 Juden 1807-1845

4315 Schule (1803-) 1804-1827
Enthält: Ernennung einer Kommission zum Entwurf eines neuen Schulplans, 1804; Anstellung eines dritten Lehrers, 1804; Organisation der Bürgerschule und Gehalt der Lehrer, 1819; Verteilung der Schulanlagen und Verminderung des Gehalts des Elemtarschullehrers, 1824; Ankauf eines Platzes zum Bau eines neuen Schulhauses, 1827

4316 Rektor der Stadtschule 1774, 1821-1828

4317 Kantor und Knabenschullehrer (1732-) 1785-1807
Enthält: Bestätigung der Ernennung des Kantors und Knabenschullehrers Carl Friedrich Benjamin Hesse, 1787; Tod des Schullehrers Hesse und Besetzung der Stelle, 1799; Erhöhung des Schulgeldes für den Schullehrer Michaelsen, 1807

4320 Handwerker und Privilegierte (1601-) 1772-1847
Enthält u. a.: Bestätigung von Zunftartikeln

4321 Musikant (1758-) 1781-1846

4322 Post und Rollfuhren (1765-) 1774-1811
Enthält u. a.: Bestätigung der Fuhrrolle, 1774; Einquartierungsfreiheit für die Posthäuser in Oldenburg und Neustadt, 1785; Postmeister

4323 Landwirtschaft (1767-) 1779-1795; 1821-1847
Enthält u. a.: Verkauf von Stadtländereien an Fremde, 1779; Torfgraben, 1826; Einkoppelung und bessere Nutzung der Stadtländereien, 1833; Aufhebung der gemeinschaftlichen Nachweide auf dem Stadtfeld, 1844-1846; Verkauf und Aufteilungen von Stadtländereien

4324 Einkünfte der Hebamme Margrethe Sophie Vester Staack 1807

4325 Apotheke (1749-) 1774-1840

4326 Bestätigung der Artikel der Toten- und Schützengilde sowie der Sankt Johannisgilde (1748-) 1774-1844

Enthält auch: Brand-, Toten- und Schützengilde in Sipsdorf, 1774

4327 Wege 1769-1839

Enthält u. a.: Bau einer Brücke über den Westseker-Kanal, 1830

4328 Jahrmärkte 1794-1841

4329 Sonstige Polizeiangelegenheiten 1800-1845

Enthält: Besuch von Wirtshäusern und Krügen, 1801; Verrücken des Giebels des Hauses des Propstes Schroedter 1824; Wiedereinführung eines Wochenmarkts, 1827; Beschränkung von Tanzveranstaltungen,1834; Anlage eines Lombards, 1833, 1845
Darin: „Wagrische Blätter" vom 1. Februar 1834

4330 Milderung von Brüchen für Zollvergehen und Einschränkung des Landhandels 1785-1786

Enthält u. a.: Verzeichnis der Landkrämer innerhalb von zwei Meilen um die Stadt

4331 Angelegenheiten der Stadtkasse 1774-1837

Enthält u. a.: Untersuchungskommission für die Stadt Oldenburg, 1774; Einquartierung (mit Einquartierungslisten und Haussteuerregister), 1816; Organisation des Hebungs- und Rechnungswesen, 1824; Verkauf eines stadteigenen Gebäudes, 1827; Bau eines neuen Rathauses, 1832; Einrichtung eines Schuldentilgungsfonds für die Stadt Oldenburg, 1837

4332 Reglement für die ökonomische Verwaltung 1823-1827

4333 Dezimationen (1747-) 1780-1802

4334 Kontribution, städtische Abgaben und Bauangelegenheiten (1769-) 1774-1842

4335 Stadt Oldenburg: Kollekte für die durch einen Stadtbrand geschädigten Einwohner 1773-1776

Stadt Neustadt

8122 Bestätigung der Privilegien (1351-) 1774-1845

4336 Einzug der Stadtpräsidentur (1771-) 1774

4337 Magistrat und Stadtbedienstete 1790-1832
Enthält: Sporteltaxe des Magistrats, 1790; Erhöhung der Gage der Ratsverwandten, 1793; Protokollführung, 1800; Gehalt und Steuern der Bürgermeisterstelle, 1832

4338 Bürgermeister und Syndikus (1702-) 1784-1831

4339 Ratsverwandte 1778-1846

4340 Stadt- und Hospitalschreiber (1732-) 1785-1820

4341 Gehaltszulagen für den Stadtkassier Emcke und Bestallung seines Sohnes Johann Detlev Emcke zum Nachfolger 1802-1813

4342 Gerichtsdiener 1818-1840

4343 Kriminaljustiz 1785-1786, 1807
Enthält: Plan zur Verschickung ungehorsamer Bürger in das Zuchthaus in Neumünster, 1786; Erlaubnis für einige lübeckische Stadtstiftsdörfer zur Abhaltung ihres Gerichtstages in Neustadt, 1807

4344 Scharfrichter (1739-) 1779-1821
Enthält: Johann Jochim Ahrens, 1779; Johann Christian Hennings, 1798; Johann Jochim Schreiner, 1821

4345 Kirche 1775-1847
Enthält u. a.: Streitigkeiten zwischen dem Müller Clement Bendfeldt und den Kichenbediensteten wegen des unentgeltlichen Transports des Korns, 1776; Introduktionsgebühren und Fuhren bei Anstellung eines Predigers, 1796, 1797; Einrichtung eines Diakonats, 1806; Wiedererrichtung des Diakonats, 1843; Bauten

4346 Hauptpastor 1787-1802

4347 Diakon (1773-) 1783-1803, 1843

4348 Erteilung schriftlicher Bestallungen für den Organistendienst und Aufbringen der Kosten für den Bau des Organistenhauses 1791-1798

4349 Juden 1782-1830

4350 Schule 1787-1833
Enthält u. a.: Rektoren; Schulregulative, 1810, 1837; Gesuche um Gehaltszulagen der Schullehrer

4351 Verteilung der Gelder des Grimmsteinschen Legats 1797-1798

4352 Hospital (1621-) 1774-1823

4353 Präbendisten des Hospitals 1772-1820

4354 Präbendisten des Hospitals 1820-1847

4355 Erlass eines Regulativs für die Armenverwaltung 1836

4356 Handwerker und Privilegierte 1746-1848
Enthält u. a.: Bestätigung von Amtsrollen

4357 Zoll 1785-1790, 1847-1848
Enthält: Zoll auf die Produkte der Ziegelei, 1785; Verbot des Einlasses von Wagen ohne Zollpassierzettel in die Stadt, 1786; Beschwerden gegen den Zollverwalter Schumacher, 1790; Steuerpflichtigkeit des Zollgebäudes, 1848

4358 Post und Rollfuhren (1765-) 1774-1810
Enthält auch: Bestätigung der Fuhrrolle, 1774; Bestallung von Postmeistern

4359 Landwirtschaft 1777-1848
Enthält u. a.: Aufteilung der Stadtländereien, 1788-1799; Tausch und Verkauf von Grundstücken; Mühlen

4360 Chirurg, Arzt und Hebammen 1774, 1809-1829
Enthält: Anstellung des Chirurgen Johann Hinrich Praetorius beim Armenhospital, 1774; Gehaltszulage für den praktizierenden Arzt Müllertz, 1810; Vorschuss aus der Stadtkasse für die Hebamme, 1819; Befreiung von Personallasten, 1824; Verkauf der Hebammenwohnungen, 1829

4361 Apotheke (1731-) 1774-1842

4362 Sonstige Polizeiangelegenheiten (1766-) 1774-1843
Enthält u. a.: Bestätigung von Gildeartikeln; Märkte

4363 Stadt Neustadt: Klosterhof (1756-) 1774-1843

4364 Dezimationen 1802-1810
Enthält: Erlass des Zehnten für Matthias Hinrich Huss, Grömitz, den Kaufmann Leithäuser, Hamburg, und Christine Sophie Ulrike Ufer, Hamburg

4365 Sonstige Kämmereiangelegenheiten 1798-1844
Enthält u. a.: Bauangelegenheiten
Darin: Karte des Hafens und der beiden Hauptstraßen, 1831

4366 Verwüstung durch den Brand vom 17. September 1817 1817-1827
Enthält u. a.: Verzeichnisse über Magazinlieferungen, Unterstützungen und Kosten; Register zur Verteilung von Lebensmitteln

Landschaft Norderdithmarschen

4367 Verfassung und Verwaltung 1774-1800
Enthält u. a.: Vorsitz des Landvogts im Landschaftsvorsteherkollegium, 1774; Kommission zur Regulierung der ökonomischen Verhältnisse im Kirchspiel Wöhrden, 1779; Verbindung der Kirchspielschreiberei mit den Kirchspielvogteien, 1779

4368 Verfassung und Verwaltung 1800-1843
Enthält u. a.: Abstellung der Unordnungen in der Verwaltung und Justiz, 1814-1819; Veränderung in der Verfassung des Kirchpiels und Fleckens Heide, 1843; Hinzuziehung von Interessenten zu den Verhandlungen und Beschlüssen des Kirchspielsvorsteherkollegiums in Lunden, 1843

4369 Landvogt 1775-1847

4370 Landschreiber 1781-1844

4371 Aktuar 1778-1835

4372 Einnahmeschuld des Kirchspielschreibers Harder in Hemme 1777-1785

4373 Kirchspielvogt und Kirchspielschreiber 1778-1847

4374 Landesgevollmächtigte und Kirchspielgevollmächtigte 1775-1837
Enthält u. a.: Befreiung vom Amt des Landes- und Kirchspielsgevollmächtigten

4375 Übertragung des Kornverwalteramtes an den Wegeinspektor Petersen und Gerichtsstand des Kornverwalteramts 1791-1792

4376 Bürgschaft zur Stellung einer Kaution des Branddirektors (1833-) 1838-1847

4377 Amts- und Polizeidiener sowie Stockmeister 1805-1847

4378 Korrespondenz mit dem Landvogt Behrens zum ersten Entwurf der neuen Justizverordnung (1774-) 1781-1782

4379 Entwurf einer neuen Justizverordnung (1639-) 1776-1782

4380 Verfügungen zum Schuld- und Pfandprotokoll 1776-1787

4381 Justiz 1774-1843
Enthält u. a.: Verbesserung des Kreditwesens, 1812-1813; Entschädigung von Beamten für entfallende Gebühren bei Untersuchungen gegen unvermögende Personen, 1827; Anstellung von Polizereitern, 1835; Gebühren

4382 Regulierung der Justiz, Trennung von der Verwaltung und Verbesserung der Polizei 1836-1840

4383 Scharfrichter und Abdecker (1769) 1789
Enthält: Gesuche des Einwohners Sievert Johann Bornholdt, Schleswig, um die Scharfrichterstelle in der Landschaft Norderdithmarschen und in Flensburg

4384 Handel sowie Handwerker und Privilegierte (1698-) 1774-1844
Enthält u. a.: Barbier; Böttcher; Schneider; Schuster; Tischler

4385 Kammerangelegenheiten 1776-1845
Enthält u. a.: Stempelpapier, 1776; Zollfreiheit, 1793, 1845; Abgaben für Anwachs in herrschaftlichen Seen, 1817; Verfahren zur Eintreibung rückständiger Steuern und Abgaben, 1840, 1845

4386 Landwirtschaft und Wasserlösung (1751-) 1774-1836
Enthält u. a.: Regulativ für die Interessenten des Neuensiels in Neufeld, 1779; Verteilung von Überscheer-Grasen auf der Hemmerwurther Außendeichsweide, 1791-1792; Verteilung des sogenannten Lundener Moors, 1802; Abwässerung des Mieletals, 1823, 1836
Darin: Karte zur Wasserleitung bei Großbüttel, 1775

4387 Deiche 1772-1795
Enthält u. a.: Bezahlung von Deichkosten im Hedwigenkoog, 1772-1774

4388 Post und Rollfuhren 1764-1815

4389 Kämmerei (1688-) 1776-1845
Enthält u. a.: Schuldenwesen der Landschaft, 1786; Schulden des Kirchspiels Büsum, 1789; Fuhrkosten und Diäten der Kommission zur Untersuchung des ökonomischen Zustands der Landschaft, 1789; Schulden der Kirchspiele Hemme und Wesselburen, 1788-1789; Befreiung der Beamten und Ärzte in Heide vom Bürgergeld, 1825-1830; Beschwerden des Landmanns Marx Wiebers Hein, Sankt Annen, über die Verwaltung der Landschaft, 1837; Beitrag des Bösbütteler Koogs zu den Kommunalabgaben, 1845; Erhöhung des Bürgergeldes in Lunden und Bestätigung der Fleckensbeliebung, 1845; Verkauf und Ankauf von Ländereien

4390 Spezielle Kämmereiangelegenheiten (1712-) 1753-1829
Enthält u. a.: Görtzsches Fideikommiss, 1760; Schulden der Kirchspiele und anderer Kommünen; Gesuche um Befreiung von Abgaben

4391 Medizinalwesen und Physikus 1815-1846

4392 Hebammen (1749-) 1774-1831

4393 Apotheken 1716-1844

4394 Wege 1774-1842

4395 Brandwesen 1770-1799
Enthält u. a.: Aufbringung der Kosten für die Feuerspritze in Tellingstedt, 1783

4396 Bestätigung von Gilden und Ortschaftsbeliebungen (1666-) 1774-1847

4397 Tumulte in Heide und Lunden sowie Kosten der stationierten Militärkommandos 1836-1845

4398 Sonstige Polizeiangelegenheiten (1688-) 1774-1848
Enthält u. a.: Verfügung zur besseren Einrichtung des Dienstbotenwesens, 1798; Statuten der Spar- und Leihkasse in Heide, 1836; Märkte; Veranstaltungen; Versammlungen; Strohbedachung

Propstei Norderdithmarschen

Kirche allgemein

Kirche allgemein

4399 Kirche in der Propstei Norderdithmarschen: Allgemeines (1605-) 1774-1839

4400 Generalkirchenvisitationsberichte 1824-1847

4401 Propst 1784-1845

Einzelne Kirchspiele

4402 Kirchspiel Sankt Annen: Allgemeines (1650-) 1774-1844
Enthält u. a.: Witt-Jarren-Fähre, 1774, 1844

4403 Kirchspiel Büsum: Allgemeines und Pastor (1674-) 1774-1841
Enthält u. a.: Privileg über den Zehnten von Strandgütern, 1774; Vereinigung des Diakonats mit dem Pastorat, 1802; Anlage eines neuen Begräbnisplatzes, 1834

4404 Kirchspiel Delve: Allgemeines und Pastor 1790, 1823-1848
Enthält u. a.: Bauten

4405 Kirchspiel Heide: Allgemeines, Pastor und Diakon 1774-1845
Enthält u. a.: Bauten

4406 Kirchspiel Hemme: Allgemeines 1781-1845
Enthält u. a.: Bauten

4407 Kirchspiel Hennstedt: Allgemeines (1763-) 1774, 1817-1847
Enthält u. a.: Bauten

4408 Kirchspiel Lunden: Allgemeines 1785-1846
Enthält u. a.: Leichengebühren (mit Verzeichnissen der Beerdigungen von 1840 bis 1844), 1846; Bauten

4409 Kirchspiel Neuenkirchen: Allgemeines und Pastor (1676-) 1774- 1838
Enthält u. a.: Bestätigung der Beliebung zur Handhabung der Kirchengüter, 1774; Bauten

4410 Kirchspiel Schlichting: Pastor 1777-1845

4411 Kirchspiel Tellingstedt: Allgemeines, Pastor und Diakon 1786-1838
Emnthält u. a.: Begräbnisplatz, 1832-1833

4412 Kirchspiel Weddingstedt: Allgemeines und Pastor 1808-1843
Enthält u. a.: Bauten

4413 Kirchspiel Wesselburen: Allgemeines, Pastor und Diakon 1805-1848
Enthält u. a.: Bauten

Fremde Religionsverwandte

4414 Verbindung der Katholiken in Heide zur katholischen Kirche in Friedrichstadt (1809) 1810-1811

4415 Juden 1786-1843

Schule

4416 Schulen in der Propstei Norderdithmarschen: Allgemeines und einzelne Schulen (1751-) 1774-1848
Darin: gedrucktes Regulativ für die Schulen in der Landschaft Norderdithmarschen, 1818

Armenwesen

4417 Armenwesen in der Propstei Norderdithmarschen (1654-) 1774-1842
Enthält u. a.: Bestätigung der Armenstiftung in Neuenkirchen, 1774; Vorschläge zur Abstellung der Bettelei, 1787; Errichtung einer Arbeitsanstalt aus dem Legat des Kirchspielsdeputierten Johann Wilhelm Ipsen, 1827; Aufsicht über das Pflegehaus in Wesselburen, 1827; Armenkassen

Ehewesen

4418 Bestimmung der an die Witwen- und Waisenkasse in Kiel zu entrichtenden Gebühren für Haushochzeiten 1789

Amt Segeberg

4419 Grenzstreitigkeiten mit dem Gut Kaden sowie zwischen Ulzburg und Kaltenkirchen einerseits und Kisdorf und Gut Kaden andererseits (1604-) 1729-1751
Darin: Karte zum Grenzverlauf des Gutes Kaden vom Weg nach Hamburg bis zur Schäferei, 1729; Karte zum Grenzverlauf zwischen Ulzburg und dem Gut Kaden, 1729

4420 Grenzstreitigkeiten des Gutes Tangstedt mit den Dörfern Henstedt und Wakendorf (1711-) 1731-1741

4421 Grenzstreitigkeiten des Amtes und der Stadt Segeberg mit den Ämtern des Herzogtums Plön (1677-) 1734-1757

4422 Grenzstreitigkeiten des Herzogs von Schleswig-Holstein-Sonderburg-Plön mit dem Amt und der Stadt Segeberg (1630-) 1737-1739

4423 Grenzstreitigkeiten zwischen Wiemersdorf und Armstedt 1735-1742
Darin: Karte zum Grenzverlauf, 1742

4424 Entschädigung des Kirchspielvogts Basuhn und des Hegereiters Bielefeld für ihre Mühe bei der Regulierung der Grenzstreitigkeiten zwischen den Gütern Kaden und Tangstedt 1740-1742
Darin: Karte der strittigen Ländereien zwischen dem königlichen Territorium und dem Gut Tangstedt, 1740

4425 Grenzstreitigkeiten zwischen Struvenhütten und Bredenbekshorst
Darin: Zeichnung zum Grenzverlauf, 1763 1763-1764

4426 Verfassung, Verwaltung, Jurisdiktion und Grenze 1774-1841
Enthält u. a.: Fleckensgerechtigkeit in Bornhöved (mit Volkszählungsliste von 1840), 1841

4427 Amtmann 1740-1766, 1824
Enthält: Streitigkeiten zwischen Amtmann und Propst wegen der Amtsführung, 1740; Erlaubnis zur Wohnungsnahme in Bramstedt, 1745; Amtseid des Amtmanns Johann Friedrich von Arnoldt, 1766; Order an Amtmann von Rosen zur Abfassung eines Berichts zu jedem Gesuch, 1824

4428 Amtsverwalter 1831-1843

4429 Kirchspielvogt 1742-1840

4430 Hausvogt 1810-1845

4431 Dingvogt 1741-1758, 1806-1809

4432 Amtsbote und Unterbedienstete 1810-1847

4433 Polizeireiter 1833-1843

4434 Reglement für die geistliche und weltliche Gerichtsverfassung des Amtes sowie für die Zuständigkeiten der Bediensteten und ihre Gebühren 1739-1743

4435 Ziviljustiz 1744-1812
Enthält u. a.: Schuld- und Pfandprotokoll, 1769

4436 Kriminaljustiz 1748-1758, 1818-1842
Enthält: Kriminalgebühren, 1748, 1758, 1821; Notat über eine Zivilbrüche des Insten Hans Ramm, Kaltenkirchen, 1842

4437 Scharfrichter 1780-1832

4438 Handwerker und Privilegierte 1738-1833
Enthält u. a.: Niederlassung von Landhandwerkern im Kirchspiel Kaltenkirchen, 1739; Regulierung des Abdeckereiwesens, 1833

4439 Lumpensammler, Maurer, Rademacher, Schlachter, Schmied, Schneider, Schuster, Töpfer, Tischler und Zimmer sowie Weiß- und Fastbäcker (1618-) 1737-1847

4440 Kammerangelegenheiten 1736-1802, 1840-1848
Enthält u. a.: Forderungen der Gräfin Löwenhaupt geb. Gräfin von Königsmarck und ihres Neffen Graf Moritz von Sachsen wegen der Dörfer Gönnebek und Wahlstedt, 1736

4441 Landwirtschaft 1736-1833
Enthält u. a.: Weidegerechtigkeit im Kirchspiel Bramstedt, 1736-1743; Erdbuch, 1758; Torfhandel, 1768; Mühlen

4442 Post und Rollfuhren 1764-1820
Enthält u. a.: Postmeister in Ulzburg

4443 Apotheke 1825-1845

4444 Hebammen 1744, 1817-1848
Enthält: Anstellung der Maria Jungen als alleinige Hebamme im Kirchspiel Bramstedt, 1744; Diensteinkünfte, 1818; Anstellung einer Hebamme in Wahlstedt, 1827; Bildung eines neuen Hebammendistrikts aus den Dörfern Stocksee, Dahmsdorf, Tarbek, Tensfeld, Pehmen und Bredenbek, 1848

4445 Wege 1755-1848

4446 Entwurf einer Brandordnung und Markt 1735-1745, 1825-1846

4447 Unruhen im Kirchspiel Kaltenkirchen bei Eintreibung der Kopfsteuer 1794-1795

4448 Einquartierung 1778, 1812-1819

Enthält: Vergütung der Quartiergelder für die National-Unteroffiziere, 1778; Erlass von Abgaben und der Einquartierung für die Witwe des Advokaten Reibisch, Gieschenhagen, 1812; Auszahlung rückständiger Quartiergelder an den Kapitän von Holst, 1819

4449 Kalkberg 1732-1768, 1826

Flecken Bramstedt

4450 Verfassung, Verwaltung und Privilegien (1533-) 1746-1845

Enthält u. a.: Wiederherstellung der Landstraße durch Bramstedt zur Verbesserung des wirtschaftlichen Zustandes, 1794; Wiedereinführung des jährlichen Abgangs zweier Ratmänner, 1795

4451 Bäcker, Böttcher, Schlachter, Schmied, Schneider, Schuster, Tischler und Zimmerer (1716-) 1733-1845

4452 Fuhrrolle, Postmeister, Wagenmeister 1759-1767

4453 Gesundheitsquelle 1761, 1810

Darin: Druckschrift „Der Arzt“, 127. und 134. Stück

4454 Polizei 1770-1828

Enthält: Wohnort der Distrikthebamme, 1771; Wiedereinführung eines Wochenmarktes, 1774; Anstellung eines Distriktarztes in den Kirchspielen Bramstedt und Kaltenkirchen, 1817; Anstellung eines Polizeireiters, 1819; Trennung des Vieh- und Krammarktes, 1828

4455 Apotheke 1773-1846

4456 Streitigkeiten des Erbpachtmüllers Wichmann mit den Eingesessenen wegen der Zwangspflicht 1807-1808

4457 Regulierung der außerordentlichen Einquartierung und Beteiligung an den Fleckensanlagen 1820-1840

Propstei Segeberg

Kirche

Kirche allgemein

4458 Konsistorium 1739-1797, 1844-1845

4459 Kirchenvisitation und Generalkirchenvisitationsberichte 1739-1800

4460 Spezialkirchenvisitationsberichte (1759) 1760-1847

4461 Aufbringung von Kirchenanlagen für die Kirchen in Segeberg und Oldesloe 1767-1776

4462 Propst (1738-) 1740-1846

4463 Episkopalhoheit über die eingepfarrten Untertanen des Herzogtums Plön, die adligen Untergehörigen und die Untergehörigen des Domkapitels in Lübeck (1649-) 1732-1750

4464 Kirche in der Propstei Segeberg: Allgemeines 1743-1812
Enthält u. a.: Predigerwahl bei den adligen Kirchen der Propstei, 1807

4465 Konzession der Reformierten zur freien Religionsausübung sowie zum Bau einer Kapelle und Anlage eines Kirchhofs im Gut Wandsbek 1779-1780

4466 Konzession der Katholiken zur freien Religionsausübung auf Gut Wandsbek 1780

4467 Juden 1761-1797
Enthält: Abraham Joseph, Segeberg; Levin Joel Weesel, Segeberg; Moses Moses, Gieschenhagen

Einzelne Kirchspiele

4468 Kirchspiel Bornhöved: Allgemeines 1735-1782, 1829-1842
Enthält u. a.: Bauten

4469 Kirchspiel Bornhöved: Pastor 1742-1837

4470 Kirchspiel Bramstedt: Allgemeines 1733-1779, 1829-1844
Enthält u. a.: Bauten

4471 Kirchspiel Bramstedt: Pastor (1721-) 1730-1836
Enthält u. a.: Bewerberverzeichnisse, 1811, 1826

4472 Kirchspiel Bramstedt: Bestallung des Kandidaten der Theologie Tobias Mentzel als Katechet 1746

4473 Kirchspiel Bramstedt: Küster und Organist 1760-1840
Enthält: Versorgung der Witwe des Küsters Struve, 1760; Bau eines Organisten- und Schulhauses, 1817; Verteilung der Bau- und Unterhaltungskosten für das Organistenhaus, 1840

4474 Kirchspiel Kaltenkirchen: Anordnung zur Aufteilung in zwei Pastorate
Darin: Ansichten und Grundrisse von Pastoratsgebäuden 1739-1740

4475 Kirchspiel Kaltenkirchen: Allgemeines 1740-1848
Enthält u. a.: Bauten

4476 Kirchspiel Kaltenkirchen: Pastor 1736-1846
Enthält u. a.: Bewerberverzeichnisse, 1843, 1846

4477 Kirchspiel Kaltenkirchen: Kompastor 1752-1826
Enthält u. a.: Bewerberverzeichnisse, 1843, 1846

4478 Kirchspiel Leezen: Allgemeines 1766-1847

4479 Kirchspiel Leezen: Pastor 1741-1847
Enthält u. a.: Bewerberverzeichnis, 1824

4480 Kirchspiel Leezen: Dienstverbeserung des Küsters und Organisten Hans Cruse 1802

4481 Kirchspiel Pronstorf: Allgemeines (1655-) 1743-1838
Enthält u. a.: Kirchenregister 1598-1670; Auszüge aus den Kirchspielsrechnungen von 1598 bis 1734

4482 Kirchspiel Pronstorf: Pastor 1743-1836

4483 Kirchspiel Pronstorf: Adjunktur auf die Organisten-, Küster- und Schulmeisterstelle für den Sohn des Küsters und Organisten Wulf Anton Bielefeldt 1793

4484 Kirchspiel Sarau: Allgemeines und Pastor 1764-1845
Enthält u. a.: Regulativ für den Begräbnisplatz, 1836

4485 Kirchspiel Schlamersdorf: Allgemeines und Pastor (1733-) 1736-1825

4486 Kirchspiel Sülfeld: Allgemeines und Pastor 1763-1842

4487 Kirchspiel Warder: Allgemeines 1747-1811
Enthält u. a.: Abstellung der Mängel im Kirchenwesen, 1761

4488 Kirchspiel Warder: Pastor 1734-1830

Schule

4489 Schulen in der Propstei Segeberg: Allgemeines und einzelne Schulen 1767-1826
Enthält u. a.: Schulregulativ, 1813; Bauten

4490 Schulen in der Propstei Segeberg: Allgemeines und einzelne Schulen (1818-) 1827-1848

Armenwesen

4491 Armenwesen und Armenfälle in der Propstei Segeberg 1731-1846
Enthält u. a.: Kirchspiele Kaltenkirchen und Segeberg

Ehe

4492 Ehewesen in der Propstei Segeberg 1732-1754
Enthält: Dispensationsangelegenheit der Untergehörigen des Gutes Depenau Carsten Titgen und seiner Frau, 1733; Befreiung der eingepfarrten Untertanen des Herzogtums Plön von der Dispensationspflicht bei Heiraten im Trauerjahr, 1754

Stadt Segeberg

4493 Verfassung, Verwaltung, Jurisdiktion und Grenzen (1664-) 1738-1829
Enthält u. a.: Klagen über den Verfall der Stadt und Vorschläge zu ihrer Wiederaufhelfung, 1739-1751; Verbindung von Gieschenhagen mit Segeberg, 1768-1820; Reglement für die ökonomische Verwaltung der Stadt, 1829

4494 Magistrat 1750-1841
Enthält u. a.: Bestätigung von Ernennungen zum Ratsverwandten

4495 Bürgermeister und Stadtsekretär 1746-1846

4496 Absetzung des Bürgermeisters Hans Capitz 1744-1746

4497 Ratsverwandte 1739-1843

4498 Deputierte Bürger 1823-1846
Enthält: Vergütung, 1824; Bestimmung der erforderlichen Anzahl von Wählern, 1830; Ausführung der Volkszählung, 1845

4499 Stadtkassierer 1809-1835
Enthält: Zulage und Verbesserung der Diensteinahmen des Stadtkassierers Johann Wilhelm Hechler, 1809, 1828; Vereinheitlichung der Quittungsgebühren in der Stadt, 1834; Wahl des Kaufmanns Johann Hinrich Potent zum Stadtkassierer, 1834

4500 Ratsdiener, Polizeidiener und Gefängniswärter 1807-1848

4501 Justiz (1763-) 1785, 1821-1836
Enthält: Ordnung des Stadtarchivs, 1785; Bau eines Gefängnisses mit Wohnung für Gefangenenwärter und Ratsdiener, 1823; Sporteltaxe für Magistrat und Stadtbedienstete, 1836

4502 Scharfrichter (1689-) 1755-1780, 1824-1839

4503 Kirche 1755-1846
Enthält u. a.: Regulierung der Begräbnisse und der Kirchenstühle, 1758; Regulativ über die Gebühren der Kuhlengräber, 1762; Regulativ über die Verteilung der Amtsgeschäfte zwischen Pastor und Diakon, 1765; Beteiligung der Eingepfarrten der Ämter Reinfeld und Traventhal an den Kirchenanlagen, 1789-1806; Regulativ für den Kirchhof, 1832

4504 Kompastor 1738-1838

4505 Organist und Küster 1739-1806

4506 Kirche und Kirchengüter 1738-1841
Enthält u. a.: Vermächtnisse; Kirchenbauten; Ländereien; Schulden

4507 Rantzausche Armenkapelle (1580) 1766-1770

4508 Juden 1739-1848

4509 Schule 1758-1846
Enthält u. a.: neues Schulreglement, 1759; Beibehaltung des Registers für die Schulbeiträge, 1791

4510 Rektor 1759-1844

4511 Armenwesen (1718-) 1748-1839
Enthält u. a.: Regulativ für das Armenwesen, 1826

4512 Jahrmärkte (1741) 1742-1842

4513 Handwerker und Privilegierte 1761-1834
Enthält u. a.: Stellung der Einwohner Gieschenhagens in Zunft- und Gewerbeangelegenheiten

4514 Barbier (1646-) 1744-1844

4515 Bäcker (1664-) 1730-1844

4516 Höker, Leinweber, Maler und Müller 1738-1844
Enthält u. a.: Verzeichnis der Weber in den Dörfern, 1738

4517 Maurer 1770-1843

4518 Musikant (1729-) 1739-1840

4519 Reepschläger, Sattler, Schlachter, Schmied, Schneider und Schornsteinfeger (1664-) 1732-1845

4520 Schuster (1670-) 1731-1843

4521 Tischler und Zimmerer (1673-) 1741-1844

4522 Post und Rollfuhren 1772-1803
Enthält u. a.: Postmeister

4523 Nichterteilung der Jagdbefugnis für die Stadt auf ihren Feldern 1784-1785

4524 Landwirtschaft (Ökonomie) 1781-1848
Enthält u. a.: Landverkauf und Landtausch; Mühlen

4525 Errichtung eines Krankenhauses für den Physikatsdistrikt 1829-1841

4526 Physikus 1759-1846

4527 Apotheker (1730-) 1738-1842
Enthält u. a.: Vollstreckung der Zuchthausstrafe gegen den ehemaligen Apotheker August Albrecht Rasch wegen seiner Verstöße gegen die Medizinalordnung, 1765-1775

4528 Hebammen 1804-1805, 1825
Enthält: Wiederanstellung der Hebamme Anna Schäfer, 1805; Gesuch der Hebamme Margaretha Sophie Lepel um Ausschluss der Hebamme Specht von den Sammlungsgeldern auf Hochzeiten und Taufen, 1825

4529 Witwen- und Waisenkasse 1738-1757

4530 Wege 1780-1847
Enthält: Instandsetzung des kleinen Steinsiels oder der kleinen Brücke neben dem Teich in der Traventhaler Schmiede, 1782; Verlegung der Wasserableitung aus der Stadt, 1822; Beihilfe für Instandsetzung der der Stadt zugewiesenen Wege, 1847

4531 Sonstige Polizeiangelegenheiten (1740-) 1759-1840
Enthält u. a.: Schützen- und Totengilde (mit Artikel); Lombard; Märkte; Bürgerbewaffnung

4532 Kämmerei allgemein 1767-1835
Enthält u. a.: Regulativ zur Aufbringung der städtischen Lasten, 1825; Bau des Rathauses und der Bürgermeisterwohnung, 1826; Einquartierung; Angelegenheiten der Stadtkasse; Kontribution; städtische Abgaben

4533 Befreiung von öffentlichen Lasten und bürgerlichen Ämtern 1751-1827

4534 Spezielle Kämmereiangelegenheiten 1769-1841
Enthält u. a.: Kontribution; Bauangelegenheiten; Dezimationen; Angelegenheiten der Stadtrechnung; Verkauf von Stadtländereien

4535 Einquartierung 1742-1811

Stadt Oldesloe

4536 Bürgerrecht 1748-1818

Enthält: Bürgerrecht für Ludwig Francke von der Mährischen Brüder-Gemeine, 1749; Befreiung vom Bürgerrecht für den Postmeister Rostiz, 1778; Verweigerung des Bürgerrechts für den Barbiergesellen Hinrich Stammann aus Wismar, 1818

4537 Jurisdiktion und Grenze 1741-1802

Enthält u. a.: Vergleich der Stadt mit dem Konferenzrat von Buchwald auf Gut Fresenburg wegen der Jurisdiktion und Fischereigerechtigkeit auf der Ober-Trave, 1754

4538 Kommission zur Regulierung der Stadtangelegenheiten 1768-1773

4539 Magistrat 1737-1829

Enthält u. a.: Instruktion, 1737; Beschwerden über den Magistrat, 1748, 1768

4540 Bürgermeister und Stadtsekretär 1747-1846

4541 Ratsverwandte 1734-1845

4542 Stadtdiener 1743-1845

4543 Ordnung des Stadtarchivs 1824

4544 Justiz 1737-1823

Enthält u. a.: Kommissionalschluss der Verordnung zur Handhabung der Justiz, Polizei und anderer Angelegenheiten zum gemeinen Besten; Arrest fremder Personen, 1737, 1754, Verwahrung von Delinquenten in der Frohnerei und über dem Hamburger Tor, 1749; Bau eines Gefangenenhauses, 1823

4545 Scharfrichter 1741-1844

4546 Kirche 1740-1847

Enthält u. a.: Totengeläut; Kirchenanlagen; Kirchenstände; Bauten; Begräbnisplatz

4547 Pastor 1749-1842

4548 Diakon 1734-1840

4549 Katechet 1737-1757

4550 Organist und dritter Schullehrer 1797-1829
Enthält: Ankauf eines Hauses, 1798; Verbesserung der Einkünfte, 1799; Überlassung des Dienstgartens für einen Bauplatz, 1829

4551 Kirchengebäude, Kirchengüter und Kirchenabgaben 1738-1846

4556 Bau und Einrichtung der neuen Kirche 1747-1774
Darin: Ansichten und Grundrisse, 1753

4552 Mährische Brüder 1735-1764
Enthält u. a.: historische Nachrichten aus dem Kanzleiarchiv über die Mährischen Brüder in Pilgerruh bei Oldesloe

4553 Privileg der Reformierten 1740-1741

4554 Katholiken 1762-1786
Enthält: Wegzug der katholischen Witwe Maria Elisabeth Reigerding mit ihrem Kind, 1762; Bürgerrecht für Hermann Hinrich Gerdemann, Joseph Rudolph und Lorenz Zabel, 1782-1786

4555 Niederlassungs- und Handelskonzessionen für Juden 1742-1848

4557 Schule, Rektor sowie Schreib- und Rechenmeister 1747-1837

4558 Sankt-Jürgens-Hospital (1360-) 1731-1800
Enthält u. a.: Kommission zur Untersuchung der Beschaffenheit des Hospitals, 1741; künftige Verwaltung des Hospitals, 1765; Bau eines neuen Armenhauses, 1778; Genehmigung zum Wiederaufbau des eingeäscherten Hospitalsgebäudes, 1800; Verwaltung der Ländereien

4559 Rantzausche Stiftung (1648-) 1765-1770
Enthält: Trennung der Stadtkasse und der Rantzauschen Armenstiftung sowie deren Verwaltung; Nichtanlage von Armengeldern; Forderungen nach einer ordentlichen Abrechnungen zwischen der Stadtkasse und der Armenstiftung

4560 Armenwesen und einzelne Armenfälle 1746-1810
Enthält u. a.: Revision der Armenrechnungen, 1754; Unterhalt der Armen auf der Oldelsoer Saline, 1810

4561 Handwerker und Privilegierte (1707-) 1730-1811
Enthält u. a.: Beschwerde der Schusteramtes über die unkonzessionierten Schuster in den umliegenden Ämtern (mit Verzeichnissen der Handwerker und Gewerbetreibenden in den Ämtern Reinbek, Trittau und Tremsbüttel), 1805-1816

4562 Handwerker und Privilegierte (1769-) 1817-1845
Enthält u. a.: Bestätigung von Amtsartikeln

4563 Kupfermühle (1665-) 1742-1829

4564 Schifffahrt auf der Trave (1706-) 1731-1847
Enthält u. a.: Krangerechtigkeit, 1831

4565 Handel 1743-1781
Enthält: Holzhandel, 1743, 1780; Gewichte, 1748, 1775; Befreiung von der Kopfsteuer wegen schlechter wirtschaftlicher Verhältnisse der Stadt

4566 Post und Rollfuhren 1731-1810
Enthält u. a.: Postmeister

4567 Mühlen 1747-1834
Enthält u. a.: Zusammenstellung von Nachrichten über die Kornwassermühle und ihre Zugehörigkeit zum Haus Gottorf

4568 Stadtländereien 1748-1847

4569 Stadthölzung 1747, 1790-1802

4570 Apotheker (1718-) 1752-1843

4571 Chirurg 1737-1770

4572 Einsetzung der Hebamme Maria Elisabeth Westphal in Oldesloe als Hebamme in den Hebammendistrikt Leezen und Befreiung vom Lehrgeld am Hebammeninstitut in Kiel 1822-1824

4573 Sonstige Polizeiangelegenheiten 1748-1846
Enthält u. a.: Gassenreinigung, 1748; Schützenkompanie, 1749; Feuerspritze, 1779; Pferderennbahn, 1832; Statuten der Bürgergarde, 1846; Märkte

4574 Wege 1808-1839

4575 Ökonomische Verfassung, Stadtkasse und Kontribution 1755-1847
Enthält u. a.: Reglement zur ökonomischen Verfassung und Einrichtung des Hebungs- und Rechnungswesens, 1756; Ansetzung zur Kontribution, 1761; Notate zu den Stadtrechnungen von 1744 bis 1753, 1763; Baufreiheitsjahre, 1776; Verwaltung des Stadtkassiererdienstes, 1784; Verkauf und Tausch von Grundstücken

4576 Spezielle Kämmereiangelegenheiten 1746-1846
Enthält u. a.: Bilanz der Stadtrechnung, 1831-1833; Reparatur der Kirchen- und Mühlenbrücke, 1834; Zahlung der Nahrungssteuer von den Besitzern der Kupfermühle für die Papierfabrikation, 1846; Kontribution; Einquartierung; Baufreiheitsjahre; Befreiung von bürgerlichen Ämtern; Landtausch

4577 Einquartierung 1756-1816

4578 Badeanstalt 1813-1847
Enthält u. a.: Baderechnungen
Darin: Ansichten und Grundrisse, 1847

4579 Unterstützung der durch den Stadtbrand von 1798 geschädigten Einwohner und Wiederaufbau der Stadt 1798-1805

Ehemaliges Herzogtum Plön

Herzogliches Haus, Verfassung, Verwaltung, Landeshoheit

4580 Erbstreitigkeiten Herzog Friedrich Carls von Schleswig-Holstein-Sonderburg-Plön mit Charlotte Amalie, Dorothea Auguste Friederike und Christine Luise, Töchter Herzogs Joachim Friedrich 1731-1742

4581 Korrespondenz zwischen König Christian VI. von Dänemark und Herzog Friedrich Carl von Schleswig-Holstein-Sonderburg-Plön über Geburten, Sterbefälle und andere Familienangelegenheiten des Herzoghauses 1732-1744

4582 Zeremonialkorrespondenz König Christians VI. von Dänemark mit der Herzogswitwe Juliane Louise von Schleswig-Holstein-Sonderburg-Plön über Sterbefälle und Vermählungen 1733-1735

4583 Anleihe Herzog Friedrich Carls von Schleswig-Holstein-Sonderburg-Plön auf den Kalkberg 1733-1745

4584 Anzeige der Belehnung mit dem Herzogtum Plön (1590-) 1735

4585 Bestätigung und Garantie der Ehestiftung zwischen Herzog Friedrich Carl von Schleswig-Holstein-Sonderburg-Plön und Christine Armgaard geb. Gräfin von Reventlow 1735

4586 Prozess Herzog Friedrich Carls von Schleswig-Holstein-Sonderburg-Plön am Reichshofrat wegen der Schulden des Herzogtums Rethwisch (1706-) 1735-1756

4587 Klage der ehemaligen Pächter der Vorwerke Ahrensbök und Hohenhorst Erdmann Rathje und Peter Reese wegen des Widerstands der Rentekammer in Plön gegen einen Pachterlass (1717-) 1736-1746
Enthält u. a.: Rechnungen der Vorwerke, 1732-1734

4588 Wunsch Herzog Friedrich Carls von Schleswig-Holstein-Sonderburg-Plön nach Garantien des dänischen Königs für Schulden des Herzogtums (1715-) 1737-1739

4589 Angebliche Absicht Herzog Friedrich Carls von Schleswig-Holstein-Sonderburg-Plön zum Verkauf eines Amtes an das Kurfürstentum Hannover 1739-1740

4590 Grenzstreitigkeiten des Herzogtums Plön mit dem Gut Övelgönne 1743

4591 Unterstützungsbitte Herzog Friedrich Carls von Schleswig-Holstein-Sonderburg-Plön wegen seiner durch Feuer und Viehseuchen erlittenen Verluste 1745

4592 Wunsch Herzog Friedrich Carls von Schleswig-Holstein-Sonderburg-Plön zur Entsendung einer Person nach Westindien 1746

4593 Einrichtung eines Exerzierplatzes für königliche Truppen bei Segeberg auf Gebiet des Herzogtums Plön 1760

Erbfolge im Herzogtum Plön

4594 Verhandlungen 1753-1756

4595 Verhandlungen 1757-1761

4596 Kommissionsakten des Kanzlers Christoph Ernst von Beulwitz (1723-) 1756-1757

4597 Abschriften von Traktaten und Aktenstücken zur Erbfolge des Königs von Dänemark 1754-1769

4598 Zeremonialkorrespondenz zum Tod Herzog Friedrich Carls von Schleswig-Holstein-Sonderburg-Plön 1761

4599 Besitznahme durch den König von Dänemark (1673-) 1761-1765

4600 Bestätigung der Privilegien und Bestallungen nach der Besitznahme (1746-) 1761-1763

4601 Auftrag an Justizrat Schröder und Kanzleirat Gude zur Absonderung und Verteilung des Archivs des Herzogtums 1762-1778
Enthält u. a.: Verzeichnisse der Akten

Justiz

4602 Landgericht 1763-1844

4603 Ziviljustiz 1762-1792
Enthält u. a.: Verfügung zur Einrichtung der Justizverwaltung, 1762; Siegelgebrauch, 1764; Einrichtung eines neuen Schuld- und Pfandprotokolls, 1787-1792

4604 Justizgebühren, Änderung des Verfahrens bei Konkursen, Bestimmung zum Protokollationswesen (1769-) 1800-1829

4605 Kriminaljustiz 1762-1769, 1841-1845
Enthält u. a.: Führung der Kriminaluntersuchungen, 1843; Übertragung von Verordnungen

Handwerker und Privilegierte sowie Kammerangelegenheiten

4606 Handwerker und Privilegierte 1761-1837
Enthält u. a.: Nachrichten von den Bestätigungen der Amtsrolle und Übertragung der Verfügung zur Leinweberei auf dem Land, 1764; Besuch der Märkte durch die Bäckerzunft, 1778; Einschränkung des Hausierhandels, 1795

4607 Kammerangelegenheiten 1785-1839
Enthält u. a.: Bestimmungen zur Bestätigung von Erbpächtern, 1786, 1796; Zoll

4608 Forderungen der Erben des mecklenburgischen Kammerrats Christian Hinrich Paulsen wegen eines Kapitals (1714-) 1765-1772

Polizei

4609 Polizei 1764-1774, 1843-1847
Enthält: Übertragung von Verordnungen, 1764, 1765; Übertragung der Gesindeordnung, 1774; Zuständigkeiten zur Zahlung der Polizeikosten, 1847

4610 Gehalt des Physiki 1841-1847

Amt Plön

4611 Jurisdiktion und Grenzen 1777-1790, 1835-1844
Darin: Karten zum Grenzverlauf zwischen dem Amt Plön und dem Gut Erfrade auf dem Tensfelder Moor, 1768

4612 Justiz 1787-1841
Enthält u. a.: Jurisdiktion über die Bediensteten des Herzogs von Oldenburg, 1791; Verfahren bei Strafgeldern, 1823; Bau eines neuen Amtsgefängnisses, 1825-1840; Einrichtung eines neuen Schuld- und Pfandprotokolls, 1837
Darin: Ansichten und Grundrisse des Gefangenenhauses, 1838

4613 Amtsbedienstete und Justizbedienstete 1768-1848

4614 Handwerker und Privilegierte (1744-) 1762-1843

4615 Kammerangelegenheiten 1786-1839
Enthält: Gebührenzahlung des Schlachters Baxmeier, Plön, für einen Kaufvertrag über eine Plöner Vorwerksparzelle, 1786; Erhöhung der Pacht für die Papiermühle bei Fegetasche, 1808; Fischerei im Stocksee, 1824; Redder-Weidegerechtigkeit, 1839

4616 Verbot der Geburtshilfe im Hebammendistrikt für die Stadthebammen sowie Torf- und Holzdeputate für die Distrikthebammen 1781-1785

4617 Wege (1826) 1827-1842

4618 Einquartierung, Landmilitärdienst und Landausschuss 1775-1808
Enthält u. a.: Privilegien von Parzellisten und Erbpächter

4619 Schädliche Stauung des Plöner Sees 1786-1843
Enthält u. a.: Ansprüche der Mühlen

Amt und Flecken Ahrensbök

4620 Jurisdiktion und Grenzen (1741-) 1774-1845
Enthält u. a.: Jurisdiktion über einige Hufen in Schürsdorf (u. a. mit Feld- und Einteilungsregister des zum Amt Plön gehörigen Teils des Dorfes Schürsdorf, 1757); Fleckensgerechtigkeit für Ahrensbök, 1829

4621 Amtsverwalter 1796-1844

4622 Amtsdiener und Polizeireiter 1804-1848

4623 Forderungen der Erbpächter nach Befreiung von Gefangenenwachen sowie Bau des Amtsgefängnisses und der Pförtnerei 1782-1817

4624 Scharfrichter 1762-1843

4625 Handwerker und Privilegierte 1797-1847

4626 Nahrungssteuer, Verkauf von Pfandsachen des Papierfabrikanten Franz Carl Otte in Schulendorf, Notat zur Revision des Depositenbuchs 1831-1841

4627 Landwirtschaft 1788-1803, 1845
Enthält u. a.: Grenzstreitigkeiten des Erbpächters einer Vorwerksparzelle Hans Cord Schröder mit seinen Feldnachbarn, 1788-1795

4628 Amtschirurg 1792-1832

4629 Apotheker 1814-1842
Enthält: Einstellung eines Provisors für Ahrensbök durch den Apotheker Lebrecht Gotthilf Hartmann, Plön, 1814; Übertragung des Privilegs des Apothekers Andreas Wilhelm Kirkerup auf den Kandidaten der Pharmazie Julius Martin Salomon, Kiel, und Bestätigung des Privilegs, 1838-1842

4630 Hebammen 1790-1827

4631 Wege 1763-1847

4632 Sonstige Polizeiangelegenheiten 1791-1845
Enthält u. a.: Stellung von Wachen, 1793; Vermietung von Wohnungen an Auswärtige, 1822; Lombard, 1825; Gebühr für die Erteilung von Genehmigungen des Amtshauses für Um- und Neubauten durch die Parzellisten, 1845; Märkte

4633 Kämmerei 1784-1847
Enthält u. a.: Gebühren der Eingesessenen von Kesdorf in Verwaltungsangelegenheiten, 1844-1847; Amts- und Fleckensanlagen

4634 Einquartierung, Landmilitärdienst und Landausschuss 1780-1831
Enthält u. a.: Befreiungen

Amt und Flecken Reinfeld

4635 Verfassung, Verwaltung, Jurisdiktion und Grenzen 1736, 1804-1845
Enthält: Jurisdiktion königlicher Behörden über herzogliche Untertanen, 1736; Grenzvergleich mit Gut Eckhorst, 1805; Verhältnisse der Anbauern auf den ehemaligen Schlossgärten in Reinfeld, 1811, 1830, 1833; Fleckensprivileg für Reinfeld, 1840; Verbindung einiger Dörfer des Amtes Reinfeld mit dem Amt Ahrensbök, 1845

4636 Amtsbedienstete und Justizbedienstete 1808-1848

4637 Justiz 1829-1848
Enthält u. a.: Neubau eines Gefängnisses für die Ämter Reinfeld, Rethwisch und Traventhal in Traventhal (mit Grundrissen), 1830-1841

4638 Scharfrichter 1762-1843
Enthält: Gebrüder Johann Julius und Otto Friedrich Kirchner, 1764; Johann Hinrich Georg Klein, 1795, 1808; Johann Hinrich Kirchner, 1843

4639 Kammerangelegenheiten 1778-1845
Enthält u. a.: Hand- und Spanndienste, 1779, 1796; Stempelpapier, 1791; Zollwesen, 1818; Verfahren zur Eintreibung rückständiger Gefälle, 1840

4640 Landwirtschaft 1762-1829
Enthält: Aufnahme von Pferden und Knechten aus der Stuterei im Herzogtum Mecklenburg-Schwerin, 1762; Bestimmung zur Annahme von Hufen in Havighorst, 1781; Besitzrechte an zwei Teichen in Eilsdorf, 1798; Besitzwechsel einer Erbpachstelle im Steinfelder Teich, 1800; Überschwemmmung von Ländereien am Kalkgraben, 1829

4641 Handwerker und Privilegierte 1791-1844
Enthält u. a.: Gewerbeverhältnisse in Reinfeld und Ahrensbök, 1822-1828

4642 Physikus, Amtschirurg und Hebammen 1766-1825
Enthält: Torf- und Holzdeputate für die Hebammen in den Ämtern Reinfeld und Rethwisch, 1766; Diensteinkünfte des Amtschirurgen Peter Funck, 1776; Regulierung der Physikatsdistrikte, 1825

4643 Apotheken 1820-1842

4644 Brücken und Wege 1774-1848
Enthält u. a.: Instandsetzungspflicht und Wegestreitigkeiten der Parzellisten in Steinhof und Neuhof Parzellisten, 1774-1804; Bau einer Brücke über die Trave bei Lokfeld, 1840-1848

4645 Kranzreiten und Markt 1764, 1829-1845

4646 Einquartierung, Landmilitärdienst und Landausschuss 1776-1804

Amt Rethwisch

4647 Grenzregulierungen zwischen einigen Dörfern der Ämter Steinhorst und Rethwisch sowie Verbot der Haltung eines Kahns auf der Trave zum Privatgebrauch 1786, 1833-1834

4648 Amtsverwalter, Amtspförtner, Polizeireiter und Scharfrichter 1786-1848

4649 Bäcker und Schmied 1833-1843

4650 Benutzung von Stempelpapier bei Umschreibungen und Protokollationen sowie Mitteilung des Gesuchs der Amtseingesessenen wegen der häufigen Fuhren 1784-1787

4651 Zahlung der Hebammenkosten aus königlicher Kasse 1766

4652 Errichtung eines Schlagbaums bei der Galmeymühle 1805

4653 Landmilitär und Landausschuss 1786, 1801

Enthält: Auslieferung einiger im Amt Steinhorst befindlicher Landausschussreserven des Amtes Rethwisch, 1786; Befreiung der Parzellenbesitzer von der Landmilitärpflicht, 1801

Amt Traventhal mit Gieschenhagen

4654 Grenzregulierung zwischen Wakendorf und Gut Fresenburg sowie Landtausch zwischen Strukdorf und Gut Pronstorf 1783-1785, 1804

4655 Amtsbedienstete (1772) 1773-1848

4656 Justiz 1762-1843

Enthält: Gebrauch des lübischen Rechts in Gieschenhagen, 1763; Scharfrichter, 1767, 1802; Kriminalgericht, 1786; Einrichtung eines Foliums im Schuld- und Pfandprotokoll für den Juden Moses Moses, Gieschenhagen, 1788; Verpflegungsgelder für die Gefangenen in den Ämtern Reinfeld, Rethwisch und Traventhal, 1803; Amtsgefängnis, 1805; Sporteln, 1807, 1811; Erstattung von Kosten durch Amtmann von Adeler wegen einer Untersuchung im Amt Reinfeld, 1840

4657 Müller, Schmied, Schornsteinfeger und Schuster 1782-1793, 1831-1834

4658 Kammerangelegenheiten 1786-1843
Enthält: Hofdienste in Gladebrügge, 1786; Handdienste in Klein Rönnau, 1803; Bewachung der Beamtenwohnungen in Traventhal und Pinneberg, 1811; Notate zu Amtsrechnungen wegen Brüchen, 1832, 1843

4659 Landwirtschaft 1805-1811
Enthält: Stauung einer Wiese in Altengörs; Gesuch von Eingesessenen in Gieschenhagen um Überlassung des zum Hospital in Segeberg gehörigen „Gasthofs"

4660 Hebammen 1793-1796
Enthält: Gehaltszulage der Hebamme Anna Maria Margaretha Rickert oder Entlassung aus den Diensten der Dörfer Geschendorf, Strukdorf, Westerrade, Söhren und Steinbek sowie Brücheerlass

4661 Wege, Brücken und Siele 1775-1830

4662 Sonstige Polizeiangelegenheiten 1808-1809, 1847
Enthält: Brandwesen beim Bau einer Altenteilkate durch den Bauervogt Rottgaard, Altengörs; Spar- und Leihkasse (mit Statuten)

4663 Einquartierung, Landmilitär und Landausschuss 1768-1811

Propstei Plön

Propstei insgesamt

4664 Konsistorium und Propst 1762-1843

4665 Kirchenvisitationsberichte und Allgemeines 1761-1846

4666 Schule in der Propstei Plön: Allgemeines 1764-1836
Enthält u. a.: Schulregulativ für die Ämter Plön und Ahrensbök (mit tabellarischem Verzeichnis zur Verfassung der Landschulen in der Propstei), 1816; Übersicht über die Volksschulen der Propstei, 1836

4667 Ehe in der Propstei Plön: Genehmigung von Haustrauungen bei der Deutschen Kanzlei und Übertragung von Verordnungen zu Eheverboten 1765-1767, 1807

Kirche, Schule und Armenwesen im Amt Plön

4668 Kirche im Amt Plön: Allgemeines 1796-1807

Enthält: Kirchenanlagen der zu Bosau eingepfarrten Plöner Untertanen, 1791; Stimmrecht bei Predigerwahlen, 1802; Auseinandersetzungen des Kammerrats von Hennings, Amtmann von Plön, mit dem Konsistorium, der Armenkommission und dem Amtsverwalter wegen der Armenverwaltung, 1806, 1807

4669 Kirchspiel Bosau: Anwartschaft auf das Pastorat für den Pastoradjunkten Siewersen 1820

4670 Kirchspiel Hamberge: Entlassung des Pastors Rittershauss 1846-1848

4671 Schulen im Amt Plön: Allgemeines und einzelne Schulen 1780-1840

4672 Armenwesen im Amt Plön 1788, 1805

Enthält: Unterhalt für die Familie des inhaftierten Amtsboten Rheinländer, 1788; Befehl für den Tagelöhner Jürgen Selck zum Verlassen des Dorfes Damsdorf, 1805; Aufforderung an den Amtmann in Plön zur Versorgung des Heinrich Jürgen Balck und seiner Frau, 1805

Kirche, Schule und Armenwesen im Amt Ahrensbök

4673 Kirche im Amt Ahrensbök: Allgemeines 1762-1841

Enthält u. a.: Bauten
Darin: Ansichtszeichnung der Kirche, 1767

4675 Kirche im Amt Ahrensbök: Pastor (1701-) 1771-1830

Enthält u. a.: Bewerberverzeichnis, 1830

4674 Kirche im Amt Ahrensbök: Juden 1808-1825

Enthält: Niederlassungen des Ruben Samuel, Moisling, und des Levin Philipp, Moisling

4676 Kirchspiel Curau: Verkauf silberner Altargegenstände und Kollekte zum Wiederaufbau der abgebrannten Kirche 1794, 1828

4677 Kirchspiel Curau: Pastor (1740-) 1761-1848

4678 Kirchspiel Gleschendorf: Allgemeines 1765-1844

Enthält u. a.: Begräbnisplatz (mit Zeichnung), 1792

4679 Kirchspiel Gleschendorf: Pastor 1761-1842
Enthält u. a.: Verzeichnis der Pastoren vom 16. Jahrhundert bis 1740

4680 Kirchspiel Gnissau: Allgemeines und Kirchengebäude 1767-1847

4681 Kirchspiel Gnissau: Pastor 1762-1799, 1835-1845
Enthält u. a.: Bewerberverzeichnis, 1835

4682 Kirchspiel Ratekau: Allgemeines sowie Kirche und Kirchengüter (1758-) 1765-1841

4683 Kirchspiel Ratekau: Auseinandersetzung mit dem Fürstentum Lübeck wegen Besteuerung der Predigerländereien in Ratekau und deren Territorialhoheit 1809-1837

4684 Kirchspiel Ratekau: Pastor 1766-1768, 1802-1845

4685 Kirchspiel Süsel: Allgemeines (1755-) 1762-1844
Enthält u. a.: Bauten

4686 Kirchspiel Süsel: Pastor 1799-1842
Enthält u. a.: Bewerberverzeichnisse, 1820, 1842

4687 Schule im Amt Ahrensbök: Allgemeines 1777, 1807-1824
Enthält u. a.: Trennung der Dorfschaft Dakendorf von der Schule in Curau und Entschädigung des Organisten und Schulmeisters Johann Hadenfeldt in Curau, 1824

4688 Schule im Amt Ahrensbök: Allgemeines 1827-1844

4689 Schule im Amt Ahrensbök: einzelne Schulen und Bestallungen der Schulmeister 1762-1844

4690 Armenwesen und Armenfälle im Amt Ahrensbök 1768-1848
Enthält u. a.: Armenhaus in Ahrensbök, 1768-1845; Armendistriktseinteilung, 1845-1848

Kirche, Schule und Armenwesen im Amt Reinfeld

4691 Kirche im Amt Reinfeld: Allgemeines 1766-1803, 1844-1845
Enthält: Kosten des Bezugs der Altäre und Kanzeln anlässlich der Beerdigung König Friedrichs V. von Dänemark, 1766; Schenkung von Holz und Kalk für den Bau des Organisten- und Schulhauses, 1795; Gebühr der Parzellisten in Steinhof und Neuhof für das Totengeläut, 1796; Befreiung von der Beteiligung am Bau des Organistenhauses in Reinfeld für die Parzellisten in Steinhof und Neuhof, 1800; Kirchenfuhren in Havighorst, 1803; Errichtung einer neuen Propstei und eines neuen Unterkonsistoriums, 1845

4692 Kirchspiel Reinfeld: Allgemeines und Pastor 1762-1837
Enthält u. a.: Bewerberverzeichnis, 1827

4693 Kirchspiel Zarpen: Allgemeines und Pastor 1762-1848
Enthält u. a.: Bewerberverzeichnsse, 1815, 1824

4694 Schulen im Amt Reinfeld: Allgemeines und einzelne Schulen
Enthält u. a.: Bestallung von Schulmeistern (1756-) 1762-1848
Darin: Grundriss des Schulhauses in Stubbendorf, 1847

4695 Armenhaus in Reinfeld 1767-1834
Enthält u. a.: Präbendisten, 1767-1769

4696 Armenangelegenheiten im Amt Reinfeld 1779-1848
Enthält u. a.: Änderung der Armendistriktseinteilung, 1848

Kirche, Schule und Armenwesen im Amt Rethwisch

4697 Kirchspiel Klein Wesenberg: Allgemeines und Pastor 1762-1846
Enthält auch: Rückstände der zur Kirche in Oldesloe eingepfarrten Parzellisten des Amtes Rethwisch an den dortigen Kirchenanlagen, 1807

4698 Schulen im Amt Rethwisch: Allgemeines und einzelne Schulen
1786-1796, 1833
Enthält: Weigerung der Parzellisten in Rethwisch und der Trauholzer Anbauern zur Beteiligung am Schulhausbau, 1791; Unterstützung für Schulhausbau in Rethwisch, Altenweide, Boden und Steensrade, 1796; Entlassung des Schullehrers Hans Jessen Hansen, Benstaben, 1833

4699 Armenwesen und Armenfälle im Amt Reinfeld 1787-1847

Enthält: Zuständigkeit für den Unterhalt eines Findelkindes, 1787; Pflicht der Parzellenbesitzer des ehemaligen Vorwerks Rethwisch zu Armenabgaben, 1793; Kur- und Verpflegungskosten für die auf Parzellengrund geb. Margarethe Elisabeth Iven, 1808; Notat zur Kopf- und Rangsteuerrechnung hinsichtlich einer geplanten Verbesserung des Armenwesens, 1847

Kirche, Schule und Armenwesen im Amt Traventhal

4700 Kirche im Amt Traventhal: Allgemeines und Juden 1783-1809

Enthält u. a.: Weigerung der Kätner in Stubben und Bühnsdorf sowie der Anbauern auf Christianshof und Christiansfeld zur Leistung des Beitrags zu den Kirchenanlagen des Kirchspiels Segeberg, 1785; Kirchenanlagen des Kätners Hinrich Bruhn, Söhren, 1794

4701 Schulen im Amt Traventhal: Allgemeines und einzelne Schulen 1764-1843

4702 Armenwesen und Armenfälle im Amt Traventhal (1781-) 1785-1842

Enthält u. a.: Armenbeitrag der Heuerlinge in Gieschenhagen, 1811

Stadt Plön

4703 Vereinigung der Neustadt, des amtsklösterlichen Distrikts sowie einiger zum Schlossgrund und Amt Plön gehöriger Häuser mit der Altstadt 1819-1845

4704 Vereinigung der Neustadt, des amtsklösterlichen Distrikts sowie einiger zum Schlossgrund und zum Amt Plön gehöriger Häuser mit der Altstadt (1827-) 1844-1848

4705 Verfassung, Verwaltung, Privilegien, Jurisdiktion und Grenzen (1744-) 1763-1845

Enthält u. a.: Vorschlag zur Vereinigung der Neustadt und der Klostergasse mit der Neustadt, 1765; Jurisdiktion über das ehemalige Hofpredigerhaus, 1765; Regulativ für die ökonomische Verwaltung, 1824; Privilegienbestätigungen

4706 Magistrat (1697-) 1767-1824

4707 Bürgermeister (1751-) 1761-1841

Enthält u. a.: Amtsvergehen des Bürgermeisters Johannes Ephraim August Martini, 1828

4708 Ratsverwandte (1742-) 1762-1841

4709 Deputierte Bürger 1831-1846

4710 Stadtkassierer 1823-1848
Enthält u. a.: Verhältnisse der Stadtkasse und Vergleich zwischen der Stadt und dem Stadtkassierer Johannsen, 1825-1833

4711 Gerichtsdiener und Ratsdiener 1817-1847
Enthält: Sporteltaxe, 1818; Vakanz des Postens eines Ratsdieners, 1845; Unterstützung des Stadtdieners Christian Friedrich Vossgraff, 1847

4712 Justiz 1764-1828
Enthält: Gebühren des Stadtkassiers nach der Schuld- und Pfandprotokollverordnung von 1698, 1764; Appellation, 1765; Scharfrichter, 1764-1828

4714 Kirche (1708-) 1775-1840
Enthält u. a.: Nachrichten über die Einpfarrung der Neustadt in die Altstadt, 1804; Regulierung der kirchlichen Angelegenheiten, 1815, 1823; Beibehaltung der Kirche in der Neustadt, 1820; Verteilung der Amtsgeschäfte und Diensteinkünfte der beiden Kompastoren, 1824

4713 Reformierte und Juden 1765-1845

4715 Kirchengemeinde in der Altstadt Plön: Allgemeines 1762-1839
Enthält u. a.: Bau eines Pastorats, 1801-1806
Darin: Ansichten und Grundrisse des Pastoratshauses, 1801

4716 Kirchengemeinde in der Altstadt Plön: Hauptpastor 1761-1843
Enthält u. a.: Bewerberverzeichnisse, 1835

4717 Kirchengemeinde in der Altstadt Plön: Kompastor
(1753-) 1762-1842

4718 Kirchengemeinde in der Altstadt Plön: Organist und Küster
(1744-) 1761-1820

4719 Kirchengemeinde in der Altstadt Plön: Kirche und Kirchengüter
(1760-) 1762-1811, 1843
Enthält u. a.: Reparatur der Kirche, 1762; Planierung des Kirchhofs, 1811

4720 Kirchengemeinde in der Neustadt Plön: Allgemeines 1764-1817
Enthält: Kirchenstände für die Einwohner der Neustadt in der Kirche der Altstadt, 1765; Ausübung der Pastoratsgeschäfte bei Vakanz, 1778; Verringerung der Diensteinkünfte der Kirchenvorsteher und Deputierten der Gemeinde, 1778; Mitteilung des Gesuchs der Einwohner der Neustadt über die Beibehaltung ihrer Kirche, 1817

4721 Kirchengemeinde in der Neustadt Plön: Pastor 1762-1839

4722 Kirchengemeinde in der Neustadt Plön: Organist und Küster 1762-1796

4723 Kirchengemeinde in der Neustadt Plön: Kirche und Kirchengüter
Enthält u. a.: Bauten 1765-1842

4724 Schule (1704-) 1761-1837
Enthält u. a.: Bestallung der Schreib- und Rechenmeister und des Pädagogen an der Breitenauischen Schule

4725 Waisenhaus (1761-) 1764-1844

4726 Vorsteher des Waisenhauses (1736-) 1762-1839

4727 Waisenhaus-Vater und Waisenhaus-Mutter (1751-) 1781-1840

4728 Armenwesen 1766-1847
Enthält u. a.: Armenhaus in der Neustadt, 1766

4729 Pottaschefabrik (1759-) 1762-1764

4730 Handel, Märkte, Handwerker und Privilegierte 1769-1842

4731 Bäcker, Glaser, Handeltreibende, Maurer, Musikant, Schlachter, Schmied und Schlosser, Schneider, Schornsteinfeger, Schuster, Tischler und Töpfer (1679-) 1762-1848
Enthält u. a.: Amtsrolle der Schlachter, 1689; Amtsrolle der Tischler, 1679

4732 Weber, Weinschenk und Zimmerer 1763-1846

4733 Jagdrecht auf Stadtfeld, Regulierung der Extrasteuern, Kirchenanlagen des Oberforstmeisters 1769-1796

4734 Post und Rollfuhren 1732-1845
Enthält: Passierscheine der Mietfuhrleute, 1843; Anspruch des Postillons Johann Friedrich Rolffs auf ausstehende Fuhrgelder, 1845; Postmeister, 1732-1810

4735 Landwirtschaft 1763-1807, 1842-1843
Enthält u. a.: Walkmühle, 1763; Aufteilung der Stadtländereien, 1781-1791; Verpachtung und Verkauf der Stadtheide, 1788-1805

4736 Polizei (1755-) 1762-1798, 1841-1845
Enthält u. a.: Übertragung der Verwaltung des Polizeiwesens an den gesamten Magistrat, 1766; Einstellung eines Polizeidieners, 1793; Aufbringung der Polizeikosten, 1794; Märkte

4737 Physikus 1763-1832

4738 Hebammen (1754-) 1762-1808

4739 Apotheker 1763-1844

4740 Wege 1826-1832
Enthält: Straßenpflasterung; Behinderung des Zugangs zu Koppeln des Gastwirts Meyer durch Wegearbeiten; Pflicht der Altstadt zur Instandsetzung des Weges am Großen Plöner See

4741 Gilden (1765-) 1778-1848

4742 Kämmerei 1766-1843

4743 Spezielle Kämmereiangelegenheiten 1788-1847
Enthält u. a.: Vorschlag zum Verkauf des Schützenköniglandes, 1788; Rathausbau, 1816; Notate der Stadtrechnungen

4744 Dezimationen (1764) 1765-1829

4745 Einquartierung 1763-1848
Enthält u. a.: Schlossstall
Darin: Fassadenzeichnung von Buden in der Neustadt, 1787

4746 Privilegierte Höfe (1646-) 1762-1824

Dänemark

4747 Freiwillige Beiträge zum Wiederaufbau des abgebrannten Schlosses Christiansborg in Kopenhagen 1794-1796

4748 Niederlassung und Bürgerrecht 1783-1803, 1848
Enthält: Schutzjude Simon Isaac Kalker, Wandsbek, 1783; Niederlassung von Eingesessenen des Amtes Koldinghus im Herzogtum Schleswig, 1796; Matthias Clausen Dall, Gram, 1803; Landsoldat Carsten Brodersen, Karrharde, 1848; Landsoldat Jürgen Koch Thomsen, Witzwort, 1848

4749 Ausschluss des Birkrichters in Ballum von den Landteilungen durch den Amtsverwalter in Ripen 1788

4750 Testamente und Erbschaften 1769-1797, 1838-1848

4751 Fideikommisse 1841-1844
Enthält: Fideikommiss Skjersoe; Fideikommiss des Peter Andersen, Ramerikhus; Fideikommiss auf einer Plantage des Vaters von John Heiliger Burt, Itzehoe, auf Saint Croix

4752 Kirche, Schule und Armenwesen 1749-1847
Enthält u. a.: Kollekte für den Bau der Kirche in Christianshavn, 1749-1752; Gelder für den Wiederaufbau der Frauenkiche in Kopenhagen, 1812-1813

4753 Handel und Schifffahrt 1755, 1807-1836
Enthält u. a.: Hansisches Kontor in Bergen, 1755

4754 Handwerker und Privilegierte 1775-1848

4755 Irrenanstalt in Bidstrup und auf der Insel Møn 1797, 1847-1848

4756 Einrichtung von Apotheken 1810, 1840-1842
Enthält: Apotheker Lorenz Henning Jakobsen, Hadersleben, für Aalborg, 1810; Kandidat der Pharmazie Niels Wiborg, Tondern, für Friedrichswerk, 1840; Kandidat der Pharmazie Carl Jens Wilhelm Ludwig Jacobsen, Hadersleben, für Ringe, 1840; Kandidat der Pharmazie Adolph Ottesen, Tondern, für Odense und Grindstedt, 1840, 1842

4757 Friedrichshospital in Kopenhagen 1768, 1812-1813, 1831

4758 Polizei 1775-1839

Enthält u. a.: Skelettfund bei Næstved, 1775; Misshandlung eines Schiffsjungen aus Flensburg auf einem Wachschiff, 1783; Transport von auf Island Verurteilten in die Festungen und Zuchthäuser der Herzogtümer, 1788; Provinzialchirurg der Grafschaft Rantzau Christian Christoph Vendt als Distriktchirurg für Ebeltoft und die Süder-Mols-Harde und Oster-Liisberg-Harde, 1839; Befreiung von Brüchezahlungen

4759 Willkürliches Briefporto des Postkontors in Kopenhagen 1783

4760 Notizen zur Konsumtionsabgabe in den dänischen Städten 1805-1807

4761 Verproviantierung der dänischen Inseln und Norwegens 1807-1811

4762 Adlige Klöster 1784-1848

8123 Unterbringung von Gefangenen aus Alsen und Ärö im Zuchthaus in Odense 1849

Schweden und Norwegen

4763 Anwesenheit von Mitgliedern des schwedischen Königshauses und schwedischer Kriegsschiffe in den Herzogtümern 1757, 1810-1843

Enthält auch: Fragment eines politischen Berichts, 1757

4764 Abtretung Norwegens an Schweden und Verbleib von Norwegern in dänischen Diensten 1814-1815

4765 Niederlassung von Bewohnern der Herzogtümer Schleswig und Holstein in Schweden 1832-1842

Enthält: Handlungsdiener Heinrich Cornelius Röhs, Schleswig, in Gothenburg, 1832; Kandidat der Chirurgie Joachim Friedrich Netzler, Flensburg, in Ystadt, 1837; Schneidergeselle Bernhard Ludolf Christian Schultz, Schleswig, in Philippstadt, 1842

4766 Erbschaft 1770, 1783

Enthält: Carl Lorentz Thormählen, Schleswig; Erbschaft des unmündigen Mathias Jacobaeus, Silvitzborg (?), in Flensburg

4767 Konvention über die gegenseitige Auslieferung von Verbrechern sowie einzelne Angelegenheiten zu Verbrechern, Vagabunden und Verschollenen 1808-1849

4768 Handel und Schifffahrt, besonders deren Störung durch den Krieg 1805-1820

Deutsche Staaten

4769 Baden 1831-1847
Enthält: politisches Verhalten des Prof. Welcker, 1841; Kriminalgesetzgebung in Baden, 1831-1847

4770 Bayern 1837-1842
Enthält: Nachricht über die Teilnahme der Tischlergesellen Kroll und Gäbner, Altona, an einer politischen Verbindung in der Schweiz; unerlaubte Heiraten bayerischer Untertanen im Ausland

4771 Braunschweig 1830-1842
Enthält: Fahndung nach dem steckbrieflich gesuchten Georg Klindworth aus Göttingen; Erforderung einer obrigkeitlichen Erlaubnis zu Trauungen im Herzogtum Braunschweig

4772 Hessen-Kassel und Hessen-Darmstadt 1812-1840
Enthält u. a.: Mitteilungen schleswig-holsteinischer Gerichte an großherzogliche Untertanen, 1818; Ermächtigung des kurfürstlichen Oberappellationsgerichts zur Entscheidung einer Zollbefreiung im ehemaligen Anteil des Herzogtums Plön, 1840

4773 Lippe-Schaumburg 1831
Enthält: Aufhebung des Abzugsrechts

4774 Mecklenburg-Schwerin und Mecklenburg-Strelitz 1771-1836
Enthält u. a.: Forderungen des Generalleutnants de Chasot, Lübeck, an den Herzog von Mecklenburg-Strelitz, 1771; Erbschaften, 1777, 1778; Kriegsgefangenschaft, 1808; Kaperei, 1809; Beleidigungen des schwedischen Majors von Wachenhusen gegen die Justizkanzlei in Rostock, 1825, 1830; Entwurf einer Zivilgerichtsordnung für die Großherzogtümer, 1836

4775 Nassau-Saarbrücken 1780
Enthält: Kollekte für den Wiederaufbau der evangelisch-lutherischen Kirche in Güdingen

4776 Österreich 1777-1847
Enthält u. a.: Legationsprediger in Wien, 1777-1783; private Schuldforderungen, 1778, 1779; Unterstützung für die lutherische Gemeinde in Prag, 1784; Auslieferung des österreichen Deserteurs Sederholm Gustav an die französische Polizeibehörde in Lübeck, 1812; steckbrieflich gesuchte Personen, 1824, 1830, 1836; Unterstützung der Kirchengemeinde in Wellenitz in Böhmen für den Bau eines Pfarr- und Schulhauses, 1837

4777 Kurpfalz 1778-1795
Enthält: Ediktal-Zitation für Matthias Mezger; Unterstützung für den Bau der lutherischen Kirche in Klingenmünster; Religionsbeschwerden der Reformierten, 1795

4778 Preußen 1738-1848
Enthält u. a.: Festhaltung eines preußischen Schiffs mit Artillerie vor Glückstadt, 1738; Handels- und Stapelfreiheit der Insel Rügen, 1814; Einführung falscher preußischer Münzen, 1815; Festsetzung einer Norm für die gegenseitige Einwanderung, 1831; Zollverein, 1841; Gewerbeausstellung in Berlin, 1848; private Schuldforderungen; Handel und Schifffahrt; Entwichene; Vorladungen; Erbschaften; Studenten und Universität; Sanitätspolizei

4779 Sachsen und thüringische Herzogtümer 1781-1783, 1834
Enthält: Publikation einer Ediktal-Zitation des Oberkonsistoriums in Eisenach, 1781; Bekanntgabe der Geburt eines Prinzen des Herzogs Carl August von Sachsen-Weimar und Eisenach, 1783; Beziehungen zum Sächsischen Statistischen Verein, 1834

4780 Schwarzburg-Sondershausen (1831-) 1833-1834
Enthält: Meisterrecht des Schneidergesellen Heinrich Andreas Merckel, Pennewitz, im Herzogtum Holstein

4781 Württemberg 1808-1840
Enthält: Freigabe einer in Tönning zurückgehaltenen Ladung Indigo des Kaufmanns Carl Feuerlein, Stuttgart, 1808; Titulatur für den württembergischen Minister Graf Taube, 1809; Aufhebung des Abzugsrechts, 1811; Verschollene, 1820, 1826, 1838; Entwurf eines Handelsgesetzbuchs, 1840

4782 Westfalen und Berg 1808-1811
Enthält: Titulatur des Präsidenten des Oberdepartements; Beschlagnahmung von Waren in Tönning; Beschwerde über den Magistrat von Burg auf Fehmarn; Anspruch des Großherzogtums Berg auf einen Konskriptionspflichtigen; Blockade des dänischen Elbufers; Deserteure; Diebstahl von Kostbarkeiten beim Schlossbrand in Kassel

Kurfürstentum und Königreich Hannover

4783 Zoll in Stade 1778-1786

4784 Zoll in Stade 1790-1838

4785 Zoll in Stade (1824-) 1840-1843
Enthält u. a.: Aktenextrakte, 1824-1826; Brunshausener Zolltarif

4786 Salinengüter in Lüneburg und die darauf stehenden Schulden 1739-1778

4787 Präbenden Sankt Thomas und Sankt Elisabeth an der Sankt Johanniskirche in Lüneburg 1791-1805

4788 Beteiligte aus den Herzogtümern beim Witweninstitut in Calenberg 1782

4789 Dankadresse von Beamten, Professoren und anderen Personen an die „Sieben Göttinger Professoren" 1837-1838

4790 Sonstige Angelegenheiten 1793-1852

Enthält u. a.: Wachschiff bei Stade, 1794, 1806; Exekutivkommission, 1805; Transport von hannoverschen Rekruten, 1805; Ausfuhr von Lebensmitteln, 1806; Bitte der Dörfer Sahms, Elmenhorst und Groß Pampau um Mitteilung einer Akte aus dem Archiv des Amtes Trittau, 1812; Titulatur der hannoverschen Behörden, 1814; Deserteur, 1818; von Platensches Postregal, 1818; Ansprüche des Herzogtums Lauenburg wegen der Verpflegung russischer Truppen, 1829; Gesetzessammlung, 1829; Auslieferung eines Mordverdächtigen, 1832; Zurücklieferung von Kriminalakten durch das Kloster Uetersen, 1839; Eisenbahn, 1840; Auslieferung von Forst- und Holzfrevlern, 1840; Verlangen des Deichamtes Artlenburg nach Steingrand vom lauenburgischen Elbufer, 1840; Mitteilung von Aktenstücken der hannoverschen Ständeversammlung, 1847; Verdacht auf demagogische Umtriebe des Balduin oder Carl Bruhn (oder von Bruhn), Schleswig, 1849; Berufung des Pastors Lorentzen, Adelby, als Superintendenten nach Lüneburg, 1852

Stadt Hamburg

4791 Verfassung, Verwaltung, Privilegien, Verträge, Jurisdiktion und Grenzen 1731-1847

Enthält u. a.: Bestätigung der Belehnung mit dem Königshof in Hamburg für den Etatsrat Carl Friedrich von Vieregge, 1731; Gottorfer Vergleich, 1768; Verletzung der königlichen Territorialhoheit durch hamburgisches Militär während eines Auflaufs, 1792; Elbprivileg, 1802; Elbsande

Darin: Karte zur Grenzregulierung zwischen Volksdorf und Hoisbüttel, 1807

4792 Justiz (1705-) 1730-1750

Enthält u. a.: Beschwerden über das Verhalten des Magistrats; Nachlassangelegenheiten; Auslieferungen; Beschlagnahmungen; Arrest

Darin: Druckschrift des Polizeikommissars und Regimentsquartiermeisters Georg Christian Meding über die Befreiung Hamburgs von der Wasserflut sowie zu Prozessbeilagen in seiner Auseinandersetzungen mit dem Magistrat, 1721-1738

4793 Justiz (1717-) 1749-1830
Enthält u. a.: Übergriffe; Arrest; Auslieferungen; Beschlagnahmungen; Nachlassangelegenheiten; Wechselklagen

4794 Straßenreinigungsgeld für königliche Postbedienstete 1774

4795 Handel, Zoll und Akzise sowie andere Warenabgaben 1742-1843

4796 Schifffahrt, Strandungen und Assekuranz (1717-) 1737-1841
Darin: Karte des Hafens in Cuxhaven, 1756

4797 Kirche, Schule, Ehe und Armenwesen 1737-1821

4798 Wege (1734-) 1736-1846

4799 Sonstige Angelegenheiten 1780-1844
Enthält u. a.: Feuerspritze, 1780; Verschickung des Reserven Arnold Christensen durch einen Seelenverkäufer nach Amsterdam, 1780; Beschwerde des Kollekteurs Oppenheim, Altona, und der General-Lotto-Direktion über ein Urteil des Prätors in Hamburg, 1785; Zahlung von Landsteuern durch das Sankt Georgshospital, 1805; Niederlassung von Hamburgern, 1810; Verbot des Ankaufs von Mundierungsstücken und Gegenständen der Garnison in Altona und Hamburg, 1817; Maßnahmen wegen des Stadtbrands, 1842; Ausfuhr von Steinen aus den adligen Gütern Jersbek und Stegen, 1843; Vorschlag des Roeloff Roeloffs, Hamburg, zur Ansiedlung von deutschen Auswanderen als Kolonisten im Herzogtum Holstein, 1843; Aufenthalt des jüdischen Papierfabrikanten Harry Rée im Amt Trittau, 1844

Domkapitel Hamburg

4800 Domkapitel Hamburg (1716-) 1748-1802, 1841
Enthält u. a.: Ausleihe von Akten aus dem Archiv der Regierungskanzlei in Glückstadt, 1752; Einziehung von zwei Kurien, 1770; Gebäude der Dompropstei, 1789; Umschlag für die dem Domkapitel zustehenden Kornhebungen und Gefälle aus der Herrschaft Pinneberg und dem Amt Trittau, 1791; Rechte und Pflichten von Spitzerdorf und Poppenbüttel, 1802; Beiträger des sogenannten Domroggens aus Wedel, 1841

4801 Kornabgaben aus Dörfern des Herzogtums Holstein und die dafür anzuwendenden Maße (1722-) 1728-1779

4802 Kurien, Präbenden und Präbendisten 1717-1806

4803 Kollationsrecht der gräflichen Familie Rantzau-Breitenburg zur zweiten kleineren Dompräbende und die an deren Stelle getretene, zuletzt vom Reitjunker von Wibel bezogene Leibrente 1809-1828

4804 Aufhebung des Domkapitels und Entschädigung für die aufgegebenen königlichen Rechte (1641-) 1802-1805
Enthält u. a.: Verzeichnis von Akten zum Domkapitel in den Archiven

Stadt Lübeck

4805 Verpflichtung zur Lieferung von Brot und Wein an den Amtmann in Segeberg (1649) 1707-12805

4806 Zinssenkung für bei der Stadt Lübeck unablöslich belegt stehenden Kapitalien und Dezimation von der Erbsschaft des Georg Heinrich Fedderan in Lübeck (1814) 1815-1820

4807 Travefahrt 1843
Enthält: Schweinbaum bei Klein Wesenberg; Untersuchung des Strombetts

4808 Justiz 1776-1813

4809 Juden 1731-1816

4810 Post 1738-1816
Enthält u. a.: Botenmeister

4811 Instandsetzung der Landstraßen unter lübeckischer Jurisdiktion 1779-1780

4812 Handel und Handwerker 1775-1792, 1821
Enthält u. a.: Beschwerde der Heringskompanie in Altona über Behinderungen durch die Wette in Lübeck beim Heringsverkauf, 1775; Beschlagnahme von Unterlagen der Handwerksgesellen bei Aufständen, 1791; Bekanntmachung des Rats zur Abstellung von Missbräuchen im Handwerk, 1792; Konzessionsgesuch des Kätners Christoph Fischer, Schwinkenrade, zur Hökerei, 1821

4813 Jahrmarkt (1750) 1751-1810

4814 Zoll 1745-1790

4815 Zollfreiheit für den schleswig-holsteinischen Adel in der Stadt 1738-1746, 1775, 1794

4816 Fremde Werber, Vergütung für den Transport französischen Guts und Durchmarsch lübeckischer Truppen durch holsteinisches Gebiet 1773-1816

Lübsche Patroziniengüter und Stadtstiftsdörfer

4817 Lübsche Patroziniengüter und Stadtstiftsdörfer (1461-) 1760-1806
Enthält u. a.: Dokumente, Nachrichten, Materialien, Notizen und Konzepte für Aufsätze über die Stadtstiftsdörfern aus dem Nachlass des Geheimrats Michelsen, Schleswig; Territorialhoheit, 1769
Darin: Karte der Ländereien Lübecks vor dem Holstentor, 1754

4824 Lübsche Patroziniengüter und Stadtstiftsdörfer: Allgemeines und einzelne Güter 1806-1847
Enthält u. a.: Regulierung der Justiz- und Militärverfassung, 1806; Regulierung des Kammerwesens, 1807; Vermessung, 1807; Steuern und Abgaben; Privilegienbestätigungen; Landhandwerker; Armenwesen

4818 Episkopalhoheit, Kirche, Schule und Ehe 1771-1798

4819 Verhandlungen mit Lübeck wegen der Landeshoheit (1744-) 1778-1782

4820 Verhandlungen mit Lübeck wegen der Landeshoheit (1250-) 1779
Enthält: Urkundensammlung (Anlagen zum Kanzleischreiben an den Konferenzrat und Amtmann von Rendsburg Niemann und den Konferenz- und Regierungsrat Schulze in Glückstadt vom 10. Juli 1779)

4821 Verhandlungen mit Lübeck wegen der Landeshoheit 1783-1798

4822 Verhandlungen mit Lübeck wegen der Landeshoheit sowie Abschluss des Vergleichs von 1802 und dessen Vollzug 1806 1800-1806

4823 Lübische Patroziniengüter und Stadtstiftsdörfer: Aktenstücke und Literalien zum 1802 abgeschlossenen Vergleich mit Lübeck über die Landeshoheit (1358-) 1790-1803

4825 Zoll (1681-) 1688, 1784-1835

4826 Beschwerden der Besitzer der lübischen Güter beim Deutschen Bundestag 1816-1819

Hochstift und Fürstentum Lübeck

4827 Bischofswahlen, Präbenden und Vergünstigungen für Domherren 1743-1785

4828 Episkopalhoheit, Kirche, Schule und Ehe (1690-) 1748-1804

4829 Beschwerden der Dörfer Groß Barnitz und Klein Barnitz über die Ansprüche des Lübecker Domkapitels (1739-) 1747-1748

4830 Übertragung von Hufen in Schürsdorf und Cashagen an das Lübecker Domkapitel 1762-1765

4831 Landausschuss und Landmilitär 1774-1801

4832 Tausch der Güter Redingsdorf und Ovendorf gegen fünf Dörfer im Amt Oldenburg 1775

4833 Wegeinstandsetzung und Wegebesichtigung (1774-) 1778-1787
Enthält u. a.: Extrakte der Wegebesichtigungsprotokolle, 1774-1777, und Wegebesichtigungsprotokoll für das Herzogtum Holstein, 1786

4834 Dezimation des nach Groß Barnitz verheirateten August Hinrich Harms aus dem Amt Trittau und Stellung des Dorfes Groß Barnitz in Dezimationsfällen 1759-1779

4835 Regulierung des Nachlasses des Kapitelsyndikus Klippe 1781

4836 Vereinbarung über die Nachspürung und Verfolgung von Holzdieben 1785

4837 Verhandlungen zur Sicherstellung und Entschädigung der königlichen Rechte bei Säkularisierung des Domkapitels (1621-) 1802-1808
Enthält u. a.: Verzeichnis der Akten

4838 Titulatur der Behörden 1809-1831

4839 Kirche, Schule und Armenwesen 1806-1834
Enthält u. a.: Legat des Bischofs Hans für Prediger, Schulbedienstete und Arme in Eutin, 1813-1814; Instruktion für die Kirchenjuraten, 1834

4840 Justiz und Polizei 1805-1841

Enthält: Vagabunden, 1805, 1824; Bestrafung von Holzdiebstahl, 1840; Aufsatz des Advokaten Lindemann, Eutin, im „Kieler Correspondenz-Blatt“, 1840; Verordnung zum Schutz der Landeseinwohner gegen Eingriffe auswärtiger Behörden, 1841

4841 Wege 1829-1848

Enthält: Zustand der Landstraßen von Plön nach Neustadt, 1829; Anlage eines Siels auf dem Weg von Cashagen nach Tankenrade, 1848

4842 Zoll 1810-1811, 1838

Enthält: Zollverhältnisse mit dem Fürstentum, 1811; Bestimmung einiger Artikel beim Anschluss des Fürstentums Lübeck an das Zollsystem des Herzogtums Holstein, 1838

4843 Regelung der Militärpflicht 1807, 1840

Enthält: Einlieger Wriedt, Bredenbek, 1807; Johann Christoph Poppe, Dörnick, 1807; Medizinstudent Hermann Friedrich Georg Carl Kochen, 1840

Herzogtum Oldenburg

4844 Belehnung mit dem Stad- und Butjadinger Land, kommissarische Untersuchung des Zustands der Grafschaft Oldenburg 1682-1694, Änderung bei der oldenburgischen Regierung, Verkauf des Lehngutes Brunswarden, Herrschaft Varel und Kaperei (1685-) 1781-1809

Auswärtige Staaten

4845 Großbritannien 1738-1849

Enthält u. a.: Prediger in Dublin, 1788; Handel und Schifffahrt, besonders Störung durch Krieg und Kontinentalsperre

4846 Frankreich 1792-1848

Enthält u. a.: Gesandte; Handel und Schifffahrt; Kaperei

4847 Frankreich 1812-1813

Enthält: Verhältnisse der dänischen und französischen Untertanen in den Grenzdistrikten in kirchlichen Angelegenheiten

4848 Frankreich 1818-1821

Enthält: Anteil der Untertanen des Herzogtums Lauenburg an der französischen Entschädigungssumme

4849 Frankreich 1758
Enthält: Klagen des ehemaligen Oberaufsehers in Straßburg Paul Beck, Schleswig, über die gegen ihn vorgebrachten Anschuldigungen durch den Magistrat in Straßburg

4850 Frankreich 1784-1790
Enthält: Legationsprediger bei der dänischen Gesandtschaft in Paris

4851 Holland 1697-1698, 1751-1829
Enthält u. a.: Instruktion für den Legationssekretär Paul Vermehren für den Friedenskongress in Holland, 1697; Diebstahl im Palast des Prinzen von Oranien (mit Verzeichnis des Diebesguts), 1829, Konsuln; Handel und Schifffahrt; Nachlässe

4852 Belgien 1837-1847
Enthält: Atteste für Untertanen aus den Herzogtümern; Verhaftung des Dr. Nissen, Nienstedten, in Brüssel; Verhaftung des Brüsseler Buchhändlers Vogler, Altona, in Aachen

4853 Spanien 1780-1845
Enthält u. a.: Legationsprediger; Handel und Schifffahrt

4854 Portugal und Brasilien 1781-1825
Enthält u. a.: Legationsprediger; Handel und Schifffahrt

4855 Italien 1746, 1771
Enthält: Bericht des Konsuls Ployard insbesondere über die Verhältnisse in Genua, 1746; Tod des Konsuls Bartels in Livorno, 1771

4856 Schweiz 1808
Enthält: Beschlagnahme von englischem Garn der Gebrüder Biedermann, Winterthur, in Itzehoe

4857 Russland 1735, 1804-1838
Enthält u. a.: Entwichene; Handel und Schifffahrt

4858 Polen 1769-1780
Enthält u. a.: Unterstützung protestantisch-evangelischer Gemeinden

4859 Türkei und Berberei 1802-1844
Enthält: Verbringung von Waren des Kaisers von Marokko, 1802; Übertritt des in Apenrade geborenen Christoph Friedrich Mathiesson, Konstantinopel, zum Islam, 1842; Erstattung von Kosten für die Beerdigung des in Adrianopel verstorbenen Schustergesellen Carl Heinrich Friedrich Ruslaub, Rendsburg, 1844

4860 Amerika 1792-1845
Enthält vor allem: Handel und Schifffahrt, besonders amerikanische Schiffe

Findbuch der Bestände Abt. 65.1–65.3
Deutsche Kanzlei zu Kopenhagen – Teil 2
von Jörg Rathjen

Veröffentlichungen des Landesarchivs Schleswig-Holstein
Band 118

Jörg Rathjen

Findbuch der Bestände Abt. 65.1-65.3

Deutsche Kanzlei zu Kopenhagen bis 1730

Deutsche Kanzlei zu Kopenhagen ab 1730

Deutsche Kanzlei zu Kopenhagen für das Herzogtum Lauenburg

Teil 2

Hamburg University Press
Verlag der Staats- und Universitätsbibliothek Hamburg
Carl von Ossietzky

Impressum

Bibliografische Information der Deutschen Nationalbibliothek:

Die Deutsche Nationalbibliothek verzeichnet diese Publikation in der Deutschen Nationalbibliografie; detaillierte bibliografische Daten sind im Internet über http://dnb.d-nb.de abrufbar.
Online-Ausgabe
Die Online-Ausgabe dieses Werkes ist eine Open-Access-Publikation und ist auf den Verlagswebseiten frei verfügbar. Die Deutsche Nationalbibliothek hat die Online-Ausgabe archiviert. Diese ist dauerhaft auf dem Archivserver der Deutschen Nationalbibliothek (https://portal.dnb.de/) verfügbar.
ISSN 2627-9002
DOI https://dx.doi.org/10.15460/HUP.LASH.118.194
Printausgabe
ISSN 1864-9912
ISBN 978-3-943423-57-0 (Gesamtaufnahme)
ISBN 978-3-943423-58-7 (Teil 1)
ISBN 978-3-943423-59-4 (Teil 2)

Redaktion: Veronika Eisermann, Rainer Hering, Sven Schoen, Malte Bischoff
Gestaltung: Atelier Bokelmann, Schleswig
Produktion: Books on Demand, Norderstedt
Verlag
Hamburg University Press, Verlag der Staats- und Universitätsbibliothek Hamburg Carl von Ossietzky, Hamburg (Deutschland), 2019
http://hup.sub.uni-hamburg.de

INHALTSVERZEICHNIS

Teil 1

Findbuch des Bestandes Abt. 65.1

Findbuch des Bestandes Abt. 65.2

Teil 2

Findbuch des Bestandes Abt. 65.3

SPEZIELLER TEIL

Provinzialstände

Provinzialstände allgemein

4861 Organisation der ständischen Verfassung in den Herzogtümern mit Entwürfen zur Einrichtung von Provinzialständen, zur Trennung der Justiz von der Verwaltung sowie zur Bildung der Provinzialregierung und des Oberappellationsgerichts (1816-) 1819-1834
Enthält u. a.: Verzeichnis der Akten

4862 Wahldistrikte und Wahlorte 1834-1846
Enthält u. a.: Verzeichnisse der Wahldirektoren

4863 Wahldirektoren, Wahlassistenten und Wahlsekretäre (1819-) 1834-1846

4864 Wahlen, Wahlrechte, Wahllisten sowie Wahlverfahren der ersten Wahlperiode 1834-1840

4865 Einberufung und Eröffnung der Provinzialständeversammlungen 1834-1846

4866 Kosten 1834-1847

4867 Kosten 1834-1848

4868 Kosten (1844-) 1847-1848
Enthält u. a.: Anlagen mit Quittungen

4869 Petitionen der Provinzialständeversammlung des Herzogtums Schleswig wegen der Vereinigung der Provinzialständeversammlungen der Herzogtümer 1834-1846

4870 Ständezeitung 1834-1846

4871 Wahlen, Wahlrechte, Wahllisten und Wahlverfahren 1834-1847

4872 Ständelokal 1834-1847
Enthält u. a.: Archiv; Inventar; Gottesdienst
Darin: Grundriss und Sitzplan des Ständelokals in Itzehoe mit Zeichnung der Bank und des Fußschemels für Abgeordnete, 1834; Grundriss des Ständelokals in Schleswig, 1834

4873 Korrespondenz mit dem königlichen Kommissar 1835-1844

4874 Königlicher Kommissar und die ihm zugeordneten Beamten 1835-1846

4875 Organisation und Geschäftsgang der Provinzialständeversammlungen 1835-1846

4876 Berichte des königlichen Kommissars 1836-1846

4877 Privatpetitionen an die Provinzialständeversammlung des Herzogtums Schleswig und Petitionen der Provinzialständeversammlungen der Herzogtümer an den dänischen König 1836-1844

4878 Petitionen der Provinzialständeversammlungen der Herzogtümer Schleswig und Holstein zur Einführung öffentlicher Verhandlungen 1836-1845

4879 Ständische Verhältnisse der Herzogtümer Schleswig und Holstein nach deren Regulierung durch die Verordnung vom 15. Mai 1834 1836-1847

4880 Wahlen, Wahlrechte, Wahllisten und Wahlverfahren 1840-1848

4881 Außerordentliche Wahlen 1840-1848

4882 Kosten der außerordentlichen Wahlen 1839-1845

4883 Kosten der zweiten Wahlperiode (1841) 1842

4884 Bildung von Ausschüssen, Organisation und Geschäftsgang 1842-1844

4885 Berichte an den dänischen König, Petitionen, Propositionen, Gesetzentwürfe, Notizen und Protokolle (1836-) 1844
Enthält u. a.: Journal, 1835-1836

4886 Journale des königlichen Kommissars 1842-1846

4887 Journale zur Provinzialständeversammlungen beider Herzogtümer für die zweite bis vierte Sitzungsperiode 1838-1842

4888 Provinzialstände: Vorstellungen, Extrakte, Bedenken, Entwürfe über Vorlagen und Gesetzentwürfe 1837-1840

4889 Provinzialstände: Vorstellungen, Extrakte, Bedenken, Entwürfe über Vorlagen und Gesetzentwürfe 1841-1845

4890 Provinzialstände: Vorstellungen, Extrakte, Bedenken, Entwürfe über Vorlagen und Gesetzentwürfe 1846, ohne Jahr

Provinzialstände für das Herzogtum Schleswig

Wahlen zu den Provinzialständeversammlungen des Herzogtums Schleswig

4891 Protokoll über die Verhandlungen des Wahlkollegiums des 6. städtischen Wahldistrikts 1838

4892 Wahlberichte 1834

4893 Wahlprotokolle des 1. bis 15. Wahldistrikts der kleinen Landbesitzer 1834

4894 Wahlprotokolle des 16. und 17. Wahldistrikts der kleinen Landbesitzer 1834

4895 Wahlprotokolle für Flensburg, Schleswig, Sonderburg, Friedrichstadt, Eckernförde, Burg auf Fehmarn, Hadersleben, Tönning, Husum und Apenrade (1.-8. und 10. städtischer Wahldistrikt) 1834

4896 Wahlprotokolle für die adligen und sonstigen Güter 1834

4897 Wahllisten 1834

4898 Wahlen im 14. Wahldistrikt der kleinen Landbesitzer für die Wahlperiode 1834-1840 1834-1838

4899 Wahlen im 14. Wahldistrikt der kleinen Landbesitzer für die Wahlperiode 1840-1846 1835-1841

4900 Wahlprotokolle des 1., 7. bis 9., 13. bis 15. und 17. Wahldistrikts der kleinen Landbesitzer 1840-1841

4901 Wahlen, Wahlberichte und Wahllisten der zweiten Wahlperiode 1840-1841

4902 Wahlprotokolle für Flensburg, Schleswig und Tönning (1., 2. und 10. städtischer Wahldistrikt) 1841

4903 Wahlen, Wahlberichte, Wahlprotokolle der städtischen Wahldistrikte 1846-1847

4904 Wahlen, Wahlberichte, Wahlprotokolle der ländlichen Wahldistrikte 1846-1847

4905 Wahlen, Wahlberichte, Wahlprotokolle der ländlichen Wahldistrikte 1846-1847

4906 Wahlen, Wahlberichte, Wahlprotokolle des 14. Wahldistrikts der kleinen Landbesitzer 1846-1848

Provinzialständeversammlungen des Herzogtums Schleswig

Erste Sitzungsperiode

4907 Protokolle der 1. bis 34. Sitzung 1836

4908 Protokolle der 35. bis 58. Sitzung 1836

4909 Propositionen und Berichte ohne Bedenken der Versammlung 1836

4910 Petitionen an die Versammlung 1836

4911 Korrespondenz des königlichen Kommissars 1836 (1838)

4912 Berichte des königlichen Kommissars an den dänischen König 1836

4913 Berichte der Versammlung an den dänischen König 1836

4914 Diners und Soireen 1836

Zweite Sitzungsperiode

4915 Protokoll der 1. bis 52. Sitzung 1838

4916 Propositionen 1838

4917 Bedenken an den dänischen König 1838

4918 Berichte des königlichen Kommissars an den dänischen König 1838

4919 Korrespondenz des königlichen Kommissars 1838

4920 Berichte zu Gesetzentwürfen und Abstimmungslisten 1838

4921 Abstimmungsprotokoll der wahlberechtigten Personen des 6. städtischen Wahldistrikts 1838

4922 Predigt zur Eröffnung der Versammlung 1838

4923 Mittagsmahlzeiten und Soireen 1838
Enthält u. a.: Sitzungsplan; Verzeichnis der Mitglieder der Versammlung mit Wohnungen

4924 Notizen zu den Verhandlungen 1838

Dritte Sitzungsperiode

4925 Konzeptprotokolle über die 1. bis 53. Sitzung 1840

4926 Abschriften der Protokolle der 1. bis 56. Sitzung 1840

4927 Protokoll der Ergänzungswahl in Emmelsbüll 1840

4928 Propositionen von Abgeordneten 1840

4929 Berichte des Petitionsausschusses 1840

4930 Bedenken über königliche Gesetzentwürfe und Petitionen in Veranlassung von Privatpropositionen 1840

4931 Gedruckte Ausschussberichte 1840

4932 Königliche und private Propositionen 1840

4933 Stimmlisten 1840

4934 Nachrichten von Abstimmungen über Gesetzentwürfe 1840

4935 Korrespondenz des königlichen Kommissars 1840

4936 Berichte des königlichen Kommissars an den dänischen König 1840-1841

Vierte Sitzungsperiode

4937 Protokolle der 1. bis 40. Sitzung 1842

4938 Protokolle der 41. bis 64. Sitzung 1842

4939 Königliche und private Propositionen 1842

4940 Bedenken über königliche Vorlagen 1842

4941 Gutachten und Petitionen über verhandelte Privatpropositionen 1842

4942 Berichte des königlichen Kommissars an den dänischen König 1842-1843

4943 Berichte der Petitionsausschüsse 1842

4944 Abstimmungslisten 1842

4945 Korrespondenz des königlichen Kommissars 1842-1843

4946 Notizen zu den Sitzungen (Konzeptprotokolle) 1842

Fünfte Sitzungsperiode

4947 Protokolle der 1. bis 62. Sitzung 1844

4948 Propositionen von Abgeordneten 1844

4949 Berichte der Petitionsausschüsse 1844

4950 Korrespondenz des königlichen Kommissars (1842-) 1844

4951 Berichte des Kanzleipräsidenten Graf von Reventlow-Criminil an den dänischen König über die Ergebnisse der Versammlung 1844

Sechste Sitzungsperiode

4952 Protokolle der 1. bis 30. Sitzung 1846

4953 Protokolle zu verschiedenen Sitzungen 1846

4954 Privatpropositionen und Amendements 1846

4955 Ausschussberichte 1846

4956 Korrespondenz des königlichen Kommissars und seine Berichte an den dänischen König 1846

4957 Korrespondenz des königlichen Kommissars und seine Berichte an den dänischen König 1846

Provinzialstände für das Herzogtum Holstein

Wahlen zu den Provinzialständeversammlungen des Herzogtums Holstein

4958 Wahlprotokolle der städtischen Wahldistrikte 1834

4959 Wahlprotokolle der ländlichen Wahldistikte 1834

4960 Wahlprotokolle der adligen und sonstigen Güter 1834

4961 Wahlen, Wahlberichte und Wahlprotokolle 1834-1835

4962 Wahllisten und Wahlberichte 1834

4963 Außerordentliche Wahlen, Wahlprotokolle und Wahlhandlungen (1834-) 1840-1844

4964 Wahlprotokolle des 2. städtischen Wahldistrikts 1838

4965 Wahlprotokolle des Wahldistrikts der Prälaten und Gutsbesitzer 1841

4966 Abstimmungslisten 1841

4967 Wahlhandlungen, Wahlberichte und Wahlprotokolle 1847

4968 Abstimmung im Wahldistrikt der Prälaten und Gutsbesitzer 1847

Provinzialständeversammlungen des Herzogtums Holstein

Erste Sitzungsperiode

4969 Protokolle der 1. bis 57. Sitzung 1835-1836

4970 Bedenken an den dänischen König zum Entwurf einer Zollverordnung für die Herzogtümer 1835-1836

4971 Berichte des königlichen Kommissars an den dänischen König 1835-1836

4972 Korrespondenz des königlichen Kommissars 1835-1836

Zweite Sitzungsperiode

4973 Protokolle der 1. bis 40. Sitzung 1838

4974 Protokolle der 41. bis 75. Sitzung 1838

4975 Verzeichnis der eingereichten Propositionen 1838

4976 Propositionen von Abgeordneten 1838

4977 Gedruckte Propositionen von Abgeordneten 1838

4978 Zur Berücksichtigung empfohlene Petitionen 1838

4979 Bedenken an den dänischen König 1838

4980 Berichte des königlichen Kommissars an den dänischen König 1838-1839

4981 Korrespondenz des königlichen Kommissars 1838-1839

4982 Notizen zu den Sitzungen (Konzeptprotokolle) 1838

4983 Einladungen zu Diners und Soireen sowie Stimmlisten 1838
Enthält u. a.: Verzeichnis der Mitglieder der Versammlung mit ihren Wohnungen

Dritte Sitzungsperiode

4984 Protokolle der 1. bis 64. Sitzung 1840

4985 Propositionen, Notizen und Berichte der Petitionsausschüsse 1840

4986 Bedenken zu Gesetzentwürfen und Petitionen 1840

4987 Gedruckte Auschussberichte 1840

4988 Änderungsanträge zu Gesetzentwürfen und Verordnungen 1840

4989 Berichte des königlichen Kommissars an den dänischen König 1840

4990 Korrespondenz des königlichen Kommissars 1840

4991 Stimmlisten und Nachrichten über die Wohnungen der Abgeordneten 1840

4992 Einladungen zu Diners und Soireen 1840

Vierte Sitzungsperiode

4993 Protokolle der 1. bis 38. Sitzung 1842

4994 Protokolle der 39. bis 80. Sitzung 1842

4995 Königliche und private Propositionen 1842

4996 Berichte der Petitionsausschüsse 1842

4997 Bedenken und Petitionen der Versammlung 1842

4998 Berichte des königlichen Kommissars an den dänischen König 1842

4999 Korrespondenz des königlichen Kommissars 1842-1843

5000 Notizen über die Verhandlungen (Konzeptprotokolle) 1842

5001 Stimmlisten und Nachrichten über die Wohnungen der Abgeordenten 1842

Fünfte Sitzungsperiode

5002 Protokolle der 1. bis 16. Sitzung 1844

5003 Protokolle der 18. bis 39. Sitzung 1844

5004 Protokolle der 41. bis 91. Sitzung 1844

5005 Vorgelegte Gesetzentwürfe, mitgeteilte Nachrichten und Erläuterungen 1844

5006 Gedruckte Auschussberichte und Berichte der Petitionsausschüsse 1844

5007 Eingegangene Petitionen, Privatpropositionen und sonstige Anträge 1844

5008 Berichte des königlichen Kommissars an den dänischen König 1844

5009 Korrespondenz des königlichen Kommissars zur Einberufung der Abgeordneten 1844

5010 Ernennung des königlichen Kommissars sowie Anstellung von Hilfssekretären und sonstigem Personal 1844

5011 Anweisung von Summen für die Ausgaben des königlichen Kommissars und seines Personals sowie für die Kosten der Versammlung 1844-1845

5012 Versand und Verteilung der Ständezeitung 1844

Sechste Sitzungsperiode

5013 Protokolle der 1. bis 15. Sitzung 1846

5014 Adressen an die Versammlung und deren Eingaben an den Deutschen Bund 1846

5015 Vorlagen, Nachrichten und Korrespondenz zu eingerichten Adressen und sonstigen Eingaben 1846
Enthält u. a.: Verzeichnis der Kosten für den Bau von Chausseen

5016 Korrespondenz des königlichen Kommissars zu den Vorgängen in der Versammlung 1846

5017 Berichte des königlichen Kommissars an den dänischen König 1846

5018 Einberufung von Abgeordneten und Stellvertretern und darauf eingangene Erklärungen 1846

5019 Provinzialständeversammlung des Herzogtums Holstein: Ernennung des königlichen Kommissars und Anstellung von Hilfssekretären und sonstigem Personal 1846

5020 Anweisung von Summen für die Ausgaben des königlichen Kommissars und seines Personals sowie für die Kosten der Versammlung 1846

5021 Versand, Verteilung und Austausch der Ständezeitung 1846

5022 Einladungen zu Diners und Soireen 1846

Adlige Familien

5023 Von Ahlefeldt 1741-1844

Enthält: Konzession zur Haustrauung für den Kapitän beim Leibregiment Dragoner Hinrich von Ahlefeldt und Marsilia von Kragen, 1741; Trennung der Ehe des Majors Carl Adolph von Ahlefeldt-Dehn, Steinbek, mit Wilhelmine Marie geb. von Funck, 1844; Schuldenwesen des Geheimen Konferenzrats, Amtmanns und Oberdirektors Jürgen von Ahlefeldt, Schleswig, 1812; Insolvenz des Geheimen Konferenzrats von Ahlefeldt-Dehn, 1820-1824; Antrag der Konventualin Julie von Bielcke, Schleswig, um Regulierung des Konkurses über das Vermögen des verstorbenen Geheimen Konferenzrats Jürgen von Ahlefeldt auf Olpenitz, 1841; Konzession zur Errichtung eines Testaments für den Kammerherrn und Hofjägermeister Henning von Ahlefeldt auf Olpenitz, 1758; Konzession zur Errichtung eines Testaments für den Kammerherrn und Jägermeister Johann Rudolph Graf von Ahlefeldt, Schleswig, 1797; Kuratel über die Komtessen Sophie und Christine von Ahlefeldt-Laurvig, Kloster Preetz, 1798; Verwaltung der Pension des Kapitäns Georg Hinrich von Ahlefeldt, Schönberg, 1803; Steuererlass des Verbitters Cay Werner von Ahlefeldt, Itzehoe, auf den Nachlass seines 1814 verstorbenen Bruders Major Otto von Ahlefeldt, 1826; Überlassungsvertrag zwischen Anna Maria von Ahlefeldt geb. Kurtzrock und ihrem Bruder Reichshofrat von Kurtzrock auf Schönweide wegen ihrer Ansprüche auf das Gut Jersbek, 1764

5024 Andersen 1821-1823

Enthält: Gesuch des Hofbesitzers Boye Peter Andersen, Christian-Albrechts-Koog, um Erneuerung des seinen Vorfahren angeblich erteilten Adels

5025 Arenstorff 1754

Enthält: Testamentierrecht für Margaretha von Dombroick geb. Arenstorff, Frau des Generalleutnants von Dombroick

5026 Baudissin 1808-1840

Enthält: Bestätigung der Adoptionsakte des Grafen Wolf Heinrich Friedrich Carl von Baudissin auf Rantzau und seiner Frau Juliane Friederike für ihre Nichten Isabella Caroline Maria Johanna und Clothilde Anna, Töchter des Grafen Carl Christian von Baudissin, 1827; Anerkennung der Ehe des Grafen Carl Christian von Baudissin mit der Anna Henriette Margaretha geb. Kunniger geschiedene von Gähler sowie Legitimation, Namen und Wappen der Kinder, 1817-1825; Trennung der Ehe der Anna Henriette Margaretha geb. Kunniger mit dem Rittmeister von Gähler und Auflösung ihrer Ehe mit dem Grafen Carl Christian von Baudissin, Schleswig, 1808-1840; Bestätigung einer von der verwitweten Gräfin Carolina Adelheid Cornelia von Baudissin geb. Gräfin von Schimmelmann für sich und ihre Söhne Friedrich Carl und Joseph Franz Christian mit ihrem zweiten Sohn Carl Christian geschlossenen Vereinbarung, 1819-1830; Ausschluss der Kinder des Grafen Carl Christian von Baudissin von den Vorrechten der Ritterschaft, 1832-1835

5027 Von Bergfeld 1785-1791
Enthält: Abzugsgeld des verabschiedeten preußischen Kapitäns Fromholz Gottfried von Bergfeld

8124 Bernstorff 1823
Enthält: Dispens für Adelgunde, Tochter des Grafen von Bernstorff, Stintenburg, zur Heirat mit General Freiherr von Hammerstein-Equord

5028 Von Bielcke 1804-1833
Enthält: Trennung der Ehe zwischen Heinrich Casper Hermann von Bielcke, Rabenkirchen, und Dorothea Magdalena Luisa Schaumburg, 1804; Legitimation des Friedrich Heinrich, unehelicher Sohn des Eingesessenen Heinrich Casper von Bielcke, Fegetasch, 1818; Befreiung der Julie von Bielcke von Abgaben auf ein Haus in Schleswig, 1820; Anstellung des Literaten Hermann von Bielcke, Gut Fahrenstedt, als Gerichtsschreiber im Amt Tondern, 1833

5029 Von Blome (1758-) 1776-1838
Enthält: Streitigkeiten zwischen Elisabeth Henrietta von Blücher und dem Grafen Heinrich von Holstein-Holsteinburg wegen des Nachlasses der Geheimratsfrau von Blome geb. Rantzau auf Neverstorf, 1776-1797; Mündigkeitserklärung für Adolph von Blome auf Salzau, 1818; versäumte Einreichung eines beeideten Verzeichnisses über den Nachlass seiner Frau durch Graf Otto von Blome, 1838

5030 Von Blücher 1817
Enthält: Aufnahme des Oberpräsidenten von Altona Conrad von Blücher in den dänischen Grafenstand unter dem Namen „Graf von Altona“

5032 Von Bonar 1755, 1806-1807
Enthält: Schreiben der Witwe von Bonar geb. von Ompteda über die Bestätigung der Clüverschen Lehen für ihren Sohn Hermann Otto, 1755; Mitteilung von Nachrichten über die Familie von Bonar an die Gräfin von Münster-Meinhöfel, 1806-1807

5031 Von Boye 1772
Enthält: kaiserliches Adelspatent für den Etats- und Obergerichtsrats von Boye

5033 Von Brockdorff 1735-1838

Enthält: Ehedispens für den Eingesessenen Cay Brockdorff auf Hütten und Barthe Catharina Brockdorff, 1735; Konzession zur Errichtung eines Testamentes für Margaretha Hedwig von Brockdorff im Sankt Johanniskloster vor Schleswig, 1751; Bestätigung eines Vergleichs zwischen der Geheimrätin von Brockdorff geb. Blome auf Rahlstorf und ihren Söhnen, 1795; Mündigkeitserklärung für die Baronessen Anna Ernestina und Johanna Friderica von Brockdorff zu Klein Nordsee, 1787; Titulatur des Cay Friedrich von Brockdorff, Kiel, als Großkreuz und Tresorier des Stiftsordens Sankt Joachim, 1803; Doktorwürde des Barons Christian Ulrich Johannes von Brockdorff, 1803; Abschossfreiheit der ehemaligen Frau des württembergischen Hofoberforstmeisters von Brockdorff, 1803; Streitigkeiten wegen des Familienhauses in Kiel, 1801; Wiederverheiratung des geschiedenen Kapitäns Wulf Heinrich Bartharus von Brockdorff innerhalb eines Jahres, 1812; legitimierte Nachkommenschaft des herzoglich-oldenburgischen Hofjägermeisters Christian Friedrich von Brockdorff, 1822; Zahlung einer Pension an Witwe und Tochter des Kammerherrn und Landrats Freiherr von Brockdorff auf Schierensee, 1818-1833; Mündigkeitserklärung für den Grafen Alexander von Brockdorff-Schney, 1833; Erhebung des Geheimen Konferenzrats und Oberappellationsgerichtspräsidenten Freiherr von Brockdorff in den dänischen Grafenstand, 1838

5034 Von Brockdorff-Ahlefeldt 1836-1837

Enthält: Erhebung des vom Grafen Ahlefeldt auf Ascheberg adoptierten Conrad Friedrich Gottlieb von Brockdorff, Sohn des Oberappellationsgerichtspräsidenten Freiherr von Brockdorff, in den dänischen Grafenstand unter dem Namen „Graf von Brockdorff-Ahlefeldt“

5035 Von Brömbsen 1795-1798

Enthält: Zehntleistung des Rittmeisters von Brömbsen zu Tüschenbek

5036 Von Buchwald 1795-1838

Enthält: Pension für die Hauptmannswitwe von Buchwald, Kiel, und ihre Töchter, 1795; Heirat des Kammerherrn von Buchwald ohne vorherige Abteilung mit seinen Kindern aus erster Ehe, 1808; Mündigkeitserklärung für die Konventualin des Klosters Uetersen Marianne Dorothea Friderica von Buchwald, 1808; Mündigkeitserklärung für Carl Friedrich von Buchwald in der Laurvigschen Wildnis, 1812; Aufhebung der Ehe zwischen Kapitän Friedrich Gustav Hellmuth von Zülow und Dorothea Friederica geb. von Buchwald, 1813; Wiedereinsetzung des Amtmanns von Buchwald auf Seedorf in den vorigen Stand in einer Streitsache mit den Kaufleuten Möller und Buch in Hamburg, 1818; Kapital auf Gut Helmstorf für Detlev von Buchwald, 1834; Auflösung der Ehe zwischen Hugo Joachim von Buchwald und Johanna Dorothea von Buchwald, 1838

5037 **Von Bülow** 1790-1840

Enthält: Mündigkeitserklärungen für Christian Conrad und Friedrich Ernst sowie Friderica Juliana Christina, Carolina Mathilda und Charlotta Joachima von Bülow zu Altona, 1790; Kuratel über die Kinder der Christina Friderica von Bülow, Glückstadt, 1798; Steuer vom Nachlass des im Gut Wittmoldt verstorbenen Oberst von Bülow, 1806-1808; Mündigkeitserklärung für den Secondeleutnant im Leibregiment Kürassier Franz Christopher von Bülow, 1818; suspendierter Stiftsamtmann von Bülow, 1820; Pension für Catharina von Bülow, Witwe des Landrats von Bülow, Amtmann von Bordesholm, 1840

5038 **Von Cossel** 1801-1821

Enthält: Supplikation des Reichsgrafen von Stolberg in seiner Streitsache mit dem Konferenzrat von Cossel auf Jersbek wegen gehobener Gelder aus der Englischen Phönix-Gilde, 1801-1805; Zehntleistung der Ehefrau des Kammerjunkers von Cossel, 1821

5039 **Von Cronhelm** 1755-1756, 1806

Enthält: Geschenk für die Cronhelmsche Sammlung des Konstitionswerks, 1755-1756; Aufhebung der Ehe zwischen Major von Cronhelm, Glückstadt, und seiner Frau Amalie geb. Wolters, 1806

5040 **Von Dahlem** 1824-1825

Enthält: Anfrage der preußischen Regierung zum Aufenthalt von Mitgliedern der Familie von Dahlem in den dänischen Staaten, zur Führung ihrer Titeln und Wappen

5041 **Von Damnitz** 1790-1791

Enthält: Privileg zum Gerichtsstand für Wolff Ludwig von Damnitz, Altona

5042 **Von Dehn** 1735

Enthält: Konzession zur Errichtung eines Testaments für den braunschweig-lüneburgischen Geheimen Etatsrat Friedrich Ludwig von Dehn auf Kohövel

5043 **Dillenbourg** 1836

Enthält: Anfrage des königlichen Bundestagsgesandten zu einer angeblich im Herzogtum Holstein wohnenden Familie Dillenbourg

5044 **Von Dirckinck-Holmfeld** 1809

Enthält: Aufnahme des Arnold Christian Leopold Dirckinck-Holmfeld in den dänischen Adelsstand

8125 **Von Dorne** 1756

Enthält: Testament der Sophia Maria von Berckentin verehelichte von Dorne, Lübeck

5045 Von Dorrien 1818-1852
Enthält: Mündigkeitserklärungen für Sophia Amalia und Friederica Louise von Dorrien, 1818; Erhebung des Landvogts von Dorrien auf Osterland-Föhr in den dänischen Adelsstand, 1845; Eintritt des Secondeleutnants a. D. Georg von Dorrien in fremde Kriegsdienste, 1852

5046 Von Dühring (1772-) 1802-1803
Enthält: Zehntleistung der Witwe des Oberhofmarschalls von Dühring

5047 Von Eggers 1790-1827
Enthält: Erhebung des Konferenzrats von Eggers in den Reichsadelsstand und Erhebung des Legationsrats von Eggers in den Reichsfreiherrenstand, 1790-1827; Konkurs des verstorbenen Konferenzrats und Administrators von Eggers auf Rantzau, 1801; Vormundschaft über die Hinterbliebenen des Konferenzrats und Oberpräsidenten Baron von Eggers, 1814-1817; Konkurs des ehemaligen Landvogts von Eggers auf Sylt, 1820-1827

5048 Von Ehrenstein 1831
Enthält: Mündigkeitserklärung für den in preußischen Militärdiensten stehenden Sohn des Majors von Ehrenstein, Kuhlen

5049 Von Ewald (1812-) 1818
Enthält: Nachlass des Generalleutnants Johann von Ewald

5050 Von Eyben 1799-1828
Enthält: Rechtsstreit des Geheimrats und Kanzlers von Eyben mit der Stadt Lübeck, 1799; Kollateralsteuer für den Erbanteil des Geheimen Konferenzrats von Eyben aus dem Nachlass der Priörin von Qualen, Preetz, 1811; Erhebung des Kammerherrn und Bundestagsgesandten Friedrich Freiherr von Eyben in den dänischen Grafenstand, 1817, Legitimation der Louise Marie Sophie, Tochter des Premierleutnants Ludwig von Eyben, 1819; Einlösung des für den verstorbenen Bundestagsgesandten Graf von Eyben ausgefertigten Grafendiploms, 1828

5051 Von Fölkersahm (1759-) 1786-1787
Enthält: Nachlass des Generalmajors von Fölkersahm

5052 Von Fries 1813-1821
Enthält: Erlass der Zehntleistung der Anna Christiana von Fries geb. Siemen, Itzehoe, von ihrem Vermögen in Altona

5053 Von Gelting 1760-1792
Enthält: Konzession zur Errichtung eines Testaments für Baron Seneca Ingersen von Gelting, 1760; Mündigkeitserklärung für die Baronesse Caecilia Susanna von Sporcken geb. von Gelting, Hamburg, 1792

5054 Von Gersdorf 1791-1834

Enthält: Konzession zur Errichtung eines Testaments für Anna Antoinette von Gersdorf auf Nygaardsholm, 1791; Antrag des Barons Ludwig Christian von Gersdorf auf Vorschuss einer Rente aus dem Fahrenstedter Fideikommiss, 1828; Aufenthalt des Premierleutnants Baron Christian Ludwig von Gersdorf in königlichen Landen als Nutznießer des Fahrenstedter Fideikommisses, 1834

5055 Von Gruben 1740

Enthält: Konzession zur Haustrauung für den Kapitän von Gruben auf dem Gut Ritsch im Land Keding und Hedwig Eleonora von der Lieth

5056 Von Hahn 1803-1836

Enthält: Erhebung des mecklenburgischen Erblandmarschalls Friedrich von Hahn in den Reichsgrafenstand, 1803; Bewilligung eines Sustentationsgeldes für die Familie des Grafen von Hahn, 1811; Konkurs des Grafen Carl von Hahn auf Neuhaus, 1834; Forderungen des Agenten Peter Thee, Lübeck, wegen der Lebensversicherung des Grafen Carl von Hahn, 1835-1836

5057 Von Harbou 1836-1841

Enthält: Adelspatente für den Aktuar in Norburg Michael August Harbou und für den Forstmann und Landmesser Friedrich Nicolaus Christian Harbou

5058 Von Hedemann 1796-1840

Enthält: Mündigkeitserklärung für den Fähnrich in der kurfürstlich hannoverschen Garde Christian von Hedemann, 1796; Angehörigkeit des Kapitäns Wilhelm Ludwig Friedrich von Hedemann, Kiel, zum einheimischen Adel, 1840

5059 Von Heespen 1751

Enthält: Konzession zur Errichtung eines Testaments für den Etatsrat und Landrat Friedrich Christian von Heespen, Schleswig

5060 Von Hobe 1803-1835

Enthält: Mündigkeitserklärung für den preußischen Standartenjunker Lewin Ludwig Christian Leopold von Hobe, Reinbek, 1803, Mündigkeitserklärung für Siegfried Lambert Corth von Hobe, 1835

5061 Von Holck 1790-1829

Enthält: Antrag des Geheimen Konferenzrats und Amtmanns Graf von Holck über die Höhe der Witwenpension und Zahlung einer Pension an seine Tochter Irmengard Adelheid

5062 Von Holmer 1816

Enthält: Trennung der Ehe des Kammerjunkers und Domkapitulars Graf Magnus Friedrich von Holmer mit Susanna geb. Watts

5063 Von Holstein 1766-1825
Enthält: Konzession zur Errichtung eines Testaments für den Geheimen Konferenzrat und Amtmann von Tondern Friedrich Wilhelm von Holstein und Frau Margaretha Hedwig geb. von Ahlefeldt, 1766; Konzession zur Errichtung eines Testaments für Christina Friderica von Holstein und Bestätigung ihres Testaments, 1797, 1812; Scheidung des Hofjägermeisters Andreas Graf von Holstein und seiner Frau Ida geb. von Witzleben, 1825

5064 Von Jessen 1827-1828
Enthält: Mitteilung von Nachrichten über eine alte adlige Familie von Jessen an Erick Jessen, Kopenhagen

5065 Knuth 1837-1838
Enthält: Kuratel über den ehemaligen Oberförster Graf Knuth, Flensburg, wegen Verschwendung

5066 Von Kobbe 1811-1847
Enthält: kriminelle Dienstvergehen des Stadtpräsidenten und Zollverwalters in Friedrichstadt von Kobbe, 1811-1823; Staatsangehörigkeit des Addo Cuno von Kobbe, 1847

5067 Von Königstein 1736-1743
Enthält: Konzession zur Errichtung eines Testaments für den Konferenzrat Carl Ludwig Baron von Königstein auf Oehe und Dollrott sowie für Dorothea von Königstein geb. von Ahlefeldt

5068 Von Ledebuhr 1788-1789
Enthält: Zehntleistung des Kammerherrn von Ledebuhr und des Leutnants von Ledebuhr, Stiefkinder des Barons von Walterstern

5069 Von Lehmann 1799
Enthält: Mündigkeitserklärung für Sophie von Lehmann

5070 Von Levetzow 1794
Enthält: Pensionszahlung an die Witwe des Konferenzrats von Levetzow auf Ehlerstorf

5071 Von Liliencron 1773-1796
Enthält: Bitte des Domherrn von Liliencron um Schutz und Beistand gegen das Domkapitel und die Stadt Lübeck wegen der von ihm verschuldeten Verwundung seines Dieners durch einen Hirschfänger, 1773; Pension für die Witwe des Geheimrats von Liliencron auf Sehestedt, 1784-1787; Beschwerden der von ihrem Mann Baron Nicolaus Christopher von Liliencron verlassenen Anna Catharina geb. Jensen, 1787; Streit des Barons Ludwig Carl Christoph von Liliencron und seiner Mutter mit den vier Prälaten der Ritterschaft als Testamentsvollstrecker des Barons von Liliencron auf Schwartenbek, 1788-1796

5072 Von Linstow 1817-1849

Enthält: Pension für die Witwe und Tochter des Geheimen Konferenzrats und Oberforstmeisters von Linstow

5073 Zur Lippe 1782

Enthält: abzugsfreie Übertragung von Erbgeldern aus dem Nachlass der Witwe des Geheimrats von Perckenthin für die Frau des Reichshofrats Graf zur Lippe

5074 Von Lohenschiold 1755

Enthält: Querelen des Gerhard von Lohenschiold, Schleswig

5075 Von Luckner 1775-1839

Enthält: Schreiben an den Generalleutnant von Luckner wegen einer von Buchwald auf Fresenburg geliehenen Geldsumme, 1775-1782; Aufhebung der Ehe zwischen Gräfin Pauline von Luckner geb. Gräfin von Czettritz-Neuhaus und Graf Nicolaus Friedrich von Luckner, 1815; Kollateralsteuer des Premierleutnants Graf Ferdinand von Luckner für einen Fideikommiss aus dem Nachlass des Feldmarschalls Graf von Luckner, 1825; Aufhebung der Ehe zwischen dem Hofjägermeister Graf Wilhelm von Luckner und Wilhelmine geb. Gräfin von Reichenbach-Lessonitz, 1839

5076 Von der Lühe 1786-1787

Enthält: Beiträge des Kammerherrn und Amtmanns von der Lühe, Neumünster, zur Großfürstlichen Witwen- und Waisenkasse

5077 Mackay 1773

Enthält: Angehörigkeit des in einem Schreiben König Christians IV. 1645 an das Parlament in Schottland erwähnten Graf Mackay zum dänischen Grafenstand

5078 Von Manteuffel 1792

Enthält: Nachlass der in Altona verstorbenen Zoega von Manteuffel

8126 Von John Marteville 1828-1847

Enthält: Gesuch des Majors von John Marteville um Befreiung seines Sohnes und seiner männlichen Nachkommmen vom Militärdienst, 1828; Gesuch des Hofbesitzers von John Marteville, Tetenbüll, um Nichtaufnahme seiner Söhne in das Lageregister, 1847

5079 Meyerkron (Meyercrone) [1730]

Enthält: Auffindung der Korrespondenz des ehemaligen Geheimrats und Gesandten in Frankreich Meyerkron in der Bibliothek des Stadtpredigers Schröder, Glückstadt

5080 Von Moltke 1783-1830

Enthält: Konzept einer Eheabredung zwischen dem Staatsminister Graf Joachim Godsche von Moltke und Georgine von Buchwald, 1783; Legitimation des Fritz Adamsen von Moltke, Sohn des Grafen Adam von Moltke, 1830

5081 Von Neergaard 1815-1843

Enthält: Halbprozentsteuer des Kammerherrn von Neergaard auf Eckhof wegen Verkaufs von Landstellen in Felde, 1816; Konkurs des Kammerherrn von Neergaard auf Eckhof, 1833-1843

5082 Von Perckenthin 1740

Enthält: Konzession zur Haustrauung für den Landdrost in Pinneberg Gebhard Ulrich von Perckenthin und Gräfin Anna Sophia von Callenberg

5083 Von Platen 1813

Enthält: Heirat des Gevollmächtigten Triller mit der Tochter des Obersten Graf Platen

5084 Von Plessen (1673) 1745-1833

Enthält: Eheabredung zwischen Jacob Levin von Plessen auf Blumendorf und Margaretha Sophie Juliana von Plessen, 1745; Konzession zur Errichtung eines Testaments für den Kammerherrn und Amtmann von Gottorf Bernhard Hartwig von Plessen und seiner Frau Juliana Maria geb. von Staffeldt, 1749; Konzession zur Errichtung eines Testaments für die Witwe des Oberzeremonienmeisters von Plessen, 1764-1769; Trennung der Ehe des Kammerherrn von Plessen auf Wahlstorf und Ida Hedwig geb. Buchwald, 1807; Verhältnisse des Landsassen von Plessen auf Wahlstorf, 1809-1810; strittige Bezahlung rückständiger Zinsen vom Plessen-Grünholzer Fideikommisskapital, 1824-1826; Examenszulassung des Grafen Wulf Heinrich Bernhard von Plessen, 1833

5085 Von Prangen 1793

Enthält: Mündigkeitserklärung für den Jurastudenten Caspar Christian Friedrich von Prangen, Kiel

5086 Von Proeck 1750-1751

Enthält: Baron Wilhelm Lebrecht von Proeck, verhaftet in Augsburg wegen Schulden

5087 Von Qualen 1818-1834

Enthält: Mündigkeitserklärung für den Leutnant Christian Carl Otto Woldemar von Qualen und Schulfräulein Caroline Hildeburg Juliane von Qualen, Preetz, 1818; Rechtsstreit des Kammerjunkers Bendix von Qualen als Besitzer des adligen Gutes Damp wegen des Ahlefeldtschen Fideikommisses in Damp, 1825-1827; Abhörung der Kammerherrfrau von Qualen und des Mädchens Henriette Breyer vor einer Kommission in Eutin in der Untersuchung über die Tötung des Ministers von Qualen, 1830; Forderungen der Konventualin Margaretha von Qualen an die Erben des Kammerherrn und Ministers in Eutin Rudolph Anton Ludwig von Qualen, 1834

5088 Von Rantzau 1716, 1774-1843

Enthält: Legitimationspatent für den Major Bartram von Rantzau unter Verleihung des holsteinischen Adels und der Rantzauschen Familienrechte, 1716-1776; Weigerung des Geheimrats Graf von Rantzau zu Oppendorf als Ritter des Annenordens zur Leistung eines Beitrags an die Großfürstliche Witwen- und Waisenkasse, 1774; abschossfreie Übertragung von auf dem Gut Seegalendorf stehenden Kauf- und Erbgeldern an Erich von Rantzau, Vorsteher der Brüdergemeine in Niesky, 1780; Erlass des Abzugsgeldes für die Brüder Grafen von Rantzau vom Nachlass ihres Bruders in Mölln, 1781; Zahlung einer Pension an die Tochter des Majors von Rantzau, Kiel, 1787-1789; Mündigkeitserklärung für den Kammerjunker und Leutnant Graf Carl Aemilius von Rantzau auf Rastorf, 1794; Trennung der Ehe des Kammerjunkers, Zollverwalters und Stadtpräsidenten Kobbe, Friedrichstadt, und seiner Frau Adelaide Comtesse von Rantzau, 1802; Erbe aus dem Nachlass der Gräfin Haxthausen für die Töchter des Grafen Detlev Friedrich von Rantzau, Schleswig, 1815; Mündigkeitserklärung für den Studenten Graf Ernst von Rantzau, Kiel, 1822; Ersatz für die Beidenflethschen Pflüge, 1830; Nichtzugehörigkeit des Landrats Graf Rantzau zum dänischen Grafenstand, 1837; Anspruch der Familie Rantzau-Brahesburg an einer Präbende des ehemaligen Domkapitels in Hamburg, 1843

5089 Von Reuss 1787

Enthält: Konzession zur Errichtung eines Testaments für den Kammerherrn Graf Heinrich XLIII. Reuss jüngere Linie und Herren zu Plauen

5090 Von Reventlow 1831-1841

Enthält: Erbschaftssteuer des Staatsministers Graf von Reventlow zu Pederstrup als Lehnsnachfolger des Grafen Conrad von Reventlow zu Sandberg, 1831-1841; Konzession zur Errichtung eines Testaments für Graf Cajus Friedrich von Reventlow auf Altenhof, 1834; abzugsfreie Übertragung eines Kapitals der Gräfin Reventlow auf dem Schloss Marcotte (Frankreich), 1836; Legitimation der ältesten Tochter des Kammerherrn Graf Fritz Reventlow, Geschäftsträger in Lissabon, 1838

5092 Von Roepstorf 1796

Enthält: Kuratel über die Kinder des Kapitäns von Roepstorf, Glückstadt

5091 Von Römer 1783

Enthält: Mündigkeitserklärung für den Fähnrich Friedrich Hinrich Christian von Römer

5093 Von Rosen 1826-1831

Enthält: Zahlung einer Pension an die Witwe und Tochter des Oberförsters von Rosen, Plön

5094 Von Rosenkanz 1841

Enthält: abschlägiger Bescheid auf das Gesuch des Dr. jur. Weber auf Rosenkranz um Erhebung seiner Kinder in den dänischen Adelsstand unter Beilegung des Familiennamens seiner Frau Rosenkranz

5095 Von Rumohr 1783

Enthält: Konzession zur Errichtung eines Testaments für den Landsassen Christian August von Rumohr auf Rundhof

5096 Von Saldern 1776-1845

Enthält: Zehntleistung des Predigers in Bauske (Kurland) Casper von Saldern für Gelder aus dem Nachlass seiner Mutter, 1776; Zahlung einer Pension an Gräfin von Saldern-Günderoth auf Schierensee, 1787-1788; Landsoldat Nicolai von Saldern, Lügumkloster, 1845

5097 Von Schilden 1793-1822

Enthält: Legitimation des Hermann Lendsich, außerehelicher Sohn des Landrats Hermann von Schilden, Hamburg, 1793; Kuratel für die Witwe des Kammerherrn von Schilden, Itzehoe, 1805; Mündigkeitserklärung für Hermann Lendsich Schilden, Hamburg, 1810; Aufhebung der Ehe zwischen Hermann Lendsich Schilden mit seiner Frau Rosalie geb. von Schilden, 1818, Heirat Letzterer mit dem preußischen Hauptmann und Generaladjutanten von Oppen, 1819, und Erlaubnis für Hermann Lendsich zur Wiederverheiratung, 1822

5098 Von Schimmelmann 1801-1836

Enthält: Vormundschaft über die Kinder des Kammerherrn Graf Friedrich Joseph von Schimmelmann, 1801-1807; Mündigkeitserklärung für Graf Heinrich Carl von Schimmelmann auf Ahrensburg, 1808; Vormundschaft über die beiden Söhne des Hof- und Distriktsjägermeisters Graf von Schimmelmann auf Ahrensburg, 1836

5099 Von Schleppegrell 1741

Enthält: Konzession zur Haustrauung der Johanna Sophia von Schleppegrell mit J. A. Flessa, Direktor des Gymnasiums in Altona

5100 Von Schmettau 1770-1771

Enthält: abschossfreie Übertragung eines Vermächtnisses in Dresden an Graf von Schmettau, Oldenburg

5101 Schmidt von Leda genannt von Hattenstein 1834

Enthält: Erlaubnis für den Advokaten Carl Georg Conrad Schmidt für sich und seine Nachkommen zur Annahme des Namens Schmidt von Leda genannt von Hattenstein

5102 Von Schnitter 1738-1739

Enthält: Forderung des preußischen Leutnants von Schnitter an den ehemaligen Generalmajor von Schnitter

5103 Sehestedt 1800

Enthält: Kapital des Oberstleutnants Sehestedt, Broholm, für seinen Enkel Leutnant Anders Sehestedt

5104 Von Senior 1783
Enthält: Bitte der Albertine von Keith geb. von Suhm, Rendsburg, um Legitimation der unehelichen Tochter ihres auf Jamaika verstorbenen Neffen Albert von Senior

5105 Von Sievers 1766-1786
Enthält: Hinterlassenschaft des Kammerrats und Hardesvogts der Kroppharde Johann Heinrich von Sievers und seiner Frau an den dänischen König und die sich daraus ergebenden Forderungen aus dem Spanischen Erbfolgekrieg an die Reichsoperationskasse

5106 Von Stemann 1828-1848
Enthält: Mündigkeitserklärung für Caroline Juliane Stemann, Schleswig, 1828; Erhebung des Landvogts auf Ärö Dr. Christian Ludwig Ernst Stemann in den dänischen Adelsstand, 1848

5107 Von Stenglin 1795
Enthält: Vormundschaft über die unmündigen Kinder des in Mecklenburg verstorbenen Barons von Stenglin

5108 Stolberg 1808
Enthält: Gesuch des Grafen Christian von Stolberg auf Windeby wegen des Kirchenbaus in Borby

5109 Von Trampe 1791
Enthält: Konzession für die Errichtung eines Testaments für die Komtesse Antoinette Conradine von Trampe, Sonderburg

5110 Von Vieregge 1738
Enthält: Konzession zur Errichtung eines Testaments für den Geheimrat und Amtmann in Hadersleben Carl Heinrich von Vieregge und seine Frau Christina Elisabeth geb. von Königstein

5111 Von Wächter 1805, 1822-1823
Enthält: Anlage einer Geldsumme in einer Fabrik in Kopenhagen durch den Kammerherrn von Wächter

5112 Wansowitsch 1828-1829
Enthält: Vormundschaft über Afanasius Baron Wansowitsch, jüngster Sohn der Lehnsgräfin Güldenstein geb. Gräfin Knuth

5113 Von Warnstedt 1813-1834
Enthält: Legitimationen der außerehelichen Söhne Theodor und Bernhard des Oberförsters Christian August Adolf von Warnstedt, 1813, 1822; Zahlung einer Pension an Albertine, Tochter des Kammerherrn und Jägermeisters von Warnstedt, Kiel, 1834

5114 Von Wasmer 1795-1846
Enthält: Gütergemeinschaft des Landsassen Simon Carl von Wasmer, Lundsgaard, mit seiner Frau, 1795; Mündigkeitserklärung für die Besitzerin des Stammhofs Lundsgaard Friderike Christine Eleonore Wulfine von Wasmer, 1800; Mündigkeitserklärung für Elisabeth Gerhardine Auguste von Wasmer, Eckernförde, 1838; Legitimation der Kinder des Besitzers des Erbpachthofs Hammer Wilhelm Georg Heinrich von Wasmer, 1846

5115 Von Wedderkop 1728-1810
Enthält: Belehnung des Gottfried von Wedderkop auf Steinhorst mit dem Stad- und Butjadinger Land, 1728; Regulierung der Vermögensmasse des Landrats Magnus von Wedderkop, 1801-1803; Aufhebung der Ehe des schwedischen Kammerherrn von Wedderkop mit Cordelia von Boie, 1810

5116 Von Wickede 1781-1783
Enthält: Nachlass des auf Gut Rundhof verstorbenen Johann Georg von Wickede

5117 Wind 1742
Enthält: Konzession zur Haustrauung für den Major Holger Wind und Hedwig Albertina verw. von Rumohr geb. von Ahlefeldt

5118 Von Winterfeld 1743
Enthält: Konzession zur Haustrauung für Kapitän Valentin Siegfried von Winterfeld und Dorothea von Bülow, Lübeck

5119 Von der Wisch 1806-1837
Enthält: Tod des Majors Wulf von der Wisch und des Generalmajors Johann Christoph von der Wisch, 1806-1808; Familie des ehemaligen französischen Generals Johann Christopher von der Wisch, 1835-1837

5120 Von Witzendorf 1845
Enthält: Konzession für Sophie Caroline Elisabeth Meyer, Tochter der Witwe von Witzendorf geb. Meyer auf Schrevenborn, zum Tragen des Namens von Witzendorf statt Meyer

5121 Von Witzleben (1786-) 1793-1794
Enthält: Ansprüche des Hofjunkers Christian Burchhard Reiniger von Witzleben an einem seiner Frau von Hedwig Dorothea von Rantzau vermachten Fideikommisskapital

5122 Von Würtz 1772
Enthält: Hinterlassenschaft des Feldmarschalls von Würtz

5123 Verschiedene Familien und nichtadlige Familien mit dem Zusatz „von“ 1813-1848

Enthält: Einlösung der Patente über die Erhebung in den Adelsstand durch den preußischen Landrat von Schulenburg auf Seegaarden und den Rittmeister von Hobe, Baron von Gelting, sowie Diplom für Graf von Baudissin, Plön, über die Annahme des Namens Baudissin-Zinzendorf-Pottendorf, 1828; Untertanenverhältnisse der Baronesse Ida von Stetten, Tochter des Generalmajors von Berger, 1840; nichtadlige Familien von Appen, von Döhren, von Eitzen, von Hemmen, von Laer, von Leesen, von Loh, von der Mehden, von Pein, von Rönne, von Senden und von der Wehl, 1813-1848

Fideikommisse und Stiftungen

Fideikommisse und Stiftungen allgemein

5124 Fideikommisse und Stiftungen (1655-) 1794-1836

Enthält: Einsendung von Stiftungsbriefen an den Generalsuperintendenten Adler, 1795; Vorschriften wegen öffentlicher Bekanntmachungen der Fideikommisse, 1819; Nachrichten über Gründung, Verwaltung und Bestand öffentlicher Stiftungen mit Ausnahme der Stipendien, 1822, 1834; Pension der Witwe des Apothekers Hermannn Theophilus Roth, Loit (Amt Apenrade), aus dem Cappelschen Legat, 1836; Nachweisungen von Akten

8127 Darstellung der Grundsätze des dänischen Rechts in der Lehre vom Familienfideikommiss, besonders in Beziehung auf das Erbrecht, verfasst vom Kanzleideputierten Rothe 1807

8133 Nachrichten aus dem Kanzleiarchiv über Fideikommisse und Stiftungen 1837

Fideikommisse und Stiftungen A-D

5125 Ahlefeldtsches Fideikommiss zu Damp-Hohenstein-Saxdorf (1801-) 1814-1823

5126 Gräflich Ahlefeldt-Dehnsches Fideikommiss zu Ludwigsburg 1787-1837

5127 Testament des Klosterpropstes in Preetz Cay Wilhelm von Ahlefeldt mit Anlagen und einem Kodizill 1836

5128 Verwendung von Zinsen aus dem Legat der Äbtissin Ottilie von Ahlefeldt zum Besten des Klosters Itzehoe 1826-1827

5129 Ahlefeldtsches Legat zum Besten der studierenden Jugend in Schleswig 1638-1726

5130 Legat der Margaretha von Ahlefeldt zum Besten des Klosters Itzehoe (1777-) 1832-1836
Enthält: Antrag der Bevollmächtigten der klösterlichen Kommunen zur Rechnungsablage

5131 Einrichtung eines Fideikommisses aus den Ländereien des Amtsverwalters Andersen in Tondern 1802

5132 Appenfeldersche Stiftung [1826]
Enthält nur Notiz mit Verweis „Stadt Kiel VII Armensachen Norm 7. Okt. 1826 R 25a"

5133 Bestätigung der Gründung der Adlerschen Stiftung für bedürftige und würdige Predigerwitwen 1846

5134 Bestätigung der testamentarischen Verfügung der Carolina Juliana Charlotta Acken in Schleswig über ein Stipendium 1786

5135 Auszug aus den Bestimmungen des vom Kaufmann Balthasar Asmussen in Flensburg gestifteten Stipendiums 1789

5136 Abschrift der Gründungsurkunde des Atzersenschen Stipendiums in Steinberg und Flensburg (1553) um 1800

8128 Herzoglich Augustenburgisches Fideikommiss in den Gütern Noer und Grönwohld 1885-1890
Enthält: Streitsache des Prinzen Christian von Schleswig-Holstein-Sonderburg-Augustenburg gegen die Testamentsvollstrecker des Grafen von Noer wegen Herausgabe der Güter Noer und Grönwohld

5137 Gräflich von Baudissinsches Fideikommiss im Gut Rantzau (1760-) 1818-1836

5139 Blomesches Fideikommiss in den Gütern Salzau und Bahrenfleth sowie der Blomeschen Wildnis 1819

5138 Gründung einer Wilhelminstiftung zur Verteilung der Berkenthinischen Präbenden 1828-1829

5140 Blomesches Fideikommiss in den Gütern Hagen, Doberstorf und Schädbek 1809-1848

5141 Fideikommiss der Charlotte Amalie Blome in den Gütern Neuenhof, Kaltenhof und Birkenmoor (1740-) 1751

5142 Bestätigung der Gründung der Bibelstiftung in Schleswig 1816

5143 Bestätigungen des gräflich Blücherschen Fideikommisses 1836-1844

5144 Bestätigung des Regulativs der Blücherschen Armenstiftung im Gut Lindewitt 1797

5145 Boiesches Fideikommiss in Dollrott 1825-1832

5146 Brandonsches Fideikommiss 1800-1827

5147 Bestätigung der Stiftung der Herzogin von Braunschweig-Lüneburg-Bevern für vier arme Familien in Glücksburg 1823-1824

5148 Gräflich von Brockdorffsches Fideikommiss in den Gütern Kletkamp und Grünhaus 1814-1825

5149 Fideikommiss des Detlef von Brockdorff in zwei Häusern in Kiel 1803-1804

5150 Fideikommiss des Kammerherrn Cay Friedrich von Brockdorff (1805) 1806-1810

5151 Bruynsches Fideikommiss im Gut Schinkel 1828

5152 Von Buchwaldsches Fideikommiss in Fresenburg (1808-) 1811-1835

5202 Errichtung eines Stipendiums durch den Pastor Andreas Hass in Ka-ting 1758

5153 Fideikommiss im von Buchwaldschen Haus in Kiel (1792-) 1795-1796

5154 Von Bülowsches Fideikommiss in Kühren 1777-1829

5155 Bütjesches Legat (1802-) 1812-1848

5156 Verwendung von Zinsen aus dem Legat des Hopitalvorstehers Johann Braak in Flensburg für Hilfsbedürftige zum Ankauf von Ländereien 1817

5157 Anlage eines Kapitals aus dem Legat der Botilla Brodersen in Flensburg (1744) 1820

5158 Brockenhuussches Fideikommiss im Hof Mohrhof in der Landschaft Eiderstedt 1845-1846

5159 Auszug aus den testamentarischen Bestimmungen des Kammerrats Arnold Berens für ein Stipendium in Flensburg [1747]

5160 Carstensches Legat in Schleswig Band 1 1795-1846

5161 Carstensches Legat in Schleswig Band 2 1796-1848

5162 Dekret für die Administratoren des Clasenschen Fideikommisses 1800-1801

5163 Ansprüche des Jacob Petersen an das Legat des Bürgermeisters Hans Clausen in Flensburg (1743) 1841

5164 Du Crossches Stipendium in Schleswig 1738-1747

5165 Clausensches Stipendium in Bredstedt (1770) 1810

5166 Carstensches Stipendium in Flensburg 1797

5167 Gräflich von Dernathsches Fideikommiss in Hasselburg 1799-1819

5168 Desmercieressches Fideikommiss 1777-1816

5169 Desmercieressches Fideikommiss 1816-1829

5170 Desmercieressches Fideikommiss 1816-1849

5171 Dosesche Armenstiftung in Schönhorst 1826-1828
Enthält nur Deckblatt

5172 Genehmigung von Vorschlägen des Johann Rudolph von Ahlefeldt auf Damp zu Veränderungen der Damper Armenstiftung (1712-)1741
Enthält u. a.: Rechnung über den Bau des Armenhauses

5173 Armenstiftung im Gut Dänisch-Nienhof (1669-) 1828-1832

Fideikommisse und Stiftungen E-J

5174 Ehrencronsches Fideikommiss (1800) 1801-1827

5175 Bestätigung der Stiftung des Landesgevollmächtigten Jacob Friedrich Elvers und seiner Frau in Heide zur Gründung einer besonderen Schulklasse 1825-1828

5176 Von Eyndensches Fideikommiss (1783-) 1786-1842

5177 Stipendium der Landschaft Eiderstedt (1645-) 1775-1777

5178 Präbendenstift in Elmshorn 1784-1801 (1867)

5179 Bestätigung eines Vergleichs zwischen den Vorstehern des Sankt-Georg-Hospitals in Eutin und dem Fideikommissgericht über den Waisenfonds in den Fideikommissgütern 1790 (1867)

5180 Familienfideikommiss des Baron von Gersdorf zu Fahrenstedt 1817-1840

5181 Bestätigung der Friederike-Wilhelmine-Stiftung in den Gütern Haselau und Haseldorf zur Verteilung von Prämien an treue Dienstboten 1828-1829

5182 Fusten-, Bruun- und Wederingsches Stipendium für den Studenten der Theologie Peter Johann Kliene 1831-1832

5183 Anleihe des Forst- und Jagdjunkers von Fischer-Benzon aus dem Fischer-Benzonschen Fideikommiss 1843

5184 Fideikommiss im Gut Gelting 1802-1848

5185 Auszahlung der Zinsen des von Görtzschen Fideikommisses an die Baronessen von Goertz, Konventualinnen des Sankt Johannisklosters vor Schleswig (1760) 1790

5186 Von Günderothsche Fideikommissstiftung 1746-1750, 1811, 1841

5187 Güldensteinsches Fideikommiss 1837-1844

5188 Grundtsches Legat in Bredstedt 1767-1844

5189 Gräflich Hahnsches Fideikommiss 1808-1845

5190 Von Hedemann-Heespensches Fideikommiss (1776-) 1783-1840

5191 Fürstlich Hessensteinsches Fideikommiss 1808-1845

5192 Fideikommiss der Geheimen Konferenzratsfrau von Holstein 1816-1836

5193 Von Holsteinsches Legat für Predigerwitwen 1813-1836

5194 Stiftung der Christine Friederike von Holstein in Thyrstrup 1836-1844

5195 Hardenberg-Reventlowsches Fideikommiss in Klausdorf, Godderstorf, Löhrstorf und Großenbrode 1813
Bemerkung: siehe auch von Thienensches Fideikommiss (Abt 65.2 Nr. 5299)

5196 Gräflich Holsteinsches Fideikommiss (Holsteinborg) 1823-1824

5197 Heintze-Weisenroder Fideikommiss 1840-1846

5198 Fideikommiss des Justizrats Peter Hoë in Schleswig (1783-) 1846-1847

5199 Befreiung von der Erbschaftssteuer für das Henslersche Legat für das Taubstummeninstitut in Schleswig (1839-) 1844

5200 Auszug aus dem Testament der Kommerzratsfrau Hallensen über ein Stipendium 1788

5201 Auszug aus dem Testament des Niels Hack und seiner Frau in Flensburg über die Errichtung eines Stipendiums [1648]

5203 Holzkammsches Stipendium 1830-1844

5204 Stiftung von Gotthard und Anna Hansen in Flensburg 1785-1834

5205 Lorenz-Jansensche Stiftung im Christian-Albrechts-Koog 1814-1847

5206 Bestätigung des Iversenschen Legats in Hadersleben (1826) 1827

5207 Jensensches Stipendium in Bredstedt (1788-) 1808-1810

Fideikommisse und Stiftungen K-O

5208 Kaassches Fideikommiss 1805-1811

5209 Kannegießersches Fideikommiss in Kiel (1800-) 1811

5210 Kleensches Fideikommiss (1766) 1778-1783

5211 Von Kleistsches Fideikommiss 1817-1832

5212 Anleihe des Grafen von Knuth auf das Fideikommiss 1832-1833

5213 Bestätigung des vom Baron von Königstein in den Gütern Oehe und Dollrott errichteten Fideikommisses (1729) 1730

5214 Fideikommiss des Zuckerraffinadeurs Claus Krüger in Flensburg (1808-) 1834

5215 Krück- und Moritzscher Unterstützungsfonds für Taubstumme 1821-1842

5216 Bestätigung der Stiftung des Kanzlers Krück für Studierende und Taubstumme in Schleswig 1825-1826

5217 Liliencronsches Fideikommiss (1786-) 1803-1847

5218 Anleihe auf das vom Kolonieinspektor Lindenhahn errichtete Fideikommiss 1808

5219 Lorcksches Familienlegat in Flensburg (1785-) 1821-1822

5220 Gräflich von Lucknersches Fideikommiss im Gut Schulenburg 1796-1810

5221 Gräflich von Lucknersches Fideikommiss im Gut Schulenburg 1809-1844

5222 Gräflich von Lucknersches Fideikommiss im Gut Depenau 1797-1824

5223 Lübbessches Fideikommiss 1800-1830

5224 Verweigerte Anleihe aus dem Lorenzenschen Fideikommiss für den Grossier Thomas Bendix Lorenzen in Frederiksborg 1833-1834

5225 Auszug aus dem Testament des Rektors Johann Friedrich Licht in Schleswig zur Errichtung eines Stipendiums (1754, 1769)

5226 Stipendium des Bürgermeisters Detlef Luth in Husum (1607)

5227 Luthersches Stipendium in Hadersleben 1817-1818

5228 Auszug aus dem Testament des Kammerrats Lüders in Husum über die Errichtung eines Stipendiums [1646]

5229 Matthiesensches Fideikommiss in Altona 1807-1827

Enthält u. a.: Abschrift der testamentarischen Verfügungen des Justizrats Erhard Adolph Matthiesen

Darin: Druckschrift über Zuwachs und Verwendung des Fideikommisskapitals, 1826

5230 Legat des Apothekers Friedrich Mecklenburg in Flensburg (1807-) 1829

5231 Fideikommiss des Propstes Mellmann in Kiel 1823-1825

5232 Anleihe auf das Meylandsche Fideikommiss 1797

5233 Meviussches Fideikommiss im Gut Schrevenborn 1770-1819

5234 Gabenbrief des Justizrats Möller in Altona 1829-1830

5235 Meinsches Stipendium in Schleswig 1736

5236 Auszug aus dem Testament des Berend Hinrich Meincke in Flensburg über die Errichtung eines Stipendiums 1776

5237 Nachrichten zum Meitbothschen Stipendium in Schleswig (1752) 1810

5238 Abschriften von testamentarischen Bestimmungen zum Stipendium des Bernhard Müller in Kiel (1667, 1676, 1907)
Darin: Druckschrift zur Ordnung über die Verwaltung von Legatenfonds, Kiel 1907

5239 Errichtung des Tilemann Müllerschen Stipendiums für bedürftige Studenten der Theologie (1829) 1830

5240 Marienstiftung in Schleswig 1828-1838

5241 Bestätigung der revidierten Statuten des Moritzschen Vereins zur Unterstützung von Dienstboten in Schleswig 1830-1831

5242 Meerfeldsche Stiftung in Flensburg (1599-1601)

5243 Ohmsche Stiftung für bedürftige Offizierstöchter 1822-1836

Fideikommisse und Stiftungen P-R

5244 Fideikommiss in den Gütern Perdöl und Schönböken 1806-1807

5245 Gräflich von Platensches Fideikommiss in den Gütern Putlos, Weißenhaus und Futterkamp 1807

5246 Von Plessensches Fideikommiss 1793-1845

5247 Schullegat des Pastors Petersen in Oxbüll auf Alsen 1843-1844

5248 Bestätigung der Statuten der Pestalozzi-Stiftung zur Unterstützung der Schullehrerwitwen in Schleswig 1846-1847

5249 Popsensches Legat in Tondern (1786) 1787-1828

5250 Peträussche Stiftung in Husum (1640-) 1769

5251 Abschrift des Stiftungbriefes der Witwe Abel Pellicerus in Neustadt (1623)

5252 Abschrift des Testaments des Broder Peters in Tönning (1641)

5253 Von Qualensches Fideikommiss in Gut Damp 1809-1838

5254 Erlaubnis für den Kammerherrn und Oberadjutanten Rudolph Anton Ludwig von Qualen zur Übertragung eines Fideikommisskapitals der Konventualin von Qualen in Preetz auf das Gut Nivå 1813

5255 Von Qualensche Armenstifung, von Qualensches Stipendium in Windeby und von Qualensche Stiftung zur Verbesserung der Schule in Kochendorf (1749-) 1797-1828

5256 Rantzau-Ahlefeldtsches Fideikommiss (1734-) 1786-1805

5257 Fideikommiss des Grafen von Rantzau-Oppendorf (1781-) 1796-1829

5258 Fideikommiss des Grafen von Rantzau in Oppendorf 1829-1847

5259 Streitigkeiten des J. J. Kühl in Neumühlen mit den Administratoren des Gräflich Rantzauschen Fideikommisses wegen der Güter Oppendorf und Schönhorst (1816-) 1818-1821

Enthält u. a.: Inventarliste des Gutes Schönhorst, 1816
Darin: juristische Druckschriften

5260 Rantzau-Heiligenstedtener Fideikommiss 1827-1845

5261 Stiftung der Heilwich Rantzau in Itzehoe (1622)

5262 Rantzau-Breitenburger Fideikommiss (1750-) 1785-1793 (1876)

5263 Stipendium der Margaretha von Rantzau in Ahrensburg und Flensburg (1609-) 1803

5264 Errichtung des Rantzauschen Stipendiums in Neustadt 1637

5265 Gräflich von Reventlowsches Fideikommiss in den Gütern Altenhof, Glasau, Emkendorf und Wittenberg (1740-) 1801-1829

5266 Bestätigung einer Familienvereinbarung über die aus dem Gräflich von Reventlowschen Fideikommiss zu verschreibenden Wittümer 1843-1844

5267 Gräflich von Reventlow-Moltkesches Fideikommiss in den Gütern Noer, Grönwohld und Rönnebekholm (1785-) 1788-1845

5268 Gräflich von Reventlowsches Fideikommiss in der Herrschaft Reventlow-Sandberg und im Gut Ballegaard 1809-1849

5269 Von Rumohrsches Fideikommiss auf Rundhof 1839-1840
Enthält u. a.: Vieh-, Hof- und Feldinventar

5270 Von Rumohrsches Fideikommiss auf Roest (1811-) 1823-1832

5271 Wiederherstellung des Legats des Diakons Wilhelm Hinrich Rodazius in Gettorf für Predigerwitwen 1832

5272 Auszahlung des Fideikommisskapitals des Peter Friedrich Rohde an seine Tochter Anna Kölck in Heide (1787-) 1803-1804

5273 Reutzsches Fideikommiss 1778-1812

5274 Austausch eines zum Fideikommiss des Hans Peter Rittscher in Othmarschen gehörigen Grundstücks (1793-) 1835-1836

5275 Stipendium des Oberstleutnants Christian Ludwig von Römer in Flensburg für Studenten (1786) 1810

5276 Errichtung des Rötscherschen Stipendiums in Schleswig 1751

Fideikommisse und Stiftungen S-Z

5277 Gräflich von Schacksches Fideikommiss im Gut Seekamp 1739-1820

5278 Gräflich von Schacksches Fideikommiss in den Gütern Gram und Nübel (1760-) 1803-1848
Enthält u. a.: Erdbuch für Giesegaard, 1776; Generalrechnungen und Bilanzen

5279 Regelung des Schachtschen Legats in Schleswig 1730

5280 Genehmigung der Stiftung des Einwohners Sattler in Bredstedt zur Verteilung von Bibeln an Arme 1827

5281 Von Schilden-Hvidtfeldsche Fideikommiss 1824-1831

5282 Abschrift der Urkunde der Gräflich von Schimmelmannschen Stiftung in Wandsbek (1779) 1839

5283 Gräflich von Schimmelmannsches Fideikommiss in Ahrensburg 1789-1813

5284 Übertragung eines Anteils aus dem Gräflich von Schimmelmannschen Familienfideikommiss 1832-1833

5285 Gräflich von Schimmelmannsches Fideikommiss in Wandsbek 1803-1820

5286 Stiftung des Kapitäns Peter von Schulz für Predigerwitwen 1822

5287 Genehmigung der Statuten des Legats des Gerhard Slewart in Flensburg für bedürftige Predigertöchter 1830-1831

5288 Stiftung des Dr. Hans Hermann Sielentz und seiner Frau in Schleswig 1801-1822
Enthält u. a.: genealogische Tafel über die Familien des Stifters und seiner Frau

5289 Kollateralsteuer für ein Fideikommiss des Grafen von Kielmansegg im Gut Seestermühe 1823

5290 Nachfolge im Fideikommiss des Hinrich van der Smissen (1737) 1823

5291 Fideikommiss des Bürgermeisters thor Straten in Flensburg über die Kupfer- und Messingmühle in Krusau (1802) 1803

5292 Stipendium der Catharina Hedwig Stange, Witwe des Kanzleirats Stange (1770-) 1785

5293 Erlass der Kollateralsteuer für das Gräflich von Schmettausche Familienfideikommiss 1821-1824

5294 Suhmsches Fideikommiss 1834-1845

5295 Soebyesoegaardsches Fideikommiss im Gut Rosenkranz 1829-1846

8129 Bewilligung einer Anleihe aus dem Skeelschen Fideikommiss für Ernestine Caroline von Kobbe Gräfin von Rantzau-Breitenburg 1834

5296 Bestätigung der Stiftung des Althufners Christian Wilhelm Schrödter in Wattenbek zur Erhaltung eines Grabsteins und Unterstützung eines Seminaristen 1844

5297 Stipendium des Bernhard Soltau in Schleswig (1609-) 1633, 1782-1783

5298 Schrödersche Stiftungen beim Gymnasium in Altona 1740-1796 (1872)

5299 Von Thienensches Fideikommiss im Gut Löhrstorf
Enthält u. a.: Gutsbeschreibungen und Steuerlisten (1804-) 1812-1842

5300 Von Thienensches Fideikommiss im Gut Groß Nordsee (1806-) 1822-1845
Enthält u. a.: Rechnung über die Fideikommissmasse, 1825

5301 Tychsensches Fideikommiss in Bahrendorf 1801-1835

5302 Nichtauffindbarkeit der Bestimmungen zum Thomsensches Familienlegat in Flensburg 1846

5303 Nichtauffindbarkeit der Bestimmungen zum Valentinerschen Legat in Flensburg 1846

5304 Stiftung des Wilhelm Valentiner in Flensburg für das Taubstummeninstitut 1819-1825

5305 Legat des Oberstleutnants de Vette in Gravenstein zugunsten der Aussteuer armer Mädchen in Atzbüll 1840-1852

5306 Bestätigung der Stiftung des Amtssyndikus Jacob Georg Waitz in Altona 1824

5307 Wedderkopsches Fideikommiss 1811-1840

5308 Interpretation der Bestätigung der Wolf-Gudenschen Stiftung (1707-) 1804

5309 Legat des Johannes von Wowern (1612-) 1724-1852

5310 Anleihe aus dem Woltersschen Fideikommiss 1818-1843

5311 Verleihung des Zahnschen Legats an den Schmied Nis Nissen Christensen in Sotterup 1838

Testamente und testamentarische Verfügungen

Testamente aus dem Herzogtum Schleswig

Testamente aus dem Herzogtum Schleswig, chronologisch geordnet

Namensregister unter Abt. 65.2 Nr. 8162

5312 Testamente und Erbschaftsangelegenheiten aus dem Herzogtum Schleswig (1545-) 1594-1596
Enthält u. a.: Stammtafel eines Pharlich Namens und Mitgliedern der Familie Lüddesen

5313 Konzessionen zur Errichtung von Testamenten im Herzogtum Schleswig 1674-1730

8130 Testamente und Eheverträge aus Amt und Stadt Flensburg
Enthält u. a.: Aktenverzeichnis 1699-1730

5314 Testamente aus dem Herzogtum Schleswig (1709-) 1712-1730

5315 Testamente aus dem Herzogtum Schleswig 1731-1749

5316 Testamente aus dem Herzogtum Schleswig (1748-) 1750-1772

5317 Testamente aus dem Herzogtum Schleswig (1776-) 1796

5318 Testamente aus dem Herzogtum Schleswig (1779-) 1796-1797

5319 Einsprüche gegen Testamente aus dem Herzogtum Schleswig 1785-1839

Testamente aus dem Herzogtum Schleswig bis 1811, nach Testatoren geordnet

Namensregister unter Abt. 65.2 Nr. 8162

5320 Testamente aus dem Herzogtum Schleswig (Testatoren mit A) (1770) 1771-1780, 1785

5321 Testamente aus dem Herzogtum Schleswig (Testatoren mit A)
(1778-) 1781-1790

5322 Testamente aus dem Herzogtum Schleswig (Testatoren mit A)
(1783-) 1791-1804

5323 Testamente aus dem Herzogtum Schleswig (Testatoren mit A)
(1786-) 1804-1810

5324 Testamente aus dem Herzogtum Schleswig (Testatoren mit B)
(1752-) 1770-1775

5325 Testamente aus dem Herzogtum Schleswig (Testatoren mit B)
(1770-) 1776-1780

5326 Testamente aus dem Herzogtum Schleswig (Testatoren mit B)
(1754-) 1781-1785

5327 Testamente aus dem Herzogtum Schleswig (Testatoren mit B)
(1764-) 1785-1790

5328 Testamente aus dem Herzogtum Schleswig (Testatoren mit B)
(1758-) 1791-1797

5329 Testamente aus dem Herzogtum Schleswig (Testatoren mit B)
(1794-) 1798-1800

5330 Testamente aus dem Herzogtum Schleswig (Testatoren mit B)
(1781-) 1800-1805

5331 Testamente aus dem Herzogtum Schleswig (Testatoren mit B)
(1784-) 1805-1810

5332 Testamente aus dem Herzogtum Schleswig (Testatoren mit C)
(1770) 1771-1781

5333 Testamente aus dem Herzogtum Schleswig (Testatoren mit C)
(1778-) 1781-1790

5334 Testamente aus dem Herzogtum Schleswig (Testatoren mit C)
(1782-) 1791-1796

5335 Testamente aus dem Herzogtum Schleswig (Testatoren mit C)
(1788-) 1797-1800

5336 Testamente aus dem Herzogtum Schleswig (Testatoren mit C)
(1791-) 1801-1810

5337 Testamente aus dem Herzogtum Schleswig (Testatoren mit D)
1771-1780

5338 Testamente aus dem Herzogtum Schleswig (Testatoren mit D und E)
(1762-) 1781-1790

5339 Testamente aus dem Herzogtum Schleswig (Testatoren mit D)
(1774-) 1791-1800

5341 Testamente aus dem Herzogtum Schleswig (Testatoren mit D)
(1785-) 1801-1810

5340 Testamente aus dem Herzogtum Schleswig (Testatoren mit E)
(1781-) 1791-1800

5342 Testamente aus dem Herzogtum Schleswig (Testatoren mit E)
(1796-) 1800-1810

5343 Testamente aus dem Herzogtum Schleswig (Testatoren mit F und G)
(1729-) 1745-1760

5344 Testamente aus dem Herzogtum Schleswig (Testatoren mit F)
(1769-) 1781-1790

5345 Testamente aus dem Herzogtum Schleswig (Testatoren mit F)
(1754-) 1791-1800

5346 Testamente aus dem Herzogtum Schleswig (Testatoren mit F)
(1791-) 1800-1810

5347 Testamente aus dem Herzogtum Schleswig (Testatoren mit G)
(1776-) 1781-1790

5348 Testamente aus dem Herzogtum Schleswig (Testatoren mit G)
(1761-) 1790-1800

5349 Testamente aus dem Herzogtum Schleswig (Testatoren mit G)
(1799-) 1801-1810

5350 Testamente aus dem Herzogtum Schleswig (Testatoren mit H)
(1765-) 1770-1776

5351 Testamente aus dem Herzogtum Schleswig (Testatoren mit H)
(1749-) 1776-1780

5352 Testamente aus dem Herzogtum Schleswig (Testatoren mit H)
(1777-) 1781-1784

5353 Testamente aus dem Herzogtum Schleswig (Testatoren mit H)
(1778-) 1785-1790

5354 Testamente aus dem Herzogtum Schleswig (Testatoren mit H)
(1765-) 1791-1793

5355 Testamente aus dem Herzogtum Schleswig (Testatoren mit H)
(1779-) 1793-1795

5356 Testamente aus dem Herzogtum Schleswig (Testatoren mit H)
(1778-) 1795-1798

5357 Testamente aus dem Herzogtum Schleswig (Testatoren mit H)
(1773-) 1798-1800

5358 Testamente aus dem Herzogtum Schleswig (Testatoren mit H)
(1772-) 1800-1803

5359 Testamente aus dem Herzogtum Schleswig (Testatoren mit H)
(1793-) 1803-1807

5360 Testamente aus dem Herzogtum Schleswig (Testatoren mit H)
(1791-) 1807-1811

5361 Testamente aus dem Herzogtum Schleswig (Testatoren mit I und J)
(1764-) 1771-1775

5362 Testamente aus dem Herzogtum Schleswig (Testatoren mit I und J)
(1771-) 1775-1780

5363 Testamente aus dem Herzogtum Schleswig (Testatoren mit I und J)
(1777-) 1781-1784

5364 Testamente aus dem Herzogtum Schleswig (Testatoren mit I und J)
(1781-) 1785-1787

5365 Testamente aus dem Herzogtum Schleswig (Testatoren mit I und J)
(1783-) 1788-1790

5366 Testamente aus dem Herzogtum Schleswig (Testatoren mit I und J)
(1785-) 1790-1793

5367 Testamente aus dem Herzogtum Schleswig (Testatoren mit I und J)
(1772-) 1794-1797

5368 Testamente aus dem Herzogtum Schleswig (Testatoren mit I und J)
(1785-) 1798-1799

5369 Testamente aus dem Herzogtum Schleswig (Testatoren mit I und J)
(1784-) 1800

5370 Testamente aus dem Herzogtum Schleswig (Testatoren mit I und J)
(1784-) 1800-1803

5371 Testamente aus dem Herzogtum Schleswig (Testatoren mit I und J)
(1791-) 1804-1806

5372 Testamente aus dem Herzogtum Schleswig (Testatoren mit I und J)
(1788-) 1806-1808

5373 Testamente aus dem Herzogtum Schleswig (Testatoren mit I und J)
(1800-) 1808-1811

5374 Testamente aus dem Herzogtum Schleswig (Testatoren mit K)
(1759-) 1770-1780

5375 Testamente aus dem Herzogtum Schleswig (Testatoren mit K)
(1776-) 1781-1790

5376 Testamente aus dem Herzogtum Schleswig (Testatoren mit K)
(1748-) 1791-1800

5377 Testamente aus dem Herzogtum Schleswig (Testatoren mit K)
(1757-) 1800-1805

5378 Testamente aus dem Herzogtum Schleswig (Testatoren mit K)
(1786-) 1806-1811

5379 Testamente aus dem Herzogtum Schleswig (Testatoren mit L)
1766-1782

5380 Testamente aus dem Herzogtum Schleswig (Testatoren mit L)
(1777-) 1780-1790

5381 Testamente aus dem Herzogtum Schleswig (Testatoren mit L)
(1785-) 1791-1796

5382 Testamente aus dem Herzogtum Schleswig (Testatoren mit L)
(1795-) 1796-1800

5383 Testamente aus dem Herzogtum Schleswig (Testatoren mit L)
(1780-) 1801-1805

5384 Testamente aus dem Herzogtum Schleswig (Testatoren mit L)
(1793-) 1806-1811

5385 Testamente aus dem Herzogtum Schleswig (Testatoren mit M)
(1710-) 1769-1780

5386 Testamente aus dem Herzogtum Schleswig (Testatoren mit M)
(1778-) 1780-1790

5387 Testamente aus dem Herzogtum Schleswig (Testatoren mit M)
(1786-) 1790-1795

5388 Testamente aus dem Herzogtum Schleswig (Testatoren mit M)
(1791-) 1796-1800

5389 Testamente aus dem Herzogtum Schleswig (Testatoren mit M)
(1781-) 1801-1805

5390 Testamente aus dem Herzogtum Schleswig (Testatoren mit M)
(1780-) 1806-1810

5391 Testamente aus dem Herzogtum Schleswig (Testatoren mit N)
(1755-) 1771-1780

5392 Testamente aus dem Herzogtum Schleswig (Testatoren mit N)
(1772-) 1781-1790

5393 Testamente aus dem Herzogtum Schleswig (Testatoren mit N)
(1773-) 1791-1795

5394 Testamente aus dem Herzogtum Schleswig (Testatoren mit N)
(1787-) 1796-1800

5395 Testamente aus dem Herzogtum Schleswig (Testatoren mit N)
(1796-) 1801-1810

5396 Testamente aus dem Herzogtum Schleswig (Testatoren mit O)
(1760-) 1771-1790

5397 Testamente aus dem Herzogtum Schleswig (Testatoren mit O)
(1786-) 1791-1800

5398 Testamente aus dem Herzogtum Schleswig (Testatoren mit O)
(1793-) 1801-1810

5399 Testamente aus dem Herzogtum Schleswig (Testatoren mit P)
(1768-) 1770-1775

5400 Testamente aus dem Herzogtum Schleswig (Testatoren mit P)
(1769-) 1776-1780

5401 Testamente aus dem Herzogtum Schleswig (Testatoren mit P)
(1757-) 1780-1785

5402 Testamente aus dem Herzogtum Schleswig (Testatoren mit P)
(1779-) 1785-1790

5403 Testamente aus dem Herzogtum Schleswig (Testatoren mit P)
(1765-) 1791-1794

5404 Testamente aus dem Herzogtum Schleswig (Testatoren mit P)
(1768-) 1795-1798

5405 Testamente aus dem Herzogtum Schleswig (Testatoren mit P)
(1784-) 1798-1800

5406 Testamente aus dem Herzogtum Schleswig (Testatoren mit P)
(1783-) 1801-1803

5407 Testamente aus dem Herzogtum Schleswig (Testatoren mit P)
(1785-) 1804-1805

5408 Testamente aus dem Herzogtum Schleswig (Testatoren mit P)
(1791-) 1806-1808

5409 Testamente aus dem Herzogtum Schleswig (Testatoren mit P)
(1797-) 1808-1810

5410 Testamente aus dem Herzogtum Schleswig (Testatoren mit R)
(1748-) 1771-1780

5411 Testamente aus dem Herzogtum Schleswig (Testatoren mit R)
1781-1790

5412 Testamente aus dem Herzogtum Schleswig (Testatoren mit R)
(1779-) 1791-1800

5413 Testamente aus dem Herzogtum Schleswig (Testatoren mit Q und R)
(1778-) 1801-1810

5414 Testamente aus dem Herzogtum Schleswig (Testatoren mit S)
(1743-) 1752-1760

5415 Testamente aus dem Herzogtum Schleswig (Testatoren mit S)
(1766-) 1770-1780

5416 Testamente aus dem Herzogtum Schleswig (Testatoren mit S)
(1763-) 1781-1786

5417 Testamente aus dem Herzogtum Schleswig (Testatoren mit S)
(1782-) 1786-1790

5418 Testamente aus dem Herzogtum Schleswig (Testatoren mit S)
(1762-) 1791-1795

5419 Testamente aus dem Herzogtum Schleswig (Testatoren mit S)
(1784-) 1795-1800

5420 Testamente aus dem Herzogtum Schleswig (Testatoren mit S)
(1754-) 1801-1805

5421 Testamente aus dem Herzogtum Schleswig (Testatoren mit S)
(1787-) 1806-1810

5422 Testamente aus dem Herzogtum Schleswig (Testatoren mit T)
(1769-) 1771-1780

5423 Testamente aus dem Herzogtum Schleswig (Testatoren mit T)
(1780) 1781-1790

5424 Testamente aus dem Herzogtum Schleswig (Testatoren mit T)
(1785-) 1791-1800

5425 Testamente aus dem Herzogtum Schleswig (Testatoren mit T)
(1774-) 1800-1810

5426 Testamente aus dem Herzogtum Schleswig (Testatoren mit U bis Z)
(1770) 1771-1780

5427 Testamente aus dem Herzogtum Schleswig (Testatoren mit U bis Z)
(1774-) 1781-1790

5428 Testamente aus dem Herzogtum Schleswig (Testatoren mit U bis Z)
1791-1800

5429 Testamente aus dem Herzogtum Schleswig (Testatoren mit U bis Z))
(1786-) 1801-1810

5430 Testamente aus dem Herzogtum Schleswig (Testatoren mit A bis G)
(1797-) 1810-1811

5431 Testamente aus dem Herzogtum Schleswig (Testatoren mit M bis Z)
(1800-) 1810-1811

Testamente aus dem Herzogtum Schleswig ab 1812, chronologisch geordnet

Namensregister unter Abt. 65.2 Nr. 8162

5432	Testamente aus dem Herzogtum Schleswig	(1804-) 1811-1814
5433	Testamente aus dem Herzogtum Schleswig	(1806-) 1812
5434	Testamente aus dem Herzogtum Schleswig	(1776-) 1812
5435	Testamente aus dem Herzogtum Schleswig	(1802-) 1812-1813
5436	Testamente aus dem Herzogtum Schleswig	(1806-) 1813
5437	Testamente aus dem Herzogtum Schleswig	(1805-) 1813-1814
5438	Testamente aus dem Herzogtum Schleswig	(1797-) 1814
5439	Testamente aus dem Herzogtum Schleswig	(1798-) 1814-1815
5440	Testamente aus dem Herzogtum Schleswig	(1805-) 1815
5441	Testamente aus dem Herzogtum Schleswig	(1803-) 1815
5442	Testamente aus dem Herzogtum Schleswig	(1799-) 1815-1816
5443	Testamente aus dem Herzogtum Schleswig	(1800-) 1816
5444	Testamente aus dem Herzogtum Schleswig	(1787-) 1816
5445	Testamente aus dem Herzogtum Schleswig	(1777-) 1816-1817
5446	Testamente aus dem Herzogtum Schleswig	(1801-) 1817
5447	Testamente aus dem Herzogtum Schleswig	(1786-) 1817
5448	Testamente aus dem Herzogtum Schleswig	(1799-) 1817-1818
5449	Testamente aus dem Herzogtum Schleswig	(1802-) 1818
5450	Testamente aus dem Herzogtum Schleswig	(1802-) 1818
5451	Testamente aus dem Herzogtum Schleswig	(1786-) 1818-1819

5452	Testamente aus dem Herzogtum Schleswig	(1805-) 1819
5453	Testamente aus dem Herzogtum Schleswig	(1786-) 1819
5454	Testamente aus dem Herzogtum Schleswig	(1793-) 1819-1820
5455	Testamente aus dem Herzogtum Schleswig	(1793-) 1820
5456	Testamente aus dem Herzogtum Schleswig	(1790-) 1820
5457	Testamente aus dem Herzogtum Schleswig	(1778-) 1820
5458	Testamente aus dem Herzogtum Schleswig	(1806-) 1820-1821
5459	Testamente aus dem Herzogtum Schleswig	(1805-) 1820-1821
5460	Testamente aus dem Herzogtum Schleswig	(1794-) 1821
5461	Testamente aus dem Herzogtum Schleswig	(1799-) 1821
5462	Testamente aus dem Herzogtum Schleswig	(1800-) 1821
5463	Testamente aus dem Herzogtum Schleswig	(1800-) 1821-1822
5464	Testamente aus dem Herzogtum Schleswig	(1797-) 1821-1822
5465	Testamente aus dem Herzogtum Schleswig	(1799-) 1822
5466	Testamente aus dem Herzogtum Schleswig	(1803-) 1822
5467	Testamente aus dem Herzogtum Schleswig	(1796-) 1822-1823
5468	Testamente aus dem Herzogtum Schleswig	(1790-) 1822-1823
5469	Testamente aus dem Herzogtum Schleswig	(1796-) 1823
5470	Testamente aus dem Herzogtum Schleswig	(1804-) 1823
5471	Testamente aus dem Herzogtum Schleswig	(1794-) 1823-1824
5472	Testamente aus dem Herzogtum Schleswig	(1786-) 1824
5473	Testamente aus dem Herzogtum Schleswig	(1796-) 1824

5474	Testamente aus dem Herzogtum Schleswig	(1802-) 1824
5475	Testamente aus dem Herzogtum Schleswig	(1802-) 1824-1825
5476	Testamente aus dem Herzogtum Schleswig	(1796-) 1825
5477	Testamente aus dem Herzogtum Schleswig	(1802-) 1825
5478	Testamente aus dem Herzogtum Schleswig	(1809-) 1825-1826
5479	Testamente aus dem Herzogtum Schleswig	(1806-) 1826
5480	Testamente aus dem Herzogtum Schleswig	(1809-) 1826
5481	Testamente aus dem Herzogtum Schleswig	(1778-) 1826
5482	Testamente aus dem Herzogtum Schleswig	(1793-) 1826
5483	Testamente aus dem Herzogtum Schleswig	(1782-) 1826-1827
5484	Testamente aus dem Herzogtum Schleswig	(1721-) 1827
5485	Testamente aus dem Herzogtum Schleswig	(1796-) 1827
5486	Testamente aus dem Herzogtum Schleswig	(1790-) 1827
5487	Testamente aus dem Herzogtum Schleswig	(1797-) 1827
5488	Testamente aus dem Herzogtum Schleswig	(1801-) 1827-1828
5489	Testamente aus dem Herzogtum Schleswig	(1792-) 1828
5490	Testamente aus dem Herzogtum Schleswig	(1799-) 1828
5491	Testamente aus dem Herzogtum Schleswig	(1800-) 1828
5492	Testamente aus dem Herzogtum Schleswig	(1796-) 1828-1829
5493	Testamente aus dem Herzogtum Schleswig	(1793-) 1829
5494	Testamente aus dem Herzogtum Schleswig	(1800-) 1829
5495	Testamente aus dem Herzogtum Schleswig	(1802-) 1829

5496	Testamente aus dem Herzogtum Schleswig	(1805-) 1829
5497	Testamente aus dem Herzogtum Schleswig	(1801-) 1829
5498	Testamente aus dem Herzogtum Schleswig	(1799-) 1829-1830
5499	Testamente aus dem Herzogtum Schleswig	(1798-) 1830
5500	Testamente aus dem Herzogtum Schleswig	(1813-) 1830
5501	Testamente aus dem Herzogtum Schleswig	(1812-) 1830
5502	Testamente aus dem Herzogtum Schleswig	(1795-) 1830-1831
5503	Testamente aus dem Herzogtum Schleswig	(1798-) 1831
5504	Testamente aus dem Herzogtum Schleswig	(1797-) 1831
5505	Testamente aus dem Herzogtum Schleswig	(1813-) 1831
5506	Testamente aus dem Herzogtum Schleswig	(1810-) 1831-1832
5507	Testamente aus dem Herzogtum Schleswig	(1796-) 1832
5508	Testamente aus dem Herzogtum Schleswig	(1795-) 1832
5509	Testamente aus dem Herzogtum Schleswig	(1791-) 1832
5510	Testamente aus dem Herzogtum Schleswig	(1793-) 1832
5511	Testamente aus dem Herzogtum Schleswig	(1794-) 1832-1833
5512	Testamente aus dem Herzogtum Schleswig	(1794-) 1833
5513	Testamente aus dem Herzogtum Schleswig	(1793-) 1833
5514	Testamente aus dem Herzogtum Schleswig	(1812-) 1833
5515	Testamente aus dem Herzogtum Schleswig	(1823-) 1833
5516	Testamente aus dem Herzogtum Schleswig	(1807-) 1833
5517	Testamente aus dem Herzogtum Schleswig	(1812-) 1833-1834

5518	Testamente aus dem Herzogtum Schleswig	(1806-) 1834
5519	Testamente aus dem Herzogtum Schleswig	(1809-) 1834
5520	Testamente aus dem Herzogtum Schleswig	(1809-) 1834
5521	Testamente aus dem Herzogtum Schleswig	(1795-) 1834
5522	Testamente aus dem Herzogtum Schleswig	(1811-) 1834
5523	Testamente aus dem Herzogtum Schleswig	(1800-) 1834-1835
5524	Testamente aus dem Herzogtum Schleswig	(1798-) 1835
5525	Testamente aus dem Herzogtum Schleswig	(1809-) 1835
5526	Testamente aus dem Herzogtum Schleswig	(1805-) 1835
5527	Testamente aus dem Herzogtum Schleswig	(1818-) 1835
5528	Testamente aus dem Herzogtum Schleswig	(1810-) 1835-1836
5529	Testamente aus dem Herzogtum Schleswig	(1812-) 1836
5530	Testamente aus dem Herzogtum Schleswig	(1801-) 1836
5531	Testamente aus dem Herzogtum Schleswig	(1820-) 1836
5532	Testamente aus dem Herzogtum Schleswig	(1813-) 1836
5533	Testamente aus dem Herzogtum Schleswig	(1807-) 1836-1837
5534	Testamente aus dem Herzogtum Schleswig	(1806-) 1837
5535	Testamente aus dem Herzogtum Schleswig	(1800-) 1837
5536	Testamente aus dem Herzogtum Schleswig	(1806-) 1837
5537	Testamente aus dem Herzogtum Schleswig	(1821-) 1837
5538	Testamente aus dem Herzogtum Schleswig	(1804-) 1837
5539	Testamente aus dem Herzogtum Schleswig	(1806-) 1837-1838

5540	Testamente aus dem Herzogtum Schleswig	(1808-) 1838
5541	Testamente aus dem Herzogtum Schleswig	(1824-) 1838
5542	Testamente aus dem Herzogtum Schleswig	(1811-) 1838
5543	Testamente aus dem Herzogtum Schleswig	(1816-) 1838
5544	Testamente aus dem Herzogtum Schleswig	(1805-) 1838-1839
5545	Testamente aus dem Herzogtum Schleswig	(1810-) 1839
5546	Testamente aus dem Herzogtum Schleswig	(1812-) 1839
5547	Testamente aus dem Herzogtum Schleswig	(1796-) 1839
5548	Testamente aus dem Herzogtum Schleswig	(1819-) 1839
5549	Testamente aus dem Herzogtum Schleswig	(1812-) 1839
5550	Testamente aus dem Herzogtum Schleswig	(1801-) 1839-1840
5551	Testamente aus dem Herzogtum Schleswig	(1815-) 1840
5552	Testamente aus dem Herzogtum Schleswig	(1822-) 1840
5553	Testamente aus dem Herzogtum Schleswig	(1826-) 1840
5554	Testamente aus dem Herzogtum Schleswig	(1813-) 1840
5555	Testamente aus dem Herzogtum Schleswig	(1807-) 1840
5556	Testamente aus dem Herzogtum Schleswig	(1824-) 1840-1841
5557	Testamente aus dem Herzogtum Schleswig	(1803-) 1841
5558	Testamente aus dem Herzogtum Schleswig	(1810-) 1841
5559	Testamente aus dem Herzogtum Schleswig	(1809-) 1841
5560	Testamente aus dem Herzogtum Schleswig	(1820-) 1841
5561	Testamente aus dem Herzogtum Schleswig	(1815-) 1841

5562 Testamente aus dem Herzogtum Schleswig (1806-) 1841

5563 Testamente aus dem Herzogtum Schleswig (1805-) 1841-1842

5564 Testamente aus dem Herzogtum Schleswig (1827-) 1842

5565 Testamente aus dem Herzogtum Schleswig (1816-) 1842

5566 Testamente aus dem Herzogtum Schleswig (1820-) 1842

5567 Testamente aus dem Herzogtum Schleswig (1829-) 1842

5568 Testamente aus dem Herzogtum Schleswig (1808-) 1842
Enthält u. a.: Protokoll der Bestätigungsgesuche für 1842

5569 Testamente aus dem Herzogtum Schleswig (1824-) 1842-1843

5570 Testamente aus dem Herzogtum Schleswig (1807-) 1843

5571 Testamente aus dem Herzogtum Schleswig (1810-) 1843

5572 Testamente aus dem Herzogtum Schleswig (1810-) 1843

5573 Testamente aus dem Herzogtum Schleswig (1816-) 1843

5574 Testamente aus dem Herzogtum Schleswig (1809-) 1843
Enthält u. a.: Protokoll der Bestätigungsgesuche für 1843

5575 Testamente aus dem Herzogtum Schleswig (1790-) 1843-1844

5576 Testamente aus dem Herzogtum Schleswig (1812-) 1844

5577 Testamente aus dem Herzogtum Schleswig (1816-) 1844

5578 Testamente aus dem Herzogtum Schleswig (1821-) 1844

5579 Testamente aus dem Herzogtum Schleswig (1808-) 1844

5580 Testamente aus dem Herzogtum Schleswig (1821-) 1844
Enthält u. a.: Testamentprotokoll für 1844

5581 Testamente aus dem Herzogtum Schleswig (1827-) 1844-1845

5582 Testamente aus dem Herzogtum Schleswig (1804-) 1845

5583 Testamente aus dem Herzogtum Schleswig (1801-) 1845

5584 Testamente aus dem Herzogtum Schleswig (1827-) 1845

5585 Testamente aus dem Herzogtum Schleswig (1802-) 1845
Enthält u. a.: Testamentprotokoll für 1845

5586 Testamente aus dem Herzogtum Schleswig (1825-) 1845-1846

5587 Testamente aus dem Herzogtum Schleswig (1818-) 1846

5588 Testamente aus dem Herzogtum Schleswig (1825-) 1846

5589 Testamente aus dem Herzogtum Schleswig (1811-) 1846

5590 Testamente aus dem Herzogtum Schleswig (1837-) 1846

5591 Testamente aus dem Herzogtum Schleswig (1819-) 1846
Enthält u. a.: Testamentprotokoll für 1846

5592 Testamente aus dem Herzogtum Schleswig (1817-) 1846-1847

5593 Testamente aus dem Herzogtum Schleswig (1820-) 1847

5594 Testamente aus dem Herzogtum Schleswig (1802-) 1847

5595 Testamente aus dem Herzogtum Schleswig (1824-) 1847
Enthält u. a.: Testamentprotokoll für 1847

5596 Testamente aus dem Herzogtum Schleswig (1818-) 1847

5597 Testamente aus dem Herzogtum Schleswig (1807-) 1847-1848

5598 Testamente aus dem Herzogtum Schleswig (1799-) 1848-1849

Testamente aus dem Herzogtum Holstein

5599 Testamente aus dem Herzogtum Holstein 1725-1846
Bemerkung: Namensregister unter Abt. 65.2 Nr. 8162

5600 Strittige Erbschaftsangelegenheiten der Anna Sabina Amthor geb. Claudius, Frau des Etatsrats und Oberkriegskommissars Amthor (1718) 1719

Eheverträge

Namensregister unter Abt. 65.2 Nr. 8162

5601 Bestätigung von Eheverträgen (Ehemänner mit A) 1730-1832

5602 Bestätigung von Eheverträgen (Ehemänner mit B) 1727-1837

5603 Bestätigung von Eheverträgen (Ehemänner mit C) 1728-1847

5604 Bestätigung von Eheverträgen (Ehemänner mit D) 1729-1845

5605 Bestätigung von Eheverträgen (Ehemänner mit E) 1748-1835

5606 Bestätigung von Eheverträgen (Ehemänner mit F) 1729-1820

5607 Bestätigung von Eheverträgen (Ehemänner mit G) 1730-1831

5608 Bestätigung von Eheverträgen (Ehemänner mit H) 1727-1796

5609 Bestätigung von Eheverträgen (Ehemänner mit H) (1786-) 1798-1848

5610 Bestätigung von Eheverträgen (Ehemänner mit I und J) (1792-) 1795-1833

5611 Bestätigung von Eheverträgen (Ehemänner mit K) 1730-1833

5612 Bestätigung von Eheverträgen (Ehemänner mit L) 1722-1840

5613 Bestätigung von Eheverträgen (Ehemänner mit M) 1732-1832

5614 Bestätigung von Eheverträgen (Ehemänner mit N) 1733-1834

5615 Bestätigung von Eheverträgen (Ehemänner mit O) 1738-1811

5616 Bestätigung von Eheverträgen (Ehemänner mit P) 1729-1835

5617 Bestätigung von Eheverträgen (Ehemänner mit Q) 1824
Enthält: Mitteilung an das Generalkommissariat über das Gesuch der Witwe des Majors Johann Detlef von Qualen, Schleswig, um Bestätigung ihres Ehevertrags

5618 Bestätigung von Eheverträgen (Ehemänner mit R) 1738-1847

5619 Bestätigung von Eheverträgen (Ehemänner mit S) 1719-1847

5620 Bestätigung von Eheverträgen (Ehemänner mit T) 1730-1835

5621 Bestätigung von Eheverträgen (Ehemänner mit V) 1729-1828

5622 Bestätigung von Eheverträgen (Ehemänner mit W) 1729-1831

5623 Bestätigung von Eheverträgen (Ehemänner mit Z) 1730-1740
Enthält: Ehevertrag zwischen dem Gerichtsaktuar der Landschaft Stapelholm Samuel Ziegler und der Witwe Elsche Ehlers, Norderstapel

Einkindschaften

5624 Bestätigungen von Einkindschaftsakten 1742-1848
Bemerkung: Namensregister unter Abt. 65.2 Nr. 8162

Schenkungen auf den Todesfall

Namensregister unter Abt. 65.2 Nr. 8162

5625 Bestätigungen von Schenkungen im Todesfall (Schenker mit A) 1748-1823

5626 Bestätigungen von Schenkungen im Todesfall (Schenker mit B) 1731-1808

5627 Bestätigungen von Schenkungen im Todesfall (Schenker mit C) 1743-1833

5628 Bestätigungen von Schenkungen im Todesfall (Schenker mit D) 1739-1782

5629 Bestätigungen von Schenkungen im Todesfall (Schenker mit E) (1794-) 1803, 1817

5630 Bestätigungen von Schenkungen im Todesfall (Schenker mit F) (1786) 1787-1802

5631 Bestätigungen von Schenkungen im Todesfall (Schenker mit G) 1736, 1758, 1846

5632 Bestätigungen von Schenkungen im Todesfall (Schenker mit H) 1731-1807

5633 Bestätigungen von Schenkungen im Todesfall (Schenker mit I und J) 1763-1814

5634 Bestätigungen von Schenkungen im Todesfall (Schenker mit K) (1732-) 1739-1817

5635 Bestätigungen von Schenkungen im Todesfall (Schenker mit L) 1731-1828

5636 Bestätigungen von Schenkungen im Todesfall (Schenker mit M) 1732-1830

5637 Bestätigungen von Schenkungen im Todesfall (Schenker mit N) 1789-1827

5638 Bestätigungen von Schenkungen im Todesfall (Schenker mit O) (1807-) 1810
Enthält: Christiana Hanna Outzen, Lügumkloster, Witwe des Kanzleirats Outzen

5639 Bestätigungen von Schenkungen im Todesfall (Schenker mit P) (1754-) 1763-1811

5640 Bestätigungen von Schenkungen im Todesfall (Schenker mit R) 1771-1819

5641 Bestätigungen von Schenkungen im Todesfall (Schenker mit S) (1729-) 1737-1826

5642 Bestätigungen von Schenkungen im Todesfall (Schenker mit T) 1802, 1824-1825

5643 Bestätigungen von Schenkungen im Todesfall (Schenker mit V)
Enthält: Ratmann auf Osterland-Föhr Volckert Volckertsen 1722

5644 Bestätigungen von Schenkungen im Todesfall (Schenker mit W) 1770-1845

5645 Bestätigungen von Schenkungen im Todesfall (Schenker mit Z) 1835
Enthält: Wahrnehmung der Rechte der königlichen Kasse bei der Schenkungsakte des ehemaligen Landkriegskommissars von Zepelin

Bestätigung von Verträgen

5646 Kaufverträge über Helmsche später Paulsensche Ländereien jenseits des Sonderburger Sundes (1662-) 1731-1733

5647 Vertrag zwischen Jep Nielsen und Jep Jessen in Aggerschau in der Norderrangstrupharde wegen eines Viertel-Feste Hofs 1733-1734

5648 Überlassungsvertrag zwischen dem Färber Jacob Jacobsen in Lindholm und dessen Stiefsohn Carsten Casparsen 1734-1738

5649 Vergleich der Charlotte Amalie Blome, Witwe des Geheimen Konferenzrats und Propstes zu Preetz Otto Blome, für ihre Tochter Anna Magdalena mit dessen geschiedener erster Ehefrau Anna Margaretha Brockdorff 1738

5650 Vergleich zwischen Kammerjunker Hans Friedrich von Levetzow auf Oxholm und Lucia von Thienen wegen eines Eheversprechens 1740-1741

5651 Vergleich des Landrats Joachim Brockdorff mit seinen Schwestern und Schwesterkindern wegen der testamentarischen Bestimmungen und des Fideikommisses ihres Vaters Wulf Brockdorff (1739) 1741

5652 Vergleich des Kapitäns Otto Friedrich Ottsen mit den Erben des Entrepreneurs Cyprian du Pelly wegen dessen Hinterlassenschaft 1745

5653 Konzession für Oberst Graf zu Ysenburg und Etatsrat Dauw als Vormünder des minderjährigen Grafen Reventlow zum Abschluss eines Abhandlungsvergleichs mit den Brüdern von Wasmer wegen einer Geldforderung 1752

5654 Kommunion- und Sukzessionsvergleich zwischen den Komtessen Antoinette Conradine, Friderica Amalie Philippine, Sophia Magdalena und Henriette Dorothea von Trampe in Sonderburg 1752

5655 Akte der Anna Christiana Böhne zugunsten ihres Bräutigams, des Kanzleirats Denis Lucas, wegen der religiösen Erziehung ihrer zukünftigen Kinder 1752

5656 Erbvergleich zwischen Justizrat Simon von Wasmer und seiner Großschwiegermutter Catharina Matthiessen in Bredstedt 1754

5657 Verpflegungsvertrag zwischen Obergerichtsadvokat Christian Arnold Küster in Schleswig und dem ehemaligen Haus- und Hardesvogt Nicolaus Ulrich Legrand 1754

5658 Vergleich zwischen den Kindern des in Eidelstedt verstorbenen Vogts Hein Behrmannn über den väterlichen Hof 1758

5659 Vergleich zwischen den beiden legitimierten Söhnen des Christian von Brömbsen auf Nütschau und den Erben des preußischen Geheimen Rats von Winckler (1749-) 1760-1761

5660 Sukzessions- und Überlassungsvertrag zwischen Hofrat Christian Albrecht Ohem und seinem Sohn, Kapitän Carl Friedrich Ohem, wegen eines privilegierten Hofs in Hohn (1727-) 1762-1763

5661 Erbvergleich zwischen Etatsrat von Esmarch und Justizrat von Römer (1762) 1763

5662 Sukzessionsakte des Hans Henningsen und seiner Frau Ingeborg Moritzen in Gravenstein (1748-1750) 1763

5663 Flethföringsvertrag zwischen Kirsten Peters in Morsum und Ellen Jensen 1765-1766

5664 Erb- und Überlassungsvertrag zwischen Hans Nissen in Brorsböl (Amt Hadersleben) und seinen Kindern 1767

5665 Erbvergleich zwischen der Witwe Brigitte Gärtner und dem Gerichtsschreiber Schröder in Hadersleben 1770-1771

5667 Überlassungsverträge zwischen der Witwe Mette Peters und Lorentz Jensen in Hönkys (Amt Apenrade) (1756, 1762) 1775

5668 Alimentationsvertrag zwischen Claus Jepsen in Brekling und der verstorbenen Elisabeth Schmidt 1777-1778

5669 Erbteilungsvertrag zwischen der Witwe Maria Petersen in Bömbüll (Amt Tondern) und ihren Kindern 1780

5670 Erb- und Alimentationsvertrag zwischen der Witwe Hedwig Bang in Hadersleben, ihrer Tochter Magdalena Sophia verheiratete Neuhöfel und dem Vormund ihres geistesschwachen Sohnes 1780

5671 Kommunion- und Sukzessionsvergleich zwischen den Komtessen Antoinette Conradine und Sophie Magdalene von Trampe in Sonderburg (1765) 1780

5672 Vereinbarung und Alimentationsvertrag zwischen den Eheleuten Dürkop und dem Schmied Andreas Lorenzen in Stedesand 1781

5673 Erbvergleich zwischen dem Ratsverwandten Christian Petersen in Tondern und seiner Schwester Elsabe Petersen (1782) 1783

5674 Erbkauf- und Alimentationsvertrag zwischen den Eheleuten Lassen in Bohmstedt und Albert Andersen (1782) 1783

5675 Flethföringsvertrag zwischen dem Hufner Claus Henningsen in Tolk und seinem verstorbenen Knecht Thomas Krohn 1784

5676 Erbvergleich zwischen der Witwe Ester Petersen in Tondern und den Erben ihres Ehemanns 1785

5677 Überlassungsvertrag des Bohlsmanns Jürgen Hansen Hvid in Elstrup (1776) 1789-1790

5678 Alimentationsvertrag zwischen Thomas Ebsen in Büttjebüll und seiner Stiefmutter Leenke Ebens (1779) 1790

5679 Unterhalt- und Erbvertrag zwischen der Witwe Metta Lauritzen und Lauritz Sörensen und dessen Frau Anna Lauritzen in Kastrup 1791

5680 Alimentationsvertrag zwischen den Eheleuten Thomsen und dem Hufner Callsen in Ekenis (1790) 1793

5681 Überlassungvertrag zwischen Jürgen Jensen und Niels Christensen in Apterp wegen eines Hauses auf dem Pastoratsgrundstück in Brede 1793

5682 Absonderungsakte zwischen dem Schiffer Christian Hansen Grau und seiner Frau Karen Christens in Oxbüll (1786) 1795-1796

5683 Erbvergleich und Einkindschaftsakte zwischen Esther Hansen geb. Nielsen, Witwe des Müllers Hans Ohlsen, mit ihrem Bräutigam Matthias Knudsen in Fischerhäuser im Kirchspiel Aventoft und den Vormündern ihrer Kinder aus erster Ehe 1796-1797

5684 Alimentationsvertrag zwischen dem Bohlsmann Peter Hansen in Großenwiehe und seinem Vaterbruder Peter Lorenzen (1789-) 1797

5685 Vertrag der Margaretha Elisabeth Desler in Eckeberg und dem Abnahmemann Thomas Hansen (1797) 1798

5686 Akte zwischen Hans Lassen und seinem Schwager Hufner Detlef Callsen in Ekenis (1781) 1799

5687 Vergleich zwischen dem Witwer Franz Joachim Hinrich Grünewaldt in Gollendorf auf Fehmarn und den Vormündern des Johann Hinrich Hagelstein (1790-) 1800

5688 Erbvergleich zwischen Catharina Margaretha Rasch und dem Stammhofbesitzer Peter Callsen in Ellgaard bei Flensburg (1799) 1800

5689 Überlassung von herrschaftlichen Erbpachtländereien im Adolfskoog an Claus Bojens in Uelvesbüll und seine Frau 1801

5690 Erbvergleich zwischen Hans Casper Haccius in Missunde und Sophia Margaretha Haccius und Anna Christina Bühsen in Bohnert (1797-) 1800-1801

5691 Unterhaltsvereinbarung zwischen dem Bohlsbesitzer Jens Alexandersen in Satrup (Amt Sonderburg) und Philipp Jacobsen (1797) 1800-1801

5692 Kaufvertrag zwischen Johann Dose im Gut Ahrensburg und Catharina Elisabeth Kretzmann dasselbst 1802

5693 Vertrag des Erbpachtmüllers Volkert Peters in Alkersum auf Föhr mit seinem Sohn Oluf Volkerts 1804

5694 Beabsichtigter Widerruf einer Schenkung des Dr. Silchmüller in Kappeln an die Armenkasse (1803) 1804

5695 Kaufvertrag über die Festehufe des Bunde Steenholt in Baulund 1804-1805

5696 Überlassungs- und Alimentationsvertrag zwischen Andreas Hansen in Husum und der Tochter seines Bruders (1798, 1804) 1805

5697 Vitalitienvertrag zwischen Konferenzrat von Cossel und Kammerjunker von Cossel 1805-1806

5698 Überlassungs- und Alimentationsvertrag zwischen Christian Nissen in Borsbüll und Fedder Ketelsen (1803) 1806

5699 Überlassung von Gartenland des Heldbergschen Gasthauses in Itzehoe an den Klostersyndikus von Leesen 1807

5700 Annehmungsvertrag des Schmieds Wulf in Holstendorf (1806-) 1808

5701 Vergleich zwischen dem Amt Rendsburg, dem Kloster Itzehoe und dem Gut Drage wegen der Durchmärsche fremder Truppen 1808

5702 Vereinbarung zwischen dem Ratsverwandten Johann Simonsen und der Witwe Anna Hiort in Hadersleben wegen ihrer Handelsverbindung 1809

5703 Erbpachtvertrag des Papiermüllers Asmus Behrens im Gut Sarlhusen 1808-1809

5704 Verpflegungsvertrag zwischen der Witwe Kiesten Philippsen in Ketting und ihres Ehemanns Schwestersohn Jacob Christian Aagesen in Gammelgaard (1797) 1809

5705 Vergleich zwischen dem Statthalter Landgraf Carl von Hessen-Kassel und dem schwedischen Rittmeister Graf Gustav Dietrich Taube über den Nachlass des Fürsten von Hessenstein 1809

5706 Verpflegungs- und Schenkungsvertrag zwischen Arfst Olufs und seiner Enkelin Kerrin Nickelsen mit ihrem Mann Nickels Volckerts in Oevenum auf Föhr 1809

5707 Alimentationsvertrag zwischen dem Hufner Christian Petersen in Wollerup auf Alsen und dem Kätner Peter Christensen Schmidt in Kjär 1810

5708 Alimentationsvereinbarung zwischen dem Bohlsmann Hans Nielsen Schmidt in Maibüll und seiner Mutter Birret Nielsen 1811

5709 Überlassungsvertrag zwischen dem Matrosen Niels Carstensen in Hadersleben und seinem Schwiegervater Christian Carstensen (1810) 1811

5710 Födings- und Überlassungsvertrag zwischen Catharina Hansen in Wester-Langenhorn und ihrer Schwester Maricke Pauls (1778) 1815

5711 Alimentationsvertrag zwischen dem Tagelöhner Carl Friedrich Bachendorf in Gammellund und seiner Schwiegermutter 1815

5712 Schenkungs- und Verpflegungsvertrag zwischen dem Bohlsmann Hans Rudolph in Hellvit und seinem Brudersohn Christen Christensen Rudolph (1804) 1816

5713 Alimentations- und Erbvereinbarung zwischen dem Lotsenältermann Asmus Jacobsen in Flensburg und Salome Benkendorf 1816

5714 Flethförings- und Erbvereinigungsvertrag zwischen Anna Margaretha Jürgensen und dem Kätner Hans Hinrich Jürgensen in Brekling 1817

5715 Alimentationsvertrag zwischen dem Krüger Hans Jürgen Petersen in Scheersberg und Andreas Christiansen in Ausacker 1817

5716 Verpflegungsvertrag zwischen der Witwe Margaretha Jensen und ihrer Tochter Catharina Carstens in Dagebüll (1815-) 1817-1818

5718 Erbvergleich zwischen den Kindern des Hufners Jürgen Hundewadt in Wonsbek (1811) 1819

5719 Überlassungsvertrag zwischen Thomas Hansen in Oster-Ohrstedt und seinem ältesten Sohn (1807) 1819

5720 Dienstlohnvertrag zwischen Inge Bohn in Oevenum auf Föhr und ihrem Vater Boch Arfsten 1820

5721 Abteilungs- und Übertragungsvertrag zwischen August Philipp Thomsen in Strengtoft im Gut Oehe und seinen Stiefkindern (1814) 1820

5722 Schenkungsakte des Amtsschlachtermeisters Jens Clausen für seinen Enkel Lorenz Gottfried Johannsen in Flensburg 1820

5723 Erbvergleich zwischen Volquard Jansen in Lügum und seinem Stiefvater Valentin Claussen 1809-1821

5724 Flethföringsvertrag zwischen Sören Olufsen in Faestedt und Wolle Andersen 1821

5725 Vertrag zwischen Hans Nicolaisen in Jeising und seiner Schwester Hanne Maria Jespen 1822-1823

5726 Kauf- und Alimentationsvertrag zwischen dem Leinweber Johann Jochen Koop in Klein Berkenthin und dem Tagelöhner Johann Franck in Düchelsdorf 1827

5727 Alimentationsvertrag zwischen dem Hufner Hans Hecht in Pries und Johann Hinrich Roepstorff (1823) 1826-1827

5728 Erbvergleich zwischen dem Abnahmemann Jürgen Christian Ebsen und dem Förster Petersen in Fohl 1826-1829

5729 Vertrag zwischen dem Predigerinsten Behrend Helmer bei der Kirche in Ulkebüll und Anna Jürgensen aus Wormstoft, Braut seines verstorbenen Sohnes (1813) 1828

5730 Aussageakte des Bauerinsten Jürgen Hansen Rode in Hundsleben sowie Ehe- und Abnahmevertrag mit Anna Maria Petersen aus Sillerup (1797) 1828-1829

5731 Überlassungs- und Erbteilungsvertrag zwischen Jacob Hansen in Klixbüll und Hans Hinrich Hansen in Achtrup als Vormund für Christian Hansen (1818) 1828-1829

5732 Erbvergleich zwischen Catharina Maria Jörgensdatter in Haistrup und Anna Maria Balzer 1802-1803, 1829
Enthält auch: Bestätigung des Testaments des Insten Balzer Iwersen, Haistrup, und seiner Frau Anna Maria Balzer, 1802-1803

5733 Vertrag zwischen der Witwe des Nis Christiansen in Lügum und ihrem Schwager Peter Christiansen (1825) 1829

5734 Alimentations- und Erbvergleich zwischen der Witwe des Johann Christian Lehnhardt in Leck und Peter Matthias Krebs in Achtrup (1826) 1829-1830

5735 Erbvertrag zwischen dem Mützenmacher Johann Joachim Meyer in Schleswig und Margarethe Petersen 1829-1830

5736 Vergleich über einen Erbvertrag zwischen Etatsrat und Obergerichtsrat Hans Philipp Francke in Schleswig und seiner Frau (1815) 1830

5737 Erbvergleich zwischen der Witwe und den Kindern des Peter Callesen auf dem Haderslebener Kloster 1830

5738 Alimentationsvertrag zwischen der Witwe Catharina Dorothea Prehn in Glücksburg und ihrer Dienstmagd Anna Catharina Hansen (1818) 1830-1831

5739 Verteilung von Nachlassgegenständen der Gastwirtswitwe Ravens in Schleswig (1803) 1831

5740 Aussage- und Adoptionsakte des Hinrich Thomsen in Leck und seiner Braut Sidsel Volquardsen (1819) 1831

5741 Alimentationsvertrag zwischen Catharina Magdalena Brandt vormals in Möhlhorst und dem Oberkriegskommissar Brandt und seiner Frau in Büchenau (1798-) 1830-1831

5742 Schenkungsakte der Eheleute Joachim und Anna Dorothea Jessen in Schauheck (1826-) 1832

5743 Erbvergleich zwischen den Vormündern der Kinder des Christian Nicolaisen Schmidt in Osterby (Amt Tondern) und dessen Witwe mit ihrem Bräutigam Jens Nicolai Lorenzen (1825) 1832

5744 Heuervertrag zwischen dem Eingesessenen Detlef Kock in Grabenthor und seinem Vater (1834) 1844-1845

5745 Erbvergleich zwischen den Eheleuten Johann Daniel und Anna Margaretha Will in Schilksee und ihren Kindern (1839) 1844-1845

5746 Erbvertrag zwischen der Abnahmefrau Gyde Maria Paulsen in Düppel-Langbro und dem Insten Hans Ohlsen 1847

5747 Erbvertrag zwischen dem Zuckerraffinadeur Hans Andersen in Sonderburg und seinen Kindern (1843) 1848

Konzessionen zur Errichtung von Testamenten

5793 Konzessionen zur Errichtung von Testamenten 1724-1847
Bemerkung: Namensregister unter Abt. 65.2 Nr. 8162

Wiedereinsetzung in den vorigen Stand sowie Wiederherstellung des Rufs und der Ehre

5794 Wiedereinsetzung in den vorigen Stand: Buchdrucker Johann David Adam Eckhardt in Altona in seiner Streitsache mit dem Lizentiaten Albrecht Wittenberg in Hamburg wegen geforderter Honorarzahlung für die Besorgung eines Artikels im „Reichs-Postreuter" (1789) 1791

5795 Wiedereinsetzung in den vorigen Stand: Kanzleirat Doose in Wilster wegen der Hollerschen Konkursmasse (1789) 1791

5796 Wiedereinsetzung in den vorigen Stand: Nicolai Petersen, Besitzer der Hauptparzelle des niedergelegten Domanialgutes Woyens im Amt Hadersleben, wegen Teilnahmepflicht an der Einfriedung des Küster- und Schullandes in Jägerrup (1791) 1793-1794

5797 Wiedereinsetzung in den vorigen Stand: Erbpächter Claus Einfeldt und Konsorten in Rumohrhütten wegen Beitrags zu den Kirchenanlagen in Groß Flintbek (1790-) 1795

5798 Wiedereinsetzung in den vorigen Stand: Catharina Sophia Breckwoldt in Blankenese wegen Eheabredung mit Hinrich Köster in Mühlenberg 1795

5799 Wiedereinsetzung in den vorigen Stand: Friedrich Klueg und Hinrich Möller in Vollmacht der Dorfschaft Kaaks wegen Streitigkeiten mit dem Erbpächter Görss Schmaalmack in Kaaksburg um Aufteilung der gemeinen Weide oder Herausgabe seines Anteils (1793-) 1795

5800 Wiedereinsetzung in den vorigen Stand: Advokat Rahtgen in Altona für den Grafen Pfaff von Pfaffenhoven wegen der Klage gegen die Kaufleute Wasserfall und Dahlgrün in Altona über eine Vertragsentschädigung 1796

5801 Wiedereinsetzung in den vorigen Stand: Daniel Heinsohn in Altona in seiner Streitsache gegen Jacob Siems in Hamburg wegen Winkelschreiberei 1796-1797

5802 Wiedereinsetzung in den vorigen Stand: Gastwirt Georg Christian Wolhart in Rendsburg in der Streitsache mit der Witwe Gebhardten wegen eines Hausverkaufs (1796) 1797

5803 Wiedereinsetzung in den vorigen Stand: Dorfschaft Ratzebek in ihrer Streitsache mit dem Schmied Paulsen und dem Schuster Koppitsch wegen Weidegerechtigkeit (1792-) 1797-1799
Enthält u. a.: Zeichnung des Landstücks

5804 Wiedereinsetzung in den vorigen Stand: Wiebensche Erben, Parzellisten in Lust auf dem ehemaligen Vorwerk Haale, in der Streitsache gegen den Besitzer von Steinberg Detlef Agge wegen Aufteilung einer Einfriedung (1774-) 1799
Enthält u. a.: Beschreibung der Vorwerksländereien, 1774

5805 Wiedereinsetzung in den vorigen Stand: verw. Baronesse von Meurer geb. Rumohr auf Krummendiek in der Konkursangelegenheit des Kammerjunkers und Zollverwalters Zülow in Neustadt (1791-) 1799
Enthält u. a.: Inventare

5806 Wiedereinsetzung in den vorigen Stand: Kätner Christian Anthonissen und Konsorten in Achtrup wegen versäumter Frist in den Landaufteilungsstreitigkeiten mit den dortigen adligen Bohlsbesitzern (1781-) 1800

5807 Wiedereinsetzung in den vorigen Stand: Bürgerworthalter Christian Bartram Meyer in Lütjenburg wegen eines Magistratsbescheids zur Aufteilung einer Wiese 1800-1801

5808 Wiedereinsetzung in den vorigen Stand: Staatsminister Graf von Schimmelmann in Kopenhagen und Kammerherr Grafen von Baudissin auf Knoop als Vormünder des Grafen Carl von Schimmelmann in Ahrensburg wegen einer Schuld des verstorbenen Grafen Friedrich Joseph von Schimmelmann 1802

5809 Wiedereinsetzung in den vorigen Stand: Reichsritter von Dimpfel in Poppenbüttel in der Streitsache mit dem Schulmeister Hermann Ahrens wegen Schuldforderung 1801-1802

5810 Wiedereinsetzung in den vorigen Stand: Schlosshauptmann und Domkapitular Baron von Kurtzrock in Lübeck in der Streitsache mit dem Justizrat Amsinck auf Schönweide wegen Berichtigung der Viereinhalbprozentsteuer auf einem Fideikommisskapital im Gut Schönweide (1801) 1802

5811 Wiedereinsetzung in den vorigen Stand: Eingesessene Hinrich Münster, Peter Homburg und Konsorten in Thiensen in der Streitsache mit dem Vogt und den Eingesessenen in Ellerhoop wegen Aufteilung der Gemeinheit in Ellerhoop (1790) 1802

5812 Wiedereinsetzung in den vorigen Stand: Kloster Preetz in der Streitsache mit den Hufnern und Kätnern der Probstei wegen Abgabefreiheit bei Brandschäden (1764-) 1803

Enthält u. a.: Verzeichnis der abgebrannten Hufner und Kätner im Zeitraum von 1781 bis 1797

5813 Wiedereinsetzung in den vorigen Stand: Asmus Stehn in Butterstieg in der Rechtssache mit seinem Sohn Hans Christian Stehn wegen der väterlichen Hufe 1802-1805

5814 Wiedereinsetzung in den vorigen Stand: Hofstallmeisterin von Plato in wegen unterlassener Angabe ihrer Gerechtsame bei dem Konkursverfahren über den Hof Christinenthal im Gut Drage und den dort befindlichen Mobilien 1805

5815 Wiedereinsetzung in den vorigen Stand: Justizrat Amsinck auf Schönweide wegen nicht bezogenen Einlagers (1782-) 1806-1807

5816 Wiedereinsetzung in den vorigen Stand: augustenburgische Untergehörige des Lehns Maibüllgaard wegen der Dienste und Abgaben sowie über die Bondenqualität ihrer Erbfesten (1806) 1807

5817 Wiedereinsetzung in den vorigen Stand: Kaufleute Pitcairn, Kampmeyer und Smith in Hamburg wegen Freigabe beschlagnahmter Fässer mit Kaffee und Zucker 1808-1809

5818 Wiedereinsetzung in den vorigen Stand: Kaufmann und Schutzjude Wilhelm Schweitzer aus Breslau, jetzt Hamburg, wegen Beschlagnahmung von Kisten mit englischer Seife und anderen Parfümerien 1808-1809

5819 Wiedereinsetzung in den vorigen Stand: nordamerikanischer Konsul Forbes in Hamburg, jetzt Tönning, als Bevollmächtigter der Handelsfirma Lorent und Steinmetz in Charleston wegen Änderung des Konfiskationsdekrets für eine Ladung auf dem Schiff „Elisa" des Schiffers Deetjens 1807-1810

Enthält u. a.: Geschäftskorrespondenz

5820 Wiedereinsetzung in den vorigen Stand: Witwe des Kammerherrn von Plessen wegen Änderung der Angaben über ihr eingebrachtes Ehegut beim Konkurs über den Nachlass ihres Manns (1772) 1811

5821 Wiedereinsetzung in den vorigen Stand: Advokat Rahtgen in Altona namens des Handelshauses Krahmstöver und Pogge wegen Freigabe von fünf Kisten Kaffee 1811-1812

5822 Wiedereinsetzung in den vorigen Stand: Witwe Kropf in Altona in der Streitsache mit Asmus Matthiessen und Christoph Wiegand als Administratoren der Tramburgschen und Stüberschen Legatengelder wegen eines Beweises 1812

5823 Wiedereinsetzung in den vorigen Stand: Gutsbesitzer Wilhelm Schalburg auf Hemmelmark in der Streitsache mit den Voll- und Halbhufnern in Barkelsby wegen Bearbeitung der Ländereien der im Landmilitär dienenden Dorfeingesessenen 1813

5824 Wiedereinsetzung in den vorigen Stand: Kätner Jürgen Pahl und Claus Lensch in Borgstedt wegen eines Bescheids der Kirchenvisitatoren in Hütten über ihren Beitrag zu den Kirchenlasten (1813) 1814

5825 Wiedereinsetzung in den vorigen Stand: Advokat Jasper in Schleswig als Bevollmächtigter der Stiftung Goschenhof bei Eckernförde wegen versäumter Angabe 1814

5826 Wiedereinsetzung in den vorigen Stand: Vizekonsul von Großbritannien Robert M. Sloman wegen des Urteils in einer Injurienangelegenheit mit dem Bürger Christian Siemen in Itzehoe (1813) 1814-1815

5827 Wiedereinsetzung in den vorigen Stand: Secondeleutnant Christian Ludwig Heinrich von Dau in Rendsburg wegen Generalquittung für seinem ehemaligen Vormund Regierungsrat von Eggers 1816-1817

5828 Wiedereinsetzung in den vorigen Stand: Wiebke Moritz verw. Möller geb. Prigg in Ostermoor wegen Erbansprüchen auf den Güternachlass des in Meldorf verstorbenen Gewürzhändlers Andreas Hansen (1754) 1815-1818

Enthält u. a.: Abschrift des Testamentes der Gretje Hansen, 1754

5829 Wiedereinsetzung in den vorigen Stand: Hufner Christian Jepsen in Feldum und Michael David Haue in Fielstrup sowie Christian Jepsen in Hadersleben wegen abgelaufener Frist auf Antrag einer Eidesleistung im Konkursfall des Hufners Hans Petersen in Sylderup 1818-1819

5830 Wiedereinsetzung in den vorigen Stand: Gastwirt Johann Engel Joseph Maassen in Altona in seiner Streitsache mit den Vorstehern der römisch-katholischen Gemeinde wegen eines Wasserabzugsiels

Enthält u. a.: Zeichnungen der Lage der Grundstücke (1673-) 1818-1819

5831 Wiedereinsetzung in den vorigen Stand: Kaufmann C. F. Gödecke in Lübeck wegen versäumter Angabe seiner Wechselforderungen bei der Konkursausschreibung 1814 über die Güter des Grafen von Dernath 1819

5832 Wiedereinsetzung in den vorigen Stand: Advokat Ipsen in Plön wegen Brüchezahlung zu einem Restitutionsgesuch für den Anbauer Hans Boeckmann auf dem Mielsdorfer Feld im Amt Traventhal 1819-1821

5833 Wiedereinsetzung in den vorigen Stand: dänischer Hofagent und russischer Vizekonsul Alexander Christian Becker in Altona in der Streitsache mit dem dortigen Kaufmann Georg Friedrich Baur wegen des Kappens der alten Bäume auf seinem Grundstück (1796-) 1820-1822

Darin: Druckschriften zu Rechtsfällen, besonders zum Kappen von Bäumen, 1820

5834 Wiedereinsetzung in den vorigen Stand: Bürgermeister Dumreicher in Schleswig als Administrator der Carstenschen Stiftung wegen Einordnung eines Kapitals in der Generalmasse des von Ahlefeldtschen Konkurses (1773-) 1822-1823

5835 Wiedereinsetzung in den vorigen Stand: Claus Külsen in Hörnerkirchen wegen seines Einspruchs gegen die Schwängerungsklage Catharina Eggers in Brande 1824-1828

5836 Wiedereinsetzung in den vorigen Stand: Prediger und Kirchenjuraten in Bergenhusen in der Streitsache des Pastorats in Bergenhusen mit dem Inspektorat des Meggerkoogs über das Recht zum Verleihen von Brautkronen und Kasselzeug an Eingesessene des Meggerkoogs (1777-) 1824-1825

5837 Wiedereinsetzung in den vorigen Stand: Johann Friedrich Schröder auf Nordstrand im Namen seiner Ehefrau Anna Sophia, Tochter des Benke Ipsen in Fahretoft, und ihrer Geschwister wegen Angabe von Erbansprüchen auf den Nachlass des Lorenz Jansen im Christian-Albrechts-Koog (1810-) 1821-1825

5838 Wiedereinsetzung in den vorigen Stand: Landrat Baron von der Schulenburg auf Priemern in Preußen wegen Forderung in einer zur Konkursmasse des Kammerherrn von Neergaard gehörigen ehemals Schlichtingschen Stelle in Sierksdorf im Gut Övelgönne (1815-) 1826

5839 Wiedereinsetzung in den vorigen Stand: Amtshaus in Rendsburg wegen versäumter Angabe der Mängel der Amtmannwohnung bei Ausschreibung über den Nachlass des Amtmanns von Schlanbusch
Enthält u. a.: Inventar der Amtmannwohnung 1829-1830

5840 Wiedereinsetzung in den vorigen Stand: Advokat Hancke in Schleswig als Testamentsvollstrecker des Hardesvogts Langheim in Fleckeby wegen Auslieferung von zu zwei Erbmassen gehörenden Dokumenten und Geldern sowie Auslieferung von Papieren über Dienstgebäude der Hardesvogtei 1831-1832

5841 Wiedereinsetzung in den vorigen Stand: Landeskassierer Glävecke in Rostock wegen Forderung im Konkurs des Grafen Carl von Hahn auf Neuhaus (1825) 1832

5842 Wiedereinsetzung in den vorigen Stand: Kirchenjuraten in Moldenit wegen Beschaffung einer Angabe auf eine vom Reitjunker von Wibel beantragte Ausschreibung über eine halbe Hufe in Moldenit (1671-) 1832
Enthält u. a.: Inventar über Pastoratsländereien und Kircheneinkünfte, 1764

5843 Wiedereinsetzung in den vorigen Stand: Rittmeister von Hobe, Baron von Gelting, wegen seiner Rechte hinsichtlich eines Geltinger Familienbegräbnisses im Dom in Schleswig 1832

5844 Wiedereinsetzung in den vorigen Stand: Dr. jur. Amsinck in Hamburg wegen seiner Lehnsansprüche an das Gut Schönweide 1832-1833

5845 Wiedereinsetzung in den vorigen Stand: Hofjägermeister Graf von Holstein als Kurator des Grafen Carl von Hahn auf Neuhaus wegen des Ausschlusses seines Bestätigungsantrags beim Konkurs des Grafen von Hahn (1832) 1833

5846 Wiedereinsetzung in den vorigen Stand: Justizrat und Landschreiber Paulsen in Heide wegen einer nachträglichen Angabe auf die Ausschreibung über die Konkursmasse des Kirchspielvogts Bruhn in Wesselburen 1832-1833

5847 Wiedereinsetzung in den vorigen Stand: Advokat Nicolaus Jacob Friedrich Nissen in Neustadt im Namen des Geheimen Konferenzrats Graf von Hardenberg-Reventlow auf Löhrstorf wegen dessen Rechte auf Dienstgelder einer Stelle in Großenbrode (1827-) 1832

5848 Wiedereinsetzung in den vorigen Stand: Obersachwalter Jasper im Namen der Rentekammer wegen Beschaffung einer Angabe hinsichtlich der Konkursausschreibung über die Güter des W. Garmsen in Humptruphof im Amt Tondern 1833-1834

5849 Wiedereinsetzung in den vorigen Stand: Franz Gerhard Möller in Billwerder wegen einer Frist für die Bestätigung seiner Ansprüche auf den Nachlass des Geheimen Konferenzrats von Lowzow in Reinbek 1832-1834

5850 Wiedereinsetzung in den vorigen Stand: Hofjägermeister von Krogh in Tabdrup in seiner Streitsache mit dem Hofbesitzer Lorenzen in Refsoe und dem Parzellisten Schmidt in Refsoefeld wegen Aufräumung einer Au (1828-) 1833-1834

5851 Wiedereinsetzung in den vorigen Stand: Advokat Thor Straten auf der Kupfermühle vor Flensburg wegen des Ausschlusses seiner Verteidigungsschrift in seiner Streitsache mit dem Advokaten Sinjen in Flensburg 1833-1834

5852 Wiedereinsetzung in den vorigen Stand: Kaufleute Ave und Luhde in Greifswald als Vormünder der minderjährigen Kinder des dortigen Schutzjuden Michel Marcus wegen versäumter Angabe bei Ausschreibung des Konkurses des Grafen Carl von Hahn auf Neuhaus (1810-) 1834

5853 Wiedereinsetzung in den vorigen Stand: Gutsbesitzer von Levetzow auf Ehlerstorf in seiner Streitsache mit dem Pächter Brand in Ernsthausen wegen Beitrags zur Grund- und Benutzungssteuer 1834

5854 Wiedereinsetzung in den vorigen Stand: Ephraim Jacob in Rendsburg wegen versäumter Angabe einer Warenrechnung bei Ausschreibung über den Nachlass des Amtmanns von Rumohr in Schleswig 1834

5855 Wiedereinsetzung in den vorigen Stand: Witwe des Dr. Hensler in Flensburg wegen Angabe einer Arztrechnung bei Ausschreibung des Nachlasses des Amtmanns von Rumohr in Schleswig 1834

5856 Gesuche zur Wiederherstellung des Rufes und der Ehre (1697-) 1732-1847

Landwirtschaft

Landkommission

5857 Errichtung des General-Landwesens-Kollegiums und der Schleswig-Holsteinischen Landkommission 1768

5858 Anordnung der General-Landwesens-Kommission 1770

5859 Rechtsmittel der Supplikation gegen Verfügungen und Bescheide der Landkommission 1771

5860 Teilnahme der Mitglieder der Landkommission, die zugleich Mitglieder des Obergerichts sind, an Entscheidungen von Angelegenheiten der Landkommission durch das Obergericht 1774

5861 Landkommission 1771-1797

Enthält: Bekleidung von Posten beim Obergericht und anderen Behörden sowie Abgang von Mitgliedern der Landkommission, 1771; Teilnahme des Auskultanten des Gottorfer Obergerichts von Scriver an den Sekretariatsgeschäften der Landkommission, 1786; Besetzung von Stellen bei der Landkommission, 1793; Unterstützung des Gesuchs des Hardesvogts und ersten Sekretärs bei der Landkommission Wiengarten um einen höheren Rang, 1797

Aufteilung der Feldgemeinschaften, Zerteilung der Höfe und neue Setzungen

5862 Übertragung der Verordnung vom 26. Januar 1770 über die Aufteilung der Feldgemeinheiten im Herzogtum Schleswig auf die mit Amtsuntertanen in Feldgemeinschaft stehenden adligen Untergehörigen 1770-1771

5863 Verfahren bei Verhandlungen über Landaufteilungsstreitigkeiten 1771-1773

5864 Einschränkung und künftige Verhütung der Reunionsprozesse in den Ämtern und Landschaften des Herzogtums Schleswig (1759) 1760-1774

5865 Bevorzugung der Anleihen zu den Separations- und Landaufteilungskosten 1776

5866 Ansetzung der adligen Untergehörigen in melierten Dorfschaften zu einer Gebühr wegen der aufgeteilten Gemeinheiten 1778

5867 Grundsätze bei Erteilung der Konsense zur Zerteilung der Bondenhöfe 1774-1782

5868 Norm für die Landaufteilung bei einer neuen Setzung 1785

5869 Zuständiger Gerichtsort für die Anfertigung der Verträge bei Parzellierungen eines Bondenhofs 1785-1788

5870 Nichtbeteiligung der Feldnachbarn von privilegierten Grundstücken am Unterhalt von Einfriedungen 1791

5871 Beeinträchtigung der Kinder des Halbhufners Peter Gählke in Sievershütten bei der dortigen Landverteilung sowie das Prozessverfahren bei einer Landverteilung 1789-1794

5872 Rechtliche Erörterung über einen Landtausch zwischen Detlef Kähler und Konsorten in Mielkendorf vor zwanzig Jahren 1792-1793

5873 Weigerung des Hufners Hinrich Wittorf in Gadeland zur neuen Setzung 1793-1794

5874 Weigerung der Untergehörigen des Gutes Drage in Pöschendorf zur Aufteilung der dortigen Gemeinheitsländereien (1795) 1797

5875 Heranziehung von Gutsuntergehörigen zur Setzung gegen ihren Willen und den der Gutsherrschaft 1798

5876 Anwendung von Grundsätzen bei der Verteilung der Moore im Herzogtum Schleswig 1799-1804

5877 Verordnung zur Verteilung, Parzellierung und Zerstückelung des Landbesitzes bei deren Vergrößerung und Verkleinerung 1803

5878 Vorschlag des Landinspektors Feddersen zur Vorbeugung und Verkürzung der Landaufteilungsprozesse 1810-1811

5879 Unzuträglichkeiten bei Landveräußerungen an Eingesessene eines anderen Kirchspiels, besonders im Amt Hadersleben wegen der Zehntpflicht 1811

5880 Einholung einer Erklärung der zuständigen Armenkommüne vor Errichtung einer geringen Katenstelle 1821-1822

5881 Eingabe des Halbhufners Johann Hinrich Jacobsen in Röbel bei der Regierung wegen eines Katenbaus 1836-1837

5882 Möglichkeit des Verzichts von Kätnern auf Auslegung von Katenland und Gültigkeit des Verzichts für die Nachbesitzer 1837

5883 Pflicht zur Bebauung einer Zubauerstelle als Bedingung bei öffentlichen Landverkäufen für Privatzubauerstellen 1842-1843

5884 Abhängigkeit der Errichtung von Katenstellen in Gutsdistrikten vom Konsens des Gutsherrn 1834-1839

5885 Aufteilung der Feldgemeinheiten, Zerteilung der Höfe und neue Setzungen 1785-1820

Nachfolge in Bonden- und Festegütern sowie deren Verpfändung und Veräußerung

Allgemeine Bestimmungen

5886 Extrakte der beim Obergericht eingereichten Nachrichten über Beschaffenheit der Feste und anderer Güter im Herzogtum Schleswig 1741

5887 Aufhebung einer Verordnung von 1704 über das Verbot des Heranziehens von Festehöfen zur Teilung bei Erbschaften im Herzogtum Schleswig 1754

5888 Nachfolge bei Besetzung von Festegütern im Herzogtum Schleswig 1763-1766

5889 Erlaubnis für einen Festebesitzer zur Überlassung des Festehofes an jüngere Kinder 1767-1768

5890 Nachfolge in den Feste- und Bondengütern im Herzogtum Schleswig 1768-1774

5891 Näherrecht der an mehrere Erben gefallenen Eigentums- oder Bondengüter im Herzogtum Schleswig 1774-1777

5892 Freier Verkauf eines Festeguts an Fremde durch den Festebesitzer 1776-1782

5893 Beurteilung der Verpfändung von Wiesengründen des Eingesessenen Hans Nissen in Rödebek im Amt Tondern zum Nachteil seiner Hufe und Wiedererlangung des Landes sowie Vorbeugung eines solchen Verfahrens 1783-1784

5894 Erlass einer Verfügung wegen der Erbfolge in den zu Bondengütern umgewandelten Festen 1784

5895 Überlassung von Bauerhöfen und Katen ausschließlich durch schriftlichen Vertrag im Herzogtum Schleswig 1786-1787

5896 Anfertigung eines obrigkeitlichen Vertrages über eine in Feste gegebene Kate 1788

5897 Nachfolge in Festegütern 1788

5898 Erbansprüche des Anders Hansen in Söbye auf Ärö auf das Bohl seines Stiefvaters Lauritz Jensen 1788-1791

5899 Notwendigkeit für erste Erwerber oder Inhaber ererbter Festen zur Einholung der Erlaubnis von Verwandten bei Veräußerungen 1792

5900 Zeitpunkt der Lösung eines Festebriefs und Zahlung des Festegeldes 1793

5901 Abfassung eines doppelten Kaufbriefs durch Marcus Richelsen in Waldemarstoft wegen der rückgängig gemachten Überlassung seiner Kate an seinen Bruder 1793-1794

5902 Gültigkeit des Repräsentationsrecht in der Seitenlinie bei der Festeerbfolge im Herzogtum Schleswig (1795) 1796

5903 Begünstigung der sogenannten Abnahmen oder Altenteile durch kürzere Justizpflege und Sicherstellung ihrer Rechte 1796-1797

5904 Angebliche Befugnis des Amtmanns und Amtsverwalters in Apenrade zur Genehmigung und zur gerichtlichen Ausfertigung aller Verträge über Verkauf und Verheuerung von Grundstücken (1792) 1797

5905 Beitrag der Festeländereien zu den Schulden bei Erbteilungen (1777-) 1798

5906 Interpretation der Verfügung vom 8. Juni 1787 zu den auszufertigenden Kontrakten über zu veräußernde Bauernhöfe, Katen und Instenstellen 1801

5907 Bedingungen bei Veräußerungen von Festestellen an Fremde und besonders bei Teilungen durch den Grundeigentümer und zur Erhebung von Abgaben von bisher befreiten Ländereien 1801-1802

5908 Aufhebung eines Paragrafen der Festeverordnung vom 26. Mai 1772 1804

5909 Bedenken zur Haftung von Schulden eines Festebesitzers auf den Festeländereien (1798-) 1805

5910 Taxation eines Bonden- oder Eigentümergutes nach der sogenannten Bruder- und- Schwester-Taxe (1797) 1806

5911 Erbrechtliche Behandlung eines nach dem Tod des Festebesitzers während der Gemeinschaft zwischen der Witwe und Kindern durch die Setzung zum Eigentum gewordenen Festelandes 1810-1811

5912 Festebrief des Juden Wulf Dessauer für eine Festeparzelle in der Kalslundsharde sowie Nachfolge des entwichenen Ehemanns der Maren Peters in Rauning in einem Festegut und Übergabe in den Konkurs 1817-1823

5913 Genehmigung der Abnahmekontrakte durch die Oberbeamten und entsprechende Anträge an das Amtshaus 1817-1823

5914 Änderung der Verordnung vom 14. April 1766 zur Nachfolgeordnung bei Besetzung von Festegütern 1817-1825

5915 Übertragung der Verordnung vom 14. April 1766 und der entsprechenden Verfügungen auf Festegütern in Guts- und Klösterdistrikten 1819

5916 Recht der Festeerben bei Aufhebung der Festeeigenschaft eines Grundstücks 1818-1819

5917 Interpretation der Verordnung von 1766 zur Nachfolgeordnung in den Festegütern für den Advokaten Johannsen in Sonderburg 1821

5918 Anwendung der Verordnungen vom 14. April 1766 und 26. März 1772 auf Hospitalsfesten 1820

5919 Heuerkontrakt des Hans Nicolaisen in Abild über Heideland von der Festehufe des Matthias Wind in Abild sowie Einholung der Erlaubnis der Rentekammer bei längerfristigen Kontrakten 1820-1821

5920 Verfügung für die Witwen im Herzogtum Schleswig zur erbrechtlichen Behandlung der von ihren Ehemännern eingebrachten Bondengütern bei der Teilung mit den aus dieser Ehe stammenden Kindern 1820-1823

5921 Herrschaftliche Rechte bei Übertragung und Veräußerung von Festen (1777) 1820-1838

5922 Erklärung der Rentekammer zur Überlassung der Entscheidung über Setzungs- und Abnahmekontrakte an die Obergerichte und zum Vorbehalt der Entscheidung bei Festegütern und Einwänden des Amtmanns 1824-1825

5923 Eröffnung an die Behörden über die nicht notwendige Untersuchung obervormundschaftlicher Behörden im Fall der Veräußerung eines Festebesitzes durch den Festebesitzer 1826

5924 Anwendung des Paragrafen 2 der Verordnung vom 25. Juli 1781 bei geringfügigen Abnahmestreitigkeiten und zum eventuellen Bedarf einer näheren gesetzlichen Erklärung 1827

5925 Verfahren der Kanzlei bei Bestätigungen von Testamenten mit Bestimmungen zu Festeangelegenheiten 1827

5926 Befreiung der Festeländereien des Christian Christiansen Schmidt in Lügumkloster von den Beiträgen zu den Erbschaftsschulden 1828-1829

5927 Gemeinschaftlicher Festebesitz der Witwe und Kinder nach dem Tod des Festebesitzers ohne Lösung eines Festebriefes durch die Festeerben (1789) 1835-1836

5928 Erlöschen der Festequalität bei gerichtlicher Veräußerung einer Feste ohne Angabe der Festequalität 1836

5929 Lösung eines neuen Festebriefs bei Wiederverheiratung der Witwe eines Festebesitzers 1836

5930 Berechtigung der Nachfolge von Adoptivkindern in Festen 1839-1841

5931 Petition der Provinzialständeversammlung des Herzogtums Holstein wegen Ausarbeitung eines Gesetzentwurfs über das Näherrecht bei der Erbfolge in Bauergütern (mit Anlagen) (1737-) 1842-1844

5932 Befugnis zu letztwilligen Verfügungen über Festegüter für das Herzogtum Schleswig (1825-) 1842

Einzelne Festeangelegenheiten

5933 Einzelne Festeangelegenheiten (1746-) 1788-1793

5934 Einzelne Festeangelegenheiten (1773-) 1793-1796

5935 Einzelne Festeangelegenheiten (1779-) 1796-1800

5936 Einzelne Festeangelegenheiten (1760-) 1800-1803

5937 Einzelne Festeangelegenheiten (1693-) 1802-1804

5938 Einzelne Festeangelegenheiten (1787-) 1804-1845

Mühlen und Mehlhandel

Allgemeine Bestimmungen

5939 Grundsätze zur Mühlenpflicht von Eingesessenen des Distrikts einer Zwangsmühle 1779-1782

5940 Bestrafung der Müller in den Ämtern und adligen Distrikten bei Bedienung von nicht zur Mühle gehörenden Zwangsgästen sowie Befugnis der Gutsbesitzer zur Anlage von Mühlen (1494-) 1771-1783

5941 Eintreiben ausstehender Forderungen der Müller für Matt- und Brotkorn 1783

5942 Befreiung des Magazinkorns vom Mühlenzwang 1784

5943 Anlage von Mühlen durch Gutsbesitzer ohne vorherige Anzeige und Festlegung der Entfernung der Mühle von den Amtsgrenzen 1786

5944 Erbpachtsgerechtigkeit für einen der Kollateralerben des verstorbenen Erbpachtsmüllers Hans Hadenfeld in Ostermühlen 1786

5945 Rechte der Erben und Kreditoren an Zeit- und Erbpachtsstücken 1787

5946 Einwand des Müllers Martin Kröger in Springhoe, Untergehöriger des Klosters Itzehoe, und des Müllers Carlsen in Ridder, Untergehöriger des Gutes Drage, gegen den geplanten Bau einer Mühle in Hohenwestedt durch den Müller Martin Maas in Westerrade 1786-1787

5947 Ausdehnung der Erlaubnis zur Einführung des feinen englischen Mehls 1787

5948 Interpretation der Verfügung von 1790 hinsichtlich eines Verkaufsverbots von aus fremdem Mehl gebackenen Brot für den Müller Johann Kröger in Rade bei Hohenwestedt 1793

5949 Anlage von Graupenmühlen ab einer Distanz von zwei Meilen von Kasenort 1794

5950 Erörterung des Einfuhrverbots für fremdes Brot und Bier in einen Mühlenzwangsdistrikt 1801

5951 Befugnisse der Stadtbewohner beim Mehlmahlen und besonders beim Mahlen der Gerste 1801-1802

5952 Anlage von Grützmühlen und Rossmühlen auf dem Lande und in den Städten 1797-1802

5953 Bau einer Windmühle mit Mehl-, Graupen- und Grützgang im Gut Ornum 1819-1820

5954 Anlage von Senfrossmühlen (1755-) 1821-1823

5955 Erstreckung des Mühlenzwangs auf das Quetschen des Weizen für die Amidam- und Puderfabrikation 1823

5956 Widerspruchsrecht der privilegierten Graupenmüller eines Distriktes gegen die Anlage von Bosseln und Schellgängen sowie von Reinigungsmaschinen in Kornmühlen (1820-) 1822-1823

5957 Anwendung von Mitteln zur Aufrechterhaltung des Zwangsrechts von Mühlen 1823

5958 Vorübergehende Befreiung der Zwangsgäste vom Mühlenzwang bei Stillstand der Mühle 1824

5959 Verordnung zur Erläuterung der Verordnungen von 1782 und 1790 über die Einfuhrerlaubnis des zur Wiederausfuhr vorgesehenen Mehls in Zwangsdistrikte 1824-1826

5960 Beschwerde des Claus Klappmeier, Pächter der Windmühle in Dükermühle, über den Mehlhandel der Witwe Niehuus (1830) 1831

5961 Erlaubnis zum Backen und Verkauf des Roggengrobkornbrots für den Mühlenpächter Timm Stubbe in Thienbüttel 1832

5962 Erlaubnis des Schrotens oder Mahlens der Gerste und des Buchweizens 1808-1832

5963 Befugnis der Gutsbesitzer und klösterlichen Obrigkeiten für Konzessionserteilungen zur Anlage von Grützrossmühlen auf ihren Streugründen 1825-1833

5964 Aufnahme einer Klausel in den Pachtkontrakt herrschaftlicher Mühlen über die Befreiung vom Mühlenzwang bei den für den Export produzierenden Mühlen 1837

5965 Umfang des Mühlenzwangsrechts 1835-1838

5966 Bewertung des Gebrauchs neu erfundener Maschinen zum Schroten von Malz und Korn als Eingriff in das Mühlenzwangsrecht sowie Anlage der Maschinen ohne Konzession 1836-1838

5967 Anlage eines Mahlgangs auf der Öldampfmühle des Kaufmanns Friedrichsen in Flensburg 1838

5968 Anlage von Stampfmühlen 1839

5969 Einfuhr und Durchfuhr von fremdem Mehl in und durch die Zwangsdistrikte 1839-1840

5970 Konzession zum Schroten für den Hufner Jürgen Rohwer in Holtorf 1843

5971 Einstweilige Aufhebung des Einfuhrverbots von fremdem und ausländischem Mehl in die Zwangsdistrikte der herrschaftlichen Kornmühlen 1847

5972 Befugnis zur Anlage und Benutzung von Grützmühlen in den adligen Gütern sowie zum Grützhandel in den Landdistrikten (1840-) 1847

Einzelne Mühlen

5973 Einzelne Mühlen (1722-) 1742-1755
Enthält: Mühle des Gutes Lindau, 1742; Wolfsmühle in der Herrschaft Pinneberg, 1743; Mühle in Eidelstedt, 1744, 1754; Grütz- und Graupenmühle auf dem Düppeler Berg in der Grafschaft Reventlow, 1745, 1747; Wassermühlen in der Herrschaft Pinneberg, 1753, 1755

5974 Einzelne Mühlen (1760) 1761-1762
Enthält: Windmühle in Lütjenburg; Windmühle in Lieth; Mühle in Apenrade

5975 Einzelne Mühlen (1701-) 1763-1770
Enthält: Mühle in Schnaap; Wolfsmühle in der Herrschaft Pinneberg; Schäden auf Gut Hagen durch die Aufstauung einer zum Kloster Preetz gehörigen Mühle; Mühle in Bokel im Amt Rendsburg; Mühle in Ahrensbök; Wassermühle des Grauklosters vor Schleswig

5976 Einzelne Mühlen (1769-) 1781-1790
Enthält: Mühlen in Hadersleben; Grützqueren in Eilsdorf; Mühle in Hoyer; Holzvergehen des Mühlenpächters in Reinbek; Mühle in Touskov im Amt Hadersleben; Mühle in Nübel am Sundewitt; Mühle in Bredstedt; Mühle in Ottensen; Mühlen in Altona; Wassermühle in Ausacker

5977 Einzelne Mühlen (1686-) 1791-1793
Enthält: Mühlenzwangsfreiheit für an die Garnison geliefertes Mehl; Mühle in Heiligenhafen; Graupenmühle in Neuenkirchen (Krempermarsch); Mühle in Friedrichstadt; Kornmühle im Kirchspiel Niebüll; Korn- und Graupenmühle in Arnis; Mühle in Lauens; Mühle in Hadersleben; Mühle in Bokel im Amt Rendsburg

5978 Einzelne Mühlen (1769-) 1790-1794
Enthält: Mühle in Oppendorf; Wassermühle in Holm; Mühlenvergehen in der Herrschaft Pinneberg

5979 Einzelne Mühlen (1785-) 1795-1796
Enthält: Mühlen in Kasenort und Heiligenstedten; Mühle in Stedesand; Streitigkeiten zwischen dem Grafen Christian von Rantzau auf Ascheberg und dem ehemaligen Mühlenpächter Johann Detlef Kruse in Bornhöved; Mühle in Klein Rönnau; Mühlen in Sonderburg; Mühlen im Glücksburger Distrikt

5980 Einzelne Mühlen (1795) 1796-1798
Enthält: Mühle in Plön; Mühle in Brues im Amt Hadersleben

5981 Einzelne Mühlen (1742-) 1799
Enthält: Mühle in Schafflund; Mühle in Wieby; Mühlenstrom in Ahrendorf

5982 Einzelne Mühlen (1782-) 1797-1800
Enthält: Mühlen in Raahede und Brues im Amt Hadersleben; Mühle in Flörkendorf; Mühlenteich in Neumünster; Mühle in Glasau und Woltersmühle im Amt Ahrensbök; Zwangsmühle im Gut Gelting; Mühle in Neumühlen im Amt Kiel; Mühle in Friedrichstadt

5983 Einzelne Mühlen (1722-) 1801-1804
Enthält: Wind- und Rossmühle in Schönberg; Mühlenhaus in Lutterbek; Mühlenvergehen des Bäckers Hans Detlev Schlüter in Preetz; Mühlen in Lebrade und Dersau; Kornmühle in Beidenfleth; Wassermühle in Oldesloe; Kornmühle in Oldenburg; Pachtmühle in Plön

5984 Einzelne Mühlen (1785-) 1799-1806
Enthält: Anlage einer Mühle in Pölitz; Mühle in Glückstadt; Graupenmühle in Schnaap; Streitigkeiten des Mühlenpächters Johann Detlef Kruse mit dem Grafen Christian von Rantzau auf Ascheberg

5985 Einzelne Mühlen (1792-) 1806-1814
Enthält: Mühle in Schnaap; Mühle in Schafflund; Herrenmühle im Amt Traventhal; Mühle in Tönning; Beförderung des Pachtkorns zur Mühle in Apenrade; Mühle in Hattstedt; Mühle in Rethwisch; Wasser- und Windmühlen in Osterhusum; Roggenwindmühle in Altona; Mühlenbau in Gadeland

5986 Einzelne Mühlen (1707-) 1812-1823
Enthält u. a.: Mühlen im Amt Steinburg; Mühle in Schnaap und Borby; Mühlen im Amt Apenrade; Mühle in Bornhöved; Anlage einer Mühle in Dauenhof; Bockmühle in Nackholz; Ölmühle in Rendsburg; Zwangspflichtigkeit der Kätner und Insten in Dahler zur Mühle in Lügumkloster

5987 Einzelne Mühlen 1823-1832
Enthält u. a.: Anlage einer Mühle in Merkendorf; Mühle in Plön; Kruusmühle und Felsbekmühle im Amt Tondern; Gesuche um Mühlenkonzessionen

5988 Einzelne Mühlen 1833-1848
Enthält u. a.: Proteste gegen die Anlage einer Mühle auf dem Gut Brunsholm; Mühlenrechtsstreitigkeiten in Groß Kollmar; Lohwindmühle vor Oldenburg; Pumpmühle des Parzellisten Detlef Schlott in Lipping

Deiche

Allgemeine Bestimmungen

5989 Verpflichtung der Pfarrer zur Ableistung der Deichlasten von den Pfarräckern 1757-1760

5990 Vorschläge zur Behandlung von Deichstreitigkeiten 1770

5991 Privilegierung der Deichbasen und anderer Privatpersonen bei Unterstützung für Deicharbeiten im Fall eines Konkurses vor anderen Pfandgläubigern (1755-) 1768-1772

5992 Verfahren bei Deichangelegenheiten in der Regierungskanzlei in Glückstadt und dem Oberappellationsgericht in Pinneberg 1772-1773

Enthält u. a.: Verzeichnis aller Konkurse und Erbteilungen im Kirchspiel Marne, 1771-1772

5993 Verbesserung des Deichwesens und Entwurf einer neuen Deichordnung 1762-1791

5994 Verzeichnis der in den Regierungsarchiven liegenden Karten von den Deichen und Außendeichen der unter den Oberdikasterien stehenden Marschkommunen und adligen Marschgütern 1795-1797

5995 Unterordnung des Deichwesens unter die Rentekammer und dadurch veranlasste Exemtionsgesuche 1800-1802

5996 Neue Einteilung der Hauptdeichdistrikte 1802-1803

5997 Allgemeines Deichreglement vom 6. April 1803 und die angeordnete Kommission 1794-1803

5998 Abgaben- und Steuerbefreiung für Ländereien außerhalb der Deiche der Hattstedtermarsch 1804

5999 Befreiung der Deicharbeitsgelder vom Arrest 1805

6000 Verfahren bei Deichstreitigkeiten im Amt Tondern 1806

6001 Beteiligung der Kirchenländereien auf Pellworm zur Umlage der königlichen Deichvorschussgelder 1806

6002 Verbot des Muschelsammelns an der Westküste innerhalb einer bestimmten Entfernung vom Ufer sowie des Muschelsammelns am Ufer mit Eisengeräten 1816-1817

6003 Instruktion für den Oberdeichinspektor 1827

6004 Einführung eines beschleunigten Verfahrens bei Streitigkeiten zwischen Deichbeamten 1831-1832

6005 Regulierung des dritten holsteinischen Deichbandes und Beteiligung der Provinzialständeversammlung 1839-1841

6006 Genehmigung des Vergleichs zwischen dem Karolinenkoog und den Interessenten des Binnenfelds der Kirchspiele Hemme, Lunden und Wesselburen wegen der Benutzung des dortigen Mitteldeichs und des Spätlandes (1625-) 1803-1805

6007 Deichinspektor 1801-1802
Enthält: Vergütung von Reisekosten; Entlassung des Deichinspektors Feddersen aus Altersgründen

6008 Befreiung der Kassenbediensteten in Rendsburg von der Führung der Deichkassenrechnung 1800

6009 Ernennung einer Kommission für den Wilden Wassergang bei Glückstadt (1777-) 1788-1846

Spezielle Deichangelegenheiten

6069 Verfügungen anlässlich der Überschwemmung der Marschgegend 1756

6070 Auseinandersetzung der Interessenten des Wester-Katingkoogs mit der Landschaft Eiderstedt wegen strittiger Übernahme und Unterhaltung von Strauchhäuptern 1756-1757

6071 Eingabe eines Jacob Becker in Schleswig zur Verbesserung des Deichwesens 1763

6072 Deichlasten der Eingesessenen des Kirchspiels Fahretoft im Amt Tondern 1764

6073 Gnadengabe für die Einwohner in Galmsbüll zur Instandsetzung der Deiche 1764

6074 Besichtigung und Untersuchung der Arbeiten an den Deichschlägen am Störort 1764

6075 Unzureichende Zahlung der Gevollmächtigten von Raa und Besenbek für Vermessung der Deichdistrikte (1761-) 1766-1767

6076 Beteiligung der Prediger im Kirchspiel Neuenkirchen (Krempermarsch) an den Deichkosten 1767-1768

6077 Streitigkeiten des Bielenberger Koogs mit den Deichdistrikten Kollmar und Neuendorf wegen Beteiligung an den Kosten der Steindeichslegung in Esfleth (1766-) 1768-1780

6078 Reinigung und Reparatur des Neuendeicher Siels in der Herrschaft Pinneberg (1767-) 1785

6079 Forderung des Distrikts Bielenberg nach Beteiligung der Distrikte Kollmar und Neuendorf an den Notdeichkosten der Jahre 1751, 1756 und 1757 (1582-) 1785-1786

6080 Entfernung eines von den Interessenten in Klevendeich angelegten Siels (1765-) 1787

6081 Streitigkeiten der Interessenten des Herrenlandes in Neuendeich mit den Interessenten in Neuendeich und Moorrege wegen Reparatur eines Siels (1685-) 1788
Darin: gedruckte Urteile mit Zeichnung des Siels

6082 Erklärung von Privilegien der Eingesessenen von Groß Kampen (1699-) 1789

6083 Handarbeiten der Treiber bei den Pferden am Neuenkoogsdeich bei Brunsbüttel (1784) 1790

6084 Änderung eines Amtsbescheids zur Gehaltszahlung an den Deichrichter Jochim Jensen in Engsbüll (1703-) 1791-1792

6085 Änderung eines Bescheids zur Besodung der Deiche und Verbot der Begrasung im Brunsbütteler und Eddelaker Koog (1791) 1792-1794

6086 Vorschuss aus der königlichen Kreditkasse zur Eindeichung des Vorlandes in Galmsbüll 1793-1794

6087 Beteiligung der Besitzer der Dematländereien an den Deichreparaturkosten in Ockholm 1793

6088 Instandsetzung der durch außerordentliche Fluten beschädigten Deiche in der Wiedingharde 1793

6089 Gesuch der Gevollmächtigten des Wester- und Osterendes in Neuenbrook wegen der Abwässerung der zur Herrschaft Breitenburg gehörenden Eingesessenen in Krempermoor 1793

6090 Weigerung der Einwohner von Drage in der Landschaft Stapelholm zur Lieferung von Erde für Deichinstandsetzungen in der Landschaft Norderdithmarschen 1792-1793

6091 Urteil des Gottorfer Obergerichts in einer Deichangelegenheit zwischen dem Osterkoog in Süderstapel einerseits und dem Sorgkoog, Meggerkoog und Börmer Koog andererseits 1794

6092 Maßregelung für die Beschaffung von Nahrungsmitteln durch die Deicharbeiter 1795

6093 Abänderung eines Bescheids zu Deichinstandsetzungen im Fahretofter Koog (1689-) 1794

6094 Vorschuss aus der königlichen Kasse für den Anteil Sorgkoogs an der Instandsetzung des Osterkoogs-Eiderdeichs 1794

6095 Unterstützung für die Marschgegend zur Wiederherstellung der beschädigten Deiche 1794

6096 Deichverfassung und die Deichbaulasten der Eingesessenen des Kirchspiels Brokdorf 1794

6097 Landesherrlicher Beitrag zur Instandsetzung der beschädigten Deiche im Ockholmer Koog 1794-1795

8131 Deichregulativ für die Landschaft Norderdithmarschen 1795-1798

6098 Vergütung der Kosten und Bemühungen des Deichinspektors Sievers bei der Untersuchung der Werke am Deich in Brokdorf 1796-1801

6099 Beteiligung der königsteinschen und herrschaftlichen Maasbüller Koogs- oder Herrenkoogsländereien zu den Deichkosten in Ockholm und Fahretoft, Vergütung einer Prägravationssumme des Kohldammer Koogs sowie Deichplan zur Erhaltung des Wiedingharder Koogs und benachbarter Köge 1794-1805

6100 Besichtigung und Untersuchung wegen der Beteiligung der Interessenten des Alt-Langenhorner Koogs und Alt-Sterdebüller Koogs an den Deichschäden in Fahretoft (1794) 1795-1796

6101 Deichlasten der Elbdeichinteressenten der Kirchspiele Wewelsfleth und Brokdorf 1794-1802

6102 Beitrag des Frenz Jacobs und Konsorten in Süderstapel zu den Deichreparaturkosten 1796

6103 Revision der verhandelten Deichangelegenheiten in Fahretoft und Ockholm 1797

6104 Antrag des Gottorfer Obergerichts auf Vorstreckung einer Geldsumme aus der königlichen Kreditkasse für die Wiedingharde zur Instandsetzung ihres Haffdeichs 1797

6105 Vereinigung des Deichdistrikts Kollmar und Neuendorf mit den Deichdistrikten Herzhorn, Rahe und Bielenberg in Notfällen (1793-) 1797

6106 Nothilfe der Interessenten des Bredstedter Koogs und Breklumerkoogs am beschädigten Seedeich in Hattstedt (1770-) 1798

6107 Vorschuss der Kreditkassen-Direktion für den Deichbau im Osterkoog 1799

6108 Vorschuss aus der königlichen Kreditkasse zur Instandsetzung des Seedeichs in der Hattstedtermarsch 1799

6109 Hausbau des Heuerlings Hans Asmus Brüg in Poppenbüll am Deich des Tümlauer Koogs 1799

6110 Beibehaltung des alten Deichs in Hattstedt (1798) 1799

6111 Übernahme eines Kostenanteils für den Schleusenbau bei der Eindeichung des Vorufers in Grothusen durch die Interessenten des Elster Sielstroms 1800

6112 Anleihe für den Deichbau im Süderfelder Koog 1799-1800

6113 Streitigkeiten zwischen den Interessenten in Elskop und dem Krempermarscher Deichband 1800

6114 Vergütung der Interessenten für beim Deichbau auf Pellworm verlorengegangene Ländereien 1800

6115 Befreiung der Militärdienstpflichtigen in der Wiedingharde von der Musterung wegen Deicharbeiten 1800-1802

6116 Streitigkeiten der Kirchspiele Hemme, Lunden und Wesselburen mit den Interessenten des neuen Koogs an der Eider 1801

6117 Beteiligung der Besitzer der Freibondenländereien in der Landschaft Stapelholm an den Deichkosten in Pahlhorn 1802-1803

6118 Abgabe des Parzellenbesitzers Claus Schrumm in Pahlhorn an die allgemeine Deichkasse 1804

6119 Benutzung und Gräsung der Deicherde in Neuendeich und Schlickburg (1802-) 1804-1813

6120 Beitrag zur Erhöhung und Verstärkung des Osterkoogs 1804

6121 Beitrag des Kirchspiels Büsum zu den Deichbaukosten 1806

6122 Anzeige über die Sperrung des Haffdeichs zwischen dem Kri[illegible]krug und Rotenspieker am Weg von Tönning nach Friedrichstadt 180[illegible]806

6123 Befreiung des Musketiers Carstensen von den Prozesskosten [illegible]einer Auseinandersetzung mit dem Tondernschen Deichband w[illegible]en Arbeiten am Wiedingharder Deich 1[illegible]7

6124 Beteiligung der Parzellenbesitzer Jens Rehm und Konsorten im Mildstedt an den außerordentlichen Deichlasten und Abgaben 1807-1808

6125 Streitigkeiten der Eingesessenen des Sophien-Magdalenenkoogs mit dem Advokaten Ketelsen in Bredstedt als Vertreter des Fürsten Heinrich XLIII. von Reuß wegen Deichkosten (1759-) 1809

6126 Antrag des Landvogts Johannsen in Heide wegen des häufigen Einlaufens der mit Transitgütern in Tönning beladenen Lichterschiffe in den Hafen in Wollersum 1809-1810

6127 Vergütung der Annehmer von Verstärkungsarbeiten am Deich in Dagebüll in Silbermünzen 1814

6128 Gelder aus der königlichen Kredtikasse für die Interessenten des Osterkoogs in Süderstapel zur Bestreitung der Deichkosten 1814

6129 Einfriedung eines an das Militär abgetretenen Landstücks am Außendeich der Kommüne in Herzhorn sowie Sommer- und Grönland 1816

6130 Anstellung des Majors von Christiansen als Deichinspektor im holsteinischen Distrikt 1817

6131 Vergütung der Arbeiten des Eingesessenen Bahne Ketelsen in Wobbenbüll am Kaindeich vor der Schleuse in Hattstedt 1820

6132 Rechtsstreit der Interessenten des Friedrichskoogs wegen ihres angeblichen Eigentums am Vorland vom Deich des Rüttebüller Koogs bis zur Deichschleuse in Hoyer (1712) 1819-1824

6133 Anhörung des Deichgrafen Harm Meinert in Seestermühe wegen Vermessung und Verstärkung des zweiten holsteinischen Deichbandes 1832

Pferde- und Bienenzucht

6010 Verbesserung der Pferdezucht in den Herzogtümern Schleswig und Holstein 1779-1782

6011 Befolgung der Vorschriften wegen der Bauernhengste 1783

6012 Befreiung von den Vorschriften der Verordnung zur Verbesserung der Pferdezucht 1779-1783

6013 Befreiung der Klöster und adligen Güter von der Besichtigung und Einbrennung der Hengste 1784

6014 Beschälung von nicht zugelassenen Hengsten 1783-1784

6015 Wiedererstellung der früheren Freiheit im Gebrauch der Hengste und Aussetzung einer Prämie zur Förderung der Pferdezucht 1785

6016 Diäten für die Besichtiger der Beschäler 1787-1788

6017 Förderung der Pferdezucht auf den Bauernhöfen in den Herzogtümern Schleswig und Holstein 1797-1798

6018 Auszeichnung vorzüglicher Hengste bei der Prämienausteilung 1800

6019 Protest des Gutsbesitzers von Seegaard gegen die Prämienausteilung für den besten Hengst auf dem Pferdemarkt in Klipleff durch den Amtmann von Tondern 1800

6020 Prämien für die Pferdezucht 1813

6021 Hengstbesichtigung und Prämienausteilung in den Landschaften Norderdithmarschen und Süderdithmarschen 1819

6022 Auszahlung der Prämie für den Hengst des Jens Hansen in Biert im Amt Hadersleben 1822-1823

6023 Verein zur Verbesserung der Pferdezucht und zur Stiftung eines Pferderennens in Itzehoe 1830

Darin: gedrucktes Regulativ für das Wettrenen, die Tierschau und die Versteigerung, 1830

6024 Aufhebung der Hengstbesichtigungen und der Prämienauszahlungen 1837

6025 Bienenzucht in den städtischen Gärten 1844-1845

Kolonisten

6026 Untersuchung von Heideflächen und Wüsteneien in den Herzogtümern Schleswig und Holstein zur Errichtung von Kolonien
Darin: Karte der Heideflächen in der Landschaft Bredstedt 1761-1763

6027 Verfahren bei Heiraten der Siedler aus der Pfalz im Amt Gottorf 1761

6028 Befreiung der neuen Kolonisten im Amt Gottorf von Kirchengebühren 1761

6029 Befreiung der Kolonisten im Amt Gottorf von Gebühren für geistliche Handlungen 1761-1762

6030 Heiratsaufgebote der Kolonisten 1762

6031 Einräumung einer Seite in den Schuld- und Pfandprotokollen für die Kolonisten 1768

6032 Verfahren bei auswärtigen Erbschaften der Kolonisten 1768

6033 Bau von fünf Schulhäusern für die Kolonisten im Amt Gottorf 1763

6034 Betreuung der Kolonisten reformierten Glaubens im Herzogtum Schleswig durch Pastor Bride in Glückstadt 1763

6035 Beschwerden der Kolonistenfamilien in den Ämtern Flensburg und Tondern 1763

6036 Kirchliche Verfassung der Kolonisten im Amt Gottorf 1762

6037 Verhängung der Konkurse über die Kolonistenstellen 1768

6038 Befreiung der Kolonien Friedrichsfeld und Neubörm im Amt Gottorf von feststehenden Prediger- und Küsterpflichten in Korn und Geld 1773

6039 Unterhalt der Schullehrer durch die Kolonisten im Amt Hütten nach Ablauf der Freijahre 1784

6040 Hinzuziehung der Kolonisten zum Landausschuss 1784-1785

6041 Unterhalt der Schullehrer durch die Kolonisten im Amt Gottorf nach Ablauf der Freijahre 1785-1786

6042 Ausstellung eines Kaufbriefs über eine Kolonistenstelle nur bei Verpflichtung des Käufers zur Zahlung der herrschaftlichen Restanten bei Antritt (1767-) 1787

6043 Beitrag der Kolonisten zur Wegeunterhaltung 1814-1819

6044 Kolonisten 1762-1793

Enthält u. a.: Erlaubnis für einige zum Ackerbau untaugliche Kolonisten zum Ausüben ihres Berufes in Stadt und Amt Flensburg, 1763; Ernennung des Schulmeisters Johann Michael Brayer in Tielen zum Kolonistenschulmeister, 1764; Streitigkeiten zwischen den Eingesessenen in Berend und den Kolonisten in Neuberend, 1793

Erbpacht und Pacht

6048 Übertragung der Erbpacht auf die unmündigen Kinder der Witwe des Erbpachtmüllers Volker Sönnichsen in Lindholm 1786-1787

6049 Abgabe der Erbpächter an den Landesherrn für die Erlaubnis zur Veräußerung 1789-1792

6050 Bestimmung der Setzjahre und sogenannter Abnahmen bei den Bauernhöfen der Minderjährigen (1784-) 1795-1796

6051 Antrag der Rentekammer zur Übertragung der dänischen Landwesensverordnungen auf die Herzogtümer 1797

6052 Verbot der eigenbeliebigen Benutzung von Marschland zum Torfgraben 1799

6053 Fortsetzung der Pacht durch die Erben oder Gläubiger des Pächters 1782-1783

6054 Widerspruchsrecht der Nachfolger in Erbpachtstücken gegen Teilungen und Verkleinerungen 1818-1819

6055 Befreiung der Witwen und Erben von einer herrschaftlichen Bestätigung der Erbpachtstücke bis zur Teilung 1832-1834

6056 Festsetzung des Pachtzeit auf dreißig Jahre 1844

6057 Sonstige landwirtschaftliche Angelegenheiten, besonders Erbpacht und Pacht 1762-1848
Enthält u. a.: Verweis von Angelegenheiten an die Landwirtschaftsbehörden

Sonstige Landwirtschaftsangelegenheiten

6045 Pfändung und Einschüttung des Viehs im Herzogtum Schleswig 1756-1757

6046 Errichtung einer Ackerakademie (1757-) 1762

6047 Verjährungsfristen des sogenannten Ornum in den jütischen Gesetzen 1769-1770

6058 Verbesserung der Landwirtschaft vor 1761

6059 Anlage landloser Familienstellen auf dem Land 1800-1803

6060 Befreiung des Eingesessenen Erich Madsen Dahl in Oxenvad vom Zehnten für die Urbarmachung von Heideländereien 1825

6061 Verlust von Bankzinsen beim Verkauf von Landstellen oder Ländereien zu niedrigen Preisen 1825-1826

6062 Befreiung des Hufners Andreas Jürgens in Oeddisbramdrup vom Zehnt 1826

6063 Ausfuhrverbot für Kartoffeln (1845) 1846-1847
Enthält u. a.: Übersicht über die Kartoffelernte in den drei Herzogtümern, 1846

6064 Entwurf einer Landgemeindeordnung für die Herzogtümer Schleswig und Holstein 1846-1847

6065 Begünstigungen für den Vorstand der deutschen Land- und Forstwirte 1846-1847
Enthält u. a.: Grundriss der Festhalle im Schlossgarten in Kiel

6066 Konzession des Landwirtschaftlichen Vereins im Amt Rendsburg zur Errichtung einer Aktiengesellschaft für Nadelholzkulturen 1846-1847

6067 Erwartungen und Hoffungen hinsichtlich der Ernte 1847

6068 Erstattung von Hagelschäden in Segeberg sowie Ansprüche des Dorfes Hindorf am sogenannten Meentvierth in Barlt 1844-1847

Sturmfluten

6134 Bewilligung einer Haus- und Kirchenkollekte für die von der Sturmflut am 1. Dezember 1821 geschädigten Einwohner der Halligen 1821-1825
Enthält u. a.: Schadensangaben; Verzeichnis der größten Sturmfluten in den Marschlanden, besonders im Herzogtum Schleswig, von 340 bis 1825

6135 Verteilung der Gelder der Kirchenkollekten und Haussammlungen für die durch die Sturmflut 1825 geschädigten Einwohner 1825-1826
Enthält u. a.: Setzungslisten

6136 Berichte des Privathilfsvereins zur Unterstützung der durch die Sturmflut geschädigten Halligbewohner in Husum über den Zustand der Halligen, die Unterstützungen und deren Verteilung 1825
Enthält u. a.: historische Nachrichten über die Halligen

6137 Abrechnung über die dem Hilfsverein in Husum durch die obergerichtliche Kommission ausgehändigten Gelder der Kollekten und Haussammlungen 1825

6138 Setzungslisten mit Quittungen über die Verteilung der Gelder aus den Kollekten und Haussammlungen an sturmflutgeschädigte Einwohner: Landschaft Sylt 1825

6139 Setzungslisten mit Quittungen über die Verteilung der Gelder aus den Kollekten und Haussammlungen an sturmflutgeschädigte Einwohner: Landschaft Föhr 1825

6140 Setzungslisten mit Quittungen über die Verteilung der Gelder aus den Kollekten und Haussammlungen an sturmflutgeschädigte Einwohner: Amt Hadersleben 1825

6141 Setzungslisten mit Quittungen über die Verteilung der Gelder aus den Kollekten und Haussammlungen an sturmflutgeschädigte Einwohner: Meggerkoog 1825

6142 Setzungslisten mit Quittungen über die Verteilung der Gelder aus den Kollekten und Haussammlungen an sturmflutgeschädigte Einwohner: Landschaft Eiderstedt 1825

6143 Setzungslisten mit Quittungen über die Verteilung der Gelder aus den Kollekten und Haussammlungen an sturmflutgeschädigte Einwohner: Amt Hütten 1825

6144 Setzungslisten mit Quittungen über die Verteilung der Gelder aus den Kollekten und Haussammlungen an sturmflutgeschädigte Einwohner: Börmer Koog 1825

6145 Setzungslisten mit Quittungen über die Verteilung der Gelder aus den Kollekten und Haussammlungen an sturmflutgeschädigte Einwohner: Amt Tondern 1825

6146 Setzungslisten mit Quittungen über die Verteilung der Gelder aus den Kollekten und Haussammlungen an sturmflutgeschädigte Einwohner: Landschaft Pellworm 1825

6147 Setzungslisten mit Quittungen über die Verteilung der Gelder aus den Kollekten und Haussammlungen an sturmflutgeschädigte Einwohner: Amt Husum 1825

6148 Setzungslisten mit Quittungen über die Verteilung der Gelder aus den Kollekten und Haussammlungen an sturmflutgeschädigte Einwohner: Husum 1825

6149 Setzungslisten mit Quittungen über die Verteilung der Gelder aus den Kollekten und Haussammlungen an sturmflutgeschädigte Einwohner: Landschaft Nordstrand 1825

6150 Quittungen über die Verteilung der Gelder aus den Kollekten und Haussammlungen an sturmflutgeschädigte Halligbewohner: Südfall und Nordmarsch 1825-1827

6151 Quittungen über die Verteilung der Gelder aus den Kollekten und Haussammlungen an sturmflutgeschädigte Halligbewohner: Oland 1825-1826

6152 Quittungen über die Verteilung der Gelder aus den Kollekten und Haussammlungen an sturmflutgeschädigte Halligbewohner: Langeneß 1825-1826

6153 Quittungen über die Verteilung der Gelder aus den Kollekten und Haussammlungen an sturmflutgeschädigte Halligbewohner: Hooge, Norderoog und Süderoog 1825-1826

6154 Quittungen über die Verteilung der Gelder aus den Kollekten und Haussammlungen an sturmflutgeschädigte Halligbewohner: Gröde 1825-1826

6155 Quittungen über die Verteilung der Gelder aus den Kollekten und Haussammlungen an sturmflutgeschädigte Halligbewohner: Nordstrandischmoor, Hamburger Hallig und Pohnshallig 1825-1826

6156 Setzungslisten und Quittungen über die Verteilung der Gelder aus den Kollekten und Haussammlungen an sturmflutgeschädigte Einwohner: Herrschaft Pinneberg 1825

6157 Setzungslisten und Quittungen über die Verteilung der Gelder aus den Kollekten und Haussammlungen an sturmflutgeschädigte Einwohner: Herrschaft Breitenburg 1825

6158 Setzungslisten und Quittungen über die Verteilung der Gelder aus den Kollekten und Haussammlungen an sturmflutgeschädigte Einwohner: Kloster- und Kirchspielvogtei Uetersen 1825

6159 Setzungslisten und Quittungen über die Verteilung der Gelder aus den Kollekten und Haussammlungen an sturmflutgeschädigte Einwohner: Krempe 1825

Enthält: Johann Gliesmann

6160 Setzungslisten und Quittungen über die Verteilung der Gelder aus den Kollekten und Haussammlungen an sturmflutgeschädigte Einwohner: Itzehoe 1825

6161 Setzungslisten und Quittungen über die Verteilung der Gelder aus den Kollekten und Haussammlungen an sturmflutgeschädigte Einwohner: Gut Mehlbek 1825

Enthält: Timm Struve, Hollgrube

6162 Setzungslisten und Quittungen über die Verteilung der Gelder aus den Kollekten und Haussammlungen an sturmflutgeschädigte Einwohner: Grafschaft Rantzau 1825

6163 Setzungslisten und Quittungen über die Verteilung der Gelder aus den Kollekten und Haussammlungen an sturmflutgeschädigte Einwohner: Gut Hanerau 1825

Enthält: Daniel Lotz, Schleusenwärter bei Bokelhop

6164 Setzungslisten und Quittungen über die Verteilung der Gelder aus den Kollekten und Haussammlungen an sturmflutgeschädigte Einwohner: Kloster Itzehoe 1825

6165 Setzungslisten und Quittungen über die Verteilung der Gelder aus den Kollekten und Haussammlungen an sturmflutgeschädigte Einwohner: Gut Klein Kollmar 1825

6166 Setzungslisten und Quittungen über die Verteilung der Gelder aus den Kollekten und Haussammlungen an sturmflutgeschädigte Einwohner: Gut Groß Kollmar 1825

6167 Setzungslisten und Quittungen über die Verteilung der Gelder aus den Kollekten und Haussammlungen an sturmflutgeschädigte Einwohner: Blomesche Wildnis 1825

6168 Setzungslisten und Quittungen über die Verteilung der Gelder aus den Kollekten und Haussammlungen an sturmflutgeschädigte Einwohner: Güter Haselau und Haseldorf 1825

6169 Setzungslisten und Quittungen über die Verteilung der Gelder aus den Kollekten und Haussammlungen an sturmflutgeschädigte Einwohner: Herrschaft Herzhorn 1825

6170 Setzungslisten und Quittungen über die Verteilung der Gelder aus den Kollekten und Haussammlungen an sturmflutgeschädigte Einwohner: Gut Kampen 1825

6171 Setzungslisten und Quittungen über die Verteilung der Gelder aus den Kollekten und Haussammlungen an sturmflutgeschädigte Einwohner: Gut Seestermühe 1825

6172 Setzungslisten und Quittungen über die Verteilung der Gelder aus den Kollekten und Haussammlungen an sturmflutgeschädigte Einwohner: Gut Neuendorf 1825

6173 Setzungslisten und Quittungen über die Verteilung der Gelder aus den Kollekten und Haussammlungen an sturmflutgeschädigte Einwohner: Bülowsche Wildnis 1825

6174 Setzungslisten und Quittungen über die Verteilung der Gelder aus den Kollekten und Haussammlungen an sturmflutgeschädigte Einwohner: Landschaft Norderdithmarschen 1825-1826

6175 Setzungslisten und Quittungen über die Verteilung der Gelder aus den Kollekten und Haussammlungen an sturmflutgeschädigte Einwohner: Landschaft Süderdithmarschen 1825

6176 Setzungslisten und Quittungen über die Verteilung der Gelder aus den Kollekten und Haussammlungen an sturmflutgeschädigte Einwohner: Glückstadt 1825

6177 Setzungslisten und Quittungen über die Verteilung der Gelder aus den Kollekten und Haussammlungen an sturmflutgeschädigte Einwohner: Amt Steinburg 1825

6178 Korrespondenz mit der Kommission zur Verteilung der Kirchenkollekten- und Haussammlungsgelder sowie Verteilungsgrundsätze 1825-1827

6179 Berichte der Deichkondukteure Salchow in Husum und Christensen in Heide über den Zustand der Deiche nach der Sturmflut 1825

Darin: Zeichnungen von Grundbrüchen bei Deichhausen, der Westerschleuse im Kirchspiel Büsum und beim Haus des H. Mathiesen im Kirchspiel Büsum

6180 Maßnahmen zur Erleichterung der durch die Sturmflut geschädigten Einwohner in Militär- und Steuerangelegenheiten 1825

6181 Sicherung der Halligen durch Errichtung eines Reservefonds 1825

6182 Sturmflut vom Februar 1825 1825-1826

Enthält u. a.: Unterstützungsgesuche; Bergung angetriebener Güter der Halligbewohner

6183 Quittungen über die an die Hauptkasse in Rendsburg eingesandten Kollektengelder 1825

6184 Aufträge zur Einsendung der Kollektengelder an die Hauptkasse in Rendsburg 1825

6185 Generalextrakt aus den Setzungslisten der Kommission zur Verteilung der Kirchenkollekten- und Haussammlungsgelder an die sturmflutgeschädigten Einwohner und Bericht über die öffentlichen Veranstaltungen 1825-1827

6186 Anordnung einer Kirchenkollekte und Haussammlung zur Unterstützung der sturmflutgeschädigten Einwohner an der Westküste 1825

6187 Berichte über den Ertrag der Kirchenkollekte und Haussammlung 1825

6188 Berichte und Aufstellungen über die Schätzung der Sturmflutschäden 1825

Enthält u. a.: Setzlisten für das Herzogtum Holstein über Entschädigungsgelder

6189 Berichte über die öffentlichen Veranstaltungen zur Unterstützung der sturmflutgeschädigten Einwohner an der Westküste sowie über die Verteilung der Kirchenkollekten- und Haussammlungsgelder 1827

6190 Rechnung über den Druck der Entschädigungslisten für die Sturmflut 1827

Münzen und Banken

Allgemeines

6191 Einfuhrverbot für fremde geringhaltige Münzen, Maßregeln zur Verhinderung von Münzverschlechterungen und Verbot zur Ausfuhr von guten Gold- und Silbermünzen 1739-1777

6192 Abtrag der königlichen Schuld an die Bank sowie Einrichtung eines Zinsfonds und eines sinkenden Fonds für die Staatsschulden 1785

6193 Bekanntmachung kaiserlicher Münzmandate (1737-) 1759-1760

6194 Dänische Bankozettel und sonstige Münzen aus der Zeit vor Einführung der Schleswig-Holsteinischen Speziesmünzen und Errichtung der Schleswig-Holsteinischen Speziesbank 1788-1802

6195 Förderung des Umlaufes der neuen Münzen in den Herzogtümern (1788) 1789-1790

6196 Bestimmung der Fälle zur Zahlung 100 Reichstaler Species statt 132 1/3 Reichstaler Kurant 1789-1790

6197 Veröffentlichung eines Patents zur Aufhebung des Paragrafen 1 der Verordnung zur Förderung des Münzumlaufs hinsichtlich der Wechsel 1794-1795

6198 Bekanntmachung des Patents zum Umlauf von Zetteln der Speziesbank in Kopenhagen auf vier Reichstaler Spezies 1798-1799

6199 Behandlung von Wechseln auf dänische Kurant und die Bezahlung von Wechseln auf Spezies 1810

6200 Vorschläge zur Verhinderung von Prozessen wegen des geringen Kurses der dänischen Bankozettel, Diäten und freie Beförderung bei Reisen der Advokaten in Armenangelegenheiten sowie Erteilung des Rechts auf einen kostenfreien Prozess und Einführung der Succumbenzgelder (Sicherheitsleistung bei Appellation) 1810-1811

6201 Versendung von dänischen Kurant-Bankzetteln und Repräsentativen auf den Schatzkammer-Abtragsfonds auf dänische Kurant 1810-1819

6202 Bestimmung zu den Schuldscheinen auf Anfordern und zur Verhinderung der Agiotaxe mit dem dänischen Kurant 1811-1824

6203 Annahme des Reichsbankgeldes 1813

6204 Anweisungen der Reichsbank 1813

6205 Bezahlung der in Schleswig-Holsteinischen Kurant oder Spezies übernommenen oder gesetzlich bestimmten Geldleistungen 1813

6206 Rundverfügung zu den umlaufenden Kupfermünzen 1813

6207 Mangel an Scheidemünzen und Unzuträglichkeiten durch die Einführung der Kupfermünzen 1807-1813

6208 Bestimmungen über das Geldwesen bei Wiedereinführung der Silbermünzen als gesetzliches Zahlungsmittel 1813-1815

6209 Verordnungen vom 5. Januar 1813 wegen einer Veränderung des Geldwesens und deren Interpretation 1813

6210 Verordnungen vom 5. Januar 1813 wegen einer Veränderung des Geldwesens und deren Interpretation 1813-1814, 1819

6211 Verordnung vom 5. Januar 1813 sowie die deshalb erlassenen Verfügungen und Interpretationen 1813-1817

6212 Aufforderung der Reichsbank zur Einsendung und Umwechslung der Bankzettel der Kurantbank und von Schatzkammerscheinen sowie der norwegischen Assignationsbeweise und der zu Christiania ausgestellten Reichsbankanweisungen 1814

6213 Erfüllung der Verpflichtungen in dänischen Bankzetteln oder dänischen Kurant 1813-1814

6214 Auszahlung von Pensionen aus der Postpensionskasse in Reichsbankgeld-Silbermünze mit Zuschlag 1813-1815
Enthält u. a.: Gesuche von Pensionisten um Erhöhung ihrer Pensionen wegen der Veränderungen im Geldwesen

6215 Bekanntmachung zur Einrufung und Umwechselung der Reichsbankzettel auf 100 und 50 Reichsbanktaler 1819

6216 Bekanntmachung zur Einziehung und Umwechselung der Reichsbankzettel auf 10, 5 und 1 Reichsbanktaler 1820

6217 Aufhebung des für Dänemark erlassenen Verbots zum Eingehen von Geldverbindlichkeiten in Zetteln 1820

6218 Berechnung nach Reichsbankgeld in den Herzogtümern Schleswig und Holstein sowie die Prägung neuer Münzsorten 1838-1846

6219 Münzzustände des Landes 1848

6220 Berechnung der Brüche bei Umsetzung von Summen in Kurant auf Reichsbankzetteln 1842

6221 Zahlungen an die königliche Kasse in Reichsbankgeld-Scheidemünzen 1842

Spezielle Münzangelegenheiten

6222 Spezielle Münzangelegenheiten 1734-1788

6223 Spezielle Münzangelegenheiten 1788-1789

6224 Spezielle Münzangelegenheiten (1781-) 1789-1790
Enthält u. a.: Teilungsakte über den Nachlass des Hans Lasseus Andersen, Rehberg, 1781

6225 Spezielle Münzangelegenheiten 1791-1797

6226 Spezielle Münzangelegenheiten (1786-) 1807-1812

6227 Spezielle Münzangelegenheiten 1812-1813

6228 Spezielle Münzangelegenheiten 1813-1842
Enthält u. a.: archivalischer Hinweis auf die von 1812 bis 1815 unter dem Begriff Geldsachen abgelegten Akten

Quartalskurse

6229 Bekanntmachung der Quartalskurse 1813-1821

6230 Bekanntmachung der Quartalskurse 1821-1827

6231 Bekanntmachung der Quartalskurse 1827-1831

6232 Bekanntmachung der Quartalskurse 1831-1835

6233 Bekanntmachung der Quartalskurse 1835-1841

6234 Bekanntmachung über die Regeln der Festsetzung des Quartalskurses 1818

Zwangsanleihe von 1813

6235 Zwangsanleihe von 1813 1812-1813

6236 Zwangsanleihe von 1813 (1807-) 1812-1813

6237 Zwangsanleihe von 1813 1813-1818

6238 Zwangsanleihe von 1813 1815-1851
Enthält u. a.: Obligationen für die Städte, 1815-1819; Wilstermarsch, 1821-1825

Bankhaft

6239 Protokollierung der Bankhaft 1813-1836

6240 Protokollierung der Bankforderung in den adligen Gütern 1814-1816

6241 Wiederprotokollierung in der Priorität der getilgten Bankhaft bei chronologisch geführten Schuld- und Pfandprotokollen 1819

6242 Gebühren der Beamten für das Löschen der Bankhaft 1822

6243 Vergütung für die Protokollierung der Bankhaften aus dem Überschuss der Bankeinnahmen 1818-1823

6244 Protokollierung der Bankabgaben von den herrschaftlichen Grundstücken 1832-1834

6245 Gebühr der Führer der Schuld- und Pfandprotokolle für die Protokollierung der Bankhaften nach dem Erlass des Oktroi zur Nationalbank (1816) 1833-1834

Indirekte Bankbeiträge

6246 Indirekte Bankbeiträge von Auswärtigen 1813-1819

6247 Indirekte Bankbeiträge von Auswärtigen 1820-1840

6248 Indirekte Bankbeiträge von Inländern 1813-1819

6249 Indirekte Bankbeiträge von Inländern 1819-1822

6250 Indirekte Bankbeiträge von Inländern 1822-1845

Bankpflicht

6251 Bankpflicht der augustenburgischen Güter 1813-1814

6252 Bankpflicht der großherzoglich-oldenburgischen älteren Fideikommissgüter 1813-1837

6254 Bankpflicht der Nutznießer von Fideikommissgütern und Dienstländereien der Prediger 1813-1827

6253 Bankpflicht der Nutznießer von Fideikommissgütern und Dienstländereien der Prediger 1831-1838

6255 Bankpflicht einzelner Grundstücke 1813-1845

6256 Bankpflicht von zum Chausseebau abgetretenen Grundstücken
Enthält auch: Pastorats- und Organistenländereien in Ratekau 1839-1847

Bankinstitute

Speziesbank und Bankinstitut in Altona

6275 Errichtung und Aufhebung der Schleswig-Holsteinischen Speziesbank in Altona (1787) 1788-1813

6293 Bedienstete und Geschäftsordnung des Bankinstituts in Altona 1819-1846

6272 Bankinstitut in Altona 1822-1847
Enthält u. a.: Bankhaft des Kaufmanns Bendix Isaak Schiff, Altona, 1822; Übernahme der Bankhaft bei Kauf eines Grundstücks, 1822; Antrag der Nationalbank auf Mitteilung von Akten, 1838; Abrechnung zwischen Nationalbank und Bankinstitut, 1846

6265 Gedruckte Rechnungen des Bankinstituts in Altona 1819-1848

6299 Hebungswesen des Bankinstituts in Altona 1818-1820

6300 Hebungswesen des Bankinstituts in Altona 1820-1821

6301 Hebungswesen des Bankinstituts in Altona 1819-1822

6302 Hebungswesen des Bankinstituts in Altona 1822-1825

6262 Hebungswesen des Bankinstituts in Altona 1825-1827

6263 Hebungswesen des Bankinstituts in Altona (1827-) 1829-1836

6264 Hebungswesen des Bankinstituts in Altona 1836-1846

6266 Rechnungsablage des Bankinstituts in Altona und Anträge der Provinzialstände 1823-1837

6267 Rechnungsablage des Bankinstituts in Altona 1837-1847

6271 Verfügungen zu den Schuld- und Pfandprotokollen bei Auflösung des Bankinstituts in Altona 1846-1847

6268 Ansprüche an das Bankinstitut in Altona 1847

6257 Abrechnung zwischen der Nationalbank und dem Bankinstitut in Altona 1844-1847

6258 Abrechnung zwischen der Nationalbank und dem Bankinstitut in Altona 1848

Speziesbank und Nationalbank (Reichsbank) in Kopenhagen

6274 Errichtung einer Speziesbank in Kopenhagen 1791

6273 Gründung der Nationalbank (Reichsbank) in Kopenhagen
Enthält u. a.: Reglement, 1818 1813-1818

6294 Nationalbank (Reichsbank) und ihre Rechte 1842-1843

6295 Bekanntmachung einer königlichen Urkunde zur Beilegung strittiger Verhältnisse zwischen dem Finanzwesen und der Nationalbank (Reichsbank) (1818-) 1838-1839

6296 Direkte Beziehung der Nationalbank (Reichsbank) zu den Herzogtümern 1818-1819

6297 Nationalbank und Aktionärsverhältnisse 1824-1838

6269 Gedruckte Rechnungen der Nationalbank (Reichsbank) 1813-1836

6298 Gedruckte Rechnungen der Nationalbank (Reichsbank) 1818-1841

6270 Gedruckte Rechnungen der Nationalbank (Reichsbank) 1837-1847

Leihinstitut in Kiel

6276 Errichtung eines Leihinstituts in Kiel 1801

6277 Bedenken über den Vorschlag der Administration des Leihinstituts in Kiel wegen Anleihen auf Grundstücke 1802

6278 Leihinstitut in Kiel 1813-1835

Filialbank in Flensburg

6259 Errichtung einer Filialbank in Flensburg und eines untergeordneten Kontors in Rendsburg (1837) 1842-1844

Schleswig-Holsteinische Landesbank

6260 Schleswig-Holsteinische Landesbank 1843-1846

6261 Schleswig-Holsteinische Landesbank 1843-1844
Darin: Statuten, 1844; Zeitungsbeilagen

Staatspapiere

6279 Löschen königlicher Obligationen, Annuitäten, transportabler Staatsfonds, konsignablen Bankfonds und Aktien in den oktroyierten Banken und Handelsgesellschaften für die Herzogtümer Schleswig und Holstein 1806-1810

6280 Kosten der Entwertung verlorengegangener Staatspapiere von geringerem Belauf 1818-1820

6281 Erlass einer Verfügung zu den Kosten der Entwertung königlicher Obligationen für Dänemark 1821-1823, 1846

6282 Gültigkeit der Zinskupons von mortifizierten Obligationen 1820-1823

6283 Verhütung der Ungültigkeit von auf Inhaber lautenden öffentlichen Papieren bei Fehlen der Bedingungen des Patents vom 27. Juli 1810 1828

6284 Ungültigkeit und Ersatz von verlorenen gegangenen auf Inhaber lautenden Obligationen bei besonderen Umständen 1823-1832

6285 Unterbrechung der Verjährungsfrist bei Zinszahlung von verlorenen gegangenen auf Inhaber lautenden Obligationen an frühere Eigentümer innerhalb der Verjährungsfrist 1834

6286 Petitionen von Städten um Veröffentlichung der Finanzlage der Herzogtümer 1837-1838

6287 Annahme und Vergütung von zwei Schatzkammer-Fondsscheinen des Hofbesitzers Marx Struve in Wacken 1839

6288 Erlass von Ungültigkeitserklärungen über verlorengegangene Staatsobligationen und Interimsquittungen sowie über nicht eingelieferte Verschreibungen und Kupons 1812-1842

6289 Bestimmung zum Paragrafen 4 der Verordnung vom 23. Juni 1809 über transportable und konsignable Bankfonds 1809-1810, 1846-1847

6290 Übertragung der beim Generalzollkammer- und Kommerzkollegium deponierten auf Inhaber lautenden Staatspapiere auf das Zollwesen 1844

6291 Entwurf einer Verordnung zum Vindikationsrecht der älteren Eigentümer von Obligationen und anderen Geldeffekte gegenüber jüngeren Besitzer 1842-1846

6292 Staatspapiere 1804-1829
Enthält u. a.: Ungültigkeitserklärung für den verlorenen Staatsfondsschein des Bäckermeisters Jacob Mess, Heiligenhafen, 1817-1818; Obligationen des Mathiesenschen Fideikommisses in Altona, 1804-1820

Münzfälschungen

6303 Münzfälschungen 1751, 1790-1804
Enthält u. a.: Karrenstrafe des Jochim Hansen Rytter, 1751; Belohung für den Schulmeister Hammer, Apenrade, für Aufdeckung einer Münzfälschung, 1790; Anfertigung falscher Bankzettel durch Sören Toft, Aarhus 1796-1797; Erstattung von Kosten zur Auslieferung von Verurteilten nach Altona, 1797-1804; Begnadigungen

6304 Untersuchung gegen den Prinzen Moritz Gustav Adolph von Salm-Kirburg, Beaumont, Poincellet und Konsorten wegen Herstellung und Verbreitung falscher Schleswig-Holsteinischer Banknoten Band 1
1801

6305 Untersuchung gegen den Prinzen Moritz Gustav Adolph von Salm-Kirburg, Beaumont, Poincellet und Konsorten wegen Herstellung und Verbreitung falscher Schleswig-Holsteinischer Banknoten Band 2
1801-1802

6306 Untersuchung gegen den Prinzen Moritz Gustav Adolph von Salm-Kirburg, Beaumont, Poincellet und Konsorten wegen Herstellung und Verbreitung falscher Schleswig-Holsteinischer Banknoten Band 3
1802

6307 Untersuchung gegen den Prinzen Moritz Gustav Adolph von Salm-Kirburg, Beaumont, Poincellet und Konsorten wegen Herstellung und Verbreitung falscher Schleswig-Holsteinischer Banknoten Band 4
(1801) 1802-1803

6308 Untersuchung gegen den Prinzen Moritz Gustav Adolph von Salm-Kirburg, Beaumont, Poincellet und Konsorten wegen Herstellung und Verbreitung falscher Schleswig-Holsteinischer Banknoten Band 5
1802-1806

6309 Untersuchung gegen den Prinzen Moritz Gustav Adolph von Salm-Kirburg, Beaumont, Poincellet und Konsorten wegen Herstellung und Verbreitung falscher Schleswig-Holsteinischer Banknoten Band 6
1801-1803

Enthält: Untersuchungsprotokoll sowie Verteidigungsschriften für die Verhafteten

6310 Untersuchung gegen den Prinzen Moritz Gustav Adolph von Salm-Kirburg, Beaumont, Poincellet und Konsorten wegen Herstellung und Verbreitung falscher Schleswig-Holsteinischer Banknoten Band 7
1801-1802

Enthält: verschiedene Protokolle, darunter persönliche Papiere einiger Angeklagter

6311 Untersuchung gegen den Prinzen Moritz Gustav Adolph von Salm-Kirburg, Beaumont, Poincellet und Konsorten wegen Herstellung und Verbreitung falscher Schleswig-Holsteinischer Banknoten Band 8 1801-1802
Enthält: Korrespondenz mit Behörden und dazugehörige Protokolle, darunter Briefe von Angeklagten

6312 Münzfälschungen 1804-1808
Enthält u. a.: Untersuchung wegen eines gefälschten schwedischen Reichsschuldzettels; Reisegeld für den Staatsgefangenen Charles Vigneron; Bestrafung des Carl Friedrich Hurlebusch; Entlassung des Jacob Israel, Hamburg, aus dem Zuchthaus in Altona

6313 Münzfälschungen 1801-1811
Enthält u. a.: Unterhaltskosten des Gefangenen Claude Poincellet, Glückstadt; Bestrafung des wegen Verbreitung falscher Bankzettel in Tondern und im Amt Bredstedt verhafteten Anton Ketelsen; Begnadigungen

6314 Untersuchung gegen Heinrich Wollheim aus Breslau wegen Einführung falscher preußischer Scheidemünzen (1805) 1806-1816
Darin: vierzig Münzen in einem gestickten Portefeuille

Wechsel

6315 Wechselangelegenheiten 1790-1809

6316 Wechselangelegenheiten 1807-1815

6317 Wechselangelegenheiten 1815-1840

6318 Entwurf einer neuen Wechselordnung 1842

Fonds der Deutschen Kanzlei

6319 Fonds ad usus publicos 1799-1843
Enthält u. a.: Gesuche um Auszahlungen

6320 Justizfonds 1811-1835
Enthält u. a.: Einrichtung des Fonds; Stempelung von Spielkarten, darunter Kartenfabrikant Kroymann, Itzehoe

6321 Justizfonds (1834-) 1836-1848
Enthält u. a.: Übersichten über Einnahmen und Ausgaben des Fonds

6322 Agendenfonds 1846-1853

Enthält nur: zwei Zettel mit Aktentiteln und Vermerk zum Verbleib der Akten, ein Zettel mit Aufstellung von Aktennummern zum Fonds

6323 Landmilizfonds 1828-1840

Rettungsprämien

6324 Rettungsprämien 1811-1820

6325 Rettungsprämien 1821

6326 Rettungsprämien 1821-1823

6327 Rettungsprämien 1823-1824

6328 Rettungsprämien 1824-1825

6329 Rettungsprämien (1824) 1825-1826

6330 Rettungsprämien 1826

6331 Rettungsprämien 1826-1827

6332 Rettungsprämien 1827

6333 Rettungsprämien 1827-1828

6334 Rettungsprämien 1828

6335 Rettungsprämien 1828

6336 Rettungsprämien 1828-1829

6337 Rettungsprämien 1829

6338 Rettungsprämien (1827-) 1829-1830

6339 Rettungsprämien 1830

6340 Rettungsprämien 1830

6341 Rettungsprämien 1830-1831

6342	Rettungsprämien	1831
6343	Rettungsprämien	1831-1832
6344	Rettungsprämien	1832
6345	Rettungsprämien	1832
6346	Rettungsprämien	1832-1833
6347	Rettungsprämien	1833
6348	Rettungsprämien	1833-1834
6349	Rettungsprämien	1834
6350	Rettungsprämien	1834-1835
6351	Rettungsprämien	1835
6352	Rettungsprämien	1835-1836
6353	Rettungsprämien	1836
6354	Rettungsprämien	1836-1837
6355	Rettungsprämien	1837
6356	Rettungsprämien	1837-1838
6357	Rettungsprämien	1838
6358	Rettungsprämien	1838
6359	Rettungsprämien	1838-1839
6360	Rettungsprämien	1839
6361	Rettungsprämien	1839
6362	Rettungsprämien	1839-1840
6363	Rettungsprämien	1837-1840

6364 Rettungsprämien 1840-1841

6365 Rettungsprämien 1841

6366 Rettungsprämien 1841-1842

6367 Rettungsprämien 1840-1842

6368 Rettungsprämien 1842-1843

6369 Rettungsprämien 1843-1844

6370 Rettungsprämien 1844

6371 Rettungsprämien 1844-1845

6372 Rettungsprämien 1844-1845

6373 Rettungsprämien 1845-1846

6374 Rettungsprämien 1846-1847

6375 Rettungsprämien 1847-1850
Enthält u. a.: Verzeichnis spezieller Fälle über erteilte Medaillen und Rettungsprämien

Strafanstalten

Zuchthaus in Neumünster

6376 Allgemeines 1730-1767
Enthält u. a.: Legat des Kirchspielvogts Fobrian, Bergstedt, an das Zuchthaus, 1735-1741; Anmerkungen zum Plan eines neuen Zucht- und Werkhauses, 1766; Visitation des Zuchthauses, 1745-1767; Zuchthausreglements; Geldangelegenheiten

6377 Allgemeines 1768-1779
Enthält u. a.: Aufnahme von Dieben und Landstreichern aus dem Amt Trittau, 1771; Verzeichnis der Insassen, 1774; Zustand, 1774; Reglement, 1779; Geldangelegenheiten; Bauten
Darin: zwei Grundrisse und Ansichten, 1774

6378 Allgemeines (1773) 1780-1784
Enthält u. a.: Montur der Zuchthauswärter, 1780; Medizinalwesen, 1784; Geldangelegenheiten, darunter Zuchthausrechnung 1780

6379 Allgemeines 1785-1800
Enthält u. a.: Bestreitung der Bau- und Unterhaltungskosten, 1789-1791; Streitigkeiten zwischen den Älterleuten der Tuchmacherzunft in Neumünster und dem Mitmeister Hinrich Wraage wegen Wolllieferungen an das Zuchthaus, 1796; Anlage von Blitzableitern, 1797; Verbittelsgelder aus den Fideikommissgütern, 1799

6380 Allgemeines 1798-1815
Enthält u. a.: Zustand des Zuchthauses, 1798-1800; Vergütung für die Speisemeisterin Dietz wegen Verlusten durch Teuerung und Währungsverfall, 1814-1815; Reparaturen; Geldangelegenheiten

6381 Allgemeines 1803-1819
Enthält u. a.: Verpflichtung der Tuchmacherzunft in Neumünster zur Verarbeitung ihrer Wolle durch die Zuchthausinsassen, 1816, 1819; Reparaturen, 1803-1817; Deckung eines Defizits der Zuchthauskasse, 1817; Beschäftigung der Zuchthausinsassen durch Arbeiten, 1817

6382 Visitationsberichte 1745, 1767-1812
Enthält u. a.: Verzeichnisse der Insassen

6383 Aufhebung (1787-) 1818-1820
Enthält u. a.: Transport von Gefangenen nach Glückstadt; Inventar; Einnahmen und Ausgaben; Ablieferung des Vermögens und des Archivs an die Oberinspektion des Zuchthauses in Glückstadt

6384 Aufhebung 1819-1825
Enthält: Plan zum Ankauf eines Teils der Gebäude als Amtsgefängnis; Verkauf der Gebäude und Grundstücke; Verwendung der eingenommenen Gelder und des Kapitalfonds der Anstalt

6385 Oberinspektion und Inspektion 1763-1812

6386 Speisemeister (Ökonom) 1729-1819

6387 Spinnmeister (Werkmeister) 1795-1817

6388 Zuchthausarzt und Chirurg 1737, 1774-1820

6389 Zuchthausprediger 1766-1819

6390 Zuchthauswächter und Knechte 1776-1819

6391 Unterstützung des Kantors Marx Schröder (1735) 1737

6392 Spezielle Angelegenheiten und einzelne Gefangene 1729-1731
Enthält u. a.: Rolle des Zucht-, Spinn- und Werkhauses; Angelegenheit des Fouriers Hans Christian Zögen (mit Verhörprotokollen)

6393 Spezielle Angelegenheiten und einzelne Gefangene 1732-1736
Enthält u. a.: Hinrichtung der Kindsmörderin Catharina Timmen

6394 Spezielle Angelegenheiten und einzelne Gefangene (1736) 1737-1764
Enthält u. a.: Hinrichtung und andere Bestrafung von Zigeunern (mit Aufstellung der Zigeuner aus Kiel und Neustadt sowie Verhörprotokollen, 1737)

6395 Spezielle Angelegenheiten und einzelne Gefangene [1729-1764]

6396 Spezielle Angelegenheiten und einzelne Gefangene 1765-1769

6397 Spezielle Angelegenheiten und einzelne Gefangene 1769-1771

6398 Spezielle Angelegenheiten und einzelne Gefangene 1772-1773

6399 Spezielle Angelegenheiten und einzelne Gefangene 1774-1794

6400 Spezielle Angelegenheiten und einzelne Gefangene 1795-1805

6401 Spezielle Angelegenheiten und einzelne Gefangene 1806-1817, 1839

6402 Zuchthausrechnung mit Beilagen 1729-1731

8132 Zuchthausrechnung 1801

6403 Zuchthausrechnung mit Beilagen 1807

6404 Zuchthausrechnung mit Beilagen 1808

6405 Zuchthausrechnung mit Beilagen 1809

6406 Zuchthausrechnung mit Beilagen 1810

6407 Zuchthausrechnung mit Beilagen 1812

6408 Zuchthausrechnung mit Beilagen 1816

6409 Zuchthausrechnung mit Beilagen 1817

6410 Zuchthausrechnung mit Beilagen 1818

6411 Notaten zu den Zuchthausrechnungen 1806-1818

Zuchthaus in Glückstadt

6412 Allgemeines 1734-1758

Enthält u. a.: Bau eines Zucht- und Werkhauses für die königlichen Anteile der Herzogtümer, 1734; Plan zum Bau eines Zucht- und Werkhauses für beide Herzogtümer in Rendsburg, 1735; Baukosten, 1736; Einrichtung der Zuchthauskirche, 1743
Darin: Grund- und Aufrisse, 1736

6413 Allgemeines (1763) 1764-1795

Enthält u. a.: Schuldenbefreiung des Zuchthauses, nach 1761; Verbesserung des Zustandes des Zuchthauses, 1775; Erschwerung der Flucht, 1781; Behandlung jüdischer Zuchthausinsassen, 1785; Transport der Geisteskranken aus dem Zuchthaus in Neumünster und Aufnahme der Geisteskranken aus dem großfürstlichen Distrikt, 1789; Ursachen häufiger Todesfälle, 1790, 1795

6414 Allgemeines 1796-1825

Enthält u. a.: Befreiung von Prozesskosten, 1796; Maßnahmen gegen die Flucht, 1796; Aufnahme gefährlicher Geisteskranker, 1799; Einrichtung einer Husarenpatrouille in der Herrschaft Pinneberg, 1803; Maßnahmen zur Verhütung von Überfüllung, 1803; Militärwachen, 1819

6415 Regulierung der ökonomischen Verhältnisse (1819-) 1823-1835

6416 Regulierung der ökonomischen Verhältnisse 1818-1838

6417 Allgemeines 1827-1838

Enthält u. a.: Impfung, 1827; Transport entlassener kranker Gefangener, 1832; Transport fremder Verbrecher und Vagabunden, 1835-1836; Medizinaleinrichtung, 1838

6418 Allgemeines 1839-1841

Enthält u. a.: Vereinbarung mit Eutin über die Abhaltung der von der großherzoglich-oldenburgischen Justizkanzlei verhängten Arbeitshausstrafen in Glückstadt; Bittschriften zur Verbesserung der Strafanstalten in Glücksburg

6419 Allgemeines (1739-) 1837-1848

Enthält u. a.: Verteilung von Zuchthausabgaben, 1836-1842; Überlassung von Parzellen zur Einrichtung eines Asyls für entlassene junge Frauen, 1847; Überweisung von Gefangenen nach Odense, 1848

6420 Einzelne Geisteskranke und ihr Unterhalt 1787-1808

6421 Einzelne Insassen und ihr Unterhalt 1766-1845

6422 Spezielle Angelegenheiten 1803-1848
Enthält u. a.: Gerätschaften, 1803-1818; Verzeichnis der Insassen, die beim Besuch des Königs um Begnadigung nachgesucht haben, 1823; Belohnungen für Hilfe beim Brand des Zuchthauses, 1839; Besichtigung der Zwangs- und Arbeitsanstalten sowie der Irrenanstalt durch den Oberstleutnant Castenschiold zu Friedrichslund, 1841; Begnadigungesuche von Insassen, Wiederherstellung ihrer Ehre und Revision ihres Prozesses, 1848; Veröffentlichung der Ergebnisse der Rechnungsführung, 1842-1848

6423 Oberinspektion 1739-1852

6424 Sekretär der Oberinspektion 1776-1845

6425 Inspektor und Provisor 1740-1810

6426 Inspektor und Provisor (1816-) 1818-1847
Enthält u. a.: Rechnung zur Erweiterung und Umwandlung der Strafanstalten in Glückstadt, 1828

6427 Zuchthausarzt 1737-1841
Enthält u. a.: Quartalsrechnungen über ausgegebene Arzneien, 1755

6428 Prediger 1739-1789

6429 Prediger und Küster 1737, 1792-1847

6430 Werkmeister 1735-1847

6431 Zuchthausschreiber 1750, 1796-1830

6432 Speisemeister (Ökonom) 1737-1833

6433 Zuchthausvogt 1779-1833

6434 Zuchthausvogt 1833-1846

6435 Pförtner 1819-1824

6436 Lombard 1742-1790

6437 Fabriken und Manufaktur 1740-1789
Enthält u. a.: Verzeichnis der Insassen mit Angaben zum Gesundheitszustand und zum Arbeitsvermögen, 1778

6438 Fabriken und Manufaktur 1790-1846
Enthält u. a.: Untersuchung der Ökonomie und des Fabrikwesens, 1846

6439 Führung und Revision der Rechnungen 1748-1780, 1813-1814
Enthält u. a.: Aufstellungen der Einnahmen und Ausgaben, 1806-1811, 1813

6440 Bauten und Baukosten 1744-1757, 1817-1818

6441 Bauten und Baukosten 1818-1820
Darin: Grundrisse des Zuchthauses in Altona

6442 Bauten und Baukosten 1818-1834
Enthält u. a.: Hauptrechnung über die Bauten und Einrichtung, 1817-1821
Darin: Karten zu den Festungsländereien hinter dem Zuchthaus, 1821; Grundrisse und Profile, 1825

6443 Beilagen zu den Hauptrechnungen der Bauten und Einrichtungen
Enthält u. a.: Inventare 1817-1825

6444 Ausschreibung der Baukosten über die Herzogtümer 1817-1843
Enthält u. a.: Hebungsregister

6445 Fonds und Unterhaltungskosten 1737-1831

6446 Fonds und Unterhaltungskosten 1839-1846

6447 Beiträge der Kommunen zum Unterhalt 1735-1757
Enthält: Grafschaft Rantzau; Herrschaft Pinneberg; Klostervogtei Uetersen; Güter Steinhorst und Moisling; Güter Ahrensburg und Övelgönne; Kanzleirat von Cronhelm; Mitglieder der Regierung in Glückstadt; Güter Krummendiek und Steinrade; Kloster Itzehoe; Landschaft Süderdithmarschen; Gut Seestermühe; Gut Trenthorst; Laurvigsche Wildnis; Güter Bahrenfleth und Heiligenstedten; Krempermarsch und Wilstermarsch; Gut Bekhof; lübsche Güter; Gut Hütten; Ritterschaft

6448 Unterhaltskosten für die nicht beitragzahlenden Kommunen
1757-1806

6449 Anleihen und Vorschüsse 1744-1808

6450 Anleihen und Vorschüsse 1813-1848

6451 Geschenke, Legate und Kollekten 1735-1795

6452 Aufnahme und Unterhalt fremder Vagabunden und Bettler (1796-) 1802-1828

6453 Zuchthausberichte 1778-1796

6454 Zuchthausberichte 1796-1812

6455 Zuchthausberichte 1813-1822

6456 Zuchthausberichte 1826-1846

6457 Verbrechen der Insassen in den Strafanstalten Glückstadt und Neumünster (1739-) 1810-1841

Enthält u. a.: Fluchtversuch und Gewalttätigkeit des Insassen Claus Reimers in Neumünster und Glückstadt, 1817-1827; Mordversuch an einem Zuchthausvogt, 1841; Komplotte und Tumulte; Fluchtversuche aus dem Zuchthaus in Neumünster

Zuchthaus für das Herzogtum Schleswig

6458 Projekte 1736-1821

Darin: Grundrisse und Ansichten zur Errichtung eines Zuchthauses in Schleswig, 1757

6459 Kommissare sowie Kassierer des Zuchthausfonds 1746-1816

6460 Zuchthausfonds 1736-1822

6461 Geschenke an den Zuchthausfonds 1749-1768

Zuchthaus in Flensburg

6462 Allgemeines 1746-1846

Enthält u. a.: Plan zur Verbindung des Zuchthauses Flensburg mit dem für das Herzogtum Schleswig anzulegenden Zuchthaus, 1748; Anlage eine eigenen Zuchthauses in Flensburg, 1759; Verfahrensregeln bei Einsperrung gefährlicher oder wahnsinniger Personen, 1800; Zustand und Erweiterung des Zucht- und Werkhauses, 1824-1833; Zusammensetzung der Inspektion und Entwurf einer Verfügung zur Aufrechterhaltung der Ordnung (mit Liste der Insassen 1835), 1836; Militärposten, 1841; Befreiung des Zuchthauses vom Zunftzwang, 1846

6463 Einzelne Gefangene und Geisteskranke (1800-) 1804, 1811
Enthält: Hinrich Petersen und Hans Nicolai Hansen; Iver Gosch

6464 Zucht- und Werkmeister sowie Gehilfe 1827-1842

6465 Verzeichnis der Insassen 1799-1821

6466 Beitrag der Stadtkasse zum Unterhalt 1783-1834

Zuchthaus in Altona

6467 Allgemeines 1737-1845
Enthält u. a.: Einrichtung des Zuchthauses und Unterhalt aus der Stadtkasse, 1737; Plan zur Errichtung eines Irrenhauses, 1754; beabsichtigte Veränderungen in der Einrichtung, 1803; Anfertigung von Schuhen mit Holzsohlen für die Armen in den Zuchthäusern Glückstadt, Flensburg und Altona, 1814; Aufhebung des Zuchthauses und Errichtung einer Arbeitsanstalt, 1841-1843
Darin: Grundriss und Ansicht eines Anbaus, 1841

6468 Gefangener Schauspieler Carl Rusche (Rouge) 1845

6469 Anstellung des Werkmeisters Johann Heinrich Kähler aus Flensburg zum Inspektor bei der Arbeitsanstalt 1841

6470 Schema für die Berichte über die Zahl der Insassen 1799

6471 Beiträge aus der Stadtkasse zum Unterhalt (1732-) 1775-1842

6472 Geschenke und Kollekten (1733) 1734-1759

Allgemeine Reform der Strafanstalten sowie Einrichtung von Irrenanstalten und Arbeitsanstalten

6473 Allgemeine Reform der Strafanstalten sowie Errichtung einer Irrenanstalt und einer Arbeitsanstalt 1802-1804

6474 Allgemeine Reform der Strafanstalten sowie Errichtung einer Irrenanstalt und einer Arbeitsanstalt 1803-1805
Enthält: Erleichterung des Transports der Gefangenen nach den Zucht- und Arbeitshäuser; Berichte der Oberdikasterien und des Statthalters über die Durchführung der Reform (mit Verzeichnissen von Gefangenen in auswärtigen Strafanstalten)
Darin: Grundrisse des Zuchthauses in Celle

6475 Allgemeine Reform der Strafanstalten sowie Errichtung einer Irrenanstalt und einer Arbeitsanstalt, Maßnahmen zur Erweiterung der Strafanstalt in Glückstadt und Errichtung einer Irrenanstalt in Schleswig 1805-1817
Darin: Grundrisse des Rumohrschen Hauses in Schleswig, 1816

6476 Einrichtung von Zwangsarbeitsanstalten 1805-1825
Enthält u. a.: Benutzung des Schlosses in Husum, 1805

Land- und Seemilitär

Landausschuss und Reuterpferde

6477 Einführung des Landausschusses und Landauschussverordnung 1737-1738
Enthält u. a.: Pflugzahllisten; Listen über die zu stellenden Mannschaften; Verzeichnis über die Einteilung der Kompanien und Exerzierplätze des Schleswigschen Nationalregiments

6478 Einführung des Landausschusses und Landauschussverordnung 1738-1739

6479 Einführung des Landausschusses und Landauschussverordnung sowie Änderungen 1739-1753

6480 Einführung des Landausschusses und Landauschussverordnung sowie Änderungen 1751-1764

6481 Bestätigung der Befreiung vom Landausschuss für die Landschaft Süderdithmarschen, die Krempermarsch und Wilstermarsch, die Herrschaft Pinneberg sowie den Flecken Bredstedt (1750) 1766-1767

6482 Neue Einrichtung des Landausschusses und Pferdestellung 1774

6483 Neue Einrichtung des Landausschusses und Pferdestellung 1775 (1779)
Darin: zwei Druckschriften zur Stellung der Reuterpferde durch die adligen Güter und Klöster, 1779

6484 Neue Einrichtung des Landausschusses und Pferdestellung 1775-1776
Darin: gedruckte Verordnung zur Einrichtung des Landausschusses und Stellung der Reuterpferde, 1776

6485 Neue Einrichtung des Landausschusses allgemein und in einzelnen Distrikten (1647-) 1774-1777
Enthält u. a.: Notizen des Geheimrats Carstens zur Einrichtung des Landausschusses

6486 Stellung der Reuterpferde in den adligen Marschgütern und den Marschgebieten des Klosters Itzehoe sowie den darüber zwischen den Untergehörigen und Gutsbesitzern entstandenen Prozess
Darin: Prozessdruckschriften (1695-) 1775-1780

6487 Landausschuss und Pferdestellung: Allgemeines 1776-1780

6488 Landausschuss und Pferdestellung: Allgemeines 1780-1785

6489 Versammlungsplätze der Regimenter (1775) 1776-1786

6490 Verteilungsrechnungen über die Zulagegelder für die Nationreuterpferde sowie für die Rekruten 1778

6491 Vergütung von persönlich vom Landausschuss befreiten Eigentümern landauschusspflichtiger Grundstücke 1781-1789

6492 Landausschuss und Pferdestellung: Allgemeines 1784-1788

6493 Landausschuss und Pferdestellung: Allgemeines 1789-1790

6494 Landausschuss und Pferdestellung: Allgemeines 1786-1792
Enthält u. a.: Fernbleiben der Leute von den Versammlungen wegen angeblicher Krankheit, 1786-1791

6495 Landausschuss und Pferdestellung: Allgemeines 1792-1793
Enthält u. a.: Befreiung der freien Untergehörigen des Gutes Nütschau durch den Gutsbesitzer

6496 Landausschuss und Pferdestellung: Allgemeines 1793-1796

Enthält u. a.: Diäten der Unterchirurgen für die Besichtigung der Mannschaften; Bestimmung zum Alter der Landausschussleute; Übertragung der Landausschussfreiheit für Käufer niedergelegter Domanialgrundstücke auf deren Söhne; Besichtigung und Taxation der Nationalreuterpferde aus den adligen Distrikten; Generalpardon; Verhütung des Austretens der jungen Mannschaft aus den Herzogtümern

6497 Landausschuss und Pferdestellung: Allgemeines 1794-1797

Enthält u. a.: Veränderungen bei den Landausschuss-Sessionen; Verhütung von Selbstverstümmelung; Regimentsversammlung; Vorschläge zu einer anderen Einrichtung des Landausschusses

6498 Landausschuss und Pferdestellung: Allgemeines 1794-1798

Enthält: Einrichtung des Landausschusses; Erscheinungstermin der zur Kavallerie ausgehobenen Nationalrekruten und der Landausschussleute bei ihren Regimentern

6719 Umwandlung der Pflicht zur Stellung von Rekruten und Landausschussleuten in eine Geldabgabe 1792-1799

Landausschuss und Militärangelegenheiten in den Distrikten

6727 Landausschuss im Amt Hadersleben 1775-1793

6728 Landausschuss und Rekruten in den Ämtern Apenrade und Lügumkloster 1770-1801

6729 Landausschuss und Rekruten im Amt Tondern 1753-1814

6730 Landausschuss und Rekruten im Amt Husum 1740-1803

6731 Militärangelegenheiten im Amt Flensburg 1738-1802

6732 Militärangelegenheiten im Distrikt des ehemaligen Herzogtums Glücksburg 1744-1790

6733 Militärangelegenheiten in Sonderburg 1747-1791

Enthält: Einkauf von Heu auf dem Stadtmarkt durch den Oberstleutnant Grabow, 1748; Verbleib der Pulverkarren in der Schlossremise, 1761; Bestallung des Kapitänleutnants Gerner zum Subalternoffizier bei der See-Enrollierung, 1791

6734 Landausschuss im Amt Sonderburg 1741-1798

6735 Landausschuss im Amt und Flecken Norburg 1744-1801

6736 Landausschuss auf Ärö 1778-1799

6737 Landausschuss im Amt Bredstedt 1740-1803

6738 Landausschuss im Amt Gottorf (1760-) 1778-1795
Enthält u. a.: Stellung des Landausschusses in Meggerdorf und Meggerkoog, 1793-1795

6739 Militärangelegenheiten im Schleswiger Domkapiteldistrikt (Amt Mohrkirchen) 1770-1776
Enthält: Umwandlung der Rekrutenstellung der Vogtei Koxbüll in eine Geldabgabe; Erleichterung der Rekrutenstellung in der Vogtei Nordhackstedt

6740 Landausschuss in der Landschaft Stapelholm 1758-1800

6741 Landausschuss in der Landschaft Fehmarn 1740-1770

6743 Landausschuss im Amt Rendsburg 1737-1769
Enthält u. a.: Landausschuss in Schenefeld, 1739-1769

6742 Landausschuss in der Landschaft Süderdithmarschen 1740-1802
Enthält u. a.: Bedenken über die Anlage einer Schanze, 1740
Darin: Karte zu einem Landstück des Pastors Johann Hellmann, Marne, 1740

6715 Kommissionsakten zum Aufruhr in der Landschaft Süderdithmarschen wegen des Landausschusses 1740-1741
Enthält u. a.: Untersuchungsprotokolle

6716 Kommissionsakten zum Aufruhr in der Landschaft Süderdithmarschen wegen des Landausschusses: Untersuchungsprotokolle 1740-1743

6717 Kommissionsakten zum Aufruhr in der Landschaft Süderdithmarschen wegen des Landausschusses 1740-1745

6744 Landausschuss in Kellinghusen: Konzession zur Stellung eines diensttüchtigen Mannes gegen Geld 1760-1761

6745 Landausschuss im Amt Steinburg (1649-) 1737-1750
Enthält u. a.: Klagen aus der Krempermarsch und Wilstermarsch, 1737-1741

6746 Landausschuss in Itzehoe 1762-1781

6747 Landausschuss in der Grafschaft Rantzau 1741-1802
Enthält u. a.: Elmshorn und Barmstedt

6748 Landausschuss in der Herrschaft Herzhorn mit Sommerland und Grönland (1665-) 1740-1747, 1802-1803
Enthält: Befreiung vom Landausschuss, 1740, 1747; Errichtung eines eigenen Sessionsdistrikts, 1803

6749 Landausschuss in der Herrschaft Pinneberg sowie Festungswerke und Garnsion der Hetlinger Schanze 1737-1798
Enthält u. a.: Landausschuss in Ottensen, 1740-1742

6750 Militärangelegenheiten der Ämter Cismar und Bordesholm sowie des Amtes und des Fleckens Neumünster 1779-1801

6751 Militärangelegenheiten in den Ämtern Reinbek, Trittau und Tremsbüttel (1690-) 1775-1797

6752 Landausschuss in der Landschaft Norderdithmarschen 1775-1786
Enthält: Mitteilung von Aktenstücken, 1775; Transport der Landausschussleute 1778; Befreiung von Pflügen von der Rekrutenstellung gegen Geldzahlung, 1786

6753 Landausschuss und Rekruten im Amt Segeberg (1665-) 1741-1803

6754 Landausschuss in den Ämtern des ehemaligen Herzogtums Plön 1774-1796

8134 Landausschuss in den Ämtern des ehemaligen Herzogtums Plön 1775-1813

Nationalrekruten

6499 Einführung der ersten Nationalrekrutenlieferung, verbesserte Einrichtung und Aufhebung 1767-1774

6500 Erhebung und Berechnung der Rekrutenzulagegelder 1769-1779
Enthält u. a.: Rechnungsbuch der Rekrutenkasse

6501 Aushebung von 240 Rekruten 1779-1780

6502 Jährliche Abgabe von sechs Rekruten aus dem Landausschuss zu den Garden 1782-1784

6503 Nationalrekruten 1791-1792
Enthält: Abgabe der Rekruten drei Wochen vor der Regimentsversammlung; Gebrauch von Schuhen; Dienstzeit eines Rekruten; Befreiung von Bau- und Mühlenknechten sowie Postillonen; Rekrutenlieferung für die Husareneskadronen

6504 Nationalrekruten 1790-1793
Enthält: Kürzungen durch den Brotherrn bei längerem Verbleiben der Nationalrekruten beim Regiment; Ersatz eines vor Ablauf der Dienstjahre abgehenden Rekruten; Nachlosen; Befreiung von Postillionen

6505 Nationalrekruten 1792-1801
Enthält u. a.: Aushebung für die königliche Leibgarde, 1798-1799

Landmilitär- und Remonteordnung

6506 Neue Landmilitär- und Remonteordnung 1796-1801

6507 Änderung der Einrichtung des Landausschusswesens in den adligen Gütern 1797-1799

6508 Neue Landmilitär- und Remonteordnung: Entwürfe und Konzepte [1796-1799]

6509 Neue Landmilitär- und Remonteordnung: Entwurf 1793-1799

6512 Neue Landmilitär- und Remonteordnung (1803-) 1806-1807
Enthält: Militärpflicht der Städte; Strafbestimmungen zu Vergehen in Landmilitärangelegenheiten; Vorschlag der Landkriegskommission zur Einrichtung der Rekrutierung und Organisation des Landkriegswesens; Entwurf der Ordnung

6513 Neue Landmilitär- und Remonteordnung 1807-1808
Enthält: Bemerkungen und Entwürfe

6514 Neue Landmilitär- und Remonteordnung 1807-1808
Enthält u. a.: Bemerkungen; Entwürfe; Vorschläge

6515 Neue Landmilitär- und Remonteordnung 1808-1810
Enthält u. a.: Bemerkungen; Entwurf; Vorschläge; Anträge

Verordnungen zum Landmilitärdienst und Landwehr

6720 Militärregistrant mit Beilagen und einer Sammlung von Militärverfügungen 1800-1816
Enthält u. a.: Verzeichnis der Landausschussleute, Reuterpferde und Nationalrekruten aus dem Herzogtum Holstein, der Herrschaft Pinneberg und der Grafschaft Rantzau

6510 Verkürzung und Bestimmung des Landmilitärdienstes und die Einteilung der Landwehr in verschiedene Klassen 1802-1803

6511 Aufhebung der Landwehrregimenter und anderer Einrichtungen dieser Abteilung des Wehrstandes 1808
Enthält u. a.: Regimentsrollen
Darin: gedruckte Distrikteinteilung der Herzogtümer

General- und Landkriegskommissare, Generalfeldkommissariat, Generalstab, Generalquartiermeister und Generaladjutantenstab

6516 Errichtung eines Feldkommissariats in Kiel sowie dessen Vereinigung mit dem Generalkommissariatskollegium 1805-1810

6517 Generalstab und sonstige hohe Militärränge 1840-1848
Enthält: Vereinigung des Generaladjutantenstabs mit dem Generalquartiermeisterstab zum Generalstab und Bezeichnung der Büros; Entlassung des Generaladjutanten Carl von Ewald und Ernennung des Majors Thomas Georg von Schöller zum Generaldjutanten; Rangbestimmungen

6518 General- und Landkriegskommissariat 1768-1815

6519 General- und Landkriegskommissariat 1813-1848

6520 Reiserouten der Landkriegskommissare sowie Landmilitärsessionsplakate über Ort und Termin der Sessionen 1816-1830

6521 Reiserouten der Landkriegskommissare sowie Landmilitärsessionsplakate über Ort und Termin der Sessionen 1830-1848

6522 General- und Landkriegskommissar sowie sonstige hohe Militärämter 1788-1815

6523 General- und Landkriegskommissar sowie sonstige hohe Militärämter 1815-1833

6524 General- und Landkriegskommissar sowie sonstige hohe Militärämter 1833-1847

Lageeinrichtung und Sessionen

6525 Lageregister und Sessionen: Allgemeines 1798-1801

6526 Lageregister und Sessionen: Allgemeines 1801-1802

6527 Lageregister und Sessionen: Allgemeines 1802-1803

6528 Lageregister und Sessionen: Allgemeines 1803-1807

6529 Lageregister und Sessionen: Allgemeines 1807-1810

6530 Lageregister und Sessionen: Allgemeines 1803-1812
Enthält u. a.: Verlegung des Gutes Louisenlund zum Schwansener Güterdistrikt und des Gutes Hoyerswort zum zweiten Angelner Güterdistrikt, 1811

6531 Lageregister und Sessionen: Allgemeines 1811-1814

6532 Lageregister und Sessionen: Allgemeines 1811-1815

6533 Lageregister und Sessionen: Allgemeines 1815-1817

6534 Lageregister und Sessionen: Allgemeines 1817-1819

6535 Lageregister und Sessionen: Allgemeines 1818-1821

6536 Lageregister und Sessionen: Allgemeines 1820-1823

6537 Lageregister und Sessionen: Allgemeines (1820-) 1822-1824
Enthält u. a.: Verfahren zur Eintreibung der Sessionsbrüchegelder (mit Brüchelisten der Ämter Lügumkloster und Hadersleben, 1822)

6538 Lageregister und Sessionen: Kurkosten für unvermögende, zur Kur empfohlene Reserven und Impfung der Landsoldaten (1809-) 1822-1825

6539 Lageregister und Sessionen: Allgemeines 1825-1830

6540 Lageregister und Sessionen: Allgemeines 1829-1832
Enthält u. a.: Zulagegelder für Unteroffiziere, 1819-1831; Aushebung von Landmilitärreserven mit Krampfaderbruch ohne vorherige Kurempfehlung sowie ärztliche Untersuchungen über Diensttauglichkeit der Reserven, 1831

6541 Lageregister und Sessionen: Allgemeines 1832-1835
Enthält u. a.: Berichte und Untersuchungsprotokolle über untaugliche, zur Kur empfohlene oder zur Trainkutscherreserve vorgesehene Landmilitärreserven der Ämter Apenrade, Flensburg, Lügumkloster, Hadersleben und Sonderburg, 1831-1833

6542 Lageregister und Sessionen: Allgemeines 1833-1836

6543 Lageregister und Sessionen: Allgemeines 1827-1840
Enthält u. a.: Behandlung und Verjährung der Brüche, 1827-1838

6544 Lageregister und Sessionen: Allgemeines 1833-1841

6545 Lageregister und Sessionen: Allgemeines 1824-1845
Enthält u. a.: Diäten der Ärzte, 1828-1842

6546 Lageregister und Sessionen: Allgemeines 1843-1847
Enthält u. a.: Diäten der Ärzte und Physiki, 1843-1847

6547 Lageregister und Sessionen: Allgemeines und spezielle Angelegenheiten 1802-1848
Enthält u. a.: Fuhrpässe (mit Verzeichnissen der Fuhren), 1827-1848

Kartelle über die Auslieferung von Deserteuren und entwichenen Militärpflichtigen

6548 Kartelle und Verhandlungen über die Auslieferung von Deserteuren und entwichenen Militärpflichtigen: Allgemeines 1739-1827
Enthält u. a.: Flucht englischer Matrosen, 1739; Untersuchung über die aus den Grenzämtern in benachbarte Territorien entwichenen Personen, 1808-1810; Anfrage des holsteinischen Obergerichts über das Verhalten bei Aufforderungen benachbarter Territorien zur Auslieferung von entwichenen Militärpflichtigen, 1813; Sammlung von Konventionen zur Auslieferung, 1786-1821

6549 Holstein-Gottorf 1732-1768

6550 Anhalt-Zerbst 1730-1731
Enthält: Abschluss eines Kartells

6551 Kurfürstentum Köln 1745-1757

6552 Deutscher Bund 1831-1839
Enthält: Nachrichten von einem beabsichtigten Kartell aller deutscher Bundesstaaten

6553 Domkapitel Lübeck und Holstein-Plön 1758

6554 Frankreich 1811-1812

6555 Hamburg 1744-1841

6556 Kurfürstentum Hannover (1744-) 1748-1817

6557 Lübeck 1739, 1753, 1818-1828

6558 Mecklenburg-Schwerin und Mecklenburg-Strelitz 1744-1745, 1810-1838

6559 Preußen 1737, 1819-1843

6560 Schweden 1738-1762, 1816

Generalpardon

6561 Generalpardons für Deserteure und entwichene Militärpflichtige 1732-1820

Werbung

6562 Werbungen: Allgemeines 1751-1805

6563 Fremde Werbungen in Altona 1706-1753

6564 Auseinandersetzungen bei der Werbung des Kapitäns Prätorius vom Oldenburgischen Regiment in Altona 1734-1742

6565 Werbungen in Altona 1735-1791

6566 Auslieferung des angeworbenen Lehrjungen Andreas Friedrich Christiansen an den Magistrat in Eckernförde 1798

6567 Werbungen an auswärtigen Orten 1743-1797

6568 Fremde Werbungen 1743-1806

6569 Anwerbung königlicher Untertanen in auswärtigen Territorien 1736-1793
Enthält u. a.: Brief des Johann Hinrich Häsemann aus Brandenburg an seine Eltern in Elmshorn, 1743

Desertion, Veränderung des Aufenthalts und Entweichen

6570 Desertion, Änderung des Aufenthaltes und Entweichung: Allgemeines 1734-1802

6571 Desertion, Änderung des Aufenthaltes und Entweichung: Allgemeines 1803-1811

6572 Desertion, Änderung des Aufenthaltes und Entweichung: Allgemeines (1802-) 1812-1819

6573 Desertion, Änderung des Aufenthaltes und Entweichung: Allgemeines 1819-1823

6574 Desertion, Änderung des Aufenthaltes und Entweichung: Allgemeines (1816-) 1819-1827
Enthält u. a.: Listen der Landmilitärreserven in Hadersleben und Friedrichstadt, 1821

6575 Desertion, Änderung des Aufenthaltes und Entweichung: Allgemeines 1822-1829

6576 Desertion, Änderung des Aufenthaltes und Entweichung: Allgemeines (1823-) 1829-1836

6577 Desertion, Änderung des Aufenthaltes und Entweichung: Allgemeines (1829-) 1836-1843
Enthält u. a.: Listen über die verpflichteten Reserven in den Ämtern Reinfeld und Traventhal, 1829-1833

6578 Desertion, Änderung des Aufenthaltes und Entweichung: Allgemeines 1843-1852

Militärfreiheit der Flecken

6579 Militärfreiheit der Flecken 1800-1803
Enthält u. a.: Verzeichnis der Landbesitzes und Gewerbes der Eingesessenen auf der Pinneberger Dingstätte

6580 Militärfreiheit der Flecken 1804-1815
Enthält u. a.: Verzeichnis der Einwohner des Fleckens Augustenburg und deren Söhne, 1804; Verzeichnis der Einwohner auf Gravenstein, 1804

6581 Militärfreiheit der Flecken 1814-1842
Enthält u. a.: Verzeichnisse zu den Einwohnern in Lügumkloster, 1816

Militärpflicht und Befreiung von der Dienstpflicht

6582 Militärpflicht und Befreiung von der Dienstpflicht 1800-1801

6583 Militärpflicht und Befreiung von der Dienstpflicht 1801-1810

6584 Militärpflicht und Befreiung von der Dienstpflicht 1810-1814

6585 Militärpflicht und Befreiung von der Dienstpflicht (1807-) 1813-1818

6586 Militärpflicht und Befreiung von der Dienstpflicht 1818-1820

6587 Militärpflicht und Befreiung von der Dienstpflicht 1820-1822

6588 Militärpflicht und Befreiung von der Dienstpflicht 1821-1825

6589 Militärpflicht und Befreiung von der Dienstpflicht 1812-1836
Enthält u. a.: Landmilitärfreiheit für die Bewohner der städtischen Weichbilder (mit Verzeichnis der vor den Festungstoren in Rendsburg wohnenden Stadtuntergehörigen, 1828), 1812-1836

6590 Militärpflicht und Befreiung von der Dienstpflicht 1828-1843
Enthält u. a.: Landmilitärfreiheit für Arbeiter des Eisenwerks Carlshütte, 1830-1843

6591 Militärpflicht und Befreiung von der Dienstpflicht 1824-1836
Enthält u. a.: Landmilitärpflicht der Besitzer und Pächter von Meierhöfen und Stammhöfen, 1824-1834

6592 Militärpflicht und Befreiung von der Dienstpflicht (1805-) 1836-1847

6593 Entwurf zur Einführung der allgemeinen Wehrpflicht 1840-1846

6594 Entwurf zur Einführung der allgemeinen Wehrpflicht 1841-1846

6764 Einzelne Militärpflichtige 1847-1849
Bemerkung: Akten der Schleswig-Holstein-Lauenburgischen Kanzlei

6765 Einzelne Militärpflichtige 1849-1850
Bemerkung: Akten des ersten Departements der Landesverwaltung für das Herzogtum Schleswig

6766 Einzelne Militärpflichtige 1850-1851
Bemerkung: Akten des ersten Departements der Landesverwaltung für das Herzogtum Schleswig

6767 Einzelne Militärpflichtige 1851
Bemerkung: Akten des ersten Departements der Landesverwaltung für das Herzogtum Schleswig

6768 Einzelne Militärpflichtige 1850-1852
Bemerkung: Akten des Ministeriums für das Herzogtum Schleswig

Linientruppen

6595 Linientruppen: Allgemeines 1800-1807
Enthält u. a.: Ergänzungen der Regimenter; Dienstzeiten; Befreiungen; Stellvertretungen

6596 Linientruppen: Allgemeines 1807-1813
Enthält u. a.: Ergänzungen der Regimenter; Dienstzeiten; Befreiungen; Stellvertretungen; tabellarische Übersichten über die bei der Aushebung im Herzogtum Schleswig in Betracht kommenden Reserven von 21 bis 26 Jahren und von 21 bis 36 Jahren sowie über die untersuchten Reserven von 20 Jahren, 1808

6597 Linientruppen: Allgemeines 1813-1820
Enthält u. a.: Ergänzungen der Regimenter; Dienstzeiten; Befreiungen; Stellvertretungen

6598 Linientruppen: Allgemeines 1820-1827
Enthält u. a.: Ergänzungen der Regimenter; Dienstzeiten; Befreiungen; Stellvertretungen

6599 Linientruppen: Allgemeines 1828-1839
Enthält u. a.: Ergänzungen der Regimenter; Dienstzeiten; Befreiungen; Stellvertretungen

6600 Linientruppen: Allgemeines (1800) 1841-1852

Enthält u. a.: Bedenken der Kommission für die allgemeine Wehrpflicht zur Heeresaushebung in den Herzogtümern, 1842; Rekrutenstellung des Herzogtums Lauenburg, 1845; Ergänzungen der Regimenter; Dienstzeiten; Befreiungen; Stellvertretungen

Verstärkungsbataillone

6601 Verstärkungsbataillone: Allgemeines 1808-1810

6602 Verstärkungsbataillone: Allgemeines 1809-1814

Enthält u. a.: Übersicht über die Kompaniedistrikte im ersten und zweiten Landkriegskommissariatsdistrikt; Übersicht der Soldaten der zweiten Kompanie des dritten Bataillons des Oldenburgischen Infanterieregiments aus den Kirchspielen Kappeln, Boren und Gelting

6603 Verstärkungsbataillone: Allgemeines 1814-1817

Enthält u. a.: Berichte und Nachrichten über die Regulierung und Musterung der Verstärkungsbataillone

6604 Verstärkungsbataillone: Allgemeines 1817-1838

6605 Verstärkungsbataillone: Allgemeines 1835-1848

Enthält u. a.: Listen über den Bestand der Verstärkungsbataillone, 1842; Musterung der ersten Abteilung der Verstärkungsbataillone auf den Landmilitärsessionen, 1839-1845; neue Organisation der Verstärkungsbataillone, 1848

Stückkutscher, Pack- und Stallknechte, Artilleriehandwerker, Spielleute

6606 Stückkutscher, Pack- und Stallknechte, Artilleriehandwerker, Spielleute: Allgemeines 1762-1808

Enthält u. a.: Verteilung der zur Armee abzustellenden Pferde, Kutschen und Stückknechte (mit Tabelle über die Artilleriepferde, Stückknechte und Handwerker), 1776-1780; Vergütung geleisteter Vorschüsse bei der Aushebung von Stückpferden und Troßkutschern, 1801

6607 Stückkutscher, Pack- und Stallknechte, Artilleriehandwerker, Spielleute: Allgemeines 1808-1815

6608 Stückkutscher, Pack- und Stallknechte, Artilleriehandwerker, Spielleute: Allgemeines 1816-1825

6609 Stückkutscher, Pack- und Stallknechte, Artilleriehandwerker, Spielleute: Allgemeines 1826-1847

Enthält u. a.: Bestimmungen zur Aushebung der Batteriekutscher und Mannschaften zu den Verstärkungsbataillonen, 1826-1830; Verteilung und Aushebung der Mannschaften für die Stuterei in Friedrichsburg, 1837

6723 Zulagegelder für zum Arsenal in Rendsburg gesandte Handwerker 1808-1814

6724 Zulagegelder für zum Arsenal in Rendsburg gesandte Handwerker 1814-1823

Stellvertretung

6610 Stellvertretung: Allgemeines 1800-1808

6611 Stellvertretung: Allgemeines 1808-1815

6612 Stellvertretung: Allgemeines 1815-1821

Enthält u. a.: Ideen für die Stellvertretung beim Landmilitärwesen, dessen Mängel und bessere Einrichtung, 1817

6613 Stellvertretung: Allgemeines 1821-1827

Enthält u. a.: Stellung eines Stellvertreters nur zum Dienst bei den Linientruppen, 1824-1825

6614 Stellvertretung: Allgemeines 1827-1847

Remonte und Stückpferde

6615 Remonte und Stückpferde: Allgemeines 1778-1811

Enthält u. a.: Unterhalt der Reuterpferde im ehemaligen Herzogtum Plön, 1778; Beiträge der Eingesessenen der Ämter Kiel und Bordesholm zu den Kosten der Nationalreuterpferde, 1779; Berechnung über die Pflugzahl des Herzogtums Schleswig und Stellung der Landausschuss- und Reuterpferde durch die Ämter und adligen Güter, 1784; Befreiung der Insel Ärö von der Stellung der Remontepferde, 1811

6616 Remonte und Stückpferde: Allgemeines 1812-1815

6617 Remonte und Stückpferde: Allgemeines 1815-1828

6618 Remonte und Stückpferde: Allgemeines 1830-1843
Enthält u. a.: Anordnung einer Militärkommission für das Remontewesen, 1840; Weigerung des Gutes Eckhof zur Stellung von Nationalpferden, 1842; Berichte der Lokalverwaltungen über das 1831 angewandte Verfahren bei der Aushebung der Stück- und Batteriepferde, 1842-1843

6619 Remonte und Stückpferde: Allgemeines 1842-1848
Enthält u. a.: Vorschläge des Prinzen Friedrich von Schleswig-Holstein-Sonderburg-Augustenburg zur Änderung des Verfahrens bei Annahme und Besichtigung der Nationalpferde, 1844-1845; Entwürfe für eine Verordnung für die drei Herzogtümer zur Beschaffung der Pferde für die Ausrüstung der Armee im Kriegsfall, 1846

6707 Remonte und Reuterpferde: spezielle Angelegenheiten 1762-1804

6708 Remonte und Reuterpferde: spezielle Angelegenheiten (1803) 1804-1810

6709 Remonte und Reuterpferde: spezielle Angelegenheiten 1811-1817

6710 Remonte und Reuterpferde: spezielle Angelegenheiten 1816-1821
Enthält u. a.: Liste der Nationalpferde aus dem Amt Steinburg, 1816

6711 Remonte und Reuterpferde: spezielle Angelegenheiten 1821-1825

6712 Remonte und Reuterpferde: spezielle Angelegenheiten 1825-1831

6713 Remonte und Reuterpferde: spezielle Angelegenheiten 1831-1834

6714 Remonte und Reuterpferde: spezielle Angelegenheiten 1832-1847

Einzelne Korps und Truppengattungen sowie aufgelöste Korps

6620 Einzelne Korps und Truppengattungen sowie aufgelöste Korps 1744-1812
Enthält u. a.: Stellung von Artilleriepferden, 1744-1745; Aufbewahrung der auf Schloss Gottorf und der Steinburger Schanze befindlichen Geschütze, 1764; Einrichtung von Jägerkorps, 1783, 1788; Einrichtung eines Feldjägerkorps, 1790; Leibjägerkorps der Herzogin Louise Augusta von Schleswig-Holstein-Sonderburg-Augustenburg, 1808; Verteilung der Aushebung zum Dragonerregiment des Prinzen Ferdinand, 1809; Ansetzungen zur holsteinischen Artillerie-Brigade während des Krieges, 1808-1809; Aushebungen von Rekruten; Mindestgröße der Rekruten

6621 Einzelne Korps und Truppengattungen sowie aufgelöste Korps 1812-1817
Enthält u. a.: Aufhebung des Leibjägerkorps der Herzogin Louise Augusta von Schleswig-Holstein-Sonderburg-Augustenburg, 1814-1815; Aushebungen von Rekruten; Mindestgröße der Rekruten

6622 Einzelne Korps und Truppengattungen sowie aufgelöste Korps 1815-1819
Enthält u. a.: Rekrutierung des zweiten Jütischen und des Fünschen Infanterieregiments, 1818; Aushebungen von Rekruten; Mindestgrößen der Rekruten; Dienstzeiten

6623 Einzelne Korps und Truppengattungen sowie aufgelöste Korps
Enthält u. a.: Aushebungen von Rekruten 1819-1822

6624 Einzelne Korps und Truppengattungen sowie aufgelöste Korps 1821-1828
Enthält u. a.: Verpflichtung der Generalzollkammer zur Zahlung der Kosten für den Transport der für die Truppen in Westindien vorgesehenen Reserven nach Kopenhagen, 1821-1823; Aushebung von Rekruten

6625 Einzelne Korps und Truppengattungen sowie aufgelöste Korps
Enthält u. a.: Aushebung von Rekruten 1828-1838

6626 Einzelne Korps und Truppengattungen sowie aufgelöste Korps (1827-) 1839-1847
Enthält u. a.: Verzeichnis der dienstuntüchtigen Soldaten des Leibregiment leichter Dragoner, 1838; Aushebungen von Rekruten

Küstenmiliz

6627 Küstenmiliz: Allgemeines 1807-1809
Enthält u. a.: Unterstellungsverhältnisse; Verordnung zur Errichtung einer Küstenmiliz; Beibehaltung der bisherigen Küstenmiliz auf Sylt; Reserven der Küstenbatterie auf Siggen; Organisation der Küstenmiliz in den zwischen Amt Hadersleben und Amt Ripen gemischten Jurisdiktionsbezirken; Befreiung der Kupferarbeiter in Gronenberg vom Dienst in der Küstenmiliz; Bestimmung der Bemessungsgrundlage zur Heranziehung der Kirchspiele zum Küstenmilizdienst

6628 Küstenmiliz: Allgemeines (1808) 1809-1818
Enthält u. a.: Änderung der Einrichtung der Küstenmiliz auf Alsen, 1810; Küstenmiliz im Amt Cismar, 1810; Gefängnisstrafe für Nis Nissen Krapp, Loit (Amt Apenrade), wegen Ungehorsam, 1810; Erstattung der Kosten für Strandbefestigungen für Eckernförde, Sonderburg, Apenrade, Schleswig und Flensburg (mit Defensionsrechnungen 1807-1813), 1809-1818

6629 Küstenmiliz: Allgemeines 1808-1813
Enthält u. a.: Organisation der Küstenmiliz sowie Aushebung und Formierung der Bataillone, 1811-1812; Einsendung der Kostenberechnung der einzelnen Küstenmilizdistrikte zur Einrichtung der Küstenmiliz, 1808-1812; Übungen und Exerzieren der Küstenmiliz, 1813

6630 Küstenmiliz: Allgemeines 1814-1817
Enthält u. a.: Küstenmiliz in Schackenburg und Troyburg, 1814; Verkauf einiger zur Küstenmiliz angeschaffter Gegenstände in Blankenese, 1815; Gesuche um Kostenerstattung

6631 Küstenmiliz: Allgemeines 1817-1827
Enthält u. a.: Gesuche um Vergütung von Kosten und Diensten; Verkauf von Gegenständen der Küstenmiliz

Landwehr

6632 Landwehr: Allgemeines 1766, 1801-1804
Enthält u. a.: Monita zum Entwurf der Erleichterung der Landmiliz, 1766; Verordnung zur Errichtung der Landwehr, 1801; Gratifikationen für Landwehrleute (mit Namensverzeichnissen), 1801; Landwehr auf Helgoland, 1801-1804

6633 Landwehr: Allgemeines (1802-) 1804-1808
Enthält u. a.: Eid, 1805; Anfertigung von Listen über die Landwehrsoldaten in den Städten und Flecken (mit Reglement der Bürgerbewaffnung, 1802) 1804-1805; Verordnung zur Landwehr auf Helgoland, 1805

6634 Landwehr: spezielle Angelegenheiten 1801-1805
Enthält u. a.: Bestrafung nicht erschienener Landwehrleute, 1801, Gratifikationen für Landwehrsoldaten (mit Listen von Landwehrleuten der Herrschaft Pinneberg und des Amtes Segeberg), 1802; Kosten der Organisierung der Landwehr auf Ärö, 1802; Bereitstellung der Kapelle in Cismar zur Aufbewahrung der Ausrüstung, 1804; Generalliste der Landwehr im Herzogtum Schleswig und der Reserven im Herzogtum Holstein, 1803; Befreiung vom Landwehrdienst

Sonstige militärische Angelegenheiten

6635 Sonstige militärische Angelegenheiten 1764-1804

Enthält u. a.: Nutzung der Festungen und Schanzen, 1764; Abschaffung der Strafen des Pfahlstehens und des Eselreitens, 1769; Vergütung der Unterkunft für die außerhalb der Garnison kommandierten Mannschaften, 1777; Kokarden, 1780; Ausschreitungen gegen Husarenwachen, 1784; Abgabe von in Rendsburg lagernden Militärhospitalgegenständen an andere Hospitäler, 1793; Achtung gegenüber Schildwachen, 1794; Kostenerstattung für ein von Zivilbehörden angefordertes Kommando, 1795-1798; Verteilung der Kosten für den Krieg und die Verteidigungsstellen, 1801; Verbot für Landmilitärsoldaten zur Mitnahme von Frauen zur Musterung, 1804

6636 Sonstige militärische Angelegenheiten 1802-1819

Enthält u. a.: Vergütung des Militärs für Zivilbehörden geleistete Hilfen, 1802-1805; Aufeisung der Festungsgräben in Rendsburg und Glückstadt, 1805; Abgabe konfiszierten Bleis nach Rendsburg, 1809-1810; Militärkommandos auf Jahrmärkten an der Zollgrenze zum Herzogtum Holstein, 1812; Einsetzung einer Kommission zur Untersuchung der Bekleidungsausrüstung der Armee, 1814; Verpflegung von Militärkommandos, 1816; Bürgerwehr, 1819

6637 Sonstige militärische Angelegenheiten (1812-) 1821-1847

Enthält u. a.: Vergütung für das Leibregiment Kürassier für die Abstellung einer Abteilung im Winter 1814/15 zur Abwehr von Vagabunden, 1822; Ausstattung von Landwehrsoldaten mit Hemden, 1821-1822, 1847; Maßnahmen zur Sicherheit der königlichen Kasse, 1822; Durchmarsch des Bundeskontingents der Stadt Lübeck, 1839; Konvention mit Hamburg zur Verhinderung des gegenseitigen Ankaufs von Waffen und Ausrüstung, 1840; Nachträge zu Verordnungen des Militärwesens, 1831-1842

Darin: Bekanntmachung zu den gesetzlichen Befeiungen vom Landmilitärdienst, 1812

Truppenversammlungen, Einberufungen und Entlassungen

6638 Truppenversammlungen, Einberufungen und Entlassungen: Allgemeines 1745-1779

6639 Truppenversammlungen, Einberufungen und Entlassungen: Allgemeines 1789-1809

Enthält u. a.: Truppenversammlung bei Schleswig, 1789-1792; Truppenversammlung bei Hadersleben, 1792-1796

6640 Truppenversammlungen, Einberufungen und Entlassungen: Allgemeines 1808-1812

6641 Truppenversammlungen, Einberufungen und Entlassungen: Allgemeines 18[illegible]2-1817

6642 Truppenversammlungen, Einberufungen und Entlassungen: Allgemeines 1818-1[illegible]4

6643 Truppenversammlungen, Einberufungen und Entlassungen: Allgemeines 1825-1848

Landmilitärkontingent und dessen Aushebung

6644 Verzeichnisse und Berechnungen des Landmilitärkontingents und der Reserven 1790-1812

6645 Verzeichnisse und Berechnungen des Landmilitärkontingents und der Reserven 1820-1826

6646 Verzeichnisse und Berechnungen des Landmilitärkontingents und der Reserven 1816-1831

6647 Verzeichnisse und Berechnungen des Landmilitärkontingents und der Reserven 1831-1838

6648 Verzeichnisse und Berechnungen des Landmilitärkontingents und der Reserven 1838-1848

6649 Landmilitärkontingent und dessen Aushebung 1801-1815

6650 Landmilitärkontingent und dessen Aushebung 1815-1848

6721 Vorschuss der Belohnungsgelder (Douceursgelder) aus königlicher Kasse und Vergütung der Kosten zur Anfertigung der Lageregister 1801-1812

6718 Landmilitärkontingent und Verzeichnisse der Reserven sowie Untersuchung wegen der in den Grenzämtern des Herzogtum Holsteins entwichenen Landmilitärreserven 1802-1809

6722 Vorschuss der Belohnungsgelder (Douceursgelder) an Landsoldaten aus königlicher Kasse 1812-1821

6701 Im Zuchthaus gewesene Reserven 1818-1833

Einquartierung und Verpflegung der Truppen

6651 Einquartierung und Verpflegung der Truppen (1739-) 1741-1763
Enthält u. a.: Einquartierung in Flensburg und Itzehoe, 1741; Berichte zu einer allgemeinen Einquartierungsverordnung, 1763

6652 Einquartierung und Verpflegung der Truppen 1763-1769
Enthält u. a.: Einquartierungsverordnung, 1764-1766

6653 Einquartierung und Verpflegung der Truppen 1774-1789

6654 Einquartierung und Verpflegung der Truppen (1757-) 1788-1792
Enthält u. a.: Zahlung von Einquartierungsbeihilfen durch Oldesloe, 1790; Befreiung von Neustadt und Oldenburg von den Quartiergeldern, 1791

6655 Einquartierung und Verpflegung der Truppen (1774-) 1792-1799
Enthält u. a.: Geldhilfe für die bequartierten Städte Schleswig, Kiel und Plön, 1793; Weigerung der Eingesessenen der Husbyharde und Nieharde zur Beteiligung an den Einquartierungskosten der Uggelharde und Wiesharde, 1794

6656 Einquartierung und Verpflegung der Truppen 1803-1805

6657 Einquartierung und Verpflegung der Truppen 1803-1806
Enthält u. a.: Verordnung vom 9. Mai 1806 über die Quartiere und sonstigen Leistungen bei außerordentlichen Truppenversammlungen

6658 Einquartierung und Verpflegung der Truppen (1806) 1807-1810
Enthält u. a.: Fuhrleistungen der lübschen Stadtstiftsdörfer, 1809

6659 Einquartierung und Verpflegung der Truppen (1790-) 1808-1813
Enthält u. a.: Befreiung der Städte Flensburg, Husum, Tondern, Apenrade, Sonderburg, Ärösköping, Burg auf Fehmarn, Krempe, Wilster, Heiligenhafen, Lütjenburg, Oldenburg, Neustadt und Segeberg von den Beiträgen zur Einquartierung in Schleswig, Kiel und Plön, 1811; Vergütung für die Exerzierschulen Schleswig und Itzehoe, 1812

6660 Einquartierung und Verpflegung der Truppen 1812-1815

6661 Einquartierung und Verpflegung der Truppen 1815-1818
Enthält u. a.: Vergütung der Quartiergelder für die Offiziere der annektierten Bataillone (mit Listen und Verzeichnissen), 1816; Erläuterung von Bestimmungen der Einquartierungsverordnung von 1788, 1816

6662 Einquartierung und Verpflegung der Truppen 1818-1819

Enthält: Anwendung der Einquartierungsverordnung von 1806 auf die Einquartierung in der Gegend um Hamburg; Anweisung des Quartiergeldes beim Tod eines Offiziers; Verteilung der aus königlicher Kasse vorgeschossenen Depothaus-Heuergelder; Verordnung vom 5. Oktober 1819 zur außerordentlichen Einquartierung

6663 Einquartierung und Verpflegung der Truppen 1815-1820

Enthält: Bestimmung der Quartiergelder für Stabskapitäne, 1820; Quartieranweisungen durch das Generalkommando und Regimentschefs, 1820; Verteilung der Depothaus-Heuergelder, 1820; Verteilung der Vergütungsgelder für die außerordentliche Einquartierung (mit Listen über Quartiergelder in Kiel), 1815-1820

6664 Einquartierung und Verpflegung der Truppen 1820-1830

6665 Einquartierung und Verpflegung der Truppen 1830-1837

6666 Einquartierung und Verpflegung der Truppen 1837-1842

6667 Einquartierung und Verpflegung der Truppen 1842-1848

Enthält u. a.: Einquartierungen und Fuhren im Gut Hohenlieth

6668 Vergütung für Quartiergelder der Offiziere der Verstärkungsbataillone 1803-1835

6669 Rechnungen der Einquartierungskasse der Stadt Schleswig 1802-1816

6670 Rechnungen der Einquartierungskasse der Stadt Eckernförde 1803-1816

6671 Einquartierungsrechnung der Stadt Itzehoe 1808-1809

6725 Beitrag der Kommunen zu den Quartiergeldern der Offiziere und Unteroffiziere der annektierten Bataillone Band 1 1814-1816

Enthält u. a.: Verzeichnisse aus einzelnen Distrikten des Herzogtums Schleswig, besonders aus dem Amt Gottorf

6726 Beitrag der Kommunen zu den Quartiergeldern der Offiziere und Unteroffiziere der annektierten Bataillone Band 2 1814-1816

Verhältnisse des Militärs in Kirchen-, Schul-, Ehe- und Armenangelegenheiten

6672 Verhältnisse des Militärs in Kirchen-, Schul-, Ehe- und Armenangelegenheiten 1712-1787

Enthält u. a.: Entwurf zu einer Verfügung zur Verpflegung der verarmten Soldatenwitwen und Soldatenkinder, 1786-1787

6673 Verhältnisse des Militärs in Kirchen-, Schul-, Ehe- und Armenangelegenheiten 1788-1810

6674 Verhältnisse des Militärs in Kirchen-, Schul-, Ehe- und Armenangelegenheiten (1808-) 1810-1815

Enthält u. a.: Unterstützung von Soldatenfamilien in der Herrschaft Pinneberg, 1812, 1815

6675 Verhältnisse des Militärs in Kirchen-, Schul-, Ehe- und Armenangelegenheiten 1814-1824

6676 Verhältnisse des Militärs in Kirchen-, Schul-, Ehe- und Armenangelegenheiten 1825-1829

Enthält: Heirat von Garnisonsangehörigen, 1828-1829; Beteiligung der Militärpersonen an den Schullasten und Armenlasten, 1825-1829

6677 Verhältnisse des Militärs in Kirchen-, Schul-, Ehe- und Armenangelegenheiten (1829) 1830-1847

6678 Bestallungen von Feldpröpsten 1734-1758

Enthält: Pastor Peter Petraeus, Deezbüll; Pastor Wilhad Hojer, Karlum; Pastor Philipp Ernst Lund, Ladelund; Kabinettsprediger Coppnau

6679 Bestallungen von Feld- und Hospitalpredigern 1758-1762

6680 Reformierte Feldprediger 1758-1762

Enthält: Vorschlag des Predigers Fillbaum, Altona, zur Berufung des Kandidaten Hagemeister, Berlin, zum Feldprediger, 1758; Anweisung zur Berufung eines reformierten Feldpredigers, 1762

6681 Feldprediger 1701-1816

6682 Verhältnisse des Militärs in Kirchen-, Schul-, Ehe- und Armenangelegenheiten: Verfügung zu gemischtkonfessionellen Heiraten 1758-1759

Verhältnisse des Militärs in Justizangelegenheiten

6683 Verhältnisse des Militärs in Justizangelegenheiten 1734-1775
Enthält u. a.: Bestimmung der Gerichtsbarkeit über Personen des Landkriegswesens, 1764

6684 Verhältnisse des Militärs in Justizangelegenheiten 1755-1798
Enthält u. a.: Regulativ zu den Vormundschaften über die Kinder der Offiziere und Militärbediensteten, 1755-1776; Bestimmung der Grenzen zwischen Zivilstand und Militärstand, 1798; Bestimmung von Gerichtsständen

6685 Verhältnisse des Militärs in Justizangelegenheiten 1801-1817
Enthält u. a.: Bestimmung von Gerichtsständen

6686 Verhältnisse des Militärs in Justizangelegenheiten 1817-1824
Enthält u. a.: Einrichtung von Militärstrafgefängnissen, 1819; Bestimmung von Gerichtsständen

6687 Verhältnisse des Militärs in Justizangelegenheiten 1825-1848
Enthält u. a.: Bestimmung von Gerichtsständen

Verhältnisse des Militärs zum bürgerlichen Gewerbe

6688 Verhältnisse des Militärs zum bürgerlichen Gewerbe 1718-1764
Enthält u. a.: Militärhandwerker

6689 Verhältnisse des Militärs zum bürgerlichen Gewerbe 1777-1819
Enthält u. a.: Militärhandwerker

6690 Verhältnisse des Militärs zum bürgerlichen Gewerbe 1821-1832
Enthält u. a.: Militärhandwerker

6691 Verhältnisse des Militärs zum bürgerlichen Gewerbe 1829-1844
Enthält u. a.: Beschwerde der Schneiderzunft in Hadersleben wegen Eingriffen der Regimentsschmiede, 1829-1830; Erweiterung der Befugnisse der Handwerksmeister zur Anstellung beurlaubter Soldaten als Gesellen, 1829-1832; Marketender, 1836; Militärhandwerker

Sonstige Verhältnisse und Rechte des Militärs

6692 Sonstige Verhältnisse und Rechte des Militärs 1739-1804
Enthält u. a.: Gründung einer Pensionskasse, 1739, 1740; Besetzung von Zivilstellen durch verabschiedete Soldaten, 1771; Verminderung der Heil-, Verpflegungs- und Begräbniskosten, 1787; Belohnungsgelder, 1801-1804

6693 Sonstige Verhältnisse und Rechte des Militärs 1803-1815
Enthält u. a.: Anspruch von Unteroffizieren auf Beförderungen in Zivilstellen, 1804; Besetzung von Zivilstellen durch Unteroffiziere, 1805; Douceursgeld

6694 Sonstige Verhältnisse und Rechte des Militärs 1815-1816
Enthält u. a.: Erlass der Kopfsteuer (mit Verzeichnissen aus Distrikten des Herzogtums Schleswig über die in Dienst stehenden Mannschaften), 1815-1816; Douceursgeld

6695 Sonstige Verhältnisse und Rechte des Militärs 1816-1821
Enthält u. a.: Gebühr der Hebammen, 1821; Gesundheitszustand des geisteskranken Landsoldaten Peter Lux, Sankt Michaelisdonn, 1821; Marschgeld; Douceursgeld

6696 Sonstige Verhältnisse und Rechte des Militärs 1821-1826
Enthält u. a.: Marschgeld; Douceursgeld

6697 Sonstige Verhältnisse und Rechte des Militärs (1822-) 1824-1829
Enthält: Leistungen des Hufners und Landsoldaten Hans Christian Kaufmann, Blaes, zum Bau oder Reparatur des Prediger- und Schulhauses, 1827; Abrechnung der Douceurs- und Untermundierungsgelder der Stückkutscher beim Trainstall der holsteinischen Artilleriebrigade, 1824-1827; Marschgeld, 1828; Kopfsteuerfreiheit, 1829

6698 Sonstige Verhältnisse und Rechte des Militärs 1828-1838
Enthält u. a.: Befugnis zum Einsatz von Waffen bei Unterstützung ziviler Behörden, 1830; Beschränkung der Abgabenfreiheit, 1836; Beitragspflicht der Militärs zu den Polizeikosten, 1838; Marschgeld

6699 Sonstige Verhältnisse und Rechte des Militärs 1835-1849
Enthält u. a.: Bewilligung von Unterstützungen an dienstbeschädigte Landsoldaten aus dem Landmilitärfonds, 1846; Besetzung von Unterbedienstetenstellen in den Städten mit Unteroffizieren, 1846; Marschgeld

6700 Verzeichnisse der den Militärpersonen vorbehaltenen Zivilstellen 1843-1844

Auxiliarkorps und Bundeskontingent

6704 Aushebungen und Ausschreibungen 1813-1814
Enthält u. a.: Untersuchung wegen der verspätet abgesandten Stückpferde und Stückkutscher aus den Herzogtümern

6705 Aushebungen und Ausschreibungen 1815

6706 Aushebungen, Ausschreibungen und Entlassungen 1815-1819
Enthält u. a.: Verstorbene des Kontingents (mit Liste), 1819

6702 Konzentrierung des 10. Deutschen Bundesarmeekorps bei Lüneburg und Teilnahme des holstein-lauenburgischen Kontingents sowie Einstellung von Feldpredigern und Küstern 1841-1843

6703 Mobilmachung des holstein-lauenburgischen Bundesarmeekontingents 1830-1831

Kontintentalsperre, Kaperei und Krieg

6755 Kontinentalsperre, Kaperei und sonstige Angelegenheiten im Krieg (1801-) 1803-1813
Enthält u. a.: Untersuchung der Ladung amerikanischer Schiffe (mit Resolutionsprotokollen und Löschbüchern), 1811; Abfahrt des Schiffes „Die Frau Catharina“ des Schiffers Jürgen Holm Eggers während des Embargos, 1811; Gesuch des Kaperfahres Vollmer, Altona, um Zeugenvernehmung zu Prisen, 1808-1812; Verkauf des beschlagnahmten Schiffes „Ida von Hardenberg“, 1811-1812; Übertragung des Vermögens des Kaufmanns Hinrich Johann Schimmel, Sankt Thomas, 1811-1813; Belohnung für Lotsen in Oevelgönne und Neumühlen wegen des Aufbringens einer Jolle mit englischen Briefen, 1809-1813

6756 Kontinentalsperre, Kaperei und sonstige Angelegenheiten im Krieg 1810-1819
Enthält u. a.: Provisorische Verwaltungskommission für das Herzogtum Holstein (mit Verzeichnissen von Requisitionen), 1814; Epidemie in Altona, 1814; Kirchenkollekte für Kriegsgeschädigte, 1814; Aufbringung von Schiffen

Entlassung aus dem Landmilitärnexus und Untertanenverband

6757 Entlassung aus dem Landmilitärnexus und Untertanenverband 1828-1834

6758 Entlassung aus dem Landmilitärnexus und Untertanenverband (1826-) 1833-1837

6759 Entlassung aus dem Landmilitärnexus und Untertanenverband 1831-1840

6760 Entlassung aus dem Landmilitärnexus und Untertanenverband 1839-1843

6761 Entlassung aus dem Landmilitärnexus und Untertanenverband 1843-1846

6762 Entlassung aus dem Landmilitärnexus und Untertanenverband 1847-1848

6763 Entlassung aus dem Landmilitärnexus und Untertanenverband (1845-) 1848-1852

See-Etat

6769 See-Enrollierung 1734-1750

Enthält u. a.: Verordnungen und Privilegien für die Seeleute, 1735-1741; Kommission zur Untersuchung der Konflikte zwischen Land- und See-Etat wegen der Aushebung und Enrollierung, 1740-1741; Kommission zur Untersuchung des Zustands der Flotte, 1742; See-Enrollierung in nordschleswigschen Distrikten

6770 See-Enrollierung 1753-1796

Enthält u. a.: Publikation einer See-Enrollierungsverordnung, 1770, 1776; Quartiergeld für See-Enrollierungsoffiziere, 1785, 1790; Vorschläge des Magistrats in Apenrade zur Enrollierung der Schiffersöhne, 1792; Freiheit der Parzellisten in Friedrichshafen im Amt Norburg von der Enrollierung, 1795; Fährleute in Wyk auf Föhr, 1795

6771 See-Enrollierung 1797-1812

Enthält u. a.: Unordnungen im Enrollierungswesen im Herzogtum Schleswig, 1797; Befreiung der Einwohner der Halbinsel Maasholm vom Landmilitärdienst und ihre Enrollierung als Matrosen, 1801; Aushebung im Amt Cismar, 1801; Vorschläge zu einer Regulierung des Enrollierungswesens, 1803; teilweise Befreiung der Seeleute im Robben- und Walfang vom Seemilitärdienst, 1807; Einführung der See-Enrollierung in den Städten des Herzogtums Holstein, 1808; Seemilitärpflicht der Prahm- und Ewerführer in Glückstadt, 1810

6772 See-Enrollierung 1811-1815

Enthält u. a.: Übernahme der Funktion des Enrollierungschefs in einigen Orten durch den Zollverwalter, 1811-1813; Vorschläge zu Reorganisierung des See-Enrollierungswesens im Herzogtum Holstein, 1815; Beibehaltung der Vorschriften zur See-Enrollierung auf den Nordseeinseln, 1815

6773 See-Enrollierung 1817-1824

Enthält: Entwurf von Listen über See-Enrollierte in der Herrschaft Pinneberg, 1818; Verfügung zur Vermeidung von Missbräuchen und Streitigkeiten im See-Enrollierungswesens hinsichtlich der Fahrten durch den Schleswig-Holsteinischen Kanal, 1819; Bestimmung zum See-Enrollierungswesen, 1822-1824

6774 See-Enrollierung 1825-1835

Enthält u. a.: Bedingungen zur Versetzung von der Land- in die Seerolle, 1827; Befugnis zum Führen von Schiffen ohne Schiffszertifikat, 1827-1829; Befreiung der in der Schifffahrt tätigen Fleckensbewohner im Herzogtum Holstein vom Seedienst, 1830

6775 Bildung eines See-Enrollierungsfonds 1827-1838

6776 Entwurf einer Verordnung zum See-Enrollierungswesen Band 1 1830-1838

6777 Entwurf einer Verordnung zum See-Enrollierungswesen Band 2

Enthält u. a.: Petitionen zum See-Enrollierungswesen 1834-1838

6778 See-Enrollierung 1838-1845

6779 See-Enrollierung auf den Nordseeinseln 1838-1846

6780 See-Enrollierung 1843-1849

Enthält u. a.: Seesessionen in landmilitärdienstpflichtigen Distrikten, 1843-1847

6781 See-Enrollierung auf den Halligen der Landschaft Pellworm 1781-1814

6782 See-Enrollierung in Arnis 1740, 1795-1842

Enthält: Befreiung vom Seedienst, 1740, 1813-1842; Aufführung der Schiffer in Arnis in der Seerolle, 1795

6783 See-Enrollierung: spezielle Angelegenheiten 1764, 1800-1849

Enthält u. a.: Übertragungen von der Land- in die Seerolle; Erlass von Brüchen wegen Nichterscheinens auf den Sessionen; Gesuche um Befreiung vom Seedienst

6784 Seelimiten 1740-1846

6785 Legung des Kirchspiels Loit im Amt Apenrade zu den Seelimiten 1764-1778

6786 Stellvertretung 1809-1812

Enthält: Dienstfähigkeit der Stellvertreter, 1809, 1811; Gesuch der Gevollmächtigten der Dörfer Blankenese, Mühlenberg und Teufelsbrücke zur Stelllung von Stellvertretern durch die Ewerbesitzer, 1810; Nichtannahme französischer Untertanen als Stellvertreter, 1812

6787 Probereisen 1801-1837

6788 Attestate der Schiffer 1789-1832

6789 Privilegien der enrollierten Seeleute 1709-1847

6790 Privilegien der enrollierten Seeleute: spezielle Angelegenheiten 1799-1839

6791 Nichtenrollierte Seeleute 1780-1829

6792 Nichtenrollierte Seeleute 1804, 1827-1837
Enthält u. a.: Berechtigung der nichtenrollierten Einwohner auf Ärö zur Schifffahrt, 1804-1830; Ewerfahrt von Schiffern in Wedel und Spitzerdorf, 1830

6793 Schiffszimmerleute auf dem königlichen Holm 1781-1801

6794 Verheuerung königlicher Untertanen auf fremden und einheimischen Schiffen 1740-1821

6795 Neue See-Enrollierungsverordnung 1803-1822

6796 See-Etat: sonstige allgemeine Bestimmungen 1779-1841

6797 Untersuchung der Unruhen auf Föhr 1781-1784

6798 Spezielle Ausschreibungen 1737-1811

6799 Rappelle 1743-1783

6800 Einsendung von Listen der in Hamburg in fremde Schiffsdienste getretenen königlichen Untertanen 1754-1797
Enthält u. a.: Namenslisten, 1757-1759

6801 See-Etat: spezielle Angelegenheiten 1781-1845
Enthält u. a.: Gesuche um Befreiung vom Seedienst; Löschung aus der Seerolle; Übertragungen aus der Landrolle in die Seerolle

KOPIALBÜCHER UND JOURNALE

Patenten-Registratur

6802	Patenten-Extrakte	1704-1710
6803	Patenten-Extrakte	1711-1720
6804	Patenten-Extrakte	1721-1730
6812	Patenten-Extrakte mit Register	1737
6814	Patenten-Extrakte mit Register	1738
6816	Patenten-Extrakte mit Register	1739
6818	Patenten-Extrakte mit Register	1740
6820	Patenten-Extrakte mit Register	1741
6822	Patenten-Extrakte mit Register	1742
6824	Patenten-Extrakte mit Register	1743
6826	Patenten-Extrakte mit Register	1744
6828	Patenten-Extrakte mit Register	1745
6830	Patenten-Extrakte mit Register	1746
6832	Patenten-Extrakte mit Register	1747
6834	Patenten-Extrakte mit Register	1748
6836	Patenten-Extrakte mit Register	1749
6838	Patenten-Extrakte mit Register	1750
6840	Patenten-Extrakte mit Register	1751
6842	Patenten-Extrakte mit Register	1752

6844	Patenten-Extrakte mit Register	1753
6846	Patenten-Extrakte mit Register	1754
6848	Patenten-Extrakte mit Register	1755
6850	Patenten-Extrakte mit Register	1756
6852	Patenten-Extrakte mit Register	1757
6854	Patenten-Extrakte mit Register	1758
6856	Patenten-Extrakte mit Register	1759
6858	Patenten-Extrakte mit Register	1760
6860	Patenten-Extrakte mit Register	1761
6862	Patenten-Extrakte mit Register	1762
6864	Patenten-Extrakte mit Register	1763
6866	Patenten-Extrakte mit Register	1764
6868	Patenten-Extrakte mit Register	1765
6870	Patenten-Extrakte mit Register	1766
6872	Patenten-Extrakte mit Register	1767
6873	Patenten-Extrakte mit Register	1768
6874	Patenten-Extrakte mit Register	1769
6876	Patenten-Extrakte mit Register	1770
6877	Patenten-Registratur	Januar-April 1771
6878	Patenten-Extrakte mit Register	Januar-April 1771
6879	Patenten-Registratur des Depeschenkontors mit Register	April-Dezember 1771
6880	Patenten-Registratur des Depeschenkontors mit Register	1772

6881	Patenten-Registratur des Depeschenkontors mit Register	1773
6882	Depeschen-Extrake mit Register	April 1771-August 1773
6883	Patenten-Registratur mit Register	August-Dezember 1773
6884	Patenten-Extrakte mit Register	August-Dezember 1773
6885	Patenten-Registratur mit Register	Januar-August 1774
6886	Patenten-Registratur mit Register	September-Dezember 1774
6887	Patenten-Extrakte mit Register	1774
6888	Patenten-Registratur mit Register	1775
6889	Patenten-Extrakte mit Register	1775
6890	Patenten-Registratur mit Register	1776
6891	Patenten-Extrakte mit Register	1776
6892	Patenten-Registratur mit Register	1777
6893	Patenten-Extrakte mit Register	1777
6894	Patenten-Registratur mit Register	1778
6895	Patenten-Extrakte mit Register	1778
6896	Patenten-Registratur mit Register	1779
6897	Patenten-Extrakte mit Register	1779
6898	Patenten-Registratur	Januar-November 1780
6899	Patenten-Registratur mit Register für beide Bände	Dezember 1780
6900	Patenten-Extrakte mit Register	1780
6901	Patenten-Registratur	Januar-November 1780
6902	Patenten-Registratur mit Register für beide Bände	Dezember 1781

6903	Patenten-Extrakte mit Register	1781
6904	Patenten-Registratur	1782
6905	Register über die Patenten-Registratur	1782
6906	Patenten-Extrakte mit Register	1782
6907	Patenten-Registratur	Januar-November 1783
6908	Patenten-Registratur mit Register für beide Bände	Dezember 1783
6909	Patenten-Extrakte mit Register	1783
6910	Patenten-Registratur	1784
6911	Register zur Patenten-Registratur	1784
6912	Patenten-Journal mit Register	1784
6913	Patenten-Registratur	1785
6914	Patenten-Journal mit Register	1785
6915	Patenten-Registratur mit Register	1786
6916	Patenten-Journal mit Register	1786
6917	Patenten-Registratur mit Register	1787
6918	Patenten-Journal mit Register	1787
6919	Patenten-Registratur	Januar-November 1788
6920	Patenten-Registratur mit Register für beide Bände	Dezember 1788
6921	Patenten-Journal mit Register	1788
6922	Patenten-Registratur	Januar-Dezember 1789
6923	Patenten-Registratur mit Register für beide Bände	Dezember 1789
6924	Patenten-Journal mit Register	1789

6925	Patenten-Registratur	1790
6926	Patenten-Journal mit Register	1790
6927	Patenten-Registratur mit Register	1791
6928	Patenten-Journal mit Register	1791
6929	Patenten-Registratur	1792
6930	Patenten-Journal mit Register	1792
6931	Patenten-Registratur	Januar-Oktober 1793
6932	Patenten-Journal mit Register	1793
6933	Patenten-Registratur	1794
6934	Patenten-Journal mit Register	1794
6935	Patenten-Registratur	1795
6936	Patenten-Journal mit Register	1795
6937	Patenten-Registratur	1796
6938	Patenten-Journal mit Register	1796
6939	Patenten-Registratur	1797
6940	Patenten-Journal mit Register	1797
6941	Patenten-Registratur	1798
6942	Patenten-Journal mit Register	1798
6943	Patenten-Registratur	1799
6944	Patenten-Journal mit Register	1799
6945	Patenten-Registratur	1800
6946	Patenten-Journal mit Register	1800

6947	Patenten-Registratur	1801
6948	Patenten-Journal mit Register	1801
6949	Patenten-Registratur	1802
6950	Patenten-Journal mit Register	1802
6951	Patenten-Registratur	1803
6952	Patenten-Journal mit Register	1803
6953	Patenten-Registratur	1804
6954	Patenten-Journal mit Register	1804
6955	Patenten-Registratur	1805
6956	Patenten-Journal mit Register	1805
6957	Patenten-Registratur	1806
6958	Patenten-Journal mit Register	1806
6959	Patenten-Registratur	Januar-August 1807
6960	Patenten-Journal	Januar-August 1807
6961	Patenten-Journal	August-Dezember 1807
6962	Patenten-Registratur	1808
6963	Patenten-Journal	1808
6964	Patenten-Registratur	1809
6965	Patenten-Protokoll	1809
6966	Patenten-Registratur	1810
6967	Patenten-Journal	1810
6968	Patenten-Registratur	1811

6969	Patenten-Journal	1811
6970	Patenten-Registratur	1812-1813
6971	Patenten-Journal	1812
6972	Patenten-Journal	1813
6973	Patenten-Registratur	1814-1815
6974	Patenten-Journal	1814
6975	Patenten-Journal	1815
6976	Patenten-Registratur	1816
6977	Patenten-Journal	1816
6978	Patenten-Registratur	1817
6979	Patenten-Journal	1817
6980	Patenten-Registratur	1818
6981	Patenten-Journal	1818
6982	Patenten-Registratur	1819
6983	Patenten-Journal	1819
6984	Patenten-Registratur	1820
6985	Patenten-Journal	1820
6986	Patenten-Registratur	1821-1822
6987	Patenten-Journal	1821
6988	Patenten-Journal	1822
6989	Patenten-Registratur	1823
6990	Patenten-Journal	1823

6991	Patenten-Registratur	1824
6992	Patenten-Journal	1824
6993	Patenten-Registratur	1825
6994	Patenten-Journal	1825
6995	Patenten-Registratur	1826
6996	Patenten-Journal	1826
6997	Patenten-Registratur	1827
6998	Patenten-Journal	1827
6999	Patenten-Registratur	1828
7000	Patenten-Journal	1828
7001	Patenten-Registratur	1829
7002	Patenten-Journal	1829
7003	Patenten-Registratur	1830
7004	Patenten-Journal	1830
7005	Patenten-Registratur	1831
7006	Patenten-Journal	1831
7007	Patenten-Registratur	1832
7008	Patenten-Journal	1832
7009	Patenten-Registratur	1833
7010	Patenten-Journal	1833
7011	Patenten-Registratur	1834
7012	Patenten-Journal	1834

7013	Patenten-Registratur	1835
7014	Patenten-Journal	1835
7015	Patenten-Registratur	1836
7016	Patenten-Journal	1836
7017	Patenten-Registratur	1837
7018	Patenten-Journal	1837
7019	Patenten-Registratur	1838
7020	Patenten-Journal	1838
7021	Patenten-Registratur	1839
7022	Patenten-Journal	1839
7023	Patenten-Registratur	1840
7024	Patenten-Journal	1840
7025	Patenten-Registratur	1841
7026	Patenten-Journal	1841
7027	Patenten-Registratur	1842
7028	Patenten-Journal	1842
7029	Patenten-Registratur	1843
7030	Patenten-Journal	1843
7031	Patenten-Registratur	1844
7032	Patenten-Journal	1844
7033	Patenten-Registratur	1845
7034	Patenten-Journal	1845

7035 Patenten-Registratur 1846

7036 Patenten-Journal 1846

7037 Patenten-Registratur 1847

7038 Patenten-Journal 1847

7039 Patenten-Registratur 1848

7040 Patenten-Journal 1848-1850

Reskripten-Registratur

7041 Extrakte der zur aus- und inländischen Registratur gehörenden Expeditionen 1704

7042 Beglaubigte Auszüge aus den Protokollen der inländischen Angelegenheiten 1704

7043 Inländische Protokolle 1705-1708

7044 Extrakte der zur aus- und inländischen Registratur gehörenden Expeditionen 1705

7045 Extrakte der zur aus- und inländischen Registratur gehörenden Expeditionen 1706

7046 Extrakte der zur aus- und inländischen nicht-geheimen Registratur gehörenden Expeditionen 1707

7047 Beglaubigte Auszüge aus den Protokollen der inländischen Angelegenheiten 1707

7048 Extrakte der zur aus- und inländischen nicht-geheimen Registratur gehörenden Expeditionen 1708

7049 Beglaubigte Auszüge aus den Protokollen der inländischen Angelegenheiten 1708

7050 Extrakte der zur aus- und inländischen nicht-geheimen Registratur gehörenden Expeditionen 1709

7051 Extrakte der zur aus- und inländischen nicht-geheimen Registratur gehörenden Expeditionen 1710

7052 Extrakte der zur aus- und inländischen nicht-geheimen Registratur gehörenden Expeditionen 1711

7053 Extrakte der zur aus- und inländischen Registratur gehörenden Expeditionen 1712

7054 Extrakte der zur aus- und inländischen Registratur gehörenden Expeditionen 1713

7055 Extrakte der zur aus- und inländischen Registratur gehörenden Expeditionen Januar-September 1714

7056 Beglaubigte Auszüge der inländischen Expeditionen 1714

7057 Extrakte der zur aus- und inländischen nicht-geheimen Registratur gehörenden Expeditionen 1715

7058 Beglaubigte Auszüge der inländischen Expeditionen 1715

7059 Extrakte der zur aus- und inländischen nicht-geheimen Registratur gehörenden Expeditionen 1716

7060 Beglaubigte Auszüge der inländischen Expeditionen 1716

7061 Extrakte der zur aus- und inländischen nicht-geheimen Registratur gehörenden Expeditionen 1717

7062 Extrakte der zur aus- und inländischen nicht-geheimen Registratur gehörenden Expeditionen 1718

7063 Extrakte der zur aus- und inländischen nicht-geheimen Registratur gehörenden Expeditionen 1719

7064 Extrakte der zur aus- und inländischen nicht-geheimen Registratur gehörenden Expeditionen 1720

7065 Extrakte der zur aus- und inländischen nicht-geheimen Registratur gehörenden Expeditionen 1721

7066 Extrakte der zur aus- und inländischen nicht-geheimen Registratur gehörenden Expeditionen 1722

7067 Beglaubigte Auszüge der inländischen Expeditionen 1722

7068 Extrakte der zur aus- und inländischen nicht-geheimen Registratur gehörenden Expeditionen 1723

7069 Extrakte der zur aus- und inländischen nicht-geheimen Registratur gehörenden Expeditionen 1724

7070 Extrakte der zur aus- und inländischen nicht-geheimen Registratur gehörenden Expeditionen 1725

7071 Extrakte der zur aus- und inländischen nicht-geheimen Registratur gehörenden Expeditionen 1726

7072 Beglaubigte Auszüge der nicht-geheimen Expeditionen 1726

7073 Extrakte der zur aus- und inländischen nicht-geheimen Registratur gehörenden Expeditionen 1727

7074 Extrakte der zur aus- und inländischen nicht-geheimen Registratur gehörenden Expeditionen 1728

7075 Reskripten-Registratur Januar 1728

7076 Extrakte der zur aus- und inländischen nicht-geheimen Registratur gehörenden Expeditionen 1729

7077 Extrakte der zur aus- und inländischen nicht-geheimen Registratur gehörenden Expeditionen Januar-Oktober 1730

7079 Reskripten- und Patenten-Extrakte mit Registern Oktober 1730-Dezember 1731

7081 Reskripten- und Patenten-Extrakte mit Registern 1732

7083 Reskripten- und Patenten-Extrakte mit Registern 1733

7085 Reskripten- und Patenten-Extrakte mit Registern 1734

7087 Reskripten- und Patenten-Extrakte mit Registern 1735

7089	Reskripten- und Patenten-Extrakte mit Registern	1736
7091	Extrakte der inländischen Reskripte sowie Schreiben und Zuschreiben mit Registern	1737
7093	Extrakte der inländischen Reskripte sowie Schreiben und Zuschreiben mit Registern	1738
7095	Extrakte der inländischen Reskripte sowie Schreiben und Zuschreiben mit Registern	1739
7097	Extrakte der inländischen Reskripte sowie Schreiben und Zuschreiben mit Registern	1740
7099	Extrakte der inländischen Reskripte sowie Schreiben und Zuschreiben mit Registern	1741
7101	Reskripten-Extrakte mit Registern	1742
7103	Extrakte der inländischen Reskripte sowie Schreiben, Zuschreiben und Anzeigen mit Registern	1743
7105	Extrakte der inländischen Reskripte sowie Schreiben, Zuschreiben und Anzeigen mit Registern	1744
7107	Extrakte der inländischen Reskripte sowie Schreiben, Zuschreiben und Anzeigen mit Registern	1745
7109	Reskripten-Extrakte mit Register	1746
7111	Reskripten-Extrakte mit Register	1747
7113	Reskripten-Extrakte mit Register	1748
7115	Reskripten-Extrakte mit Register	1749
7117	Reskripten-Extrakte mit Register	1750
7119	Reskripten-Extrakte mit Register	1751
7121	Reskripten-Extrakte mit Register	1752
7123	Reskripten-Extrakte mit Register	1753

7125 Reskripten-Extrakte mit Register 1754

7127 Reskripten-Extrakte mit Register 1755

7129 Reskripten-Extrakte mit Register 1756

7131 Reskripten-Extrakte mit Register 1757

7133 Reskripten-Extrakte mit Register 1758

7135 Reskripten-Extrakte mit Register 1759

7137 Reskripten-Extrakte mit Register 1760

7139 Reskripten-Extrakte mit Register 1761

7141 Reskripten-Extrakte mit Register 1762

7143 Reskripten-Extrakte mit Register 1763

7145 Reskripten-Extrakte mit Register 1764

7147 Reskripten-Extrakte mit Register 1765

7149 Reskripten-Extrakte mit Register 1766

7151 Reskripten-Extrakte mit Register 1767

7153 Reskripten-Extrakte mit Register 1768

7155 Reskripten-Extrakte mit Register 1769

7157 Reskripten-Extrakte mit Register 1770

7158 Beglaubigte Extrakte der Ausfertigungen des inländischen Departements der Deutschen Kanzlei 1770-1771

7159 Reskripten-Registratur 1771

7160 Reskripten-Extrakte mit Register 1771

7161 Registratur des ersten Departements der Deutschen Kanzlei mit Register April-Dezember 1771

7162 Extrakten-Journal des ersten Departements der Deutschen Kanzlei mit Register April-Dezember 1771

7163 Registratur des zweiten Departements der Deutschen Kanzlei mit Register April-Dezember 1771

7164 Extrakten-Protokoll des zweiten Departements der Deutschen Kanzlei mit Register April-Dezember 1771

7165 Registratur des dritten Departements der Deutschen Kanzlei mit Register Mai-Dezember 1771

7166 Expeditionsjournal des dritten Departements der Deutschen Kanzlei mit Register Mai-Dezember 1771

7167 Registratur des ersten Departements der Deutschen Kanzlei mit Register 1772

7168 Extrakten-Journal des ersten Departements der Deutschen Kanzlei mit Register 1772

7169 Registratur des zweiten Departements der Deutschen Kanzlei mit Register 1772

7170 Extrakten-Protokoll des zweiten Departements der Deutschen Kanzlei mit Register Januar-Juli 1772

7171 Registratur des dritten Departements der Deutschen Kanzlei mit Register 1772

7172 Reskripten-Journal des dritten Departements der Deutschen Kanzlei mit Register 1772

7173 Registratur des ersten Departements der Deutschen Kanzlei mit Register Januar-August 1773

7174 Extrakten-Journal des ersten Departements der Deutschen Kanzlei mit Register Januar-August 1773

7175 Registratur des zweiten Departements der Deutschen Kanzlei mit Register Januar-August 1773

7176 Extrakten-Protokoll des zweiten Departements der Deutschen Kanzlei mit Register Januar-August 1773

7177 Registratur des dritten Departements der Deutschen Kanzlei mit Register Januar-August 1773

7178 Extrakten-Protokoll des dritten Departements der Deutschen Kanzlei mit Register Januar-August 1773

7179 Reskripten-Registratur mit Register August-Dezember 1773

7180 Reskripten-Extrakte mit Register August-Dezember 1773

7181 Reskripten-Registratur mit Register Januar-April 1774

7182 Reskripten-Registratur mit Register Mai-September 1774

7183 Reskripten-Registratur mit Register Oktober-Dezember 1774

7184 Reskripten-Extrakte mit Register 1774

7185 Reskripten-Registratur mit Register Januar-April 1775

7186 Reskripten-Registratur mit Register Mai-August 1775

7187 Reskripten-Registratur mit Register September-Dezember 1775

7188 Reskripten-Extrakte mit Register 1775

7189 Reskripten-Registratur mit Register Januar-Mai 1776

7190 Reskripten-Registratur mit Register Juni-Oktober 1776

7191 Reskripten-Registratur mit Register November-Dezember 1776

7192 Reskripten-Extrakte mit Register 1776

7193 Reskripten-Registratur Januar-Mai 1777

7194 Reskripten-Registratur Juni-November 1777

7195 Reskripten-Registratur mit Register für alle drei Bände Dezember 1777

7196 Reskripten-Extrakte mit Register 1777

7197 Reskripten-Registratur Januar-Mai 1778

7198 Reskripten-Registratur Juni-Oktober 1778

7199 Reskripten-Registratur mit Register für alle drei Bände
Oktober-Dezember 1778

7200 Reskripten-Extrakte mit Register 1778

7201 Reskripten-Registratur Januar-Mai 1779

7202 Reskripten-Registratur Mai-September 1779

7203 Reskripten-Registratur mit Register für alle drei Bände
Oktober-Dezember 1779

7204 Reskripten-Extrakte mit Register 1779

7205 Reskripten-Registratur Januar-Mai 1780

7206 Reskripten-Registratur Mai-Oktober 1780

7207 Reskripten-Registratur mit Register für alle Bände
Oktober-Dezember 1780

7208 Reskripten-Extrakte mit Register 1780

7209 Reskripten-Registratur Januar-Mai 1781

7210 Reskripten-Registratur Mai-Oktober 1781

7211 Reskripten-Registratur mit Register für alle drei Bände
Oktober-Dezember 1781

7212 Reskripten-Journal mit Register 1781

7213 Reskripten-Registratur Januar-Mai 1782

7214 Reskripten-Registratur Mai-September 1782

7215 Reskripten-Registratur mit Register für alle drei Bände
Oktober-Dezember 1782

7216	Reskripten-Journal mit Register	1782
7217	Reskripten-Registratur	Januar-Mai 1783
7218	Reskripten-Registratur	Mai-September 1783
7219	Reskripten-Registratur mit Register für alle drei Bände	Oktober-Dezember 1783
7220	Reskripten-Journal mit Register	1783
7221	Reskripten-Registratur	Januar-Mai 1784
7222	Reskripten-Registratur	Mai-September 1784
7223	Reskripten-Registratur	Oktober-Dezember 1784
7224	Reskripten-Journal mit Register	1784
7225	Beglaubigte Extrakte der Schlussexpeditionen	1784
7226	Reskripten-Registratur	Januar-Mai 1785
7227	Reskripten-Registratur	Mai-Oktober 1785
7228	Reskripten-Registratur	Oktober-Dezember 1785
7229	Reskripten-Journal mit Register	1785
7230	Beglaubigte Extrakte der Schlussexpeditionen	1785
7231	Reskripten-Registratur	Januar-April 1786
7232	Reskripten-Registratur	April-August 1786
7233	Reskripten-Registratur	September-Dezember 1786
7234	Reskripten-Journal mit Register	1786
7235	Beglaubigte Extrakte der Schlussexpeditionen	1786
7236	Reskripten-Registratur	Januar-Juni 1787
7237	Reskripten-Registratur	Juni-November 1787

7238	Reskripten-Registratur	Dezember 1787
7239	Reskripten-Journal mit Register	1787
7240	Beglaubigte Extrakte der Schlussexpeditionen	1787
7241	Reskripten-Registratur	Januar-Mai 1788
7242	Reskripten-Registratur	Mai-Oktober 1788
7243	Reskripten-Registratur mit Register für alle drei Bände	Oktober-Dezember 1788
7244	Reskripten-Journal mit Register	1788
7245	Beglaubigte Extrakte der Schlussexpeditionen	1788
7246	Reskripten-Registratur	Januar-Mai 1789
7247	Reskripten-Registratur	Mai-September 1789
7248	Reskripten-Registratur	September-Dezember 1789
7249	Reskripten-Journal mit Register	1789
7250	Beglaubigte Extrakte der Schlussexpeditionen	1789
7251	Reskripten-Registratur	Januar-Mai 1790
7252	Reskripten-Registratur	Mai-Oktober 1790
7253	Reskripten-Registratur	Oktober-Dezember 1790
7254	Reskripten-Journal mit Register	1790
7255	Reskripten-Registratur	Januar-Mai 1791
7256	Reskripten-Registratur	Mai-November 1791
7257	Reskripten-Registratur	November-Dezember 1791
7258	Reskripten-Journal mit Register	1791
7259	Reskripten-Registratur	Januar-Mai 1792

7260	Reskripten-Registratur	Mai-September 1792
7261	Reskripten-Registratur	Oktober-Dezember 1792
7262	Reskripten-Journal mit Register	1792
7263	Reskripten-Registratur	Januar-Mai 1793
7264	Reskripten-Registratur	Mai-September 1793
7265	Reskripten-Registratur	September-Dezember 1793
7266	Reskripten-Journal mit Register	1793
7267	Reskripten-Registratur	Januar-Mai 1794
7268	Reskripten-Registratur	Mai-September 1794
7269	Reskripten-Registratur	September-Dezember 1794
7270	Reskripten-Journal mit Register	1794
7271	Reskripten-Registratur	Januar-Juni 1795
7272	Reskripten-Registratur	Juli-Dezember 1795
7273	Reskripten-Journal mit Register	1795
7274	Beglaubigte Extrakte der Schlussexpeditionen	September 1795
7275	Reskripten-Registratur	Januar-Juni 1796
7276	Reskripten-Registratur	Juli-Dezember 1796
7277	Reskripten-Journal mit Register	1796
7278	Beglaubigte Extrakte der Schlussexpeditionen	Dezember 1796
7279	Reskripten-Registratur	Januar-Juni 1797
7280	Reskripten-Registratur	Juli-Dezember 1797
7281	Reskripten-Journal mit Register	1797

7282	Beglaubigte Extrakte der Schlussexpeditionen	April, September 1797
7283	Reskripten-Registratur	Januar-Juni 1798
7284	Reskripten-Registratur	Juli-Dezember 1798
7285	Reskripten-Journal mit Register	1798
7286	Beglaubigte Extrakte der Schlussexpeditionen	Dezember 1798
7287	Reskripten-Registratur	Januar-Juni 1799
7288	Reskripten-Registratur	Juli-Dezember 1799
7289	Reskripten-Journal mit Register	1799
7290	Beglaubigte Extrakte der Schlussexpeditionen	Februar, August 1799
7291	Reskripten-Registratur	Januar-Juni 1800
7292	Reskripten-Registratur	Juli-Dezember 1800
7293	Reskripten-Journal mit Register	1800
7294	Reskripten-Registratur	Januar-Juni 1801
7295	Reskripten-Registratur	Juli-Dezember 1801
7296	Reskripten-Journal mit Register	1801
7297	Beglaubigte Extrakte der Schlussexpeditionen	Januar 1801
7298	Reskripten-Registratur	Januar-Juni 1802
7299	Reskripten-Registratur	Juli-Dezember 1802
7300	Reskripten-Journal mit Register	1802
7301	Beglaubigte Extrakte der Schlussexpeditionen	November 1802
7302	Reskripten-Registratur	Januar-Juni 1803

7303	Reskripten-Registratur	Juli-Dezember 1803
7304	Reskripten-Journal	1803
7305	Beglaubigte Extrakte der Schlussexpeditionen	Januar-Oktober 1803
7306	Reskripten-Registratur	Januar-Juni 1804
7307	Reskripten-Registratur	Juli-Dezember 1804
7308	Reskripten-Journal	1804
7309	Beglaubigte Extrakte der Schlussexpeditionen	Januar 1804
7310	Reskripten-Registratur	Januar-Juni 1805
7311	Reskripten-Registratur	Juli-Dezember 1805
7312	Reskripten-Journal	1805
7313	Reskripten-Registratur	Januar-Juni 1806
7314	Reskripten-Registratur	Juli-Dezember 1806
7315	Reskripten-Journal	1806
7316	Beglaubigte Extrakte der Schlussexpeditionen	Januar-Oktober 1806
7317	Reskripten-Registratur	Januar-Juni 1807
7318	Reskripten-Protokoll	Januar-August 1807
7319	Reskripten-Journal	August-Dezember 1807
7320	Beglaubigte Extrakte der Schlussexpeditionen	März-Juni 1807
7321	Reskripten-Registratur	Januar-Juni 1808
7322	Reskripten-Registratur	Juli-Dezember 1808
7323	Reskripten-Journal	1808
7324	Reskripten-Registratur	Januar-Juni 1809

7325	Reskripten-Registratur	Juli-Dezember 1809
7326	Reskripten-Protokoll	1809
7327	Reskripten-Registratur	Januar-Juni 1810
7328	Reskripten-Registratur	Juli-Dezember 1810
7329	Reskripten-Journal	1810
7330	Reskripten-Registratur	Januar-März 1811
7331	Reskripten-Registratur	April-Juni 1811
7332	Reskripten-Registratur	Juli-September 1811
7333	Reskripten-Registratur	Oktober-Dezember 1811
7334	Reskripten-Journal	1811
7335	Reskripten-Registratur	Januar-März 1812
7336	Reskripten-Registratur	April-Juni 1812
7337	Reskripten-Registratur	Juli-September 1812
7338	Reskripten-Registratur	Oktober-Dezember 1812
7339	Reskripten-Journal	1812
7340	Reskripten-Registratur	Januar-März 1813
7341	Reskripten-Registratur	April-Juni 1813
7342	Reskripten-Registratur	Juli-September 1813
7343	Reskripten-Registratur	Oktober-Dezember 1813
7344	Reskripten-Journal	1813
7345	Reskripten-Registratur	Januar-Juni 1814
7346	Reskripten-Registratur	Juli-Dezember 1814

7347	Reskripten-Journal	1814
7348	Reskripten-Registratur	Januar-März 1815
7349	Reskripten-Registratur	April-Juni 1815
7350	Reskripten-Registratur	Juli-September 1815
7351	Reskripten-Registratur	Oktober-Dezember 1815
7352	Reskripten-Journal	1815
7353	Reskripten-Registratur	Januar-März 1816
7354	Reskripten-Registratur	April-Juni 1816
7355	Reskripten-Registratur	Juli-September 1816
7356	Reskripten-Registratur	Oktober-Dezember 1816
7357	Reskripten-Journal	1816
7358	Reskripten-Registratur	Januar-März 1817
7359	Reskripten-Registratur	April-Juni 1817
7360	Reskripten-Registratur	Juli-September 1817
7361	Reskripten-Registratur	Oktober-Dezember 1817
7362	Reskripten-Journal	1817
7363	Reskripten-Registratur	Januar-März 1818
7364	Reskripten-Registratur	April-Juni 1818
7365	Reskripten-Registratur	Juli-September 1818
7366	Reskripten-Registratur	Oktober-Dezember 1818
7367	Reskripten-Journal	1818
7368	Reskripten-Registratur	Januar-März 1819

7369	Reskripten-Registratur	April-Juni 1819
7370	Reskripten-Registratur	Juli-September 1819
7371	Reskripten-Registratur	Oktober-Dezember 1819
7372	Reskripten-Journal	1819
7373	Reskripten-Registratur	Januar-März 1820
7374	Reskripten-Registratur	April-Juni 1820
7375	Reskripten-Registratur	Juli-September 1820
7376	Reskripten-Registratur	Oktober-Dezember 1820
7377	Reskripten-Journal	1820
7378	Reskripten-Registratur	Januar-März 1821
7379	Reskripten-Registratur	April-Juni 1821
7380	Reskripten-Registratur	Juli-September 1821
7381	Reskripten-Registratur	Oktober-Dezember 1821
7382	Reskripten-Journal	1821
7383	Reskripten-Registratur	Januar-März 1822
7384	Reskripten-Registratur	April-Juni 1822
7385	Reskripten-Registratur	Juli-September 1822
7386	Reskripten-Registratur	Oktober-Dezember 1822
7387	Reskripten-Journal	1822
7388	Reskripten-Registratur	Januar-März 1823
7389	Reskripten-Registratur	April-Juni 1823
7390	Reskripten-Registratur	Juli-September 1823

7391	Reskripten-Registratur	Oktober-Dezember 1823
7392	Reskripten-Journal	1823
7393	Reskripten-Registratur	Januar-März 1824
7394	Reskripten-Registratur	April-Juni 1824
7395	Reskripten-Registratur	Juli-September 1824
7396	Reskripten-Registratur	Oktober-Dezember 1824
7397	Reskripten-Journal	1824
7398	Reskripten-Registratur	Januar-März 1825
7399	Reskripten-Registratur	April-Juni 1825
7400	Reskripten-Registratur	Juli-September 1825
7401	Reskripten-Registratur	Oktober-Dezember 1825
7402	Reskripten-Journal	1825
7403	Reskripten-Registratur	Januar-März 1826
7404	Reskripten-Registratur	April-Juni 1826
7405	Reskripten-Registratur	Juli-September 1826
7406	Reskripten-Registratur	Oktober-Dezember 1826
7407	Reskripten-Journal	1826
7408	Reskripten-Registratur	Januar-März 1827
7409	Reskripten-Registratur	April-Juni 1827
7410	Reskripten-Registratur	Juli-September 1827
7411	Reskripten-Registratur	Oktober-Dezember 1827
7412	Reskripten-Journal	1827

7413	Reskripten-Registratur	Januar-März 1828
7414	Reskripten-Registratur	April-Juni 1828
7415	Reskripten-Registratur	Juli-September 1828
7416	Reskripten-Registratur	Oktober-Dezember 1828
7417	Reskripten-Journal	1828
7418	Reskripten-Registratur	Januar-März 1829
7419	Reskripten-Registratur	April-Juni 1829
7420	Reskripten-Registratur	Juli-September 1829
7421	Reskripten-Registratur	Oktober-Dezember 1829
7422	Reskripten-Journal	1829
7423	Reskripten-Registratur	Januar-März 1830
7424	Reskripten-Registratur	April-Juni 1830
7425	Reskripten-Registratur	Juli-September 1830
7426	Reskripten-Registratur	Oktober-Dezember 1830
7427	Reskripten-Journal	1830
7428	Reskripten-Registratur	Januar-März 1831
7429	Reskripten-Registratur	April-Juni 1831
7430	Reskripten-Registratur	Juli-September 1831
7431	Reskripten-Registratur	Oktober-Dezember 1831
7432	Reskripten-Journal	1831
7433	Reskripten-Registratur	Januar-März 1832
7434	Reskripten-Registratur	April-Juni 1832

7435	Reskripten-Registratur	Juli-September 1832
7436	Reskripten-Registratur	Oktober-Dezember 1832
7437	Reskripten-Journal	1832
7438	Reskripten-Registratur	Januar-März 1833
7439	Reskripten-Registratur	April-Juni 1833
7440	Reskripten-Registratur	Juli-September 1833
7441	Reskripten-Registratur	Oktober-Dezember 1833
7442	Reskripten-Journal	1833
7443	Reskripten-Registratur	Januar-März 1834
7444	Reskripten-Registratur	April-Juni 1834
7445	Reskripten-Registratur	Juli-September 1834
7446	Reskripten-Registratur	Oktober-Dezember 1834
7447	Reskripten-Journal	1834
7448	Reskripten-Registratur	Januar-März 1835
7449	Reskripten-Registratur	April-Juni 1835
7450	Reskripten-Registratur	Juli-September 1835
7451	Reskripten-Registratur	Oktober-Dezember 1835
7452	Reskripten-Journal	1835
7453	Reskripten-Registratur	Januar-März 1836
7454	Reskripten-Registratur	April-Juni 1836
7455	Reskripten-Registratur	Juli-September 1836
7456	Reskripten-Registratur	Oktober-Dezember 1836

7457	Reskripten-Journal	1836
7458	Reskripten-Registratur	Januar-März 1837
7459	Reskripten-Registratur	April-Juni 1837
7460	Reskripten-Registratur	Juli-September 1837
7461	Reskripten-Registratur	Oktober-Dezember 1837
7462	Reskripten-Journal	1837
7463	Reskripten-Registratur	Januar-März 1838
7464	Reskripten-Registratur	April-Juni 1838
7465	Reskripten-Registratur	Juli-September 1838
7466	Reskripten-Registratur	Oktober-Dezember 1838
7467	Reskripten-Journal	1837
7468	Reskripten-Registratur	Januar-März 1839
7469	Reskripten-Registratur	April-Juni 1839
7470	Reskripten-Registratur	Juli-September 1839
7471	Reskripten-Registratur	Oktober-Dezember 1839
7472	Reskripten-Journal	1839
7473	Reskripten-Registratur	Januar-März 1840
7474	Reskripten-Registratur	April-Juni 1840
7475	Reskripten-Registratur	Juli-September 1840
7476	Reskripten-Registratur	Oktober-Dezember 1840
7477	Reskripten-Journal	1840
7478	Reskripten-Registratur	Januar-März 1841

7479	Reskripten-Registratur	April-Juni 1841
7480	Reskripten-Registratur	Juli-September 1841
7481	Reskripten-Registratur	Oktober-Dezember 1841
7482	Reskripten-Journal	1841
7483	Reskripten-Registratur	Januar-März 1842
7484	Reskripten-Registratur	April-Juni 1842
7485	Reskripten-Registratur	Juli-September 1842
7486	Reskripten-Registratur	Oktober-Dezember 1842
7487	Reskripten-Journal	1842
7488	Reskripten-Registratur	Januar-März 1843
7489	Reskripten-Registratur	April-Juni 1843
7490	Reskripten-Registratur	Juli-September 1843
7491	Reskripten-Registratur	Oktober-Dezember 1843
7492	Reskripten-Journal	1843
7493	Reskripten-Registratur	Januar-März 1844
7494	Reskripten-Registratur	April-Juni 1844
7495	Reskripten-Registratur	Juli-September 1844
7496	Reskripten-Registratur	Oktober-Dezember 1844
7497	Reskripten-Journal	1844
7498	Reskripten-Registratur	Januar-März 1845
7499	Reskripten-Registratur	April-Juni 1845
7500	Reskripten-Registratur	Juli-September 1845

7501	Reskripten-Registratur	Oktober-Dezember 1845
7502	Reskripten-Journal	1845
7503	Reskripten-Registratur	Januar-März 1846
7504	Reskripten-Registratur	April-Juni 1846
7505	Reskripten-Registratur	Juli-September 1846
7506	Reskripten-Registratur	Oktober-Dezember 1846
7507	Reskripten-Journal	1846
7508	Reskripten-Registratur	Januar-März 1847
7509	Reskripten-Registratur	April-Juni 1847
7510	Reskripten-Registratur	Juli-September 1847
7511	Reskripten-Registratur	Oktober-Dezember 1847
7512	Reskripten-Journal	1847
7513	Reskripten-Registratur	Januar-März 1848
7514	Reskripten-Registratur	April-Dezember 1848
7515	Reskripten-Journal	1848-1850
7516	Reskripten-Registratur	1849

Suppliken-Protokolle

7517	Suppliken-Extrakte	1711-1720
7518	Suppliken-Extrakte mit Index	1721-1723
7519	Suppliken-Extrakte mit Index	1724-1727
7520	Suppliken-Extrakte mit Index	1728-1731
7521	Extrakte der eingekommenen Suppliken mit Index	1732

7522	Extrakte der eingekommenen Suppliken mit Index	1733
7523	Extrakte der eingekommenen Suppliken mit Index	1734
7524	Extrakte der eingekommenen Suppliken mit Index	1735
7525	Suppliken-Protokoll mit Index	1736
7526	Suppliken-Protokoll mit Index	1737
7527	Haupt- oder Suppliken-Protokoll mit Index	1738
7528	Haupt- oder Suppliken-Protokoll mit Index	1739
7529	Haupt- oder Suppliken-Protokoll mit Index	1740
7530	Haupt- oder Suppliken-Protokoll mit Index	1741
7531	Haupt- oder Suppliken-Protokoll mit Index	1742
7532	Haupt- oder Suppliken-Protokoll mit Index	1743
7533	Haupt- oder Suppliken-Protokoll mit Index	1744
7534	Haupt- oder Suppliken-Protokoll mit Index	1745
7535	Haupt- oder Suppliken-Protokoll mit Index	1746
7536	Haupt- oder Suppliken-Protokoll mit Index	1747
7537	Haupt- oder Suppliken-Protokoll mit Index	1748
7538	Suppliken-Protokoll mit Index	1749
7539	Suppliken-Protokoll mit Index	1750
7540	Suppliken-Protokoll mit Index	1751
7541	Suppliken-Protokoll mit Index	1752
7542	Suppliken-Protokoll mit Index	1753
7543	Suppliken-Protokoll mit Index	1754

7544	Suppliken-Protokoll mit Index	1755
7545	Suppliken-Protokoll mit Index	1756
7546	Suppliken-Protokoll mit Index	1757
7547	Suppliken-Protokoll mit Index	1758
7548	Suppliken-Protokoll mit Index	1759
7549	Suppliken-Protokoll mit Index	1760
7550	Suppliken-Protokoll mit Index	1761
7551	Suppliken-Protokoll mit Index	1762
7552	Suppliken-Protokoll mit Index	1763
7553	Suppliken-Protokoll mit Index	1764
7554	Suppliken-Protokoll mit Index	1765
7555	Suppliken-Protokoll mit Index	1766
7556	Suppliken-Protokoll mit Index	1767
7557	Suppliken-Protokoll mit Index	1768
7558	Suppliken-Protokoll mit Index	1769
7559	Suppliken-Protokoll mit Index	1770
7560	Suppliken-Protokoll mit Index	Januar-April 1771
7561	Suppliken-Journal des ersten Departements mit Index	April-Dezember1771
7562	Suppliken-Protokoll des zweiten Departements mit Index	April-Dezember 1771
7563	Suppliken-Protokoll des dritten Departements mit Index	April-Dezember 1771
7564	Suppliken-Journal des ersten Departements mit Index	1772

7565	Suppliken-Protokoll des zweiten Departements mit Index	1772
7566	Suppliken-Journal des dritten Departements mit Index	1772
7567	Suppliken-Journal des ersten Departements mit Index	Januar-August 1773
7568	Suppliken-Protokoll des zweiten Departements mit Index	Januar-August 1773
7569	Suppliken-Protokoll des dritten Departements mit Index	Januar-August 1773
7570	Suppliken-Protokoll des ersten Departements (?) mit Index	August-Dezember 1773
7571	Suppliken-Protokoll mit Index	1774
7572	Suppliken-Protokoll mit Index	1775
7573	Suppliken-Protokoll mit Index	1776
7574	Suppliken-Protokoll mit Index	1777
7575	Suppliken-Protokoll mit Index	1778
7576	Suppliken-Protokoll mit Index	1779
7577	Suppliken-Protokoll mit Index	1780
7578	Suppliken-Protokoll mit Index	1781
7579	Suppliken-Protokoll mit Index	1782
7580	Suppliken-Protokoll mit Index	1783
7581	Suppliken-Protokoll mit Index	1784
7582	Suppliken-Journal mit Index	1785
7583	Suppliken-Journal mit Index	1786
7584	Suppliken-Journal mit Index	1787

7585	Suppliken-Journal mit Index	1788
7586	Suppliken-Journal	1789
7587	Suppliken-Journal mit Index	1790
7588	Suppliken-Journal mit Index	1791
7589	Suppliken-Journal mit Index	1792
7590	Suppliken-Journal mit Index	1793
7591	Suppliken-Journal mit Index	1794
7592	Suppliken-Journal mit Index	1795
7593	Suppliken-Journal mit Index	1796
7594	Suppliken-Journal mit Index	1797
7595	Suppliken-Journal mit Index	1798
7596	Suppliken-Journal mit Index	1799
7597	Suppliken-Journal mit Index	1800
7598	Suppliken-Journal mit Index	1801
7599	Suppliken-Journal mit Index	1802
7600	Suppliken-Journal	1803
7601	Suppliken-Journal	1804
7602	Suppliken-Journal	1805
7603	Suppliken-Journal	1806
7604	Suppliken-Journal	Januar-August 1807
7605	Suppliken-Journal	August-Dezember 1807
7606	Suppliken-Journal	1808

7607	Suppliken-Journal	1809
7608	Suppliken-Journal	1810
7609	Suppliken-Journal	1811
7610	Suppliken-Journal	1812
7611	Suppliken-Journal	1813
7612	Suppliken-Journal	1814
7613	Suppliken-Journal	1815
7614	Suppliken-Journal	1816
7615	Suppliken-Journal	1817
7616	Suppliken-Journal	1818
7617	Suppliken-Journal	1819
7618	Suppliken-Journal	1820
7619	Suppliken-Journal	1821
7620	Suppliken-Journal	1822
7621	Suppliken-Journal	1823
7622	Suppliken-Journal	1824
7623	Suppliken-Journal	1825
7624	Suppliken-Journal	1826
7625	Suppliken-Journal	1827
7626	Suppliken-Journal	1828
7627	Suppliken-Journal	1829
7628	Suppliken-Journal	1830

7629	Suppliken-Journal	1831
7630	Suppliken-Journal	1832
7631	Suppliken-Journal	1833
7632	Suppliken-Journal	1834
7633	Suppliken-Journal	1835
7634	Suppliken-Journal	1836
7635	Suppliken-Journal	1837
7636	Suppliken-Journal	1838
7637	Suppliken-Journal	1839
7638	Suppliken-Journal	1840
7639	Suppliken-Journal	1841
7640	Suppliken-Journal	1842
7641	Suppliken-Journal	1843
7642	Suppliken-Journal	1844
7643	Suppliken-Journal	1845
7644	Suppliken-Journal	1846
7645	Suppliken-Journal	1847
7646	Suppliken-Journal	1848-1850

Generalregister zu den Suppliken-Protokollen

7647	Generalregister	1803
7648	Generalregister	1804
7649	Generalregister	1805

7650 Generalregister zu den Suppliken-Reskripten und Patenten-Protokollen 1806

7651 Generalregister zu den Suppliken-Reskripten und Patenten-Protokollen Januar-August 1807

7652 Generalregister zu den Suppliken-Reskripten und Patenten-Protokollen August-Dezember 1807

7653 Generalregister zu den Suppliken-Reskripten und Patenten-Protokollen 1808

7654 Generalregister zu den Suppliken-Reskripten und Patenten-Protokollen 1809

7655 Generalregister zu den Suppliken-Reskripten und Patenten-Protokollen 1810

7656 Generalregister zu den Suppliken-Reskripten und Patenten-Protokollen 1811

7657 Generalregister zu den Suppliken-Reskripten und Patenten-Protokollen 1812

7658 Generalregister 1813

7659 Generalregister 1814

7660 Generalregister 1815

7661 Generalregister 1816

7662 Generalregister 1817

7663 Generalregister 1818

7664 Generalregister 1819

7665 Generalregister 1820

7666 Generalregister 1821

7667 Generalregister 1822

7668	Generalregister	1823
7669	Generalregister	1824
7670	Generalregister	1825
7671	Generalregister	1826
7672	Generalregister	1827
7673	Generalregister	1828
7674	Generalregister	1829
7675	Generalregister	1830
7676	Generalregister	1831
7677	Generalregister	1832
7678	Generalregister	1833
7679	Generalregister	1834
7680	Generalregister	1835
7681	Generalregister	1836
7682	Generalregister	1837
7683	Generalregister	1838
7684	Generalregister	1839
7685	Generalregister	1840
7686	Generalregister	1841
7687	Generalregister	1842
7688	Generalregister	1843
7689	Generalregister	1844

7690	Generalregister	1845
7691	Generalregister	1846
7692	Generalregister	1847
7693	Generalregister	1848-1849

Conseil- und Relations-Protokolle

7694	Conseil-Protokoll mit Register	März 1705-April 1706
7695	Extrakte der eingesandten Relationen, Memoralien und Suppliken mit Resolutionen	April-Dezember 1706
7696	Conseil-Protokoll mit Register	September 1714-April 1720
7697	Conseil-Protokoll mit Register	Juli 1716-April 1723
7698	Conseil-Protokoll mit Register	Mai 1723-Mai 1730
7699	Hauptprotokoll mit Register	Juni 1730-März 1731
7700	Hauptprotokoll mit Register	April 1731-März 1732
7701	Hauptprotokoll mit Register	Oktober 1731-Dezember 1732
7702	Hauptprotokoll mit Register	März 1732-September 1733
7703	Conseil-Protokoll A mit Register	1733
7704	Conseil-Protokoll B mit Register	September-Dezember 1733
7705	Hauptprotokoll A mit Register	1734
7706	Hauptprotokoll B mit Register	1734
7707	Hauptprotokoll C mit Register	Mai-Juni 1734
7708	Conseil-Protokoll A mit Register	Januar-August 1735
7709	Conseil-Protokoll B mit Register	1735

7710	Conseil-Protokoll C mit Register	September-Dezember 1735
7711	Conseil-Protokoll A mit Register	Januar-November 1736
7712	Conseil-Protokoll B mit Register	Januar-September 1736
7713	Conseil-Protokoll C mit Register	November-Dezember 1736
7714	Conseil-Protokoll D mit Register	September-Dezember 1736
7715	Conseil-Protokoll A mit Register	Januar-Oktober 1737
7716	Conseil-Protokoll B mit Register	Januar-Juni 1737
7717	Conseil-Protokoll C mit Register	November-Dezember 1737
7718	Conseil-Protokoll D mit Register	Juli-Dezember 1737
7719	Conseil-Protokoll A	1738
7720	Conseil-Protokoll B	Januar-Juli 1738
7721	Conseil-Protokoll D	August-Dezember 1739
7722	Conseil-Protokoll A	1739
7723	Conseil-Protokoll C	1739
7724	Conseil-Protokoll A	Januar 1739-Mai 1740
7725	Conseil-Protokoll B	1740
7726	Conseil-Protokoll C	1740
7727	Conseil-Protokoll D mit Register	1741
7728	Anhang des Conseil-Protokolls A	1741
7729	Conseil-Protokoll B	1741
7730	Conseil-Protokoll A	1742
7731	Conseil-Protokoll B	1742

7732	Conseil-Protokoll A	1743
7733	Conseil-Protokoll B	1743
7734	Conseil-Protokoll B	1744
7735	Conseil-Protokoll A	1744-1745
7736	Conseil-Protokoll B	1745
7737	Conseil-Protokoll A	1746-1747
7738	Conseil-Protokoll B	1746-1747
7739	Conseil-Protokoll A	1748-1749
7740	Conseil-Protokoll B	1748-1750
7741	Conseil-Protokoll A	1749-1750
7742	Conseil-Protokoll A	1750-1751
7743	Conseil-Protokoll B	1750-1752
7744	Conseil-Protokoll A mit Register	1751-1753
7745	Conseil-Protokoll B	1752-1754
7746	Conseil-Protokoll mit Register	1755-1756
7747	Conseil-Protokoll	1755-1756
7748	Conseil-Protokoll	1756
7749	Conseil-Protokoll	1756
7750	Conseil-Protokoll C	1756
7751	Conseil-Protokoll A	1757
7752	Conseil-Protokoll B	Januar-Februar 1757
7753	Conseil-Protokoll B	1757

7754	Conseil-Protokoll A	1758
7755	Conseil-Protokoll B	1758
7756	Conseil-Protokoll A	1759-1760
7757	Conseil-Protokoll C	1759-1760
7758	Conseil-Protokoll A	1760
7759	Conseil-Protokoll A	1760-1761
7760	Conseil-Protokoll A	1761
7761	Conseil-Protokoll B	1761
7762	Conseil-Protokoll A	1762
7763	Conseil-Protokoll B	1762
7764	Conseil-Protokoll A	1763
7765	Conseil-Protokoll B	1763
7766	Conseil-Protokoll A	1764
7767	Conseil-Protokoll B	1764
7768	Conseil-Protokoll C	Juni-Dezember 1764
7769	Conseil-Protokoll A	1765
7770	Conseil-Protokoll B	1765
7771	Conseil-Protokoll C	1765
7772	Conseil-Protokoll B	1766
7773	Conseil-Protokoll C	1766
7774	Conseil-Protokoll A	1766-1767
7775	Conseil-Protokoll B	1767

7776 Conseil-Protokoll C 1767

7777 Conseil-Protokoll A 1768

7778 Conseil-Protokoll B 1768

7779 Conseil-Protokoll C 1768

7780 Conseil-Protokoll C und Conseil-Protokoll B 1768-1769

7781 Conseil-Protokoll B 1769

7782 Conseil-Protokoll C 1769

7783 Conseil-Protokoll A 1769-1770

7784 Conseil-Protokoll B 1770

7785 Conseil-Protokoll C 1770

7786 Conseil-Protokoll B und Relations-Protokoll C
November 1770-April 1771

7787 Relations-Protokoll des ersten schleswigschen Departements, Band 1 April-September 1771

7788 Relations-Protokoll des ersten schleswigschen Departements, Band 2 September-Dezember 1771

7789 Relations-Protokoll des zweiten Departements Band 1
Januar-Oktober 1771

7790 Relations-Protokoll des zweiten Departements Band 2
Oktober-Dezember 1771

7791 Relations-Protokoll des oldenburgischen Departements 1771

7792 Relations-Protokoll des dritten Departements 1772

7793 Relations-Protokoll des ersten schleswigschen Departements, Band 1 Januar-August 1773

7794 Erstes Relations-Protokoll nach der neuen Kanzleiordnung 1773

7795	Relations-Protokoll des zweiten Departements	Januar-August 1773
7796	Relations-Protokoll 2	August-Dezember 1773
7797	Relations-Protokoll 1	Januar-Juni 1774
7798	Fortsetzung des Relations-Protokolls 1	Juni-Dezember 1774
7799	Relations-Protokoll	Januar-Juni 1774
7800	Relations-Protokoll 1	August-Dezember 1775
7801	Relations-Protokoll 2	Januar-Juli 1775
7802	Relations-Protokoll 1	Januar-September 1776
7803	Relations-Protokoll 1	Oktober-Dezember 1776
7804	Relations-Protokoll 2	Januar-Juli 1776
7805	Relations-Protokoll 1	Januar-Oktober 1777
7806	Relations-Protokoll 2	1777
7807	Relations-Protokoll 2 mit Resolutionen	1777-1780
7808	Relations-Protokoll 1 mit Resolutionen	Januar-September 1778
7809	Relations-Protokoll 1	September-Dezember 1778
7810	Relations-Protokoll 2 mit Resolutionen	1778
7811	Relations-Protokoll 2 mit Resolutionen	Dezember 1778-Februar 1779
7812	Relations-Protokoll 1	1779
7813	Relations-Protokoll 2	1779
7814	Relations-Protokoll 3	Januar-Dezember 1779
7815	Relations-Protokoll 3	Dezember 1779
7816	Relations-Protokoll 2 mit Register	1780

7817	Relations-Protokoll 3	1780
7818	Relations-Protokoll 2	1781
7819	Relations-Protokoll 3	1781
7820	Relations-Protokoll 1	1782
7821	Relations-Protokoll 2	1782
7822	Relations-Protokoll 3	1782
7823	Relations-Protokoll 1	1783
7824	Relations-Protokoll 2	1783
7825	Relations-Protokoll 3	1783
7826	Relations-Protokoll	1784
7827	Relations-Protokoll 2	1784
7828	Relations-Protokoll 3	1784
7829	Erstes Relations-Protokoll	1785
7830	Relations-Protokoll 2	1785
7831	Relations-Protokoll 3	1785
7832	Relations-Protokoll	1786
7833	Relations-Protokoll 2	1786
7834	Relations-Protokoll 1	1787
7835	Relations-Protokoll 2	1787
7836	Relations-Protokoll 3	1787
7837	Erstes Relations-Protokoll	1788
7838	Relations-Protokoll 2	1788

7839	Relations-Protokoll 3 mit Resolutionen	Januar-Juli 1788
7840	Relations-Protokoll 3 mit Resolutionen	Juli 1788-Januar 1789
7841	Relations-Protokoll 1	1789
7842	Relations-Protokoll 2	1789
7843	Relations-Protokoll 3 mit Resolutionen	Januar-Juli 1789
7844	Relations-Protokoll 3 mit Resolutionen	Juli 1789-Januar 1790
7845	Relations-Protokoll 1	1790
7846	Relations-Protokoll 2	1790
7847	Relations-Protokoll 3 mit Resolutionen	Januar-Juni 1790
7848	Relations-Protokoll 3 mit Resolutionen	Juni-Dezember 1790
7849	Relations-Protokoll 1	1791
7850	Relations-Protokoll 2	1791
7851	Relations-Protokoll 3 mit Resolutionen	Januar-Juni 1791
7852	Relations-Protokoll 3 mit Resolutionen	Juni-Dezember 1791
7853	Relations-Protokoll 1	1792
7854	Relations-Protokoll 2	1792
7855	Relations-Protokoll 3 mit Resolutionen	Januar-August 1792
7856	Relations-Protokoll 3 mit Resolutionen	August-Dezember 1792
7857	Relations-Protokoll 2	1793
7858	Relations-Protokoll 3 mit Resolutionen	Januar-September 1793
7859	Relations-Protokoll 3 mit Resolutionen	September-Dezember 1793
7860	Relations-Protokoll 1	1794

7861	Relations-Protokoll 2	1794
7862	Relations-Protokoll 3	Januar-August 1794
7863	Relations-Protokoll 3	August-Dezember 1794
7864	Relations-Protokoll 2	1795
7865	Relations-Protokoll 3	Januar-Oktober 1795
7866	Relations-Protokoll 3	Oktober-Dezember 1795
7867	Relations-Protokoll 1	1796
7868	Relations-Protokoll 2	1796
7869	Relations-Protokoll 3	1796
7870	Relations-Protokoll 1	1797
7871	Relations-Protokoll 2	1797
7872	Relations-Protokoll 3	1797
7873	Relations-Protokoll 1	1798
7874	Relations-Protokoll 2	1798
7875	Relations-Protokoll 3	1798
7876	Relations-Protokoll 1	1799
7877	Relations-Protokoll 2	1799
7878	Relations-Protokoll 3	1799
7879	Relations-Protokoll 1	1800
7880	Relations-Protokoll 2	1800
7881	Relations-Protokoll 3	1800
7882	Relations-Protokoll 1	1801

7883	Relations-Protokoll 2	1801
7884	Relations-Protokoll 3	1801
7885	Relations-Protokoll für Staats- und geistliche Sachen	1802
7886	Relations-Protokoll	1802
7887	Relations-Protokoll	1802
7888	Relations-Protokoll	Januar-Oktober 1802
7889	Relations-Protokoll	Oktober-Dezember 1802
7890	Relations-Protokoll	1803
7891	Relations-Protokoll	1803
7892	Relations-Protokoll	1803
7893	Relations-Protokoll	1803
7894	Relations-Protokoll	1804
7895	Relations-Protokoll (drei Bände)	1804
7896	Relations-Protokoll 1	1805
7897	Relations-Protokoll 2	1805
7898	Relations-Protokoll 3	1805
7899	Relations-Protokoll 4	1805
7900	Relations-Protokoll 2, 3 und 4	1806
7901	Relations-Protokoll 1	1807
7902	Relations-Protokoll 2	1807
7903	Relations-Protokoll 3	1807
7904	Relations-Protokoll 4	1807

7905	Relations-Protokoll 1	1808
7906	Relations-Protokoll 2	1808
7907	Relations-Protokoll 3	1808
7908	Relations-Protokoll 4	1808
7909	Relations-Protokoll 1	1809
7910	Relations-Protokoll 2	1809
7911	Relations-Protokoll 3	1809
7912	Relations-Protokoll 4	1809
7913	Relations-Protokoll 1	1810
7914	Relations-Protokoll 2	1810
7915	Relations-Protokoll 3	1810
7916	Relations-Protokoll 4	1810
7917	Relations-Protokoll 1	1811
7918	Relations-Protokoll 2	1811
7919	Relations-Protokoll 3	1811
7920	Relations-Protokoll 4	1811
7921	Relations-Protokoll 1	1812
7922	Relations-Protokoll 2	1812
7923	Relations-Protokoll 3	1812
7924	Relations-Protokoll 4	1812
7925	Relations-Protokoll 1	1813
7926	Relations-Protokoll 2	1813

7927	Relations-Protokoll 3	1813
7928	Relations-Protokoll 4	1813
7929	Relations-Protokoll 1	1814
7930	Relations-Protokoll 2	1814
7931	Relations-Protokoll 3	1814
7932	Relations-Protokoll 4	1814
7933	Relations-Protokoll 1	1815
7934	Relations-Protokoll 2	1815
7935	Relations-Protokoll 3	1815
7936	Relations-Protokoll 4	1815
7937	Relations-Protokoll 1	1816
7938	Relations-Protokoll 2	1816
7939	Relations-Protokoll 3	1816
7940	Relations-Protokoll 4	1816
7941	Relations-Protokoll 1-4	1817
7942	Relations-Protokoll 1-4	1818
7943	Relations-Protokoll 1-4	1819
7944	Relations-Protokoll 1-4	1820
7945	Relations-Protokoll 1-4	1821
7946	Relations-Protokoll 1-4	1822
7947	Relations-Protokoll 1, 3 und 4	1823
7948	Relations-Protokoll 2 und 3	1824

7949	Relations-Protokoll 1-4	1825
7950	Relations-Protokoll 2-4	1826
7951	Journal des ersten und vierten Sekretariatskontors und Relations-Protokoll 2-4	1827
7952	Journal des ersten und vierten Sekretariatskontors und Relations-Protokoll 2-4	1828
7953	Kontor-Journal	1829
7954	Kontor-Journal	1829
7955	Relations-Protokoll 1-4	1829
7956	Kontor-Journal und Relations-Protokoll 2 und 3	1830
7957	Kontor-Journal	1831
7958	Kontor-Journal	1831
7959	Relations-Protokoll 2	1831
7960	Relations-Protokoll 3	1831
7961	Journal des Sekretariatskontors	1832
7962	Journal des Sekretariatskontors	1832
7963	Relations-Protokoll 2	1832
7964	Relations-Protokoll 3	1832
7965	Kontor-Journal 1	1833
7966	Relations-Protokoll 3	1833
7967	Relations-Protokoll 1	1834
7968	Relations-Protokoll 2 und 3	1834
7969	Relations-Protokoll 4	1834

7970	Relations-Protokoll 1	1835
7971	Relations-Protokoll 2	1835
7972	Relations-Protokoll 3	1835
7973	Relations-Protokoll 2	1836
7974	Relations-Protokoll 3	1836
7975	Relations-Protokoll 4	1836
7976	Relations-Protokoll 1	1837
7977	Relations-Protokoll 2	1837
7978	Relations-Protokoll 3	1837
7979	Relations-Protokoll 1	1838
7980	Relations-Protokoll 2	1837
7981	Relations-Protokoll 3	1838
7982	Relations-Protokoll 1	1839
7983	Relations-Protokoll 2 und 3	1839
7984	Relations-Protokoll 4	1839
7985	Relations-Protokoll 1	1840
7986	Relations-Protokoll 2 und 3	1840
7987	Relations-Protokoll 4	1840
7988	Relations-Protokoll 1	1841
7989	Relations-Protokoll 2 und 3	1841
7990	Journal für Protokoll 2	September-Dezember 1841
7991	Relations-Protokoll 4	1841

7992 Relations-Protokoll 1 1842

7993 Relations-Protokoll 2 1842

7994 Relations-Protokoll 3 Januar-Oktober 1842

7995 Relations-Protokoll 3 Oktober-Dezember 1842

7996 Relations-Protokoll 4 1842

7997 Relations-Protokoll 1 1843

7998 Relations-Protokoll 2 1843

7999 Relations-Protokoll 3 1843

8000 Relations-Protokoll 4 1843

8001 Relations-Protokoll 1 1844

8002 Relations-Protokoll 2 1844

8003 Relations-Protokoll 3 1844

8004 Relations-Protokoll 4 1844

8005 Relations-Protokoll 1 1845

8006 Relations-Protokoll 2 1845

8007 Relations-Protokoll 3 Januar-November 1845

8008 Anhang zum Journal des dritten Sekretariatskontors
November-Dezember 1845

8009 Relations-Protokoll 4 1845

8010 Relations-Protokoll 1 1846

8011 Relations-Protokoll 2 1846

8012 Relations-Protokoll 3 1846

8013 Relations-Protokoll 4 1846

8014 Relations-Protokoll 1 1847

8015 Relations-Protokoll 2 1847

8016 Relations-Protokoll 3 1847

8017 Relations-Protokoll 4 1847

Vorstellungsprotokolle

8018 Vorstellungsprotokolle 1837-1841

Protokolle über die Wiederbesetzung geistlicher und ziviler Ämter

8019 Protokoll über die Wiederbesetzung geistlicher und ziviler Ämter in den Herzogtümern Schleswig und Holstein sowie den Grafschaften Oldenburg und Delmenhorst Januar 1707-Mai 1721

8020 Protokoll über die Wiederbesetzung geistlicher und ziviler Ämter in den Herzogtümern Schleswig und Holstein sowie den Grafschaften Oldenburg und Delmenhorst Juni 1721-Mai 1730

8021 Protokoll über die Wiederbesetzung geistlicher und ziviler Ämter in den Herzogtümern Schleswig und Holstein sowie den Grafschaften Oldenburg und Delmenhorst Dezember 1730-Februar 1738

8038 Verzeichnis aller Zivilämter und Bedienungen, für die die Kanzlei Bestallungen oder Konfirmationen ausfertigt 1788

Konfirmationsprotokolle

8022 Konfirmations-Extrakte 1731-1741

8023 Konfirmations-Extrakte 1746-1747

8024 Konfirmations-Extrakte 1774-1792

8025 Konfirmations-Protokoll für den ehemaligen gemeinschaftlichen und großfürstlichen Anteil am Herzogtum Holstein Band A 1773-1775

8026 Konfirmations-Protokoll für den ehemaligen gemeinschaftlichen und großfürstlichen Anteil am Herzogtum Holstein Band B 1775-1782

8027 Konfirmations-Protokoll 1812-1820

8028 Register zum Konfirmations-Protokoll 1812-1820

8029 Konfirmations-Protokoll 1840-1843

8030 Register zum Konfirmations-Protokoll 1840-1843

Sammelbände mit Originalverfügungen

8031 Originale der Verordnungen und Patente 1770-1789

8032 Originale der Verordnungen und Patente 1790-1811

8033 Originale der Verordnungen und Patente 1820-1832

8034 Originale der Verordnungen und Patente 1831-1839

8035 Originale der Verordnungen und Patente 1840-1843

8036 Originale der Verordnungen und Patente 1844-1847

Brandversicherungskontor

8037 Journal des Brandversicherungskontors 1842-1849

ALTE FINDMITTEL

8135 Registrant des Kanzlei-Archivs Band 1: Königliches Haus, Ritterorden, Kollegien und Behörden, Huldigungs- und Konfirmationsakten, Deutsches Reich und Deutscher Bund, Grenzsachen, Justizsachen
Enthält: Abt. 65.2 Nr. 1-358 1835-1956

8136 Registrant des Kanzlei-Archivs Band 2: Kirchensachen, Allgemeine Schulsachen, Stipendium, Universität zu Kiel 1835-1956
Enthält: Abt. 65.2 Nr. 370-597

8137 Registrant des Kanzlei-Archivs Band 3: Gelehrtenschulen, Bürgerschulen, Landschulen, Litteraria, Armensachen, Ehesachen
Enthält: Abt. 65.2 Nr. 598-735 1835-1969

8138 Registrant des Kanzlei-Archivs Band 4: Kammer- und Finanzsachen
Enthält: Abt. 65.2 Nr. 736-786d 1835-1956

8139 Registrant des Kanzlei-Archivs Band 5: Ökonomie der Städte, Postwesen, Polizeiwesen 1835-1956
Enthält: Abt. 65.2 Nr. 786f-1074

8140 Systematisches Aktenverzeichnis Band 6: Gemeinschaftlicher Distrikt, Prälaten und Ritterschaft, Adlige Kirchen und Güter, Oktroyierte Köge
Enthält: Abt. 65.2 Nr. 1075-1471 1793-1887

8141 Abschrift des Systematischen Aktenverzeichnisses Band 6 1887
Enthält: Abt. 65.2 Nr. 1075-1471

8142 Systematisches Aktenverzeichnis Band 7: Ämter und Propsteien Hadersleben mit Törninglehn, Apenrade und Lügumkloster sowie den Städten und Flecken Hadersleben, Christiansfeld, Apenrade und Lügumkloster 1793-1936
Enthält: Abt. 65.2 Nr. 1472-1750. Archivalien wurden 1936 an Dänemark abgegeben.

8143 Systematisches Aktenverzeichnis Band 8: Amt und Propstei Tondern mit Landschaften Föhr und Sylt sowie Flecken Wyk, Amt und Propstei Husum mit Vogtei Schwabstedt, Landschaften Helgoland, Nordstrand und Pellworm mit Halligen, Amt und Propstei Bredstedt, Amt Mohrkirchen sowie Städte Tondern und Husum 1793-1971
Enthält: Abt. 65.2 Nr. 1751-2135

8144 Systematisches Aktenverzeichnis Band 9: Ämter und Propsteien Flensburg und Sonderburg, ehemalige glücksburgische Lande, Insel Alsen, Amt Norburg, Insel Ärö, Städte und Flecken Flensburg, Sonderburg, Glücksburg, Norburg und Ärösköping 1793-1956
Enthält: Abt. 65.2 Nr. 2136-2450a

8145 Systematisches Aktenverzeichnis Band 10: Landschaft und Propstei Eiderstedt, Amt und Propstei Gottorf, Städte und Flecken Friedrichstadt, Tönning, Garding, Schleswig und Kappeln 1793-1956
Enthält: Abt. 65.2 Nr. 2451-2861

8146 Systematisches Aktenverzeichnis Band 11: Amt und Propstei Hütten mit Stapelholm, Landschaft und Propstei Fehmarn, Städte Eckernförde und Burg auf Fehmarn, Festung Friedrichsort 1793-1956
Enthält: Abt. 65.2 Nr. 2862-3041

8147 Systematisches Aktenverzeichnis Band 12: Landschaft und Propstei Süderdithmarschen, Amt, Propstei und Stadt Rendsburg mit Flecken Kellinghusen 1793-1956
Enthält: Abt. 65.2 Nr. 3042-3280c

8148 Systematisches Aktenverzeichnis Band 13: Amt Steinburg, Propstei Münsterdorf, Städte Glückstadt, Krempe und Wilster 1793-1969
Enthält: Abt. 65.2 Nr. 3281-3507

8149 Systematisches Aktenverzeichnis Band 14: Stadt Itzehoe, Grafschaft und Propstei Rantzau, Grafschaft Herzhorn, Sommerland und Grönland, Flecken Elmshorn und Barmstedt, Herrschaft und Propstei Pinneberg 1793-1956
Enthält: Abt. 65.2 Nr. 3508-3738

8150 Systematisches Aktenverzeichnis Band 15: Städte Altona mit Ottensen, Lütjenburg und Heiligenhafen 1793-1956
Enthält: Abt. 65.2 Nr. 3739-4039

8151 Systematisches Aktenverzeichnis Band 16: ehemaliger großfürstlicher Distrikt im Allgemeinen, großfürstliche Ämter und Propsteien, Städte Kiel, Oldenburg und Neustadt, Landschaft und Propstei Norderdithmarschen 1793-1956
Enthält: Abt. 65.2 Nr. 4040-4418

8152 Systematisches Aktenverzeichnis Band 17: Amt, Propstei und Stadt Segeberg, Stadt Oldesloe, Plönische Lande allgemein, Propstei und Stadt Plön, dänische Staaten, Hamburg, Lübeck und andere fremde Staaten 1793-1956
Enthält: Abt. 65.2 Nr. 4419-4860

8153 Repertorium Abt. A XVIII Band 18: Provinzialstände und adlige Familien 1887-1956
Enthält: Abt. 65.2 Nr. 4861-5123

8154 Repertorium Abt. A XVIII Band 19: Fideikommisse und Stiftungen, Testamente und ähnliche Dispositionen, Restitutiones in integrum, Landwirtschaft, Deiche, Mühlen, Sturmfluten, Münz- und Banksachen, Fonds der Kanzlei, Rettungsprämien 1887-1956
Enthält: Abt. 65.2 Nr. 5124-6375

8155 Registrant zu Fideikommissen und Stiftungen um 1830-1887

8156 Registrant Band 20: Strafanstalten um 1823-1887
Enthält: Abt. 65.2 r. 6376-6476

8157 Registrant Band 21: Militär um 1823-1887
Enthält: Abt. 65.2 Nr. 6477-6600

8158 Registrant Band 22: Militär um 1823-1887
Enthält: Abt. 65.2 Nr. 6601-6768

8159 Registrant Band 23: See-Etat um 1830-1887
Enthält: Abt. 65.2 Nr. 6769-6801

8160 Registrant Band 24: Protokolle und Journale mit Benutzungshinweisen 1890-um 1990
Enthält: Abt. 65.2 Nr. 6802-8037

8161 Verzeichnis Band 25: Generalübersicht zum Bestand mit Vorbemerkung, Verzeichnis der nicht an Preußen ausgelieferten Akten sowie gedrucktes Ordnungschema des Archivs im Zeitraum 1816-1835 1816-1835, 1887-1902

8162 Verzeichnis Band 26: Namensregister zu Erbschaften, Adoptionen, Testamenten, Eheverträgen, Schenkungen im Todesfall sowie Konzessionen zur Errichtungen von Testamenten 1914
Enthält: Register zu Abt. 65.2 Nr. 194-209, 733, 734, 5312-5645 und 5793

FINDBUCH DES BESTANDES ABT. 65.3

Deutsche Kanzlei zu Kopenhagen für das Herzogtum Lauenburg

ALLGEMEINER TEIL

Landeshoheit und Grenzen, Regierungswechsel und Huldigung, Beziehungen zum Deutschen Reich, Landesprivilegien und Verfassung, Ständeversammlungen

1 Landeshoheit und Grenzen 1661-1736, 1842-1847
Enthält: Verzeichnis der zum Herzogtum Lauenburg gehörigen Pertinenzien, 1661; Gut „Die Brandenburg", 1691; Grenzjagden, 1690-1703; Errichtung von Grenzgräben und Bepflanzung mit Bäumen, 1704; Güter Duzow und Thurow, 1732; Abtretung der Dörfer Sahms, Groß Pampau und Elmenhorst (mit Kontributionsverzeichnis), 1729-1736; Hoheitsrechte über den Stover Werder, 1842-1847

2 Streitigkeiten mit Lübeck wegen der Vogtei Mölln 1726-1739

3 Streitigkeiten mit Lübeck wegen der Vogtei Mölln (1463-) 1740-1747, 1778
Enthält u. a.: Verzeichnis von Urkunden 1359-1656

4 Hoheits- und Grenzstreitigkeiten mit Lübeck
Enthält u. a.: Ratzeburger See (1274-1419) nach 1665-1702

5 Verhandlungen mit Lübeck wegen der Grenzen und der Fischerei auf dem Ratzeburger See (1188-1419) 1704-1772

6 Hoheits- und Grenzstreitigkeiten mit Lübeck (1588-) 1706-1750
Darin: Karte der Grenze bei Tüschenbek, 1706; Karte der Krummesser und Bliestorfer Großen Heide, 1749

7 Hoheits- und Grenzstreitigkeiten mit Lübeck 1690-1847
Darin: Karte des Ratzeburger Sees, 1754

8 Hoheits- und Grenzstreitigkeiten mit Hamburg und Lübeck wegen des Amtes Bergedorf und des Sachsenwaldes (1400-) 1608-1731

9 Hoheits- und Grenzstreitigkeiten mit Hamburg und Lübeck wegen des Amtes Bergedorf und des Sachsenwaldes
(1650-) 1733-1775, 1804-1840

10 Hoheits- und Grenzstreitigkeiten mit dem Herzogtum Holstein
Darin: Karten des sogenannten Niederteichs, 1703 1690-1795

11 Hoheits- und Grenzstreitigkeiten mit den Herzogtümern Mecklenburg-Strelitz und Mecklenburg-Schwerin (1439-) 1698-1773
Darin: Plan des Mecklenburgischen Präsidentenhofs, 1702; Lageplan des Palmberges am Ratzeburger Dom, 1766

12 Hoheits- und Grenzstreitigkeiten mit dem Herzogtum Mecklenburg-Strelitz wegen der Fähre über den Ratzeburger See
(1439) 1705-1735

13 Hoheits- und Grenzstreitigkeiten mit dem Herzogtum Mecklenburg-Strelitz wegen der Dalldorfer Kurie und des Domhofs in Ratzeburg
1754-1776

14 Beschwerden des Herzogtums Mecklenburg-Strelitz über Waffenübungen auf dem Palmberg 1786-1789

15 Vergleich zwischen dem Amt Lauenburg und dem Amt Boizenburg im Herzogtum Mecklenburg-Schwerin über den Boizenburger Werder
Darin: drei Karten, 1784-1792 1780-1794

16 Hoheits- und Grenzstreitigkeiten mit den Herzogtümern Mecklenburg-Strelitz und Mecklenburg-Schwerin 1780-1800, 1824-1847
Darin: Karte zum Grenzverlauf zwischen Alt-Mölln und Mannhagen, 1786; Skizze zum Wendeplatz an der Landesgrenze auf dem Chausseedamm im Stecknitztal, 1836

17 Regierungswechsel und Huldigungen 1665-1690
Enthält: Konzepte zu Huldigungs- und Diensteiden, 1665-1670; Rechte und Ansprüche auf das Herzogtum Lauenburg, 1689-1690; Einsendung des anlässlich der Besitzergreifung ergangenen Befehls, 1690

18 Regierungswechsel und Huldigungen 1689-1761
Enthält u. a.: Anweisung von Gratialen, Pensionen und Präsenten an verschiedene Personen, 1689-1690; Sukzessionsrechte und Besitzergreifung, 1690

19 Regierungswechsel und Huldigungen nach der Vereinigung mit Dänemark (1698-) 1815-1847

Enthält u. a.: Grundsätze zur Behandlung der zur Bestätigung eingesandten Privilegien, Bestallungen und Dokumente, 1840-1845; Adresse der Ritter- und Landschaft wegen des „Offenen Briefs", 1847

Darin: Druck des Hauptliquidationsrezesses zwischen Dänemark und dem Königreich Hannover, 1826

20 Beziehungen zum Deutschen Reich 1705-1792

Enthält u. a.: Sitz und Stimme der Landesherrschaft auf den Reichs- und Kreistagen sowie im Reichshofrats- und Reichskammerkollegium, 1725; Reichs- und Kreissteuern für die Vogtei Mölln, 1746

21 Landesprivilegien und Verfassung (1588-) 1728, 1761, 1816-1845

Enthält u. a.: Abschriften zur Union zwischen Landesherrschaft und Ritterschaft, 1585-1626; Bestätigung des Landesrezesses von 1702 (mit Abschrift), 1816; Bestätigung der Privilegien durch König Christian VIII. von Dänemark, 1845

22 Landesprivilegien und Verfassung: Nachrichten und Aufsätze 1777-1814

Enthält u. a.: Aufsatz des Prof. Carl Theodor Welcker über die Gesetzgebung; Ausführungen über Behörden und Beamte

23 Einberufung der Ständeversammlung 1702, 1816

24 Öffentliche Verhältnisse 1689-1845

Enthält u. a.: Besitzergeifung des Zollhauses in Schwarzenbek, 1689; Forderungen des Stifthauptmanns von Mandelsloh an das Domstift Ratzeburg, 1692; Trauergeläut, 1705, 1737; Verzeichnis aller am Reichsgericht gegen das Herzogtum Lauenburg anhängigen Prozesse, 1725; Entführung lauenburgischer Schiffsleute durch brandenburgische Soldaten, 1725; Zuschüttung einer Totengrube in Siebenbäumen durch Bauern aus Ahrensfelde, 1751; gewaltsamer Übergriff holsteinischer Untertanen, 1760; Bellevillesche Zwangsanleihe, 1821-1826

Behörden und Beamte

25 Pflichten der Beamten, Einkünfte und Geschäftsgang 1690-1795

26 Pflichten der Beamten, Einkünfte und Geschäftsgang (1772-) 1816-1843

Enthält u. a.: Bestätigung der Bestallungen, 1818

27 Staats- und Kabinettsministerium 1708, 1750, 1800-1802
Enthält: Titulatur der Geheimen Räte, 1708; Neujahrswunsch an die Geheimen Räte, 1750; Weglassung der Titulatur und Kurialien in den Berichten an das Ministerium, 1800; Verordnung wegen der Anordnung eines Kabinetts- und Staatsministerums, 1802

28 Gouverneur und Landdrost 1689-1849

29 Regierungskollegien 1689-1848
Enthält u. a.: Siegelgebrauch und offizielle Bezeichnung des Herzogtums, 1816; Anweisung von Geldern für die Kontorausgaben der Landeskollegien, 1842-1848; Einkünfte; Prüfungen

30 Regierung: Allgemeines 1672-1839
Enthält u. a.: Siegel und Unterschrift, 1672; Interimsregierung, 1689; Bau der Regierungskanzlei, 1724-1729; Regierungsinstruktion, 1731; Gehaltszulage, 1821; Uniform, 1839; Einkünfte; Deputate
Darin: Baurisse zur Regierungskanzlei, 1726

31 Regierung: Räte 1689-1840

32 Regierung: Assessoren und Auskultanten 1723-1847

33 Regierung: Sekretäre und Botenmeisteramt 1690-1840

34 Regierung: Kanzlisten 1690-1847

35 Regierung: Pedelle und Boten 1703-1777, 1809-1847

36 Regierung: Archiv, Schreibmaterialien und sonstige Angelegenheiten 1690-1838
Enthält u. a.: Archivierung von Korrespondenz zwischen dem Oberhauptmann von Perckenthin und dem Rat Clasen, 1690; Verfügung zu den Rechnungen für Schreibmaterialien, 1749-1752; Auslieferung und Ordnung der Lauenburg betreffenden hannoverschen Akten, 1816-1821; Erlaubnis zur Archivbenutzung für Dr. Peter von Kobbe, Ratzeburg, 1835

37 Hofgericht: Allgemeines 1680-1773
Enthält u. a.: Wiederanordnung des Hofgerichts, 1701; Veränderung der Hofgerichtsordnung, 1701-1707; Appellation, 1730; Diäten; Geschäftsgang

38 Hofgericht: Hofrichter 1681-1818

39 Hofgericht: Beisitzer (Landräte, Hofräte, Assessoren) allgemein 1694-1799

40 Hofgericht: einzelne Beisitzer 1701-1740

41 Hofgericht: einzelne Beisitzer 1741-1839

42 Hofgericht: sonstige Angelegenheiten 1733-1848
Enthält: Kauf von Schriften zur Hofgerichtsordnung und Kirchenordnung, 1733; Beschwerde des Amtmanns Schaller, Wittenburg, über das Hofgericht, 1743; Verstöße des Hofgerichts gegen den Landrezess, 1784; Diäten, 1817-1848

43 Konsistorium: Allgemeines 1702-1846
Enthält u. a.: Verbesserung der Einrichtung und des Geschäftsgangs, 1744

44 Konsistorium: spezielle Angelegenheiten 1662-1848
Enthält u. a.: Ernennung von Mitgliedern; Diäten

45 Advokaten 1799-1836

46 Anzeige der Amtmänner von Reisen und Geschäftsausübung während der Abwesenheit 1752

47 Fiskal 1680-1705, 1818-1830

48 Prokuratoren 1736, 1773, 1820
Enthält: Prokuraturgebühr, 1736; Verjährung der Forderungen der Prokuratoren, 1773; Berechtigung zur Prokuratur für in Glückstadt wohnende Advokaten, 1820

49 Einzelne Advokaten und Prokuratoren 1690-1848

50 Notare 1727-1737, 1808-1841

51 Gehaltszulage für den Zentralkassenkassierer Kuntze 1841-1843

52 Amtsdiener, Stadtdiener und Gerichtsdiener, Syndikus, Landkommissare, Kämmerer, Zollbedienstete, Forstbedienstete, Kammermeister, Stallmeister, Legationssekretäre 1690-1743

Justiz

53 Justizwesen allgemein 1748-1848

Enthält u. a.: Privilegium de non appellando, 1748; Besoldung eines Oberappellationsrats, 1753, 1757; Anwendbarkeit des Sachsenrechts, 1771; Anträge des Amtmanns Compe, Schwarzenbek, zur Verbesserung der Justiz und der Polizei, 1804; Konstituierung des holsteinischen Obergerichts als lauenburgische Appellationsinstanz und dessen Verfahren, 1816-1818; Bestallung eines von der Ritter- und Landschaft zu wählenden Rats im Obergericht, 1815-1819

54 Gesetzsammlungen und Abdruck der Verordnungen 1741-1799

55 Gesetzsammlungen und Abdruck der Verordnungen 1817-1841

56 Prozesse, insbesondere Zivilprozesse 1715-1838

Enthält u. a.: Zuständigkeit bei Prozessen mit Beklagten aus den Städten Ratzeburg und Lauenburg, 1715, 1717, 1731; Verordnung wegen der Schlägereien und Injurien der Landleute, 1759; Verkürzung des Prozessgangs, 1821-1825; Verordnung zur Einschränkung der Eidesleistung, 1834-1835; Bestimmungen zur Appellation

57 Erbschaft sowie Vormundschaft und Kuratel 1690-1847

58 Schuld- und Konkursangelegenheiten: Allgemeines 1724-1829

Enthält u. a.: Verordnung wegen des Saatkorns, 1724-1725; Schulden von Offizieren an die Regimentskasse, 1732; Kredit an die mecklenburgischen Leibeigenen im Herzogtum Lauenburg, 1754; Kredit der Studenten in Göttingen, 1796; Verkürzung und Beschleunigung des Konkursverfahrens, 1825-1829

59 Schuld- und Konkursangelegenheiten: Einzelfälle 1705-1836

60 Schuld- und Pfandprotokoll 1799-1844

Enthält u. a.: Verbesserung des Hypothekenwesens und Entwurf einer Schuld- und Pfandprotokollordnung, 1825-1844

61 Andere nicht-prozessualische Angelegenheiten 1702-1827

Enthält u. a.: Vorkauf, 1702; Depositen, 1744-1800; Verordnung über die im Krieg verschollenen Militärpersonen, 1815-1818; Erfordernisse bei Errichtung und Bestätigung von Ehestiftungen und Hausbriefen, 1827

62 Wiedereinsetzung in den vorigen Stand (Restitutiones in integrum 1726-1730, 1820-1823

Enthält: Stadthauptmann in Mölln Jacob Dietrich von Bülow; Gutsbesitzer August von Wackerbarth

63 Wiederherstellung des Rufs und der Ehre (Restitutiones famae et honoris) 1732, 1841-1842
Enthält: Fischer Franz Hund, Ratzeburg; Maurermeister Johann Heinrich Christoph Kröger, Lauenburg

64 Privatrechtsangelegenheiten: Einzelfälle 1693-1720

65 Privatrechtsangelegenheiten: Einzelfälle 1723-1778, 1816-1846

66 Kriminalprozess: Allgemeines 1721-1843
Enthält u. a.: Kriminaluntersuchung gegen entlaufene Militärpersonen, 1724; Berechtigung von Urteilssprüchen adliger Gerichte, 1726; Befugnis des Hofgerichts zur Kriminaluntersuchung gegen Angeklagte aus dem Adel und den Landständen, 1732; Verordnung zur Aufhebung der Aktenversendung an Juristenfakultäten, 1834-1837

67 Konventionen zur Auslieferung von Verbrechern und Aufhebung der Gerichtsgebühren 1736-1800
Enthält: Kurfürstentum Mainz; Hessen; Bischof von Hildesheim; Sachsen-Gotha; Mecklenburg-Strelitz; Mecklenburg-Schwerin; Braunschweig; Hochstift Osnabrück

68 Strafen: Allgemeines 1718-1847
Enthält u. a.: Abschaffung gewisser Strafen und Errichtung eines Zucht- und Waisenhauses, 1718; Nachrichten über die im Herzogtum Lauenburg verurteilten Verbrecher, 1723-1725; Bewachung durch Soldaten, 1730-1731; Verordnung zur Landesverweisung, 1735; Verzeichnis der Karrensträflinge aus dem Herzogtum Lauenburg in Harburg, 1776; Transport landesverwiesener ehemaliger Zuchthausinsassen, 1839, Gefängnisstrafe bei Wasser und Brot, 1846-1847

69 Verbrechen: Allgemeines 1699-1819
Enthält u. a.: Pferdediebstahl, 1699, 1735; Bigamie, 1730; Bestrafung widerspenstiger Kinder, 1736; Diebstähle

70 Gefangenenhäuser, Stockmeister, Gefangenenwärter und Unterhalt der Verbrecher 1724-1847

71 Lohn des Nachrichters 1711-1712

72 Brüche 1712-1759, 1818-1843
Enthält u. a.: Brücheverfahren in den Ämtern, 1819; Brüche des Amtmanns Baron von Dirckinck-Holmfeld, Schwarzenbek, wegen Tätlichkeit, 1834-1841; Brüche der Witwe des Justizrats Albinus, Lauenburg, wegen ungebührlichen Schreibens, 1843
Darin: Gnadenschrift des Barons von Dircking-Homfeld, 1839

73 Einzelne Kriminalfälle 1820-1845

Kirche

Kirche allgemein

74 Kirche: Allgemeines 1792-1842

Enthält: Verordnung zur doppelten Führung der Kirchenbücher, 1792; Abgaben für Leichentransporte auf der Elbe, 1828-1829; Zulassung eines Missionsvereins, 1834-1842

75 Kirchenvisitationen und Kirchenvisitationsberichte: Allgemeines 1701-1742, 1836-1837

76 Superintendent: Allgemeines 1684-1745, 1795-1799, 1837-1839

77 Superintendent: Personal und spezielle Angelegenheiten 1690-1738

78 Superintendent: Personal und spezielle Angelegenheiten 1743-1842

79 Prediger und ihre Pflichten 1692-1841

Enthält u. a.: Heirat der Predigerwitwe, 1692; Bestellung der Feldprediger, 1793; Holzdeputat, 1841; Besetzungsverfahren; Eid

80 Kandidaten der Theologie, Examen und Kandidatenverzeichnisse 1722-1844

Enthält u. a.: Entwurf einer Verfügung zum Examen der Kandidaten der Theologie, 1725-1726; Verbesserung des Theologiestudiums, 1753; Repentenkollegium an der Universität in Göttingen, 1765

81 Wahlpredigt, Wahl, Präsentation, Konfirmation, Ordination 1690-1728, 1834-1844

Enthält: Präsentation und Prüfung der Patronatspfarrer, 1690; Präsentationsverfahren, 1724; Fiskigebühren, 1728; Eid und Berufung der Prediger, 1834-1844

82 Rechte der Kirchenbediensteten und ihrer Witwen in ökonomischer Beziehung, Abhandlung mit dem Vorgänger, Gnadenjahr, Predigerwitwenkasse 1701-1844

Enthält u. a.: Antrag auf Errichtung eines Predigerwitwenhauses, 1701; Entwurf einer Verordnung zur Abhandlung mit dem Vorgänger oder dessen Erben, 1783, 1803

83 Gottesdienst, Taufe, Beichte, Abendmahl, Kirchengebet, Begräbnisse 1689-1767, 1833-1847

84 Sonn- und Feiertage, Jubelfeiern, Dankfeste, Fürbitten bei Seuchen 1704-1788

85 Bibel und Bibelgesellschaft, Gesangbücher, Episteln, Lehrbücher 1736-1775, 1816-1831

Enthält u. a.: Einführung eines neuen Gesangbuchs, 1739-1744; Errichtung einer Bibelgesellschaft, 1816; Mangel an Gesangbüchern, 1827-1831

86 Kirchenbauten, Kirchengelder, Kirchenrechnungen und Inventare 1690-1767, 1809-1847

Enthält u. a.: Beteiligung des Dorfes Stubben im Amt Steinhorst zum Kirchenbau in Eichede im Amt Trittau, 1751-1753

87 Fremde Religionsverwandte 1710-1798

Einzelne Kirchen

88 Kirche in Basthorst: Patronat des Besitzers von Gut Basthorst 1690

90 Kirche in Behlendorf: Episkopalhoheit und Patronat (1581-1658) 1702-1734

Enthält u. a.: Abschriften der Kirchenvisitationsberichte für 1581, 1590 und 1658; Holzlieferungen

89 Kirche in Berkenthin 1763-1768, 1816-1842

Enthält u. a.: Errichtung einer Totengilde, 1763; Wiederaufbau des abgebrannten Kirchturms, 1822

91 Kirche in Breitenfelde 1692-1836

Enthält u. a.: Streitigkeiten mit der Stadt Lübeck wegen der Episkopalhoheit, 1692-1737; Holzausweisungen; Pastor

92 Kirche in Brunstorf 1690-1846

Enthält u. a.: Bauten; Holzausweisungen; Pastor

93 Kirche in Büchen 1692-1845

Enthält u. a.: Verbindung der Kirchen in Büchen und Pötrau, 1734-1737; Holzlieferungen; Bauten; Pastor

96 Kapelle in Fuhlenhagen: Holzlieferung zur Reparatur 1819

97 Kirche in Sankt Georgenberg 1691-1844
Enthält u. a.: Bauten; Holzlieferungen; Pastor

98 Kirche in Grönau 1699-1844
Enthält u. a.: Bauten; Holzlieferungen; Pastor

100 Kirche in Hamwarde 1744-1846
Enthält u. a.: Bauten; Holzlieferungen; Pastor

99 Kirche in Hohenhorn 1743-1846
Enthält u. a.: Bauten; Holzlieferungen; Pastor

94 Kirche in Krummesse 1691-1844
Enthält u. a.: Bauten; Holzlieferungen; Pastor

95 Kirche in Kuddewörde 1739-1847
Enthält: Bauten; Holzlieferungen; Pastor

101 Kirche in Lassahn 1743-1744
Enthält: Besetzung der Pfarrstelle und Vereinigung mit der Pfarrkirche Neuenkirchen in Mecklenburg, 1743, 1824; Vereinigung mit der Pfarrkirche Niendorf in Mecklenburg; 1832

102 Kirche in Lütau 1743-1848
Enthält: Bauten; Holzlieferungen; Pastor

103 Kirche in Mustin 1733-1845
Enthält u. a.: Bauten; Holzlieferungen; Pastor

104 Kirche in Niendorf an der Stecknitz: Vorschlag zur Ernennung des Kandidaten der Theologie Martin Gottlieb Schönborn zum Pastor 1735-1736

105 Kirche in Pötrau 1745-1848
Enthält u. a.: Bauten; Holzlieferungen; Pastor

106 Kirche in Sahms 1737-1742, 1821-1822
Enthält: Patronat, 1737; Auseinandersetzung bei der Besetzung der Predigerstelle, 1724-1742; Holzdeputat, 1821-1822

107 Kirche in Sandesneben 1740-1848
Enthält u. a.: Errichtung einer Totenkasse, 1768; Bauten; Holzlieferungen; Pastor

108 Kirche in Schwarzenbek 1733-1848
Enthält: Bauten; Holzlieferungen; Pastor

109 Kirche in Siebenbäumen 1741-1844

Enthält: Kirchenfuhren, 1750-1751; Totenkasse, 1769; Bauten; Holzlieferungen; Pastor

110 Kirche in Siebeneichen 1723-1756

Enthält: Patronat des Gutes Wotersen, 1723; Auseinandersetzung um Kirchenstühle, 1752-1756

111 Kirche in Sterley 1735-1846

Enthält u. a.: Bauten; Holzlieferungen; Pastor

112 Kirche in Worth: Holzanweisung zur Reparatur der Kirchengebäude 1845

Schule

Schule allgemein

113 Schule: Allgemeines 1736-1845

Enthält u. a.: Schulordnung, 1753-1757; Katechismus, 1768, 1791; Versorgung schlecht besoldeter Schullehrer auf dem Land, 1781-1806; Errichtung einer Schullehrerwitwenkasse, 1822; neue Einrichtung des Unterrichts der Schulpräparenten, 1845

114 Seminaristen 1823-1824

Enthält: Friedrich Ludwig Carl Elfeld, Brunstorf; Unterstützung des Sohnes des Organisten Ludwig Holdmann, Mölln

115 Stipendium (1670) 1722-1723, 1783-1784, 1823

Enthält: Prüfung von Bewerbern, 1723; Stipendium des Ratsverwandten Georg Weber, Ratzeburg, 1784; Übertragung von Bestimmungen zum Weberschen Stipendium auf andere Stipendien, 1823

Einzelne Landschulen

143 Schule in Mustin: Verkauf des alten Küster- und Schulhauses und Neubau 1838-1839

116 Schule in Aumühle: Nichtgewährung von Besoldung und Deputaten für Schullehrer aus Domanialeinkünften 1819

117 Schule in Groß Berkenthin: Lieferung von Bauholz 1836-1837

118 Schule in Boden und Schürensöhlen: Lieferung von Bauholz 1839

119 Schule in Breitenfelde: Lieferung von Bauholz 1830-1832

120 Schule in Brunstorf: Lieferung von Bauholz 1826-1828

122 Schule in Büchen: Bauten und Lieferung von Bauholz 1833-1837

121 Schule in Buchholz: Neubau des Schulhauses 1845

127 Schule in Dahmker: Bau eines neuen Schulhauses 1829

128 Schule in Franzhof: Lieferung von Bauholz 1834-1838
Enthält auch: Vergrößerung des Schulhauses in Basedow
Darin: Grundriss des Schulhauses in Basedow, 1838

129 Schule in Sankt Georgenberg: Lieferung von Bauholz
1826-1827, 1844

130 Schule in Grabau: Bau und Reparatur des Schulhauses 1842-1847

132 Schule in Grönau: Lieferung von Bauholz für das Küsterhaus
1819, 1834-1835

131 Schule in Grove: Lieferung von Bauholz 1837

133 Schule in Hamwarde: Bau eines neuen Küster- und Schulhauses
1831-1839

138 Schule in Juliusburg: Lieferung von Bauholz 1824, 1848

123 Schule in Kasseburg: Lieferung von Bauholz und Anlage eines Brunnens 1835-1837

134 Schule in Kittlitz: Bau und Reparatur des Schulhauses 1819-1848

162 Schule in Klein Zecher: Beihilfe für den Bau eines Schulhauses
1834-1835

137 Schule in Groß Klinkrade: Lieferung von Bauholz (1822) 1823

124 Schule in Koberg: Neubau des Schulhauses 1845

126 Schule in Kronsforde: Bestallung eines Schulmeisters durch den Ratsverwandten von Brömse in Lübeck 1744-1745

136 Schule in Kröppelshagen: Lieferung von Bauholz 1836

125 Schule in Krummesse: Bau des Organistenhauses und Lieferung von Bauholz 1739-1748, 1826-1844

135 Schule in Kühren und Bergrade: Lieferung von Bauholz 1843-1844

140 Schule in Lanken: Lieferung von Bauholz 1827

139 Schule in Lanze: Bau einer Schulkate, eines Schulhauses und einer Scheune 1745-1752, 1824-1848

141 Schule in Linau: Lieferung von Bauholz 1822-1839

142 Schule in Lütau: Ausbesserung des Küster- und Schulhauses 1835

144 Schule in Mühlenrade: Lieferung von Bauholz 1819-1825

145 Schule in Niendorf an der Stecknitz: Neubau des Schulhauses 1845

146 Schule in Pötrau: Lieferung von Bauholz 1833-1837

147 Schule in Salem: Bau eines eigenen Schulhauses 1829-1830

149 Schule in Sandesneben: Vergrößerung des Schulhauses 1830-1831

148 Schule in Klein Sarau: Lieferung von Bauholz 1835

151 Schule in Schiphorst: Lieferung von Bauholz (1819) 1820, 1833

152 Schule in Schönberg: Befreiung der Häuslinge vom Schulfeuerungsgeld (1786, 1840) 1841-1843

150 Schule in Schwarzenbek: Brennholz und Beitrag für die Industrieschule sowie rückständiges Schulgeld des Landdragoners Kohrs 1794-1845

153 Schule in Siebenbäumen: Lieferung von Bauholz 1833

154 Schule in Sirksfelde: Lieferung von Bauholz 1825-1826

155 Schule in Steinhorst: Bau eines Schulhauses und Befreiung der Tagelöhner von den Kosten des Torfstechens für den Schullehrer 1820-1822

156 Schule in Sterley: Lieferung von Bauholz 1836-1839

157 Schule in Stubben: Beihilfe zum Bau eines Schulhauses 1819-1820

158 Schule in Wangelau: Lieferung von Bauholz 1839

159 Schule in Wentorf: Bau eines Schulhauses und Lieferung von Bauholz 1822-1830

160 Schule in Witzeeze: Lieferung von Bauholz 1835-1839

161 Schule in Wohltorf: Vergütung der Schulkommüne für eingespartes Holz beim Schulhausbau 1842-1843

Armenwesen

163 Armenwesen: Allgemeines 1723-1847

Enthält u. a.: Verpflegung von Zigeunerkindern, 1734; Vorschläge zum Bau eines Armen- und Waisenhauses für das Amt Schwarzenbek, 1800; Nachrichten von den milden Stiftungen, 1817; Verfahren beim Armentransport, 1830-1834; Heimatrechte

164 Bewilligung von Kollekten 1705-1753

Ehe

165 Ehewesen: Allgemeines 1700-1845

Enthält u. a.: Verlobungen; Ehedispensationen

166 Legitimationen, Adoptionen und Namensänderungen 1756-1770, 1823-1844

Bücher und Schriften, Bibliotheken, Wissenschaft

167 Buchhandel 1845-1846

Enthält: Konzession für den Buchhändler Helmuth Linsen; Ludwigslust; Konzessionsgesuch des Kaufmanns Meisner, Lauenburg

168 Zensur 1779-1848

Enthält u. a.: Verordnung gegen Ausbreitung und Vertreibung anstößiger Zeitungen und periodischer Schriften, 1792; Aufhebung der Zensur, 1848

169 Intelligenzblätter, Zeitungen, Kalender, Lesebibliotheken 1700, 1735, 1793-1847

Enthält u. a.: Kalenderreform, 1700; Privilegien; Verbote

170 Wissenschaftliche Unternehmungen und Institute sowie Biliotheken 1821-1847

Enthält: Nachricht von den Bibliotheken und Schenkung der „Flora Danica", 1821; Benutzung des Geheimen Archivs zur Ausarbeitung einer Geschichte des Herzogtums durch den Advokaten von Duve, Mölln, 1834; Mitteilung von Statistiken, 1847

Landwirtschaft

171 Landwirtschaft: Allgemeines 1738-1831

Enthält u. a.: Vertilgung der Wucherblumen, 1738-1739; Teilung von Gemeinheiten, 1767; Wiederbezahlung vorgestreckten Brot- und Saatkorns, 1771-1814; Verfahren bei der Verkoppelung, insbesondere in Besenhorst, 1830-1831

172 Mühlen (1698-) 1745-1762, 1825-1845

Enthält u. a.: Kornhandel in der Mühle in Ratzeburg, 1745-1750; Befugnis für den Adel zur Anlage von Mühlen auf ihren Gütern, 1752-1753; Verbot für Prediger zum Kornmahlen auf auswärtigen Mühlen, 1762; Einfuhr und Verkauf fremden Mehls in den zwangspflichtigen Distrikten, 1828

173 Meierverhältnis 1817-1844

174 Verschonung der Kartoffelfelder, Ausfuhrverbot für Heu und Stroh auf Elbe und Weser, Pferdeeinfuhr und -ausfuhr sowie Pferdezucht 1727-1837

Verfassung der Städte und Gemeinden

175 Verfassung der Städte und Gemeinden (1613-) 1701-1848

Enthält u. a.: Abfassung jährlicher Berichte über den Zustand der Städte, 1747, 1749; Nachricht vom Zustand der Städte und den getroffenen Verbesserungen und Verordnungen (mit verschiedenen Verzeichnissen), 1747; Vorschläge zur Verbesserung der Ökonomie in den Städten, 1750; Abnahme der Stadtrechnungen, 1745-1773; Entwurf einer Städteordnung, 1846-1848

Darin: Druck des Entwurfs einer allgemeinen Städteordnung für das Herzogtum Holstein, 1846

Gewerbe

176 Gewerbe: Allgemeines 1788-1844

Enthält u. a.: Kosten für den Deputierten des Herzogtums beim Kommerzkollegium, 1788; Niedergang des Gewerbes in den Städten, 1829; Erteilung von Patenten, 1839; Aufhebung der Befugnis für Zünfte zum Vorgehen gegen unbefugt Gewerbetreibende, 1838-1840; Zulassung von jüdischen Handwerksgesellen zur Arbeit bei Meistern im Herzogtum, 1839-1842

177 Zünfte und Handwerker in den Städten 1723-1848

Enthält u. a.: Aufhebung der geschlossenen Gilden, 1730; Abschaffung der Missbräuche bei den Zünften, 1732; Errichtung von Gilden, 1742; Verordnung zu den Gesellen und der Wanderjahre, 1828; Änderung der Bestimmung in den Gildebriefen über Anzahl der Gesellen und Lehrjungen, 1846

178 Abschriften von Amts- und Gildebriefen (1689-) 1845

179 Landhandwerker (1702) 1703-1834

Enthält u. a.: Verordnung zur Einschränkung der Landhandwerker, 1766-1776

180 Einzelne Handwerke (1633-) 1723-1844

181 Fabriken und Manufakturen 1736-1848

Enthält u. a.: Anzahl der Manufakteure im Herzogtum, 1736; Papiermühlen, 1768; Anlage von Kalk- und Ziegelbrennereien, 1829

182 Handel, Märkte, Jahrmärkte 1711-1847

Enthält u. a.: Nachricht von den Gewandschneidern und Krämern im Herzogtum, 1711; Berichte vom Zustand des Handels, 1773-1784; Probenhandel, 1847

183 Kornhandel 1698-1741

Enthält u. a.: Verbote des Branntweinbrennens

184 Ausfuhrverbote für Getreide und andere Lebensmittel, Verbote des Branntweinbrennens sowie Wiederaufhebung dieser Verbote 1770-1807

185 Handel mit einzelnen Waren 1735-1743

186 Handel mit einzelnen Waren 1767-1847

187 Hausierer (1690) 1704-1845

188 Schifffahrt und Fischerei (1527) 1690-1848 (1860)

Enthält u. a.: Abschrift des 1527 zwischen dem Herzog von Lauenburg und dem Magistrat in Lübeck geschlossenen Vertrags über die Stecknitz, 1732; Beschwerde des Schifffahrtsamtes in Lauenburg über Freiheiten der Stecknitzfahrer auf der Elbe, 1809; Strom- und Schifffahrtspolizei auf der Elbe, 1847

Post

189 Post und Fuhren 1691-1848

Enthält u. a.: An- und Abzugskosten der lauenburgischen Bediensteten, 1691-1703; Verhinderung von Postdiebstählen, 1798; Einrichtung einer Generalpostdirektion, 1800; Konzession für die Posthalterei in Schwarzenbek zum Betreiben einer Fabrik, 1848

190 Prozess der Generalpostdirektion mit dem Grafen Ludwig Friedrich von Kielmansegg auf Gülzow wegen Portofreiheit (1723-) 1817-1843

Kammerwesen

191 Kontribution 1714-1847

192 Forst- und Jagdwesen 1699-1848

Enthält u. a.: Auseinandersetzung mit den Städten Hamburg und Lübeck wegen des Sachsenwaldes, 1703-1704, 1775; Jagdrecht des Adels, 1699-1705; Jagdauseinandersetzungen mit der Stadt Lübeck, 1755-1767; Verordnungen zum Wilddiebstahl

193 Zoll 1690-1847

Enthält u. a.: Zollauseinandersetzung mit der Stadt Lauenburg, 1736-1739; Einführung des Transitzolls im Herzogtum, 1839-1841; Verbot der Kartoffelausfuhr, 1845; Zollfreiheit des Adels

194 Dezimation 1724-1824

Enthält u. a.: Verordnung zum Abzugsrecht, 1733; Ausübung und Aufhebung von Abzugsrechten mit einzelnen Territorien

195 Kammerzieler und Römermonate 1689-1768

196 Prinzessinnensteuer 1551-1651, 1698-1797

Enthält u. a.: Nachrichten über die Prinzessinnensteuer, 1551-1651

197 Steuer: sonstige Angelegenheiten 1725-1837

Enthält u. a.: Einführung der Zehntordnung, 1742; Aufbringung von außerordentlichen Geldern wegen des bayerischen Erbfolgekriegs, 1778-1792; Defensionssteuer, 1798-1802; Spielkartensteuer, 1803; Stempelsteuer, 1816-1820, 1837

198 Forderungen an die herrschaftliche Kasse 1690-1777

Enthält: Allodialerbenforderung; Forderungen des Rats von der Meden, 1690; Forderungen der Moltzahnschen Erben, 1746-1777

199 Einzelne Kammerangelegenheiten 1702-1846

Enthält u. a.: Schwäne auf dem Ratzeburger See, 1702; Durchreise des Königs von Dänemark, 1709-1712; Zuständigkeit der Rentekammer für die Domanialangelegenheiten, 1735; Nachlässe erbenloser Verstorbener, 1798-1799; Fährvergütung für Prof. Schumacher, 1837; Militärfuhren, 1846

Polizei

200 Polizei: Allgemeines 1730, 1832-1833

Enthält: Erlass einer Polizeiordnung, 1730; Befugnis der Magistrate zum Erlass von Polizeimandaten und Verhältnis der städtischen Polizeibehörden zur Regierung, 1832-1833

201 Medizinalwesen: allgemeine Bestimmungen 1748-1847

Enthält: Erstattung der vom Amt Schwarzenbek wegen der Roten Ruhr vorgeschossenen Gelder, 1748-1756; Aufsicht der Regierung in Medizinalangelegenheiten, 1777; Verfahren bei gerichtlichen Besichtigungen und Leichenöffnungen, 1800; Apotheken und Behandlung von Militärkranken, 1822; Anlage einer Apotheke in Steinhorst; Einführung der Pharmataxe und Ausdehnung der Zuständigkeit des Sanitätskollegiums der Herzogtümer Schleswig und Holstein auf das Herzogtum Lauenburg, 1834-1847

202 Physikus sowie Amts-, Distrikts- und Garnisonschirurg 1711-1738, 1832

203 Einzelne Physiki sowie Amts-, Distrikts- und Garnisonchirurgen 1691-1845

204 Arzt, Chirurg, Hebamme, Vieharzt 1736, 1800-1843

Enthält u. a.: Taxe für Ärzte und Wundärzte, 1800

205 Apotheker und Handel mit Medizinalwaren 1725-1824

206 Pest, Epidemie, Viehseuche, Quarantäne, Impfung 1709-1779

207 Pest, Epidemie, Viehseuche, Quarantäne, Impfung 1780-1847

208 Medizinalwesen: sonstige Angelegenheiten 1699-1846
Enthält u. a.: Warnung vor dem unvorsichtigen Gebrauch von Kupfer- und Messinggefäßen, 1786; Rettungsprämie, 1792; Eisengranulierbad in Aumühle, 1793; Warnung vor dem Brotbacken mit unreifem Korn, 1795; Benutzung gefährlicher Färbestoffe, 1846; Geisteskranke

209 Wegewesen und Wegeinspektorat 1718-1846
Enthält u. a.: Freiheit der Ritterschaft vom Wegegeld bei Kastorf und Schönberg sowie vom Brückengeld vor dem Lüneburger Tor bei Ratzeburg, 1750-1763; Verbesserung und Ressortzugehörigkeit des Wegewesens, 1839

210 Chausseen: Allgemeines 1830-1848

211 Chaussee Hamburg–Lauenburg 1836-1839
Enthält u. a.: tabellarische Verzeichnisse über Entschädigungssummen in verschiedenen Dörfern

212 Chaussee Hamburg–Lauenburg 1838-1844

213 Chaussee Hamburg–Lauenburg 1839-1846

214 Chaussee Hamburg–Lauenburg (1803-) 1835-1841
Enthält u. a.: Kosten der Verhandlungen; Abrechnungen; Personal

215 Chaussee Hamburg–Lauenburg 1835-1839
Enthält u. a.: Verfügungen; Interimswege; Baukosten
Darin: Situationsplan des Dorfes Schwarzenbek, 1836

216 Chaussee Hamburg–Lauenburg 1836-1845

217 Chaussee Schwarzenbek–Thurow 1835-1847

218 Eisenbahn Lübeck–Büchen: Verordnung über Grundstücksüberlassungen 1841-1848

219 Eisenbahn Hamburg–Berlin 1844-1848

220 Zweigbahn Büchen–Lauenburg 1845-1848

221 Rang (1701-) 1703-1774, 1817-1847
Enthält u. a.: Rang der Bürgermeister, 1774; Amtsrang der Beamten, 1818

222 Lotterie, Hazard, Schauspiel, Glücksspiel, Equilibristen 1730-1848

223 Öffentliche Sicherheit, Landdragoner, Bettler, Landstreicher, Zigeuner, Diebe: Allgemeines 1709-1833

224 Landdragoner 1817-1848

225 Öffentliche Sicherheit, Landdragoner, Bettler, Landstreicher, Zigeuner, Diebe: spezielle Angelegenheiten 1725-1847
Enthält u. a.: Errichtung eines französischen Klubs in Hamburg, 1798

226 Pässe 1706, 1731, 1799-1839

227 Brandangelegenheiten 1701, 1735-1799, 1833
Enthält u. a.: Anschaffung von Feuereimern, 1701, 1754; Feuerordnungen, 1739, 1784; Anschaffung von Feuerspritzen, 1769

228 Münze 1744-1799, 1830-1848
Darin: gedruckte Münzverordnung mit Vergleichstabelle, 1848

229 Einführung gleicher Maße und Gewichte sowie Verordnung zum Gebrauch der Maße und Gewichte (1712-) 1722-1741

230 Witwenkasse 1766, 1841-1846
Enthält: Publikation der Witwenkassenverordnung der Landschaft Kalenberg, 1766; Advokaten; Zollbeamte

231 Polizei: sonstige Angelegenheiten 1712-1843
Enthält u. a.: Trauerordnung, 1729-1730, 1776; Gesindeordnung, 1732; Verordnung wegen des Tabakrauchens, 1712-1734; Verordnung wegen Missbrauchs des Branntweintrinkens, 1737-1739; Ausschreiben einer Volkszählung, 1756; Verbot des übertriebenen Aufwands bei Festlichkeiten, 1774; Verbot des Tragens von Kokarden, 1792; Ausschreiben wegen der französischen Emigranten, 1792-1798; Maßnahmen bei auf der Elbe verunglückten Menschen und Schiffen, 1843

232 Polizei: sonstige Angelegenheiten 1723-1837
Enthält u. a.: Hoheitsverletzung des schwedischen Wagenmeisters durch Mitnahme einer Leiche aus dem Herzogtum, 1741; Verordnung wegen des Degentragens, 1744; Münzfunde in Trettau und Schönberg, 1779, 1784; landesverwiesene und ausgetretene Handwerker

233 Rettungsprämie 1783-1847

Militär

234 Militär 1694-1815

Enthält u. a.: gewaltsame Werbung des Christian Buchholz und Auseinandersetzung des Offiziers Rüder mit Bürgern in Ratzeburg, 1702; Bestellung einer landschaftlichen Kommission zur Durchführung von Truppen, 1711-1713; Befreiung invalider Soldaten vom Schutz- und Dienstgeld, 1731; gewaltsame Werbungen, 1731-1732, 1793; Bestrafung der Deserteure, 1735; Versorgung der Frauen und Kinder der Rekruten, 1762; Militärposten bei der Palmschleuse, 1785; Beitrag der Ritter- und Landschaft an Fuhren und Einquartierungen, 1796; Verfügungen zu Einquartierungen und Durchmärschen verschiedener Truppen, 1801-1806

235 Militär 1816-1833

Enthält u. a.: Landmilitärordnung, 1816-1819; Anweisung eines Exerzierplatzes auf dem Vorwerk vor Ratzeburg, 1820; Bestrafung des Entweichens der Landmilitärreserven, 1822; Regulierung des Einquartierungswesens, 1824; Militärpflicht; Sessionen

236 Militär 1832-1847

Enthält u. a.: Landmilitärverhältnisse der Söhne von Landschullehrern, 1834; Lieferung von Artillerie und Trainpferden für das Bundeskontingent, 1842; Einquartierung von Offizieren in Ratzeburg, 1835-1843; Militärpflicht; Sessionen

Ritter- und Landschaft sowie adlige Güter

Ritter- und Landschaft sowie adlige Güter allgemein

237 Regulierung der Bauernhöfe der adligen Güter und Bestimmung der Hofdienste 1718-1723

238 Ritter- und Landschaft sowie adlige Güte 1690-1803

Enthält u. a.: verweigerte Anerkennung der Verordnung zum Sensen- und Kesselhandels auf den Gütern, 1690-1724; Sequestration und Verwaltung des Gutes Stintenburg, 1737-1738; Prozess der Ritterschaft mit der Brauergilde in Ratzeburg wegen des Bierbrauens und Branntweinbrennens, 1704-1778; Uniform für die Ritterschaft, 1786

239 Ritter- und Landschaft sowie adlige Güter (1693-) 1818-1848

Enthält u. a.: Notizen und Formulare zu Lehnsangelegenheiten; gräflich Bernstorffsche Lehngüter, 1818-1819; Verfahren in Lehnsangelegenheiten und Mutung bei Regierungswechsel, 1821-1822; Organisation der Gerichtsverfassung, 1825-1828; Expektanzbriefe

240 Erblandmarschallamt der von Bülows auf Gudow 1724-1742, 1799-1800, 1842-1843

241 Landräte 1694-1791

242 Stadtwohnung des Landschaftlichen Einnehmers 1694

243 Ablehnung der Bestallung des Hofrats Leyser zum Landsyndikus 1729

Einzelne adlige Güter

244 Basthorst 1782-1822
Enthält: Konzessionierung von Jahrmärkten, 1784; Verkoppelung der Ländereien, Erlass der Hofdienste und Erlaubnis zum Holzschlag, 1800; Beschwerden von Brinksitzern wegen der Exemtensteuer, 1822

245 Basthorst 1608-1808
Enthält: Belehnungen

246 Basthorst (1712-) 1819-1846
Enthält: Belehnungen

247 Behlendorf 1737
Enthält: Holzschlag der Stadt Lübeck

248 Berkenthin (1490) 1681-1843
Enthält: Antrag des Gutsbesitzers auf Übernahme der Jurisdiktion durch die Landesherrschaft, 1836; Belehnungen

251 Dalldorf 1770-1848
Enthält: Genehmigung einer Landveräußerung, 1836; Schuldposten des Gutsbesitzers Bösch, 1845; Lehnserneuerung, Konkurs und Verkauf, 1836-1848; Belehnungen, 1770-1835

252 Grinau 1755-1795
Enthält: Verkauf der Güter Trenthorst und Grinau durch den dänischen Etatsrat Hinrich von König, 1755; Verkauf durch die Regierung in Glückstadt, 1767; Beschwerde des Joachim Hinrich Nappmann, Grinau, gegen den Gutsbesitzer und dessen Justitiar, 1795

253 Gudow (1592-) 1702-1707
Enthält: Regulierung der Grenze zu Mecklenburg; Ansprüche auf die Bandekauer Feldmark; Überlassung des Wendtfelds an den Gutsbesitzer und Entschädigung der Bewohner des Dorfes Hollenbek für die Abtretung

254 Gudow 1670-1738, 1800-1845

Enthält: Verbot des Branntweinbrennens, 1670; Jagdrecht für den Gutsbesitzer, 1699; Privilegienbestätigungen, 1702-1738; Verkoppelung der Feldmarken Gudow, Grambek und Segrahn, 1800; Erlaubnis zum Holzfällen für den Gutsbesitzer, 1822; Ausstellung von Lehnsbriefen an die minderjährigen Söhne des Gutsbesitzers von Bülow, 1840-1845

255 Gudow (1470-1568)

Enthält: Abschriften von Kauf- und Lehnsbriefen

256 Gudow 1699-1702

Enthält: Rechte des Landmarschalls

257 Gudow (1470-) 1575-1798

Enthält u. a.: Belehnungen

258 Einzelne Güter: Gudow (1568-) 1717-1823

Enthält u. a.: Belehnung mit Göttin, 1717-1798; Belehnungen

259 Gülzow und Kollow (1609-) 1647-1806

Enthält u. a.: Beschwerden gegen Gutsbesitzer; Belehnungen

260 Gülzow und Kollow (1747-) 1822-1847

Enthält: Lehnserneuerungen für Gülzow, Kollow und Hasental für die Grafen von Kielmansegg (mit Stammtafel der Familie seit 1612)

249 Kastorf 1747-1752, 1800

Enthält: Nachricht vom Gut Kastorf, 1748; Konkurs und Versteigerung, 1747-1749; Beschwerden von Untergehörigen gegen den Gutsherrn Generalleutnant von Hammerstein, 1752; Beitragspflicht der Eingesessenen in Kastorf zu den Necessair- und Syndikatsgeldern, 1800

261 Klempau 1706

Enthält: Lehnsgesuch des Franz Christian Salvart von Falckenburg

262 Kogel 1608-1848

Enthält u. a.: Belehnungen

250 Kulpin 1695-1842

Enthält: Kontribution und Rezeption in die Union, 1695-1700; Bau einer Brücke über die Stecknitz, 1704-1725; Grenze, 1754; Belehnungen, 1698-1842

263 Lanken (1421-) 1719-1824

Enthält u. a.: Nachrichten vom Gut Lanken und den holsteinischen Dörfern Sahms, Elmenhorst und Pampau (vom 14. Jh. bis 1719), 1732; Streitigkeiten mit der gottorfischen Regierung wegen der Landeshoheit, 1731; Belehnungen

264 Müssen (1370-) 1568-1677, 1736
Enthält: Lehnakte des Gutes Müssen und anderer Schackscher Lehngüter, zusammengestellt 1736 vom Regierungsrat von Laffert, Ratzeburg

265 Müssen (16. Jh.-) 1637-1844 (1985)
Enthält u. a.: Belehnungen

266 Niendorf am Schaalsee 1737-1796
Enthält: Schaalsee und Fischerei, 1737-1738; Wegeunterhaltung, 1744; Bestätigung des Fideikommisses, 1796

267 Niendorf an der Stecknitz 1559-1842
Enthält u. a.: Belehnungen

268 Rondeshagen 1806-1807, 1832
Enthält: Trennung des Meierhofs Weden vom Gut hinsichtlich der Justiz, 1807; Holzschlag, 1832

269 Schenkenberg (1568-) 1695-1727
Enthält u. a.: Privilegien, 1706; Auseinandersetzung der Untergehörigen mit der Gutsfrau von Deltken wegen Erhebung der Kontribution und Verringerung der Bauernländereien, 1726-1727

270 Seedorf (1595-) 1674-1787
Enthält: Belehnungen

273 Stintenburg (1683-) 1716-1725
Enthält: Haushaltung des Gutsbesitzers Georg Wilhelm von Hammerstein

271 Stintenburg 1722-1775
Enthält: Nachrichten vom Gut, 1722; Fischerei im Schaalsee und Verpflichtung zur Beerdigung der im See aufgefundenen Leichen, 1741-1745; Fischerei, 1773-1775

272 Stintenburg (1434-) 1609-1737
Enthält u. a.: Belehnungen

274 Stintenburg 1737-1843
Enthält u. a.: Belehnungen

275 Thurow 1586-1843
Enthält u. a.: Auseinandersetzung zwischen Herzog Franz und Lüder Lützow wegen eines falschen Lehnsbriefs, 1586-1594; Niederlegung des Dorfes Groß Thurow, 1726; Grenzregulierung, 1799; Belehnungen

276 Tüschenbek (1652-) 1685-1786, 1829
Enthält: Bestätigung und Konsens für die wüsten Stätten und Höfe in Grönau; 1685; Lehnseigenschaft des Gutes, 1711; Befugnis zur Anlage einer Windmühle, 1717-1718; geplanter Ankauf des Gutes auf herrschaftliche Rechnung, 1786; Holzschlag, 1829

277 Wotersen (1630-) 1694
Enthält u. a.: Stammtafel der Familie von Bernstorff (ab 1620), 1695; Herabsetzung der Kontribution, 1697; Konsens zur Aufnahme einer Summe auf das Gut, 1704; Kontribution des Krugs in Steinau, 1724

278 Wotersen (1536-) 1702-1731
Enthält u. a.: Belehnungen

279 Wotersen 1734-1843
Enthält u. a.: Belehnungen

280 Zecher 1680-1845
Enthält u. a.: Kapelle, 1696-1699; Niederlegung des Dorfes Klein Zecher, 1698-1699; Beschwerde der Hausleute in Klein Berkenthin über die Hofdienste, 1712-1714; Genzbestimmungen, 1797; Hölzungen; Belehnungen

TOPOGRAFISCHER TEIL

Amt Ratzeburg

281 Hoheit, Jurisdiktion und Grenze 1712-1767, 1817-1839
Enthält: Hof Dermin, 1712-1767; Grenze zwischen Bälau und dem lübschen Dorf Poggensee, 1817; Landtausch zwischen Grönau und Tüschenbek, 1827; Verbindung eines Teils des Küstergartens bei Ratzeburg mit dem Pförtnerhaus, 1839

282 Amtmann, Amtsvogt, Bauervogt in Schmilau, Armenvogt, Stockmeister (1794) 1795-1846

283 Verbot der Ableistung der Unterhaltskosten für Beschuldigte durch Arbeit 1823

284 Jahrmärkte in Grönau und Krummesse 1770-1814, 1840-1841

285 Erlaubnis für den Pächter der Sandmühle zum Brotverkauf (1829) 1830-1833

286 Landwirtschaft 1692, 1790-1843

Enthält: Gut Klempau, 1692; Beschwerden über die Verkoppelung bei Krummesse, 1790-1795; Übergabe der Bauervogtshufe in Salem, 1819; Verkoppelung in Borstorf, 1819; Verpachtung der Malzmühle vor Ratzeburg, 1843

287 Polizei 1750-1763

Enthält: Beschwerde des Johann Jacob Oldenburg, Groß Grönau, über das Amt wegen der Abfindung seiner Schwestern; Brandversicherungverpflichtung der Eingesessenen

Amt Lauenburg

288 Hoheit und Grenze 1690-1750

Enthält: Aufhebung der Schenkung zwischen dem Amt Lauenburg und der Stadt Lüneburg, 1690; Streitigkeiten mit dem Besitzer von Marschacht und Gülzow wegen eines Grenzgrabens, der Anlage eines Werders in der Elbe sowie über Fischerei in der Elbe, 1723-1729; Grenzregulierung mit dem Gericht Gülzow, 1750

289 Amts- und Justizbedienstete 1705-1846

290 Justiz 1739-1740, 1830-1847

Enthält: Wachdienste zur Bewachung der Delinquenten, 1739; Erweiterung der Gefängnisse, 1740; Erhöhung der Atzungsgelder für die Gefangenen, 1830; Ausbesserung des Gefängnisturms in Lauenburg, 1847

291 Verlegung des Krammarkts in Büchen 1825-1826

292 Handwerker und Privilegierte 1699-1737, 1837-1838

Enthält: Differenzen mit der Stadt Lauenburg wegen des Branntweinbrennens, 1699-1737; Mälzen, 1733-1734; Verkauf fremden Biers, 1732; Kontrolle der Abgabe für Ein- und Ausschreiben von Handwerkern, 1837-1838

293 Kammerangelegenheiten 1785-1787, 1847

Enthält: geforderte Freiheit für die Bauervögte von den Kriegsfuhren, 1785-1787; Zollfreiheit 1847

294 Mühlen und Landwirtschaft 1741-1835

Enthält u. a.: Beschwerde der Ackerleute in Hittbergen, Barföde und Sassendorf über den Müller Schölen, Lauenburg, 1741; Prozess zwischen Pierre Hell, Lauenburg, und dem Dorf Buchhorst wegen einer Tabakfabrik, 1749; Nachfolge in der väterlichen Hufe und Meierverhältnis, 1835

295 Medizinalwesen und Kämmerei 1705, 1822

Enthält: Bauholz und Freijahre, 1705; Hebamme in Lütau und Wangelau, 1822

Amt Schwarzenbek

296 Grenze 1723-1728
Enthält: Grenzberichtigung zwischen Grove und dem Gut Lanken; Auseinandersetzung mit dem Gut Wotersen wegen einer Wiese; Aufräumung der Steinau und Grenze zwischen dem Amt Schwarzenbek und dem Gut Lanken

297 Amts- und Justizbedienstete 1823-1840

298 Jahrmarkt im Dorf Schwarzenbek 1837-1841

299 Handwerker und Privilegierte 1726, 1743
Enthält: Stadtmusikant von Mölln Johann Jürgen Vietfeld, 1726; Konzessionsgesuch des Posthalters Franz Michaelsen, Escheburg, über Ausschank fremden Biers, 1743

300 Kammerangelegenheiten 1704-1705, 1845
Enthält: Bau einer neuen Branntweinbrennerei, 1705; Braupfannen, 1704-1705; Verfahren bei Erhebung der Landdragoner- und Taubstummensteuer, 1845

301 Verkauf eines Landstücks in Vierlanden an den Hufner von der Heide aus Wentorf 1823

302 Apotheke im Dorf Schwarzenbek 1836-1845

303 Wege 1818-1848
Enthält: Brückenbau über die Bille bei Aumühle, 1818; Wegegeld in Wentorf, Grande und Rothenhausen, 1818-1819; Passage über die Sachsentorbrücke bei Reinbek, 1821; Befreiung der Militär- und Polizeipersonen aus Hamburg und Bergedorf vom Wegegeld in Rothenhaus, 1838-1848

304 Aufhebung des Abdeckereizwangs 1836

Amt Steinhorst

305 Verfassung und Jurisdiktion 1737-1791
Enthält: archivalische Nachrichten, 1737-1791; Verlegung des Dorfes Schönberg vom Amt Schwarzenbek zum Amt Steinhorst, 1774

306 Amts- und Justizbedienstete 1802-1846

307 Justiz 1741, 1826-1827
Enthält: Publikation der Verordnungen, 1741; Frauenstände in der Kirche in Sandesneben, 1826-1827

308 Jahrmärkte in Siebenbäumen und Schiphorst 1766, 1828

309 Privilegien für Musikanten sowie Beschäftigung von Gesellen und Lehrjungen durch Schuster und Schneider (1735-) 1739-1740, 1820

310 Verkauf von Bier aus Ratzeburg sowie Führung getrennter Rechnungen für die Dörfer Duvensee und Siebenbäumen 1739-1747

311 Mühlen (1800) 1806-1833
Enthält: Beschwerde des Hökers Gottfried Bruns, Sandesneben, über den Zwangskauf bei den Müllern in Labenz und Boden, 1806-1808; Mühlenbach in Labenz, 1829-1833
Darin: zwei Karten zum Mühlenbach in Labenz, 1800, um 1830

312 Nachfolgerecht in Meiergütern für voreheliche Kinder 1834-1835

313 Brückengeld in Boden und Wegegeld in Schönberg 1769-1781, 1818-1831

Stadt Ratzeburg

314 Verfassung, Privilegien und Jurisdiktion (1512-) 1702-1753, 1817
Enthält: Jurisdiktion über die Häuser auf der Amtsfreiheit, 1702-1703; Privilegien und Gerechtsame (mit älteren Abschriften), 1704, 1731; Jurisdiktion über das Schacksche und Laffertsche Haus, 1753; Nachricht von der Stadtverfassung, 1817

315 Abgabenfreiheit und Kirchenstühle der Magistratsmitglieder (1582-) 1704, 1817

316 Bürgermeister 1699-1748

317 Gerichtsschulze und Stadtkommissar 1690-1843

318 Wahl des Senators 1809

319 Stadtbedienstete 1817-1827
Enthält: Mitteilung des Gesuchs des J. L. F. Dress, Ratzeburg, um Verleihung des Wallmeisterdienstes; Pension für den Nachtwächter Ringe

320 Gerichtsbarkeit und Polizeiaufsicht über die Festungsliegenschaften 1823

321 Kirchenzugehörigkeit des Stockhauses 1832-1833

322 Wiederbestattung des Herzogs Magnus von Sachsen-Lauenburg im Dom 1691

323 Kirchenstuhl der Landesherrschaft im Dom (1598-1592) 1734, 1778

324 Kirchenbedienstete 1691-1768, 1818-1845

325 Kirche und Kirchengüter 1711-1786

Enthält: Verwendung der Zinsen eines Legats des Herzogs Georg Wilhelm von Braunschweig-Lüneburg, 1711; geplanter Kirchenbau, 1730-1735; Bau einer neuen Kirche, 1780-1786

Darin: Bauzeichnungen, 1780

326 Juden 1703-1828

327 Juden 1824-1848

328 Schule 1737, 1792-1848

Enthält u. a.: Schulordnung, 1737; Besuch der Domschule, 1792-1801; Wilhelminenstiftung, 1828, Einrichtung einer Normalschule für den wechselseitigen Unterrricht, 1829; Gelehrtenschule, 1844-1848

Darin: gedruckte Schulordnungen, 1806, 1835; Gesetze für die Schüler der Gelehrtenschule, 1844; Instruktion für den Rektor und die Lehrer, 1848

329 Schulbedienstete 1690-1741, 1833-1845

330 Armenwesen 1828-1846

Enthält u. a.: Räumlichkeiten für den Frauenverein zur Erziehung armer Mädchen, 1837

331 Handel und Schifffahrt 1728-1848

Enthält u. a.: Verfahren des Holzhandels auf dem Ratzeburger See, 1728-1747; Privilegien des Holzkäuferamtes von 1641 bis 1786, 1789; Errichtung einer Dampfschifffahrt nach Lübeck, 1845-1846; Schifffahrtsverhältnisse auf der Wakenitz und dem Ratzeburger See, 1848

332 Vieh- und Wochenmarkt 1690, 1828-1843

333 Handwerker und Privilegierte 1701-1778, 1841-1846

Enthält u. a.: Handwerker auf dem Domhof und Palmberg, 1701-1769; Befugnis der Regierung zur Erteilung von Konzessionen in den Städten, 1778

334 Fabriken 1736-1747, 1841-1848

335 Belohnung des Abdeckers 1737

336 Bäcker 1707-1745, 1816, 1840
Enthält u. a.: Abschrift der Amtsartikel von 1735, 1816

337 Böttcher 1735, 18316-1835
Enthält u. a.: Abschrift der Amtsartikel von 1735, 1816

338 Konzession des Brauers Johann Heinrich Pobertz zum Branntweinbrennen 1740

339 Brauer (1601) 1698-1750
Enthält u. a.: Abschrift der Privilegien der Brauer von 1601

340 Brauer 1623-1750, 1809
Enthält u. a.: Biertaxe, 1623, 1654; Beschwerde des Brauamtes über den Kommandanten Oberst von Diepenbroick wegen der Einfuhr von Bier aus Mölln, 1741; Prozess des Försters Johann Oswald Wiegers, Anker, mit dem Brauamt wegen des Bierzwangs, 1748-1749

341 Abgaben der Fischer Jürgen Ketelstorff und Asmus Wilkens 1696-1697

342 Färbereikonzession des Tuchfabrikanten Marwitz 1830

343 Niederlassung der Goldschmiedegesellen Maddaus und Grabau 1798

344 Holzkäufer (1641) 1722-1841
Enthält u. a.: Privilegien von 1641, 1722

345 Handeltreibende, Krämer und Höker (1601) 1747-1814
Enthält u. a.: Abschrift des Gildebriefs der Höker von 1601; Privilegienbestätigung, 1776

346 Niederlassung des Fleischergesellen Wilhelm Meyers als Koch 1744

347 Abschrift der Amtsartikel der Leinweber [1735]

348 Maurer 1707-1708, 1805-1816
Enthält: Errichtung eines Maureramtes, 1707-1708; Abschrift der Amtsartikel von 1735, 1816; Konzessionserteilung für den Soldaten und Maurergesellen Milatz, 1805

349 Perückenmacher 1781-1796
Enthält: Amtsartikel, 1781; Beschwerde des Perückenmacheramtes über die Aufnahme des Perückenmachergesellen Müller, 1791-1796

350 Rademacher 1718-1767
Enthält u. a.: Amtsartikel, 1767

351 Errichtung eines Raschmacheramtes und Bestätigung der Amtsartikel 1717-1735

352 Konzession des Sattlers und Lohgerbers Hans Heinrich Oldewig (1680) 1702

353 Schlachter 1725-1748, 1834-1846
Enthält u. a.: Abschrift der Amtsartikel von 1735, 1816

354 Schmied 1706-1766, 1816-1843
Enthält u. a.: Amtsartikel, 1735, 1766

355 Schneider (1735) 1740-1780, 1816-1828
Enthält u. a.: Abschrift der Amtsartikel von 1735, 1816

356 Konzession des Schornsteinfegers Anton Heinrich Horn 1806-1823

357 Schuster 1690-1736, 1816-1840
Enthält u. a.: Abschrift der Amtsartikel von 1735, 1816

358 Konzessionen der Seifensieder Fritschke und Georg Harmsen 1841-1847

359 Tischler 1756, 1816-1844
Enthält u. a.: Abschrift der Amtsartikel von 1735, 1816

360 Wein- und Bierschenker (1674-) 1705, 1830-1837

361 Zimmermann (1735-) 1771, 1816-1841
Enthält u. a.: Abschrift der Amtsartikel von 1735, 1816

362 Amtsartikel der Zinngießer 1742

363 Brücke 1735-1756, 1808-1848
Enthält u. a.: Lotterie für den Kirchen- und Brückenbau, 1740-1744; Baufälligkeit der langen Brücke über den Ratzeburger See und Bau einer neuen Brücke, 1736-1756

364 Brücke (1592-) 1694-1739
Enthält u. a.: Reparatur der langen Brücke, 1694-1703

365 Unterhalt der abgebrannten langen Brücke und ihr Erwerb von der Landesherrschaft (1755-) 1800-1843

366 Ökonomie (1630-) 1696-1748, 1815
Enthält u. a.: Verkauf eines Grundstücks an die Stadt, 1703-1704; Verkauf des Malzmühlengebäudes und Beholzung von Stadtländereien, 1748; Vorschläge zur Verbesserung des ökonomischen Zustands der Stadt, 1815

367 Physikus und Apotheke 1690-1792

368 Steindamm vor dem Lüneburger Tor 1703-1705

369 Sonstige Polizeiangelegenheiten (1666-) 1693-1846
Enthält u. a.: Totengilden; Schützengilden; Brandwesen

370 Einquartierung 1697-1723, 1823-1833

371 Sonstige Kämmereiangelegenheiten 1693-1749, 1818-1847
Enthält u. a.: Verproviantierung der Stadt, 1693; Kosten der Kartierung und Nivellierung des Ratzeburger Sees und der Wakenitz, 1818-1823; Bauprivilegien; Festungsliegenschaften

372 Entschädigungsgelder zum Wiederaufbau neuer Häuser 1695-1725

373 Entschädigungsgelder für zum Festungsbau abgetretene Grundstücke 1690-1735

374 Anweisung von Bauholz 1732

Stadt Lauenburg

375 Verfassung, Verwaltung, Privilegien und Jurisdiktion (1502-) 1694-1777, 1842-1848
Enthält u. a.: Abschrift der Polizeiordnung von 1599, 1784; Jurisdiktion über das Berlingsche Haus, 1732-1735; Vereinigung des Unterbergs mit der Stadt, 1737; Abschriften von Privilegien von 1502 bis 1711, 1844; Vereinigung der drei Vorstädte mit der Stadt, 1842-1848

376 Kleidungsvorschrift für Magistratsmitglieder anlässlich von Festlichkeiten 1765

377 Gerichtsschulze und Polizeikommissar 1698-1847

378 Bürgermeister und Ratsverwandte 1737, 1816-1825
Enthält: Bürgermeisterwahl, 1737; Entlassung des Ratmanns Kober, 1816; Ernennung des Advokaten Meier zum Ratmann, 1825

379 Justiz 1706-1733, 1786-1792
Enthält u. a.: Richtplatz, 1723; Konkurs- und Nachlassbestimmung, 1786-1792

380 Antrag des Magistrats auf Verleihung des Patronatsrecht an der Kirche 1717

381 Kirchenbedienstete 1699-1845

382 Kirche und Kirchengüter 1691-1842
Enthält u. a.: Reparatur des Kirchturms, 1691; Anlage eines Kirchhofs für Soldaten und Invaliden, 1737-1744; Wiederherstellung der herrschaftlichen Kapelle, 1842

383 Juden 1757-1843

384 Schule 1730-1731, 1815-1834
Enthält u. a.: Anstellung eines Schulmeisters für Oberbrücke, 1730-1731; Industrieschule, 1815; Stiftung einer Unterrichtsanstalt durch den Justizrat Christian Friedrich Ludwig Albinus, 1832-1834; Schule in Unterberg, 1834

385 Schulbedienstete 1726-1761, 1830-1847

386 Armenwesen 1725, 1846-1847
Enthält: Unterstützung der Frau des Grenadiergefreiten Ernst Wilhelm Böhners, 1725; verweigerte Niederlassung für den Schiffer Gottfried Christian Friedrich Meyer, 1846-1847

387 Handel und Schifffahrt (1597-) 1694-1843
Enthält u. a.: Abschriften der Privilegien des Schifferamtes von 1597 bis 1731 sowie Sammlung von Verträgen und Bestimmungen zur Schifffahrt auf Elbe und Stecknitz, 1731; Visitation der Schiffe, 1736-1737; Konzessionspflicht für Handelsgeschäfte, 1821; Anlage eines Winterhafens, 1841-1842; Privilegien des Schifferamts, 1842-1843
Darin: Lageplan der Stadt Lauenburg anlässlich der Errichtung von Eisbrechern sowie Profilzeichnung der Eisbrecher, 1780

388 Handwerker und Privilegierte (1702) 1706-1734, 1823-1846
Enthält u. a.: Mitglieder der Zünfte mit Wohnungen in der Vorstadt, 1734; Freiheit vom Bürgerrecht für die Handwerker in den Vorstädten, 1846

389 Bäcker 1729-1815

390 Barbier 1736-1756
Enthält: Chirurg Christian Richard Werdermann; Chirurg Friedrich Gottfried Bussenius; Bader Johann Nicolaus Putensen

391 Amtsartikel der Böttcher und Niederlassung des Böttchergesellen Johann Heinrich Stilcke 1752, 1822

392 Branntweinbrenner 1740, 1847
Enthält: Branntweinbrenner Johann Heinrich Sehlenter, Witwe Stilcke und Peter Willbrandt, 1740; Branntweinbrenner Johann Friedrich Pfeiffer, 1740; Kaufmann und Schankwirt C. H. Hildebrandt, 1847

393 Brauer 1694-1822
Enthält u. a.: Privilegien, 1736

394 Amtsartikel der Drechsler 1767-1768

395 Fischer 1743-1769
Enthält: Beschwerde der Fischer über eine Taxe auf Lachse und Neunaugen, 1743-1744; Besetzung der Ältermannschaft der Fischergesellschaft, 1769

396 Goldschmied 1736-1743
Enthält: Niederlassungsverbot für einen Goldschmied in der Vorstadt, 1736; Amtsartikel, 1742-1743

397 Höker 1746-1748
Enthält: Genehmigung zum Verkauf von gesalzenem, geräuchertem und gedorrtem Fleisch sowie Verbot des Handels mit Sülze; Sülzhandel des Bürgers Uberfeld und der Witwe Meyer

398 Kaufmann und Krämer 1709-1745, 1815-1822
Enthält u. a.: Amtsartikel, 1742-1745

399 Anlage einer Garküche des Maurergesellen Christian Andreas Fischer und des Schustermeisters Johann Jürgen Spehr 1752-1754

400 Niederlassung des Klempnergesellen Johann Heinrich Kähler 1842-1843

401 Konzession des Kürschnergesellen Joseph Puberl aus Neumarkt in Böhmen 1843

402 Maurer 1736-1847
Enthält u. a.: Amtsartikel, 1736-1750

403 Musikant 1723-1754

404 Wagenfabrik des Rademachers Reisner 1824

405 Schlachter 1725, 1805-1846
Enthält u. a.: Amtsartikel, 1725

406 Schmied 1733-1742, 1838-1848
Enthält u. a.: Amtsartikel, 1734

407 Schneider 1725-1775, 1827-1844

408 Schuster 1735-1762, 1839-1843

409 Reeperbahn des Seilers Freistatzky (1743) 1744

410 Errichtung einer Schiffsbauerei 1815-1840

411 Tischler 1746-1762, 1825-1846

412 Tabakfabrik der Tabakfabrikanten Johann Heinrich Oltrogge in Lauenburg und Johann Peter Baumann aus Krützen 1847

413 Töpfer 1704-1819
Enthält u. a.: Amtsartikel, 1704, 1734

414 Weinhandel sowie Wein- und Branntweinausschank 1704-1767, 1818-1834

415 Stadt Lauenburg: Anfertigung weiblicher Kleidungsstücke durch die Witwe Elise Kraut 1825

416 Zimmermann 1732-1734, 1845
Enthält: Amtsartikel, 1734; Aufnahme des Asmus Boje in das Zimmeramt, 1732-1734; Aufnahme des Sohns der Predigerwitwe Uhthoff in eine Zimmermannslehre, 1845

417 Konzession des Klempners Johann Heinrich Tiede zum Verkauf von sogenanntem Nürnberger Kinderspielzeug 1847

418 Beschwerde der Achtmänner über den Fährpächter Schröder und den Zoll an der Palmschleuse 1744

419 Ökonomie 1674-1767, 1801-1842
Enthält u. a.: Aufbringung der Kontribution und Rechnungsabnahme, 1674; Ratsweinkeller, 1754, 1767; Abtrag der Stadtschulden, 1821-1822; Aufteilung des Stadtmoors, 1841-1842

420 Apotheke und Physikus (1717-) 1726-1845

421 Einrichtung und Unterhalt eines Weges von der Stadt zur Elbe 1733-1734

422 Auseinandersetzung zwischen Amt und Stadt Lauenburg über die Polizeiaufsicht in den Vorstädten 1732-1739

423 Sonstige Polizeiangelegenheiten 1736-1748, 1815-1834
Enthält: Feuervisitation der Häuser der Elbzollbediensteten, 1749; Spar- und Leihkasse, 1821-1824; Begräbniskasse, 1821-1826; Schützengilde

424 Kollekte zur Erstattung des Schadens durch Eisgang 1830-1831

425 Einquartierung (1700-) 1711-1781

426 Dezimation (1652) 1723-1775
Enthält u. a.: Abschrift des Abzugsprivileg von 1652, 1723

427 Sonstige Kämmereiangelegenheiten 1716-1845
Enthält u. a.: Verkauf des Wachhauses, 1822; Unterstützung der Achtmänner aus der Kämmereikasse, 1845; Befreiung von öffentlichen Lasten und Abgaben

Stadt Mölln

428 Verfassung, Verwaltung, Privilegien und Jurisdiktion 1580-1846
Enthält u. a.: Kommissionsrezess zur Verfassung und zu den Rechten der Stadt Mölln, 1580; Kommissionsrezess zu der Auseinandersetzung zwischen Stadthauptmann und Magistrat, 1657; Nachrichten von der Verfassung, 1693, 1739; Bestätigung der Privilegien, 1704; Streitigkeiten wegen der Jurisdiktion über die Mühle in Alt-Mölln, 1762; Beitritt zur landschaftlichen Union, 1817; Brückenbau vor dem Wassertor, 1836-1837; Schutz der Gildebürger in ihren Kommunalrechten (mit Diagramm und Verzeichnung der Verwandtschaft der Magistratsmitglieder untereinander), 1846

429 Besoldung der Magistratsmitglieder 1690-1691

430 Stadthauptmann 1792-1846

431 Stadthauptmann 1691-1835
Enthält u. a.: Rechte und Einkünfte; Wohnung; Eid

432 Stadthauptmann 1684-1744
Enthält u. a.: Einkünfte; Bestallungen

433 Instruktion des Bürgermeisters 1823-1825

434 Stadtsekretär 1733-1756

435 Festlegung der Ratmännerzahl und Wahl von Ratmännern
1725-1737

436 Achtmann und Feuergraf 1780-1783
Enthält: Befreiung des Kornhändlers Joachim Peter Hack, 1780; Gleichstellung der Achtmänner mit den Feuergrafen, 1783; Vorrechte der Achtmänner, 1783

437 Polizeikommissar und Holzvogt 1739-1751

438 Justiz 1702-1822
Enthält u. a.: Befugnisse des Kriminalgerichts und Beteiligung des Stadthauptmanns, 1711-1792

439 Patronat über die Kirche sowie Nachrichten von Bestallungen und Einkünften der Prediger 1702-1703

440 Dienste für den Pastor und Wahl eines Diakons 1702, 1836-1837
Darin: drei Druckschriften „Fragmente aus dem Leben. Extractus Portfolii I-III". Hamburg 1836-1837

441 Kirche und Kirchengüter 1702-1750, 1826
Enthält: Reparatur der Kirche, 1725-1726; Einräumung des herrschaftlichen Kirchenstuhls an den Oberförster von Uslar, 1826; Abnahme der Kirchenrechnung

442 Juden 1752-1758

443 Schule und Schulbedienstete 1784-1845
Enthält u. a.: Bestätigung und Einführung der Schullehrer, 1784, 1845; Überlassung der Stadthauptmannswohnung zur Einrichtung einer Schule, 1815-1818; Wahl des Kantors Deisting, 1835-1836

444 Armenwesen 1847-1848
Enthält: Kostenerstattung für die Versorgung des aus Mölln gebürtigen Johann Ludolph Friedrich Land in Nysted auf Lolland; Beschwerde des Bürgers Ludolph Hack wegen Zahlung von Armengeld

445 Bewilligung eines zweiten Viehmarkts 1827

446 Freiheiten für die sich niederlassenden Handwerker und Privilegierten (1736) 1751
Enthält u. a.: Verzeichnis der noch erforderlichen Handwerker, der wüsten und ledigen Hausstellen und der verfallenen Häuser

447 Bäcker 1694-1848
Enthält u. a.: Amtsartikel, 1736

448 Amtsartikel der Barbiere (1666-) 1728

449 Amtsartikel der Böttcher 1754-1755

450 Brauer 1699-1788

451 Errichtung einer Drechslerzunft 1816-1824

452 Färber 1724, 1844
Enthält: Verfahren des Magistrats bei Erteilung von Konzessionen, 1724; Konzession der Färber Behrens und Thomann zum Verkauf von gefärbten Leinen und Kattun, 1844

453 Glaser 1782, 1848
Enthält: Amtsartikel, 1782; Zulassung des Glasergesellen Hermann Pogge, Mannhagen, als Glasermeister in Mölln, 1848

454 Höker 1736, 1833
Enthält: Amtsartikel, 1736; Konzession des Bürgers Holland, 1736; Befugnis der Regierung zur Konzessionierung der Höker, 1833

455 Hutmacher 1736, 1840
Enthält: Amtsartikel, 1736; Konzession für den Hutmacher August Pöhner zum Handel mit Pelzmützen, 1840

456 Kaufmann und Krämer 1771-1825

457 Leinweber 1671, 1736-1754
Enthält u. a.: Amtsartikel, 1736
Enthält auch: Amtsartikel für Leinweber in Lauenburg, 1671

458 Amtsartikel der Maurer 1790

459 Beschwerde des Kuchenbäckers Peter Eppen über das Verbot zum Mehlverkauf 1725

460 Wechsel eines Oblatenfabrikanten von Saalfeld nach Mölln 1752

461 Amtsartikel der Rademacher 1736

462 Niederlassung des Zeugmachers Johann Hinrich Utzinger aus Boizenburg als Raschmacher 1732

463 Konzession des Jacob Piest zum Salpetersieden 1768

464 Schmied 1698-1736

Enthält: Rechtsstreit der Witwe Gerdsen mit dem Schmiedeamt wegen der Anlage einer Schmiede, 1698; Verbot der Arbeiten bei auswärtigen Meistern, 1732; Amtsartikel, 1736

465 Schneider 1720-1816

Enthält u. a.: Amtsartikel, 1720; Abschrift der Amtsartikel von 1736, 1816

466 Schuster 1690-1793

Enthält u. a.: Amtsartikel, 1736

467 Schlachter 1770-1845

Enthält: Amtsartikel, 1770; Beschwerde über die Zulassung des Schlachtergesellen Titscher zur Anfertigung eines Meisterstücks, 1793; Konzession des Schlachtergesellen Schneck, 1845

468 Tischler 1667, 1736, 1808

Enthält: Amtsartikel, 1667, 1736; Anstellung fremder Handwerker durch den Gutsbesitzer von Dalldorf, 1808

469 Schutz der Uhrmacher Schmidt, Hübener und Bestmann vor einem nicht konzessionierten Uhrmacher 1845

470 Amtsartikel der Zimmerleute 1813, 1830

471 Ökonomie 1693-1750

Enthält: Beitrag der Stadt zum Römergeldmonat, 1693; Einrichtung eines Katasters, 1703; Brückenbau, 1725; Kassenbürger und Verwaltung der Stadtkasse sowie Verwaltung der Stadtmühlen, 1748-1750

472 Apotheke 1754-1846

473 Baumgeld (1784-) 1790-1801

474 Sonstige Polizeiangelegenheiten 1734, 1831-1832

Enthält: Beihilfe für das Vogelschießen, 1734; Feuerstelle im Haus des Zimmermeisters Voges, 1832

475 Einquartierung und Exerzierplatz 1690-1702, 1802

Enthält: Verpflegung des Kommandanten, 1690; Befreiung der Magistratsmitglieder von der Einquartierung, 1702; Einrichtung eines Exerzierplatzes, 1802

476 Abzugsgelder des verstorbenen Oberforstmeisters Franz Barthold von Schack in Mölln 1748

477 Sonstige Kämmereiangelegenheiten 1702-1771, 1847-1848

Enthält u. a.: Verwaltung des städtischen Vermögens und Beschwerden über den Zustand der Stadt, 1702, 1731; rückständige Zuschussgelder, 1731; Befreiung von Abgaben

478 Physikus 1758-1763

Enthält: Dr. Christian August Förtsch; Dr. Vogel, Lübeck

ALTE FINDMITTEL

479 Registrant des Kanzlei-Archivs: Lauenburg 1835-1888

Gemeinsames Register zu den Beständen Abt. 65.1 bis Abt. 65.3

Personenregister

Sachregister

Ortsregister

Konkordanzen

Konkordanz Abt. 65.1

alte Nummer	neue Nummer	alte Nummer	neue Nummer
6a	1911	758a	1942
9a	1912	790a	1943
15a	1913	918a	1944
34a	1914	1219a	1945
43a	1915	1242a	1946
47a	1916	1268a	1268
112a	1917	1268b	1971
113a	1918	1268c	1972
114a	1919	1359a	1947
177a	1920	1367a	1948
186a	1921	1409a	1949
186b	1922	1477a	1950
201a	1923	1479a	1951
203a	1924	1481a	1952
205a	1925	1482a	1953
205b	1926	1561a	1954
251a	1927	1561b	1955
252a	1928	1565a	1956
279I	1929	1663a	1957
279II	1930	1663b	1958
316a	1931	1690a	1959
355a	1932	1691a	1960
442a	1933	1713a	1961
442b	1934	1729a	1962
501a	1935	1829a	1963
584a	1936	1867a	1964
585a	1973	1867b	1965
710a	1937	1867c	1966
717a	1938	1867d	1967
720a	1939	1867e	1968
745a	1940	1867f	1969
755a	1941	1880a	1970

Konkordanz Abt. 65.2

alte Nummer	neue Nummer	alte Nummer	neue Nummer	alte Nummer	neue Nummer
8021a	8038	399b	8081	5027a	8124
64a	8039	399c	8082	5044a	8125
102a	8040	399d	8083	5078a	8126
104a	8041	399e	8084	5124a	8127
105a	8042	400a	8085	5136a	8128
107a	8043	400b	8086	5295a	8129
107b	8044	400c	8087	5318b	8130
123a	8045	400d	8088	6079a	8131
132a	8046	400e	8089	6402a	8132
132b	8047	487a	8090		
132c	8048	628a	8091		
132d	8049	680a	8092		
132e	8050	768a	8093		
132f	8051	786a	8094		
132g	8052	786b	8095		
132h	8053	786c	8096		
133a	8054	786d	8097		
133b	8055	786e	8098		
133c	8056	1163a	8099		
133d	8057	1197a	8100		
133e	8058	1227a	8101		
133f	8059	1428a	8102		
133g	8060	1785a	8103		
134a	8061	1785b	8104		
134b	8062	1785c	8105		
134c	8063	1814a	8106		
134d	8064	1974a	8107		
134e	8065	2020a	8108		
134 f	8066	2020b	8109		
162a	8067	2020c	8110		
170a	8068	2822a	8111		
379a	8069	3277a	8112		
388a	8070	3280b	8113		
388b	8071	3280c	8114		
388c	8072	3584a	8115		
388d	8073	3884b	8116		
388e	8074	3917a	8117		
388f	8075	4070a	8118		
388g	8076	4278b	8119		
388h	8077	4278c	8120		
388i	8078	4293a	8121		
389a	8079	4336a	8122		
399a	8080	4762a	8123		

Veröffentlichungen des Landesarchivs Schleswig-Holstein

Band 1: Findbuch der Bestände Abt. 268 und 285: Lübecker Domkapitel mit Großvogtei und Vikarien sowie Amt Großvogtei, von Wolfgang Prange. 1975. XVII, 324 Seiten. ISBN 3-931292-01-0

Band 2: Findbuch des Bestandes Abt. 400.5: Von der Universitätsbibliothek Kiel übernommene Handschriften, von Wolfgang Prange. 1975. IV, 84 Seiten. ISBN 3-931292-02-9

Band 3: Findbuch des Bestandes Abt. 320 Eckernförde: Kreis Eckernförde, von Hans Wilhelm Schwarz. 1976. VIII, 89 Seiten. Vergriffen. Neuauflage siehe Band 44. ISBN 3-931292-03-7

Bände 4 und 5: Findbuch des Bestandes Abt. 7: Herzöge von Schleswig-Holstein-Gottorf 1544–1713. 1. und 2. Band, von Kurt Hector. 1977. XVI, XII, 852 Seiten. Nur zusammen zu beziehen. Auf die Nachträge und Indices, die als Band 11 erschienen sind, wird ausdrücklich verwiesen. ISBN 3-931292-04-5

Band 6: Findbuch des Bestandes Abt. 320 Eiderstedt: Kreis Eiderstedt 1867–1950, von Reimer Witt. 1978. VIII, 144 Seiten. Vergriffen. Neuauflage siehe Band 62. ISBN 3-931292-06-1

Band 7: Findbuch des Bestandes Abt. 218: Lauenburgisches Konsistorium zu Ratzeburg, von Wolfgang Prange. 1979. V, 148 Seiten. ISBN 3-931292-07-X

Band 8: Findbuch des Bestandes Abt. 320 Steinburg: Kreis Steinburg, von Robert Knull und Dagmar Unverhau. 1980. XVI, 215 Seiten. ISBN 3-931292-08-8

Band 9: Findbuch des Bestandes Abt. 65.1: Deutsche Kanzlei zu Kopenhagen bis 1730, von Konrad Wenn. 1981. VII, 171 Seiten. Vergriffen. ISBN 3-931292-09-6

Band 10: Findbuch des Bestandes Abt. 107: Ämter Cismar und Oldenburg, von Wolfgang Prange. 1982. VIII, 73 Seiten. Vergriffen. ISBN 3-931292-10-X

Band 11: Findbuch des Bestandes Abt. 7: Herzöge von Schleswig-Holstein-Gottorf 1544–1713. 3. Band, von Kurt Hector und Heinrich Frhr. von Hoyningen gen. Huene. 1983. Enthält Nachträge und Indices zu Band 4 und 5. XXIV, 422 Seiten. ISBN 3-931292-11-8

Band 12: Findbuch der Bestände Abt. 231, 232, 233 und 234: Ämter Lauenburg, Ratzeburg, Schwarzenbek und Steinhorst, von Wolfgang Prange und Konrad Wenn. 1984. XVII, 358 Seiten. ISBN 3-931292-12-6

Band 13: Findbuch des Bestandes Abt. 210: Lauenburgische Regierung zu Ratzeburg, von Wolfgang Prange und Konrad Wenn. 1985. XVII, 597 Seiten. ISBN 3-931292-13-4

Band 14: Findbuch des Bestandes Abt. 320 Segeberg: Kreis Segeberg, von Robert Knull und Dagmar Unverhau. 1985. XVIII, 140 Seiten. ISBN 3-931292-14-2

Band 15: Findbuch des Bestandes Abt. 320 Plön: Kreis Plön, von Hartmut Haase und Hans Wilhelm Schwarz. 1986. VIII, 262 Seiten. ISBN 3-931292-15-0

Bände 16 und 17: Findbuch der Reichskammergerichtsakten (Abt. 390 und andere), von Hans-Konrad Stein-Stegemann. 1986. 2 Bände: Titelaufnahmen und Indices. XIX, 734 Seiten. Nur zusammen zu beziehen. ISBN 3-931292-16-9

Bände 18 und 19: Findbuch der Reichskammergerichtsakten im Archiv der Hansestadt Lübeck, von Hans-Konrad Stein-Stegemann. 1987. 2 Bände: Titelaufnahmen und Indices. XXI, 1067 Seiten. Nur zusammen zu beziehen. ISBN 3-931292-18-5

Band 20: Schleswig-Holsteinische Archivtage 1985–1987 – Ansprachen und Vorträge –. Hrsg. von Angelika Menne-Haritz. 1987. 137 Seiten. ISBN 3-931292-20-7

Band 21: Schleswig-Holsteinische Regesten und Urkunden. Band 9: Herrschaft Breitenburg 1256–1598. Bearb. von Kurt Hector und Wolfgang Prange. Neumünster 1988. XI, 657 Seiten. Nur im Buchhandel erhältlich. ISBN 3-931292-21-5

Band 22: Landschaft und Siedlung im Wandel. Alte Flurkarten aus Schleswig-Holstein, Erdbücher, Urkunden, Vermessungsinstrumente. Eine Ausstellung im Landesarchiv Schleswig-Holstein 1989/1990, von Susanna Misgajski. 1989. 64 Seiten. ISBN 3-931292-22-3

Band 23: Schleswig-Holsteinische Regesten und Urkunden. Band 10: Kloster Ahrensbök 1328–1565. Bearb. von Wolfgang Prange. Neumünster 1989. 455 Seiten. Nur im Buchhandel erhältlich. ISBN 3-931292-23-1

Band 24: Findbuch des Bestandes Abt. 8.1: Schleswig-Holstein-Gottorfisches (Großfürstliches) Geheimes Regierungs-Conseil zu Kiel 1720–1773, von Wolfgang Prange und Konrad Wenn. 1989. X, 258 Seiten. ISBN 3-931292-24-X

Band 25: Findbuch des Bestandes Abt. 8.2: Schleswig-Holstein-Gottorfische (Großfürstliche) Rentekammer zu Kiel 1720–1778, von Wolfgang Prange. 1990. IX, 209 Seiten. ISBN 3-931292-25-8

Band 26: Schleswig-Holsteinische Regesten und Urkunden. Band 11: Die Protokolle des Lübecker Domkapitels 1535–1540. Bearb. von Wolfgang Prange. Neumünster 1990. 330 Seiten. Nur im Buchhandel erhältlich.
ISBN 3-931292-26-6

Band 27: Durchs Objektiv gesehen. Aspekte der Filmgeschichte in Schleswig-Holstein. Eine Ausstellung im Landesarchiv Schleswig-Holstein 1992/1993, von Jutta Matz. 1992. 59 Seiten. ISBN 3-931292-27-4

Band 28: Historisches Ortsnamenlexikon von Schleswig-Holstein, von Wolfgang Laur. 2., völlig veränderte und erweiterte Auflage. Neumünster 1992. 755 Seiten. Vergriffen. ISBN 3-931292-28-2

Band 29: Findbuch der Bestände Abt. 216 und 217: Lauenburgische Gerichte, von Wolfgang Prange. 1992. 149 Seiten. ISBN 3-931292-29-0

Band 30: Schleswig-Holsteinische Regesten und Urkunden. Band 12: Die Protokolle des Lübecker Domkapitels 1522–1530. Bearb. von Wolfgang Prange. Neumünster 1992. 874 Seiten. Nur im Buchhandel erhältlich.
ISBN 3-931292-30-4

Bände 31 bis 33: Findbuch des Bestandes Abt. 66: Rentekammer zu Kopenhagen, Schleswig-Holsteinische Kammer auf Gottorf, General-Landwesens-Kollegium, Steuerkommissionen, von Wolfgang Prange und Konrad Wenn. 1993. 3 Bände. 1077 Seiten. Nur zusammen zu beziehen. ISBN 3-931292-31-2

Band 34: Findbuch des Bestandes Abt. 320 Bordesholm: Kreis Bordesholm 1867–1932, von Veronika Eisermann und Hans Wilhelm Schwarz. 1993. V, 79 Seiten. ISBN 3-931292-34-7

Band 35: Urkundenbuch des Bisthums Lübeck. Teil 1. Hrsg. von Wilhelm Leverkus. Neudruck der Ausgabe von 1856. Neumünster 1994. XXXII, 901 Seiten. Nur im Buchhandel erhältlich. ISBN 3-931292-35-5

Band 36: Schleswig-Holsteinische Regesten und Urkunden. Band 13: Urkundenbuch des Bistums Lübeck. Band 2: Urkunden 1220–1439. Bearb. von Wolfgang Prange. Neumünster 1994. XIV, 656 Seiten. ISBN 3-931292-36-3

Band 37: Schleswig-Holsteinische Regesten und Urkunden. Band 8: Kloster Itzehoe 1256–1564. Bearb. von Hans Harald Hennings. Neumünster 1993. XIV, 569 Seiten. ISBN 3-931292-37-1

Band 38: Schienen zum Fortschritt. 150 Jahre Eisenbahn in Schleswig-Holstein. Ausstellungen zum Jubiläum der Eisenbahn in Schleswig-Holstein, von Christian Küster, Susanna Misgajski, Manfred Schulz und Günther Ungerbieler. 1994. 113 Seiten. Vergriffen. ISBN 3-931292-38-X

Band 39: „Der Stand der Frauen, wahrlich, ist ein harter Stand". Frauenleben im Spiegel der Landesgeschichte. Hrsg. von Elke Imberger. 1994. 231 Seiten.
ISBN 3-931292-39-8

Band 40: Schleswig-Holsteins Lied und Farben im Wandel der Zeiten. Vorträge und Diskussionen eines wissenschaftlichen Symposiums: „150 Jahre Schleswig-Holstein-Lied". Hrsg. vom Schleswig-Holsteinischen Heimatbund und dem Landesarchiv Schleswig-Holstein. 1995. 112 Seiten.
ISBN 3-931292-40-1

Band 41: Der 8. Mai als politische Zäsur. Ansprachen und Vorträge zum Symposium „Ende und Anfang im Mai 1945" in der Marineschule Mürwik am 17. Mai 1995 (Landeszentrale für Politische Bildung. Labskaus 4). 41 Seiten.
ISBN 3-931292-41-X

Band 42: Der Kaiser, der Kanal und die Kinematographie. Begleitheft zur Ausstellung im Landesarchiv Schleswig-Holstein: Birt Acres – 100 Jahre Film in Schleswig-Holstein, von Hauke Lange-Fuchs. 1995. 71 Seiten.
ISBN 3-931292-42-8

Band 43: Archive in Schleswig-Holstein. Bearb. von Veronika Eisermann und Hans Wilhelm Schwarz. 1996. 115 Seiten. ISBN 3-931292-43-6

Band 44: Findbuch des Bestandes Abt. 320.3: Kreis Eckernförde 1867–1950, von Veronika Eisermann und Hans Wilhelm Schwarz. 2., wesentlich erweiterte Auflage. 1996. VIII, 290 Seiten. ISBN 3-931292-44-4

Band 45: Schleswig-Holsteinische Regesten und Urkunden. Band 14: Urkundenbuch des Bistums Lübeck. Band 3: Urkunden 1439–1509. Bearb. von Wolfgang Prange. Neumünster 1995. 806 Seiten. ISBN 3-931292-45-2

Band 46: Schleswig-Holsteinische Regesten und Urkunden. Band 15: Urkundenbuch des Bistums Lübeck. Band 4: Urkunden 1510–1530 und andere Texte. Bearb. von Wolfgang Prange. Neumünster 1996. 839 Seiten.
ISBN 3-931292-46-0

Band 47: Landgraf Carl von Hessen 1744–1836. Statthalter in den Herzogtümern Schleswig und Holstein. Eine Ausstellung im Landesarchiv Schleswig-Holstein, von Jens Ahlers, Jürgen Ostwald, Reimer Witt und Heyo Wulf. 1996. 215 Seiten. Vergriffen. ISBN 3-931292-47-9

Band 48: Findbuch des Bestandes Abt. 320.9: Kreis Husum 1867–1950, von Marion Dernehl und Reimer Witt. 1997. VII, 119 Seiten. ISBN 3-931292-48-7

Band 49: Die Wappen der Kreise, Ämter, Städte und Gemeinden in Schleswig-Holstein. Bearb. von Martin Reißmann unter Mitwirkung von Uta Hess, Jutta Matz und Hans Wilhelm Schwarz. Husum 1997. 415 Seiten. Vergriffen.
ISBN 3-931292-49-5

Bände 50 bis 53: Findbuch des Bestandes Abt. 260: Regierung des Bistums, Fürstentums, Landesteils Lübeck zu Eutin, von Gertrud Nordmann, Wolfgang Prange und Konrad Wenn. 1997. 4 Bände. 1896 Seiten. Nur zusammen zu beziehen. ISBN 3-931292-50-9

Band 54: Die Anfänge des Landes Schleswig-Holstein. Vier Vorträge aus Anlaß des 50jährigen Landesjubiläums. Hrsg. vom Schleswig-Holsteinischen Heimatbund und dem Landesarchiv Schleswig-Holstein. 1997. 103 Seiten mit 10 Abb. ISBN 3-931292-51-7

Band 55: Landgraf Carl von Hessen 1744–1836. Vorträge zu einer Ausstellung. Hrsg. von Reimer Witt und Heyo Wulf. 1997. 163 Seiten. Vergriffen.
ISBN 3-931292-52-5

Band 56: Der Hesterberg. 125 Jahre Kinder- und Jugendpsychiatrie und Heilpädagogik in Schleswig. Eine Ausstellung im Landesarchiv Schleswig-Holstein, von Susanna Misgajski. 1997. 157 Seiten. ISBN 3-931292-53-3

Band 57: Die Gottorfer auf dem Weg zum Zarenthron. Russisch-gottorfische Verbindungen im 18. Jahrhundert. Katalog zur Ausstellung im Landesarchiv Schleswig-Holstein, von Michail Lukitschev und Reimer Witt, unter Mitwirkung von Svetlana Dolgova, Jutta Matz, Marina Osekina und Sven Schoen. 1997. 203 Seiten. Vergriffen. ISBN 3-931292-54-1

Band 58: Schleswig-Holsteinische Regesten und Urkunden. Band 16: Urkundenbuch des Bistums Lübeck. Band 5: Siegelzeichnungen, Überlieferung, Indices. Bearb. von Wolfgang Prange. Neumünster 1997. 363 Seiten.
ISBN 3-931292-32-0

Band 59: Schleswig-Holsteinische Beamte 1816–1848, von Gertrud Nordmann. 1997. VII, 445 Seiten. ISBN 3-931292-56-8

Band 60: Findbuch des Bestandes Abt. 170: Landschaft Stapelholm 1699–1867 (–1925), von Marion Dernehl. 1998. V, 52 Seiten. ISBN 3-931292-17-7

Band 61: Findbuch des Bestandes Kreis Herzogtum Lauenburg (Ratzeburg) 1873–1950, von Cordula Bornefeld und Hartmut Haase. 2001. 2 Bände. XIII, VIII, 687 Seiten. ISBN 3-931292-33-9

Band 62: Findbuch des Bestandes Abt. 320.4: Kreis Eiderstedt 1867–1950. Neu bearb. von Marion Dernehl und Reimer Witt. 1998. 2., erweiterte Auflage. IX, 167 Seiten. ISBN 3-931292-19-3

Band 63: Die Staatsgrundgesetze 1848/49 in Schleswig-Holstein und Lauenburg: Reprint zeitgenössischer Drucktexte. Hrsg. vom Verein zur Förderung des Landesarchivs Schleswig-Holstein e. V. 1998. 63 Seiten. ISBN 3-931292-55-X

Band 64: Heinrich Rantzau (1526–1598) – Statthalter in Schleswig und Holstein. Ein Humanist beschreibt sein Land. Katalog zur Ausstellung im Landesarchiv Schleswig-Holstein. Landesbeschreibung – Aufsätze – Katalog. Hrsg. von Marion Bejschowetz-Iserhoht, Hans Braunschweig, Reimer Witt und Heyo Wulf. 1999. 346 Seiten. ISBN 3-931292-57-6

Band 65: Arkivfortegnelse/Findbuch der Bestände Tønder kreds/Kreis Tondern 1867–1920 und/og Kreis Südtondern/Sydtønder kreds 1920–1950 i/im Landsarkivet for Sønderjylland und/og Landesarchiv Schleswig-Holstein. Redaktion Bettina Reichert und Hans Schultz Hansen. 1999. XIII, 353 Seiten. ISBN 3-931292-58-4

Band 66: Staatsgrundgesetze 1848/49 in Schleswig-Holstein und Lauenburg. Katalog zur Ausstellung im Haus Mecklenburg, Ratzeburg, 11. Mai bis 7. November 1999, von Hans Wilhelm Schwarz. 1999. 104 Seiten. ISBN 3-931292-61-4

Band 67: Findbuch des Bestandes Abt. 20: Herzöge von Schleswig-Holstein-Sonderburg-Plön, von Wolfgang Prange und Konrad Wenn. 1999. XVIII, 221 Seiten. ISBN 3-931292-62-2

Band 68: Findbuch des Bestandes Abt. 2002: Landesfilmarchiv, von Dirk Jachomowski. 1999. XVI, 258 Seiten mit 70 Abb. ISBN 3-931292-59-2

Band 69: Gilden in Schleswig-Holstein. Vorträge zur Ausstellung im Landesarchiv Schleswig-Holstein. Hrsg. von Marion Bejschowetz-Iserhoht, Reimer Witt und Heyo Wulf. 2000. 171 Seiten mit 17 Abb. ISBN 3-931292-63-0

Band 70: Findbuch Helgoländer Bestände: Abt. 174 Landschaft und britische Kronkolonie Helgoland, Abt. 131 Landgemeinde Helgoland, Abt. 320.22 Inselkreis Helgoland, von Malte Bischoff und Robert Knull. 2003. 70 Seiten. ISBN 3-931292-60-6

Band 71: Wappen – Zwischen Tradition und Fortschritt. Begleitheft zur Ausstellung im Landesarchiv Schleswig-Holstein, von Martin Reißmann. 2000. 35 Seiten mit 24 Abb. ISBN 3-931292-65-7

Band 72: Findbuch des Bestandes Abt. 3: Grafschaft Holstein-Schauenburg-Pinneberg. Bearb. von Malte Bischoff und Lars E. Worgull. 2002. 89 Seiten. ISBN 3-931292-66-5

Band 73: Arkivfortegnelse/Findbuch der Bestände Tønder amt til 1867/Amt Tondern bis 1867 i/im Landsarkivet for Sønderjylland og/und Landesarchiv Schleswig-Holstein. Bettina Reichert und Jesper Thomassen. 2001. XXX, 377 Seiten. ISBN 3-931292-67-3

Band 74: Im Spannungsfeld zwischen Regional- und Landesgeschichte. Vorträge eines Regionalsymposiums im Landesarchiv Schleswig-Holstein. Hrsg. von Reimer Witt. 2003. 115 Seiten. ISBN 3-931292-64-9

Band 75: Von Gottesfurcht und Kirchenzucht. Aspekte kirchlichen Lebens in Schleswig-Holstein im 17. Jahrhundert. Katalog zur Ausstellung im Landesarchiv Schleswig-Holstein. Hrsg. von Marion Bejschowetz-Iserhoht, Malte Bischoff und Reimer Witt. 2001. 71 Seiten mit 38 Abb. ISBN 3-931292-68-1

Band 76: Beiträge zur schleswig-holsteinischen Geschichte. Ausgewählte Aufsätze, von Wolfgang Prange. Neumünster 2002. XIV, 610 Seiten. ISBN 3-529-02212-8

Band 77: Archivalien zur Geschichte Schleswig-Holsteins im Niedersächsischen Staatsarchiv in Stade, von Robert Gahde. 2002. 91 Seiten. ISBN 3-931292-69-X

Band 78: Kirchliches Leben in Schleswig-Holstein im 17. Jahrhundert. Vorträge zu einer Ausstellung im Landesarchiv Schleswig-Holstein. Hrsg. von Marion Bejschowetz-Iserhoht und Reimer Witt. 2003. 215 Seiten. ISBN 3-931292-71-1

Band 79: Nicht erschienen.

Band 80: Schleswig-Holstein und die Niederlande – Aspekte einer historischen Verbundenheit. Katalog zur Ausstellung im Landesarchiv Schleswig-Holstein-Hrsg. von Ernst Joachim Fürsen und Reimer Witt. 2003. 183 Seiten . ISBN 3-931292-72-X

Band 81: Findbuch des Bestandes Abt. 320.12: Kreis Pinneberg, von Robert Knull. 2003. IX, 127 Seiten. ISBN 3-931292-73-8

Band 82: Das dritte Elbherzogtum. Der Kreis Herzogtum Lauenburg und seine Geschichte. Eine Ausstellung des Landesarchivs Schleswig-Holstein und des Kreises Herzogtum Lauenburg, von Eckardt Opitz und Martin Knauer. 2003. [34] Bl. Vergriffen. ISBN 3-931292-74-6

Band 83: Von ehrbaren Handwerkern und Böhnhasen – Handwerksämter in Schleswig-Holstein. Katalog zur Ausstellung im Landesarchiv Schleswig-Holstein. Hrsg. von Marion Bejschowetz-Iserhoht und Reimer Witt. 2004. 76 Seiten mit 36 Abb. ISBN 3-931292-75-4

Band 84: Findbuch des Bestandes Abt. 320.11: Kreis Oldenburg 1867–1950. Bearb. von Veronika Eisermann. 2004. VI, 46 Seiten. ISBN 3-931292-76-2

Band 85: Findbuch des Bestandes Abt. 314: Oberversicherungsamt, von Wulf Pingel. 2005. V, 51 Seiten. ISBN 3-931292-77-0

Band 86: Belli Dithmarsici vera descriptio – Wahre Beschreibung des Dithmarscher Krieges, von Heinrich Rantzau (Christianus Cilicius Cimber). Edition, Einleitung und Übersetzung von Fritz Felgentreu. 2009. 252 Seiten mit 12 Abb. ISBN 978-3-931292-78-2

Band 87: Findbuch des Bestandes Abt. 301: Oberpräsidium und Provinzialrat der Provinz Schleswig-Holstein, von Elke Imberger. 2005. XXVIII, 576 Seiten. ISBN 3-931292-79-7

Band 88: Findbuch des Bestandes Abt. 111: Ämter Reinbek, Trittau, Tremsbüttel, von Dirk Jachomowski und Wulf Pingel. 2006. XI, 261 Seiten. ISBN 3-931292-80-0

Band 89: Das Landesarchiv Schleswig-Holstein. Eine Betrachtung aus archivtechnischer Sicht, von Roland Lucht. 2., komplett überarb. Auflage. 2014. 95 Seiten mit 22 Abb. ISBN 978-3-943423-11-2

Band 90: Findbuch des Bestandes Abt. 47: Christian-Albrechts-Universität Kiel. Teil 1: 1665–1945, von Georg Asmussen. 2007. VI, 185 Seiten. ISBN 978-3-937816-43-2

Band 91: Findbuch des Bestandes Abt. 47.1: Kuratorium der Christian-Albrechts-Universität, von Georg Asmussen. 2007. VIII, 61 Seiten. ISBN 978-3-937816-44-9

Band 92: 99 Silbermünzen. Der Haselauer Münzfund aus der Zeit des Dreißigjährigen Krieges. Katalog zur Ausstellung im Landesarchiv Schleswig-Holstein. Hrsg. von Marion Bejschowetz-Iserhoht und Rainer Hering. 2008. 215 Seiten mit 151 Abb. ISBN 978-3-931292-82-9

Band 93: Die Ordnung der Natur. Historische Gärten und Parks in Schleswig-Holstein. Katalog zur Ausstellung des Landesarchivs Schleswig-Holstein in Zusammenarbeit mit dem Archiv für Architektur und Ingenieurbaukunst. Hrsg. von Marion Bejschowetz-Iserhoht und Rainer Hering. 2008. 215 Seiten mit 121 Abb. ISBN 13: 3-931292-83-6

Band 94: Findbuch des Bestandes Abt. 79: Ministerium für das Herzogtum Schleswig zu Kopenhagen 1851–1864, von Jörg Rathjen. 2008. XI, 121 Seiten. ISBN 978-3-937816-48-7

Band 95: Archive zwischen Konflikt und Kooperation/Arkiver mellem konflikt og samarbejde. 75 Jahre deutsch-dänisches Archivabkommen von 1933/75 år dansk-tysk arkivoverenskomst af 1933. Hrsg. von/udgivet af Rainer Hering, Johan Peter Noack, Steen Ousager und/og Hans Schultz Hansen (Landesarchiv Schleswig-Holstein/Statens Arkiver i Danmark). 2008. 159 Seiten mit 1 Abb. ISBN 978-3-937816-59-3

Band 96: Die Ordnung der Natur. Vorträge zu historischen Gärten und Parks in Schleswig-Holstein. Hrsg. von Rainer Hering. 2009. 271 Seiten mit 119 Abb. ISBN978-3-937816-65-4

Band 97: Findbuch der Bestände Abt. 80 und 56: Ministerium für die Herzogtümer Holstein und Lauenburg zu Kopenhagen 1852–1864 sowie Holsteinische Regierung zu Kopenhagen bzw. Plön 1862–1864, von Jörg Rathjen. 2010. XXII, 620 Seiten. ISBN 978-3-937816-66-1

Band 98: Findbuch des Bestandes Abt. 109: Ämter Reinfeld, Rethwisch, Traventhal, von Wulf Pingel. 2010. VII, 116 Seiten. ISBN 978-3-937816-77-7

Band 99: Findbuch der Bestände Abt. 51 bis Abt. 55: Regierungen der Herzogtümer während der Erhebung 1848–1851, Dänische Immediatkommission zur gemeinsamen Regierung der Herzogtümer in Sonderburg 1848–1849, Landesverwaltung für das Herzogtum Schleswig 1849–1851 und Dänischer Regierungskommissar 1850–1851, Oberste Zivilbehörde für das Herzogtum Holstein in Kiel 1851–1852 sowie Militärische Behörden der Erhebungszeit 1848–1851, von Jörg Rathjen. 2010. XV, 606 Seiten. ISBN 978-3-937816-78-4

Band 100: Archivführer Schleswig-Holstein. Archive und ihre Bestände. Hrsg. vom Landesarchiv Schleswig-Holstein, dem Verband schleswig-holsteinischer Kommunalarchivarinnen und -archivare e. V. (VKA) und dem Nordelbischen Kirchenarchiv. 2011. 504 Seiten mit zahlreichen Abb. ISBN 978-3-937816-83-8

Band 101: Das Gedächtnis unseres Landes. Archive in Schleswig-Holstein. Begleitschrift zur Ausstellung. Hrsg. von Manfred von Essen, Rainer Hering, Anke Rannegger und Johannes Rosenplänter. 2011. 50 Seiten mit zahlreichen Abb. ISBN 978-3-931292-85-0

Band 102: Findbuch des Bestandes Abt. 22: Herzöge von Schleswig-Holstein-Sonderburg-Augustenburg, von Jörg Rathjen. 2012. X, 213 Seiten. ISBN 978-3-937816-89-0

Band 103: Findbuch der Bestände Abt. 57 bis Abt. 62: Bundeskommissare für die Herzogtümer Holstein und Lauenburg 1863–1864, Österreichisch-preußische Oberste Zivilbehörde für das Herzogtum Schleswig 1864, Österreichisch-preußische Oberste Zivilbehörde für die Herzogtümer Schleswig, Holstein und Lauenburg 1864–1865, Österreichischer Statthalter für das Herzogtum Holstein, Preußischer Gouverneur für das Herzogtum Schleswig, Oberpräsident für die Herzogtümer Schleswig und Holstein (von Scheel-Plessen) in Kiel, Holsteinische Landesregierung in Kiel 1864–1866, Schleswig-Holsteinische Landesregierung in Schleswig 1865, Schleswigsche Regierung zu Schleswig 1865–1868, Zivilverwaltung/Regierung für Holstein 1866–1868, von Jörg Rathjen. 2012. XIII, 262 Seiten. ISBN 978-3-937816-90-6

Band 104: Wie mächtig sind Archive? Perspektiven der Archivwissenschaft. Hrsg. von Rainer Hering und Dietmar Schenk. 2013. 204 Seiten mit 18 Abb. ISBN 978-3-943423-03-7

Band 105: Prinz Heinrich von Preußen. Großadmiral, Kaiserbruder, Technikpionier. Hrsg. von Rainer Hering und Christina Schmidt. 2013. 256 Seiten mit zahlreichen Abb. ISBN 978-3-529-06100-4

Band 106: Findbuch der Bestände Abt. 18 und 19: Generalsuperintendent für Schleswig und Generalsuperintendent für Holstein, von Jörg Rathjen. 2016. X, 158 Seiten. ISBN 978-3-943423-14-3

Band 107: Schleswig-Holsteinische Regesten und Urkunden. Band 17: Das Protokoll des Lübecker Domkapitels 1544–1549 mit ergänzenden Texten. Bearb. von Wolfgang Prange. In Verbindung mit der Gesellschaft für Schleswig-Holsteinische Geschichte hrsg. vom Landesarchiv Schleswig-Holstein. 2016. 201 Seiten mit 4 Abb. ISBN 978-3-943423-26-6

Band 108: 1864 – Menschen zwischen den Mächten/1864 – Mennesker mellem magterne. Hrsg. von/udgivet af Rainer Hering und/og Hans Schultz Hansen unter Mitarbeit von/under medvirken af Elke Imberger. Übersetzungen/Oversættelser: Eckhard Bodenstein. 2015. 478 Seiten mit 54 Abb. ISBN 978-3-943423-24-2

Band 109: Die „Reichskristallnacht" in Schleswig-Holstein. Der Novemberpogrom im historischen Kontext. Hrsg. von Rainer Hering. 2016. 394 Seiten mit 41 Abb. ISBN 978-3-943423-30-3

Band 110: Findbuch des Bestandes Abt. 13: Obergericht zu Gottorf 1713–1834, von Jörg Rathjen. 2017. IX, 185 Seiten. ISBN 978-3-943423-17-4

Band 111: Findbuch des Bestandes Abt. 320.6: Kreis Flensburg-Land 1867–1968, von Hartmut Haase. 2017. VI, 163 Seiten. ISBN 978-3-943423-18-1

Band 112: Findbuch des Bestandes Abt. 49: Schleswig-Holsteinische Regierung auf Gottorf 1834-1851, von Jörg Rathjen. 2017. XIII, 573 Seiten. ISBN 978-3-943423-32-7

Band 113: Gestalten des Archivs. Nachgelassene Schriften zur Archivwissenschaft. Hrsg. und mit einem Nachwort versehen von Dietmar Schenk. 2018. 270 Seiten mit 16 Abb. ISBN 978-3-943423-50-1

Band 114: Findbuch des Bestandes Abt. 77: Dänische Ministerien, von Jörg Rathjen. 2018. IX, 71 Seiten. ISBN 978-3-943423-55-3

Band 115: Findbuch des Bestandes Abt. 68: Oberste Zoll- und Kommerzbehörden in den Herzogtümern und in Kopenhagen bis 1867, von Jörg Rathjen. 2018. XIII, 147 Seiten. ISBN 978-3-943423-54-9

Band 116: Findbuch des Bestandes Abt. 8.3: Schleswig-Holstein-Gottorfisches (Großfürstliches) General-Landes- und Ökonomie-Verbesserungsdirektorium zu Kiel 1766–1807, von Jörg Rathjen. 2018. XVI, 370 Seiten. ISBN 978-3-943423-56-3

Band 117: „Die Schleswig-Holsteiner sind fortan Preußen." Schleswig-Holstein als preußische Provinz. Hrsg. von Rainer Hering und Julia Liedke. 2019. Ca. 496 Seiten. ISBN 978-3-898769-50-1

Band 118: Findbuch der Bestände Abt. 65.1 bis 65.3: Deutsche Kanzlei zu Kopenhagen bis 1730, Deutsche Kanzlei zu Kopenhagen ab 1730, Deutsche Kanzlei zu Kopenhagen für das Herzogtum Lauenburg, von Jörg Rathjen. 2019. XXXII, 860 Seiten. ISBN 978-3-943423-57-0

Die Ausstellungskataloge, der Band 117 sowie vor Band 89 erschienene Werke sind direkt über das Landesarchiv zu beziehen. Die Preise dieser Bände beinhalten die Versandkosten.

Landesarchiv Schleswig-Holstein
Prinzenpalais
24837 Schleswig
Telefon 04621 8618-00
Fax 04621 8618-01
landesarchiv@la.landsh.de
www.schleswig-holstein.de/landesarchiv

Ab Band 89 (außer Band 117) stehen die Bände, die bei Hamburg University Press veröffentlicht werden (ISSN 1864-9912), zum kostenlosen Lesen und Herunterladen sowie als hochwertige Printversion zur Verfügung. Die Printversion kann über den Buchhandel oder direkt beim Verlag bezogen werden:

Hamburg University Press
Verlag der Staats- und Universitätsbibliothek Hamburg Carl von Ossietzky
Von-Melle-Park 3
20146 Hamburg
Telefon 040 42838-7146
Fax 040 42838-3352
order.hup@sub.uni-hamburg.de
hup.sub.uni-hamburg.de